Tirar a vida
Suicídio na modernidade

Thomas Macho

Tirar a vida
Suicídio na modernidade

Tradução
CARLA BESSA

wmf martinsfontes

Esta obra foi publicada originalmente em alemão com o título
DAS LEBEN NEHMEN: Suizid in der Moderne, por Suhrkamp Verlag.
Copyright © 2017, Suhrkamp Verlag, Berlim.
Copyright © 2021, Editora WMF Martins Fontes Ltda.,
São Paulo, para a presente edição.

Todos os direitos reservados. Este livro não pode ser reproduzido, no todo ou em parte, armazenado em sistemas eletrônicos recuperáveis nem transmitido por nenhuma forma ou meio eletrônico, mecânico ou outros, sem a prévia autorização por escrito do editor.

A tradutora agradece o apoio do Colégio Europeu de Tradutores de Straelen (EÜK – Europäisches Übersetzer-Kollegium), à bolsa do programa de incentivo à tradução "Toledo" e à Künstlerhaus Lukas, em Ahrenshoop, onde foi finalizada a tradução deste livro em dezembro de 2019.

1ª edição 2021

Tradução
Carla Bessa
Acompanhamento editorial
Rogério Trentini
Revisão técnica
Pedro Taam
Revisões
Rogério Trentini
Moira Martins de Andrade
Produção gráfica
Geraldo Alves
Paginação
Renato Carbone
Capa
Gisleine Scandiuzzi

Dados Internacionais de Catalogação na Publicação (CIP)
(Câmara Brasileira do Livro, SP, Brasil)

Macho, Thomas
  Tirar a vida : suicídio na modernidade / Thomas Macho ; tradução Carla Bessa. – São Paulo : Editora WMF Martins Fontes, 2021.

  Título original: Das Leben nehmen – Suizid in der Moderne
  ISBN 978-85-469-0332-0

  1. Relações familiares 2. Psicologia 3. Suicídio I. Bessa, Carla. II. Título.

21-80898   CDD-155.937

Índice para catálogo sistemático:
1. Suicídio : Aspectos psicológicos   155.937

Aline Graziele Benitez – Bibliotecária – CRB-1/3129

Todos os direitos desta edição reservados à
Editora WMF Martins Fontes Ltda.
Rua Prof. Laerte Ramos de Carvalho, 133 01325-030 São Paulo SP Brasil
Tel. (11) 3293-8150 e-mail: info@wmfmartinsfontes.com.br
http://www.wmfmartinsfontes.com.br

Sumário

Introdução 7
1. A quem pertence a minha vida? 33
2. Suicídio antes da modernidade 57
3. Efeitos-Werther 83
4. Suicídios do *Fin de Siècle* 109
5. Suicídios na escola 135
6. Suicídio, guerra e Holocausto 167
7. Filosofia do suicídio na modernidade 205
8. Suicídio da espécie humana 233
9. Práticas de suicídio político 265
10. Terrorismo suicida 303
11. Imagens da minha morte: suicídio nas artes 339
12. Locais de suicídio 375
13. Debates sobre eutanásia e suicídio assistido 409
Posfácio 453

Notas 459
Índice de ilustrações 527
Índice onomástico 531

Introdução

"O suicídio aparece, pois, como a
quintessência da modernidade."

Walter Benjamin[1]

1.

Nas últimas décadas foram publicadas várias caracterizações da era atual, algumas até de grande formato. Segundo elas, vivemos num tempo de fúria e impaciência[2], num mundo de cansaço e exaustão[3], de precipitação e aceleração[4], de novas guerras e choque de culturas[5], numa sociedade de medo[6], de narcisismo[7] ou inquietação[8]. Do mesmo modo, os mais antigos conceitos da secularização – recentemente em conflito com o também proclamado retorno das religiões –, da pós-modernidade e da revolução digital não estão, de modo algum, fora da discussão quando se trata de descrever o signo da modernidade. Como uma das maiores e mais importantes reviravoltas dos séculos XX e XXI, teria que ser considerada, contudo, uma mudança que, mesmo já tendo sido investigada e discutida em vários aspectos, raramente foi abordada a partir de uma perspectiva abrangente: a reavaliação radical do suicídio. Durante muitos séculos, o suicídio foi considerado um pecado grave, ou até mesmo um "duplo assassinato" – da alma e do corpo –, um crime a ser severamente punido não só com a mutilação e soterramento dos cadáveres, mas também com o confisco dos bens da família, por exemplo, ou, no mínimo, tachado como doença e efeito da loucura. Enquanto, na Antiguidade, o suicídio ainda podia ser associado à honra, ele passa a ser considerado, o mais tardar desde o início da hegemonia da religião cristã, como vergonha e fracasso. Numa carta dirigida a Carl Schmitt datada de 27 de abril de 1976, Hans

Blumenberg lamentou que "tenhamos levado a sacralização pagã do suicídio a uma esfera inatingível. Contudo, não se deve pensar apenas em Sêneca, mas também em Massada e Varsóvia. O mais surpreendente é que esse traço da 'modernidade' nunca tenha sido descrito de outra forma"[9]. Em seus estudos sobre Baudelaire, Walter Benjamin foi o único a ter observado que a modernidade estaria "sob o signo do suicídio", e que este "chancela uma vontade heroica". O suicídio seria simplesmente "*a* conquista da modernidade no domínio das paixões"[10].

A questão do suicídio é um *leitmotiv* da modernidade. Desde o *Fin de Siècle*, mas sobretudo após o fim da Segunda Guerra Mundial, a reavaliação radical do suicídio ocorreu em vários campos culturais – por um lado como processo de eliminação de tabus, por outro como disseminação de uma "técnica de si" emancipatória: em forma de protesto na política, como estratégia para ataques e atentados nas manifestações mais recentes do conflito armado, como tema fundamental da filosofia e das artes, na literatura, na pintura e no cinema. O suicídio e a tentativa de suicídio foram descriminalizados, ainda que no Reino Unido apenas a partir de 1961. Várias formas de eutanásia e de suicídio assistido foram legalmente liberalizadas na prática médica. Houve também uma reavaliação do suicídio nas ciências. A publicação de *Le suicide* (1897), de Émile Durkheim, obra muitas vezes comparada com *A interpretação dos sonhos* (1900), de Sigmund Freud, conquistou o tema para as ciências sociais. Reflexões culturais críticas, como a obra *Der Selbstmord als sociale Massenerscheinung* [O suicídio como fenômeno social de massa] (1881), apresentada por Tomáš Masaryk, o posterior presidente da Tchecoslováquia, foram cada vez mais substituídas por argumentos baseados em estatísticas e dados empíricos. Durkheim distinguiu quatro tipos elementares de suicídio: o egoísta, o altruísta, o anômico e o fatalista. Ele também formulou uma teoria da "morte social" como uma correlação entre suicídios e as forças de união de uma comunidade. Um dos pioneiros da pesquisa psiquiátrica do suicídio foi Jean-Étienne Esquirol, estudante de Philippe Pinel. Em sua obra *Des maladies mentales* [As doenças mentais], ele distinguiu suicídios de paixão e suicídios após um assassinato, referiu-se a estações do ano, clima, idade e sexo como possíveis causas de suicídio, bem como a medidas de prevenção e terapia[11]. Esquirol raramente baseou sua apresentação em números, mas sobretudo em histórias de casos. E, em alguns aspectos, o procedimento é este até hoje: sociólogos comentam estatísticas, psicólogos discutem histórias de casos. Só o que não sucede de fato é a ponte entre as estatísticas e as histórias de casos. A pesquisa do suicídio só foi estabelecida como uma disciplina independente após a Segunda Guerra Mundial. Já em 1938, o psiquiatra e psicanalista Karl Menninger queixou-se do tabu científico em relação a essa questão na sua obra *O homem contra si próprio* – um ano antes do suicídio de Sigmund Freud, assistido pelo seu médico e amigo Max Schur[12]. Tendo em conta o elevado número de suicídios

> deveríamos supor que há um interesse generalizado no tema, que muitas investigações e projetos de pesquisa estão em andamento, que nossas revistas e bibliotecas médicas contêm livros sobre o assunto. Não é o caso. Há romances, dramas e lendas em abundância que tratam de suicídio – o suicídio na imaginação. Mas a literatura científica sobre o tema é surpreendentemente escassa. Essa é, a meu ver, mais uma prova do tabu que pesa sobre o assunto, um tabu que tem a ver com emoções veementemente reprimidas. As pessoas não gostam de refletir séria e realisticamente sobre o suicídio.[13]

Em 1948, o psiquiatra e psicólogo Erwin Ringel fundou uma das primeiras instituições de prevenção de suicídios do mundo em Viena. Na época, esse centro de assistência – estabelecido sob a égide da Caritas de Viena – era simplesmente chamado de *Lebensmüdenfürsorge**. A instituição tinha um modelo precursor: o *Lebensmüdenstelle* [Posto de Assistência aos Cansados da Vida], da Comunidade Ética de Viena, fundado em 1928 por Wilhelm Börner e cujos trabalhos continuaram até 1939 por meio da ajuda de

....
* Literalmente: Centro de Cuidados aos Cansados da Vida. (Todas as notas de rodapé são de autoria da tradutora.)

inúmeros voluntários, incluindo August Aichhorn, Charlotte Bühler, Rudolf Dreikurs e Viktor Frankl[14]. Em 1975, o *Lebensmüdenfürsorge* [Centro de cuidados aos cansados da vida], de Erwin Ringel, foi transformado num moderno centro de intervenção de crise, independente da Igreja, que funciona até hoje[15]. A diferença entre os dois conceitos, o de "cuidados aos cansados de vida" e o de "intervenção de crise", reflete uma mudança na mentalidade, e essa mudança requer interpretação: o "cansaço da vida" refere-se a uma condição psicológica alcançada gradualmente – ao final de um longo processo – e que muito dificilmente pode ser influenciada. Já o termo "crise", por outro lado, foi introduzido à terminologia médica na Antiguidade grega pela linguagem dos tribunais – *krísis* significava originalmente a decisão, o julgamento. Passou a ser chamado de "crise" o momento no curso da doença em que ocorria uma mudança que levava à recuperação ou à morte. Nesse sentido, Hipócrates enfatizou no primeiro livro das *Epidemias* que "as crises levam à vida ou à morte ou trarão mudanças decisivas para melhor ou pior"[16]. Enquanto se pode intervir em uma crise, o termo "cuidados" está associado à atenção afetiva. O termo mais antigo estava voltado para as pessoas e seus cuidados; o mais recente, por outro lado, podia definir muitos tipos de situações delicadas – crises políticas, econômicas ou estruturais enquanto momentos decisivos em um desenvolvimento. A questão que fica em aberto é: por que tantas palavras em alemão com o prefixo "*für*" (como em *Fürsorge*, traduzido aqui como "cuidados") desapareceram do vocabulário cotidiano ou sofreram mudanças pejorativas de significado? Por que *Fürsorger* [cuidadores] ou *Fürsprecher* [defensores] são tão impopulares? Estariam talvez conectados à ideia de tutela, paternalismo e submissão?

No ano de 1960 foi fundada a International Association for Suicide Prevention (IASP), seguida da American Association of Suicidology (AAS), em 1968, nos EUA e, quatro anos depois, na Alemanha, a Deutsche Gesellschaft für Suizidprävention (DGS) – Sociedade Alemã de Prevenção do Suicídio. Enquanto Erwin Ringel assumia uma posição de liderança no mundo de língua alemã – como o primeiro presidente da IASP –, nos EUA foi o psicólogo clínico Edwin S. Shneidman que promoveu o estabelecimento duradouro da suicidologia como uma ciência própria – enquanto cofundador do Centro de Prevenção ao Suicídio de Los Angeles, e como primeiro professor emérito de tanatologia na Universidade da Califórnia, em Los Angeles, cadeira que assumiu de 1970 até a sua jubilação como emérito em 1988. De início, a suicidologia foi, de fato, bem recebida como uma disciplina terapêutica para a prevenção e impedimento de suicídios. A pesquisa de Ringel sobre a "síndrome pré-suicida" também contribuiu para essa orientação graças às suas três características relevantes de estreitamento, reversão de agressão e fantasia suicida. Mas como podem motivos ou questões ser compreendidos e interpretados se os pré-requisitos para a possível prevenção da sua ocorrência são a prioridade? Em suas obras posteriores, Shneidman pôs o foco do seu trabalho na consciência suicida – *suicidal mind* – e realizou uma espécie de leitura atenta – *close reading* – de histórias de casos individuais de suicídio e tentativas de suicídio[17]. David Lester, hoje professor emérito de psicologia na Universidade de Stockton, em Nova Jersey, e ex-presidente da IASP, seguiu o seu exemplo. Na época, Lester tinha um doutorado em psicologia (concluído em 1968 na Brandeis University), assim como um doutorado em ciências sociais e políticas (1991, Universidade de Cambridge), e impulsionou uma virada cultural da suicidologia ao simplesmente reverter a já citada observação de Karl Menninger sobre o suicídio na formação do imaginário cultural, literário ou artístico, observação esta que é visivelmente mais rica do que a análise científica do suicídio. Lester o fez considerando como objetos de pesquisa romances, filmes ou obras de arte sobre suicídios. Em *The "I" of the Storm* (2014), Lester comentou diários (Cesare Pavese), cartas (Vincent van Gogh) e notas de suicídio, poemas (Sylvia Plath) e entrevistas com pessoas que sobreviveram a uma tentativa de suicídio. No final do livro, ele enfatizou a necessidade de ouvir atentamente as palavras e textos dos suicidas, porque as histórias de casos clínicos e estatísticas estariam muito distantes da dor real, experiências e pensamentos de uma personalidade suicida[18].

11

A definição de suicidologia como ciência de prevenção e intervenção é difícil e delicada porque requer uma mistura de abordagens descritivas e normativas, mas também porque implicitamente ameaça continuar a tradicional avaliação do suicídio: suicídios devem ser prevenidos porque infligem dor e sofrimento aos sobreviventes – sejam eles familiares ou os próprios suicidas, devido, por exemplo, a eventuais sequelas de uma tentativa de suicídio – e prejudicam a sociedade. Em suma, suicídios são ruins: embora já não sejam considerados pecados ou crimes, continuam a ser vistos como atos irracionais, patológicos. De acordo com relatórios da Organização Mundial da Saúde (OMS), é evidente que mais pessoas cometem suicídio todos os anos do que são mortas pela guerra ou pela violência. Expresso em números: em 2012, morreram cerca de 56 milhões de pessoas em todo o mundo; destas, 620 mil devido à violência, nomeadamente 120 mil em guerras e 500 mil por homicídios dolosos e homicídios culposos; mas mais de 800 mil pessoas suicidaram-se no mesmo período[19]. Na Alemanha, a taxa de suicídio diminuiu significativamente desde o início dos anos 1990 e, no entanto, mais pessoas suicidaram-se em 2015 do que – no seu conjunto – foram mortas por acidentes rodoviários, homicídios, drogas ilegais e aids. Além dos números desconhecidos, esse montante exige uma observação mais neutra do suicídio; não é por acaso que, em debates sobre suicídio na velhice e sobre morte assistida, vem-se exigindo que se vença o tabu em relação a este assunto, concretamente: um aprofundamento da já realizada desmitificação, despenalização e desmoralização do suicídio pela supressão de seu caráter patológico. Nem todos os que tiram a própria vida são doentes ou loucos. Por isso, parece-me bem certo que a expressão usada habitualmente em alemão "*sich das Leben nehmen*" [tirar a própria vida] não possa ser corretamente traduzida para inúmeras línguas. As dificuldades surgem não só na duplicação dos agentes – aquele que toma e aquele do qual algo é tomado –, mas também no sentido ambíguo do verbo em *sich etwas nehmen* [tomar ou pegar algo para si], que poderia estar relacionado a uma apropriação: eu pego algo para mim ou tomo-o à minha posse. Faço da vida a *minha* vida, até mesmo quando a extingo. *Das Leben nehmen* [tirar a vida]: a ambiguidade de *annehmen* [pegar, aceitar] e *wegnehmem* [tirar] deve ser suportada; e não necessita do recursivo "a própria". O fato de que as fantasias suicidas não são meros sinais de uma "síndrome pré-suicida" já foi enunciado por Friedrich Nietzsche: "A ideia do suicídio é uma forte consolação: com ela podemos superar muitas noites cruéis."[20] Kate, a heroína suicida do romance de Walker Percy *The Moviegoer* (1961), coroa esse argumento com a afirmação paradoxal de que o suicídio é "a única coisa que me mantém viva. Quando todo o resto corre mal, tudo o que tenho de fazer é pensar em suicídio, e num instante estou de bom humor. Se eu não pudesse me matar, aí sim, isso seria uma razão para o fazer. Posso viver sem Nembutal ou sem romances policiais, mas não sem suicídio"[21].

2.

Sigo neste livro, por um lado, a cronologia histórica, e, por outro, concentro-me nas diferentes formas da experiência cultural dos suicídios. Assim, o foco não está nos motivos pessoais ou sociais dos suicídios, nem nas possibilidades de prevenção e terapia ou mesmo nos métodos praticáveis de suicídio, mas sim na questão de saber que significados culturais são conferidos ao suicídio. Estatísticas e histórias de casos são citadas, não para conduzir qualquer tipo de pesquisa causal, mas sim para verter luz sobre discursos e contextos dominantes. Nesse sentido, as tematizações do suicídio em obras de pintura, literatura ou cinema, enquanto fontes que podem contribuir para a descrição das culturas suicidas, são levadas tão a sério como as investigações filosóficas, sociocientíficas ou psicológicas. Qual terminologia deve ser empregada? A maioria dos estudos contemporâneos resolve essa questão logo no início: para evitar avaliações prescritivas, eles geralmente declaram a renúncia de expressões como *Selbstmord**

....
* Matar-se, também traduzido frequentemente apenas como "suicídio", é uma aposição dos termos "*selbst*", auto, e "*Mord*", assassinato, formando então o pejorativo "*Selbstmord*".

ou *Freitod* [morte voluntária]. O uso do termo *Selbstmord*, que na língua alemã só se tornou habitual a partir do século XVII, teria uma conotação muito negativa, enquanto o termo *Freitod* – em latim: *mors voluntaria* – sugeriria um significado demasiado positivo. Por essa razão, prevaleceu o termo "suicídio", que soa mais moralmente neutro, mas acima de tudo serve à compreensão internacional: em inglês e francês diz-se *suicide, suicidio* em italiano e espanhol. Apenas nas línguas escandinavas ou em holandês prevaleceu o equivalente ao *Selbstmord*: *selvmord* (dinamarquês, norueguês), *självmord* (sueco), *zelfmoord* (holandês). Na linguagem coloquial, eufemismos são usados com frequência: *sich umbringen**, *sich entleiben* [tirar o próprio corpo], *Hand an sich legen***, *sich das Leben nehmen* [tirar a própria vida]. Recentemente, passou a ser possível usar a expressão em inglês *going to Switzerland* – com referência às instituições suíças de morte assistida[22].

Como podem ser caracterizadas as culturas do suicídio? Em algumas culturas é difícil falar de suicídio; por vezes ele é vergonhosamente abafado e se usa frequentemente uma metáfora como expressão aproximada – como se vê até hoje em obituários e epitáfios. Debates públicos sobre suicídios costumam mudar com rapidez de vocabulário e registro. No entanto, é heuristicamente útil distinguir entre os espaços e tempos nos quais a morte voluntária é ocultada, ou apenas pouco e reservadamente comentada, e aqueles em que ela é mais tematizada e refletida em face do horizonte de discursos culturais polimórficos, de caráter ritual, estético, literário, musical ou filosófico. Por isso, gostaria de propor uma diferenciação entre culturas e épocas fascinadas pelo suicídio, que dão a ele um alto grau de atenção, e formas de vida ou tempos críticos ao suicídio, que tendem a fazer dele um tabu e a desvalorizá-lo. As culturas fascinadas pelo suicídio tendem a idealizá-lo – ele é reconhecido e admirado por muitas

....
* Esse termo, traduzido comumente como "matar-se", em tradução literal seria "tirar-se de si mesmo", o que justifica aqui a menção do caráter eufêmico.
** Literalmente: pôr as mãos em si próprio, no sentido de atentar contra si próprio.

razões; as culturas críticas ao suicídio consideram-no uma desgraça moral e uma derrota existencial. Culturas fascinadas pelo suicídio heroificam a vida curta, intensa, aventureira, rica em amplitude e orientada para a inovação: "*I hope I die before I get old*", cantou a banda The Who em 1965 em *My Generation*. As culturas críticas ao suicídio, por outro lado, favorecem uma vida longa, calma, pacífica, pobre em amplitude e orientada à tradição. Essas atitudes não estão necessariamente correlacionadas com taxas baixas ou altas de suicídio: a China, por exemplo, ao contrário do Japão, é marcada por uma tradição eminentemente crítica ao suicídio e, ao mesmo tempo, por taxas de suicídio crescentes, algumas das quais podem ser deduzidas precisamente da falta de respeito pelo suicídio. Há alguns anos, a imprensa tabloide noticiou que um transeunte chinês havia, num impulso, empurrado uma pessoa que, de pé sobre uma ponte na cidade de Guangzhou, no sul da China, hesitava na tentativa de suicídio, causando um engarrafamento. "Ao ser preso pela polícia, Lian Jiansheng disse que empurrou o homem porque todo suicida seria um egoísta. Além disso, ele teria violado o interesse público."[23] Enquanto nas culturas críticas ao suicídio os seus suicidas são desprezados e, em consequência, não são impedidos, foi, por outro lado, nas culturas predominantemente fascinadas pelo suicídio que as técnicas e estratégias de prevenção ao suicídio se desenvolveram e se institucionalizaram: como se os seus protagonistas soubessem exatamente como é enorme a tentação, como é imensa a força de tração à qual se deve resistir. Talvez a religião cristã tenha adotado uma atitude rigorosa em relação ao suicídio justamente por conhecer tão bem seu próprio núcleo de fascínio o anseio pelo martírio como caminho ideal para os "seguidores de Cristo".

No contexto da vaga distinção entre as épocas e culturas fascinadas ou críticas ao suicídio, é possível expandir a tese de Walter Benjamin: a questão do suicídio torna-se um *leitmotiv* central, é mesmo a "quintessência da modernidade"; e a modernidade revela-se em muitos aspectos como uma era de crescente fascínio pelo suicídio, a era da projeção cada vez mais positiva da ideia de tirar a própria vida. Embora a maioria dos escritos, pelo menos no prefácio, nos assegure que todo suicídio é um acontecimento trágico e chocante, ao mesmo tempo circulam nas livrarias e na internet[24] vários manuais para o suicídio que favorecem a ascensão do suicídio ao cânone das *techniques de soi*, as "técnicas" ou "tecnologias de si" – segundo um termo de Michel Foucault[25]. Essas técnicas de si exploradas por Foucault usando exemplos da Antiguidade – dos estoicos aos ascetas cristãos primitivos – definem o próprio eu, seu desenvolvimento físico ou psicológico, sua expansão e otimização, como um projeto. Essas técnicas têm diferentes objetivos: felicidade (na forma grega, *eudaimonía*), pureza, sabedoria, perfeição, santidade ou imortalidade. Elas operam com várias estratégias de "cisão do sujeito": o *self*, enquanto um produtor ativo, esboça a si mesmo como uma obra, um produto cuja melhoria é almejada. Nesse sentido, os sujeitos veem-se como proprietários que concebem a si mesmos como seus próprios bens. Eles veem-se como algozes e vítimas – bem como o faz Ernst Jünger, que rejeita o suicídio para não ter que se encarar como uma vítima "que não pode defender-se"[26]. Veem-se como jogadores e como parte do jogo, como escritores e leitores, como "redentores" e "redimidos", como guardiões e prisioneiros[27], no sentido proposto por Immanuel Kant: como sujeitos transcendentais e empíricos, como *homo noumenon* e *homo phaenomenon*[28]. Théodore Jouffroy estava com toda a razão ao escrever, em 1842: "*Suicide est un mot mal fait; ce qui tue n'est pas identique à ce qui est tué*" – "Suicídio é uma palavra mal escolhida; quem mata nunca é idêntico a quem é morto."[29] Essa é a mesma lógica que conforta Bertolt Brecht, expressa em um de seus últimos poemas como a certeza de que "nada me pode faltar, se eu mesmo faltar"[30]. A construção gramatical relaciona o sujeito, a quem algo falta, com a falta em si, o perdedor com o perdido. Frequentemente, essa cisão do sujeito também é metaforizada como diferença entre a alma ou espírito e o corpo. Assim começa o discurso de Domenico, interpretado por Erland Josephson, no filme *Nostalgia* (1983), de Andrei Tarkovski: o velho matemático está sobre a estátua equestre de Marco Aurélio e confessa, antes de incendiar-se: "Não posso viver ao mesmo tempo na minha cabeça e no meu corpo. É por isso que não consigo ser uma pessoa só."

As técnicas de si são contadas e ensinadas oralmente, escritas, pintadas e cantadas. Pressupõem o uso de técnicas culturais simbólicas – linguagens, escritos, imagens ou canções. Técnicas culturais simbólicas tais como falar, escrever, ler, pintar ou cantar diferem de outras técnicas culturais em seus desempenhos epistêmicos. Elas podem ser descritas como técnicas com a ajuda das quais são executados trabalhos simbólicos. Como técnicas culturais simbólicas, elas são, tanto quanto possível, autorreferenciais: assim, pode-se falar sobre o falar, escrever sobre a escrita, ler sobre a leitura, cantar sobre o canto; imagens podem aparecer em imagens. Por outro lado, é quase impossível tematizar a caçada na caça, a culinária na cozinha ou o arar no arado, a não ser aplicando técnicas simbólicas: por instruções de um agricultor, pela leitura de receitas ou pela produção de amuletos que possam ajudar a trazer o resultado esperado da caça. As técnicas culturais simbólicas potencialmente autorreferenciais encontram-se em estranho contraste com essas outras técnicas culturais (caça, culinária, arado), pois, embora também sejam adquiridas em práticas de treino, hábito e rotina, elas permanecem ameaçadas pelo risco de interrupção através da reflexão. A *écriture automatique*, tão popular entre os surrealistas, não pode ser praticada permanentemente. A partir daí, é possível obter não só elevados potenciais de estranhamento, mas também oportunidades igualmente elevadas de inovação. Quem, a todo instante, corre o risco de perceber o que está fazendo pode mudar o que está fazendo mais facilmente. As técnicas de si – enquanto técnicas culturais simbólicas – não se limitam, naturalmente, a autorreferências, antes demandam e geram mídias. A voz atua como meio primário da língua; ossos, dentes, pedras ou objetos de metal foram os primeiros "portadores" de várias imagens e gravações, seguidos por placas lisas feitas de diversos materiais (madeira, pedra, metal, papel etc.) e, finalmente, aparelhos e dispositivos tecnológicos, da câmera fotográfica ao telefone, do rádio e da televisão ao computador. É impressionante a facilidade com que as mídias são ignoradas e negligenciadas. Na filosofia do idealismo alemão, a interpretação metafórica da autoconsciência como um espelho nunca explorou as placas concretas de vidro com revestimento metálico, que só chegaram a um nível aceitável de espelhamento no século XVII; tampouco o fez a descrição psicanalítica de um "estágio do espelho" (segundo Jacques Lacan). Técnicas culturais geram mídias – e vice-versa, pois é claro que a história dessas técnicas também depende das mídias que as transmitem e tornam possíveis.

O conceito de cisão do sujeito soa mais dramático do que o pretendido. É uma reminiscência de conceitos mais antigos de esquizofrenia ou do amplo campo dos "transtornos dissociativos", que também são descritos e comentados na literatura psicológica e psiquiátrica especializada sobre o comportamento suicida[31]. No entanto, esses "transtornos dissociativos" estão principalmente associados à turvação da consciência e à perda de controle. As "personalidades múltiplas", por exemplo, são até hoje controversas e sabem pouco umas das outras. Em contraste, as cisões dos sujeitos, possibilitadas pelo exercício das técnicas de si, ampliam o escopo das possibilidades de ação e experiências de liberdade; aprofundam a esperança de mudar a si mesmo e poder tornar-se outra pessoa. Ao desenhar ou escrever cartas e diários, nós nos esboçamos; e, às vezes, como Fritz Zorn ou Roberta Tatafiore, nós também esboçamos a própria morte[32]. Cada vez mais, a morte deixa de ser percebida apenas como sina e é vista como um projeto calculável que pode ser moldado. Nas oito salas do projeto *Nachlass* [Espólio], criadas em setembro de 2016 para o Théâtre de Vidy, em Lausanne, por Stefan Kaegi, do grupo Rimini Protokoll, juntamente com o cenógrafo Dominic Huber – e depois usadas em performances em Douai, Zurique, Amsterdam, Dijon, Estrasburgo, Dresden e Berlim –, somos confrontados com últimas mensagens, canções e gravações sonoras, filmes, fotografias e objetos; entramos em "Mausoléus do século XXI" da era digital dos legados[33]. Torna-se imediatamente evidente como a história das revoluções midiáticas influenciou a difusão das técnicas de si: por exemplo, a invenção da escrita, que há 4 mil anos já permitiu a escritura da enigmática "conversa de um suicida com sua alma"[34], a invenção da prensa móvel, da fotografia, da gravação de som, do filme ou do computador. É certo que, durante milhares de anos, apenas pequenas elites podiam praticar as técnicas de si descritas por Foucault. Foi só após a ascensão do teatro moderno, da alfabetização gradual de amplas camadas da população a partir da segunda metade do século XIX e, por fim, da atual globalização digital que essa situação mudou radicalmente.

Não é por acaso que, desde então, "modas de suicídio" ou mesmo "epidemias de suicídio" foram atribuídas a peças de teatro e a romances. O fascínio das tragédias desde a era shakespeariana seria responsável pela propagação da *English Malady* vinculada às crescentes taxas de suicídio; em 1786, Zacharias Gottlieb Hußty escreveu no primeiro volume do seu *Diskurs über die medizinische Polizei* [Discurso sobre o policiamento médico]:

> Na Inglaterra, houve por muito tempo uma moda de apresentar tragédias em que o autor, no final, não deixasse de assassinar no mínimo cinco a seis pessoas: essas ideias tristes e cruéis agradavam ao caráter profundo do povo, e, sem que este percebesse, sua propensão para a melancolia e para pensamentos fúnebres aumentou. Na França, o suicídio nunca foi tão dinâmico como desde que, todas as semanas, em algum palco público, ora uma jovem abandonada e ternamente amorosa enfia um punhal no peito, ora um homem infeliz tira heroicamente a própria vida para parar de sofrer: a melancolia instala-se gradualmente nesta terra desde a lamentação sem fim sobre os palcos da cidade, e assim, a sempre vencedora e vivificante nação vê desaparecer de seu coração a sua propriedade mais bela, a alegria[35].

Comentários igualmente polêmicos foram feitos no início do século XIX contra a "febre Werther". Hoje, são as plataformas sociais e a internet, mas sobretudo as formas de cobertura midiática, que se encontram sob suspeita de aliciar os usuários à violência e ao suicídio[36].

3.

Em 2014, o escritor austríaco Michael Köhlmeier publicou o romance *Zwei Herren am Strand* [Dois senhores na praia], que gira em torno do tema da depressão e do suicídio – o "cão negro". Em um labirinto de referências documentárias e fictícias, a obra foca a amizade entre Charlie Chaplin e Winston Churchill. Os dois conhecem bem o "cão negro", que sempre lhes aparece. E assim eles reconhecem um ao outro enquanto *Doppelgänger* [o duplo] numa caminhada noturna pela praia:

> Depois de terem caminhado sobre a areia com as pernas das calças enroladas e chegado na faixa úmida e dura próxima à água, por onde seguiram caminhando em direção ao norte em linha paralela às casas iluminadas da Praia de Santa Mônica, Churchill perguntou: "Você está doente?" "Tenho esse aspecto?", perguntou Chaplin. "Sim." "Como estou?" "Como um homem que pensa em suicídio", Churchill respondeu. "O senhor não pode avaliar isso no escuro." "O senhor acha?" Em outra ocasião, um expõe ao outro que tinha acabado de decidir não se apresentar. Ambos acharam a perspectiva de uma confissão à sombra da noite e do anonimato mais atraente do que uma troca cerimonial de nomes, seja lá como fosse. Eles admitem que poderiam não ter reconhecido a pessoa do outro, mas reconheceram a personalidade, o que significava: o sofrimento. Chaplin – que, sem dúvida alguma, tinha um afinidade para arquétipos românticos – disse que tinha sentido um arrepio na espinha ao considerar ter encontrado um duplo, ainda que este fosse alguém com quem não tinha a menor semelhança física, ou seja, um segundo eu na carne de outro, por assim dizer[37].

Assim, a obra começa com um encontro quase assombroso consigo mesmo de um sujeito dividido, que é prontamente associada a *Drácula* e a *O médico e o monstro*. A história da amizade entre

Chaplin e Churchill, que, na praia, prometem-se ir ter com o outro imediatamente em caso de crise – e em qualquer lugar do mundo –, espelha, para além disso, uma história maior sobre a relação entre o narrador em primeira pessoa e seu pai, que é apresentado como um especialista obcecado por Churchill.

O romance de Köhlmeier descreve uma teoria do nascimento da comédia do espírito de uma técnica de si: o "método do palhaço". Já na primeira parte do livro, Charlie explica esse método ao novo amigo, que o interrompe imediatamente: "Ao método, Charlie! Nada de teoria! Só o que nos interessa é a prática!" Chaplin responde:

"Bem. A prática. Escrevo uma carta a mim mesmo. Compreende, Winston? Uma carta para mim mesmo. [...] Buster Keaton chamou a minha atenção para este método. Ele disse para eu arranjar uma grande folha de papel. E abrir a folha no chão. [...] Aí eu me deito sobre esta folha de papel." "Como?" "De bruços." "De bruços, bem. Continue! Continue!" "Como um prato numa toalha de mesa, eu me deito no papel. Está rindo de mim, Winston?" "Não, Charlie. Por acaso estou rindo? Olhe para mim! Estou rindo? Isso é riso? Isso não é rir. Esta é a minha cara." "Contra a ideia de que eu poderia ser louco, a única coisa que ajuda é fazer algo louco. Isso é uma coisa muita séria, Winston. É o método do palhaço. Não há ninguém no mundo mais sério do que um palhaço."

E Chaplin explica que é necessário deitar-se nu sobre o papel – "Isso é muito importante. Um par de calças já é o mundo, e uma camisa também é o mundo." E, depois, escrever uma carta para si mesmo: "Querido Charlie, escrevo, e escrevo tudo o que me vem à cabeça." Ao mesmo tempo, o escritor nu deve girar, assim de bruços, como um ponteiro de relógio no sentido horário e escrever de fora para dentro, como numa espiral, como um "redemoinho"[38]. E o romance também gira em torno deste "método do palhaço" como uma espiral que alcança um claro ápice no final:

Nós dividimos nosso eu em dois, nós nos vemos como anões e monstros – e achamos ambos engraçados. Nós *nos* achamos engraçados. E eis que, durante algum tempo, o mundo não pode nos fazer mal algum. Pois o método do palhaço não consiste em outra coisa senão no trabalho de ridicularizar a si mesmo – com o objetivo de alienar-se. Sozinho, o homem não consegue rir de si mesmo, porque o riso sempre é à custa do outro. Ele precisa dividir seu eu em um eu que ri e outro que é ridicularizado. Esse é o objetivo do método[39].

A técnica de si do "método do palhaço" faz pensar em um jogo: um jogo com regras claras que tenho de jogar comigo mesmo, como um ato de rir com a morte e sobre a morte, como disse Chaplin no romance:

"Eu sempre soube que o vagabundo brinca com a morte. Ele brinca com ela, zomba dela também, torce-lhe o nariz, mas a cada momento da vida está ciente da morte, e é exatamente por isso que ele é tão assustadoramente consciente de que está vivo." [...] "O palhaço está tão perto da morte que só um gume de faca o separa dela, e ele às vezes até cruza essa linha, mas sempre volta. É por essa razão que ele não é bem real, ele é um fantasma, num certo sentido."[40]

É possível brincar e rir com a morte? Até mesmo nas danças macabras medievais os mortos já não mais apareciam como os pregadores da penitência, responsáveis pelo triunfo da providência de Deus sobre a ignorância humana. Às vezes pareciam zombar dos vivos; com mais frequência, porém, eles mesmos pareciam alegres, como se estivessem rindo, sorrindo, brincando: alegrando-se da própria desgraça, de ter deixado a própria morte para trás. Só raramente a sua expressão facial era sombria e zangada; ocasionalmente dançavam, tocavam flauta ou alaúde. Sua aparência representava tradições do culto aos mortos, que exigem muito riso, como no Carnaval europeu ou no *Día de los Muertos*, o dia dos mortos no México. Lá as pessoas também praticam o que Nigel Barley chamou de *"relação de brincalhões com a morte"*:

Uma vez por ano, por volta do Dia de Todos os Santos (1º de novembro), os mortos são chamados de volta à terra dos vivos e tratados como reis. Eles ganham novas roupas; bebidas e iguarias lhes são servidas. Os costumes regionais são diferentes, dependendo do quanto as autoridades eclesiásticas insistem no "respeito pelos mortos" e na sobriedade; a tradição prefere a alegria exuberante, os excessos e a dança. Em alguns lugares, os homens vestem-se de mulher para dançar. Os mortos às vezes são guiados até a casa de seus parentes por meio de rastros deixados com flores de calêndula. Outras vezes, as pessoas seguem uma procissão, levando comida e música para o cemitério. Para as crianças, os crânios são cobertos de massa de açúcar ou revestidos de chocolate para chupar. Figuras feitas de papel machê, açúcar, estanho e papel mostram os mortos em todos os tipos de atividades da vida. Eles telefonam, andam de bonde, vendem jornais nas esquinas das ruas ou vendem até a si próprios[41].

Mesmo tentativas de suicídio e suicídios podem ser retratados comicamente em filmes, como em *Ensina-me a viver* (1971), de Hal Ashby, *O melhor pai do mundo* (2009), ou no romance de Nick Hornby *Uma longa queda*, de 2005, que foi filmado em 2014 por Pascal Chaumeil. O recentemente publicado *Eine kleine Geschichte des Suizids* [Uma breve história do suicídio], de Anne Waak (em 2016), também apresenta vários exemplos adequados para testar nosso senso de humor negro[42].

Dimensões sombrias e trágicas vêm à tona, curiosamente, quando ousamos discutir suicídios e tentativas de suicídio no contexto lúdico[43]: quando pessoas põem suas vidas em risco, por exemplo, nos jogos romanos de gladiadores, nas guerras, torneios, duelos ou em competições perigosas, desde corridas de carro até o mergulho livre, cujo fascínio suicida foi tão virtuosamente desvendado por Luc Besson, em seu filme cult *Imensidão azul* (1988). Famosas teorias dos jogos como o *Homo ludens* (1938), de Johan Huizinga[44], não mencionam o elemento suicida do jogo; Roger Caillois menciona apenas em uma passagem de *Os jogos e os homens* (1958) os suicídios imitativos após as mortes de James Dean e Rodolfo Valentino[45]. E ainda que Georges Bataille, em seu ensaio sobre Huizinga, chegue a comentar a possibilidade do jogo enquanto "risco", no qual "todo rival se arrisca"[46], ele não fala de suicídio. Como os jogos podem ser classificados?

Huizinga aborda os campos em que o jogo permeia a cultura: língua, direito, religião, guerra, conhecimento, arte e filosofia. Caillois opera com as categorias *Agon* (competição), *Alea* (sorte e acaso), *Mimicry* (imitação) e *Ilinx* (vertigem e êxtase), enquanto Friedrich Georg Jünger diferencia jogos de azar, jogos de habilidade e "jogos imitativos"[47].

Jünger também menciona o risco de vida e para a própria pessoa[48], mas não o suicídio. Provavelmente, o sociólogo francês Jean Baechler foi o primeiro teórico, em sua dissertação *Les suicides* (publicado em 1975 pela Calmann-Lévy, com prefácio de Raymond Aron), a dar especial atenção aos suicídios lúdicos, colocando-os no mesmo patamar que os suicídios escapistas, agressivos, oblativos e institucionalizados. Referindo-se às quatro categorias de Roger Caillois, Baechler explicou alguns *suicide games*, como o *jeu du pendu* [jogo do enforcado], que consistia em saltar de uma árvore com um laço ao redor do pescoço e tentar cortar a corda com uma faca durante a queda. Hoje, o *jeu du pendu* só é praticado simbolicamente, como no jogo de adivinhar palavras, a "forca". Em outro jogo, chamado de *murder party*, todos os jogadores recebiam uma pistola, mas apenas uma delas estava carregada. Os jogadores eram trancados numa sala escura e tinham de disparar as suas pistolas sob comando. Por fim, Baechler citou um clube iugoslavo do período entre guerras no qual se jogava cartas e uma carta adicional simbolizando a morte era embaralhada entre as outras. Quem puxava essa carta tinha de tirar a própria vida no dia seguinte[49].

Muito mais popular do que esses jogos é a "roleta-russa". O termo geralmente é ligado ao conto intitulado *"Russian Roulette"*, de Georges Surdez, publicado no hebdomadário nova-iorquino *Collier's*, de 30 de janeiro de 1937[50]. Nele, um legionário estrangeiro alemão chamado Hugo Feldheim conta das apostas do sargento russo Burkowski, que tirava uma bala do seu revólver, rodava o tambor, puxava o gatilho e constantemente sobrevivia – apesar da probabilidade de 1 em 6 de cometer suicídio. Mas o sargento teria enganado as pessoas e removido secretamente todas as balas. No entanto, o truque foi descoberto e, por vergonha, o sargento matou-se de fato. Provavelmente a história sobre o oficial russo na Romênia, que teria supostamente confiado ao acaso o seu suicídio em 1917, também deve ter sido criada apenas para encorajar os outros a fazerem apostas. Em suma, as fontes históricas da roleta-russa são desconhecidas, e talvez o jogo tenha seguido o caminho direto da ficção para a realidade. Embora o escritor Graham Greene tenha afirmado já ter jogado roleta-russa em sua juventude infeliz – por exemplo, em uma entrevista a Christopher Burstall para a BBC em 15 de agosto de 1969 –, seus biógrafos levantaram dúvidas sobre o fato. Seja como for, a roleta-russa afirmou-se e propagou-se como tema de filmes e na literatura. No filme *El Topo* (1970), de Alejandro Jodorowsky, em *O franco-atirador* (1978), de Michael Cimino, em *O profissional* (1994), de Luc Besson, e em *13 Tzameti* (2005), de Géla Babluani, o jogo é apresentado em diferentes contextos: como uma espécie de julgamento e prova de Deus em uma igreja, como um método de tortura na Guerra do Vietnã, como extorsão de um matador profissional por intermédio de uma jovem, como uma parábola sombria do capitalismo. Outros exemplos poderiam ser citados, mas não se deve esquecer que a roleta-russa é, de fato, jogada ou praticada como um método de tortura – por exemplo, no Chile pós-1973. Em uma contribuição à antologia *Suicide as a Dramatic Performance* (2015), David Lester citou alguns números concretos: vinte vítimas da roleta-russa – dezenove homens e uma mulher – no Condado de Dade, Flórida, entre 1957 e 1985, o que corresponde a 0,31 por cento de todos os suicídios naquele tempo e região; quinze vítimas no Condado de Wayne, Michigan, entre 1997 e 2005; e 71 vítimas em todo o território dos EUA entre 2003 e 2006[51]. A avaliação de acordo com gênero, idade, consumo de álcool e drogas, nível de renda ou etnia certamente pouco surpreende: a maioria deles são homens jovens, muitas vezes desempregados, de famílias afro-americanas ou hispânicas; raramente estão sóbrios quando jogam roleta-russa, e quase nunca jogam sozinhos. Mais reveladora, porém, é a comparação com o duelo, que Lester também vê como uma espécie de suicídio através do risco. Ele se refere ao famoso duelo entre Alexander Hamilton e Aaron Burr em 11 de julho de 1804. Hamilton, um dos fundadores dos EUA, havia dito anteriormente a seus amigos que não atiraria; e morreu no duelo. Depois da sua morte foi publicada uma carta de despedida na qual Hamilton justificava a sua decisão. Involuntariamente, essa história faz pensar no duelo entre Settembrini e Naphta, no penúltimo capítulo do romance de Thomas Mann *A montanha mágica* (1924): Settembrini dispara contra as nuvens, Naphta fica indignado: "'O senhor atirou para o ar', disse Naphta, controlando-se, enquanto baixava a arma. Settembrini replicou: 'Eu atiro como quero.' 'Atire o senhor novamente.' 'Nem penso nisso. Agora é a sua vez.' Com a cabeça erguida, o sr. Settembrini olhava o céu. Ele havia se colocado quase de lado, não expondo o peito em cheio ao outro, o que era comovente de se ver. Evidentemente alguém lhe aconselhara não oferecer ao adversário toda a largura do corpo, e ele se inspirava por essa advertência. 'Covarde!', bradou Naphta, e com esse grito humano admitiu que era preciso maior coragem para atirar do que para servir de alvo. Levantou então a pistola de um modo que nada mais tinha em comum com um combate, e descarregou-a na própria cabeça."[52] Ainda na *Montanha mágica* – após a morte voluntária de Mynheer Peeperkorn –, o número de suicídios aumenta pouco antes do início da Primeira Guerra Mundial. Hoje, por outro lado, a roleta-russa e os duelos parecem quase antiquados, numa época que conhece numerosas variantes de *suicide games* virtuais, técnicas digitais de cisão do sujeito que podem ser praticadas com avatares e vários tipos de morte em todos os níveis[53].

4.

A questão do suicídio é um *leitmotiv* da modernidade. Será que um visitante de outro planeta realmente veria a Terra como um lugar de autodestruição, como suspeitou Karl Menninger no início do *Homem contra si próprio*?

Pessoas sobrevoam belas cidades antigas e lançam bombas em museus e igrejas, em grandes edifícios e crianças pequenas. São encorajados pelos representantes de 200 milhões de outras pessoas que contribuem todas, diariamente, através de seus impostos, para a insana produção de instrumentos destinados a triturar e mutilar outros seres humanos, seres como eles, dominados pelos mesmos impulsos, pelos mesmos sentimentos, que perseguem os mesmos pequenos prazeres, e, assim como eles, também sabem que a morte virá e acabará com todas essas coisas depressa demais. Essa é a imagem que teria alguém que lançasse um olhar furtivo sobre o nosso planeta, e se ele olhasse mais profundamente para a vida dos indivíduos e das comunidades veria ainda mais coisas que o confundiriam. Veria brigas, ódio e luta, desperdício inútil e destrutividade mesquinha. Ele veria pessoas sacrificando-se para ferir os outros, desperdiçando tempo, esforço e energia para encurtar esta interrupção miseravelmente curta do esquecimento que chamamos de vida. E o mais surpreendente de tudo, ele veria alguns que – como se não tivessem nada mais a destruir – apontam as suas armas contra si mesmos[54].

Poderíamos facilmente continuar pintando este panorama para os marcianos referindo-nos, por exemplo, a pessoas que leem livros, olham para imagens, veem filmes e jogam jogos que giram em torno do tema do suicídio e da autodestruição. Enquanto os agentes da prevenção do suicídio advertem contra os efeitos dos suicídios imitativos e da cobertura midiática, e enquanto o físico Stephen Hawking no exato dia de hoje – em 6 de maio de 2017 – nos aconselha a emigrar para outros planetas porque em apenas cem anos a terra deixará de ser um habitat hospitalciro, ou tros consideram a capacidade de cometer suicídio como sendo a consubstanciação do humano.

Tantas habilidades foram caracterizadas como qualidades exclusivas da espécie humana! O homem seria único, já afirmava Aristóteles, por ser capaz de formar Estados, de usar linguagem e comunicação[55]. Seria o animal inteligente que poderia trabalhar, falar, pensar, aprender, brincar, chorar e rir; o animal do nosso tempo que – liberto da "estaca do instante" – seria capaz de se apresentar como um ser cuidador e vingador, planejador e lamentador, como um animal capaz de lembrar e "prometer"[56]. O ser humano seria o animal que se saberia um animal[57] e consequentemente transcenderia a esfera do animalesco. Hoje, no entanto, especialistas em etologia, ciências cognitivas e *animal studies* já relativizaram sistematicamente esse leque de afirmações em defesa das singularidades humanas: eles demonstraram que diferentes espécies animais constroem e usam ferramentas, passam por processos de aprendizado – mesmo sem orientação humana –, sabem usar técnicas de comunicação simbólica e são capazes de reconhecer-se no espelho, lembram-se, planejam, fazem luto, perdoam, até mesmo mentem, enganam e, naturalmente, brincam. Já na primeira página de *Homo ludens,* Johan Huizinga sublinha: "Sim, é possível dizer que a espécie humana não adicionou nenhuma característica essencial ao conceito geral do jogo. Os animais jogam como os humanos. Todas as características básicas do jogo já aparecem nos jogos dos animais. Basta observar os cães jovens a brincar para reconhecer todas essas características nas suas brincadeiras animadas."[58] Desse modo, pelo menos na teoria, as antigas barreiras no limiar entre humanos e animais foram derrubadas com sucesso; e por vezes parece mesmo que a capacidade de matar-se e autodestruir-se é a única competência restante que pode ser afirmada como singularmente humana.

Será que os animais realmente não cometem suicídio? E por que a discussão sobre suicídios coletivos e imitativos ainda é ilustrada fazendo-se referência aos lemingues? O mito do "suicídio em massa" dos lemingues – uma família de roedores que vive na tundra ártica – provavelmente se desenvolveu na Escandinávia, mas, na melhor das hipóteses, só é certo que consideráveis flutuações populacionais periódicas levam a migrações nas quais alguns dos animais morrem. A ideia de que os lemingues atiram-se aos milhares das falésias para o mar pertence, sem dúvida, ao reino da fantasia. O mito foi difundido mundialmente por um documentário de 1958, produzido pela Disney: *O Ártico selvagem,* no qual os "suicídios em massa" dos lemingues foram mostrados de uma maneira impressionante. Porém, os cineastas manipularam o filme, como provou o jornalista Brian Vallee em uma reportagem para a televisão canadense, em 1983. De acordo com a sua apresentação

as cenas foram filmadas no estado canadense de Alberta, onde não há lemingues. Os cineastas compraram os animais das crianças esquimós de Manitoba e em seguida os levaram para o local de filmagem. A fim de criar a impressão de uma migração em massa, os lemingues foram colocados sobre uma grande placa giratória coberta de neve, que foi então posta para girar e filmada a partir de todos os ângulos possíveis. O fluxo de lemingues nada mais era do que um "*loop*", no qual eram vistos sempre os mesmos animais. E aí vem a parte cruel da história: 'Os lemingues chegam ao abismo mortal', sussurra o narrador, 'esta é a sua última oportunidade de voltar atrás. Mas eles prosseguem, caindo nas profundezas.' Da perspectiva quase fantástica de uma câmera, criada graças à perfeita profundidade de campo, o espectador vê os roedores caírem no desfiladeiro de um vale de rio, supostamente movidos por um instinto de morte. Porém, segundo a pesquisa de Brian Vallee, a realidade foi muito mais profana: o pessoal da Disney ajudou ativamente, empurrando e jogando no abismo os lemingues pouco dispostos a pôr fim à sua vida. Na cena final, vê-se os animais moribundos à deriva na água. "Aos poucos eles perdem o ânimo, a força de vontade se esvai, e o Oceano Ártico fica coberto com os pequenos cadáveres."

O autor conclui, indignado: "Qual nada! Nem Oceano Ártico nem força de vontade se esvaindo: o que ocorre ali é um assassinato em massa de animais a serviço da fábrica de ilusão de Hollywood."[39] A única coisa secretamente posta em cena e legitimada foi o nosso próprio fascínio pelo suicídio.

Num artigo para a revista *Endeavour*, os historiadores de ciência britânicos Edmund Ramsden e Duncan Wilson examinaram mais de perto a questão dos suicídios de animais. Em seu trabalho, eles referem-se não só aos mitos – como a lenda cristã do pelicano rasgando o próprio peito para alimentar a cria com seu sangue –, mas também às investigações científicas e experiências de laboratório no século XIX. Por exemplo, as que se seguiram a uma reportagem (publicada no *Illustrated London News* de 1º de fevereiro de 1845) sobre as repetidas tentativas de suicídio de um cão que supostamente tentou afogar-se, mergulhando na água e submergindo a cabeça sem mover as pernas[60]. "Recentemente, pesquisas sobre *animal suicides* são realizadas a fim de poder investigar e classificar as causas bioquímicas ou genéticas do suicídio involuntário em animais e humanos", resumem os autores[61]. Uma linha completamente diferente é proposta por Claire Colebrook, cientista cultural australiana que leciona na Universidade Estadual da Pensilvânia, em sua contribuição para a antologia *The Animal Catalyst* (2014), publicada por Patricia MacCormack. Com referência às obras de Jacques Derrida e Gilles Deleuze, ela fala da "*counter-animality*" do ser humano, que, justamente na tentativa de sobreviver como um organismo orgânico e material, traça uma existência além de todos os limites de sua própria natureza. O homem seria um "*suicidal animal*", capaz de transgredir os interesses e limites do seu próprio eu orgânico[62]. Em certo sentido, os suicídios humanos, segundo Colebrook, surgem precisamente do confronto com a própria animalidade: "Só é possível ao animal humano travar uma guerra contra si mesmo, na sua forma mais extrema até a autodestruição, porque a humanidade assume quase necessariamente a forma de uma guerra contra a animalidade."[63] A capacidade humana de compreender a própria individualidade como superior à (ou pelo menos bem diferente da) sua própria animalidade seria uma espécie de ataque contra essa individualidade, formula Colebrook, ecoando Derrida, ou seja, "uma guerra do animal suicida"[64]. E essa guerra contra os animais e o ambiente só seria possível enquanto o homem continuasse a conceber-se como um indivíduo autônomo e imune, para além do mundo. Em outras palavras: o derradeiro limite entre humanos e animais – de acordo com a tese de que o ser humano é o único animal que pode cometer suicídio – apresenta um efeito recursivo, quase como o resultado de uma série de guerras e demarcações contra os animais e contra sua própria animalidade.

É, portanto, ainda mais notável que sejam precisamente os sonhos tecnológicos de superação da animalidade orgânica – como as visões de ciborgues e de "super-humanos" de vida longa ou mesmo possivelmente imortais – que levem a uma decisão pela mortalidade e pelo suicídio, pelo menos no cinema. Tudo teve início no filme de Ridley Scott *Blade Runner* (1982), com o grandioso monólogo final do replicante Roy Batty, interpretado por Rutger Hauer, que primeiro se revolta contra a curta programação de sua vida de apenas quatro anos, mas depois aceita a morte e quase se converte em um mártir cristão – com uma pomba e um prego atravessado na mão: "Eu vi coisas que vocês, humanos, nunca acreditariam. Naves de guerra em chamas na constelação de Órion. Raios-C resplandecentes no escuro perto do Portal de Tannhaüser. Todos esses momentos se perderão no tempo, como lágrimas na chuva. Hora de morrer." É certo que o replicante não comete suicídio, mas ele também não tem mais certeza se quer viver mais tempo. Nove anos depois é o assassino de ciborgues no segundo *Exterminador do Futuro* (1991), de James Cameron, interpretado por Arnold Schwarzenegger, que também escolhe a morte segundo o modelo cristão – ainda que não na cruz, mas em aço derretido. Como não está programado para se suicidar, ele precisa pedir a assistência voluntária de Sarah Connor (Linda Hamilton). Um ano mais tarde, a heroína de *Alien III*, de David Fincher – Ellen Ripley (Sigourney Weaver) –, joga-se em aço derretido para evitar a gestação de um bebê alienígena. E em *O homem bicentenário* (1999), dirigido por Chris Columbus, é o andróide Andrew Martin, interpretado por Robin Williams, que, por amor a Portia (Embeth Davidtz), concorda em transformar-se num homem mortal. Todos esses personagens – e outros exemplos são fáceis de encontrar – seguem o modelo do centauro Quíron, que renuncia voluntariamente à imortalidade no mito grego. Estaremos diante de uma época de *machine suicides*?[65] Na noite de 16 de março de 1960, o escultor suíço Jean Tinguely apresentou sua obra maquinal *Homage to New York* no jardim de esculturas do Museu de Arte Moderna de Nova York: um arranjo cinético feito de vários resíduos e restos encontrados por Tinguely nos depósitos de lixo e sucatas da cidade – uma banheira antiga, um balão meteorológico, várias bicicletas, um piano. De acordo com o seu plano original, a estrutura deveria pôr-se em movimento, fumegando e chacoalhando, até finalmente cair num pequeno lago e cometer "suicídio"; no entanto, a máquina rapidamente pegou fogo e precisou ser apagada pelos bombeiros. Marcel Duchamp saudou a máquina autodestrutiva, escrevendo em seu convite um poema de 1912 e enviando-o de volta para Nova York: "*Si la scie scie la scie/ et si la scie qui scie la scie/ est la scie que scie la scie/ il y a suissscide métallique*" – "Se a serra serra a serra/ e se a serra que serra a serra/ é a serra que serra/ então há um 'suissscídio' metálico."[66] Mas naquela época ainda não se falava em "ir para a Suíça"...

1. A quem pertence a minha vida?

> "A melhor coisa do mundo é saber-se
> pertencente a si mesmo."
> Michel de Montaigne[1]

1.

Albert Camus tinha 28 anos quando publicou, em 1942 – ou seja, em plena Segunda Guerra Mundial –, dois de seus livros mais importantes: o romance *O estrangeiro* e o ensaio filosófico *O mito de Sísifo*. O ensaio começa com uma frase programática: "Só há um problema filosófico verdadeiramente sério: o suicídio."[2] *O estrangeiro* não só trata do assassinato absurdo de um árabe e de uma execução igualmente absurda, como aborda, em certo sentido, o suicídio do protagonista. Essa visão foi expressa também por Kamel Daoud em seu romance *O caso Meursault*, publicado em 2013 na Argélia e aclamado pela crítica, que ecoa e inverte a perspectiva de *O estrangeiro*: "Ele matou, mas eu sabia que se tratava do próprio suicídio."[3] A alusão ao romance *A queda* (1956), publicado um ano antes de Camus ser agraciado com o Prêmio Nobel e que também gira em torno de um suicídio, só funciona no título da tradução alemã (*Der Fall*), pois em alemão a palavra "*Fall*" refere-se tanto a um caso jurídico quanto a uma queda.

Por que o suicídio é caracterizado, no início do ensaio *O mito de Sísifo*, como o único "problema filosófico verdadeiramente sério"? O próprio Camus converteu rapidamente essa questão em outra: "Se a vida merece ou não ser vivida." No entanto, é possível contestar essa versão do problema não só com o argumento de que a ideia da vida como não merecedora de ser vivida já foi frequentemente usada na história – por exemplo, nos programas de eutanásia do nacional-socialismo – como um veredito sobre a vida de outras pessoas, mas pode-se argumentar também que essa visão não precisa levar necessariamente ao suicídio. É plenamente possível negar o valor da vida sem querer abdicar dela, e o próprio Camus argumenta em favor dessa possibilidade ao propor – na última frase de seu ensaio – que imaginemos Sísifo como uma "pessoa feliz"[4]. Poderíamos até afirmar, presumivelmente em consonância com Camus, que o mundo é habitado por pessoas que não creem num sentido maior ou no valor da vida nem na necessidade de optar por uma saída pelo suicídio. E vice-versa: algumas pessoas optam pelo suicídio, por exemplo, na forma do autossacrifício ou do martírio, exatamente por acreditar num sentido maior e no valor da vida.

Mais evidente do que a tese de que o suicídio seria o único "problema filosófico verdadeiramente sério" por forjar uma decisão em favor ou contra a vida, revela-se a questão que vem sendo discutida fervorosamente desde a filosofia da Antiguidade até os nossos debates atuais sobre a morte assistida: o suicídio é permitido ou proibido? Essa questão costuma esconder-se atrás de aspectos da terminologia ou da tradução: devemos falar de suicídio, morte voluntária ou de *Selbstmord* [matar-se]? O termo "*Selbstmord*" remete à proibição de matar do Decálogo e por essa razão a literatura atual evita o seu uso. Não obstante, em sua nova tradução para o alemão do *Mito de Sísifo*, Vincent von Wroblewsky traduziu o vocábulo francês "*suicide*" continuamente como "*Selbstmord*", e é provável que com razão. O próprio Camus associou o suicídio ao assassinato, não somente no romance *O estrangeiro*, mas também nos esboços para essa obra, escritos entre 1936 e 1938, mas só publicados em 1971, mais de dez anos após a morte do autor, na época ainda sob o título *A morte feliz*. Nesta primeira versão do romance, o protagonista – aqui chamado de Patrice Mersault – mata o rico Roland Zagreus, que se encontra numa cadeira de rodas desde um acidente no qual perdeu as duas pernas. Mersault mascara o latrocínio como um suicídio, o que se torna viável pelo fato de Zagreus guardar seu dinheiro numa caixa junto com uma carta de despedida e um revólver, que ele ocasionalmente pondera usar, acabando sempre por optar pela continuação da vida[5]. Aliás, o seu nome remete à mitologia trácia: Zagreus é o filho de Zeus e de Perséfone, representado frequentemente por uma criança com uma cabeça de touro. Já Mersault é a reencarnação de Rodion Raskólnikov, o que se torna mais evidente na versão do romance publicada em 1942.

O suicídio é permitido ou proibido? A "lei" do "tudo é permitido"⁶, de Ivan Karamázov, à qual ele espera "nunca abdicar", inclui expressamente o suicídio. Não é à toa que, em conversa com Aliócha, Ivan menciona várias vezes que quando completar trinta anos pretende "lançar a taça contra a parede e devolver ao Criador o bilhete de entrada para a mundo". Tudo permitido? No dia 10 de janeiro de 1917, o filósofo Ludwig Wittgenstein, estando na Frente Oriental da Primeira Guerra Mundial, anota em seu diário: "Se o suicídio é permitido, então tudo é permitido."⁷ Essa frase pode ser facilmente transformada em: só quando tudo é permitido, o suicídio também é permitido. Essa é a postura que marcou a jurisprudência durante séculos. Foi somente após a virada do século, no dia 3 de novembro de 2006, que o Tribunal Federal da Suíça declarou o suicídio como um direito humano nos termos do artigo 8º da Convenção Europeia de Direitos Humanos. Por outro lado, até 1961 a tentativa de suicídio era considerada um crime, por exemplo, no Reino Unido. Em 9 de dezembro de 1941, um tribunal de Londres condenou Irene Coffee, uma judia de 29 anos, à morte por enforcamento, por ter ingerido, junto com a sua mãe, uma dose excessiva de pílulas para dormir com o intuito de tirar a própria vida, dois meses antes. A mãe morreu, mas a filha sobreviveu e foi processada por matricídio nos termos da lei vigente. No último instante, a sentença de morte foi transformada em prisão perpétua⁹. No site da *BBC News*, em 3 de agosto de 2011, o jornalista Gerry Holt rememora outro caso, do ano de 1958:

> A polícia encontrou Lionel Henry Churchill com um ferimento de bala na testa ao lado do corpo de sua esposa, que já se encontrava em estado de putrefação. É difícil imaginar o seu enorme abalo emocional.

Ele havia tentado suicídio na cama do apartamento do casal, em Cheltenham, e falhou. Os médicos aconselharam um tratamento sob medicação numa clínica psiquiátrica, mas as autoridades negaram a aprovação. Em julho de 1958 ele foi preso por seis meses, depois de ser considerado culpado da tentativa de suicídio[9].

Hoje, essas sentenças nos parecem absurdas. Elas eram justificadas com a punibilidade da tentativa de privar a Coroa de um súdito (ou do futuro pagamento de seus impostos). Isso não significa nada além de: a nossa vida não nos pertence. É com base nessa constatação aparentemente lógica que se fundamentaram as proibições do suicídio ao longo da história, sejam elas de cunho religioso, moral ou jurídico. Desse modo, a questão da permissão ou proibição do suicídio pode ser facilmente transformada em: a quem pertence de fato a nossa vida?

"Pertencer a si mesmo" é o título do quarto capítulo do famoso ensaio de Jean Améry em defesa da morte voluntária. Nele, o autor proclama o "fato fundamental *de que o ser humano pertence basicamente a si mesmo* – e isso para além da rede de obrigações sociais, para além de uma predestinação e do prejulgamento biológico que o condena à vida"[10]. Até mesmo na Antiguidade, que, via de regra, respeitava o suicídio, esse "fato fundamental" não foi reconhecido. Bastava uma derrota militar ou a impossibilidade de saldar uma dívida econômica para que isso acarretasse a perda de direitos civis básicos, e essa perda poderia estender-se às próximas gerações. Um escravo não pertencia a si mesmo, mas ao seu dono, pois "o escravo é parte do seu senhor", afirmou Aristóteles na sua *Política*[11]. Nas *Cartas a Lucílio*, Sêneca lamenta mais de quatrocentos anos depois que "tão poucos" consigam "possuir-se", embora seja "um bem inestimável" tornar-se "propriedade de si mesmo"[12]. Ou seja, Sêneca também não acreditava que nós nos pertencemos por natureza, mas sim que esse seria um objetivo digno de ser perseguido. E ele também sabia que esse "bem inestimável" exige que averiguemos sempre "qual é a qualidade da vida, e não quanto tempo ela dura". Quando o sábio "enfrenta muitas dificuldades que lhe tiram o descanso, ele se despede; e o faz não somente em situação de emergência extrema, antes pondera profundamente se não deve parar no momento em que o seu destino comece a tornar-se comprometedor".[13]

O próprio Sêneca foi consequente em seguir essa máxima quando recebeu a ordem de Nero para que cometesse suicídio.

2.

Por que não somos os proprietários de nossa vida? E por que Sêneca não considera a ideia de "pertencermos a nós mesmos"[14] um "fato fundamental", mas sim uma meta difícil de ser alcançada e um bem valioso? A resposta é óbvia e já foi formulada nos tempos mais antigos: a nossa vida não nos pertence porque nos foi dada de presente, porque não a demos a nós mesmos. Nós não nos geramos, não somos nossos criadores. Já nos *Vedas* – como no *Shatapatha Brahmana*, de aproximadamente 3 mil anos – essa acepção da vida foi concebida como uma relação de dívida elementar. Foi isso que levou David Graeber a citar algumas frases desse texto como lema em sua história das dívidas: "Ao nascer, toda criatura incorpora uma dívida com os deuses, com os santos, os antepassados e os seres humanos. Se oferecemos sacrifícios é porque devemos algo aos deuses desde o nosso nascimento."[15] O sacrifício é a dádiva em resposta a uma dádiva anterior: a dádiva da própria vida, o fato de que existimos. Graeber poderia ter mencionado também algumas frases dos livros proféticos de Israel, das tragédias gregas ou o famoso fragmento de Anaximandro: "O perecimento das coisas existentes resulta nos elementos dos quais elas surgem, conforme a necessidade: pois pagam uns aos outros penas e dívidas pela injustiça, de acordo com a ordem do tempo."[16] Essa frase é aproximadamente mil anos mais velha do que a teologia do pecado original, desenvolvida pelo bispo e santo padre Agostinho no debate com o monge britânico Pelágio. No entanto, ao evocar a noção da justiça e da "ordem do tempo", ele deixa em aberto a quem devemos a nossa vida ou a quem deveríamos agradecer por ela. Ao contrário de Agostinho, o texto citado dos *Vedas* designa os deuses, santos, antepassados e seres humanos como instâncias que nos deram a vida de presente e que poderiam, consequentemente, exigir uma proibição do suicídio enquanto negação desse presente.

A quem devemos então a vida? As primeiras respostas a essa pergunta desaparecem na escuridão pré-histórica. Elas exigem uma projeção da "cena primária" sobre a história[17]. A "cena primária" é um termo usado por Sigmund Freud para descrever a observação do ato sexual dos pais pela criança. O termo aparece pela primeira vez no seu estudo do caso do "Homem dos lobos"[18]. De forma implícita, no entanto, estava claro: o *páthos* desse termo não se refere somente ao comportamento sexual parental[19], mas também ao reconhecimento posterior por parte da criança de ter sido gerada numa cena como aquela. Desde os livros *Das Mutterrecht* [O direito materno], de 1861, de Johann Jakob Bachofen, e *A sociedade antiga*, de 1877, de Lewis Henry Morgan, a etnologia do parentesco vem discutindo se os assim chamados "povos primitivos" conhecem a ligação entre sexualidade e procriação. Bronislaw Malinowski, por exemplo, ressalta em seu estudo sobre a vida sexual dos indígenas das Ilhas Trobriand (1929) que eles "desconhecem a relação causal entre o ato sexual e a fecundação". Um informante teria relatado que "ao regressar para casa depois de uma ausência de um ano, encontrou ali um recém-nascido. Ele me contou isso como exemplo e prova definitiva de que o ato sexual nada tem a ver com a fecundação"[20]. A paternidade, assim conclui Malinowski, é praticada como "paternidade social"; as crianças, no entanto, devem seu nascimento aos espíritos de ascendentes mortos, que colocam a criança na cabeça da mulher. "Sangue do corpo jorra até a cabeça e a criança vai escorregando aos poucos para baixo sobre essa corrente de sangue até se assentar no ventre da mulher."[21]

Para responder à pergunta "a quem devemos a nossa vida?" ou "a quem deveríamos agradecer por ela?", não faz a menor diferença se postulamos uma construção natural ou social do parentesco. Isso porque a "cena primária" pré-histórica pressupõe uma concepção de nascimento e morte que não remete necessariamente à formação de diferenças entre natureza e cultura: ela é uma simbolização dos caminhos pelos quais viemos ao mundo e um dia o deixaremos.

Indícios dessa simbolização foram descobertos e remetem justamente a um período de há aproximadamente 70 mil anos, que o historiador israelense Yuval Noah Harari caracteriza como a "revolução cognitiva"[22], por analogia com a "revolução agrícola". Harari afirma que o desenvolvimento de uma linguagem de ficção, ou seja, da "capacidade de comunicar grandes quantidades de informação sobre coisas que não existem"[23], seria uma conquista cultural essencial daquela época, em cujo decorrer grupos da espécie *Homo sapiens* saíram da África Oriental para povoar a Europa Ocidental, encontrando ali os homens de Neandertal e miscigenando-se com eles[24]. Uma das mais significativas conquistas dessa nova linguagem da ficção foi a simbolização do nascimento e da morte. Ela pode ser deduzida da ornamentação das sepulturas antigas, nas quais os mortos eram sepultados junto com ferramentas de pedra, bijuterias, restos de animais ou argila vermelha – simbolizando talvez a cor da vida. Algumas sepulturas revelam uma orientação leste-oeste significante. Teria a vida sido associada ao movimento do Sol? Teriam surgido ideias sobre uma vida após a morte que foram então aprofundadas em rituais? Num conjunto de sepulturas de caçadores de mamute no sítio arqueológico do Sungir, na Rússia, de aproximadamente 30 mil anos atrás, arqueólogos encontraram uma cova infantil com dois esqueletos enterrados cabeça a cabeça: o garoto, de provavelmente doze anos, "estava coberto com 5 mil pérolas de marfim e vestia uma boina com 250 dentes de raposa"; a menina, de uns nove anos de idade, "estava enfeitada com 5.250 pérolas de marfim. Em volta das crianças, havia pequenas figuras e outros objetos de marfim"[25]. Harari enfatiza os enormes dispêndios de uma tal sepultura, cujos motivos desconhecemos.

As descobertas das escavações não permitem uma reconstrução confiável das práticas rituais e concepções da época, mas deixam transparecer ações bem planejadas, assim como ocorre com as inúmeras pinturas nas paredes das cavernas paleolíticas no norte da Espanha ou no sul da França. Tão enigmática como a sepultura das crianças de Sungir é a famosa cena da fonte na caverna de Lascaux: na descida para um fosso de quatro a cinco metros de profundidade que leva às partes mais baixas da caverna, a cena mostra um homem deitado no chão com o pênis ereto e uma cabeça de pássaro. Ele parece ter sido atacado pelo bisonte que está desenhado bem ao seu lado. O animal traz uma lança enfiada no ventre que lhe arranca as tripas. Diante do homem há um bastão caído com a ponta ornamentada por uma cabeça de pássaro: pode ser uma arma ou uma referência simbólica a um mito que desconhecemos. Mas isso não é relevante. Decisivo para a nossa argumentação é que a linguagem e a técnica pictórica da ficção possibilitam a formulação da questão da origem e do futuro já desligada da orientação espacial. Ali tornou-se possível falar, pintar, simbolizar e praticar em rituais o que não existia na realidade. As velhas questões levantadas por Ernst Bloch no início de sua obra principal – "Quem somos? De onde viemos? Para onde vamos? O que nos espera? O que esperamos?"[26] – levaram a novas respostas. A partir daí, as pessoas passaram a comunicar não só de que região vêm, para onde vão e a que grupo pertencem, mas também que há um mundo que elas só vivenciam em seus sonhos e visões: um mundo anterior ao nascimento, até mesmo anterior à sua entrada no útero materno, um mundo que começa quando pessoas vivas e animais transformam-se em cadáveres de forma enigmática.

Nas paredes das cavernas paleolíticas encontram-se inúmeras representações estilizadas da vulva, frequentemente gravadas nas fendas, canais em forma de tubo e grutas realçadas com argila vermelha. Será que as cavernas foram associadas à vulva? Ou teriam servido como centros para a "reencarnação" de animais desaparecidos, como suspeitam Max Raphael e Hans Peter Duerr?[27] Dessa mesma época datam as figuras chamadas erroneamente de Vênus, como as Vênus de Willendorf, de Lespugue, de Dolní Vestonice, de Moravany, de Brassempouy, de Mal'ta ou de Kostenki. Eram figuras pequenas: em sua maioria mediam cerca de onze centímetros de altura (ou menos) e eram talhadas em marfim de mamute, pedra calcária ou argila assada. A Vênus de Savignano, encontrada em 1925 nas proximidades de Modena, com seus 22,5 centímetros, é um dos maiores artefatos conservados. Nós sabemos tão pouco sobre a importância dessas estatuetas e sua possível utilização em cerimônias como sobre o significado das pinturas nas cavernas paleolíticas. Teriam os pequenos ídolos do tamanho de uma mão servido como imagem de uma deusa-mãe, uma senhora dos animais, um espírito protetor feminino? Como amuletos apotropaicos? Como símbolos de rituais de morte e reencarnação? É provável que as pequenas figuras de marfim não fossem nem deusas nem objetos de um culto de fertilidade, mas seria possível vê-las como uma expressão primeira do reconhecimento de que a vida surge e acaba, aparece e some, nos é dada e tirada, e que o máximo que podemos fazer é influenciar o ritmo desse processo.

3.

A questão "a quem pertence a nossa vida?", e se podemos dispor dessa vida e de seu fim, provavelmente não foi levantada pelas culturas pré-históricas. Ela pressupõe dois conceitos que só foram desenvolvidos durante a "revolução agrícola": o conceito de propriedade e o conceito de distinção social, de dominância e parentesco. Só por meio dessas ideias as coisas e os materiais, os seres vivos e as pessoas puderam ir além dos processos de metabolismo, circulação temporal e comunicação. Caçadores e coletores não tinham noção de propriedade. Quando, há mais de 10 mil anos, alguns grupos de pessoas começaram a fundar cidades, irrigar o solo e cultivar grãos, não era raro enfrentarem resistência. Por que razão alguém poderia possuir com exclusividade a terra e seus frutos? Segundo a lógica pré-histórica, campos, prados, lagos, mares ou florestas e seus frutos estão à disposição de todos os seres vivos – não somente dos humanos, mas também dos animais. O fato de que a terra pudesse ser apreendida e declarada como propriedade deve ter parecido uma espécie de roubo para os nossos antepassados, quase em conformidade com Pierre--Joseph Proudhon, que, em seu ensaio polêmico *O que é a propriedade?* (1840), afirma: propriedade é roubo[28].

Até mesmo Immanuel Kant chegou a diferenciar assentamento de posse: "Todos os homens estão originariamente (ou seja, antes de todo ato jurídico do arbítrio) na posse legítima do solo, isto é, eles têm direito a estar ali onde a natureza ou o acaso os colocou (sem sua vontade). Essa posse (*possessio*), que difere da residência (*sedes*) enquanto posse voluntária e duradoura, portanto adquirida, é uma posse comum por causa da unidade de todos os lugares sobre a superfície da terra como superfície esférica." Especialmente nos dias de hoje, recomenda-se chamar à memória essa utopia de uma comunidade global: o pressuposto de Kant de uma posse total da *communio possessionis originaria*[29] constituída originalmente pela natureza.

Tão importante quanto o questionamento dos motivos para a ocupação da terra e do assentamento[30] – enquanto afirmação do pertencimento territorial – é o desenvolvimento de noções de pertencimento temporal. Já há mais de 10 mil anos, eram encenados sepultamentos secundários nos assentamentos de grupos seminômades, supostamente para as pessoas que morriam pelo caminho durante, por exemplo, a caça. No local da morte, elas eram provisoriamente sepultadas ou reduzidas a esqueleto, para só ser enterradas definitivamente após o regresso ao assentamento. Esses transportes de cadáveres ou ossos não eram praticados só para registrar a ligação do morto com o seu lugar de residência principal, mas também para reforçar a identidade coletiva do grupo ao qual ele pertenceu em vida. Não é por acaso que os mortos eram sepultados em covas coletivas (de duas a dez pessoas): o ritual em torno da morte assegurava a união das pessoas da mesma origem e ascendência[31]. O parentesco formava a primeira ordem simbólica em cujo horizonte podia-se perguntar e responder: a quem afinal pertence a vida e a quem se deve obediência por causa disso? Os termos "pertencer" e "obedecer" remetem, em alemão, à mesma raiz, a saber, ao verbo do alemão antigo *gihörian*, no qual se congregam palavras como *"hören"* [ouvir], *"angehören"* [pertencer] e *"gehörig"* [apropriado]. Quem ouve ou cumpre um comando ou uma ordem prova ser obediente e expressa seu pertencimento. Esse pertencimento fundamenta o poder: poder de comandar, poder de castigar, poder de matar. Rebelar-se contra esse poder significa morrer uma morte social, matar-se.

E com isso chegamos à "cena primária" da "cena primária", não a muito criticada "horda primitiva" de Freud, mas sim a primeira resposta para a pergunta: a quem pertence a minha vida? A saber, àquelas pessoas que me deram a vida: a mãe, os pais, a família e o grupo maior de parentes, os ascendentes e os ancestrais. Essa resposta parece plausível até hoje. Em seu livro *Éloge de la dette* [Elogio da dívida], de 2012, Nathalie Sarthou-Lajus sublinha que "o ser humano não é o inventor da própria vida e não pode declarar-se criador de si mesmo. Antes mesmo de contrair o primeiro crédito bancário, o ser humano já nasce como herdeiro e devedor"[32]. Essa enunciação aponta para uma ruptura: a transferência da genealogia maternal para a paternal, da moral coletiva para a economia de herança e dívida, mas, sobretudo, para a transmissão da autoria da vida do ser humano para os deuses e criadores, como já vimos na citada passagem dos *Vedas*. Se quisermos expandir a lista das "revoluções" – embora tratemos aqui de insurreições milenares e não de revoluções relativamente curtas como as que se seguiram à queda da Bastilha ou à tomada do Palácio de Inverno na Rússia –, poderíamos expandir a análise da "revolução cognitiva" e da "revolução agrícola" com a introdução de uma *revolução mental sobre a "Era Axial"* (segundo Karl Jaspers[33]). No decorrer dessa "revolução", houve a invenção da escrita, que de início servia preponderantemente à feitura de listas, como, por exemplo, os registros dinásticos, inventários de bens e gado, catálogos astronômicos ou regras jurídicas, e que, mais tarde, levou ao nascimento das religiões baseadas em livros e da filosofia.

As religiões baseadas em livros sacralizaram de certa maneira a "cena primária". A minha vida não pertence mais aos meus pais ou ancestrais por eles me a terem dado, mas a uma instância divina e metafísica. Essa instância revoga a genealogia. Significativas neste contexto são as histórias do Gênesis. Elas documentam não só a criação do ser humano, mas também uma profunda ambivalência do Criador. Ele impõe o nascimento e a morte às suas criaturas como castigo pelo prazer de terem provado do fruto da Árvore da Ciência do Bem e do Mal, e as expulsa do Paraíso. Ao desejo de reprodução dos seres humanos, Ele reage com aversão e dilúvio: "Então arrependeu-se o Senhor de haver feito o homem sobre a Terra e pesou-lhe o seu coração. E disse o Senhor: Dizimarei o homem que criei de sobre a face da Terra, e com ele os animais, os répteis e as aves do céu, porque eu me arrependo de tê-los criado." (Gn 6, 6-7). E não é por acaso que o capítulo antes do relato sobre o dilúvio trate da sucessão genealógica de Adão. A reprodução humana é algo inquietante para Deus, que, de certa forma, está em concorrência com os ancestrais, os "valentes dos tempos antigos" (Gn 6, 4). Os fundadores das diversas religiões são rebeldes órfãos de pai: Moisés, Buda, Jesus, Maomé. O "experimento antigenealógico da modernidade"[34] teve início há mais de dois milênios. Resquícios dessa postura encontram-se também nos Evangelhos cristãos: no Evangelho de Mateus, Jesus responde a um mensageiro que anuncia a visita de sua mãe e seus irmãos: "Quem é minha mãe e quem são os meus irmãos?" (Mt 12, 48). Em outra passagem, ele aponta: "Não penseis que vim para lançar paz sobre a Terra. Não vim para lançar paz, mas sim uma espada. Vim para separar uma pessoa do seu pai e uma filha da sua mãe e uma nora de sua sogra, e os inimigos de cada um [são] os que vivem em sua casa. Aquele que ama pai ou mãe mais do que a mim não é digno de mim. E quem ama filho ou filha acima de mim não é digno de mim." (Mt 10, 34-37).

O senso de família é rejeitado: a minha vida não pertence aos meus pais ou aos ancestrais, mas ao Criador. É por essa razão que na maioria das religiões o suicídio é estritamente proibido, inclusive no islã e até mesmo no budismo, que oscila entre a rejeição clara e o seu reconhecimento em determinadas circunstâncias. O suicídio é proibido pois é definido como apropriação ilícita, por parte dos humanos, de uma propriedade divina. Somente após o Iluminismo europeu e a divisão mais ou menos clara entre comunidades religiosas e Estados, a questão "a quem pertence a minha vida?" é novamente transferida dos ancestrais e deuses para as nações.

Nações também reclamam seus direitos sobre o corpo e a vida de seus cidadãos. Desde a implementação do *Levée en masse* (artigo 4º da Terceira Convenção de Genebra), em 1793, proposto por Lazare Carnot, homens jovens são alistados para o serviço militar e a deserção é severamente punida. Os órgãos nacionais de propaganda exigiam das mulheres que fizessem a sua contribuição para garantir a existência de novas gerações – em forma de gestações. Em 1896, foi fundada na França a *Alliance nationale pour l'accroissement de la population*, uma "aliança para a reprodução da população". Durante o período do nacional-socialismo, as mulheres foram condecoradas com a Cruz de Honra das Mães Alemãs (*Mutterkreuz*), em analogia à Cruz de Ferro da Prússia. Em 2013, durante a campanha eleitoral para o Parlamento alemão, foi discutida a criação de "aposentadorias maternais", e tratados sobre políticas demográficas como o livro de 2010 *Deutschland schafft sich ab* [A abolição da Alemanha por si mesma], de Thilo Sarrazin, alertam para as consequências de uma queda na taxa de natalidade.

4.

A quem pertence a minha vida? Depois dos antepassados e dos deuses, foram Estados e nações que reclamaram o direito de propriedade, inclusive por meio da proibição do suicídio ou, pelo menos, do suicídio assistido. O que chama a atenção é que a argumentação se baseou constantemente nas três instâncias –

os pais, Deus e o Estado. Assim, por exemplo, o urologista e obstetra alemão Friedrich Benjamin Osiander declarou no início de sua extensa pesquisa *Über den Selbstmord* [Sobre o suicídio], de 1813, que o suicídio "nada mais é do que um assassinato de si mesmo, uma crueldade contra si mesmo, uma violação das obrigações devidas ao Estado, aos pais, aos parentes, aos amigos e a todos, a quem a vida poderia e deveria ter sido útil, e um crime contra aquele que deu a vida pelo poder divino"[35]. Kant também rejeitou veementemente o suicídio na *Metafísica dos costumes*: "A supressão da própria vida é um crime (assassinato). Com efeito, este também pode ser considerado como transgressão do dever para com outros seres humanos (de um cônjuge para com outro, dos pais para com as crianças, do súdito para com a autoridade ou seus concidadãos e, por fim, também do homem para com Deus, abandonando o lugar que Ele nos confiou no mundo, sem ser a isso chamado)."[36] Pelo menos a última parte da frase citada lembra o duplo sentido da proibição do suicídio pelos militares: quem abandona seu "posto" sem necessidade e sem ter recebido uma ordem deserta da vida.

O *Segundo tratado sobre o governo* (1690), de John Locke, merece especial atenção; a sua argumentação contratualista – por exemplo, a rejeição da autorização genealógica em referência à descendência de Adão e Eva – inspirou muitas constituições. Na seção 27 dessa obra, encontra-se a tese de que "cada ser humano carrega a propriedade de sua própria pessoa", à qual "ninguém tem nenhum direito" senão o próprio dono: "*every Man has a Property on his own Person*", cada ser humano pertence a si mesmo. Essa frase, no entanto, tem em vista uma culminância em termos legislativos de produção, como revela a sua continuação: "O trabalho de seu corpo e a obra de suas mãos, podemos dizer, são seus, no sentido mais real da expressão."[37] É por essa razão que Locke formulou várias restrições: a proibição de matar outras pessoas, por exemplo, não deriva do fato de que a "*self--ownership*", o direito das pessoas à propriedade da própria vida, deva ser respeitado, mas do fato de que não devemos violar os direitos de propriedade do Criador divino: pois todos os homens são obra (*workmanship*) de um único Criador todo-poderoso e infinitamente sábio, servos de um único Senhor soberano, enviados ao mundo por sua ordem e para que o sirvam. Eles são sua propriedade, pois são sua obra, por Ele criados, para que possam existir enquanto a Ele agradar, e não enquanto agradarem-se uns aos outros.

A partir dessa disposição no § 6 – em contraste com o § 27 – também pode ser derivada a proibição do suicídio. Pois, com efeito, o homem seria livre para "dispor da sua pessoa e dos seus bens", mas não teria "a liberdade de destruir a si mesmo ou a qualquer ser vivo que esteja sob sua posse"[38].

Uma outra restrição refere-se às crianças, pois são geradas pelos pais. "Admito que as crianças", diz Locke,

> não nascem em estado perfeito de igualdade, mas, ainda assim, nascem para ele. Os seus pais têm uma espécie de domínio ou jurisdição sobre elas quando nascem e durante algum tempo, mas isso é algo apenas temporário. As amarras dessa subjeção [*bonds of subjection*] assemelham-se às fraldas em que estão envoltas para a sua proteção durante a infância, enquanto são indefesas. Com o crescimento das crianças, com a idade e a sensatez, vão afrouxando-se as amarras até que sejam finalmente despojadas e deixem o ser humano completamente livre e entregue à sua própria vontade[39].

Aparentemente, a *self-ownership* pode, pelo menos de forma temporária, ser suspensa pela *workmanship*; e, além de Deus, também são concedidos aos pais direitos de propriedade temporários às suas criaturas. Essa ordem poderia certamente ser invertida, como afirma Kant no § 28 da doutrina jurídica da sua *Metafísica dos costumes*, nomeadamente da seguinte forma: a *self-ownership* relativiza os princípios da *workmanship* desde que "o fruto" seja "uma *pessoa*", e que seja "uma ideia totalmente correta e também necessária de um *ponto de vista prático*" ver o ato de procriação como o que ele é, pois, por meio dele, nós trazemos ao mundo uma pessoa sem o seu consentimento, e fazemos isso por decisão própria. Por causa desse ato, cai sobre os pais uma responsabilidade de tornar a pessoa satisfeita com o seu estado, tanto quanto possam. "Os pais não podem destruir seu filho como um *produto* (pois tal produto não poderia constituir um ser dotado de liberdade) e como sua propriedade, nem tampouco abandoná-lo ao acaso"[40]. Em outras palavras, gerar uma criança é um ato de violência, pois "não se pergunta a esse novo ser sobre a Terra, embora seja ele uma pessoa, se quer ou não existir; ele é jogado na vida e forçado a viver"[41]. Kant conclui, portanto, que "os filhos jamais podem ser considerados como propriedade dos pais"[42], mesmo e apesar das palavras "meu" e "seu" denotarem isso.

Então a quem pertencemos? Aos pais e antepassados que tornaram possível a nossa existência? A um Deus que nos criou? Ao Estado, que autentica nossa identidade e registra em todas as certidões de nascimento, casamento e documentos de viagem quando e onde viemos ao mundo? Ou a nós mesmos, numa estranha dissociação entre possuidor e posse? Do entrelaçamento entre *self-ownership* e *workmanship*, proposto por John Locke, pode ser deduzida a premissa de que pertencemos a nós mesmos, desde que – através do trabalho – possamos nos manter, ganhar o nosso próprio sustento. Sob esta condição, somos *self-made men*: pessoas que pertencem a si próprias porque "fizeram" as próprias vidas. A propósito, o conceito de *self-made* foi cunhado por Frederick Douglass com um discurso proferido pela primeira vez em 1859 e repetido depois em muitas outras ocasiões. Douglass nasceu em 1817 ou 1818 como escravo. Teve pouco contato com sua mãe, que morreu quando ele tinha sete anos de idade. Seu pai era provavelmente também o seu dono. Ele aprendeu a ler e escrever como um escravo doméstico em Baltimore antes de fugir para Nova York em 1838, em busca da liberdade. Em 1845, publicou o seu primeiro livro sob o título *A narrativa da vida de Frederick Douglass, um escravo americano*. Douglass engajou-se com sucesso no movimento para a abolição da escravatura e a igualdade de direitos das mulheres. Em 1870, ele foi o orador principal nas celebrações de aprovação da Emenda Constitucional 15, que proibia a privação do direito ao voto a qualquer pessoa com base na sua etnia. Quatro anos antes de sua morte, no ano de 1895, Douglass foi nomeado Cônsul-Geral da República do Haiti. No seu discurso de 1859, ele disse:

> *Self-made men* são pessoas que pouco ou nada devem ao seu nascimento, parentesco, círculo de amigos, riqueza herdada ou educação primordial; eles são o que são sem o apoio de quaisquer condições favoráveis, com a ajuda das quais outras pessoas geralmente alcançam sua ascensão no mundo e seus desempenhos significativos[43].

Em plena conformidade com John Locke, ele declarou: "Minha teoria dos *self-made men* diz simplesmente: são homens do trabalho."[44]

Não é demais lembrar que o discurso do *self-made man* precisa ser relacionado ao contexto da luta contra a escravidão, e não com a saga da ascensão do lavador de pratos a milionário. Igualmente necessário é criticar a narrativa progressista do liberalismo – da família à religião, do Estado ao indivíduo. Não faz muito tempo, Thomas Piketty tentou provar até que ponto as condições para carreiras individuais ainda dependem de nascimento, parentesco, círculo de amigos, riqueza herdada ou oportunidades educacionais na infância; a mobilidade social ainda é muito menor do que o esperado e previsto alguns anos atrás[45]. No horizonte de tal crítica, é evidente que o *self-made man* – como disse Freud – "não é senhor em sua própria casa"[46]. Freud sabia exatamente que Édipo e Antígona ou Romeu e Julieta vivem em nosso meio e não podem sequer sonhar em pertencer a si mesmos. As suas histórias trágicas são antes impulsionadas pelas ordens concorrentes de pais, deuses, governantes, juízes e comerciantes, e também abaladas, por assim dizer, pela violência com que é enunciada a exigência poliglota de renunciar à própria vida em caso de crise. A afirmação de Locke de que cada ser humano pertence a si mesmo parece ridiculamente impotente diante das reivindicações de propriedade de famílias, igrejas, Estados, exércitos, corporações ou sindicatos. Atualmente, mais de 190 milhões de crianças (dos cinco aos catorze anos) trabalham em todo o mundo na agricultura, em pedreiras e minas, na indústria têxtil, na área de serviço em casas particulares, no turismo, como vendedores ambulantes, mendigos, prostitutas e soldados. Nunca antes houve tantos escravos como hoje, afirma Lydia Cacho. O mesmo conclui Benjamin Skinner[47] na revista *Foreign Policy*:

> Em plena cidade de Nova York, você está a cinco horas de poder negociar a compra de um menino ou menina saudável em plena luz do dia. Ele ou ela pode ser usado para qualquer coisa, sendo que sexo e tarefas domésticas ocorrem com maior frequência. Antes de usufruir dessa possibilidade, deixe-nos esclarecer o que você irá comprar. Um escravo é um ser humano, que é levado a trabalhar por meio de embuste ou ameaça de violência, sem pagamento para além dos meros meios de subsistência. De acordo? Ótimo. A maioria das pessoas acredita que a escravidão foi extinta no século XIX. Desde 1817, mais de uma dúzia de acordos internacionais foram assinados para abolir o tráfico de escravos. E agora, ou seja, hoje, há mais escravos do que jamais houve na história da humanidade[48].

5.

O que possui alguém que se possui? Ele não possui nada além de um projeto, um conjunto de possibilidades para fazer algo de si mesmo através do trabalho. Nesse sentido, Max Stirner afirma, no prólogo de seu tratado *O único e a sua propriedade* (1845), que o Eu é "o nada criativo, o nada do qual o próprio Eu como criador tudo cria"[49]. Em suma, eu pertenço a mim mesmo, mas como o nada. Não tenho nada quando tenho a mim mesmo. A negação da dominação, a máxima iluminista de não querer pertencer a mais ninguém além de mim mesmo, torna-se um princípio que se paga com uma identificação com o nada, definido positivamente e elevado à categoria de substantivo: "O princípio do *nihil* é vazio", observa Améry, "não há dúvida, ao contrário do princípio da esperança, que abrange todas as possibilidades de vida, enquanto experiência maior, intensa, refletida. E não é apenas vazio, mas também poderoso, visto que é o destino de todos nós. Esse poder, poder do vazio, do indizível, pujança vazia que não pode ser indicada por nenhum sinal nem alcançada por qualquer especulação"[50], entrelaça a filosofia do Iluminismo com os ideais da antiga estética do gênio romântico. Nos debates filosóficos da virada do século XVIII para o século XIX, o conceito do niilismo, antes pouco usado, circulou rapidamente[51]. O niilismo de Fichte ou Schlegel foi objeto de debate polêmico. Friedrich Heinrich Jacobi, por exemplo, comentou em uma carta a Fichte (datada de 6 de março de 1799): "Verdadeiramente, meu caro Fichte, não me incomodará se o senhor, ou quem quer que seja, quiser chamar de quimera o que eu oponho ao idealismo, o qual acuso de niilismo."[52] Com uma intenção semelhante, Jean Paul criticou, em sua *Vorschule der Ästhetik* [Introdução à Estética] (1804), o "niilismo poético" da fase inicial da poesia romântica, "que aniquila egoisticamente o mundo e o universo apenas para ganhar campo de manobra no nada, e ainda arranca o curativo de suas feridas como se fossem amarras"[53].

A definição do curativo como amarra é traiçoeira, pois enfatiza que alguém que pertence a si mesmo está ferido. Se a "criação de si mesmo" falhar, se a garantia da própria subsistência – assim falamos hoje coloquialmente, sem considerar o que realmente estamos dizendo! – falha, só resta o nada. Em seu famoso *Discurso do Cristo morto, do topo do mundo, sobre a não existência de Deus*, de 1796, Jean Paul já aponta um possível motivo para essa crítica: ao narrar um pesadelo ou uma visão, narração que mais tarde acabaria tornando-se um verdadeiro manifesto do ateísmo, Jesus retorna e cancela o Juízo Final. Ele assegura às multidões de mortos, mesmo às crianças mortas, que eles não ressuscitarão, e que não têm pai: "Então, numa imagem terrível para o coração, chegaram as crianças mortas que haviam despertado no campo de Deus, entraram no templo, jogaram-se diante da suprema figura do altar e disseram: 'Jesus! Não temos pai?' – e ele respondeu com lágrimas nos olhos: 'Somos todos órfãos, eu e vós estamos sem pai'." Por fim, o discurso culmina numa reveladora inversão do projeto de autocriação: "Como está cada um tão só no vasto túmulo de tudo! Estou fora de mim. – Ó pai! Ó pai! Onde está o teu peito infinito para que eu descanse nele? – Ah! Se cada eu é seu próprio pai e criador, por que não pode ser também seu próprio anjo exterminador?"[34] A competência da autocriação transforma-se na competência para a autodestruição, para a "pujança vazia" do suicídio. Se eu pertenço a mim mesmo, o suicídio também é permitido – a transformação do Eu, criador de si próprio, em um "anjo exterminador".

Durante a primeira metade do século XIX, a crítica ao niilismo encontrou um círculo crescente de possíveis destinatários. Não só os artistas e filósofos foram caracterizados como niilistas, mas também ativistas políticos durante o período do *Vormärz**. Nesse sentido, Stirner foi criticado, por exemplo, pelo hegeliano Karl Rosenkranz, que anotou em seu diário: "Teoricamente, tal niilismo em relação a todo o *páthos* ético não pode mais se desenvolver; só o que poderia vir depois disso seria a prática do fanatismo egoísta, a revolução."[35] Em seu romance *Pais e filhos*, publicado em 1861, o mesmo ano em que o tsar aboliu a escravatura, Ivan Turguêniev descreve os revolucionários sociais como niilistas. O termo, que no romance aparece de forma depreciativa, é, mais tarde, adotado pelos anarquistas russos como uma forma positiva de caracterização própria. Friedrich Nietzsche refere-se a essa conexão quando descreve, em *Além do bem e do mal* (1886), "um ruído ameaçador e malévolo vindo de longe como se em algum lugar um novo explosivo estivesse sendo testado, uma dinamite do espírito, talvez uma niilina russa recentemente descoberta, um pessimismo *bonae voluntatis*, que não só diz Não, quer Não, mas – coisa terrível de se pensar! – faz o Não". E ele caracteriza "este tipo de 'boa vontade'" como uma "vontade de abnegação real e efetiva da vida"[36]. Ele pergunta: "O niilismo está à porta; e de onde vem este que nos é o mais ominoso dos convidados?",

....
* "Antes de Março" ou "Pré-Março". O termo designa um período na história da Alemanha. Refere-se aos anos anteriores às Revoluções de Março nos estados da Confederação Alemã em 1848.

para responder um pouco mais tarde: niilismo significa "que os mais altos valores perdem o valor"[57]. O niilismo seria "o sintoma", "de que os desfavorecidos não têm mais conforto: de que eles destroem para serem destruídos, de que, desligados da moral, não têm mais motivos para 'render-se' – e de que se colocam sobre o solo do princípio oposto e também querem poder, forçando os poderosos a serem seus executores. Esta é a forma europeia do budismo, o fazer-o-não, depois que toda a existência perdeu o 'sentido'"[58]. *Destruir para ser destruído* e vice-versa: *ser destruído para destruir*. A intenção de um ataque suicida dificilmente poderia ser descrita com mais precisão.

As visões de Nietzsche são assustadoramente atuais; elas encontram eco tardio em uma observação de Heinrich Popitz, que, em seu estudo sobre os *Phänomene der Macht* [Fenômenos do poder], de 1992, constatou:

> O assassino e o mártir invalidam publicamente a perfeição do poder. Ambos mostram que a decisão sobre a vida e a morte não cabe apenas àquele que detém o poder. Eles mostram que é precisamente o poder de matar que limita qualquer poder dos homens sobre os homens. O poder pode ser perfeito porque é capaz de fazer o extremo. O poder é imperfeito porque a decisão de ir ao extremo não pode ser monopolizada – qualquer um pode matar – e porque a decisão de se deixar matar não pode ser tirada das pessoas[59].

(Foi essa a lição aprendida por Katniss Everdeen, a heroína de dezesseis anos da bem-sucedida trilogia de livros juvenis *Jogos vorazes*, ao recusar a ordem de matar na arena e, em vez disso, servir-se das bagas venenosas de amora-cadeado[60].) O pensamento de Nietzsche levou consequentemente a uma contumaz defesa da morte "voluntária", a morte "sensata". Já na primeira parte de *Assim falou Zaratustra* (1883) ele faz o seu profeta pregar: "Muitos morrem tarde demais, e alguns morrem cedo demais. Ainda parece estranho o ensinamento: 'Morre no tempo certo!' Morre no tempo certo: assim ensina Zaratustra. [...] Eu vos faço o louvor da minha morte, a morte voluntária, que vem a mim porque *eu* quero. [...] Livre para a morte e livre na morte, um sagrado negador, quando já não é tempo de dizer Sim: assim entende ele da morte e da vida."[61] E, no segundo volume de *Humano, demasiado humano* (1886), ele distinguiu a morte involuntária e natural da morte voluntária e sensata:

> A morte natural é aquela independente de toda a razão, a propriamente irracional, em que a miserável constituição da casca determina quanto tempo o núcleo deve existir ou não: ou seja, em que o debilitado, muitas vezes doente e parvo guardião prisional é o comandante que define o ponto em que seu distinto prisioneiro deve morrer. A morte natural é o suicídio da natureza, isto é, a aniquilação do ser racional pelo irracional, que está ligado ao primeiro. Somente sob efeito da iluminação religiosa pode parecer o contrário porque então, oh vulgaridade!, a razão superior (Deus) dá o seu comando, o qual a razão inferior tem de acatar. Para além da forma religiosa de pensar, a morte natural não é digna de nenhuma glorificação. – A sábia e alegre determinação e disposição para a própria morte pertence àquela incompreensível moral imoral do futuro, e vislumbrar a sua aurora deve ser uma felicidade indescritível[62].

Essa "moral do futuro" é também a moral do suicídio permitido ou até mesmo recomendado.

O século XX começa sob o signo de Nietzsche, sim, talvez esse seja mesmo o século de Nietzsche, como se diz ocasionalmente. Nesse século, a pergunta "a quem pertence a minha vida?" é respondida cada vez mais claramente com a exclamação: *a mim mesmo!* Mas, ao mesmo tempo, essa resposta tende cada vez mais para a certeza aparentemente paradoxal de que a minha vida só me pertence porque a minha morte me pertence. *A minha morte me pertence*: esse é o título de uma análise inteligente dos debates contemporâneos sobre a morte autodeterminada, publicada por Svenja Flaßpöhler em 2013. Em seu prefácio, ela enfatiza a conexão dialética entre a exigência moderna de "usar o próprio intelecto e traduzir a autoridade conquistada no Iluminismo de forma efetiva nas mais diversas técnicas culturais" e o suicídio, "quando as pessoas se voltam ao outro na última fase da vida –

para que o outro as ajude a deixar a vida por decisão própria"[63].

"A minha morte me pertence": a frase não lembra apenas o slogan feminista "O meu corpo me pertence" ou o "'nada' criador'" de Max Stirner, mas também a fusão elementar e significante do morrer com o pronome possessivo proclamado pelo Zaratustra de Nietzsche: "Eu faço o louvor da minha morte." A *minha morte*? Como pode a morte tornar-se a *minha* morte? Como ela pode pertencer *a mim*? Será que ainda somos capazes de entender a mística lírica de Rilke, escrita em 1903, esta evocação da "grande" morte "que cada um tem em si", o "fruto em torno do qual tudo gira"?[64] A tradução alemã do relato de Harold Brodkey sobre sua morte é intitulada *Die Geschichte meines Todes* [A história de minha morte][65]; a versão original inglesa, por outro lado, foi intitulada de uma forma talvez mais veraz: *This Wild Darkness* [*Esta feroz escuridão*] (1996).

2. Suicídio antes da modernidade

> "A ideia de suicídio era um reconhecimento da vida. Pois que morte seria: não querer mais morrer."
> *Cesare Pavese*[1]

1.

A questão do suicídio é um *leitmotiv* da modernidade, embora o advento da modernidade seja um pouco obscuro, dependendo de estar relacionado à secularização, ao Iluminismo, à industrialização, à Revolução Francesa ou à Declaração dos Direitos Humanos. Em alguns aspectos, porém, a reavaliação do suicídio começa no ano de 1751, quando Frederico II suprime as punições por suicídio na Prússia – por sinal, na presença de Voltaire[2]. Ao mesmo tempo, os filósofos – de Montesquieu a Jean-Jacques Rousseau e David Hume – já tinham pedido tal liberalização; em 1770, por exemplo, o Barão de Holbach escreveu, ainda sob o pseudônimo de Mirabaud: "A morte é o único remédio para o desespero. Numa situação inconsolável, um punhal é o único consolo que resta aos infelizes. Enquanto ainda brilhar para ele um único raio de esperança; enquanto os seus sofrimentos ainda parecerem suportáveis; enquanto puder convencer-se de que eles podem acabar um dia; enquanto a existência ainda lhe conceder algum prazer, não lhe ocorrerá tirar a própria vida."[3] Por outro lado, as formas de lidar com o suicídio antes da modernidade, ou seja, antes das leis de Frederico II e da posterior entrada em cena dos "sagrados negadores", podem ser atribuídas a uma regra básica: o suicídio é proibido porque destrói o que não me pertence, a minha vida, que me foi dada pelos meus antepassados e pais, por um Deus, por um soberano, pelo Estado ou pela sociedade. A vida me foi dada, mas não como uma posse, e sim como um empréstimo. *"Homo vitae commodatus, non donatus est"*⁴ – "A vida nos é emprestada, não dada" –, escreveu Públio Siro, um ex-escravo que se tornou um autor de sucesso de comédias grosseiras (mimo), no século I a.c. Não menos interessantes que as formas básicas da proibição do suicídio são, naturalmente, as respectivas exceções reconhecidas ou toleradas. Elas podem ser concretizadas em três conceitos, que se misturam: honra, autossacrifício e necessidade (doença, fome, dor, idade). Esses conceitos expressam apenas aproximadamente a demarcação de épocas e culturas, ainda que se reconheça que a honra pode ter desempenhado um papel importante para suicídios em culturas antigas, que o autossacrifício e o martírio destacaram-se durante a Idade Média cristã, e que o suicídio por necessidade, emergente no início dos tempos modernos – desde Erasmo, Montaigne ou More –, foi então mais fortemente enfatizado e justificado. Os tipos ideais de suicídio, caracterizados por Émile Durkheim em sua importante pesquisa de 1897, são apenas parcialmente refletidos nesses três conceitos: o suicídio por necessidade faz lembrar os "suicídios egoístas", associados a um enfraquecimento da integração social; o autossacrifício reporta aos "suicídios altruístas" como a afirmação de crenças e grupos contra os desejos e interesses individuais; e o suicídio por honra pode ser remotamente associado aos "suicídios anômicos" que Durkheim atribui à perda social e moral de orientação, por exemplo após derrotas militares ou estupros⁵. No contexto das possíveis respostas à questão "a quem afinal pertence a minha vida?", podemos também concluir: o apelo à honra dirige-se aos antecessores e às famílias; o autossacrifício, a uma autoridade divina; e o suicídio por necessidade –, que ocorre ainda hoje com bastante frequência –, à comunidade que ameaça abandonar doentes e idosos ou, numa inversão aparentemente positiva, não deve ser sobrecarregada com o sofrimento individual e suas reclamações de cuidados.

Classificações são vulneráveis e arriscadas, mas, ao mesmo tempo, aguçam o olhar para as diferenças. Assim, por exemplo, a diferenciação de Ruth Benedict entre cultura da vergonha e cultura da culpa, proposta em seu estudo sobre a cultura do Japão (1946), foi criticada com frequência. No horizonte de uma historiografia de suicídio, ela ainda é útil. A tese de Benedict é a seguinte:

> Nos estudos antropológicos é feita uma distinção rigorosa entre culturas baseadas na vergonha e culturas baseadas na culpa. [...] Culturas determinadas pelo sentimento de vergonha dependem de sanções externas para gerar o comportamento correto, e não, como acontece em certas culturas determinadas pelo sentimento de culpa, de uma convicção interior de pecaminosidade. A vergonha é uma reação às críticas dos outros. Uma pessoa sente-se envergonhada quando é ridicularizada e criticada em público ou apenas imagina ter sido ridicularizada. Em ambos os casos, trata-se de uma sanção eficaz. Mas requer uma audiência ou pelo menos a ideia de que pode haver uma audiência. O sentimento de culpa não precisa disso[6].

À luz dessa distinção, o tratamento antigo que se dava aos suicídios pode ser interpretado como expressão de uma cultura da vergonha. Nesse sentido, Platão pergunta no seu livro sobre as leis:

> Mas o que deve acontecer com aquele que mata a pessoa em quem ele mais confia, o seu melhor amigo? Refiro-me àquele que se matou e que, com isso, revoga, à força, a disposição do dia que lhe foi imposto para morrer, sem que o Estado o ordenasse com um veredito, sem que um destino extremamente doloroso e inexorável o afetasse; sim, sem que fosse vítima de uma desgraça incurável que tornasse a sua vida insuportável, mas impondo a si mesmo um castigo ilegal apenas por covardia e desânimo[7].

Platão determinou que os suicidas fossem enterrados em um lugar solitário, um lugar desabitado e sem nome perto da fronteira, de forma infame e anônima, sem nada que os caracterizasse no túmulo. Notáveis são as três exceções que Platão enumera na passagem citada: primeiro, a decisão do tribunal estatal que pode ser aplicada à morte de Sócrates; segundo, o destino doloroso e inevitável de uma doença, da loucura ou da idade; e terceiro, vergonha e desgraça insuportáveis. Todas as três exceções atendem aos critérios de uma cultura da vergonha (segundo Ruth Benedict): o julgamento público, a dor visível e a fragilidade, especialmente a calúnia e a perda de honra e reputação. Assim, a morte social[8] é sempre respeitada como ocasião para um suicídio digno, enquanto a punição do suicídio proibido visa uma subsequente demonstração de morte social: através do enterro numa sepultura anônima, numa região fronteiriça desabitada.

Vamos examinar agora algumas histórias de casos. Muito reveladora é a história do suicídio de Lucrécia, legada pelo historiador Tito Lívio e que pertence aos mitos fundadores da República Romana. Ela começa com a conspiração contra o tirano Tarquínio, o Soberbo, quando vários homens da família dos Tarquínios reuniram-se na tenda do filho do rei, Sexto Tarquínio. No decorrer das conversas, Colatino elogia a virtude e a beleza de sua esposa, Lucrécia. Para o provar, convida os outros conspiradores a uma visita durante a qual o filho do rei se apaixona por Lucrécia. Após alguns dias, ele regressa. Lívio relata:

> Quando foi levado para o quarto de hóspedes depois do jantar, logo que se acreditou em segurança e com todos dormindo profundamente, ele foi, ardente de amor e com a sua espada desembainhada, até onde dormia Lucrécia. Lá, segurou-a com força e, com a sua mão esquerda sobre o peito dela, disse: "Silêncio, Lucrécia! Eu sou o Sexto Tarquínio e trago a espada na mão. Se fizer o mínimo barulho, você morre." Enquanto a mulher despertava do sono e não via socorro em lugar nenhum, tendo só a morte diante de seus olhos, Tarquínio confessava seu amor, implorava, alternando entre pedidos e ameaças, provocando o coração feminino de todas as maneiras. Ao ver que ela mantinha a firmeza e não hesitava mesmo diante do perigo da morte, ele lançou mão do trunfo da humilhação para complementar o medo. Quando a tivesse assassinado, ele disse, queria colocar um escravo estrangulado nu ao lado dela para parecer que ele a tinha matado ao flagrar o sujo adultério[9].

A ameaça da humilhação supera a resistência. Tarquínio parte, mas Lucrécia conta os acontecimentos ao seu pai e ao marido,

Fig. 1: *Tarquinio e Lucrezia* (1516-17), de Ticiano.

Fig. 2: *Lucretia* (1664), de Rembrandt.

antes de se suicidar. Ovídio descreveu vividamente o suicídio de Lucrécia – em *Fastos* –, de forma quase sarcástica:

> O pai e o marido a perdoam: ela só o tinha feito porque foi coagida. "Vocês me perdoam, mas eu," disse ela, "eu não me perdoo!" Num impulso, ela perfura o peito com a adaga que trazia escondida no vestido e cai diante do pai, coberta de sangue. E mesmo nesse instante, ao morrer, ela toma o cuidado de cair da forma mais decente possível. É essa a sua única preocupação enquanto cai! Ficam deitados sobre seu corpo, esquecendo a compostura, marido e pai, e cada um lamenta em voz alta a perda que o atingiu[10].

O luto desdobra-se rapidamente em ira, e a tirania do reino é derrubada.

O suicídio de Lucrécia inspirou uma infinidade de pinturas, esculturas, óperas e romances. Seu estupro e suicídio – no limiar entre mito e história, em algum momento pouco antes do século V a.C. – lembra o contexto de confisco de terras, convulsão política e roubo de mulheres que Klaus Theweleit apresenta de forma plausível em seu rico livro *Buch der Königstöchter* [O livro das filhas do rei], de 2013[11]. Não é por acaso que Lucrécia é a única mulher romana no clã da família dos Tarquínios; todos os outros membros da casa aristocrata são casados com mulheres etruscas; não é por acaso que a sua morte deu início à revolta contra o despotismo e ao estabelecimento da República Romana; e não é por acaso que, na história da arte europeia, ela se tornou a precursora de "virgens nacionais" como Joana d'Arc, Marianne, Germânia ou a Estátua da Liberdade em Nova York[12]. Independentemente dessa ressonância, Lucrécia poderia também ser comparada a toda uma série de irmãs míticas – Medeia, Jocasta, Antígona – que fracassaram tragicamente nos campos da honra, do pudor e da lealdade às suas famílias. De Lívio e Ovídio, um arco poderia ser traçado até o relato de Plutarco sobre uma epidemia de suicídio na Antiguidade. As jovens de Mileto, diz ele, foram atingidas por uma praga "terrível e estranha", por razões desconhecidas, de modo que primeiro se suspeitou que um miasma teria feito com que as moças sentissem uma vontade súbita de morte, um "desejo de morrer", uma "inclinação irresistível para se enforcar". Algumas jovens enforcaram-se secretamente, "a despeito de todos os pedidos e lágrimas dos pais" e amigos; nem mesmo os guardas conseguiram evitar os suicídios. Consequentemente, a praga era considerada um castigo dos deuses. Mas depois um homem propôs o seguinte procedimento: todas as moças que se enforcassem deviam ser carregadas "nuas pelas ruas para o local do enterro". A sugestão foi seguida e a epidemia terminou rapidamente, pois dissipou "o desejo de morrer" das moças. Plutarco concluiu o seu relatório atestando respeito pelas jovens mulheres de Mileto: o seu "medo da vergonha" seria "uma grande prova de seu nobre caráter e de sua virtude", já que se mostravam destemidas diante dos horrores da morte e da dor, mas "a ideia da vergonha lhes era insuportável", uma vergonha que, em todo caso, só as atingiria após a morte[13].

Mas Georges Minois certamente tem razão ao sublinhar, em *História do suicídio* (1995), que o Velho Mundo tolerava muitas posições diferentes sobre o suicídio:

No mundo grego, cada escola filosófica representa seu próprio ponto de vista, e desde a rejeição categórica dos pitagóricos até a aprovação benevolente dos epicuristas e estoicos, todo o espectro está representado. Essa diversidade reflete-se no campo da Justiça: algumas cidades, como Atenas, Esparta e Tebas, preveem punições para os cadáveres de suicídios, outras não. No entanto, em todos os lugares, a praxe é extremamente leniente e a história grega está cheia de suicídios sensacionais pelos mais diversos motivos, alguns reais, outros um tanto fictícios[14].

Um quadro semelhante pode ser traçado de Roma: com a introdução da filosofia estoica – a visão de que não é a morte, mas uma vida ruim que deve ser temida –, a tolerância ao suicídio também aumenta. Tarquínio ainda mandava pregar na cruz os suicidas porque percebia o suicídio como uma crítica ao seu governo, mas a partir da fundação da República prevaleceu a tendência para a morte voluntária (*mors voluntaria*), que Yolande Grisé documenta com uma extensa enumeração dos 314 suicídios de romanos célebres[15]. O suicídio foi proibido apenas a dois grupos de pessoas: os escravos e os legionários. Um modelo importante para o suicídio heroico e honroso no período imperial foi Catão, o Jovem, que, após a vitória de César na Guerra Civil Romana (em 6 de abril de 46 a.C.), lançou-se sobre a sua espada. A ferida abdominal foi primeiro tratada por médicos, mas diz-se que Catão voltou a abrir os pontos pouco depois e rasgou as tripas com as próprias mãos. Antes do suicídio, ele tinha lido o *Fédon*, de Platão, duas vezes seguidas. A propósito, Catão não deixou menos traços na história da arte e da literatura europeia do que Lucrécia; na *Divina comédia*, de Dante, ele aparece como o venerável guardião do Purgatório[16].

2.

O suicídio também é proibido no judaísmo porque rouba algo que é propriedade de Deus e viola a lei da santidade da vida. Até

1966, o suicídio era considerado um crime em Israel. Os suicidas deviam ser enterrados a uma distância visível das outras sepulturas, e os ritos de luto habituais só eram realizados para os entes que fossem deixados para trás; não era recitada a *kadish*. Tal como na Antiguidade greco-romana, só os suicídios heroicos e eminentes representavam uma exceção. Mas os critérios eram rígidos: como no suicídio do rei Saul, que foi atribuído à visita proibida que ele prestou à Bruxa de Endor. Porém, na verdade, para não cair nas mãos dos inimigos – os filisteus – ele tinha se lançado sobre a sua espada depois de uma batalha perdida. Num primeiro momento, Saul pediu ajuda para se suicidar, dizendo ao seu escudeiro: "Pega a tua espada e fura-me com ela! Caso contrário, estes incircuncisos vêm, perfuram-me e despejam a sua frustração em cima de mim." O escudeiro não quis fazê-lo, porque tinha muito medo. Então o próprio Saul pegou a espada e lançou-se sobre ela (1 Sm 31, 4). O suicídio em massa na fortaleza de Massada, sitiada pelos romanos durante a Guerra Judaica (73/74 d.C.), seguiu, por outro lado, a lógica da assistência abrangente ao suicídio, que o escudeiro de Saul ainda recusara. Os defensores de Massada pertenciam aos sicários, um grupo radical de zelotes que se rebelaram contra o domínio romano estrangeiro. Eles realizavam com frequência assassinatos com a adaga (em latim: *sica*), e daí derivou o seu nome. Numa situação desesperada, depois de um discurso incendiário de seu líder, Eleazar, foram escolhidos por sorteio os homens que deveriam matar mulheres, crianças e finalmente uns aos outros. Na sua *História da guerra entre judeus e romanos*, Flávio Josefo descreveu a espantosa cena:

> Assim, abraçando amorosamente suas esposas, levando ao coração seus filhos e beijando-os com o rosto banhado em lágrimas pela última vez, eles puseram sua determinação em ação como se uma mão estranha estivesse no comando; e encontraram conforto no fato de que foram forçados a matar em vista dos maus-tratos a que seus entes queridos seriam submetidos se caíssem nas mãos do inimigo. Por fim, nenhum deles mostrou-se fraco demais para o tra-

balho cruel, mas cada um cumpriu a sua tarefa para com o próximo. Vítimas da necessidade, que fazia com que os infelizes acreditassem que aquele era, dos males, o menor, eles massacraram mulheres e crianças com as próprias mãos![17]

Embora os arqueólogos tenham questionado a veracidade das descrições de Josefo após as suas escavações, o treinamento militar básico dos soldados israelenses era concluído, ainda entre 1965 e 1991, com o juramento à fortaleza de Massada.

Em seu mais recente romance sobre a história dos primórdios do cristianismo, Emmanuel Carrère aborda os acontecimentos de Massada[18], mas no centro do livro estão – além dos relatos sobre a sua própria conversão e a posterior perda da fé, em uma notável inversão das *Confissões*, de Agostinho – as histórias de vida de Paulo e Lucas, e sobretudo a reconstrução da progressiva disseminação de uma "boa-nova" (em grego: o *eu-angelion*), sobre a ressurreição de um crucificado. A crucificação, originalmente uma pena de morte fenícia e persa, era aplicada no Império Romano como um castigo de caráter demonstrativo: aos punidos – e ao mesmo tempo ao público da execução – era demonstrada uma dependência elementar. Quem, estando por horas e dias pendurado na cruz, em agonia e dor, com falta de ar e cãibras musculares crescentes, tentasse repetidamente erguer-se para respirar demonstrava à audiência a inutilidade de toda insurreição. Não admira, portanto, que o castigo da crucificação tenha sido imposto especialmente aos escravos e rebeldes. A lição cruel era: quem se revolta contra seus senhores – como Espártaco e seus rebeldes no final do período da República Romana – cai inevitavelmente numa dependência que só termina com a morte. Nesse contexto, o radicalismo da "boa-nova" torna-se claro: Jesus, o Crucificado, ressuscitou depois de três dias. Em sua Primeira Carta aos Coríntios, Paulo enfatizou: "Se não existe ressurreição, nem Cristo ressuscitou. Se, porém, Cristo não ressuscitou, vazio é o nosso anúncio e vazia é também a vossa fé." (1 Cor 15, 13-14). A mensagem central do cristianismo girava em torno da ressurreição do Crucificado, em torno da promessa da ressurreição dos mortos. A disseminação dessa mensagem foi associada a uma reavaliação de valores que, como em Massada, permitiu que o suicídio heroico recuasse para segundo plano em favor do autossacrifício, do martírio. Ao mesmo tempo, a cultura da vergonha do Velho Mundo foi transformada numa cultura da culpa.

Franz Borkenau – antigo membro do Partido Comunista Alemão (KPD) e da Internacional Comunista, excluído devido à sua crítica aos expurgos stalinistas; e que, a partir de 1933, como emigrante em Paris e no Panamá, tornou-se funcionário do Instituto de Investigação Social de Frankfurt – analisou essa mudança histórica de uma perspectiva fascinante e invulgar de classificação de culturas, nos seus estudos posteriores sobre a filosofia da história. Borkenau partiu de uma antinomia (na acepção kantiana), que ele chamou de "antinomia da morte": as pessoas não podem imaginar estarem mortas, nem podem imaginar serem imortais. A certeza da morte, o "ser-para-a-morte" de Heidegger, e a tese de Freud de que a própria morte é "também inconcebível, e, por mais que tentemos imaginá-la, notaremos que continuamos a existir como observadores"[19] formam uma contradição irreconciliável. Essa contradição, no entanto, não força uma renúncia cultural a mitos e rituais, mas – muito pelo contrário – inspira uma abundância de imagens e interpretações concorrentes. Essas imagens e interpretações ou são dirigidas a um nada, que pode ser idealizado como nirvana, como tranquilidade, paz ou sono eterno, ou são dirigidas a uma vida após a morte: ora à ideia religiosa de uma imortalidade em parte esperada, em parte temida, ora à ideia secular de sobrevivência na memória da posteridade, nos próprios filhos, ações e obras. O intuito de Borkenau é classificar altas culturas que, nos seus mitos fundadores, defendem tanto a certeza da morte como a imortalidade, o que em ambos os casos implica em riscos, e isso contribui para a dinâmica cultural: por um lado, o risco de paranoia, que tende a perceber qualquer morte como desastre ou resultado de uma tentativa de homicídio; por outro lado, o risco da depressão, que coloca todos os eventos e ações na sombra da efemeridade. Assim, a afirmação de mitos de imortalidade na cultura egípcia antiga da "superação da morte" levou a um esforço cada vez maior na edificação de monumentos tumulares e na prática de técnicas de mumificação, que acabaram provocando a ruína econômica dessa cultura, enquanto a "aceitação da morte" nas culturas grega e judaica promoveu uma melancolia – muitas vezes documentada em textos sacros ou filosóficos. A queixa de Jó de que ele teria que partir em breve "para o lugar do qual não é mais possível retornar, para a terra das trevas fechadas e da sombra eterna da morte" (Jó 10, 21) pode ser confrontada com a amarga observação do falecido Aquiles no 11º canto da *Odisseia*, de que ele preferiria "trabalhar como servo para o agricultor mais pobre a governar sobre todos os mortos" (XI, 488-91).

É certo que Borkenau comenta não apenas as figuras concretas da antinomia da morte, mas sobretudo suas dinâmicas históricas, que não estão relacionadas à metáfora vegetal do florescer, amadurecer e murchar, mas aos efeitos da inextricável contradição entre modelos de superação da morte e aceitação da morte (como em *A decadência do Ocidente*, de Oswald Spengler):

> Toda alta cultura começa com um mito que enfatiza um lado da antinomia da morte e termina com uma racionalização empenhada em reforçar o lado oposto [...] Cada cultura sucessora ("*affiliated civilization*") começa com um mito primordial que corresponde em conteúdo às racionalizações da fase mais avançada da cultura da geração precedente, e por isso termina com uma racionalização que corresponde em conteúdo ao mito primordial da cultura precedente[20].

Assim, os paradigmas culturais mudam de superar a morte para aceitar a morte e vice-versa; ao mesmo tempo, porém, as formas de representação e simbolização também mudam do mito para a racionalização e de volta para o mito: a dialética de um Iluminismo que não pode iluminar nada de forma permanente. Partindo dessa perspectiva, Franz Borkenau interpreta o sucesso histórico do cristianismo como um triunfo sobre as culturas hebraico-helênicas da aceitação da morte: "Não é necessário enfatizar que superar a morte é o núcleo da mensagem cristã. Os Evangelhos e Paulo concordam: 'Onde está, ó morte, o teu aguilhão!' Ouve-se aqui um eco distante das antigas religiões que aparecem separadas do cristianismo pelo 'interlúdio' helênico."[21] A cruz tornou-se uma promessa da ressurreição e da vida eterna; ela deixa de aparecer como sinal de morte. É nisso que consiste a transvaloração cristã de todos os valores, cujos traços só vem a desaparecer gradativamente nos tempos modernos.

Qual é a contribuição da tese de Borkenau para uma história do suicídio antes da modernidade? Seria óbvio associar as culturas da aceitação da morte com as culturas da vergonha e da tolerância do suicídio em nome da honra; e as culturas da superação da morte com as culturas da culpa, do reconhecimento do autossacrifício e do martírio, que impõem, ao mesmo tempo, rigorosas proibições ao suicídio. Mas a classificação esquemática é de pouca utilidade. Não esqueçamos: a doutrina cristã de vencer a morte, como pregada por Paulo, por exemplo, espalhou-se no espírito da expectativa do Juízo Final, o fim do mundo. Setenta anos depois dessa virada, que passou a definir a maior parte dos calendários, o general romano e futuro imperador Tito, um filho de Vespasiano, destruiu a cidade de Jerusalém e o templo dos judeus. Mais ou menos na mesma época, surgiu o Evangelho cristão mais antigo, o Evangelho de Marcos, presumivelmente por volta da destruição do templo de Jerusalém e da morte em massa em Massada. Antes disso, porém, é relatado como Jesus profetiza aos discípulos, à saída do templo, que não restará pedra sobre pedra dessas suntuosas construções: porque "tudo será derrubado" (Mc 13, 1-2). Os cenários de horror da guerra são descritos detalhadamente como os primeiros sinais da segunda vinda do Redentor. Após o início da catástrofe, "o Sol irá escurecer e a Lua não mais brilhará, as estrelas cairão do céu e os poderes do céu estarão abalados. Então o Filho do Homem será avistado sobre as nuvens, envolto em grande poder e glória" (Mc 13, 24-26). O tempo da volta de Jesus não está especificado com precisão: "Ninguém sabe o dia e a hora, nem mesmo os anjos do céu, nem mesmo o Filho, mas somente o Pai." (Mc 13, 32). É prometido, no entanto, que "esta geração" não vai "acabar até que tudo isso aconteça" (Mc 13, 30). Vestígios dessa expectativa podem ser encontrados em todos os Evangelhos, nos mesmos termos, por exemplo, em Mateus (Mt 24, 34) ou Lucas (Lc 21, 32). É ordenada uma vigilância permanente para que os fiéis não sejam tomados de surpresa pela aurora do último dia. Em suma, o fim estaria próximo, a destruição do mundo e a construção gloriosa da nova Jerusalém, a cidade de Deus, que não conheceria mais a morte: "[...] e a morte não existirá, nem o luto nem o pranto nem a dor; não existirão mais, porque as coisas passadas passaram" (Ap 21, 4).

3.

Mas essa expectativa de uma superação direta da morte foi desapontada. No momento da escrita do Apocalipse de João – presumivelmente no final do século I d.C. – a geração que "não deveria acabar até que tudo acontecesse" já estava morta. Então foi necessário abrir outro caminho para o reino de Deus. Assim, o martírio, enquanto sucessão de Cristo, tornou-se o caminho ideal. O "batismo de sangue" traria uma ascensão direta ao Paraíso. A esse respeito é significativo, por exemplo, a visão de Perpétua, que foi executada no dia 7 de março de 203 no anfiteatro de Cartago:

> Eu vi uma escada de ferro muito alta que chegava até o céu, mas era tão estreita que só permitia que se subisse uma pessoa por vez. Nos lados da escada, estavam inseridos todos os tipos de ferramentas de ferro – espadas, lanças, foices, facas e espetos –, de modo que quem subia devagar demais e não mantinha os olhos voltados para cima era dilacerado e sua carne ficava grudada no ferro. Na parte de baixo da escada, havia um dragão enorme, que perseguia os que subiam e supunha-se que deveria impedir as pessoas de subir[22].

De acordo com o relato de sua Paixão*, Perpétua tinha entendido essa visão como um anúncio do seu martírio iminente, que inicialmente deveria ser perpetrado por uma vaca selvagem, e depois pela espada de um gladiador. Mas a mão do gladiador precisou ser guiada por ela, como revela o final do relato: "Perpétua, porém, para estender a experiência da dor, gritou quando foi atingida entre as costelas e levou a mão vacilante do ainda inexperiente gladiador à sua garganta. Talvez essa mulher não pudesse ter sido morta de outra maneira, pois se temia o seu espírito impuro se ela mesma não tivesse querido morrer."[23] Até que ponto o martírio, enquanto vitória sobre a morte, pode ser desejado? Naqueles tempos de entusiasmo epidêmico pelo calvário sangrento dos mártires, muitos juízes romanos podem ter-se perguntado por que razão tantos jovens – diz-se que Perpétua tinha apenas 22 anos – preferiram a morte cruel na arena a um simples gesto de lealdade ao imperador. As crenças alternativas eram, em sua maioria, respeitadas pelos romanos, desde que não questionassem o direito ao poder do Império.

A partir de que momento o martírio torna-se uma morte voluntária? Quando o suicídio passa a ser um martírio? Para os teólogos cristãos, foi difícil traçar claramente uma linha divisória. Nesse sentido, Agostinho argumenta, no primeiro livro de *A cidade de Deus*, que o martírio – por exemplo, das mulheres santas que, "em tempos de perseguição, para salvar sua inocência dos assaltos, mergulharam na corrente forte dos rios" – deve ser distinguido do pecado do suicídio. Mas, para não ser mal interpretado, acrescentou imediatamente: "Ainda assim, dizemos, asseguramos e não abrimos mão do fato de que ninguém tem o direito de buscar voluntariamente a morte para escapar da dor temporal, caso contrário ele seria acometido de dor eterna." Também não seria permitido tirar a própria vida "pelo desejo de uma vida melhor", a qual se espera vir "depois da morte", pois "os culpados pela própria morte não terão uma vida melhor".

....
* Paixão de Perpétua e Felicidade.

São reveladores os exemplos propostos por Agostinho para demonstrar que só a ordem de Deus é adequada como critério para a justificação de um ato:

> Mas se Deus ordena e faz saber sua vontade de forma clara, a quem seria permitido tachar de injusta a obediência? Quem pode acusar a aquiescência devota? No entanto, não seria justo absolver do crime qualquer pessoa que decida sacrificar seu filho a Deus, já que Abraão, que o fez, foi louvado por esse ato? Pois se até mesmo o soldado que mata um homem em obediência ao poder da lei não é declarado homicida pela legislação do seu Estado; mas, pelo contrário, se não o fizer, é culpado de transgressão e desprezo da ordem. Se, por outro lado, ele o fizer por sua própria iniciativa e responsabilidade, iria cobrir-se de culpa pelo crime. [...] Assim, qualquer um que saiba da proibição de matar-se pode ainda fazê-lo se para isso tiver obtido ordens daquele cujas ordens ninguém pode desprezar, mas deve certificar-se de que não há quaisquer dúvidas em relação a essa ordem[24].

Assim, admite-se implicitamente que o martírio pode ser considerado como um suicídio comandado por Deus; mas o critério de distinção é moderado, porque o comando de Deus – em contraste com o comando militar – não é verificável, por causa de seu caráter intersubjetivo. Recomendam-se, portanto, o ceticismo e a dúvida.

A questão do "martírio ou suicídio" permaneceu delicada. Não foi por acaso que Atanásio, o bispo de Alexandria, observou, em sua apelação de defesa ao imperador Constâncio, que seria considerado "suicídio o fato de alguém se entregar aos seus inimigos para que seja assassinado". Pois "depois da admoestação do Salvador, fugir significa, na verdade, reconhecer o ensejo e tomar as providências necessárias para que seus perseguidores não se deixem aliciar pela ideia de derramamento de sangue e pequem contra o mandamento: 'Não matarás'"[25]. O argumento é plausível, mas não inofensivo. Pois não foi o próprio Jesus que se recusou a fugir dos seus inimigos? Não foi ele que, ao ouvir a advertência de Pedro: "Isso não acontecerá contigo", o repreendeu da forma mais grosseira, dizendo: "Vai para trás de mim, Satanás."? E ainda referiu-se à vontade de Deus, enquanto ordem: "És um escândalo para mim porque não pensas as coisas de Deus, mas sim as dos humanos." (Mt 16, 22-23). Judas, o traidor, por outro lado, torna-se o protótipo exemplar do suicida cujo suicídio sela sua culpa: "Judas saiu e enforcou-se." (Mt 27, 5). Uma admirável caixa de marfim da fase final do Império Romano está guardada no Museu Britânico: o relevo de sua tampa mostra Judas à esquerda, pendurado no galho de uma árvore, e, debaixo dele, o saco com as moedas de prata. Do lado direito, vemos Jesus pendurado na cruz com as mãos pregadas; ao seu lado, à esquerda, temos Maria e o discípulo João, e, à direita, o soldado romano Longino, que o atravessará com uma lança. A aproximação das mortes do traidor e do Redentor – na madeira da árvore, na madeira da cruz – parece levantar mais uma vez a questão sobre que tipo de aprovação da própria morte seria legítima. A descrição reporta remotamente à interpretação gnóstica da participação ativa de Judas na redenção, por exemplo no chamado Evangelho de Judas, cujos fragmentos foram publicados e comentados por Elaine Pagels e Karen Leigh King há alguns anos[26]. No relevo, Judas não parece mau, e seus pés flutuam no ar como os pés do crucificado, que não estão pregados. O motivo é incomum, especialmente em comparação com representações posteriores da morte de Judas, como a de Gislebertus, que geralmente o mostram na presença de vários demônios.

Em seus escritos recentemente publicados, *Notes on Suicide* (2015) – um jogo de palavras difícil de traduzir, porque, em inglês, as *suicide notes* também se referem às cartas de despedida dos suicidas –, o dilema foi formulado claramente por Simon Critchley:

> Os mártires cristãos decidiram ir para a morte por amor a Deus e por ódio ao Estado e a todas as formas de autoridade pagã. Se a crucificação do próprio Cristo pode ser praticamente considerada um ato suicida, realizado por amor, então, *a fortiori*, esse também é o caso das mortes dos santos e mártires que imitam o sacrifício de Cristo.

Fig. 3: Caixa de marfim romana (*c.* 420-30).

Fig. 4: *Le suicide de Judas* (*c.* 1120-35), de Gislebertus, capitel da Catedral de São Lázaro, em Autun.

Pareceria completamente contraditório proibir o suicídio e ao mesmo tempo celebrar os atos praticamente suicidas dos santos[27].

Até mesmo Nietzsche já falava da "*Sehnsucht zum Tode*" que teria afligido o "Jesus hebreu"[28]. O termo escolhido – "*Sehnsucht zum Tode*" [ânsia *até* a morte], e não "*Sehnsucht nach dem Tod*" [ânsia *de* morte] – lembra *Doença até a morte* (1849), de Søren Kierkegaard*. Para prevenir essa ânsia ou doença, o suicídio foi considerado pela doutrina cristã um dos maiores pecados que uma pessoa pode cometer, pior do que o roubo mais grave, porque o suicida que se rouba a própria vida rouba o seu Criador. Até inícios do século XVII afirmava-se que o suicídio era pior do que o homicídio, pois um assassino mata apenas o corpo da pessoa assassinada, não a sua alma, enquanto o suicida comete um duplo homicídio: nomeadamente a morte do seu próprio corpo *e* da sua própria alma[29].

Martírio ou suicídio? A questão permaneceu virulenta, mesmo depois das Cruzadas – ou até por causa delas – e dos movi-

....
* Em português sob o título *O desespero humano*.

mentos apocalípticos em reação às epidemias de peste no final da Idade Média. E continuou depois das primeiras guerras religiosas modernas e das ondas de martírio e autossacrifício protestantes, que Peter Burschel, diretor da biblioteca Herzog August de Wolfenbüttel desde 2016, investigou em sua tese de livre-docência[30]. Em todos esses séculos, os suicídios indiretos eram muito comuns, como acentua Georges Minois:

> Guiberto de Nogent relata que muitos cristãos se afogam porque "preferem escolher a sua própria maneira de morrer" em vez de se render aos turcos. Joinville testemunhou incidentes semelhantes, afetando inclusive os clérigos: o bispo de Soissons, que se recusa a aceitar a derrota, atira-se aos turcos, indo ao encontro da morte; a rainha, esposa de São Luís, pede a um velho cavaleiro que lhe corte a cabeça se os sarracenos ameaçarem prendê-la. Quando Joinville e seus companheiros estão prestes a ser capturados, um de seus clérigos exclama: "Eu sou a favor de que todos nós nos deixemos matar, assim vamos todos para o Paraíso." O conselho não é seguido, mas ilustra a mentalidade da classe dos cavaleiros, que se recusam a considerar o martírio livre como suicídio. A mesma atitude de espírito pode ser encontrada entre alguns monges e entre os franciscanos que, na Sevilha do século XIII, provocavam os muçulmanos, insultando fortemente Maomé.

Mesmo no contexto do julgamento de Joana d'Arc, a questão do suicídio tem certo peso. A heroína de Orleãs,

> enquanto prisioneira, atira-se de uma torre por razões inexplicáveis. Durante o interrogatório, ela explica que "preferiria morrer a continuar vivendo após o extermínio de pessoas boas", fazendo menção a um massacre de civis; mas em outra ocasião, ela responde que "preferiria morrer a cair nas mãos de seus inimigos, os ingleses". Depois, assegura – contradizendo suas explicações anteriores – que não tinha intenção de matar-se. Uma das acusações dizia: tentativa de "suicídio" por desespero[31].

Demarcar uma fronteira plausível entre o martírio e o suicídio permanece, portanto, difícil, semelhante ao que ocorre no islã até hoje, afinal algumas suras do Corão e alguns hadices – as transmissões orais dos discursos e atos de Maomé – deixam entrever, segundo a teologia, uma proibição estrita do suicídio[32]. Martírio ou suicídio? Conjunturas atuais desse debate refletem-se exemplarmente nos esforços da Igreja Católica para criar um martirológio alemão do século XX[33], ou ainda, de forma mais diferenciada, na comparação cultural e epocal realizada nos *Märtyrer-Porträts* [Retratos de mártires], um projeto do Centro de Pesquisa Literária e Cultural de Berlim[34]. Mas, na verdade, essa ideia também resultou da feroz controvérsia em torno da abertura, no dia 26 de maio de 2016, de um Museu dos Mártires temporário em um antigo matadouro em Copenhague.

4.

Não esqueçamos: embora nos tempos antigos o suicídio heroico-honorável fosse considerado permitido, assim como o era o martírio na Idade Média cristã, estava em vigor uma proibição do suicídio, cuja violação era condenada com penas, que também podiam ser aplicadas de várias formas, até mesmo nos cadáveres. As dúvidas sobre a legitimidade dessa proibição surgiram pontualmente no início dos tempos modernos. Ainda nas primeiras décadas do século XIV, Dante, no segundo giro do Sétimo Círculo do Inferno, deixa os suicidas pagarem os seus pecados transformando-os em arbustos e árvores cujas folhas são diceradas pelas harpias – híbridos pássaros da mitologia grega. Se a alma, como diz o 13º canto, arrancou-se tao arbitrariamente "do laço com o seu corpo", ela não deve ficar em posse do que roubou[35]. Dois séculos mais tarde, o humanista Erasmo de Rotterdam dá voz à loucura. Algumas linhas após a severa crítica a um Sêneca "demasiado estoico", que "sem nenhum escrúpulo, recomenda até mesmo aos deuses o uso da corda"[36], ele observa:

> Das alturas, a pessoa pode olhar bastante bem ao redor, como os poetas às vezes afirmam ter ocorrido com Júpiter. Mas, então, ela vê a vida humana enredada numa desgraça desmedida, numa grande

miséria. A pessoa vê os constrangimentos do nascimento, as dificuldades da educação, as múltiplas injustiças às quais a infância está exposta, o suor amargo da juventude, o pesar da velhice, a dura provação da morte. Vê a ameaça de uma interminável corrente de doenças, quantos acasos estão à espreita, quanta desgraça nos sucede e como tudo está embebido de bílis em todos os lugares. Nem sequer vou mencionar os males que as pessoas infligem umas às outras, como a pobreza, a prisão, a humilhação, a vergonha, a tortura, a perfídia, a traição, o abuso, as disputas e a fraude. Mas, gradualmente, percebo que começo a contar os grãos de areia. Por hora, não me cabe explicitar por que as pessoas merecem tudo isso e que Deus irado as forçou a nascer neste vale de lágrimas. Não seria preciso aprovar o exemplo das moças de Mileto, por mais lamentável que seja, quando olhamos para essa situação em detalhe? Não teriam elas apenas invocado a própria desgraça por cansaço da vida? Não estariam sob o encantamento da sabedoria? E nem quero falar de Diógenes, Xenócrates, os Catões, Cassius e Brutus, que também fazem parte desse grupo; gostaria apenas de apontar para aquele Quíron, que preferiu voluntariamente a morte, embora lhe tenha sido permitido ser imortal. Vocês podem ver bem o que aconteceria se todos os homens fossem sábios: um novo barro e uma nova mão de oleiro como a de Prometeu logo seriam necessários[37].

Assim, a loucura parece nos aconselhar a morte voluntária; Georges Minois enfatizou a mudança que ocorreu entre *A nau dos insensatos* (1494), de Sebastian Brant, e o tratado de Erasmo. Para Brant ainda seria "loucura buscar a morte, já que a morte nos encontra de toda maneira". Ele afirma que "é preciso ser louco para matar-se"; já Erasmo diz que "é preciso ser louco para permanecer na vida"[38]. É claro que Minois ignora o fato de que a argumentação da loucura é dirigida contra a sabedoria, que faz o suicídio parecer necessário.

Erasmo escreveu o *Elogio da loucura*, em sua versão original em latim, sob o título *Moriae encomium*, durante uma visita ao seu amigo Thomas More, em Londres. Ele também lhe dedicou o livro, com um pequeno trocadilho sobre o nome da família do seu amigo, "que alude à loucura, assim como você se distingue completamente de todos os seres tolos"[39]. Cinco anos após a publicação do *Elogio* (em Paris, em 1511), More publicou, com o apoio de Erasmo, a sua obra certamente mais famosa, *Utopia*, cujo título viria a estabelecer um gênero próprio nos quinhentos anos seguintes. *Utopia* é um romance cuja estrutura da trama descreve uma sociedade ideal, embora More deixe em aberto, em várias refrações irônicas, se ele considera desejável o estabelecimento de tal sociedade. Em alguns aspectos, *Utopia* adota uma atitude lúdica, que Erasmo também reivindica em sua dedicatória: "Não é uma injustiça escandalosa permitirmos que todas as situações da vida tenham seus jogos peculiares, mas negarmos ao escritor seu jogo, especialmente quando este deve transmitir percepções sérias e sua brincadeira abriria muito mais os olhos de um leitor perspicaz do que os habituais argumentos gastos de certas pessoas?"[40] Um destinatário do "jogo" de *Utopia* era Pieter Gillis, o escrivão de Antuérpia, cuja visita Erasmo tinha anunciado numa carta a More. Por meio de Gillis, que escreveu sob o pseudônimo latinizado de Petrus Aegidius, More afirma ter conhecido um companheiro de viagem fictício de Américo Vespúcio, chamado Raphael Hythlodaeus; ele aparece no romance como um *alter ego* e parceiro de diálogo do autor. E é Hythlodaeus, e não More, que narra a descrição das leis e instituições da ilha Utopia, de modo que a atitude do próprio autor possa permanecer indistinta. Por trás dessa estratégia retórica e lúdica esconde-se um dilema dos humanistas: o fascínio pela Antiguidade greco-romana e pelos mundos recém-descobertos não devia contradizer os valores do mundo cristão, aos quais More permaneceu fiel até sua execução – que ocorreu devido à recusa ao juramento de fidelidade ao rei Henrique VIII como líder supremo da Igreja Anglicana – em 6 de julho de 1533.

A ambiguidade do romance também se manifesta no título: *Utopia* faz, na verdade, alusão a *ou-tópos*, o "não lugar", mas também, na pronúncia inglesa correta, pode ser entendida como *Eutopia*, "bom lugar" (*eu-tópos*). A construção sofisticada do romance permitiu que More criasse uma espécie de equilíbrio entre o cristianismo e a crítica humanista da época. Desse modo, poderia, por exemplo, condenar o suicídio no sentido da doutrina cristã do pecado e, ao mesmo tempo, retratar um procedimento de eutanásia na ilha Utopia que parece assustadoramente moderno. No Livro II, essa situação é descrita em detalhe: os habitantes de Utopia cuidam de seus pacientes

> com grande devoção, e não poupam esforços em ajudá-los a recuperar sua saúde, seja através da medicina, seja da dieta. Procuram consolar mesmo os doentes terminais, sentando-se com eles, conversando e proporcionando-lhes todo o alívio possível. Entretanto, se a doença não só é incurável, mas também atormenta e tortura constantemente o doente, então os sacerdotes e as autoridades aconselham ao doente que considere o fato de que já não seria capaz de lidar com todas as obrigações profissionais de sua vida, que seria um fardo para os outros e difícil de suportar para si mesmo e, portanto, estaria apenas em sobrevida; e que, por essa razão, não insista em continuar alimentando ainda mais a praga e o perigo de contágio. E ainda que não hesite em ir ao encontro da morte, já que a vida seria apenas uma tortura para ele. Nesse sentido, que consiga, confiante e com boa esperança, libertar-se dessa vida dolorosa como de uma masmorra ou de uma tortura, ou permitir que outros o arranquem do suplício. Assim, agiria sabiamente, pois através da morte não encurtaria as alegrias, mas apenas os tormentos da vida; e ao mesmo tempo esse seria um ato piedoso e íntegro, já que estaria somente obedecendo aos conselhos dos sacerdotes que interpretam a vontade de Deus. Os que se deixam convencer com essas argumentações terminam sua vida voluntariamente por meio de jejum ou encontram sua redenção através de sedativos, sem sentir a morte.

Em todo caso, More ainda enfatizou que ninguém morreria contra a própria vontade, e quem se recusasse a consentir na morte voluntária continuaria sendo cuidado e não seria negligenciado. Quem pudesse ser persuadido da eutanásia, seria reconhecido "em altas honras", diferentemente dos suicidas habituais, que tiram a própria vida por razões que não são aceitas nem pelos sacerdotes nem pelo senado. Eles não são "considerados dignos de enterro nem de uma cremação", antes são "jogados em qualquer lodaçal, de forma humilhante e sem funeral".[41]

Em *Utopia* propõe-se uma mudança de autoridades: não seriam mais apenas os sacerdotes, mas também médicos e instâncias públicas os que devem poder oferecer apoio num caso de suicídio e acompanhar ativamente a morte assistida, desde que essa medida possa ser legitimada por doença incurável e dores insuportáveis. Ainda mais radical do que tal proposta, porém, é a menção a uma tribo oriental que apoiou Pompeu na guerra civil contra César. Essa referência encontra-se no extenso trabalho *O relógio dos príncipes*, publicado em 1529 por Antonio de Guevara, bispo franciscano a serviço de Carlos I de Espanha, e foi citada pelo filósofo imperial Marco Aurélio, bem como por seus parceiros de carta e diálogo. Na terceira parte, Guevara elogiou entusiasticamente o "povo descomunal" que teria aprovado uma lei segundo a qual ninguém podia viver mais que cinquenta anos:

> Quando chegavam ao seu quinquagésimo ano, erigiam grandes fogueiras e as acendiam, queimando-se vivos em sacrifício voluntário aos seus deuses. Ninguém deve espantar-se com o que eu disse agora, mas com o que eu ainda vou dizer, a saber, que, quando alguém se queimava vivo, seus amigos mais próximos comiam a carne do corpo já em parte queimado e bebiam as cinzas de seus ossos dissolvidas em vinho ou água, de modo que os intestinos das crianças ainda vivas tornavam-se uma sepultura dos pais mortos.

Estaria o bispo aludindo a um ritual protoeucarístico? Em todo caso, ele recomendou não desprezar os bárbaros, mas, pelo contrário, elogiá-los:

> Ó idade de ouro em que tais pessoas viveram! Ó povo abençoado que deixa uma memória à eternidade! Quem poderia ter desprezado mais o mundo? Quem poderia ter-se esquecido melhor de si mesmo? Quem poderia ter mais facilmente deitado fora a felicidade? Quem poderia ter melhor mortificado a sua própria carne? E quem poderia ter desdenhado mais a morte?[42]

O critério de cinquenta anos para a duração da vida é mencionado várias vezes no *Relógio dos príncipes*; um pouco antes do final, é dito sucintamente: "O imperador Augusto costumava dizer que o homem, depois de ter vivenciado cinquenta anos, deve morrer ou ser privado à força de sua vida, já que o quinquagésimo ano é uma data e meta em que toda a felicidade, a alegria e o bem-estar da vida humana cessam e chegam a um fim."[43] Diferentemente de More, Guevara, treze anos depois de *Utopia*, já não se refere aos tormentos de doenças incuráveis que justificam o suicídio, mas simplesmente à chegada de uma fase da vida, limitada com exatidão à metade de um século. Curiosamente, no momento da impressão de sua obra de quase mil páginas, Guevara tinha acabado de fazer 49 anos.

Se perguntássemos o que aconteceu na Europa nos cerca de duzentos anos entre a descrição de Dante da sangrenta floresta dos suicidas e o entusiasmo de Guevara pela autoimolação aos cinquenta anos de vida, muitas respostas seriam possíveis. Por exemplo, podemos mencionar o crescimento da influência do humanismo e a primeira fase do Renascimento, a invenção da pólvora e da prensa móvel, a descoberta da América, o início da Reforma Protestante e o alvorecer do século das guerras religiosas, que o historiador britânico Henry Kamen chamou muito apropriadamente de *Iron Century*[44]. Na interação entre a ascensão das ciências e das artes e o retorno às ideias da Antiguidade, mas também entre as experiências de guerras sangrentas – das revoltas camponesas à Guerra dos Trinta Anos –, epidemias e fomes recorrentes, a atitude em relação ao suicídio também mudou, seus motivos no âmbito da necessidade – pânico, doença, dor, confusão – foram cada vez mais respeitados. Nesse sentido, Michel de Montaigne argumentou em seu ensaio "Costume da ilha de Quios": "Assim como eu não violo as leis contra o roubo quando me despojo de meus próprios pertences ou rasgo minha própria carteira de dinheiro, nem as leis contra incêndios quando queimo minha madeira, do mesmo modo eu não violo as leis contra o assassinato quando tiro minha própria vida."[45] E, no final, resume: "Dor insuportável e medo de uma morte terrível me parecem ser os motivos mais perdoáveis para o suicídio." Algumas linhas antes, ele chega a elogiar um país em que "graças ao clima ameno, os dias de vida dos habitantes geralmente cessam apenas por vontade própria; e quando, em idade avançada, ficam cansados e cheios de sua existência, eles têm o costume de cear com gosto uma última vez e, depois, lançar-se ao mar de uma rocha especialmente designada para esse fim"[46]. Que feliz utopia! Do ensaio de Montaigne pode ser construída uma ponte resistente – cujos pilares apoiam-se tanto na apologia do suicídio (1608), de John Donne, publicada sob o título *Biathanatos* após a morte de seu autor[47], como na *Anatomia da melancolia* (1621), de Robert Burton[48] – até o ensaio sobre o suicídio de David Hume (1755), que chegou à conclusão sucinta de que o suicídio "é muitas vezes compatível com o interesse e com o dever que temos em relação a nós mesmos", e que disso não duvidaria ninguém "que admite que idade, doença ou infortúnio podem fazer da vida um fardo até pior do que a sua destruição. Acredito que ninguém jamais tirou uma vida que valesse a pena preservar"[49].

3. Efeitos-Werther

> "Todo suicídio é contagioso, e de uma forma muito sutil, porque mostra a viabilidade de um pensamento que está em muitas mentes."
> *Roberta Tatafiore*[1]

1.

Como tentei mostrar, antes da modernidade os suicídios – apesar de, em princípio, serem rejeitados – eram respeitados em certas circunstâncias: como suicídios heroico-honoráveis, como autossacrifícios e martírios, às vezes também como suicídios por necessidade em casos de doenças incuráveis, dor insuportável ou velhice. Como exceções, esses suicídios foram aprovados precisamente pelas instâncias que reivindicam certo direito à propriedade da nossa vida: no caso do suicídio em nome da honra, pela família, pelo Estado ou pelos militares; no caso do martírio, por Deus e pelas igrejas e autoridades religiosas. Por outro lado, a justificação dos suicídios por necessidade remetia a juízos e argumentos medicinais. Decisiva para a reavaliação do suicídio na modernidade foi a ascensão da medicina, da psiquiatria e da psicologia, que contribuíram cada vez mais para a justificação do suicídio – e o preço disso foi a sua patologização. Pode-se dizer que o pecado foi substituído pela doença, os padres pelos médicos. Os protagonistas do culto a Asclépio, que começou a difundir-se na Grécia e depois no Império Romano entre os séculos VII e V a.C., ainda eram sacerdotes e médicos numa só pessoa[2]. E talvez Thomas More tenha pensado nessa conexão ao criar a união dos sacerdotes com os médicos em sua ilha utópica a fim de recomendar o suicídio por necessidade e, eventualmente, a prática da eutanásia. No entanto, já na fase final da Antiguidade, os templos de Asclépio foram suplantados por locais de culto cristão, e durante a Idade Média a teologia prevaleceu sobre o ofício médico. Dissecações de cadáveres humanos foram proibidas durante séculos apenas a fim de preservar o corpo – por mais paradoxal que pareça – para a ressurreição da carne no dia do Juízo Final. Salvação e cura podiam divergir; a redenção do sofrimento e da dor era secundária ante a redenção dos pecados. Ainda que o cuidado com os doentes fosse considerado uma obrigação cristã, à qual algumas ordens, como a dos antoninos e franciscanos, dedicaram-se com grande empenho, não havia uma formação especializada de médicos e cirurgiões. Foi provavelmente a disseminação de novos instrumentos, técnicas e traduções de tratados gregos e árabes sobre a medicina, que começaram a circular não somente na Espanha, mas também por toda a Europa Ocidental a partir do século XIII, bem como o início da primeira fase do Renascimento e do humanismo, que inspirou a ascensão das artes médicas. Acima de tudo, porém, foram as terríveis experiências das epidemias e da Peste Negra que forçaram uma nova orientação, que por sua vez moldou a percepção dos suicídios: o mais tardar a partir do século XVII falava-se de epidemias de suicídio e suicídios "contagiosos", assim como dos riscos dos efeitos da imitação e do caráter de modelo dos suicídios.

A peste foi o ponto de ruptura central entre a Idade Média e a Idade Moderna. A partir de meados do século XIV ela atingiu inúmeras cidades e países da Europa. De acordo com estimativas realistas, morreram cerca de 25 milhões de pessoas, quase um terço de toda a população do continente. E a peste voltava sempre a fulgurar de tempos em tempos; a Inglaterra parece ter perdido "quarenta por cento da sua população entre 1348 e 1377". No ano de 1350, "relata-se que a epidemia dizimou cinquenta por cento da população em Magdeburgo, cinquenta a 66 por cento em Hamburgo e, em Bremen, até mesmo setenta por cento"[3]. Os efeitos mentais desse despovoamento acelerado não poderiam ser piores; eles se expressaram nos *pogroms* contra judeus e depois na caça às bruxas, mas também em verdadeiras ondas de suicídio, já lamentadas por Boccaccio. Os horrores apocalípticos da peste marcaram os séculos seguintes, e enquanto a Igreja distribuía seus "folhetins da peste", nos quais a praga era apresentada como castigo de Deus, as pinturas das Danças Macabras, que começaram a adornar numerosos muros de cemitérios – de Paris à Basileia ou Lübeck –, proclamavam o triunfo da morte que atingia todas as camadas sociais e corporações, mulheres e homens, crianças e velhos, poderosos e fracos, médicos e pacientes. "A morte estrangula a todos, pobres e ricos, da mesma forma", dizia um provérbio alemão. O igualitarismo assassino do contágio! As Danças Macabras não mostravam alegorias de morte, como foi por vezes erroneamente afirmado, mas sobretudo cadáveres individuais concretos em todas as fases possíveis de putrefação, que atuavam frequentemente como uma espécie de duplo dos vivos. "*Tu fui, ego eris*", lê-se em algumas lápides: "Eu era (como) você, você será (como) eu." Não seria o morto que vem pegar o papa e o imperador, o bispo e o comerciante, o soldado, a virgem e o agricultor, a forma futura dessas pessoas? Um antecessor que retorna na forma de um *Wiedergänger*, um espírito que indica a direção inevitável a seguir? Questionamentos como esses alcançaram também os médicos, que tiveram de reconhecer os limites de sua capacidade. No mural parisiense da *Danse macabre* (de 1425), lê-se: "Doutor, com toda a vossa urina, sabeis como ajudar aqui? Houve tempos em que sabíeis o suficiente sobre medicina e podíeis dar ordens. Agora a morte vem e vos chama. Como toda a gente, tendes de morrer. Não há nada a objetar contra isso." E o médico resigna-se: "Não há erva contra a morte."[4] Os mortos apareciam frequentemente como pregadores que anunciavam o triunfo do plano de Deus sobre a ignorância humana.

Debatia-se sobre as formas misteriosas de contágio. Acusaram os judeus de serem "envenenadores das fontes", acusaram as bruxas, os leprosos, de quem se dizia que transmitiam a doença através de contato sexual[5], mas também os próprios médicos, que eram suspeitos de propagar a peste por meio de pomadas assassinas.

No ano de 1530 foi descoberta uma conspiração em Genebra, organizada por "ministradores de pomadas", e da qual participavam, ao que tudo indicava, o chefe do hospital de doenças infecciosas, a sua mulher, o cirurgião e até o assistente social da instituição. Ao serem submetidos à tortura, os conspiradores confessaram ter-se aliado ao diabo, que, em troca, revelou como produzir a mistura fatal: todos foram condenados à morte[6].

No final, os próprios doentes da peste foram acusados de infectar deliberadamente os sadios. Daniel Defoe, por exemplo, relatou a epidemia de Londres no ano de 1665, durante a qual cerca de 68.500 dos 460 mil residentes morreram. Segundo ele,

> existia uma aparente inclinação ou mesmo uma tendência maligna entre aqueles que foram infectados para infectar os outros. Tem havido grandes debates entre os nossos médicos sobre a razão para tal atitude. Alguns creem que está na natureza da doença e que ela encha a todos os que foram infectados com uma espécie de frenesi e com um ódio à sua própria espécie, como se uma vontade cruel de continuar a transmitir-se emergisse não apenas da doença, mas da natureza do próprio homem. O doente, acometido de má vontade ou mau-olhado, é levado a lançar-se sobre o primeiro que passa e mordê-lo – como se diz de um cão raivoso que antes tenha sido a criatura mais gentil de sua espécie –, e não só sobre aquele, mas também sobre alguém a quem tenha obedecido até então devotamente. Outros põem a culpa no corrompimento da natureza humana, que não pode suportar saber-se mais miserável do que os pares da sua própria espécie, e que seria animada pelo desejo involuntário de que todos os humanos fossem tão infelizes ou estivessem numa situação tão terrível como a sua própria[7].

No horror e desconsideração, mas também na brutalidade das perseguições e dos *pogroms*, manifestou-se a impotência dos homens que não conheciam nenhuma causa para as epidemias recorrentes. Os médicos declararam que a contaminação do ar era a causa das rápidas infecções, e atribuíram essa contaminação, por um lado, a cometas ou conjunções planetárias desastrosas e, por outro, ao odor putrefato dos cadáveres não enterrados e à evaporação podre vinda do solo. Todos conheciam os maus cheiros dos cemitérios e os ruídos vindos das sepulturas, que – como sabemos hoje – resultam de descargas explosivas de gases da decomposição. Então o mais óbvio seria estabelecer "uma correlação entre os ruídos dos túmulos, os vapores dos cemitérios e a peste"[8]. Até porque, durante uma epidemia de peste, metade da cidade transformava-se num cemitério!

Defoe comentou:

E, de fato, o trabalho de transportar cadáveres sobre carruagens tinha se tornado tão repugnante e perigoso que se podia ouvir queixas de que os carregadores de cadáveres já não retiravam os corpos das casas nas quais todos os habitantes estavam mortos. Em vez disso, os cadáveres algumas vezes teriam permanecido sem enterro por vários dias, até que famílias vizinhas tivessem sido incomodadas pelo fedor e, posteriormente, se houvessem infectado; [...] incontáveis carregadores de cadáveres morreram de peste, infectados pelos corpos dos quais eram forçados a aproximar-se[9].

Todas as medidas de precaução destinadas a reduzir o risco de infecção foram ineficazes: cartas ou moedas que iam de mão em mão eram desinfetadas com vinagre; fogueiras eram acesas em cruzamentos de ruas para limpar o ar contaminado. Os habitantes impregnavam suas casas, roupas e corpos com perfumes fortes e tinturas de enxofre para evitar o risco de infecção, e na rua eram usadas máscaras de pássaros com bicos cheios de ervas e essências perfumadas.

Na Europa, a peste grassou em inúmeros países e cidades até o fim do século XVIII: de 1456 a 1459 e de 1524 a 1526 na Holanda, de 1505 a 1508 na Escandinávia, de 1547 a 1550 e em 1625 na Alemanha, de 1665 a 1666 na Inglaterra, e de 1678 a 1679 em Viena. Em 1683, quase metade dos habitantes de Erfurt morreu na epidemia; entre 1708 e 1714, o número de vítimas da peste na Transilvânia, Polônia, Lituânia, Prússia Oriental, Rússia, Finlândia, Suécia, Dinamarca, Hamburgo, Hungria e Áustria ultrapassou a faixa de 1 milhão. Só no final de uma pandemia de peste na Ásia Central – na segunda metade do século XIX –, que matou cerca de 12 milhões de pessoas, é que o agente patogênico foi detectado. O médico e bacteriologista suíço Alexandre Yersin, que trabalhou no Instituto Pasteur de Paris e em seguida no Instituto Robert Koch, em Berlim, e fez várias viagens de pesquisa à Indochina em 1890, viajou a encargo do Instituto Pasteur para Hong Kong por ocasião de um surto de peste que se havia alastrado rapidamente da Mongólia ao sul da China. Em 20 de junho de 1894, ele foi capaz de isolar o patógeno da peste dos linfonodos infectados de cadáveres e transferi-los para ratos e preás. O patógeno foi chamado *Yersinia pestis* em homenagem ao seu descobridor[10]. Na cidade sul-vietnamita de Nha Trang, onde Yersin faleceu em 28 de fevereiro de 1943, foram erigidos um museu e um monumento para o médico. Yersin personifica de forma convincente os ideais que Albert Camus retratou em seu romance *A peste* (1947) por meio de seu protagonista, o médico Bernard Rieux. Como representante ateu de um humanismo esclarecido que crê que as pessoas são "mais boas do que más", Rieux constata: "A salvação do ser humano é uma palavra demasiado grande para mim. Eu não almejo tanto. O que me interessa é a saúde das pessoas, em primeiro lugar, a saúde das pessoas."[11] Rieux sabe da provisoriedade de seus êxitos na luta contra a morte, mas não cai em desespero nem desiste. Assim, o romance termina com o louvor aos doutores "que, mesmo não podendo ser santos, não desejam permitir a ocorrência de doenças e se esforçam para ser doutores"[12]. Os médicos são os sacerdotes e santos modernos.

2.

Assim que a peste se retirou da Europa – com uma derradeira epidemia que irrompeu em 1771, em Moscou –, a cólera assumiu a sua herança. É provável que tenha sido o crescente comércio colonial e oriental que trouxe para a Europa, em várias fases, a doença infecciosa que assolou durante muitos anos sobretudo o sul da Ásia. A segunda pandemia foi particularmente dramática e ocorreu entre 1826 e 1841. No seu decurso, metrópoles europeias foram atingidas: Berlim, Londres, Paris. Em 19 de abril de 1832, Heinrich Heine escreveu um relato sobre a cólera que assolava Paris e havia sido inicialmente subestimada:

> Só um tolo poderia desafiar a cólera. Foi uma época terrível, muito mais terrível do que a anterior, porque as execuções aconteceram tão rapidamente e tão misteriosamente. A cólera foi um carrasco dissimulado que caminhou por Paris com uma guilhotina ambulante invisível. "Seremos ensacados um após o outro!", suspirava o meu servo todas as manhãs ao relatar o número de mortos ou o falecimento de um amigo. A palavra "ensacar" não era um modo de dizer; começaram a faltar caixões e a maioria dos mortos eram enterrados em sacos[13].

Evidentemente, falharam as estratégias para combater odores putrefatos e mau ar que usavam técnicas de ventilação como a da construção de edifícios ou cidades em morros sem muros de proteção com o intuito de impedir a passagem do ar purificador[14]. Mais uma vez, iniciou-se a busca por culpados: primeiro, suspeitaram dos ricos porque a epidemia afetou principalmente as classes mais baixas; logo depois, os médicos tornaram-se alvo de ataques. "As pessoas cercavam ambulâncias, hospitais e centros de cuidados, saqueavam farmácias, maltratavam médicos em público […]. Na Rússia e na Polônia, esses sentimentos tinham se expressado de forma muito mais violenta um ano antes; lá, os hospitais foram demolidos, e enfermeiras e médicos, assassinados. Na França, pelo menos, a equipe de assistência médica morreu apenas de cólera."[15] Embora John Snow, médico inglês e pioneiro da anestesia, já tivesse afirmado em 1854 que a cólera se disseminava pela água poluída, e apesar de, no mesmo ano, o anatomista italiano Filippo Pacini ter encontrado os agentes patogênicos no conteúdo intestinal de alguns cadáveres de cólera, nem Snow nem Pacini foram capazes de sobrepor suas hipóteses às convicções prevalecentes sobre o ar sujo e contaminado. Só quem veio a conseguir tal feito foi Robert Koch, em 1884, mais de cinquenta anos após o relatório de Heinrich Heine.

Certamente não seria uma surpresa se encontrassem provas de que, nos séculos da peste e da cólera, muitas pessoas tiraram a própria vida. Mas não temos números exatos. A acumulação acelerada de casos de morte sobrecarregava as autoridades e os órgãos da Igreja, isso no caso de seus representantes permanecerem vivos. Montaigne recorda a peste na região do seu castelo e vinícola, no Condado de Périgord, onde nem sequer "a centésima parte" da população sobreviveu. Sem poder dissimular a sua admiração, ele diz: "Alguns deles já cavavam suas covas ainda em plena saúde, outros chegavam a deitar-se nelas ainda vivos; e um dos meus diaristas, moribundo, jogava terra sobre si mesmo com as mãos e os pés. Não seria isso uma tentativa de envolver-se numa mortalha para partir mais despreocupado?"[16] Algumas décadas mais tarde, Defoe relatou que "pessoas que estavam doentes, já sob o impacto de delírios febris e aproximando-se do fim, corriam para os fossos, envoltos em lençóis ou cobertores, para enterrar a si próprios, como eles diziam". Ele viu "pessoas que, no calor da febre ou no tormento de tumores de fato insuportáveis, perdiam o controle de si, furiosas e loucas, e, muitas vezes, feriam-se violentamente, jogavam-se pela janela, matavam-se com um tiro"[17]. Jean Delumeau citou o relatório de um médico de Málaga, que diz: "Uma mulher enterrou-se viva para não servir de alimento para os animais. Um homem fez seu próprio caixão depois de enterrar sua filha e morreu ao lado dela."[18] Certamente, o poder desses testemunhos e fontes esparsas pode ser relativizado; no entanto, é altamente improvável que catástrofes como as epidemias descritas não tenham tido impacto real sobre as taxas de suicídio[19].

Acima de tudo, porém, as epidemias periodicamente recorrentes têm promovido o aumento da predisposição para o contágio, que influencia até hoje os nossos debates sobre suicídio. Não é por acaso que a questão em torno das taxas exatas de suicídio – e o seu aumento, por exemplo, na Inglaterra entre 1580 e 1620[20] ou durante todo o século XIX[21] – costuma ser levantada e comentada de forma controversa no contexto dos discursos modernos sobre suicídio. *Pois esses discursos são discursos de contágio,* e assim permanecem até hoje; e são eminentemente influenciados pelas experiências das épocas com a peste e a cólera. O diagnóstico "epidemias de suicídio" também é comum atualmente. Só que as fontes dessas "epidemias" já não são considerados o ar podre, a água envenenada ou bactérias misteriosas, mas notícias de jornais, livros, filmes ou jogos de computador. Não era mais o respirar, beber ou tocar em cadáveres da peste que significavam uma ameaça à vida no século XIX, mas sim a leitura, que se tinha espalhado tão "epidemicamente" no decurso do Iluminismo e da introdução do ensino obrigatório. E, desse modo, foi um texto literário o primeiro a ser acusado de estimular o suicídio e desencadear epidemias de suicídio: o romance epistolar de Johann Wolfgang Goethe, publicado anonimamente, *Os sofrimentos do jovem Werther*. O final do romance conta em detalhes o suicídio do jovem protagonista cuja paixão não era correspondida:

> Quando o médico chegou à casa do infeliz, ele o encontrou jogado ao assoalho, sem salvação. Seu pulso batia, mas seus membros estavam todos paralisados. Ele havia atirado na própria cabeça, acima do olho direito, e o cérebro tinha sido expelido. Bem que tentaram dar-lhe uma sangria por uma veia no braço, o sangue correu, ele ainda respirou. Do sangue no espaldar da poltrona, podia-se concluir que ele tinha disparado sentado à frente da escrivaninha e depois escorregou e debateu-se convulsivamente ao redor da cadeira. Estava deitado de costas contra a janela, enfraquecido, totalmente vestido e calçado. Trazia o casaco azul e o colete amarelo. [...] Ele só tinha bebido um copo de vinho. O drama *Emília Galotti* encontrava-se aberto sobre a estante[22].

Como se vê, o próprio Werther já não morre só por meio de um tiro de pistola, mas também por uma leitura perigosa.

A descrição exata da cena parece convidar o leitor a imitá-la: a "indumentária de Werther" (o casaco azul com o colete amarelo), a escrivaninha, o livro aberto – com a tragédia de Lessing de 1772, em cujo final o pai esfaqueia a filha desesperada para preservar a sua honra (e evitar o seu suicídio), sendo naturalmente substituída pelo romance de Goethe. Embora o termo "Efeito-Werther" só tenha se imposto cerca de duzentos anos mais tarde em estudos sociológicos sobre correlações causais entre as taxas de suicídio e a transmissão de filmes e notícias de TV[23], já se discutia calorosamente na época de Goethe sobre a "febre Werther" ou a "epidemia Werther":

> Segundo fontes comprovadas, há, em todo caso, uma taxa de suicídios de dois dígitos em vários países europeus. Eles estão diretamente relacionados com a publicação do livro de Goethe. O fenômeno de imitação do modelo literário foi evidente nesses casos na medida em que os suicidas, como o trágico personagem do romance, se vestiam com um casaco azul e um colete amarelo ou traziam o livro consigo durante o suicídio, como no caso de um jovem chamado Karsten, que atirou em si mesmo diante do livro aberto, ou Christine von Lassberg, que se afogou com o livro no bolso. Após o suicídio do jovem Karl von Hohenhausen, de dezoito anos, em 1833, sua mãe chegou a acusar Goethe, até mesmo depois da morte deste: "O meu filho também tinha sublinhado várias passagens do Werther. [...] Deus chamar-vos-á a prestar contas pelo uso dos vossos talentos." O próprio Goethe reconheceu os efeitos fatais de seu romance epistolar, esteve pessoalmente presente no resgate do corpo de Christine von Lassberg, e escreveu posteriormente: "O efeito desse livreto foi grande, sim, foi tremendo", e o comparou a uma "pequena porção de pólvora", que faz explodir uma "enorme mina"[24].

Em seguida, *Os sofrimentos do jovem Werther* foi até mesmo proibido por provocar uma atração fatal pelo suicídio. Já em janeiro de 1775, poucos meses depois da publicação do romance, o decano da Faculdade de Teologia da Universidade de Leipzig escreveu à autoridade de censura saxã argumentando que o livro seria uma perigosa "apologia e recomendação do suicídio". Ele citou alguns "homens eruditos e, de uma forma ou outra, bem posicionados na vida" que "não teriam ousado ler o livro, antes o teriam posto de lado várias vezes"[25]. Um ano depois, *Werther* também foi proibido em Milão e Copenhague, e Goethe publicou a segunda edição com epígrafes em verso antes do primeiro e segundo livros. Como é de conhecimento de todos, a segunda epígrafe terminava com a recomendação: "Seja homem e não me siga." De forma implícita, o romance processava um acontecimento real, a saber, o suicídio do ministro plenipotenciário da cidade de Wetzlar, Karl Wilhelm Jerusalem (na madrugada de 29 para 30 de outubro de 1772). Antes que *Werther* pudesse alcançar o status de fonte de contágio de uma "febre" coletiva, uma espécie de "epidemia de suicídio", o próprio Jerusalem já tinha sido, por assim dizer, "infectado"[26], nomeadamente pela história de um leitor apaixonado, como sublinhou August Kestner no seu relatório sobre esse suicídio: "Ele leu muitos romances e disse que dificilmente haveria um romance que não tivesse lido. As tragédias mais terríveis eram as suas favoritas."[27] A propósito, Goethe reproduziu o detalhado relatório médico de Kestner (de novembro de 1772) quase literalmente: até um exemplar aberto de *Emília Galotti* havia sido encontrado sobre a escrivaninha de Jerusalem[28].

Enquanto no século XVIII o suicídio era considerado ora como um ato religioso ou politicamente incriminável, ora como a destruição da propriedade alheia pertencente a Deus e ao rei, ou ainda como expressão de uma liberdade questionável na relação da pessoa consigo mesma, comparável ao onanismo[29], no século XIX ele passou a ser cada vez mais concebido como um ato que levava à imitação. No século XVIII, oponentes ao suicídio, como Immanuel Kant, que condenou até a retirada de um dente como sendo um "suicídio parcial"[30], e defensores da morte voluntária, como David Hume, discutiam ferozmente a questão das obrigações para com Deus e a sociedade. No entanto, o debate foi logo abordado no contexto de uma crítica a *Werther*, como expressou Gottfried Less, teólogo luterano, pregador e diretor escolar, no ano de 1776 – o ano da morte de Hume:

Poetas! Romancistas! Mentes espirituosas! De que servem todos os vernizes que vocês passam sobre os suicídios? Todos os véus brilhantes com os quais o vestem? Essas pinturas melancólicas da frustração de um amor conjugal, ou mesmo de um desejo animal; esses

Fig. 5: *Werther erschießt sich* [Werther mata-se] (1822), de Johann David Schubert.

elogios aos suicídios, de Catão a *Werther*! Aonde leva tudo isso? – Para abrir as portas a todos os vícios; favorecer todos os crimes; e dizimar a espécie humana através deles!? Aquele que prega o suicídio ou o eufemiza é o maior inimigo da raça humana![31]

Mas Less ao menos admitiu que só se poderia chamar o suicídio de "crime para acabar com nossa vida" quando a conduta:

1) é contrária à lei de Deus, isto é, não ordenada ou mesmo proibida por Ele; 2) é verdadeiramente livre; e 3) não se deve a uma indeliberada falta de consciência. – O ato deve ser livre, isto é, a pessoa deve estar em pleno uso de seu entendimento, e não pode ter sido irresistivelmente forçada por nenhum poder externo. E deve agir não apenas com plena liberdade, mas também com o conhecimento necessário ou oportunidade para tal; sem involuntária falta de conhecimento[32].

O "crime para acabar com nossa vida" pressupõe, portanto, conhecimento.

3.

Michel Foucault e Pierre Hadot investigaram o desenvolvimento de uma nova "preocupação consigo mesmo" durante o estoicismo e na primeira fase do cristianismo da Antiguidade como uma disseminação das técnicas de si[33]. Eles mostraram ainda que essas técnicas de si não eram praticadas apenas como técnicas de meditação, oração, ascetismo ou higiene pessoal, mas, acima de tudo, através dos atos de escrever, ler e ditar, como estratégias "etopoéticas". Nesse sentido, o título das notas de Marco Aurélio – *ta eis heauton* – não significava em tradução literal nem "autorreflexões" nem "autocensura", mas simplesmente uma espécie de endereçamento: cartas a si mesmo, por assim dizer[34]. As técnicas de si permitem e aprofundam uma cisão do sujeito: o leitor divide-se em um eu falante e um eu ouvinte; o escritor divide-se em autor e destinatário de seus textos, independentemente de ele escrever diálogos consigo mesmo, anotações em diário ou cartas. Essas técnicas estratégicas de duplicação e cisão já são relatadas nos diálogos platônicos quando, por exemplo, fornecem informações sobre a relação entre Sócrates e seu *daimon*, o companheiro que conduz as almas ao submundo após a morte[35]. Essas técnicas aparecem igualmente na 25ª carta de Sêneca a Lucílio, na qual o autor recomenda ao seu amigo que, a título de exercício, imagine uma ilustre testemunha para supervisionar os seus atos até que esteja em condições de assumir essa tarefa por si mesmo[36]. Ou ainda em Paul Valéry, que sublinhou que era impossível "receber 'a verdade' de si mesmo. Quando se sente que a verdade toma forma (essa é uma impressão), cria-se simultaneamente um *outro eu estranho* do qual se tem orgulho – do qual se tem inveja... (Esse é um clímax da política interior.)"[37]. Valéry tratou deste "eu estranho" durante toda a sua vida intelectual: ele o nomeou acertadamente de "testemunha", o "Senhor Teste", *Monsieur Teste*.

Uma das técnicas de si preferidas desde a Antiguidade é a *meléte thanátou*, a antecipação meditativa da própria morte. Diferentemente do que sugere o discurso de Arthur Schopenhauer sobre a morte como "'*musagete*' da filosofia"[38], a *meléte thanátou* funcionava como um exercício em que era importante dividir-se em um ego transcendental – um companheiro, testemunha, observador – e um eu empírico. A *meléte thanátou* ou *meditatio mortis*, que Peter Sloterdijk descreve como a encenação de uma "morte aparente"[39], tem sido praticada desde as primeiras escolas de filosofia como uma mudança de perspectiva. Ela visa ajudar a olhar para si mesmo a partir da perspectiva de um "eu superior", um "grande outro", que se funde com o geral – a lei da *polis*, o cosmos, o divino. Nesse sentido, Sócrates caracterizou a sua filosofia como um exercício e uma tentativa de "viver o mais perto possível da morte"[40]. Quem pudesse ver-se como "morto" salvar-se-ia do outro lado da diferença transcendental, onde o duplo ascende ao absoluto e adota sempre o mesmo nome: "Eu sou aquele que é" (Ex 3, 14); e onde o "eu penso" de Kant, que tem de "poder acompanhar todas as minhas representações"[41], também está, por fim, em seu próprio leito de morte. Portanto, como disse Sócrates, deveriam os bons filósofos praticar o morrer[42] e alcançar na *meléte thanátou* uma serenidade que resiste a todas as ameaças de morte. Tal "morte aparente" não se assemelha à tanatose* de animais inferiores, mas sim a uma declaração de independência. A *meléte thanátou* "é uma premonição da liberdade", comentou Montaigne. Pois aquele que "aprendeu a morrer desaprendeu o servir. Saber morrer nos liberta de todo o jugo e compulsão". Consequentemente, ele recomendou que tentássemos tirar das mãos da morte o "trunfo mais forte":

> Vamos roubar-lhe o assombro, vamos aprender a lidar com ela, vamos habituar-nos a ela, não vamos pensar em nada tão frequentemente como nela! Vamos imaginá-la em cada momento e em cada forma. Quando um cavalo tropeça, quando um tijolo cai, quando

....
* Simulação da morte.

nos espetamos com o menor alfinete, perguntemo-nos uma e outra vez: "Como poderia isso não ser a morte em pessoa?" E vamos recompor-nos, vamos tensionar nossos músculos!⁴³

Sendo assim, será que podemos falar de uma *longue durée* [longa duração] das técnicas de si – de Platão a Montaigne, de Sêneca a Paul Valéry? Num ponto crucial, essa perspectiva engana. Ela ignora o fato de que as técnicas de si foram, desde a Antiguidade e durante séculos, apenas parte do repertório comportamental de uma elite numericamente pequena – apesar da missão cristã, das orações, das meditações passionais e da prática dos exames de consciência. Apenas uma minoria no Império Romano – e depois na Idade Média cristã – lia os diálogos de Platão, as notas de Marco Aurélio, as cartas de Sêneca ou as *Confissões*, de Agostinho. Sob esse aspecto, apenas a história da modernização pode ser descrita como um processo de popularização das técnicas de si. Esse processo começou com a invenção da prensa móvel, alcançou seu primeiro ápice com a introdução do ensino obrigatório e a posterior alfabetização em massa e ganhou hoje – desde o alvorecer da era digital, com a internet e milhões de usuários de plataformas de mídia social em todo o mundo – uma dimensão nova e historicamente inimaginável. Embora seja um dos temas mais populares da crítica cultural contemporânea fazer troça de blogs, *selfies* ou da avalanche de comunicados autobiográficos diários na internet, talvez essa troça seja injustificada; pois, na melhor das hipóteses, podemos apenas intuir os contornos de um mundo em que não só alguns estoicos, santos ou gênios praticam suas respectivas técnicas de si, mas também inúmeros grupos e indivíduos dos mais diversos contextos linguísticos e culturais. Em poucas palavras: a internet é a forma tecnicamente mais avançada de uma espécie de "contágio" através de técnicas de si, uma mídia para diversas práticas de falar, escrever, ler e representar, mas também um meio de cisão do sujeito e reflexão sobre o suicídio no sentido de uma versão moderna da *meléte thanátou*.

A popularização e a disseminação das técnicas de si a partir do século XVIII geraram não só uma multidão de discursos contagiosos sobre febres, epidemias e incitação ao suicídio, mas também um novo gênero: a carta de despedida. Desde os tempos antigos, era costume registrar as últimas palavras de uma pessoa moribunda, e, é claro, testamentos também eram redigidos; mas não havia cartas de despedida. No primeiro capítulo da sua coletânea de *suicide notes*, Marc Etkind fala sobre o "nascimento" da carta de despedida no século XVIII; ele aponta:

> De uma perspectiva hollywoodiana do mundo, um suicídio sem uma carta de despedida é difícil de imaginar. No entanto, antes do século XVIII, apenas pouquíssimas pessoas preocupavam-se com a escrita de seus pensamentos nos últimos instantes de agonia. Poucas pessoas sabiam ler ou escrever, e, mesmo que soubessem, anunciar o suicídio ao mundo teria sido uma das últimas coisas que pensariam em fazer. Pois teriam sido demonizados, seus corpos arrastados pela cidade e presos a um mastro em uma encruzilhada, as propriedades e posses de suas famílias teriam sido confiscadas. Porém, no século XVIII, no decorrer de aumentos dramáticos na taxa de alfabetização, alguns espíritos excêntricos optaram por tentativas de comunicação, mesmo que isso significasse condenação eterna. Ao mesmo tempo, os jornais, que tinham de servir a um público leitor crescente, começaram a publicar essas últimas mensagens. E quando se descobriu que o público não estava indignado, mas sim muito interessado em ler esses documentos, nasceu um novo fenômeno: a estranha combinação de escrita e delírio que chamamos de carta de despedida[44].

E Etkind enfatiza algo que é considerado até hoje um senso comum nos debates sobre a influência da mídia no suicídio: "O papel da imprensa na distribuição de cartas de despedida não deve ser subestimado." Gradualmente "os jornais forneciam a potenciais suicidas, pela primeira vez na história, o acesso a uma audiência em massa. Suicidas podiam, através de cartas de despedida, fazer uso da morte para alcançar simpatia, vingança ou para ficarem na memória. O suicídio passou a ser expressão de si"[45]. Em sua investigação de cartas de despedida na literatura e cultura do século XVIII, Marie Isabel Schlinzig fala da "arte suicida de morrer"[46].

Os exemplos que Marc Etkind comenta em sua coletânea – e aos quais Simon Critchley também se refere detalhadamente nas suas *Notes on Suicide*[47] – costumam comover por sua simplicidade. Há algo a dizer, mesmo que não haja nada a dizer: "*No comment*", lê-se num bilhete encontrado com uma vítima de suicídio. Um operário que se enforca numa casa que está reformando escreve na parede à sua frente: "*Sorry about this. There's a corpse in here. Please inform police.*" ("Desculpe. Há um corpo aqui dentro. Por favor, informe a polícia.") George Eastman, o fundador da Kodak, escreve: "*To my friends: My work is done. Why wait?*" ("Aos meus amigos: Meu trabalho está feito. Por que esperar?") Um homem de cinquenta anos de Massachusetts deixa a mensagem: "*I'm done with life. I'm no good. I'm dead.*" ("Estou farto da vida. Eu não presto para nada. Estou morto.") E ao lado do corpo de um agente comercial que se matou com um tiro, encontram o bilhete: "*Somebody had to do it. Self awareness is everything.*" ("Alguém tinha de fazer isso. A autoconsciência é tudo.")[48] A curta frase final expressa o quanto o documento escrito é importante – acompanhando gestos de justificação, desespero, mensagens de amor ou raiva: como se um suicídio não pudesse ser cometido sem uma carta de despedida, sem uma nota para os que são deixados para trás. São precisamente as notas concisas, muitas vezes gramatical e estilisticamente inadequadas, que testemunham vivamente o imperativo da escrita, a técnica de si do suicídio, no momento da despedida. As cartas de despedida anônimas, com a ajuda das quais Roger Willemsen estruturou sua coleção de cartas ilustres, manifestos e textos literários sobre o suicídio, impressionam não apenas por sua urgência existencial, mas também pela liminaridade da escrita. Dois exemplos: "Não há razão, eu não fiz nada de mau, mas me exacerbei nesse nervosismo; não posso mais viver. Por favor, mande o conteúdo da bolsa preta para a sra. M. Estou no sótão." E: "Estou tentando ser corajoso, mas será que conseguirei? É tão difícil dizer isso para você, mas desde a minha juventude carrego dentro de mim a necessidade de um grande descanso…"[49]

Às vezes, porém, a escrita de cartas de despedida – que aliás continua tão difundida que o suicídio sem um testemunho escrito é sempre considerado duvidoso – também pode salvar uma vida. A seguinte anedota curiosa foi contada por Jeffrey Merrick em seu estudo sobre suicídios na Paris do século XVIII:

> Em 1781, poucos anos depois da publicação da tradução para o francês dos *Sofrimentos do jovem Werther*, o *Correspondance secrète* entreteve seus leitores com a história de um sapateiro suicida de Faubourg Saint-Germain que quase teve o mesmo destino do infeliz herói de Goethe. Abençoado com uma esposa dominante, uma filha rebelde e um filho sem talentos, o sapateiro costumava passar o dia tomando as medidas dos clientes e acertando as vendas. Depois, corria para casa a fim de contar o dinheiro escondido em seu quarto e passava a noite na taverna, discutindo literatura com seus amigos. Certa vez, quando voltou para casa tarde da noite, por volta do final do ano, descobriu que a sua mulher tinha fugido com o seu superior, que a sua filha estava na prisão por ter feito ofertas indecorosas a estranhos na rua, que o seu filho tinha entrado para o Exército e que, para piorar tudo, todo o seu dinheiro tinha sido roubado. Abalado por esse infortúnio, o sapateiro decidiu suicidar-se. Ele já estava cortando a garganta quando lhe veio à mente que, em Paris, não só estava na moda cometer suicídio, mas também era de praxe deixar uma carta de despedida explicativa. Então ele deitou abaixo a sua faca, pegou sua pena, rabiscou algumas linhas e encerrou com versos apropriados de Molière. "De Molière? Ou seriam de Jean-Baptiste Rousseau?", ele se perguntou. Com medo de parecer ridículo postumamente, decidiu adiar o suicídio para o dia seguinte, apenas o tempo suficiente para consultar seus amigos sobre a fonte dos versos. Um atribuiu-o a Corneille, o outro a Marmontel. No final, deram-se mais uma semana para esclarecer a questão. Durante essa semana, o sapateiro reconheceu que sua esposa lhe havia feito um favor ao deixá-lo, que sua filha havia ganho o que merecera por sua má conduta, que seu filho tinha a honra de servir ao rei e que ele poderia substituir com o tempo o dinheiro que havia acumulado e perdido. E lá se foram os pensamentos suicidas![50]

4.

Karl Wilhelm Jerusalem também havia escrito uma carta de despedida, a qual Kestner citou no seu relatório a Goethe: "Querido pai, querida mãe, queridas irmãs e cunhados, perdoem o infeliz filho e irmão; Deus, Deus, os abençoe!"[51] Embora os possíveis donos da própria vida – os pais ou Deus – ainda sejam aludidos nesse escrito e deles seja rogado perdão, a "febre Werther" transformou a discussão sobre a legitimidade do suicídio, ou seja, a questão "a quem pertenceria a vida?", em uma discussão sobre contágio, sobre compulsão à imitação. Uma força mimética irresistível moveu-se para o centro das atenções e, em vez da autonomia, a discussão passou a girar em torno de uma dependência fatal, mais precisamente: o poder sedutor de romances, peças de teatro ou pinturas. Johann Michael Sailer, suposto membro dos *Illuminati* e que mais tarde tornou-se bispo de Regensburg, já comenta sobre o suicídio de um conhecido encontrado "numa poça de sangue": "Sobre sua mesa vê-se o *Werther* aberto na página 218, onde se lê: 'Estão carregadas... bateu meia-noite.'" Sailer concluiu: "Até a leitura de escritos contra o suicídio pode tornar-se uma armadilha para um homem melancólico que luta com pensamentos suicidas. [...] Para mentes que tendem à tristeza ou para a alma inclinada a devaneios até mesmo os escritos em favor da imortalidade podem tornar-se perigosos."[52] O ginecologista e obstetra Friedrich Benjamin Osiander faz observações semelhantes ao descrever as "modas suicidas": a "celebridade local de homens e mulheres da nação alemã" levaria seus seguidores a "imitar tolices e, ocasionalmente, causaria nas almas fracas um vício de morrer a morte voluntária de algum famoso herói do teatro. É por isso que há períodos em que um determinado tipo de suicídio está mais na moda do que outros"[53]. Osiander chegou a uma conclusão radical, que lembra as medidas tomadas na quarentena da peste:

> Deve-se proibir, oprimir e destruir todos os romances, tragédias ou escritos estetas em que o suicídio é apresentado como um feito louvável, um ato heroico ou a atitude de um grande gênio. Não

importa quem escreveu o livro, se um Shakespeare, Schiller ou Goethe. O mundo não perde nada com isso, tanto quanto uma horta da qual se banisse a beladona, o meimendro e a cicuta[54].

Seguindo essa mesma linha, o psiquiatra francês Jean-Pierre Falret, aluno de Philippe Pinel e Jean-Étienne Esquirol, enfatiza que, não fosse o "gosto rígido" e a "moral purificada a determinar a escolha dos livros para reflexão e entretenimento dos jovens, o exercício do intelecto se tornaria uma causa de morte voluntária"[55]. Não só romances, mas também pinturas ou músicas seriam um perigo. Falret refere-se a testemunhos de almanaques e anuários de arte que teriam provado que – além de certas árias de ópera – até mesmo "o acordeão pode provocar a morte voluntária"[56]. Suas considerações baseiam-se em tabelas estatísticas com a ajuda das quais ele avaliou as taxas de suicídio em 1817 e 1818 no departamento do Sena. Essas estatísticas diferenciavam as tentativas de suicídio "com ou sem morte", de acordo com sexo, estado civil, método e motivo[57]. E ele menciona não só as tendências da moda (como Osiander), mas também os "suicídios epidêmicos"[58]. Falret cita evidências de "epidemias de suicídio" em Versalhes, Rouen e Montpellier. Das crônicas de Marselha, ele extraiu indícios de uma "epidemia de suicídio que afetou as moças desta cidade por causa da instabilidade dos seus amantes"[59]. Os seus exemplos de casos e cálculos foram citados frequentemente no século XIX, como no *Arquivo da Sociedade Alemã de Psiquiatria e Psicologia Judiciária* (1859):

> As tabelas estatísticas de 1793 provam a ocorrência de 115 suicídios em Versalhes. – [...] Em junho e julho de 1806, suicidaram-se sessenta pessoas em Rouen, segundo Falret. – Um número impressionante de suicídios foi cometido em Stuttgart em 1811 e em St. Pierre Monjeau em 1813. – Durante o ano de 1811, os jornais ingleses reportaram muitos suicídios entre as jovens mulheres de um distrito em Lincolnshire. – Segundo Esquirol, ocorreram mais suicídios em Montpellier no ano de 1820 do que nos vinte anos antecedentes, computados todos juntos. – [...] Um censo assustador! – Não seriam esses fatos a prova cabal de que há epidemias de suicídio?[60]

Mais importante do que todos os exemplos e histórias de casos, porém, era a questão das possíveis causas dessas "epidemias de suicídio", que não podiam ser relacionadas apenas à hereditariedade, às condições climáticas, à leitura de romances ou às apresentações de teatro. É por essa razão que, em sua pesquisa sobre suicídio (1838), Carl August Diez observa que a leitura intensiva de tragédias ou romances epistolares não causa suicídio, mas é em si um sintoma: "Quem, depois de ler esse romance (que evidentemente não faz uma apologia do suicídio, mas sim mostra como a instabilidade, a sensibilidade acirrada e a insatisfação com o mundo e suas condições levam ao suicídio), torna-se um suicida, certamente o teria feito da mesma maneira, ainda que os *Sofrimentos do jovem Werther* nunca tivessem sido escritos."[61] Diez apoia-se igualmente em tabelas estatísticas (por exemplo, sobre a relação entre taxas de assassinatos e suicídios)[62] e elogia as investigações de Johann Ferdinand Heyfelder, que, em 1828, já havia produzido extensas listas de dados numéricos[63]. Além disso, Heyfelder nomeia inequivocamente os motivos político-econômicos para que sejam feitas investigações estatísticas e comparações das taxas de suicídio:

> O aumento da taxa de suicídios é o problema lamentado recentemente por todos os lados. O estadista queixa-se das tantas forças nobres perdidas para a pátria, com ele o filantropo, que lamenta pelas vidas promissoras de jovens rapazes que não reconhecem os limites do espírito humano; e mesmo o comerciante de escravos, que arrasta muitos milhares de pessoas das costas da África para colônias distantes para a venda, não pode reprimir seu descontentamento com o fato de que até os negros conhecem meios para pôr fim à existência. As listas de mortes de todos os países e de todas as nações justificam essa queixa e confirmam que, todos os anos, o número de suicídios aumenta, afetando pessoas de todas as idades e todos os sexos[64].

O aumento constante do número de suicídios certamente não foi atribuído à difusão dos meios de comunicação de massa ou à melhora na qualidade das pesquisas estatísticas, mas aos efeitos da imitação, que Diez descreve como um "instinto" natural dos seres humanos, que abrange desde a brincadeira das crianças e a sua educação até os casamentos, nos quais, ao longo do tempo, os cônjuges tornam-se cada vez mais semelhantes uns aos outros, não apenas em "modo de pensar e inclinações", mas até nas feições[65]. E especialmente o suicídio poderia também ser atribuído aos efeitos do "instinto de imitação":

> Não são raros os exemplos de lugares que vivenciam um longo tempo sem ocorrências de suicídios e que passam a atestar vários em rápida sucessão. [...] As epidemias de suicídio também parecem fundamentar-se, pelo menos em parte, na imitação. Isso é tanto mais provável quanto mais se observa que sua ocorrência quase sempre afeta apenas pessoas do sexo feminino, nas quais a força do instinto imitativo é ainda maior do que em pessoas do sexo masculino. Da mesma forma, o efeito dos *Sofrimentos do jovem Werther*, se é que a eles pode ser atribuído algum efeito, também deve ser conferido ao instinto de imitação. [...] Quando um jovem foi encontrado morto numa cidadezinha no Vale do Loire com esse livro nas mãos, tornou-se de bom-tom entre os jovens de ambos os sexos fazer o mesmo. No ano de 1772, quinze indivíduos enforcaram-se em um período de tempo muito curto, utilizando o mesmo gancho em um corredor escuro, numa casa para inválidos em Paris. Então mandou-se arrancar o gancho da parede e colocar uma janela no corredor para iluminar mais a passagem, e imediatamente o mal foi erradicado para sempre[66].

Tomando como referência Plutarco, *Werther* e os parisienses inválidos, o cirurgião britânico Forbes Winslow também irá – dois anos depois de Diez – remeter o "suicídio imitativo ou epidêmico" à natureza humana: "O ser humano foi definido como um animal imitativo e, em vários aspectos, podemos testemunhar essa propensão que governa, de forma quase irresistível, as ações do indivíduo."[67] No que diz respeito à possibilidade de contágio, no entanto, Winslow permanece cauteloso: "Não podemos dizer com certeza se isso ocorre." E enfatiza que a disposição para o suicídio ou para o transtorno mental não é simplesmente transmitida através do contato físico, como no caso de epidemias, a ponto de que precisemos ter medo de abordar os pacientes[68]. Assim, tanto Diez como Winslow ainda não expressam certeza no seu julgamento sobre o suicídio por imitação, o "*suicide from fascination*"[69]. No entanto, Winslow descreve no final do seu livro um estranho caso de autocrucificação, que pelo menos implicitamente parece expressar o caráter suicida de séculos de esforços por uma *imitatio Christi*. Uma imagem dessa tortura da autocrucificação está retratada no frontispício de sua obra, *Anatomy of Suicide*[70].

Somente no último terço do século XIX, as práticas coletivas de repetição e imitação – para além dos aspectos religiosos ou rituais anteriores – moveram-se para o centro de uma nova ciência: a sociologia. Foi o francês Gabriel Tarde, advogado, cientista criminal e juiz com anos de experiência – e professor no Collège de France depois da virada do século – que fundou essa nova ciência com a ajuda de dois pares de conceitos centrais: invenção e inovação, por um lado, e réplica e imitação, por outro. Em 1890, foram publicados os seus estudos *Les lois de l'imitation* [As leis da imitação]. Uma sociedade, argumenta ele, não é constituída por processos de transmissão hereditária, mas por complexas e múltiplas "cadeias de imitação" que trabalham de dentro para fora, de uma ideia, uma convicção, um desejo, a uma realidade compartilhada[71]. Em *Les lois de l'imitation*, a questão do suicídio não é mencionada. Gabriel Tarde já tinha tratado desse tema minuciosamente em *A criminalidade comparada* (1886) – e depois em *La philosophie pénale*, obra que também foi publicada em 1890. Nesse tratado sobre criminologia e teoria jurídica, ele compara o suicídio com procriações e nascimentos, duelos e guerras, enquanto efeitos de uma imitação universal:

> As pessoas procriam ou não procriam devido à imitação; as estatísticas da taxa de natalidade bem o mostraram. As pessoas matam ou não matam por imitação. Se não soubéssemos hoje que essas coisas sempre foram feitas onde habitamos, será que compreenderíamos a ideia de um duelo ou de uma declaração de guerra? A pessoa se

mata ou não se mata por imitação; é um fato reconhecido que o suicídio é um fenômeno de imitação em elevado grau [...]. Afinal, como poderíamos duvidar de que alguém rouba ou não rouba, assassina ou não assassina por imitação?[72]

A originalidade dessa teoria de imitação social consistiu na representação da interação entre invenção e imitação; além disso, Tarde quis demonstrar que mesmo as estratégias de distinção podem, na sua maioria, ser atribuídas às imitações. Baseado nisso, ele afirmou que as semelhanças em uma sociedade são criadas por imitação ou "oposição" (*contre-imitation*).

Pois os seres humanos imitam em alto grau por oposição, especialmente quando não têm nem a modéstia de simplesmente imitar nem o poder de inventar. Através dessa oposição, isto é, através do fazer ou dizer o contrário do que veem, como através do fazer e dizer exatamente o que é dito ou feito ao seu redor, as pessoas assemelham-se mais ainda umas às outras. [...] Quando um dogma ou um programa político é proclamado, as pessoas dividem-se em duas categorias desiguais: os que estão entusiasmados e os que se opõem resolutamente a ele[73].

Isso poderia explicar o poder contagioso dos partidos e revoluções, mas também das "epidemias de suicídio". Suicídio como oposição? No entanto, continua a ser espantoso que Gabriel Tarde – cujas teorias foram rejeitadas por influência de Émile Durkheim e sua escola, antes de serem redescobertas e reabilitadas por Gilles Deleuze, René Girard, Bruno Latour e Peter Sloterdijk – não insira em sua concepção a alfabetização e a mídia, de *Werther* à imprensa e as primeiras fases do cinema. E mesmo a disciplina da estatística, que foi desenvolvida no século XVIII a partir do cálculo de probabilidades e posteriormente avançou para uma técnica governamental elementar da modernidade, não é, apesar de ser aplicada frequentemente, considerada como uma possível fonte de efeitos de imitação ou de percepção desses efeitos. Não seria a imitação forçosamente um resultado de processos de sincronização midiática? No mínimo, os meios de comunicação reforçam o impulso imitativo (quando não o geram), é o que critica Émile Durkheim, sete anos depois de Tarde, na sua pesquisa sobre o suicídio. Mas, embora Durkheim utilize o conceito da "epidemia de suicídio" e sublinhe que "não há dúvida" de que "a ideia do suicídio se transmite por contágio"[74], ele também deseja mostrar que os mecanismos de imitação social não podem ser claramente confirmados pelas estatísticas, e que "salvo em raríssimas exceções, a imitação não é um fator original do suicídio"[75]. Como Tarde, Durkheim recorda os suicídios coletivos durante a guerra, como os que ocorrem após a conquista de uma cidade; e, do mesmo modo, exemplos do perverso fascínio exercido por alguns objetos também lhe são familiares – como o gancho no corredor escuro da casa para inválidos parisiense. Ele menciona, por exemplo, o "acampamento de Boulogne", onde "um soldado estoura os miolos dentro de uma guarita; em poucos dias, outros o imitam na mesma guarita; mas, assim que ela é queimada, o contágio cessa"[76]. Apesar de tudo isso, Durkheim alerta – como também o fez Paul Aubry em um estudo antropológico forense sobre o contágio da morte[77] – para a superestimação da influência da mídia e da imprensa:

> Alguns autores que atribuem à imitação poderes que ela não tem exigiram que os relatos de suicídios e crimes não apareçam mais nos jornais. É perfeitamente possível que tal proibição possa impedir que os suicídios aconteçam em um ou outro caso, mas é muito duvidoso que a taxa social correspondente seja influenciada. A força da vulnerabilidade coletiva não mudaria porque o estado moral dos grupos não mudaria. Comparando as vantagens problemáticas e muito limitadas que uma medida desse tipo poderia ter com as sérias desvantagens de suprimir toda a publicidade sobre questões judiciais, é fácil perceber por que razão o legislador está relutante em seguir o conselho de tais profissionais.

A conclusão de Durkheim é: "O que pode contribuir para o desenvolvimeto do suicídio ou do assassínio não é o fato de se falar nisso, é a maneira pela qual se fala."[78]

4. Suicídios do *Fin de Siècle*

> "Não temos nada além de uma memória sentimental, uma vontade paralisada e a espantosa dádiva da autoduplicação. Assistimos à nossa vida; esvaziamos a taça antes do tempo e permanecemos infinitamente sedentos..."
>
> Hugo von Hofmannsthal[1]

1.

A estatística do suicídio pode ser considerada uma premissa para a possibilidade de debates sobre a "febre Werther", o efeito contagiante exercido por suicídios, epidemias, tendências da moda ou "ondas", mas só na segunda metade do século XIX ela atingiu um nível que permitisse uma comparação dos desenvolvimentos em diferentes Estados. No entanto, essas comparações podem ainda permanecer precárias, dependendo das definições e diferenciações entre suicídios e acidentes, suicídios e tentativas de suicídio, suicídios ativos e passivos. Como o jesuíta e estatístico Hermann Anton Krose observa em sua pesquisa (de 1906) sobre o suicídio no século XIX, a situação é agravada pelo fato de que "a definição do delito de suicídio apresenta grandes dificuldades. Uma parcela muito significativa de todos os casos de suicídio nunca chega ao conhecimento oficial. A relação entre casos descobertos e casos não descobertos não pode ser determinada nem mesmo de forma aproximada e varia bastante em função do tempo e da área de observação. Todavia, pode-se afirmar com certeza que os dados oficiais ficam muito atrás da realidade em todos os lugares e em todos os tempos". Até mesmo nos casos em que se realizou uma investigação oficial ou médica sobre a causa da morte, o resultado nem sempre é seguro e confiável. Muitas vezes é difícil, mesmo para médicos e especialistas, decidir se a causa da morte foi um acidente, um crime ou um suicídio. Especialmente quando a morte é causada por afogamento, é difícil determinar, a partir dos resultados do exame no cadáver, se o morto pôs deliberadamente um fim à sua vida ou se foi vítima de morte contra a sua vontade. Dificuldades semelhantes surgem com a intoxicação por inalação de monóxido de carbono e outros casos. Com muito mais frequência, porém, acontece de reconhecerem corretamente o suicídio como tal, mas atestarem uma causa diferente para a morte. Os próprios médicos e órgãos oficiais são tentados a fazer uma declaração incorreta por pena dos parentes da vítima de suicídio[2].

E até mesmo a OMS foi forçada a reconhecer, no final do século XX, que "dos seus 116 Estados membros, apenas 56 prestavam informações sobre suicídio, dos quais muitos, por outro lado, não forneciam maiores detalhes". Para poder excluir qualquer influência do crescimento da população no aumento das taxas absolutas de suicídio, Krose ainda operava com taxas a cada milhão de pessoas num país ou numa cidade[3]. Entretanto, tornou-se habitual operar com uma taxa de suicídio a cada 100 mil pessoas, o que torna possível fazer comparações mais exatas com cidades ou países menores. No entanto, a Groenlândia, por exemplo, apresentava uma taxa assustadoramente elevada de 107 suicídios no início dos anos 1990, quando tinha apenas cerca de 55 mil habitantes. O resultado, portanto, teve de ser aproximado.

Apesar dessas dificuldades em obter números e dados confiáveis, a maioria dos autores concorda que as taxas de suicídio aumentaram no século XIX. Georges Minois, por exemplo, sublinha, citando Jean-Claude Chesnais[4]: "Na França, o número anual de suicídios subiu de 1.827 entre 1826 e 1830 para 2.931 entre 1841 e 1845, ou seja, cerca de sessenta por cento, o que alarma os moralistas."[5] E Marzio Barbagli constata que, na segunda metade do século XIX, muitos cientistas europeus começaram a pesquisar sobre o suicídio em resposta ao fluxo de estatísticas publicadas pelos governos. E embora os pesquisadores "viessem de áreas científicas muito diferentes, com convicções religiosas e políticas divergentes, eles chegaram à mesma conclusão": o reconhecimento do "fato extremamente doloroso" de que os suicídios têm "aumentado continuamente em quase todos os países civilizados da Europa e do Novo Mundo" desde o início do século[6].

Esse aumento foi atribuído a efeitos da industrialização, ao aumento da pobreza, inflação, escassez de habitação, alcoolismo e tuberculose, mas também a uma espécie de fascínio pela morte, atribuído ao *Fin de Siècle* – a "era do nervosismo"[7]. Essa percepção foi reforçada pelos suicídios espetaculares nas dinastias dos regentes. Em 13 de junho de 1886, por exemplo, Luís II, rei da Baviera, deposto alguns dias antes e levado sob a custódia de uma comissão governamental, buscou a morte no Lago de Starnberg. A deposição de um monarca endividado com base em relatórios psiquiátricos era algo historicamente novo. Levou não só a rumores e teorias conspiratórias, mas também a transfigurações posteriores, por exemplo em romances como *Le vergini delle rocce* [As virgens do rochedo] (1896), de Gabriele d'Annunzio, ou nos filmes de Helmut Käutner (1955), Luchino Visconti (1972) e Hans-Jürgen Syberberg (1972). O suposto suicídio de Luís II, no entanto, não contribuiu tanto para a criação do mito em torno do lendário rei quanto o fizeram os seus castelos, seu entusiasmo pela tecnologia e seu apoio a Richard Wagner, que, por fim, acabou inspirando o título da Exposição Estadual Bávara de 2011 no Palácio de Herrenchiemsee. A exposição foi intitulada *Crepúsculo dos deuses – Rei Luís II e seu tempo*.

Bem diferente foi o que ocorreu com o príncipe herdeiro austro-húngaro Rudolf, que – dois anos e meio depois de Luís II – cometeu suicídio no Castelo de Mayerling, em 30 de janeiro de 1889, junto com sua amante de dezessete anos, a baronesa Mary Vetsera. O mito do arquiduque Rudolf formou-se sobretudo em torno do duplo suicídio, enquanto os seus objetivos políticos como sucessor ao trono caíram rapidamente em esquecimento, assim como a sua reputação científica como ornitólogo, da qual desfrutou enquanto aluno temporário de Alfred Brehm. O suicídio de Rudolf foi visto como uma quebra de tabu. No período da Restauração, até mesmo esse último artifício do suicídio heroico em nome da honra – em contraste com a legislação liberal de 1751, de Frederico, o Grande – era permitido apenas excepcionalmente aos representantes da nobreza[8]. Por isso, a corte católica vienense fez esforços consideráveis para encobrir o suicídio. Documentos foram destruídos, testemunhas submetidas ao silêncio vitalício e, até a sua morte no ano de 1989, Zita, a esposa do último imperador austríaco, afirmou que Rudolf e Mary tinham sido vítimas de um assassinato político. Em 10 de fevereiro de 1889, foi confiscada uma edição da *Land-Presse* na qual se dizia que não era o caso de comentar os vários rumores ou perguntar o que tinha levado o sucessor ao trono a "'deitar as mãos sobre si mesmo'. O simples fato de um príncipe herdeiro poder cometer tal ato, um homem que estava em pleno gozo de tudo o que o coração humano poderia desejar, é tão deprimente que se pode perder a fé na liberdade moral do indivíduo. Só nos atrevemos a sugerir a repercussão moral que o infeliz ato deve ter sobre todas as camadas da população para mostrar que, se até mesmo o filho de um imperador não possui o poder moral de preservar-se para a família e o reino, que têm direito à sua pessoa, quem então poderia condenar aquele que fere a si mesmo no sofrimento da vida, na angústia e nas dificuldades?"[9] Por fim, os médicos da corte vienense atestaram a confusão mental de Rudolf de modo a preservar o direito ao sepultamento religioso na cripta capuchinha. Mary Vetsera foi sepultada no cemitério da Abadia Cisterciense da Santa Cruz e o pavilhão de caça do Castelo de Mayerling foi convertido em um mosteiro carmelita por ordem imperial.

    O mito de Mayerling, no entanto, permaneceu inalteradamente sedutor. Sua história de recepção e fascínio – ao contrário da do rei da Baviera – aludia exclusivamente aos motivos e origens do ato. O duplo suicídio de Heinrich von Kleist e Henriette Vogel, em 21 de novembro de 1811, pode ser associado a temas da literatura, por exemplo com a tragédia de Kleist, *Penthesilea* (1808), ou com sua novela *Noivado em São Domingos* (1811). A tragédia de Mayerling, por outro lado, fascina por deixar perguntas em aberto e provocar especulações. Só recentemente foram encontradas as cartas de despedida de Mary Vetsera, as quais acreditava-se que tivessem sido perdidas: num comunicado de imprensa de 31 de julho de 2015, a Biblioteca Nacional Austríaca anunciou que, por ocasião da revisão de um arquivo, teria sido descoberto um documento do ano de 1926 em um cofre do Schoellerbank: "Uma pessoa desconhecida havia depositado cartas, fotografias, numerosos documentos sobre a vida da família Vetsera em uma encadernação de couro, entre eles cartas de despedida de Mary Vetsera do ano de 1889, que se cria destruídas. Esses documentos historicamente significativos sobre a tragédia de Mayerling vieram agora para a Biblioteca Nacional Austríaca como um empréstimo permanente."[10] A última linha da carta de despedida de Mary para sua mãe – "Estou mais feliz na morte do que na vida"[11] – lembra remotamente o início da carta de despedida da enferma Henriette Vogel para seu marido Louis: "Não posso mais suportar a vida, pois ela aperta meu coração com laços de ferro – chame-os de doença, fraqueza, ou como queira, eu mesma não sei como chamá-los –, só sei dizer que anseio pelo encontro com a minha morte como com a maior felicidade."[12]

Por ocasião do ducentésimo aniversário do duplo suicídio no Kleiner Wannsee, foram publicadas várias biografias de Kleist, escritas por Anna Maria Carpi, Wilhelm Amann, Günter Blamberger e Peter Michalzik[13]. As biografias escritas por Jens Bisky e Gerhard Schulz já haviam sido editadas em 2007[14]. O documentário para televisão *O arquivo Kleist* de Simone Dobmeier, Hedwig Schmutte e Torsten Striegnitz também foi produzido por ocasião do aniversário em 2011, com Meret Becker no papel de Henriette Vogel e Alexander Beyer como Kleist. Em 2014, chegou aos cinemas o filme de Jessica Hausner, *Amor louco*, com Birte Schnöink como Henriette e Christian Friedel como Kleist. E, já em 1977, por ocasião do aniversário de duzentos anos do poeta, Helma Sanders-Brahms havia apresentado o seu longa-metragem de mais de duas horas de duração *Heinrich* no Festival Internacional de Cinema de Cannes, no qual atuavam Hannelore Hoger como Henriette e Heinrich Giskes como Kleist. Todos esses filmes giram em torno do duplo suicídio, e Jessica Hausner foi a que mais se esforçou para manter uma distância crítica. Os eventos no pavilhão de caça de Mayerling também tiveram muita ressonância em livros e filmes. Fizeram sucesso nas telas o longa-metragem de Rudolf Jugert, *O último amor do príncipe herdeiro Rudolf* (com Rudolf Prack e Christiane Hörbiger), de 1956, o filme *Mayerling* (1968), dirigido por Terence Young (com Omar Sharif e Catherine Deneuve), e *Vícios e prazeres*, de Miklós Jancsó (com Lajos Balázsovits como príncipe herdeiro e Teresa Ann Savoy como Mary Vetsera), de 1976. O romance de exílio de Ernst Lothar, *Der Engel mit der Posaune* [O anjo com a trombeta], publicado pela primeira vez em inglês em 1944, foi recentemente reeditado com um posfácio de Eva Menasse[15]. O livro conta a história de uma casa na rua Seilerstätte, em Viena, habitada pela família Alt, uma família de construtores de piano. Franz Alt quer tornar-se noivo de Henriette Stein, a verdadeira heroína do romance, mas Henriette está apaixonada pelo príncipe herdeiro Rudolf, que lhe pede para cometer suicídio com ele. Ela recusa e se casa com Franz. Mas, no dia do seu casamento, ela recebe a notícia da tragédia de Mayerling e fica profundamente abalada. A trama do romance estende-se desde esses eventos até a invasão de Hitler em Viena; no final, Henriette é estrangulada por oficiais da Gestapo. Em 1947, um ano depois da publicação da versão original alemã, Karl Hartl filmou o romance – com extraordinário sucesso – com Paula Wessely como Henriette, Attila Hörbiger como Franz e Fred Liewehr como o príncipe herdeiro Rudolf. Apenas o final foi alterado: Henriette não é estrangulada pelos carrascos da Gestapo, mas tira a própria vida saltando pela janela de seu "Engelsburg"* vienense.

....
* Castelo de Santo Ângelo.

2.

Foi feita uma máscara mortuária de Heinrich von Kleist, assim como do rei Luís II. Apenas do príncipe herdeiro Rudolf não pôde ser comprovada a feitura de uma máscara mortuária até hoje, ainda que seja muito provável que ela tenha sido confeccionada no decurso da rotina funerária. Máscaras mortuárias eram muito populares no século XIX e de forma alguma algo reservado apenas a aristocratas recém-falecidos. Elas também eram fabricadas do rosto de artistas ilustres, estadistas, oficiais, clérigos ou cientistas. A máscara mortuária mais famosa do *Fin de Siècle* não mostra um governante, compositor, poeta ou general, mas uma mulher desconhecida. Em algum momento por volta de 1900, talvez até antes disso, uma jovem caiu no Rio Sena. Ela foi velada no necrotério atrás da Catedral de Notre-Dame, uma garota sem nome a quem não conseguiram identificar, apesar de o passeio dominical pela morgue ter sido provavelmente uma das atividades preferidas da população parisiense naquela época. Espalhou-se rapidamente a lenda da *Inconnue de la Seine* [Desconhecida do Sena] cujo rosto pacífico com a expressão misteriosamente sorridente teria tocado tanto um empregado da funerária que ele confeccionou uma máscara de gesso da morta. Corria a história de que ele teria se apaixonado pela menina falecida e quis preservar a sua imagem; mas diziam também que uma máscara mortuária era feita de todos os cadáveres desconhecidos para que se pudesse dar continuidade aos trabalhos de identificação mesmo após o enterro. Embora a fotografia mortuária já fosse comum havia muito tempo[16], não circularam retratos da morta desconhecida do Sena, mas apenas várias fotografias da máscara mortuária, que – além de inúmeros moldes – logo adornaram os ateliês de importantes artistas e escritores.

Já nas anotações de Rainer Maria Rilke para *Os cadernos de Malte Laurids Brigge* (1910), é mencionado um *mouleur* que tinha "duas máscaras penduradas ao lado da sua porta", a máscara mortuária de Beethoven e "o rosto da jovem afogada, molda-

115

do na morgue, porque era lindo, porque sorria, porque sorria tão enganosamente, como se soubesse"[17]. No ano de 1926, foi publicada *Das ewige Antlitz* [A face eterna], de Ernst Benkard, uma coleção fotográfica de máscaras mortuárias, na qual a reprodução da *Inconnue* era comentada com palavras solenes:

Uma escuridão misteriosa, mas também graciosa, parece envolver tudo o que se relaciona com a história desta bela, mas infeliz jovem mulher. Diante dos olhos deste mundo e dos padrões do seu julgamento autoritário, ela é uma suicida que opta pela morte nas águas do Sena, pois o fardo que seus ombros fracos carregavam parecia pesado demais para ela. Para nós, no entanto, ela é uma borboleta terna que, esvoaçando despreocupadamente à luz da vida, queimou suas asas finas antes do tempo[18].

Três anos mais tarde, Alfred Döblin expressou-se de forma igualmente dramática no prefácio do livro *Antlitz der Zeit* [Face do tempo], de August Sander. No mesmo ano, foi publicado o seu romance *Berlin Alexanderplatz*. Seu comentário é ainda mais notável diante do fato de que os estudos para retratos de Sander não incluem qualquer fotografia da Desconhecida.

É o rosto de uma jovem mulher ou de uma moça de talvez vinte, 22 anos. O cabelo cai liso do topo da cabeça para a direita e para a esquerda. Os olhos não podem ser vistos e os olhos não veem; bem, esta menina está morta, e seu olho viu pela última vez a margem do Sena e a água do Sena, e então os olhos se fecharam, e logo veio o breve choque frio, e veio a tontura e o rápido início da sufocação e a dormência. Mas não parou por aí. Quero acreditar que a moça não foi para o Sena cheia de contentamento. O que veio depois do desespero inicial e do pequeno horror da sufocação vemos agora na foto, no rosto dela, e é só por isso que não a puseram simplesmente de lado como as centenas de outros cadáveres nesse necrotério. A boca da Desconhecida está ligeiramente puxada num quase biquinho, seguido pelas bochechas. E então, sob os olhos calmamente fechados – fechados para a água fria e para que pudessem voltar-se completamente para uma imagem interior –, sob esses olhos, um sorriso realmente doce emerge ao redor dessa boca, não o sorriso do arrebatamento e do deleite, mas um sorriso da aproximação com o deleite, um sorriso de expectativa que chama ou sussurra e que vê alguma coisa para a qual ela diz "você". A Desconhecida aproxima-se da felicidade. O aspecto deste rosto e a forma como o quadro o reproduz, aliás, são de uma sinistra sedução e tentação. E mesmo que cada pensamento sobre a morte traga em si uma certa tranquilidade, deste rosto flui claramente algo como encanto e deslumbramento[19].

Outros autores também ficaram encantados. Por exemplo, Ödön von Horváth, que publicou em 1933 a comédia *Eine Unbekannte aus der Seine* [A Desconhecida do Sena][20], ou ainda Reinhold Conrad Muschler, no conto *Die Unbekannte* [A Desconhecida][21], de 1934, que foi filmado em 1936 por Frank Wisbar com Sybille Schmitz e Jean Galland nos papéis principais (e Curd Jürgens em um papel secundário, com apenas vinte anos). Naquela época, a Desconhecida quase se tornou uma espécie de padrão, como observa Alfred Alvarez em sua análise do suicídio: a *Inconnue* seria "como a Brigitte Bardot dos anos 1950, o ideal erótico daquela época. Atrizes alemãs como Elisabeth Bergner a teriam tomado como modelo. Até que Greta Garbo acabou por substituí-la como paradigma"[22]. Durante a Segunda Guerra Mundial, Man Ray realizou ensaios fotográficos com reflexões e duplicações da famosa máscara mortuária que sugeriam uma aparência de vivacidade, e Louis Aragon escreveu o romance *Aurélien* (1944), no qual foi citada a máscara da *Inconnue*, essa "coisa branca com os olhos fechados", seu "sorriso para além da dor"[23]. Maurice Blanchot deixou-se inspirar pela Desconhecida nas suas "Reflexões sobre imagem e morte" (1951)[24]. Em um ensaio sobre a poesia de Louis-René des Forêts, ele se recorda de seu quarto em Èze (na costa francesa do Mediterrâneo), no qual havia uma reprodução da *Inconnue* pendurada na parede: "Uma jovem garota de olhos fechados, mas com uma expressão vivaz por causa de um sorriso tão descontraído, tão encantado (ainda que velado), que se podia crer que ela tivesse se afogado no momento da mais alta felicidade. Ainda que tão distante das obras de Giacometti, ela o havia seduzido a tal ponto que ele procurou uma jovem mulher que estivesse disposta a ousar uma reprodução dessa felicidade na morte."[25]

As tentativas de reanimação da *Inconnue* através das fotografias de Man Ray[26] logo encontraram uma sólida contrapartida médica. Nos anos 1950, Peter J. Safar, um anestesiologista americano de Viena, começou a explorar e propagar as técnicas de reanimação: a respiração boca a boca, combinada com a compressão rítmica do tórax. Em 1958, Safar fundou a primeira unidade de terapia intensiva nos EUA e, no mesmo ano, conseguiu convencer o fabricante norueguês de brinquedos e bonecas Asmund S. Laerdal a produzir uma boneca para salvamento na qual a respiração boca a boca e a massagem cardíaca pudessem ser treinadas. Laerdal, que já havia resgatado seu filho de dois anos de idade de um quase afogamento aplicando técnicas de reanimação, deu a essa boneca as feições da Desconhecida do Sena. Ele chamou a sua *Inconnue* de Anne e contribuiu para a sua reanimação em série. As implicações grotescas dessa decisão foram apresentadas por Chuck Palahniuk em um romance de 2005:

> Esse rosto no chão é o rosto de uma suicida que foi retirada da água há mais de um século. Esses lábios roxos. Esses olhos estáticos e sem vida. Todas as cópias dessa gama de produtos têm a forma do rosto de uma jovem mulher que mergulhou no Sena há cem anos. Se a moça foi ao encontro da morte por amor ou solidão, nunca saberemos. [...] Apesar do risco de que um dia, em qualquer escola, fábrica ou unidade militar, alguém se incline sobre a boneca e reconheça sua irmã, mãe, filha ou esposa, que está morta há anos, essa menina morta é beijada por milhões de pessoas. Há gerações, milhões de estranhos têm pressionado as suas bocas nesses lábios afogados. Até o fim da história, pessoas de todo o mundo vão tentar salvar essa mulher morta. Essa mulher que só queria morrer[27].

O fascínio do suicídio como prevenção ao suicídio: a "tentação" que vem da morta desconhecida sobrevive no exercício de salvamento ao mesmo tempo que é repelida através dele.

Fig. 6: *La Vierge Inconnue. The Unknown Woman of the Seine* (1900), de Albert Rudomine.

Fig. 7: *My own Unknown* (2014), de Dragana Jurisic.

Enquanto Peter J. Safar e Asmund S. Laerdal desenvolviam os primeiros planos para a sua boneca de salvamento no final dos anos 1950, o excêntrico historiador Richard Cobb – nomeado em 1972 professor de História Moderna na Universidade de Oxford – explorava o arquivo do período revolucionário na metrópole do Sena. Uma parte de suas impressionantes caracterizações literárias de mortos retirados do rio parisiense entre 1795 e 1801 remetia a ações suicidas "entre imitação e ocasião". Num resumo posterior sobre as suas pesquisas em arquivos, Cobb comentou:

> Pode-se praticamente dizer que o suicídio, e sobretudo o lançar-se às águas, é um testemunho de uma forma muito individual de sociabilidade que, ainda que de forma pouco precisa, liga-se a certos lugares e tempos, e até contém elementos de imitação, de emulação – talvez em resposta a uma familiaridade sufocante, presente em toda parte, ou a crenças coletivas não escritas. Com frequência, um suicídio leva a outro, e há suicidas com o mesmo – e até incomum – sobrenome. [...] No caso de uma jovem que se afogou, há muitos indícios de que ela pretendia ir ao encontro da morte seguindo

um jovem de sua vizinhança, que havia morrido na guerra alguns meses antes. Às vezes, em certos lugares, há ondas de suicídio. Amiúde, os cansados da vida são tão conformistas quanto a vendedora ou a aprendiz que, para estabelecer vínculos delicados, sabem aproveitar todas as ocasiões que lhes propiciem encontros discretos"[28].

As histórias de casos sobre a morte em Paris, escritas por Richard Cobb, foram publicadas pela Oxford University Press em 1978, e filmadas por Peter Greenaway sob o título *Morte no Sena*. Greenaway mistura, em alternância rítmica, depoimentos de escrivães judiciários, médicos, testemunhas e parentes com ações repetidas de resgate, lavagem e preparação dos cadáveres, assim como sobreposições nas quais são escritos nomes e datas, fotos, em contraste com cenas que se desenrolam como uma tapeçaria e que mostram sobretudo, representando um cadáver, pessoas que vivem, tremem e respiram visivelmente. Ele alterna ainda imagens de documentos, listas e ilustrações de pequenos objetos (sabão, corda) com ruídos de quedas na água. Assim, surge, acompanhado pela música de Michael Nyman, um rico cosmos de referências e significados, no centro do qual o público acompanha uma serialização na expectativa do caso individual: a singular Desconhecida do fim do século com o seu sorriso mágico como personificação mítica da felicidade da morte voluntária, a qual também parecem testemunhar as cartas de despedida de Henriette Vogel e Mary Vetsera.

3.

Hoje em dia, é mais ou menos consenso na área de pesquisa de que a Desconhecida do Sena deve ser considerada como uma espécie de falsificação. A jovem mulher, que não deixou vestígios, arquivos ou documentos, provavelmente estava viva quando foi feita a máscara, que em seguida foi estilizada como "máscara mortuária". A *Inconnue* – "*une très jolie legende*"[29], uma bela lenda? Modelo exemplar de suicídio, cuja evidência não pode ser deduzi-

Fig. 8: *Ophelia* (*c.* 1851), de John Everett Millais.

da do molde? Uma fonte robusta de fantasias masculinas sobre o belo cadáver feminino[30], como foi exemplarmente representado no quadro pré-rafaelita *Ophelia*, de John Everett Millais (de aproximadamente 1851)? Ofélia encontra-se deitada de costas com os braços estendidos, a boca levemente aberta; a morte parece fundir-se com o ato de amor. No *Fin de Siècle*, a era do "romantismo sombrio"[31], foi criado um espaço associativo em que a sexualidade e o suicídio feminino estão intimamente ligados. Novas heroínas também aparecem nos palcos de ópera: no lugar de uma Eurídice, que foi praticamente constitutiva do gênero, surgem então Lucia di Lammermoor (1835), de Donizetti, assim como Senta, de Wagner, que acompanha o seu amante e salta de um penhasco para o mar (*O navio fantasma*, 1843), Isolda, que morre de amor (*Tristão e Isolda*, 1865), Brunilda, que entra na fogueira (*O crepúsculo dos deuses*, 1876), e também Violetta, de Verdi (*La Traviata*, 1853), Carmen, de Bizet (1875), ou Mimi, de Puccini (*La Bohème*, 1896).

Bem no fim do século XIX – com estreia no Teatro Costanzi, em Roma, em 14 de janeiro de 1900 –, Tosca, de Puccini, lança-se, por fim, do Castelo de Santo Ângelo. A cantora Floria Tosca não era, no entanto, apenas uma personalidade nas mãos do seu destino – que toma forma de loucura (como no caso de Lucia), êxtase fatal na morte por amor (Isolda) ou doença pulmonar (Mimi) –, mas alguém que moldava a própria vida de acordo com ideais políticos. Nesse sentido, ela mais se parece com as sufragistas britânicas, que, por meio de uma greve de fome, lutaram pelo direito ao voto e pela emancipação das mulheres. Tosca está apaixonada pelo pintor Cavaradossi, que escondeu o prisioneiro político Angelotti em sua casa. Quando, a mando do chefe de polícia Scarpia, Cavaradossi é torturado no cômodo ao lado, Tosca revela o esconderijo, mas Angelotti se mata antes de ser pego. Cavaradossi deve então ser executado, mas Tosca faz um estranho acordo com Scarpia: em troca de uma noite de amor com ele, odiado por ela, o pintor só seria executado de modo simulado. Tosca consegue obter um salvo-conduto para Cavaradossi e para si mesma antes de apunhalar Scarpia. Mas o chefe de polícia também a havia traído: na manhã seguinte, Cavaradossi é realmente executado e ela se lança à morte do parapeito do Castelo de Santo Ângelo exclamando: "*O Scarpia, avanti a Dio*!" – "Ó Scarpia, depressa, ao encontro de Deus!"

A *Tosca*, de Puccini, teve êxito imediato e ainda é uma das cinco óperas mais encenadas mundialmente. Durante a temporada 2012-13, por exemplo, houve 429 apresentações em 94 cidades. E o sucesso de Puccini continuou: em 17 de fevereiro de 1904, *Madama Butterfly* estreou no Teatro alla Scala, em Milão, e uma nova versão em três atos foi posta em cena em 28 de maio de 1904, em Bréscia. Enquanto *Tosca* trata da Guerra da Segunda Coalizão, na qual o exército francês de Napoleão enfrentou uma aliança da Monarquia de Habsburgo com a Grã-Bretanha, a Rússia, o Império Otomano e os Estados Papais, ou, mais precisamente, enquanto *Tosca* trata da Batalha de Marengo, em 14 de junho de 1800, na qual Napoleão obteve uma importante vitória, *Madama Butterfly* descreve um conflito intercultural: o oficial da Marinha americana Pinkerton não só adquire uma casa durante o tempo de sua estadia em Nagasaki, mas também conquista uma moça, a gueixa Cio-Cio-San, chamada de Butterfly. Eles se casam rapidamente e ela é amaldiçoada pelo seu tio, um padre, por ter adotado a religião americana e traído suas origens. Mas Pinkerton logo deixa o Japão e, apesar de ter prometido que voltaria em breve, Cio-Cio-San espera por ele durante anos. O filho, concebido pouco depois do casamento, está com três anos quando a gueixa finalmente ouve que seu amante está a caminho. Ela adorna sua casa com flores, mas Pinkerton só aparece no dia seguinte, acompanhado de sua esposa americana, Kate, para levar a criança para a América. Butterfly retira-se e comete o suicídio ritual com o mesmo punhal com o qual seu pai já se havia matado. Em certo sentido, esse suicídio simboliza seu retorno à tradição japonesa e naturalmente também a submissão à lei paterna, que é representada pelo tio sacerdote. O suicídio de Butterfly não é um suicídio anômico no sentido de Durkheim, nem um suicídio rebelde como o salto de Tosca do Castelo de Santo Ângelo, mas sim uma espécie de reconciliação, que também é sugerida no fim da ópera pela mudança inesperada de si menor para sol maior. Seu suicídio aproxima-se do autossacrifício e, nisso, assemelha-se mais a Senta, de Wagner, e até mesmo a Carmen, de Bizet[32].

Outra versão da morte suicida por amor foi realizada por Antonín Dvořák, na mesma época, em sua ópera *Rusalka*, que estreou no dia 31 de março de 1901, no Teatro Nacional de Praga. A ópera é uma variação do conhecido motivo de Ondina, a ninfa e sereia que se apaixona por um príncipe. Pela dádiva das pernas (e provavelmente também do sexo), a sereia Rusalka paga não só com sua imortalidade, mas também com sua linguagem e sua voz. E, embora encante o príncipe com sua beleza, sendo uma esposa muda ela logo perde o seu apreço novamente. Sem poder retornar ao reino da água – o que a bruxa já havia profetizado – e transformada num funesto fogo-fátuo, é condenada à vida eterna sem felicidade. No entanto, o príncipe, que tinha sido infiel por um breve período, volta a consumir-se de desejo por Rusalka e sacrifica a sua vida por um último beijo: "Tudo que vem de ti será bem-vindo. Beija-me e serei teu para sempre. Dá-me a tua última saudação de amor, dá-me, meu amor, o beijo da morte!" Assim, é um homem que morre a morte de amor e comete uma espécie de suicídio, pois a sereia em forma de fogo-fátuo já havia anunciado claramente: "Tu, meu amor, conheces o mandamento, beijo-te agora a boca tão vermelha e te afundas na noite e na morte!" Contra a sua própria vontade, Rusalka transforma-se na terrível imagem da *belle dame sans merci* – também evocada com frequência no romantismo sombrio –, a beleza impiedosa que atrai os seus amantes para entregá-los à morte. Essa morte foi frequentemente associada à sífilis ou à tuberculose, ou seja, novamente a uma ideia de contágio. Em contraste com *Tristão e Isolda*, de Wagner, ou *Tosca*, de Puccini, a ópera de Dvořák não oferece consolo. Nela, homens e mulheres estão tão distantes uns dos outros quanto mortais estão de imortais, e o ideal da morte por amor é desmascarado com severidade melancólica como sendo uma ilusão.

Quase na mesma época e como um eco longínquo do tema de *Rusalka*, ressoa a história do pintor catalão Carlos Casagemas, que, mal havia completado vinte anos, matou-se com um tiro no Café de l'Hippodrome, em Paris, em 17 de fevereiro de 1901. Isso depois de ter tentado matar Germaine Gargallo, dançarina do Moulin Rouge. O amor de Casagemas por Germaine não era correspondido e ele vivia atormentado pela ideia de impotência, pela depressão e pelo alcoolismo. Na virada do século, ele havia se tornado um grande amigo de Pablo Picasso, que tinha a sua idade. Os dois dividiram um ateliê e viajaram juntos para Paris em 1900. Quando Picasso, que se havia instalado em Montmartre, regressou brevemente a Madri, a catástrofe ocorreu. Picasso, que também tivera um caso amoroso com Germaine, ficou profundamente chocado e pintou vários quadros do amigo morto. Em um deles, vê-se a cabeça do morto deitado, com uma ferida de bala na têmpora, e, ao seu lado, uma grande vela acesa. Essa tela e a seguinte inauguraram o "período azul" de Picasso, que durou de 1901 a 1904. Diz-se que Picasso contou para Apollinaire que teria começado a pintar em azul após o suicídio de seu ami-

Fig. 9: *Evocação – O funeral de Casagemas* (1901), de Pablo Picasso.

go³³. No verão de 1901, ele pintou a *Evocação*, uma representação simbólica do enterro de Casagemas. As figuras femininas despidas foram ocasionalmente relacionadas às rejeições que o pintor tinha experimentado após suas tentativas eróticas. Por fim, uma terceira pintura a óleo, de 1903, mostra o ateliê de um pintor: na parte esquerda do quadro há um casal nu. O homem tem as características faciais de Carlos Casagemas, a mulher lembra Germaine Gargallo. Com um gesto estranhamente artificial do dedo, o homem aponta para uma mulher vestida na parte direita da imagem. A mulher segura uma criança pequena nos braços – um gesto que alude ao *Noli me tangere* de Cristo para Maria Madalena, uma fórmula de expressão de *páthos* muitas vezes trabalhada artisticamente, por exemplo nas obras assim intituladas de Fra Angelico (*c.* 1440), de Hans Holbein, o Jovem (1524), e de

Antonio da Correggio (*c.* 1525). Os dois grupos de figuras estão separados por dois quadros ou esboços no meio da pintura, que lembram tanto motivos de Paul Gauguin como a litografia *Sorrow*, de 1882, de Vincent van Gogh.

Van Gogh morreu em 29 de julho de 1890, em Auvers-sur-Oise, dois dias após uma tentativa de suicídio. Gauguin morreu em 8 de maio de 1903, na Polinésia. Ele também havia tentado suicídio com arsênico em 1898, pouco depois de terminar a pintura de quase quatro metros de comprimento *De onde viemos? Quem somos? Para onde vamos?* Um suicídio como resposta às grandes questões, como as que também abriam a obra principal de Ernst Bloch, *O princípio esperança*?[34] Em 15 de julho de 2016, foi inaugurada uma exposição no Museu Van Gogh, em Amsterdam, com o tema "À beira da loucura. Van Gogh e sua doença". A atração especial dessa exposição foi o revólver completamente enferrujado com o qual se diz que Van Gogh cometeu suicídio, mostrado pela primeira vez ao público. Não sem razão, a revista de arte *art* perguntou, num artigo intitulado "Estreia da arma do crime" em seu site: "Por que um museu que pode ter a certeza de um número de visitantes acima da média se gaba de uma pistola enferrujada, a prova do crime, apresentada atrás de uma redoma de vidro como um tesouro arqueológico?"[35]

4.

Viradas de século nem sempre foram celebradas. O medo de atravessar o limiar para um novo século ou milênio certamente não pertenceu aos horrores do ano 1000. Tal medo também não teria sido possível, pois a difusão do calendário cristão só foi realizada no final da Idade Média. Antes disso "ainda contava-se segundo os anos de determinado governo: assim, os lombardos e francos contavam os anos pelos seus reis; os papas (desde 781), segundo os anos do pontificado. Mantiveram-se também durante muito tempo as indicações romanas cíclicas (ciclos fiscais de quinze anos)[36]. Um milenarismo revolucionário só pôde ser propagado publicamente a partir do século XII, por exemplo no contexto das Cruzadas, que se iniciaram no ano de 1096. A tão propagada lenda do clima geral de catástrofe ou de uma expectativa coletiva pelo Juízo Final no fim do ano 1000 – e não é por acaso que essa lenda tenha sido espalhada no século XIX, por exemplo pelo historiador francês Jules Michelet – é pura e simplesmente "uma completa mentira", como tentou demonstrar José Ortega y Gasset em sua dissertação aprovada em 1904, na qual ele tira uma conclusão que não é desprovida de charme:

> A lenda não pode – e nunca pôde – sustentar-se. Então como ela surgiu? [...] Depois de ter-se formado, a lenda triunfou sem impedimentos porque era linda. Nós, amantes do pitoresco, e embora não tenhamos nada dos milenaristas, lamentamos que não seja verdadeira essa fábula que retrata como as pessoas afundam nos braços da morte e desistem da existência como se desiste de um velho roupão esfarrapado[37].

Um pouco mais sóbrio, Elias Canetti observa, em 1962, o ano da crise cubana: "O medo dos anos 1000. Um engano: deveria estar escrito 2000 – se é que chegaremos a isso."[38] Em novembro de 1999, Theresia Oeburg, de dezoito anos, escreveu em seu diário, antes de se suicidar em fevereiro de 2000: "[...] meu lugar não é nesta era nem ao lado dessas pessoas, entramos no segundo milênio de solidão e eu pertenço tão pouco a este lugar quanto a qualquer outro..."[39].

A história das viradas de século só começou de fato na época da Reforma Protestante e deu-se em grande parte por causa da disputa entre católicos e protestantes quanto à reforma do calendário gregoriano. Em 1º de janeiro de 1600, o papa Clemente VIII inaugurou o Ano Santo; porém, "no final de 1599 e no início de 1600, podiam-se ouvir sermões nas igrejas protestantes sobre a 'superstição pomposa' que o papa estava criando em torno do seu Ano Santo"[40]. A passagem do século XVII para o século XVIII foi ofuscada por controvérsias, sendo a questão principal a de quando o novo século começaria de fato: se no dia 1º de janeiro de 1700 ou em 1701. Pelo menos a disputa levou a uma certa popularização do conceito de virada do século. A virada para o século XIX teve um impacto bem maior, pois já não estava sob o signo da contagem para o fim do mundo nem de medos apocalípticos, mas ligada a expectativas de progresso e de um futuro aberto. "A metáfora desses dias era a da humanidade no limiar dos tempos e anunciava o auge de um momento a partir do qual era possível olhar para um passado perdido e para um século ainda desconhecido. [...] Em 1700, já haviam ocorrido reações isoladas à virada do século, mas não comparáveis à cultura de comemoração de 1800-01."[41] Em seu livro sobre a história das viradas de século, Arndt Brendecke cita uma carta do jovem Karl Friedrich Gauss, escrita a um amigo húngaro, afirmando que o limiar da virada do século seria para ele um momento "especialmente sagrado", pois essa época poria "o seu espírito em um humor mais elevado, em outro mundo espiritual; as divisórias do espaço desaparecem, nosso mundo sujo, mesquinho, com tudo o que nos parece tão grande aqui, o que nos faz tão infelizes e tão felizes, tudo desaparece"[42]. O espírito de um novo tempo era proclamado, um *genius saeculi*; e o pregador saxão Gottfried Christian Cannabich louvou 1º de janeiro de 1801 como um "dia de alegria geral no qual milhares de pessoas celebram conosco e passam o dia com os sentimentos mais felizes e mais altos"[43].

Já na virada do século XIX para o século XX, o humor era muito menos eufórico, pois floresciam as teorias da decadência e da degeneração. Mesmo o conceito do *Fin de Siècle*, que começou a circular na França e depois rapidamente por toda a Europa, focava a ideia de fim, não de começo. O clima de decadência por volta de 1900 foi influenciado por uma crença no progresso[44], que considerava o declínio como uma condição indispensável para a renovação. Nessa atitude aparentemente paradoxal não só se manifestava uma versão inicial do programa econômico da "destruição criadora" (Joseph Schumpeter[45]), mas também o modelo de um culto coletivo ao gênio. Não foi o próprio Zaratustra, de Nietzsche, que declarou: "Quem tem de ser um criador sempre destrói."?⁴⁶ Os gênios modernos não estão orientados para o passado, mas para o futuro. São os heróis de uma corrente pararreligiosa, como sintetizou o historiador de ciência Edgar Zilsel, posteriormente próximo ao Círculo de Viena, em uma análise clarividente publicada em 1918, sob o conceito da "religião do gênio". Como dogmas dessa religião do século XIX, e especialmente do *Fin de Siècle*, Zilsel caracteriza, em primeiro lugar, a ideia da raridade dos gênios, que se distinguem da massa por um "poder criativo quase divino" e que "formam os seus pensamentos, opiniões e juízos de valor de forma bastante independente, em contraste com todos os outros seres humanos"; em segundo lugar, a ideia de uma "eterna aliança" entre todos os gênios, que – apesar de sua respectiva originalidade – consideram-se "congêneres", "como irmãos de uma ilustre congregação"; e em terceiro lugar, a ideia de uma imortalidade superior de todos os gênios, que pressupõe que eles permaneçam "desconhecidos" durante sua vida⁴⁷. Somente a posteridade reconheceria de súbito o gênio, a fim de elevá-lo ao céu daquele momento em diante e adorá-lo cerimonialmente. Os gênios transformam-se postumamente em estrelas que iluminam o futuro com seus raios há muito extintos: estrelas que, desde o início, produzem suas obras imortais "somente para a posteridade". E é por isso que todos eles são, como resumiu Zilsel, "músicos do futuro, pintores do futuro, poetas do futuro e filósofos do futuro: futuristas"⁴⁸.

Esse futurismo é possivelmente fatal, pois a glória eterna parece exigir uma morte prematura. Quando Vincent van Gogh se matou com um tiro, ele tinha apenas 37 anos de idade; com a mesma idade, morreu Arthur Rimbaud (em 10 de novembro de 1891). Com dezesseis anos, ele escrevera a programática "Carta do vidente" ao seu amigo poeta Paul Demeny, dez anos mais velho, redigida apenas alguns dias antes do início da sangrenta semana na qual a supremacia da Comuna de Paris foi derrubada. Na carta, Rimbaud delineia uma poetologia do culto ao gênio: enquanto convicção de que Eu é um Outro – "*Je est un autre*"⁴⁹ – e por isso seria importante resistir à tentação do egoísmo e de tornar monstruosa a própria alma. Rimbaud confirma explicitamente o risco mortal das práticas de cisão do sujeito, de exercícios mentais que, com a ajuda de toxinas, loucura e êxtase, supostamente liberam o outro desconhecido, o gênio demoníaco. E ainda que o poeta, descrito como o grande doente, criminoso, maldito e sábio, "se esfacele em sua investida para as coisas inauditas e inomináveis, virão outros horríveis trabalhadores; eles começarão pelos horizontes onde o outro colapsou!"[50].

Entre os suicídios do *Fin de Siècle* que foram inspirados pelas ideias do culto ao gênio está a morte do filósofo austríaco Otto Weininger, que, com 23 anos de idade, tirou a própria vida em Viena, em 4 de outubro de 1903, justamente na casa onde morreu Ludwig van Beethoven, na Schwarzspanierstraße, 15. Além de Wagner e Goethe, Beethoven foi uma das divindades mais importantes no Olimpo do culto ao gênio. Histórias sobre o sofrido compositor, desconhecido em seu meio, foram espalhadas em grande escala e, ao que tudo indica, lidas com prazer. Zilsel também cita um exemplo marcante: na novela *Beethovens Gang zum Glück* [A caminhada de Beethoven à felicidade], de Rudolf Hans Bartsch, escritor da Estíria, na Áustria, o compositor, já em avançado estado de deficiência auditiva, encontra um menino pescador durante uma caminhada pelo canal Wiener Neustädter, mas não dá muita atenção a ele. O menino, porém

> viu aquele homem completamente distante e ameaçador, que mais lhe parecia um louco, com sua felicidade profunda e concentrada, e reconheceu, com o pressentimento de sua jovem e cruel bestialidade, instantaneamente, o relampejar da alienação mais monstruosa e da inconsciência. E assim, em toda a sua maldade, o menino gritou: "Idiota, idiota!" Beethoven passou por ele como um navio por um gato morto. E o menino olhou fixamente para ele, para o rosto pálido como queijo com as sombras azuladas do vício sob os seus olhos, o menino olhou com aquele ódio inextinguível que a mesquinhez, a maldade, o mercado e o cotidiano desde sempre aplicaram contra o arrebatamento[51].

Otto Weininger também se sentia absorto e rejeitado. Sua obra principal, *Geschlecht und Charakter* [Sexo e caráter], foi publicada em 1903 sem provocar de imediato especial ressonância. Seu livro descreve os dualismos radicais do bem e do mal, Deus e o diabo, cristão e judeu – Weininger convertera-se ao protestantismo contra a vontade de seu pai –, mas acima de tudo do homem e da mulher, do gênio e do mero talento. Ao mesmo tempo, paira sobre toda a obra a ideia de que as coisas não podem ser separadas de forma tão clara umas das outras. Uma separação final e permanente dos opostos não funciona devido à constituição bissexual dos seres humanos, que carregam o feminino e o masculino em si, mas também devido à interação do gênio com o fracasso, da ambiguidade de boas e más pulsões. O gênio, o "outro" de Rimbaud, é um duplo, um eu melhor e, ao mesmo tempo, um demônio assustador. Em seu prefácio para a coletânea por ele mesmo editada com os últimos textos de Weininger – intitulado "*Ecce Homo!*" –, o seu amigo Artur Gerber escreve:

> Muitas vezes penso naquela noite: tínhamos caminhado muito tempo em torno da Igreja Votiva; depois ele caminhou comigo até minha casa. Eu resolvi acompanhá-lo de volta um pedaço, até que, tarde da noite e após horas de caminhada, nós nos vimos novamente na frente da minha casa. Apertamos as mãos. Nenhum som era audível exceto a voz dele, ninguém na rua exceto nós dois. Ele olhou para mim e sussurrou: "Já pensou no seu duplo? Se ele viesse agora! O duplo é aquele que sabe tudo sobre a pessoa, até mesmo o que nunca se diz a ninguém!" Depois, virou-se e desapareceu[52].

Em *Geschlecht und Charakter*, Weininger escreve: "Basta mencionar a palavra 'duplo' para causar palpitações cardíacas violentas na maioria dos homens."[53] A crença no duplo pertence à religião do gênio, à prática da cisão do sujeito e a um agir suicida, como expresso em narrativas e filmes conhecidos – de *O retrato de Dorian Gray* (1890), de Oscar Wilde, ao filme mudo *O estudante de Praga* (1913). Em sua famosa investigação sobre o duplo (1925), Otto Rank observa: "O comum assassinato do duplo, através do qual o herói busca proteger-se definitivamente das perseguições do seu eu, é, na verdade, um suicídio – a saber, na forma indolor de matar o outro eu: uma ilusão inconsciente de abdução de um eu mau e punível, que, aliás, parece ser a condição prévia para qualquer suicídio."[54]

Weininger foi frequentemente atormentado por pensamentos suicidas: "Na vida de qualquer pessoa extraordinária há fases, umas mais curtas e outras mais longas, em que se fica em completo desespero, e nas quais podem surgir pensamentos suicidas."[55] E um de seus últimos aforismos foi: "O homem decente opta pela morte quando sente ter-se tornado definitivamente mau."[56] Em um ensaio sobre *Peer Gynt,* de Henrik Ibsen, Weininger associou a frase "Ser você mesmo é matar-se" com a mensagem do Evangelho de Marcos (Mc 8, 35-36): "Quem quiser salvar a sua vida perdê-la-á. Mas quem perder a sua vida, por minha causa e por causa da boa-nova, salvá-la-á."[57] A mesma frase que Erika Mann colocou – em inglês e na versão do Evangelho de Lucas – sobre a lápide de seu irmão Klaus, que tirou a própria vida em 21 de maio de 1949, em Cannes: *"For Whosoever Will Save His Life Shall Lose It. But Whosoever Will Lose His Life The Same Shall Find It."* (Lc 9, 24). Klaus Mann tinha escolhido essa frase como lema para o seu romance fragmentário *The Last Day.* A placa com a inscrição desapareceu, entretanto, após repetidas remodelações da sepultura.

Gênio, sexualidade, martírio, suicídio – esses conceitos criaram, por volta de 1900, um espaço de ressonância que permaneceu produtivo muito depois do *Fin de Siècle* e da morte de Weininger. De forma exemplar e detalhada, esse espaço pode ser melhor explorado por meio das anotações codificadas e diários[58] de Ludwig Wittgenstein, nos quais evocações do seu gênio encontram-se lado a lado com protocolos da autodisciplina sexual ou do embate opressivo com pensamentos suicidas. Dois irmãos mais velhos do filósofo já haviam se suicidado pouco depois da virada do século: em 1902, Hans saltou, aos 25 anos, para a Baía de Chesapeake, na costa atlântica norte-americana, e o jovem Rudolf, de 23 anos, envenenou-se com cianureto de potássio em

1904 num bar de Berlim. E, mais tarde, em novembro de 1918, foi a vez do irmão mais velho, Kurt, que se suicidou enquanto oficial de cavalaria no front italiano, supostamente para escapar à desgraça da derrota e da prisão. Wittgenstein era um fascinado leitor de Weininger, como seu biógrafo Ray Monk enfatizou repetidamente[59]. Como Weininger, ele lutou contra sua homossexualidade, que era proibida por volta da virada do século – em alguns países, até hoje. Ele contou ao seu amigo David Pinsent que "dificilmente houve um dia em toda a sua vida em que ele não tivesse pensado em suicídio"[60]. Em 10 de janeiro de 1917, ele anotou em seu diário não criptografado que tudo dependeria de o suicídio ser permitido ou não. Pois o suicídio seria, "por assim dizer, o pecado elementar", que lança uma "luz sobre a essência da ética". No entanto, já na próxima frase, ele traça um estranho paralelo: investigar o suicídio "é como investigar o vapor de mercúrio para entender a natureza dos vapores". Como os vapores do mercúrio certamente não estão sujeitos a qualquer julgamento moral, Wittgenstein conclui, seguindo essa lógica, com a afirmação: "Ou o suicídio também não seria em si nem bom nem mau!"[61] Nós esperaríamos um ponto de interrogação. Wittgenstein, no entanto, usa um ponto de exclamação como se quisesse responder à pergunta imediatamente. Nessa resposta – representada apenas por um sinal de pontuação inusitado – é sugerida uma reavaliação do suicídio: com a certeza de que, como vapores de mercúrio, não é nem bom nem mau.

5. Suicídios na escola

> SUICIDE
> A b c d e f
> g h i j k l
> m n o p q r
> s t u v w
> x y z
> *Louis Aragon*[1]

1.

Entre os suicídios do *Fin de Siècle* que foram relatados com particular atenção nos jornais, investigados estatisticamente e discutidos, contabilizam-se os suicídios de crianças e adolescentes. Predominava a opinião de que esses suicídios estariam acontecendo com mais frequência. Assim, por exemplo, o médico prussiano e membro do conselho de medicina Abraham Adolf Baer enfatizou em seu tratado *Der Selbstmord im Kindlichen Lebensalter* [O suicídio na infância], de 1901: "Nos últimos tempos, os apelos por mais atenção e as advertências em relação ao aumento no número de suicídios infantis estão se tornando cada vez mais altos e veementes nas nações civilizadas. Até o início do século XIX, o suicídio na infância era incomum e pouco conhecido." Como testemunhas dessa observação, Baer cita várias autoridades da França, Inglaterra, Itália e Prússia, além de Adolphe Quételet, o astrônomo e estatístico belga que constatou que "recentemente o suicídio ocorre com mais frequência no caso de indivíduos que ainda estão na infância ou que acabam de sair dela"[2]. Ele juntou-se a Gustav Siegert, que – usando o lema da balada de Goethe "A noiva de Corinto": "E sacrifica o imoleiro não rês ou cordeiro, mas seres humanos!" – afirmou no seu texto *Das Problem der Kinderselbstmörder* [O problema dos suicídios infantis], de 1893:

A frequência com a qual ocorrem suicídios infantis na Alemanha, o clássico país dos suicídios, oferece motivos suficientes para se dedicar uma investigação detalhada sobre esse que é um dos tópicos mais obscuros da vida contemporânea. A partir da abundância de provas estatísticas, a partir da cruel dança macabra [...] pode-se, sobretudo, medir a vasta difusão do mal. Todos os países da Europa e, até podemos deduzir sem hesitar, todos os países da Terra estão pagando um alto tributo a essa terrível forma de morte[3].

Consequentemente, o "período mais recente traz a triste glória de ser chamado de Era dos Suicídios Infantis". A tese de Gustav Siegert surpreende, pois essa "Era dos Suicídios Infantis" foi, ao mesmo tempo, a época do culto juvenil e do *art nouveau*: a partir de 1896 a casa editorial Georg Hirth, de Munique, passa a publicar a revista *Jugend* [Juventude], uma "revista semanal ilustrada sobre arte e vida". O termo "*art nouveau*" foi usado pela primeira vez no ano de 1897 por ocasião da Exposição Industrial e Comercial da Turíngia Saxônica, em Leipzig. No final do verão de 1896, os primeiros jovens berlinenses partiram – equipados com mochilas e violões – a caminho de um mundo alternativo romântico. À crítica às obrigações e abstrações advindas do processo de modernização uniam-se o anseio por um novo "imediatismo", a despedida da vida na cidade grande e a volta à natureza. Tudo começou com a fundação de uma associação de estenógrafos. "Alunos da escola Steglitz uniram-se para aprender taquigrafia. O grupo de trabalho tornou-se um círculo de amigos. O estudante universitário Hermann Hoffmann atuava como instrutor e 'líder' e encorajou os rapazes a fazerem suas primeiras caminhadas." No início, os uniformes escolares convencionais ainda eram usados. Só depois de alguns anos – quando a ideia já tinha alcançado outros grupos escolares, dentro e fora de Berlim –, desenvolveram-se práticas e rituais que rejeitavam mais decididamente o mundo burguês de 1900: o "regresso à 'vida simples', passar a noite em bosques e celeiros, cozinhar ao ar livre, fazer caminhadas com calças curtas e camisas abertas, o caixa coletivo de viagem"[4]. Pouco depois da virada do século, alguns grupos de caminhada com oito a vinte membros – que, a partir de 1910, também incluíam meninas – juntaram-se para formar uma organização formal chamada *Wandervögel* [Ave Migratória]. No ano de 1903, a organização já contava com aproximadamente 1.500 membros, em 78 lugares da Alemanha. Eles ocupavam casas e construíam "ninhos", pontos de encontro em algumas ruínas fora da cidade, que renovavam conforme seus propósitos. Lá, encontravam-se para noitadas de trabalho em grupo, nas quais tocavam e cantavam, jogavam e discutiam. Em 1911, já havia 412 grupos locais da *Wandervögel*, com quase 35 mil membros. Por ocasião do centésimo aniversário da Batalha de Leipzig, foi celebrado um encontro programático do novo movimento juvenil de 10 a 12 de outubro de 1913, nomeadamente no maciço montanhoso de Hohen Meißner, no norte de Hesse, onde aproximadamente 2 mil jovens reuniram-se para "celebrar uma nova festa", a "Festa da Juventude". Na chamada para esse encontro, lia-se: "A juventude alemã encontra-se num ponto crucial de mudança. [...] Todos nós temos um objetivo comum: o desenvolvimento de novos modos de vida para a juventude alemã. [...] Queremos celebrar a festa da juventude", como "comemoração e ressurreição do espírito de luta pela liberdade com o qual nos comprometemos"[5].

O "reencantamento" (*Wiederverzauberung*) do mundo pelos jovens, que havia resultado de uma simples reforma tipográfica, estava então sob o signo de uma guerra. O novo movimento juvenil queria distinguir-se do espírito beberrão de algumas comemorações, mas não do próprio "espírito de luta pela liberdade". Não admira, portanto, que a emergente histeria da guerra no segundo semestre de 1914 também e acima de tudo afetasse a juventude organizada. No periódico *Kölnische Zeitung* de 17 de setembro de 1914, Paul Natorp, o neokantista editor de Pestalozzi, exaltou o movimento juvenil como um prenúncio do entusiasmo alemão pela guerra:

> Na Alemanha e na Áustria não há diferença de opinião quanto ao direito sagrado e à necessidade absoluta desta guerra. A prova é o

fato sem precedentes de que na Alemanha e na Áustria, em conjunto, mais de 2,3 milhões registraram-se como voluntários de guerra, além dos milhões que, devido ao alistamento militar obrigatório, atenderam de boa vontade ao chamado do exército como militares da ativa, da reserva, como forças de defesa e de ataque. Eu gostaria de saber se há alguma nação que faça o mesmo. [...] Este grande momento afastou todos os espíritos sombrios como uma fresca ventania de outono afasta o mormaço opressivo do verão. O "movimento juvenil", que vinha florescendo surpreendentemente havia alguns anos, foi um alegre sinal de que um novo espírito se aproximava, uma santa vontade de contribuir com todas as forças para a recuperação do povo[6].

Em suma, a *Wandervögel* e os grupos de jovens foram enviados – em nome da "santa vontade", em nome de uma vida colocada dramaticamente entre aspas, em nome do assim chamado natural, do simples e do essencial – para a Primeira Guerra Mundial. Não se pode dizer que não tivessem sido cuidadosamente preparados para a sua morte. Esse tipo de crítica cultural, que até hoje se apoia secretamente numa mitologia etiológica repleta de teologia – seja ela referente à natureza ou à nação –, já havia postulado havia muito a catástrofe assassina. A revista *Der Wandervogel*, por exemplo, publicara em 1906 o seguinte discurso: "Queremos contribuir para renovar a honra do antigo idealismo no mundo dos rapazes. Queremos chamar a atenção dos nossos queridos jovens do movimento *Wandervögel* para as belezas da nossa pátria alemã, para que sejam tomados de amor por ela; queremos cultivar sistematicamente o respeito pela masculinidade alemã e o desprezo por toda a frouxidão nacional ou internacional, na medida em que pudermos fazê-lo com as nossas parcas forças; em suma, queremos ajudar a formar jovens e homens que estejam dispostos a viver pela sua pátria e por ela morrer, se necessário. E este último ponto é ainda o principal."[7] Morrer seria, portanto, o "ponto principal": só na última frase é que se afirma inequivocamente a que serve o culto juvenil – esse programa de filosofia de vida baseado na proximidade romântica à natureza –: serve para que os jovens consintam com a sua própria morte na guerra.

A "Era dos Suicídios Infantis" acabou revelando-se uma era de propaganda de guerra. Em nenhum lugar a flor azul do romantismo cresce com tanta frequência como no campo de batalha. Essa afirmação pode ser exemplificada por um importante mito do período entre guerras: o mito da "juventude de Langemarck". Os eventos barbaramente simples que fundamentam esse mito podem ser contados com rapidez. Pouco depois da batalha de 9 de novembro de 1914, a sexta divisão da reserva, um regimento de voluntários mal treinado, foi quase completamente dizimada no front de Flandres. A baixa importância estratégica militar daquele sacrifício – tratava-se de uma medida para a redução do front nas proximidades de Ypres – foi compensada rapidamente com ideologia: a coragem de morrer do jovem regimento, que, segundo o diário da *Wehrmacht* [Forças Armadas nazistas], "cantava 'Alemanha, Alemanha acima de tudo' ao avançar contra a linha de frente do adversário"[8], foi enaltecida e celebrada nas primeiras páginas da maioria dos jornais. Em certo sentido, foi exatamente a incoerência da investida sangrenta que levou à posterior glorificação[9]. Enquanto Ernst Jünger, em seu tratado *Der Arbeiter* [O trabalhador], de 1932, enfatizava a superioridade das metralhadoras à duvidosa coragem de lançar-se para a morte dos jovens soldados, os nacional-socialistas adotaram o mito de Langemarck como elemento de um culto aos mortos e aos soldados abatidos, que era praticado não apenas pela SS, mas especialmente pela Juventude Hitlerista. A conversão do movimento juvenil em uma organização suicida e militante – até os últimos dias da guerra – efetuou, por assim dizer, a ligação entre o culto à juventude e a guerra. A crítica cultural da antiga *Wandervögel* foi interpretada como prontidão para a morte heroica – o supracitado "ponto principal". E essa prontidão foi celebrada nas festividades de Langemarck como reencontro da "juventude viva com o espírito dos abatidos", como uma "festa de reencontro" entre os jovens hitleristas e os soldados mortos de 1914[10]. Enquanto Otto Dietrich, chefe de imprensa de Hitler, escrevia: "A juventude e o nacional-socialismo são congêneres de espírito"[11], Hitler já sabia: "Se um dia eu ordenar a guerra, não posso pensar nos 10 milhões de jovens rapazes que envio à morte."[12]

O mito da juventude – esse que foi o verdadeiro mito do século XX – incluía o autossacrifício: o consentimento com a própria morte. A sacralização da juventude correspondia à sacralização do suicídio. Romain Rolland foi um dos poucos autores a denunciar essa lógica suicida já desde o início da Primeira Guerra Mundial. Em seus diários, ele critica o "vício pelo nada", o "suicídio da cultura do Ocidente", e cita uma carta de Auguste Rodin, na qual o escultor condena os "dilúvios de suicídio em massa"[13]. Com certeza, Rolland teria contradito veementemente Eduard Spranger, que, em *Psicologia da juventude*, de 1925, observou que os jovens tendem a "dar à vida um ultimato", e que, de fato, "algo como um desejo de morte, uma tanatofilia" faz parte do "jovem e do desenvolvimento normal da juventude".[14] E talvez ele quisesse nos lembrar de que o mito do desejo dos jovens pela luta e seu "anseio pela morte" eram também uma reação à necessidade – emergida forçosamente com o advento do Estado-nação moderno – de enviar a juventude como um exército de voluntários para os campos de batalha em vez de operar com exércitos transnacionais e tropas profissionais. Assim, a criação de um culto nacional à juventude foi uma simples resposta a um postulado de organização moderna do Exército. Não é por acaso que o termo "infantaria" derive da palavra latina *infans* – criança, rapaz – como designação para os soldados frequentemente posicionados como "bucha de canhão" na falange moderna, como vítimas da artilharia própria e da estrangeira. O uso da palavra "infantaria" só se difundiu na Europa no início da Guerra dos Trinta Anos, e um pouco mais tarde – na Alemanha, em 1801 – prevaleceu o termo "*infanterist*" [combatente da infantaria].

2.

O tratamento que os Estados-nação modernos dispensavam a seus jovens assentava-se sobre dois pilares organizacionais: serviço militar e ensino obrigatórios. Gustav Siegert já havia questionado o fato de os suicídios infantis ocorrerem sobretudo entre "povos letrados"[15]. Ele concluiu que a maioria dos suicídios de crianças,

> como mostram nossas evidências estatísticas, tem origem na vida educacional como um todo, ou seja, a vida familiar e a vida escolar, e são chamados: a) miséria domiciliar, angústia por causa de acidentes na família, tratamento duro e indigno por parte de professores e responsáveis; b) medo de exames, repetição de classe, desentendimento com os professores, medo da volta às aulas, medo de punição, outras razões ligadas à vida escolar[16].

Das numerosas histórias de casos em forma de curtos comunicados de polícia compilados por Siegert e por Baer, membro do conselho de medicina, emerge também uma imagem clara: a maioria dos suicídios infantis pode ser descrita como suicídios de estudantes. A própria Ellen Key queixou-se dos "assassinatos de almas nas escolas" em seu texto programático, várias vezes reeditado, *Das Jahrhundert des Kindes* [O século das crianças], de 1902[17]. Alguns exemplos: "O aluno de uma escola municipal Paul J., de onze anos, deveria ser castigado ontem de manhã por ter faltado várias vezes às aulas. Como resultado, o garoto atirou se pela janela do terceiro andar, morrendo logo em seguida, sem ter recuperado a consciência (14 de maio de 1898)." "O menino Karl Br., de nove anos de idade, escondera-se vários dias atrás da escola e, quando o professor deu queixa aos seus pais, ele foi gravemente repreendido por sua mãe e sabia que poderia contar com um castigo físico do seu pai. Quando a mãe deixou o quarto por alguns instantes às nove horas da noite, Karl Br. saltou da janela do apartamento localizado no quarto andar. Ele foi levado para o hospital com fraturas em ambas as pernas e na coluna vertebral, num estado que não dava margem a nenhuma esperança (24 de maio de 1900)."[18] "O periódico *Münchener Post* relata um caso em Münchaurach no qual um clérigo, inspetor de uma escola local, bateu nas costas despidas de uma menina de dez anos na frente da classe, apesar da forte resistência por parte da criança. Com vergonha, a menina então tirou a própria vida nas águas, num local próximo à escola (*Allgemeine deutsche Lehrerzeitung*, 15 de novembro de 1891)." "Em Dortmund, um menino de onze anos de idade tirou a própria vida por ter perdido temporariamente a posição de primeiro da classe por causa de uma mentira. (*General-Anzeiger für Leipzig*, 15 de maio de 1892)." "Zwickau. Temendo o regresso às aulas após as férias de verão, um garoto de doze anos enforcou-se no apartamento dos pais (*Sächsische Schulzeitung*, 4 de setembro de 1892)." "Um aluno da escola secundária, de onze anos, afogou-se no lago. O motivo foi a repreensão recebida na escola (*Dresdner Nachrichten*, agosto de 1891)."[19]

Os métodos educacionais na família, na escola ou nas Forças Armadas eram bastante semelhantes. Os espancamentos e adestramentos faziam parte do repertório-padrão das três instituições. Medo de exames, punições brutais e – no caso de aprendizes ou empregadas domésticas – medo de demissão eram frequentemente motivos para suicídios, sem falar da moralidade sexual repressiva que levou ao duplo suicídio de um casal de menores em Stuttgart: "Causou comoção o suicídio conjunto de um garoto de quinze anos e uma garota de treze, ambos de famílias respeitáveis de classe média. O casal, que vivia um caso de amor íntimo havia bastante tempo, afogou-se no Rio Neckar. A menina, muito desenvolvida para a sua idade, parecia estar grávida (*Berliner Morgenzeitung*, 16 de junho de 1892)."[20] Quase um ano antes, Frank Wedekind havia completado a tragédia juvenil *O despertar da primavera*, na qual esteve trabalhando em Munique desde o outono de 1890. Em 1891 foi publicada a primeira edição da peça pela editora Jean Gross, de Zurique, com arte de capa do pintor simbolista Franz von Stuck, criada de acordo com as especificações de Wedekind: um prado florido, uma árvore com os primeiros brotos e duas andorinhas. O contraste com o conteúdo não poderia ser mais nítido: a peça de Wedekind trata do suicídio de Moritz Stiefel, estudante do ensino médio que, no final do segundo ato, atormentado por desejos eróticos não realizados, pelo medo de não passar de ano e, por fim, também por ver negado o seu pedido de dinheiro para uma expatriação para a América, mata-se com um tiro. Quem só aprende como veio ao mundo de maneira indireta – Moritz sabe tão pouco sobre sexualidade quanto sua colega de classe Wendla, que acaba morrendo devido a um aborto malfeito – não pode transformar a contingência do nascimento em vontade de viver.

> Fecho a porta atrás de mim e saio. – Não vou mais deixar que me mandem para lá e para cá. Eu não pedi para estar aqui. Por que é que devia pedir agora? – Não tenho um contrato com o bom Deus. Podem torcer as coisas como quiserem. Fui pressionado. – Não responsabilizo os meus pais. Eles deviam estar preparados para o pior. Tinham idade suficiente para saber o que estavam fazendo. Eu era um bebê quando nasci – caso contrário, provavelmente teria sido esperto o suficiente para me tornar outra pessoa. – Por que devo pagar pelo fato de que todos os outros já estavam no mundo? Só se eu fosse maluco... Se alguém me dá um cão raivoso de presente, eu lhe dou o cão raivoso de volta. E se acaso ele não queira recuperar o seu cão raivoso, então eu devo ser humano e... Só se eu fosse maluco! A gente nasce por acaso e não deve, depois de muito pensar – – – ah, é de dar um tiro na cabeça!"[1]

No final do terceiro ato, Moritz, já morto, tenta persuadir o seu amigo Melchior a também tirar a própria vida; mas um "cavalheiro mascarado", o clássico *Deus ex machina*, aparece de repente e afugenta o fantasma. Wedekind dedicou a peça a esse "cavalheiro mascarado". Vinte anos após a publicação em Zurique, ele enfatizou que o texto baseava-se em "experiências pessoais e dos meus colegas de escola" e que "quase todas as cenas correspondem a um acontecimento real"[22]. Em 1880, Wedekind havia passado por acaso, juntamente com o seu amigo Oskar Schibler, pelo local de um duplo suicídio: dois estudantes, Rotner e Rüetschli, tinham acabado de atirar um no outro[23]. Um ano depois, ele perdeu o seu colega Frank Oberlin e, por fim, em 1885, o seu colega de turma Moritz Dürr suicidou-se. No dia 27 de abril de 1886, ele escreveu ao seu pai: "Você provavelmente também já deve ter ouvido falar do infortúnio que acometeu meu amigo M. Dürr. É um fim infinitamente triste e, no entanto, apenas a interrupção de uma vida quase igualmente tão triste."[24]

O despertar da primavera, de Wedekind, foi, durante muito tempo, controverso. Alguns consideraram-no "pura pornografia"[25]. A estreia só ocorreu em 20 de novembro de 1906, no Teatro Kammerspiele de Berlim, com direção de Max Reinhardt[26]. No mesmo ano, foram publicadas as obras *Debaixo das rodas*, de Hermann Hesse, e *O jovem Törless*, de Robert Musil. Ambos os textos podem ser lidos como uma crítica ao sistema de ensino, à pedagogia da subordinação por meio de uma disciplina quase militar. O lema poderia ser uma frase que Wedekind coloca na boca do Marquês de Keith no drama homônimo: "Ou o homem é adestrado ou é executado."[27] O Törless, de Musil, vivencia dolorosas humilhações num internato provincial da Monarquia do Danúbio; o Hans Giebenrath, de Hermann Hesse, é aprovado no *Landexamen* (o exame estadual) e torna-se aluno da escola do mosteiro de Maulbronn. O seu reitor segue à risca a máxima pedagógica do disciplinamento:

> E assim como uma floresta deve ser podada e limpa e demarcada à força, também a escola deve quebrar, sobrepujar e reprimir violentamente o homem em sua forma natural; sua tarefa é [...] despertar nele qualidades, cuja formação completa será então coroada com o adestramento rígido dos quartéis[28].

Na escola do mosteiro, Hans faz amizade com um rapaz inteligente e artisticamente criativo, mas também rebelde, Hermann Heilner, que logo é expulso da escola por causa de uma tentativa de fuga. Hans cai num estado de marasmo e esgotamento, que se manifesta nos primeiros pensamentos sobre suicídio:

> Seria fácil arrumar uma arma ou pendurar uma corda em algum lugar da floresta. Quase todos os dias essas ideias o acompanhavam

nos seus passeios. Ele procurou por alguns lugares calmos e finalmente encontrou um canto onde poderia morrer tranquilo e o designou então como seu lugar de morte. Ele o visitava frequentemente, sentava-se ali e sentia uma alegria estranha em imaginar que um dia o encontrariam morto. O galho para a corda foi escolhido e testado quanto à sua resistência, não havia mais nenhum empecilho no seu caminho. Paulatinamente e em intervalos cada vez maiores, foi escrita uma carta curta ao pai e uma muito longa a Hermann Heilner, carta esta que deveria ser encontrada junto ao cadáver[29].

Hans acaba matando-se. Mas, embora a roda seja uma espécie de metáfora por toda a narrativa, ele não se joga na frente do trem – como o fez Anna Karenina no romance de Tolstói (1878) – e também não se enforca em um galho, mas é encontrado na água que tanto amava quando ainda era um menino apaixonado pela pesca:

> Ninguém sabia como ele tinha ido parar na água. Talvez tivesse se perdido e escorregado numa encosta íngreme; podia ter querido beber e perdido o equilíbrio. Talvez a visão da bela água o tenha atraído e ele se inclinou sobre ela, e quando nela viu refletidas a noite e a palidez da lua tão cheia de paz e descanso profundo, o cansaço e o medo o puxaram com obstinação silenciosa para as sombras da morte. Ele foi encontrado no dia seguinte e transportado para casa[30].

Hesse deixa em aberto se Hans Giebenrath suicidou-se. Já Törless sobrevive à árdua estadia no internato e apenas o título da narrativa lembra bastante os *Sofrimentos do jovem Werther* e alude, portanto, a um suicídio no final.

Antes de Hesse, Marie von Ebner-Eschenbach e Emil Strauss também trabalharam na literatura com o tema do suicídio de estudantes, mas não se concentraram na crítica a um sistema escolar militarizado – crítica também já feita por Rainer Maria Rilke em seu conto "Aula de ginástica" (1902)[31] –, mas no conflito interfamiliar, desencadeado sobretudo pelas altas expectativas de um pai dominante. Assim, Pfanner – a figura do pai na novela de 1898 *Der Vorzugsschüles* [O aluno preferido], de Ebner-Eschenbach –, um baixo funcionário das ferrovias austríacas, sonha com a ascensão do seu filho Georg ao posto de um importante estadista. O êxito escolar e a aprendizagem constante devem servir a esse objetivo, enquanto o talento musical do rapaz é ignorado. Georg mantém uma relação terna com a mãe, mas ela é fraca e, sendo constantemente repreendida, sujeita-se à tirania desrespeitosa dos desejos paternais. Há repetidas e violentas brigas, que muitas vezes terminam em espancamentos:

> "Música? Pois bem! Vou comprar um realejo para você, assim você vai poder tocar em frente às casas e esperar pelas moedas que atiram pelas janelas." Georg pressionou o queixo contra o peito e olhou para o chão. Pfanner levantou-se e deu um duro golpe no pescoço da criança: "Nem mais uma palavra! E – preste atenção, não me volte para casa com uma nota ruim outra vez. Não se atreva!" "Não, não", Georg murmurou. Agora já não tinha mais medo. Melhor ainda se não tiver que voltar para casa. O pai não se zangará mais com ele e não torturará mais a mãe por sua causa. Se ao menos não tivesse vindo ao mundo... – ou se já estivesse fora dele – se já estivesse morto!³²

No triângulo do conflito entre pai, mãe e filho, a criança decide-se pelo suicídio para dar paz a seus pais:

> Agora mesmo é que ela viria, a nota ruim, a primeira nota muito ruim. O que fará o pai agora? E como a mãe ficará triste... Não, não, pai e mãe, ele não se atreve, não vai mais voltar, vai para onde já foram outros alunos infelizes: para o Danúbio. E agarra-se firmemente a essa ideia, alimenta-a, familiariza-se com ela. Essa ideia com o cerne escuro tinha uma atmosfera deslumbrante e começou a espalhar uma grande luz. Então ele imaginou a cena: "Tenho que ir para o Danúbio, mas também quero, e com prazer. Como é bom estar morto, não ter que ouvir mais: estude! Que bom se não houver mais conflitos entre os pais. Mas você está cometendo suicídio", veio-lhe à mente, "e o suicídio é um pecado mortal." E ele tremeu. "Meu Deus! Todo-poderoso!", clamou, olhando para o

céu. "Não conte a minha morte como um pecado! Não quero cometer pecado, quero morrer pela paz dos meus pais. A minha morte é um sacrifício." Um sacrifício! Agarrou-se a essa palavra, que o confortou. Ela transformava o ato de desespero num ato heroico e a culpa mais pesada num martírio³³.

O salto ao rio traz de fato uma reconciliação entre os pais, mas representa ao mesmo tempo a fusão com o elemento feminino da água: "O Danúbio é um leito fresco e macio, lá há descanso e alívio. Só é preciso ir ao seu encontro, chegar até lá!"³⁴

Uma dramaturgia semelhante é proposta em *Amigo Hein* (1902), de Emil Strauss. Esse romance, com o subtítulo *A história de uma vida*, também trata de um filho musicalmente dotado (Heinrich Lindner) que, segundo a vontade de seu pai, deveria terminar a escola com as melhores notas e certificados a fim de tornar-se um promotor público: "Os pais geralmente desejam fazer dos seus filhos algo melhor do que eles próprios; e, assim, esse desejo era apenas o testemunho da grande honestidade desse pai, que com o tempo havia-se tornado um estimado advogado, de querer fazer do seu filho um promotor público."³⁵ A mãe incentiva os talentos musicais de Heinrich; em alguns aspectos ela representa o ideal de promover o desenvolvimento da criança de acordo com seus talentos, mas também se submete às ideias de seu marido, até mesmo quando ele exige que ela pare de ensinar piano ao filho. Heinrich então, com peso no coração, renuncia à música, mas fracassa nas exigências da matemática e repete de ano várias vezes. Então vai para a floresta – compartilhando assim com Georg Pfanner, de Ebner-Eschenbach, e Hans Giebenrath, de Hesse, o amor pela natureza e pela música, ou seja, pelos ideais do novo movimento juvenil – e mata-se com um tiro. Com um gesto derradeiro, ele troca o instrumento musical que tinha trazido consigo, uma ocarina, pela arma: "Guardou rapidamente o instrumento, puxou o revólver e pousou-o na testa. 'Não', sussurrou, tremendo, 'isso é terrível!' E deu um tiro no coração, caindo para a frente. O barulho do tiro agitou os pássaros ao redor e o canto deles ressoou ainda mais alto e mais fervoroso no silêncio que se seguiu."³⁶ O motivo para o suicídio de Heinrich é vergonha, não culpa; nem o pai nem os professores – ao contrário da maioria dos outros romances que giram em torno do suicídio de estudantes – são retratados por Strauss como personalidades sádico-autoritárias, e os motivos religiosos também não são de grande importância. O título – *Freund Hein* – refere-se tanto ao relacionamento de Heinrich (que era chamado de Heiner por sua mãe) consigo mesmo quanto a uma amizade íntima com a morte. A expressão alemã *"Freund Hein"*, usada como sinônimo de morte, surgiu apenas na segunda metade do século XVIII, como explicam os irmãos Grimm em seu dicionário de alemão, *Deutsches Wörterbuch*. "Hein" seria um diminutivo carinhoso de Heinrich, mas também faria pensar em *Hain,* que em alemão designa o bosque de sepulturas em um cemitério³⁷.

3.

Em sua crítica ao sistema de ensino, os romances sobre os suicídios de estudantes – que também poderiam incluir *Mao* (1907), de Friedrich Huch, cujo protagonista distraído, Thomas, vive em um mundo mágico e fantasmagórico e acaba cometendo suicídio na casa em ruínas onde nasceu³⁸ – refletem não apenas os inícios da pedagogia da reforma e do movimento juvenil, mas também elementos da religiosidade em torno do gênio: não é por acaso que são sempre crianças sensíveis, artisticamente dotadas, talentosas para a poesia e a música, com um amor pela natureza e uma profunda aversão à matemática, que acabam por fracassar como gênios desconhecidos. Uma pequena impressão do que era a raiva contra a escola, comum sobretudo entre os artistas, é apresentada no artigo programático de Franz Pfemfert *Im Zeichen der Schülerselbstmorde* [Sob o signo do suicídio estudantil], em uma das primeiras edições de sua revista, *Die Aktion*, de 17 de abril de 1911. O artigo afirma: "Uma e outra vez ouvimos falar de estudantes que acabaram por suicidar-se. Em uma idade em que o mundo ainda deveria ser uma deliciosa embriaguez de expectativas de felicidade, eles lançam fora suas vidas como uma casca de noz. Por quê?" A resposta segue de imediato. Pfemfert põe a culpa no "regime policial sob o qual trememos", mas acusa também a escola:

> Os três estudantes de segundo grau de Leipzig serão seguidos por muitos outros colegas no sofrimento, mas a nossa escola paternalista continuará a sua supremacia do terror. As nossas escolas vão continuar a ser casas de detenções mentais e físicas, vão causar sempre mais vítimas, enquanto os pais não forem unânimes e as confrontarem. Não podemos esperar um remédio do Estado, então vamos para a autoajuda: vamos finalmente parar de reforçar nos nossos filhos a crença na autoridade *dessa* escola! [...] Mas só podemos manter o medo da escola, dos seus castigos mentais e físicos, longe de nossos meninos e meninas se deixarmos de apresentar os tormentos que as aulas lhes causam como algo que é absolutamente necessário para a vida futura, se deixarmos de tomar partido pela escola e contra as crianças[39].

Qual era, por outro lado, a realidade social dos suicídios de estudantes para além de artigos e reportagens de imprensa, poemas e romances? Em 26 de fevereiro de 1907, o médico e sexólogo Albert Eulenburg, cofundador – juntamente com Magnus Hirschfeld e Iwan Bloch – e primeiro presidente da Sociedade Médica de Sexologia e Eugenia, realizou uma palestra na Associação Berlinense para a Saúde na Escola, que foi publicada na *Revista de Psicologia Pedagógica, Patologia e Higiene*, em abril de 1907. Nessa palestra, Eulenburg apoia-se em todo o material do arquivo do Ministério da Educação prussiano sobre suicídios de estudantes entre os anos 1880 e 1903. Esses arquivos abordam 24 anos escolares e, segundo Eulenburg, reportam

> não menos do que 1.152 casos de suicídio, dos quais, no entanto, apenas 284 estão disponíveis em forma de relatórios individuais detalhados e independentes, baseados em testemunhos de diretores, professores, colegas de turma, familiares, médicos etc. Enquanto esses 284 casos ocorreram exclusivamente em instituições de

ensino secundário (ginásio), a totalidade do material provém, em parte, tanto de escolas de primeiro grau como de grau mais elevado, com um total de 812 casos remetendo-se às escolas de primeiro grau (todos pertencentes aos grupos etários inferiores a quinze anos), e 340 casos, às escolas secundárias[40].

Usando tabelas extensas, Eulenburg calcula que, em média, 54 estudantes suicidam-se por ano, sendo as ocorrências em 1903 em número um pouco menor do que em 1883, apesar do crescimento considerável da população, "o que deve ser visto como um resultado razoavelmente tranquilizador"[41]. Por outro lado, segundo uma classificação meticulosa das razões supostas ou explícitas, o número de suicídios que estão relacionados ao contexto escolar seria assustadoramente alto: Eulenburg conclui que mais de um terço do total de suicídios entre estudantes ocorre "por medo de punição devido a infrações escolares ou a baixo rendimento escolar"[42]. Ainda mais alarmante é o fato de que "transtornos mentais" e "doenças mentais" sejam frequentemente indicados como causas de suicídio, assim como, às vezes, "coisas muito pequenas que parecem ser meras bagatelas"; porém, um motivo ainda mais frequente é "o receio de não passar de ano, a ameaça de castigos escolares e domésticos, e o medo de ter que seguir uma profissão imposta"[43]. Em análises casuísticas, Eulenburg comenta ainda o amor e os duplos suicídios, que podem ser atribuídos à doutrina de uma moralidade sexual repressiva; e conclui salientando que os pré-requisitos mais importantes de toda a educação – nomeadamente a "imersão carinhosa nas peculiaridades individuais do educando", o "fortalecimento do caráter e da força de vontade e o aprofundamento da personalidade"[44] – não poderiam ser esperados apenas da escola, mas dependeriam também dos pais. Como exemplo característico, ele cita a "declaração de um pai que, em resposta à notícia do suicídio de seu filho, um estudante terceiranista que se jogara na frente de um trem, disse logo ao diretor: 'Oh, não é uma pena pelo menino, é bom que tenha partido. Graças a Deus. Ele era inútil para a vida.'"[45].

A avaliação e a interpretação das estatísticas permaneceram difíceis e controversas, como Eulenburg sublinhou várias vezes. Em um curto artigo para o jornal mensal *Pädagogisches Archiv*, em 1910, Heinrich Ditzel argumenta que não seria justo a imprensa tomar cada suicídio de um estudante como ocasião para "uma brutal campanha de difamação contra todo o nosso sistema de ensino médio e superior. Os casos individuais foram avultados; a escola e as suas instalações foram responsabilizadas sempre que possível. E nos casos em que a escola realmente era culpada, houve exageros e generalizações excessivas". As estatísticas não mostrariam um aumento ou diminuição constante dos suicídios estudantis[46], porém, seria necessário ressaltar que "em toda a população masculina o número de suicídios na faixa etária entre quinze e vinte anos sofreu um aumento notável nos últimos anos. [...] O material factual apresentado não contém nada de comprometedor para a escola secundária, mas diz muito sobre a cultura do nosso tempo"[47]. Por ocasião da difusão pela imprensa do suicídio de um estudante vienense do ensino secundário, a Sociedade Psicanalítica de Viena, fundada em 1903, decidiu realizar uma conferência sobre o suicídio nos dias 20 e 27 de abril de 1910, mais especificamente sobre o suicídio de estudantes. A publicação dos artigos dos colaboradores – Alfred Adler, Sigmund Freud, Josef Karl Friedjung, Rudolf Reitler, Isidor Sadger, Wilhelm Stekel, além de dois professores do ensino médio, Carl Furtmüller (sob o pseudônimo de Karl Molitor) e David Ernst Oppenheim (sob o pseudônimo de Unus Multorum) – ocorreu em junho de 1910. Na primeira palestra, Oppenheim abriu o debate – da mesma forma que Ditzel – com um apelo em defesa da escola. Ainda que se refira às investigações de Baer e Eulenburg, ele chega a conclusões diferentes. Enquanto Eulenburg considera alarmante o número de suicídios de estudantes, Oppenheim sublinha que os "suicídios de estudantes que são dignos dessa denominação exatamente por serem motivados pela escola" seriam "uma minoria"[48]. E acrescenta que a sociedade e os pais seriam os maiores culpados: "Como parece curto o prazo de um ano dado à escola para o seu trabalho com a juventude. Todo o resto do tempo a educação fica sob a influência dos poderes sociais, sobretudo da casa dos pais, mas também do convívio social, da opinião pública, da nova literatura e da arte."[49] Freud responde breve e amigavelmente que as pessoas não devem deixar-se levar demasiado pela "simpatia que sentem pelo lado injustiçado". Pois o ensino médio deveria

> fazer mais do que apenas não levar os jovens ao suicídio; deve fazê--los querer viver e dar-lhes apoio e orientação ao longo da vida, uma vez que são obrigados, pelas condições do seu desenvolvimento, a afrouxar a ligação com a casa dos pais e com a sua família. Parece-me inegável que ela não o faz, e que em muitos aspectos fica aquém de sua tarefa de prover uma substituição da família e despertar o interesse pela vida no mundo lá fora[50].

No debate que se segue, foi então discutida tanto a nocividade da repressão sexual, por exemplo em forma da "luta defensiva contra o onanismo" (Reitler), assim como os suicídios imitativos e as modas de suicídio (Sadger) ou a reversão contra si mesmo do desejo de matar: "Ninguém se mata se não quiser matar outro, ou pelo menos se não tiver desejado a morte de outro"[51], observa Stekel. Sadger, por outro lado, afirma: "A vida só abandona aqueles obrigados a renunciar à esperança do amor!"[52] Adler sublinha o peso do sentimento de inferioridade da criança e do "duplo papel" que é forçada a representar[53]. E Freud sugere, nas suas observações finais, que sejam feitos estudos de comparação entre a dor e a melancolia:

> Acima de tudo, queríamos saber como é possível superar um instinto de vida tão extraordinariamente forte, se isso pode ser alcançado apenas com a ajuda da libido insaciada ou se há uma renúncia do ego à sua afirmação, advinda de seus próprios motivos egoístas. [...] Quero dizer, aqui só se pode partir de um estado de melancolia clinicamente atestado e da sua comparação com o sentimento do luto[54].

Cinco anos mais tarde – de fevereiro a maio de 1915 – Freud escreveu seu famoso tratado sobre luto e melancolia[55]. Em uma retrospectiva detalhada da discussão sobre o suicídio estudantil na Sociedade Psicanalítica de Viena – a propósito, erroneamente datada de 1918 –, Paul Federn elogiou o estudo de Freud como um progresso decisivo da psicanálise, mas também ressaltou:

> Lendo a discussão daquela época, ficamos espantados com a rapidez com que as novas e surpreendentes descobertas tornaram-se parte do estoque psicanalítico, quanto conhecimento adquirido desde então já se insinuava ali. Por outro lado, a distância entre o passado e o presente é surpreendente em termos das opiniões gerais sobre a escola pública e sobre que exigências devemos impor a essa escola. Todo o público, em toda a sua coletividade, é hoje influenciado psicanaliticamente. Hoje, ninguém nem pensaria em defender a relação entre professor e aluno como ela era antigamente. O sinal característico disso é que o antigo representante dos professores retirou a sua contribuição para a discussão[56].

A retrospectiva de Paul Federn é o artigo de abertura de uma edição especial da *Revista de Pedagogia Psicanalítica* sobre o suicídio, publicada no outono de 1929. A edição contém tanto contribuições casuísticas e teóricas sobre o suicídio de estudantes e crianças quanto estudos de literatura e psicologia sobre, por exemplo, as fantasias suicidas de Tom Sawyer e o suicídio de estudantes no romance de André Gide *Os moedeiros falsos*, que tinha acabado de ser publicado em tradução alemã (1928)[57].

Na verdade, os debates sobre suicídios de estudantes voltaram a ser muito atuais no final dos anos 1920. Em 28 de junho de 1927, ocorreu uma catástrofe no bairro de Steglitz, em Berlim, que teve repercussão para além das fronteiras nacionais e ficou conhecida como *Steglitzer Schülertragödie* [Tragédia dos estudantes de Steglitz]. Aparentemente, os estudantes Paul Krantz e Günther Scheller, que estavam prestes a terminar o ensino médio, teriam selado uma espécie de pacto suicida: Scheller deveria atirar em seu amigo, o aprendiz de cozinheiro Hans Stephan; em seguida, Krantz deveria matar Scheller, sua irmã Hilde e a si mesmo. É provável que Scheller, que sofria de uma paixão não correspondida por Hans Stephan, tenha cumprido sua parte do pacto: na presença de Krantz, ele atirou em Hans, depois em si mesmo. Os antecedentes nunca foram totalmente esclarecidos. A jovem Hilde, de dezesseis anos, dormiu provavelmente primeiro com Paul, depois com Hans; ou seja, o ciúme pode ter tido um papel nessa história. Embora Krantz e Scheller estivessem muito bêbados, eles planejaram suas ações com muito cuidado, como testemunham as cartas de despedida: Paul Krantz escreveu a um colega de classe: "Eu primeiro atiro em Hilde, depois em Günther, enquanto Günther atira em Hans Stephan. [...] Não ria. Essa é a derradeira consequência de alguém que foi morto pela vida." Uma carta de despedida conjunta foi até endereçada ao universo, que não deveria contrariar-se porque uma célula lhe foi tirada[58]. Paul Krantz foi preso, e houve um julgamento espetacular cercado pela grande mídia, no qual Magnus Hirschfeld e o dramaturgo Arnolt Bronnen também atuaram como pareceristas. Pouco antes de a absolvição ter sido pronunciada em 20 de fevereiro de 1928, Theodor Lessing escreveu no jornal *Prager Tagblatt* de 14 de fevereiro:

> Havia dois homens mortos no tribunal. Eles não acusam os seus jovens companheiros confusos. Eles acusam a casta de supervisores: seus professores, em quem nunca puderam confiar, seus juízes, que trouxeram à luz suas maiores delicadezas, seus psicólogos, que, através de sua análise, logo cuidarão de acabar com o que resta de sua vergonha, seus pais, que, no vaivém entre negócios e prazer, ou seja, entre ganhar dinheiro e gastar dinheiro, sabem tão pouco sobre a alma de seus filhos (que pelo menos ainda são capazes de morrer por seus sentimentos) quanto sobre a sua própria[59].

A "Tragédia dos estudantes de Steglitz" deixou muitos vestígios: Paul Krantz, que mais tarde foi para a França e para os EUA, processou suas experiências – sob o pseudônimo de Ernst Erich Noth – no romance *Die Mietskaserne* [O edifício], publicado em 1931, mas rapidamente proibido depois da ascensão ao poder dos nacional-socialistas; Carl Boese fez o filme mudo *Gesch-*

minkte Jugend [Juventude maquiada] em 1929. Em 1960, foi feita uma refilmagem com o mesmo título, produzida por Max Nosseck. Arno Meyer zu Küingdorf escreveu em 1999 o romance *Der Selbstmörder-Klub* [O clube dos suicidas], que também foi filmado em 2004 por Achim von Borries (com Daniel Brühl no papel de Paul Krantz) sob o título *Pra que serve o amor só em pensamentos?*.

Três anos depois dos acontecimentos de Steglitz, Friedrich Torberg publicou aquele que talvez seja seu romance mais famoso: *Der Schüler Gerber* [O aluno Gerber], que na primeira edição ainda se chamava *Der Schüler Gerber hat absolviert* [O aluno Gerber formou-se]. Diante dos exemplos comentados até agora, a dramaturgia do texto parece bastante convencional: Kurt Gerber, um aluno altamente dotado, não só luta com a matemática, mas também com o sádico professor de matemática, Artur Kupfer, apelidado de "Gott Kupfer" [Deus Kupfer]. Além disso, sua vida torna-se ainda mais sombria pela doença grave de seu pai e seu amor infeliz por sua colega Lisa Berwald. No final, Kurt atira-se pela janela da sala de aula pouco antes do anúncio dos resultados do exame final, por medo de não ter passado. Em

Fig. 10: Werner Kreindl (à esquerda) e Gabriel Barylli em *O aluno Gerber* (1981), de Wolfgang Glück; foto do filme.

uma nota preliminar, Torberg liga a história a uma série de suicídios estudantis reais: "A escrita do livro começou no inverno de 1929 (a partir de um rascunho de um ano antes). Em uma única semana desse inverno, de 27 de janeiro a 3 de fevereiro de 1929, chegaram ao conhecimento do autor, por meio de artigos de jornais, dez suicídios de estudantes."[60] Também é notável que Torberg tenha usado repetidas vezes a metáfora do cavalo maltratado para referir-se à catástrofe iminente: "O palafrém tinha tentado aprumar-se. Mas tropeçou e os joelhos cederam outra vez. Força foi desperdiçada. O chicote era reerguido após cada golpe, sem pressa." E em outra passagem: "O cavalo cede à sua pressão muito lentamente. O cocheiro impacienta-se e dá vários golpes com o punho. E como o cavalo continua com o movimento lento, ele tira o chicote da coleira, vira-o e bate com o cabo no tronco do cavalo."[61] Pouco antes da queda fatal pela janela, Kurt lembra-se da imagem do cavalo surrado, uma imagem familiar desde o século XIX, por exemplo em romances de Victor Hugo, Eugène Sue e especialmente de *Crime e castigo*, de Dostoiévski[62]. Maurice Agulhon comenta a ascensão dessa metáfora em seu esboço para uma história da proteção animal na França:

> Na época da Monarquia de Julho, o martírio dos cavalos tinha se tornado quase um lugar-comum. Os cavalos de tração, atrelados diante de uma carroça ou de um vagão pesado, eram submetidos aos maus-tratos de um condutor brutal. Quase se tinha a impressão de que todas as empresas de transporte de Paris tinham entregado os seus cavalos às mãos de um subproletariado rude, bronco e desqualificado, que não conhecia outro instrumento além do chicote e dos insultos[63].

O que valia para os cavalos até o episódio chamado "Colapso de Turim" em 3 de janeiro de 1889, no qual Nietzsche se agarrou chorando a um cavalo abatido[64], também valia para a relação entre alunos e professores no início dos anos 1930. Gott Kupfer conduziu o chicote, Kurt Gerber tropeçou e caiu. A história do *Alu-*

no Gerber também foi adaptada para as telas. O realizador foi Wolfgang Glück. Gabriel Barylli interpretou o aluno, Werner Kreindl fez o professor de matemática.

4.

Vamos arriscar dar um salto de cinquenta anos. No mesmo ano em que o filme de Wolfgang Glück estreou nos cinemas, o segundo canal de televisão alemão, ZDF, transmitiu uma série de TV em seis episódios dirigida por Claus Peter Witt e cujo roteiro foi escrito por Robert Stromberger, que mais tarde seria o autor da bem-sucedida saga familiar *Diese Drombuschs* [Família Drombusch]. A série traz o título *Tod eines Schülers* [Morte de um estudante]. Trata-se do suicídio de Claus Wagner, um estudante da escola secundária de Darmstadt, que saltou na frente de um trem. O papel foi interpretado por Till Topf e o suicídio é abordado em cada episódio de uma perspectiva diferente: do ponto de vista do delegado Löschner (Hans Helmut Dickow), dos pais (Günter Strack e Eva Zlonitzky), do professor, dos colegas de classe, da ex-namorada (Ute Christensen) e do próprio aluno morto. O primeiro episódio – "A falta de um motivo" – mostra, num primeiro momento, sequências da *Heinerfest**, em Darmstadt, com montanha-russa e roda-gigante. Vê-se um trem regional que transporta o público predominantemente jovem do festival, mas pouco tempo depois o motorista da locomotiva é obrigado a frear bruscamente. Ele diz: "Acho que atropelei uma pessoa. Notifiquem a polícia ferroviária imediatamente." O resgate, a identificação e a autópsia (para esclarecer a questão de um possível envolvimento de terceiros) são seguidos de conversas para determinar o motivo do suicídio. Da delegacia – onde há, plenamente visível, um cartaz de procurado de um terrorista –, Löschner e o paramédico partem para informar os pais. A busca no quarto do estudante – "Esse não parece o quarto de alguém

....
* Festa anual comemorativa da cidade de Darmstadt, na Alemanha.

que não pretende voltar", comenta o pai – não traz resultados. Também não se encontra uma carta de despedida. Nas conversas que se seguem com os professores, os colegas de classe e a ex-namorada, vários detalhes vêm à tona: Claus Wagner era um solitário; não era particularmente popular em sua classe; ele conseguira passar no exame final, mas com uma nota média que não lhe teria permitido estudar medicina; sua namorada terminara com ele havia seis meses. Em sua antiga escola, Wagner tinha ocasionalmente organizado greves, protestos e discussões como orador da classe; na nova escola, em que deveria encerrar o curso secundário, ele esteve envolvido involuntariamente num pequeno contrabando de heroína, mas revelou o nome do colega responsável, o que o tornou ainda mais impopular. Nenhuma evidência de uma doença mental pôde ser constatada segundo o depoimento do médico da família. Ao ser indagado por seu superior: "Encontrou alguma coisa?", o delegado Löschner responde, hesitante: "Sim. Algumas pessoas aqui têm bons motivos para um autoquestionamento. Mas isso não é uma obrigação nem um delito punível no caso de descumprimento." O primeiro episódio termina com o enterro; no seu sermão, o padre Gonzelberg (Rolf Beuckert) traça o quadro geral para os próximos episódios:

> Aqui, a pergunta que se repete é: um jovem de dezenove anos de idade deitou fora a sua vida – por quê? Será que ele achava a vida inútil por não acreditar no seu futuro em nossa sociedade, um futuro em que os valores materiais tornam-se cada vez mais questionáveis diante do desemprego, da falta de vagas nas universidades e das contingências de um *numerus clausus?* Teria sido o nosso mundo, com sua consciência competitiva, sua mentalidade de "vencer usando os cotovelos", teria sido este mundo, em que a solidão humana já é perceptível nas escolas, mais forte do que a confiança que pudemos dar a ele?

A questão do motivo é explicitamente traduzida na questão da culpa: "Quem falhou?" Os episódios seguintes começam sempre com um breve resumo; no segundo, pode-se ver o próprio aluno suicida descendo de um aterro com um ornamento de flores em forma de coração, depois indo para os trilhos e lançando-se em direção ao trem, que tenta frear – em uma sequência de cortes rápidos entre tomadas de campo e contracampo.

Morte de um estudante foi uma produção de sucesso; a série foi premiada com a Câmera de Ouro no ano de sua primeira exibição e reexibida cerca de um ano e meio depois. No entanto, logo surgiram vozes de advertência, que temiam uma onda de suicídios de imitação – advertência esta fundamentada nos resultados das estatísticas sobre os efeitos-Werther dos artigos de imprensa sobre suicídios, publicados por David P. Phillips, um aluno de Talcott Parsons, em junho de 1974[65]. Um estudo de Heinz Häfner e Armin Schmidtke – a pedido do Instituto Central de Saúde Mental, de Mannheim – mostra um aumento de 175 por cento no número de suicídios de adolescentes em linhas de trem após a primeira exibição da série e de 115 por cento após a repetição[66]. A emissora de televisão, por sua vez, encomendou dois estudos que mostram não ser possível provar essa relação direta entre os eventos. No entanto, o lançamento da série em vídeo foi proibido por quase trinta anos e só foi liberado em 2009. Independentemente dessa cautela, o tema do suicídio de estudantes permaneceu atual no cinema e na literatura, especialmente no contexto da crítica social repetida pelo padre em cada episódio. No início dos anos 1980, os temores de catástrofes ecológicas eram onipresentes, desde o medo da morte das florestas até um acidente nuclear, o que ocorreu em 28 de março de 1979, em Harrisburg. A situação foi agravada pelo confronto com o terrorismo europeu e no Oriente Médio e pela epidemia de Aids, reconhecida pela OMS em 1º de dezembro de 1981. Por último, mas não menos importante, as tensões entre o Oriente e o Ocidente, que culminaram na Dupla Resolução da Otan de 12 de dezembro de 1979, alimentaram os receios de uma guerra nuclear na Europa Central. No início de 1977, o filme *O diabo, provavelmente*, de Robert Bresson, estreou nos cinemas. O penúltimo filme desse significativo diretor – Bresson já estava com 75 anos – descreve a falta total de esperança do jovem Charles,

Fig. 11: Henri de Maublanc (à esquerda) e Antoine Monnier em *O diabo, provavelmente* (1977), de Robert Bresson; foto do filme.

de vinte anos (interpretado por Antoine Monnier), que perambula por Paris e não encontra suporte ou resposta nos estudos nem na política, religião, sexualidade e psicanálise. Esse primeiro representante da geração *no future* decide cometer suicídio, mas, como não consegue tirar a própria vida, contrata um amigo da turma do tráfico para assassiná-lo com um tiro por dinheiro. O tiro o mata justamente no túmulo de Maurice Thorez, o falecido secretário-geral do Partido Comunista Francês. Em seu filme, Bresson inseriu sequências documentais apocalípticas, mostrando florestas desmatadas, filhotes de focas mortos e cogumelos nucleares. Embora *O diabo, provavelmente* tenha sido premiado diversas vezes, por exemplo com o Urso de Prata no Festival de Berlim de 1977, ele também foi severamente criticado. O próprio Bresson contribuiu para a polêmica quando confessou em uma entrevista que seu terceiro filme sobre suicídio – depois de *Mouchette, a virgem possuída*, de 1967, e *Uma mulher delicada*, de 1969 – descreveria a morte voluntária como um protesto contra o "envenenamento organizado do nosso planeta". E foi até mais longe: "De tempos em tempos, os olhos de um adolescente visionário abrem-se e ele derrama gasolina sobre seu corpo e ateia fogo em si mesmo no pátio de seu colégio."⁶⁷ *O diabo, provavelmente* foi uma experiência radical. Nele, é o mundo que parece diabólico, e não o carismático rapaz com cara de anjo que se deixa matar. Comparado com ele, filmes posteriores que comentam o suicídio de um estudante parecem relativamente inofensivos. *Sociedade dos poetas mortos*, de Peter Weir, lançado em 1989, aclama o professor de literatura John Keating, interpretado por Robin Williams, como a personificação do criticismo a um sistema de ensino conservador e sua proximidade com o treinamento militar; o estudante Neil Perry (Robert Sean Leonard) tira a própria vida porque seu pai quer forçá-lo a entrar na academia militar. Cinco anos antes do próprio suicídio (em 11 de agosto de 2014), Robin Williams desempenhou mais uma vez o papel de professor numa paródia amarga de *Sociedade dos poetas mortos*: o professor de *O melhor pai do mundo*, de 2009, usa a morte acidental de seu fracassado filho, Kyle (que morre durante uma prática de asfixia autoerótica), para fazer circular um diário de suicídio fictício escrito por ele mesmo usando o nome do filho, um aluno de fato impopular. O diário prontamente desencadeia um verdadeiro *hype* na escola. Implicitamente, essa comédia de humor negro, raramente cômica, aborda as funções da nova mídia e das redes sociais, mas também o culto ao "Clube dos 27", que voltou a fascinar a partir do suicídio de Kurt Cobain, vocalista e guitarrista da banda grunge Nirvana (em 5 de abril de 1994). Até então, apenas Brian Jones, Jimi Hendrix, Janis Joplin e Jim Morrison foram considerados "membros" oficiais desse "clube" das estrelas pop mortas aos 27 anos. Presumivelmente, porém, eles não cometeram suicídio, mas morreram devido a overdose de drogas ao longo dos anos de 1969-71. Em outros aspectos, *O melhor pai do mundo* (que faz um jogo fonético com as palavras "*Dad*" e "*Dead*" no título original, *World's Greatest Dad*) parece anacrônico, pois a partir do final dos anos 1990 tem início uma transformação histórica do suicídio estudantil, cuja data principal pode ser considerada o dia 20 de abril de 1999, justamente no aniversário de

110 anos de Adolf Hitler: naquele dia, ocorreu o massacre na Columbine High School, em um subúrbio de Denver, Colorado. Desde então não se sabe como esses atos devem ser descritos: homicídio em massa, ataque suicida, homicídio-suicídio, massacre escolar ou *school shooting*? É óbvio que eles são "inspirados" pelo terrorismo suicida e pelos atentados suicidas políticos, que minam qualquer distinção entre suicídio e assassinato. Antes do Massacre de Columbine, havia apenas alguns ataques isolados de caráter um pouco semelhante, cometidos em sua maior parte não por estudantes, mas por um professor desempregado (20 de junho de 1913, em Bremen), por um membro da comissão escolar (18 de maio de 1927, em Bath, Michigan), por um aposentado precoce de 42 anos (11 de junho de 1964, em Colônia), por um vigia (3 de junho de 1983, em Eppstein, Hesse), por um zelador desempregado (19 de agosto de 1987, em Hungerford, Inglaterra) ou por um tutor de 43 anos (13 de março de 1996, em Dunblane, Escócia).

Cerca de oito meses antes da passagem para o ano 2000, o Massacre de Columbine anunciava outro tipo de virada que foi seguida por numerosos ataques: no colégio Gutenberg, em Erfurt (26 de abril de 2002), na escola secundária Geschwister-Scholl, em Emsdetten, no Renânia do Norte-Vestfália (20 de novembro de 2006), no Virginia Tech, em Blacksburg (16 de abril de 2007), no Centro Escolar de Jokela, na Finlândia (7 de novembro de 2007), na escola secundária Albertville, em Winnenden, ao norte de Stuttgart (11 de março de 2009), no colégio Carolinum, em Ansbach, na Média Francônia (17 de setembro de 2009), na escola Tasso da Silveira, em Realengo, subúrbio do Rio de Janeiro (7 de abril de 2011), e na escola de ensino fundamental Sandy Hook, em Newtown, Connecticut (14 de dezembro de 2012).

O modelo, no entanto, permaneceu Columbine, 1999. Naquele ataque, Eric Harris, de dezoito anos, e Dylan Klebold, de dezessete, mataram doze colegas e um professor, feriram outras 24 pessoas e depois cometeram suicídio. Os eventos deram origem a vários romances e filmes. As anotações dos diários dos dois perpetradores, que também contêm fotos e desenhos, num total de quase mil páginas, podem ser livremente acessadas pela internet. O autor de peças para televisão e rádio Joachim Gaertner compôs, a partir desses materiais e de dossiês de investigação ainda mais extensos, um romance documental que evita respostas rápidas e teorias. Em vez disso, a montagem permite que as contradições apareçam mais claramente. É verdade que os garotos gostavam de jogar Doom, de ouvir Rammstein, de assistir a documentários nazistas na televisão e ver *Assassinos por natureza*, de Oliver Stone, no cinema. Porém, ainda em 12 de dezembro de 1996, Eric Harris escreve numa redação escolar que ele seria semelhante a Zeus porque tentava "resolver problemas de forma madura e não violenta"[68]. Há muitas passagens nas quais se fala de ódio, mas às vezes também de desespero. Por exemplo, numa anotação de Dylan Klebold de 5 de setembro de 1997: "Deus... eu quero morrer. Quero tanto. De tão triste, desesperado, sem salvação e solitário que me sinto... Não é justo! NÃO É JUSTO!!! Eu queria a sorte, nunca a tive. Vamos resumir a minha vida: a existência mais miserável de todos os tempos."[69] Algumas passagens são claramente racistas. Em 17 de novembro de 1998, Eric escreve: "EU ODEIO PESSOAS", e depois: "Sim, eu sou racista, e não tenho nada contra isso. Negros e latinos de merda são culpados da própria desgraça, mas também sou muito racista em relação à merda do *white trash*. Eles merecem o ódio."[70] Porém, esse ódio volta-se sobretudo contra eles mesmos; eles sabem que não sobreviverão ao massacre e gravam mensagens de despedida em fitas. São inteligentes e educados. E, claro, sabem exatamente o que estão fazendo. Em uma entrevista de 19 de outubro de 2006, o psicólogo do FBI, Dwayne Fuselier, diz: "Em seu calendário, Eric tinha anotado uma citação de Shakespeare sob o Dia das Mães, a acontecer duas semanas após o ataque de Columbine – e ele sabia, ou pelo menos acreditava, que estaria morto. A citação era a seguinte: '*Good wombs have borne bad sons.*' [Bons ventres pariram maus filhos.] Isso me toca ainda hoje: há ali um jovem inteligente que compreendeu o que era."[71]

Em seu documentário *Tiros em Columbine*, de 2002, Michael Moore toma o Massacre de Columbine como ponto de partida para voltar-se principalmente às questões do direito ao porte de armas nos EUA, à indústria armamentista (Lockheed Martin), à National Rifle Association (NRA) e à história da América do Norte. Para alicerçar a sua tese sobre uma cultura específica do medo e da paranoia nos EUA, ele apresenta estatísticas comparando o índice anual de mortos por armas de fogo nos EUA, Alemanha, França, Canadá, Grã-Bretanha, Austrália e Japão, mas também entrevistas com Charlton Heston – um dedicado membro da NRA – e Marilyn Manson. O filme ganhou vários prêmios em 2003, incluindo um César francês de Melhor Filme Estrangeiro e um Oscar de Melhor Documentário. No final do filme, Moore quer mostrar ao ator Heston a foto de uma estudante de Columbine morta, mas Heston parte sem uma palavra. O diretor comenta: "Deixei a propriedade de Heston em Beverly Hills e voltei ao mundo real, o viver e respirar com medo na América. Na sua cabeça, você imagina alguém que possa invadir a sua casa para machucar você ou sua família. Com quem se parece essa pessoa?"[72] Um ano depois do filme de Michael Moore, em 2003, *Elefante*, de Gus Van Sant, foi apresentado no Festival Internacional de Cinema de Cannes e ganhou a Palma de Ouro de Melhor Diretor[73]. *Elefante* também trata do Massacre de Columbine, mas é muito mais calmo, mais meditativo, mais assombroso do que o documentário de Moore. Ele não segue uma agenda política. O título do filme refere-se, por um lado, aos experimentos homônimos de Alan Clarke, realizados em 1989, nos quais são mostradas, sem comentários, sequências de assassinatos de civis em Belfast durante o conflito na Irlanda do Norte, e, por outro lado, remete à parábola budista dos cegos que tocam um elefante e fazem declarações completamente diferentes sobre que tipo de animal ele seria, dependendo da parte do corpo que cada um tocou. É claro que a expressão *"elephant in the room"* também é importante aqui, descrevendo um problema que – apesar do seu tamanho e dominância – é ignorado por todos. O elefante torna-se invisível. Sete anos após o massacre, o psicólogo do FBI ainda se perguntava o que acontecera nos quarenta minutos entre a série de assassinatos e os suicídios:

> Sabemos hoje que eles dispararam o primeiro tiro por volta das 11h20, ainda fora da escola. E suicidaram-se o mais tardar às 12h15. Sabemos que deixaram a biblioteca da escola dezessete minutos e meio depois do primeiro tiro. Nesses dezessete minutos e meio, atiraram e mataram treze alunos e professores e feriram 21. Depois, caminharam por quase quarenta minutos pela escola, pela cafeteria, pelos corredores, sem machucar ninguém, até que voltaram para a biblioteca e mataram-se lá[74].

Gus Van Sant preencheu essa lacuna com outra citação de Shakespeare, não da *Tempestade* (como na anotação do Dia das Mães de Eric), mas de *Macbeth*. Pouco antes do final, Eric senta-se na cantina da escola portando armas pesadas e resume o massacre que ele e o seu amigo acabaram de levar a cabo com a primeira frase dita por Macbeth à sua futura vítima, Banquo, na terceira cena do primeiro ato: "*So foul and fair a day I have not seen.*" ["Um dia tão belo e tão feio eu nunca vi."] Pouco depois, Eric mata o amigo e, em seguida, a si próprio.

6. Suicídio, guerra e Holocausto

> "No fascismo, o Estado é muito menos totalitário do que *suicidário*."
> *Gilles Deleuze/Félix Guattari*[1]

1.

Escola e serviço militar obrigatório são – além de responsabilidade tributária – pilares elementares dos Estados-nação. Além disso, a diferença entre escola e educação militar ainda era muito pequena até o fim da Primeira Guerra Mundial e a ascensão da pedagogia da Escola Nova, como também comprovam os debates, romances e filmes sobre suicídio estudantil apresentados no capítulo anterior. Enquanto os suicídios de estudantes obtiveram uma forte ressonância na sociedade e na cultura do *Fin de Siècle*, sabemos muito pouco sobre os suicídios nas Forças Armadas, com exceção dos suicídios em defesa da honra após uma derrota. As razões para isso são evidentes: o serviço militar obrigatório durante a guerra invalida a reivindicação de que a minha própria vida me pertence, enquanto só o suicídio afirma, de forma quase imperativa, o direito de decidir sobre a própria vida. É por isso que ele é tão frequentemente discriminado e reprimido como covardia, fuga ou traição. Suicídio é deserção. Em 29 de abril de 1941, o oficial Ernst Jünger, estacionado em Vincennes, registra: "Para onde quer que desertemos, levamos conosco a farda inata; e mesmo no suicídio não escapamos de nós mesmos."[2] No entanto, ele havia observado poucos anos antes, nos epigramas de sua coletânea *Blätter und Steine* [Folhas e pedras], de 1934: "A possibilidade de suicídio faz parte do nosso capital."[3] E ainda citará essa mesma máxima várias vezes depois, por exemplo em uma carta de 21 de dezembro de 1972 a Carl

Schmitt, ou em sua obra *Annäherungen* [Aproximações], de 1970: "As exigências do Estado, que hoje se disfarça de sociedade, podem tornar-se muito fortes. O indivíduo tem a oportunidade de fugir dessas exigências, ainda que seja por suicídio. 'A possibilidade do suicídio faz parte do nosso capital.'"[4] Esse capital é mais de apostas do que uma fortuna financeira; ele indica o que se está pondo em risco[5]. A aposta feita com a própria vida não pode ser aumentada nem desperdiçada, e permanece quase sempre imperceptível: quem poderá dizer, por exemplo, se um soldado realmente cometeu suicídio, só porque se ergueu subitamente na trincheira? Na guerra, os suicídios de militares podem ser facilmente ocultados, a menos que assumam a forma do espetacular autossacrifício que Jünger interpretou em *O coração aventuroso* (1929), com referência ao haraquiri japonês, como um

> ato pelo qual a vida não se degrada, mas, precisamente, tendo em vista a degradação, venha ela da própria vida ou de fora, procura recorrer à maior das rejeições disponíveis. Aqui a vida deixa o corpo do indivíduo, sinalizando, por assim dizer, que a expiação é necessária e que o sentimento de pureza não pode ser perdido. No entanto, a nós, que mais valorizamos a morte voluntária quando ela coincide com um máximo de energia ativa, isso parece muito incompreensível. É esse o caso de Winkelried ao enfiar um feixe de lanças em seu peito, e do fuzileiro Klinke ao explodir-se no ar para abrir uma brecha na linha de frente adversária[6].

Ernst Jünger sempre reflete sobre o suicídio a partir da perspectiva da cisão do sujeito: entre proprietário e posse, vida e corpo, jogador e aposta, perpetrador e vítima. Ele evita principalmente o *páthos* da retórica da vítima – "Não vemos vítimas, mas pagamos um tributo."[7] Isso também ocorre num texto do seu romance utópico *Heliópolis* (1949) que ficou de fora na primeira edição. Nele, ele relata o suicídio em massa em uma unidade médica móvel que, durante uma batida em retirada, não pode mais ser evacuada:

Eu conheço a situação em detalhes porque fui enviado para as tendas e acampamentos para fazer relatórios. Alguns dos que estavam diante da morte haviam exigido a eucaristia, o que o clero católico recusou. Os protestantes a deram. Alguns médicos também se recusaram a assistir, mas concordaram com a injeção de clorofórmio, que leva imediatamente à morte. O medicamento funciona de forma suave, levando obrigatoriamente à letargia, sem cãibras e contorções como costuma acontecer com cianeto de potássio. Os médicos deveriam inserir a seringa na veia do braço esquerdo e deixar o resto por conta dos pacientes. Mas ficou imediatamente claro que teoria e prática são diferentes nessas situações. Não há caminhos intermediários[8].

O narrador em primeira pessoa de Jünger conclui o relatório deste suicídio em massa, que evidentemente ultrapassou logo o limiar da morte voluntária, com a confissão de que "a ideia de me matar pelas minhas próprias mãos sempre me incomodou. Ela não me impunha medo, mas sim timidez. A pessoa se vê como uma vítima que não consegue se defender. Eu sempre quis continuar a imaginar a possibilidade de resistência, enquanto providência num barco que afunda". E, de fato, ele imagina o suicídio como um duelo; mas, como esse duelo não permite uma igualdade de armas, o suicídio "não representa uma solução. Ele é um recurso de menor nível". Jünger termina abruptamente esta reflexão com uma imagem estranha: "Entramos numa sala onde se festeja o Natal antes que os sinos toquem, e deparamos com a desordem."[9]

Em seu estudo *Der Selbstmord als sociale Massenerscheinung*, o filósofo Tomáš Garrigue Masaryk – cofundador e primeiro presidente da Tchecoslováquia, de 1918 a 1935 – afirmou: "Em todos os países, os militares têm uma maior tendência a cometer suicídio do que os civis." E ele cita estatísticas segundo as quais a cada cem suicídios de civis na Áustria, acrescem-se 643 suicídios de militares (no período de 1851 até 1857), além de 423 na Suécia (1851-55), 293 na Prússia (só em 1849) e 253 na França (1856-60)[10]. Masaryk concluiu que seria

> o "espírito militar" que causa a grande tendência suicida dos militares. Olha-se apenas para o exterior, não para a solidez interior do

caráter; ambição e obediência são a única virtude, exige-se e difunde-se conhecimento, mas não moralidade. O quartel, assim como a prisão, tem um efeito desfavorável, só que enquanto esta absorve a imoralidade, aquele a produz. Porém, tanto num como noutro lugar, a tendência para cometer suicídio é a mesma. Desse ponto de vista, o serviço militar parece pernicioso, porque todos os homens capazes estão expostos à atmosfera desmoralizante do militarismo durante muito tempo [...]. Por conseguinte, não é por acaso que muitos dos grandes Estados militares – Alemanha, França, Áustria – têm uma elevada taxa de suicídios, enquanto a Inglaterra, os Estados Unidos e outros não têm uma grande corporação militar nem grande frequência de suicídios[11].

Depois de mais de um século, de duas guerras mundiais, do armamento nuclear e da Guerra Fria, essas relações mudaram radicalmente. Em relato do dia 30 de abril de 2017, as Forças Armadas alemãs acusam dispor de 178.179 soldados ativos, entre homens e mulheres[12]. Na comparação entre os países, as Forças Armadas francesas, por exemplo, têm cerca de 227 mil homens e mulheres, quase tanto quanto as Forças Armadas britânicas. As Forças Armadas austríacas, por outro lado, hoje só podem recorrer a um número escasso de 26 mil pessoas, enquanto quase 1,5 milhão de soldados estão a serviço das Forças Armadas americanas[13]. Há alguns anos, porém, tornou-se público quão elevadas são realmente as taxas de suicídio das tropas e veteranos dos EUA: no ano de 2012, o número de suicídios militares tinha aumentado para 349, de modo que o exército teve de lamentar mais mortes por suicídio do que por combates no Afeganistão[14]. Já em 2006, o britânico *Times* relatou que, só no ano de 2005, 6.256 veteranos tiraram as suas vidas, e que com isso a soma dos suicídios de veteranos ultrapassava o número total de soldados mortos no Iraque desde a invasão em 2003 (aproximadamente 3.800)[15]. Hoje, mais de 60 mil veteranos da Guerra do Vietnã já tiraram as suas vidas, enquanto aproximadamente 58.220 soldados americanos foram mortos durante a guerra[16]. Mais assustadora ainda parece ser uma outra assimetria: de acordo com estimativas (de 1995) do governo vietnamita, cerca de 2 milhões de civis e 1,1 milhão de guerrilheiros vietcongues (membros da Frente Nacional para a Libertação do Vietnã) foram mortos nos catorze anos de guerra[17]. As estatísticas atuais vertem luz sobre suicídios e debates sobre o tema no período entre guerras. Durante uma guerra, como é frequentemente argumentado, as taxas de suicídio caem; depois disso, elas sobem ainda mais acentuadamente, sobretudo quando a guerra terminou com uma derrota. Masaryk observa que o conflito militar primeiro amorteceria as tendências suicidas porque "a atenção é geralmente dirigida a outros objetos, mas tem um efeito muito desfavorável por causa de suas consequências. O povo empobrece, torna-se física e mentalmente enfraquecido e desmoralizado, e vivencia tanto sofrimento que os efeitos de uma guerra, tenha ela um desfecho feliz ou infeliz, são igualmente desfavoráveis a esse respeito"[18]. Na República de Weimar, o aumento das taxas de suicídio foi ligado a várias causas: pobreza, miséria e fome, desemprego, urbanização, capitalismo em geral, irreligiosidade e declínio de costumes, a derrota militar e o Tratado de Versalhes. Nas acusações da imprensa – com base nos últimos dados e relatos de casos – manifestaram-se opiniões e posições partidárias. Desde a virada do século, os representantes da Igreja já lamentavam "a perda da energia de vida e da alegria da existência. Uma cultura que parece avançar para um aumento do suicídio deve ter muita coisa podre e grande necessidade de reformas. A base de todo o mal está no aumento da irreligiosidade, na falta de humildade e subordinação e num hedonismo que está muito além da razão"[19]. Os jornais comunistas sublinharam a situação social como a causa. O jornal *Welt am Abend*, por exemplo, escreveu em 1932 que "a taxa de suicídio está aumentando à medida que a miséria aumenta; pois são, em sua maioria, as consequências de uma política que segue a premissa 'dos males o menor', dos decretos de emergência, dos cortes, do desemprego em massa". A situação em Berlim, em especial, foi denunciada: "É difícil passar uma hora sem que alguém se suicide em Berlim. Ontem, sete pessoas mataram-se por desespero, entre elas alguns casais, um engenheiro desempregado, uma menina de dezoito anos. Esta manhã, outros cinco suicídios já foram registrados."[20] Somente o triunfo de uma revolução mundial poria fim à série de suicídios. Oito anos antes, o Departamento de Estatística do Reich havia enfatizado que "doenças mentais, distúrbios nervosos e outros transtornos físicos representam as principais causas de suicídio. Do que se deduz que a incidência de suicídios nas diferentes épocas parece dever-se apenas em parte às condições econômicas e sociais e às suas mudanças"[21].

Foram discutidas as muitas causas das lamentáveis ondas de suicídio; a experiência da guerra foi raramente mencionada como uma raiz. Tanto pacifistas como Romain Rolland quanto militares como Ernst Jünger parecem concordar na opinião de que toda guerra é um "dispositivo suicida da política"[22]. Seria a própria guerra talvez aquela sinistra "sala da festa de Natal" a qual adentramos então no momento correto, depois de baterem os sinos, por assim dizer, para nos "presentear" com um suicídio legítimo e heroico? Jünger escreve: "O fim é inevitavelmente a própria liquidação. A estreita relação entre assassinato e suicídio, a sua identidade, torna-se evidente."[23] E, em 12 de fevereiro de 1942, ele anota no seu primeiro diário parisiense: "Durante muito tempo a pólvora já vinha amontoando-se em nós, agora o pavio é colocado por fora. A explosão vem de dentro de nós. Daí os tantos feridos na Primeira Guerra Mundial."[24] Jünger refere-se aqui a um colete psíquico de explosivos. As suas frases devem ser entendidas no sentido literal. Na guerra, funde-se o suicídio com o assassinato; as taxas de suicídios são tão baixas porque são tão altas. O medo da morte transforma-se em raiva assassina, e esse mecanismo de conversão já é praticado na disciplina ferrenha do treinamento militar. Os recrutas são sistematicamente perseguidos, humilhados e torturados na expectativa de que transformem as suas humilhações em agressão contra os inimigos no front. Já nos anos 1960, o psicanalista Chaim F. Shatan,

Fig. 12: Ngoc Le em *Nascido para matar* (1987), de Stanley Kubrick; foto do filme.

de Nova York, analisou de forma precisa essas estratégias durante o seu trabalho com veteranos traumatizados do Vietnã[25]. Os resultados da sua investigação não só inspiraram a pesquisa de transtornos de estresse pós-traumático, mas também, por exemplo, o filme *Nascido para matar* (1987), de Stanley Kubrick. De início, o filme mostra a permanente humilhação de um recruta – interpretado por Vincent D'Onofrio – num campo de treinamento para oficiais do Corpo de Fuzileiros Navais dos EUA em Parris Island. O jovem obeso e não muito inteligente é isolado, castigado e espancado. A certa altura, ele enlouquece, mata o seu sádico treinador e depois a si próprio. A segunda parte do filme se passa no Vietnã. Vemos o grupo de Parris Island caçando um atirador em uma cidade ruinosa em chamas. No fim, revela-se que o atirador é na verdade uma jovem vietnamita. Em uma sequência final assustadora, vê-se a mulher gravemente ferida deitada no chão, pedindo aos homens que finalmente atirem nela.

2.

Em agosto de 1918, ou seja, antes do fim da Primeira Guerra Mundial, o pioneiro do cinema francês Abel Gance começou a filmar uma monumental epopeia do cinema mudo: *J'accuse* [Eu acuso]. Sabe-se que essas foram as palavras com as quais Émile Zola havia assinado a sua famosa carta ao presidente francês Félix Faure, publicada na imprensa em 13 de janeiro de 1898. Zola criticou severamente a condenação do capitão Alfred Dreyfus por suposta espionagem para os alemães, efetivada com base em falsas declarações e provas manipuladas. (Dreyfus foi condenado em 1894 à prisão perpétua na Ilha do Diabo, após uma campanha antissemita contra ele.) Zola foi acusado de difamação após a publicação da carta e fugiu para a Inglaterra, mas a sua carta contribuiu decisivamente para a reviravolta do caso, que, no entanto, somente em 1906 levaria à absolvição e reabilitação de Dreyfus. Porém, em 1918, Abel Gance sabia exatamente a que tradição estava se alinhando. Seu filme contrasta com outro filme mudo monumental, também com quase três horas de duração, lançado três anos antes por D. W. Griffith sob o título *O nascimento de uma nação*. Esse filme, técnica e esteticamente inovador, ainda hoje é visto como um marco na história do cinema americano, mas ao mesmo tempo também como um trabalho abertamente racista que não se coíbe de tomar partido pela escravatura nos estados do sul e glorificar a história fundadora do Ku Klux Klan. Em certo sentido, Abel Gance referiu-se com o seu título ao nascimento de uma nação, mas também – e ao contrário de Griffith – à justificação de uma república secular na qual, desde as eleições parlamentares e a lei para a separação entre Igreja e Estado, as forças clericais conservadoras puderam ser contidas. Os trabalhos de filmagem de *J'accuse* tiveram lugar nos campos de batalha franceses de Saint-Michel, Haute-Garonne e Saint-Mihiel. O filme conta a história de Edith, uma mulher entre dois homens: o marido, François Laurin, e o poeta Jean Diaz. Ambos são convocados para a guerra e ficam amigos no campo de batalha. Edith, por outro lado, é estuprada por soldados saqueadores, dá à luz um bebê e pede a Jean que cuide da criança porque ela teme que seu marido ciumento possa pensar que o filho era do outro e matar a criança. Mas François morre na guerra e o poeta enlouquece. *J'accuse*, produzido por Charles Pathé, começa com uma imagem em que os soldados se agacham e formam o título do filme – e, com isso, a acusação – com seus corpos; e termina com o sonho da manifestação dos soldados mortos erguendo-se no campo de batalha – "*Mes amis, levez-vous!*" ["Meus amigos, levantem-se"] – e marchando para a cidade. Abel Gance filmou essa agonizante e longa marcha dos mortos em massa com um grande número de mutilados da guerra e depois a editou com imagens documentais da Parada da Vitória no Arco do Triunfo, em Paris.

A loucura do poeta Jean em *J'accuse* sugere que a Primeira Guerra Mundial não só feriu e destruiu os corpos dos soldados, mas também sua psique. Ficaram famosos os assim chamados "neuróticos de guerra" que – traumatizados pelo fogo cerrado da artilharia nas trincheiras – sofriam de um tremor incurável. Em inglês falava-se de "*shell shock*", porque se supunha que o cérebro, pressionado contra a concha do crânio pelas ondas de pressão das explosões, teria sido danificado por uma concussão. Os neuróticos de guerra foram frequentemente denunciados pela psiquiatria militar como simuladores e fraudadores de aposentadoria, e, enquanto aos oficiais de alto escalão eram prescritos banhos e sedativos, os soldados comuns eram tratados com dolorosos choques elétricos. O psiquiatra austríaco Julius Wagner-Jauregg, posteriormente laureado com o Prêmio Nobel da Paz, também praticou essas terapias coercivas, o que levou a uma investigação por uma comissão de violação dos deveres militares após o fim da guerra e depois de algumas matérias críticas na imprensa. No decurso dessa investigação, Sigmund Freud também escreveu um memorando, datado de 23 de fevereiro de 1920, em que exonerou em parte o psiquiatra[26]. A psicanálise já tinha lidado com neuroses de guerra antes disso. Em 1918, foi publicado o relatório de Ernst Simmel *Kriegs-Neurosen und "Psychisches Trauma"* [Neuroses de guerra e "trauma psíquico"], no qual o médico-chefe de um hospital especial para neuróticos de guerra em Poznań apresenta e comenta o seu trabalho com hipnoterapia com base em diversas histórias de casos[27]. Na introdução ao seu tratado, Simmel enfatiza que se referia à guerra em si como "causa da doença" porque

> nem sempre é a luta sangrenta do soldado que deixa traços tão devastadores nos envolvidos, mas também o enorme conflito com o ambiente transformado pela guerra que a personalidade em si é forçada a suportar, numa luta na qual o neurótico de guerra é submetido a tormentos silenciosos, muitas vezes não reconhecidos[28].

Ele ainda enfatiza que o debate sobre neurose, psicose, histeria ou neurastenia serve somente para a compreensão heurística, pois "todos esses fenômenos, que estamos acostumados a tratar por tais nomes, são apenas *uma* doença em suas diversas gradações. Eles são todos baseados em uma mudança fundamental da personalidade, que provém de uma cisão dela"[29]. Simmel também atribui essa cisão do sujeito a uma habilidade artística inconsciente: "Esse tipo de doença transforma em artista o mais simples dos soldados rasos, mesmo não sendo ele letrado ou que não tenha nenhuma veia artística, e muitas vezes lhe permite criar obras fantasticamente artísticas, que nunca poderia ter criado com a ajuda de seu intelecto, ou melhor, não poderia nem mesmo ter compreendido."[30] O terapeuta deveria portanto ajudar o paciente a transformar em criativa a traumática cisão do sujeito. A técnica de tratamento de Simmel consistia simplesmente em pedir aos seus pacientes que anotassem "os seus pensamentos sobre a origem do seu sofrimento". "Converso então com eles sobre o conteúdo dessas anotações e depois dou-lhes a tarefa de continuar escrevendo o que mais lhes vêm à cabeça. É espantoso quantas impressões até o homem mais simples pode trazer do seu subconsciente à luz."[31]

As histórias de casos são esclarecedoras. Simmel relata, por exemplo, o caso de um soldado com uma paralisia agitante no braço direito e um tique nervoso na metade direita dos músculos da face. Depois de o soldado ter contado sobre o acontecimento durante o qual acredita ter contraído esse distúrbio, ele foi posto em um transe hipnótico:

> No meio da sessão, pergunto: "As coisas estão indo mal, não é? Agora o senhor preferiria voltar para casa?" E, prontamente, ele responde: "Não! Não sou um covarde!". "Bem, então vamos lá", digo eu, "volte ao inimigo! Agora é luta corpo a corpo! Armar a baioneta! Fuzil na mão direita! O senhor quer lutar, não quer?" E prontamente: "Sim!" No que eu revido: "Raios, assim o senhor não pode lutar! O seu braço direito não para de tremer. Por quê?" E do seu peito sai uma resposta abafada: "Mas eu quero poupar a minha vida." E eu: "A sua vida foi poupada. O senhor está em casa, volte para casa!" O tremor e o tique nervoso desaparecem. Depois de vinte minutos o paciente está de pé na minha frente novamente [...] e olha para si mesmo de cima para baixo, incrédulo. Fazia um ano que o seu braço tremia[32].

Suponho que raramente a coisa deva ter sido assim tão fácil. Outros exemplos revelam numerosos ataques e humilhações por parte de superiores e médicos, ocasionalmente motivados pelo antissemitismo. E são naturalmente as terríveis experiências de guerra – soterramento, granadas, ferimentos, medo da morte – que contribuíram para a formação de sintomas. Há o caso de um epiléptico que faz as seguintes associações quando hipnotizado:

> No primeiro ataque, ele e seu tenente foram separados do resto das tropas e ficaram na linha de fogo dos inimigos russos, que se aproximavam. O tenente foge, o nosso doente cai e não consegue levantar-se de imediato. Desesperadamente amedrontado, ele chama pelo tenente e tem uma convulsão. "Por causa disso", o doente me diz então, "nada poderia me acontecer, pois estando morto os russos me deixariam deitado ali." Assim, a convulsão foi uma espécie de pantomima, um moldar-se na imagem dos soldados abatidos no campo de batalha. Nessa neurose de guerra, nós mais uma vez comprovamos ser verdade o que Freud disse há muito tempo, a saber: que uma assim chamada doença física funcional pode ser uma forma simbólica de expressão para a doença da alma, que se encontra ferida, amordaçada e escondida em si mesma[33].

Inspirada nos relatórios e experiências de Simmel, foi realizada uma discussão sobre a psicanálise das neuroses de guerra no 5º Congresso Internacional de Psicanálise, em Budapeste – nos dias 28 e 29 de setembro de 1918 –, com contribuições de Sigmund Freud, Sándor Ferenczi, Karl Abraham, Ernst Simmel e Ernest Jones. O próprio Freud levantou inicialmente a questão da etiologia sexual das neuroses de guerra, mas relacionou-as depois ao conflito originário de uma cisão do sujeito. Esse conflito

> ocorre entre o velho eu pacífico e o novo eu guerreiro do soldado, e se agudiza assim que o eu pacífico se conscientiza de que corre grande risco de ser morto por causa das aventuras de seu recém-formado duplo parasitário. Pode-se também dizer que o velho eu, ao fugir para a neurose traumática, protege-se contra o perigo de vida, pois se defende do novo eu, que ele reconhece como uma ameaça à sua vida[34].

No debate psicanalítico sobre neuroses de guerra, no entanto, não se falou de suicídios e tentativas de suicídio, ao contrário do que ocorre na coletânea de histórias de casos classificadas segundo diagnósticos que o psiquiatra alemão Karl Birnbaum passou a publicar regularmente a partir de 1915[35]. É verdade que nos trabalhos de Birnbaum a tendência dominante é atribuir as tentativas de suicídio – que, por sinal, são quase sempre mencionadas como "tentativas", mesmo que tenham sido bem-sucedidas – a transtornos psicológicos, e não à própria guerra. Por outro lado, Simmel – consistentemente e em oposição a algumas doutrinas da psicanálise – concentra-se nas raízes culturais da neurose de guerra e continuará a fazê-lo em suas contribuições posteriores em torno da pesquisa sobre o antissemitismo e em sua teoria sobre a psicose de massa[36]. Escrever, ler ou ter uma melodia que "não sai da cabeça"[37] devem, segundo ele, ser observados tão cuidadosamente quanto um gesto, uma exaltação emotiva ou um sintoma somático. Para Simmel, a memória hipnoticamente induzida assemelha-se a um filme que "é passado novamente"[38]. E ele tem razão, porque o filme em si é uma projeção, por assim dizer, um sonho tecnicamente produzido. "Se o filme não é um documento, é um sonho", escreve Ingmar Bergman em sua autobiografia[39]. O fato de que a "representação cinematográfica" lembre, em "vários aspectos, a técnica do sonho" é algo que já havia sido constatado por Otto Rank em 1914, na primeira página de seu tratado *O duplo* – publicado em 1925 em forma de monografia –, no qual ele analisa o filme mudo *O estudante de Praga* (1913), de Stellan Rye e Paul Wegener[40]. Esse filme termina com um suicídio: Balduin, o protagonista (interpretado por Paul Wegener),

> quer pôr um fim à sua vida, deixa a pistola carregada preparada e começa a escrever o seu testamento. O duplo reaparece sorrindo diante dele. Fora de si, Balduin pega a arma e dispara contra o fantasma, que desaparece de súbito. Ele ri aliviado e acredita que está livre de todo o sofrimento. [...] No mesmo momento, ele sente uma dor violenta no lado esquerdo do peito, percebe a camisa cheia de sangue e entende que foi baleado. No instante seguinte, ele cai morto no chão[41].

O "duplo parasitário" de Freud triunfa. Também ele deve sua evidência mágica àqueles espelhamentos, incorporados no princípio psicotécnico da arte cinematográfica. "Enquanto as artes tradicionais processam ordens do simbólico ou ordens das coisas, o cinema retorna aos seus espectadores o seu próprio processo de percepção" – afirma Friedrich Kittler, tomando como referência Hugo Münsterberg –, e isso "com uma precisão que só é acessível à experimentação, ou seja, nem à consciência nem à linguagem"[42]. Os duplos no filme falam aos "duplos" sentados no cinema. No ano de 1966, o cineasta de vanguarda Tony Conrad produziu um filme sem câmera: *The Flicker*. Filmado em 16 milímetros e com duração de meia hora, é composto por quadros brancos e pretos que criam um piscar de luzes com efeito hipnótico, acompanhado por um som cada vez mais intenso e monótono que supostamente amplifica a indução hipnótica. Assim, o filme é reduzido aos seus princípios e estruturas materiais. Em casos extremos, os possíveis estados de transe do público podem levar os espectadores a ver o seu próprio filme – como uma projeção da sua consciência.

A hipnose e o sonambulismo também orbitam aquele que é provavelmente o mais famoso filme mudo do período da República de Weimar, *O gabinete do Dr. Caligari* (1920), de Robert Wiene. O dono do gabinete, Dr. Caligari – também diretor de um manicômio –, põe o médium Cesare sob seu controle para cometer uma série de assassinatos com a sua ajuda e com um boneco de cera muito semelhante a ele em tamanho real. Esse filme está repleto de duplos: na forma do sonâmbulo e seu boneco dublê, na dupla existência de Caligari como showman e psiquiatra, nos precursores homônimos do Dr. Caligari e seu médium Cesare, que viveram no início do século XVIII. Estes nos são revelados por meio de um livro antigo sobre sonambulismo encontrado na sala de direção do hospício. O livro contém um capítulo com o título "O gabinete do Dr. Caligari", e este é por sua vez "duplicado" no diário do médico, onde seus planos são relatados. Enquanto Siegfried Kracauer liga o filme de Wiene com o colapso do Império autoritário e à gradual emergência do nacional-socialismo[43], Anton Kaes enfatizou a conexão do enredo com os tratamentos de hipnose de Charcot, Freud e Simmel e delineou os contornos de um "*Shell Shock Cinema*", que – de forma mais ou menos consciente – contribuiu para um debate sobre as experiências traumáticas da guerra. Em resposta a Kracauer, Kaes contesta sua concepção a respeito da cultura de Weimar sob o signo do fascismo, embora mesmo um olhar superficial sobre a diversidade cultural da época pós-1918 sugira que a ascensão de Hitler ao poder não era de modo algum inevitável[44]. No entanto, nem Kracauer nem Kaes dedicaram atenção especial ao tema do suicídio no cinema da República de Weimar, o que é notável, considerando-se que suicídios foram encenados com frequência nos filmes daquela época: por exemplo em *Da manhã à meia-noite* (1920), de Karlheinz Martin – uma filmagem da peça de teatro homônima de Georg Kaiser –, *Dr. Mabuse* (1922), de Fritz Lang, *A noite de São Silvestre* (1924), de Lupu Pick, em *A tragédia da rua* (1927), de Bruno Rahn, *Sexo acorrentado* (1928), de Wilhelm Dieterle – um filme que retratou pela primeira vez a necessidade sexual e o suicídio de prisioneiros –,

Mutter Krausens Fahrt ins Glück [A jornada da sra. Krausen à felicidade] (1929), de Phil Jutzi, ou no filme falado de Slatan Dudow *Kuhle Wampe ou A quem pertence o mundo?* (1932), para o qual também contribuíram Bertolt Brecht, como roteirista, e Hanns Eisler, como compositor[45]. Vale ressaltar que Kracauer fala do "suicídio habitual"[46], numa passagem da sua *História psicológica do cinema alemão*, e observa que um grande número de filmes esteticamente significantes – e malgrado todas as diferenças – partilha um motivo comum: um protagonista rompe com as convenções sociais para "apoderar-se de um pedaço de vida", mas as convenções são mais fortes e forçam-no a submeter-se ou cometer suicídio[47]. Ou seja, quem quer apoderar-se de sua vida acaba por suicidar-se.

3.

Se os militares têm uma maior tendência ao suicídio do que a sociedade civil, como afirma Tomáš Masaryk, e se o suicídio e o assassinato se fundem na guerra, como Ernst Jünger sugere, impõe-se a questão do que realmente acontece quando as culturas são militarizadas. O historiador cultural holandês Johan Huizinga descreveu o militarismo no seu último livro, do ano de 1943, escrito cm prisão domiciliar perto de Arnhem, com as seguintes palavras:

> O militarismo existe quando um Estado dirige permanentemente todas as suas forças para a guerra, usa todos os meios vivos e mortos de dominação disponíveis com esse mesmo propósito e celebra a guerra publicamente como um ideal ou sob o pretexto do amor à lei e à paz. A consequência é que a violência armada dita as leis no Estado, leva-o ao constante fortalecimento e expansão das fronteiras, confisca e consome os bens públicos e no final destrói o próprio Estado. A condição do militarismo típico é, além disso, um suprimento constante de um aparato de guerra sobre o qual o governante tem poder de dispor incondicional e irrestritamente, e que está sempre pronto para a batalha[48].

É num exagerado heroísmo ("*Hemd-und-Hand-Heroismus*"[49]) que nega ter as suas raízes mais antigas no culto aos mortos – esse "núcleo da ideia heroica"[50] –, mas, sobretudo, é também no culto à juventude, caracterizado por Huizinga como "puerilismo", como "atitude de uma comunidade que se comporta de forma menos responsável do que seria possível se utilizasse como base a sua capacidade de distinção"[51], que se revelam os contornos de uma cultura fascinada pelo declínio e que celebra o culto aos mortos e à juventude no militarismo, no entusiasmo pela guerra e no "hipernacionalismo". Huizinga critica a idealização do serviço militar obrigatório, o "adestramento constante e intensivo" de toda uma população para a guerra, e enfatiza que "um Estado militarista, por mais dotado e educado que tenha sido no passado, acaba encontrando motivos para degradar não só os povos mais fracos que ele derruba, mas também a sua própria nação ao nível do hilotismo"[52]. O militarismo e o nacionalismo tendem, desde o início, à autodestruição, à heroificação do suicídio em massa[53].

A República de Weimar já tinha sido frequentemente atacada pelos seus opositores de direita e de esquerda como sendo uma espécie de "cultura do suicídio"[54]; curiosamente, também e em especial pelos fascistas. Hitler e os adeptos do seu partido ligaram as altas taxas de suicídio à derrota de 1918, ao Tratado de Versalhes e a todo o "sistema" de Weimar. Após a *Machtergreifung* [tomada do poder] de 1933, essa atitude mudou gradualmente. Enquanto as taxas de suicídio praticamente não caíram, os homicídios eram cada vez mais disfarçados como suicídios. Os suicídios foram considerados como uma expressão de "fraqueza hereditária" e utilizados como contribuição para a "autopurificação" do "corpo do povo", de acordo com a lógica social darwiniana. No entanto, não houve legalização oficial do suicídio assistido nem da eutanásia forçada. A proposta de conceder aos condenados à morte o direito de tirar a própria vida dentro de um curto período de tempo não foi concretizada[55]. Ela havia sido feita pela primeira vez por Ludwig Binz no jornal *Völkischer Beobachter*, em 5 de janeiro de 1929, e novamente em 1º de março de 1934 por Roland Freisler, o futuro presidente do *Volksgerichtshof* [Tribunal do Povo]. Os protestos da Igreja tiveram certa influência na desaprovação da proposta, assim como a argumentação jurídica de que um membro da *Volksgemeinschaft* [Comunidade Popular] não pode dispor livremente do próprio corpo e da própria vida. Por conseguinte, em 1933 e até mesmo em 1934, uma comissão de justiça penal planejou declarar a incitação ao suicídio como "um ato punível", enquanto a "incitação ao suicídio entre os inimigos do povo"[56], naturalmente, continuou sendo bem-vista. Mais complicado foi lidar com suicídios na *Wehrmacht* ou na SS. Heinrich Himmler condenou severamente tais suicídios, alegando serem resultado de uma predisposição hereditária – reconhecida aparentemente tarde demais – e de fraqueza nervosa. Por outro lado, Gottfried Benn, o então médico militar no Alto-Comando da *Wehrmacht*, escreve em 2 de dezembro de 1940 a seu superior, o conselheiro ministerial Ludwig Müller-Lauchert:

> Não pode haver dúvida de que a maioria dos suicidas são pessoas em situação de risco e instáveis, cuja procriação não é necessariamente desejável de acordo com o ideal da biologia estatal atual. Os suicidas, ainda que não em todos os casos, pertencem de forma geral ao tipo bionegativo, ou seja, tendem à degeneração e à dissolução da substância. Pode se muito bem, portanto, ver no suicídio um processo de eliminação racial, e a esse respeito não se poderá, de modo algum, descrever o suicídio como imoral desde o início, nem no sentido individual nem no coletivo[57].

Nessa carta, que só foi publicada em 1976, Benn defende uma avaliação tolerante dos suicídios de soldados, ou seja, em caso de dúvida, ele propõe a concessão do controverso pagamento da pensão aos dependentes sobreviventes. E não se esquece de mencionar o "pesquisador das raças humanas, cujos ensinamentos formam a base da cosmovisão nacional-socialista, que afirma que o suicídio seria realmente um fenômeno característico da raça nórdica", também demonstrado pelo fato de que "no código legal saxão e suábio não houve punição para o suicídio ou para o suicida". Somente a difusão da lei romana e eclesiástica teria imposto a punição do suicídio em "territórios alemães"[58].

De fato, Hans Friedrich Karl Günther, abonador de Benn, afirmou nos seus *Rassenkunde des deutschen Volkes* [Estudos raciais sobre o povo alemão]: "Parece aplicar-se ao suicídio o fato de que, na Europa, ele tem ocorrência maior entre os povos de raça nórdica."[59] A fim de corroborar a sua tese de uma "cultura de suicídios" alemã, Günther citou os resultados estatísticos do psiquiatra e eugenista italiano Enrico Morselli: "Quanto mais pura a raça nórdica, maior a sua tendência ao suicídio."[60] E acrescentou: "O mapa de suicídios na França corresponde ao mapa da distribuição da raça nórdica. O mapa de suicídios da Inglaterra também mostra, embora de forma menos clara, a relação entre a raça nórdica e o suicídio. O mapa de suicídios da Alemanha oferece informações semelhantes."[61] Desse modo, ele confirma implicitamente o que Georges Clemenceau, em conversas com seu secretário, Jean Martet, no dia 5 de fevereiro de 1929 – alguns meses antes da sua morte –, disse sobre os alemães:

É peculiar ao homem amar a vida. Os alemães não têm essa pulsão. Na alma dos alemães, na sua visão da arte, no universo de seu pensamento e na sua literatura, há uma falta de compreensão pelo que a vida realmente é, pelo seu encanto e pela sua grandeza. Em compensação, eles estão cheios de um mórbido e satânico anseio pela morte. Como essas pessoas adoram a morte! Tremendo, como num frenesi, e com um sorriso extático, erguem seus olhos para a morte como se ela fosse uma espécie de divindade. De onde tiraram isso? Eu não sei... Basta ler os seus poetas: em todos os lugares só se encontra a morte! A morte a pé e a morte a cavalo... a morte em todas as poses e indumentárias! Ela reina sobre eles, é sua ideia fixa... Pense no que, segundo a minha opinião, é característico desses boches, Martet. O francês adora a vida. Ele é tão corajoso como qualquer outro, e quando faz guerra, faz bem. E antigamente, quando ainda havia fanfarras e cavalgadas, até que tomou gosto por ela. Ele adorava a guerra por causa do perigo, do heroísmo e da aventura. O boche, por outro lado, ama a guerra por si mesma e pelo prazer no abate. A guerra é um pacto com a morte. A morte é a sua amante[62].

Naturalmente, Clemenceau não atribui o "desejo pela morte" dos alemães a nenhuma característica racial ou biológica, mas explicitamente à cultura alemã. Nesse ponto, ele defende posição equivalente à de Durkheim, que também enfatiza que "se os alemães se matam mais do que os outros povos, a causa disso não está no sangue que corre em suas veias, mas na civilização em cujo seio eles são educados"[63].

Há que se ter presente que o debate sobre as tendências suicidas alemãs foi realizado antes da virada do século. O estudo de Morselli, *Il suicidio*, foi publicado em 1879; *Le suicide*, de Durkheim, em 1897; *The Races of Europe*, de Ripley, em 1899; e o próprio *Rassenkunde des deutschen Volkes*, de Günther, foi impresso pela primeira vez em 1922 – ou seja, durante a fase alta da República de Weimar. De que raízes brotou essa civilização suicida, que um pouco mais tarde emergiu quase como um "regime suicida" (Christian Goeschel)? Teria surgido da interação entre o romantismo – de Werther a Wagner – e o militarismo? De um nacionalismo cada vez mais racista? Ou mesmo da alfabetização e da implementação do ensino obrigatório, como suspeita Morselli, quando afirma serem os "países que alcançaram um nível mais elevado de cultura geral que ao mesmo tempo têm a maior taxa de mortes voluntárias"? Os "povos germânicos" seriam "mais civilizados do que as outras nações europeias"; consequentemente, não surpreende que "Suécia, Noruega, Dinamarca, Alemanha, Baviera, Saxônia, Alsácia e Champagne sejam líderes no ensino geral, mas também na frequência de suicídios"[64]. Não é o romantismo alemão, mas sim a *schwarze Pädagogik** que está no centro da atenção diagnóstica: o adestramento escolar e militar que propagou o nacionalismo, o heroísmo e o puerilismo – a um só tempo, culto aos mortos e à juventude –, tão resolutamente deplorado por Huizinga. Nas trincheiras da Primeira Guerra Mundial amalgamaram-se o anseio pela morte e a ânsia pelo assassinato, o autossacrifício e a agressão; o fascismo procla-

....
* "Pedagogia negra", termo cunhado por Katharina Rutschky e marcante na obra de Alice Miller.

mou a "estreita relação, a identidade do assassinato com o suicídio" (Ernst Jünger). "*Viva la muerte!*" foi o grito de guerra da *Legión Española*, a Legião Estrangeira da Espanha, durante a Guerra Civil Espanhola. Há mais de oitenta anos – em 12 de outubro de 1936, o feriado nacional espanhol (Dia de Colombo) –, teve lugar um confronto entre o general José Millán-Astray, fundador da legião, e o filósofo espanhol Miguel de Unamuno durante uma celebração no salão de baile da Universidade de Salamanca. O general, mutilado pela guerra (ele havia perdido um braço e um olho e desde então o seu globo ocular era mantido como uma relíquia na legião), fez um discurso conturbado louvando o fascismo e comparando-o a um oncologista que, "livre de falso sentimentalismo, abre um corte diretamente na carne. E como a carne sã é a terra, e a carne doente é o povo que nela habita, o fascismo e o Exército dizimarão o povo e restaurarão a terra como o bem sagrado da nação"[65]. Alguns ouvintes gritaram entusiasticamente "*Viva la muerte!*" e, em seguida, Unamuno, reitor da universidade, levantou-se para responder:

> Agora mesmo ouvi um grito mortal e inútil: "Viva a morte!" Para mim, ele se iguala a outro grito: "Que se dane a vida!" [...] Como me vejo chamado a prestar homenagem ao último orador, posso apenas compreender que ele o dirigiu a si próprio, embora de uma forma estranhamente tortuosa, a si, sendo ele próprio um símbolo de morte. [...] O general Millán-Astray é um aleijado. [...] O general Millán-Astray quer recriar a Espanha – uma criação inversa – à sua imagem e semelhança. E é por isso que quer a Espanha aleijada, como deixou bem claro para nós.

Os assobios furiosos e as emocionadas interjeições foram calados por Unamuno com poucas frases:

> Sempre fui um profeta no meu próprio país, como diz o ditado. Eles vão ganhar, mas não vão ganhar. Eles vão ganhar porque se utilizam da mais crua violência, mas eles não alcançarão a vitória porque, para a vitória, é preciso convencer. E, para convencer, o senhor teria que possuir o que lhe falta – sensatez e o direito a essa luta[66].

Franco teria preferido mandar matar imediatamente o filósofo, mas temia o eco negativo na imprensa e no estrangeiro. Unamuno foi posto em prisão domiciliar, mas sobreviveu ao escândalo por apenas algumas semanas. Morreu no último dia do mesmo ano, supostamente devido a um derrame. Até hoje não cessam os rumores de que foi dada "uma mãozinha" para essa morte rápida. Os nazistas também institucionalizaram o seu "*Viva la muerte!*" logo após 1933: por exemplo, por meio das famosas *SS-Totenkopfverbände*, organizações que operavam principalmente na vigilância e administração dos campos de concentração; o emblema do crânio no colarinho direito servia como um distintivo. A partir de julho de 1937, as *Totenkopfverbände* foram estruturadas em três regimentos independentes da SS, cujos nomes – "Oberbayern", "Brandenburg" e "Thüringen" – reportavam aos campos de concentração de Dachau, Sachsenhausen e Buchenwald, aos quais foram designados. Após a anexação da Áustria em março de 1938, um quarto regimento foi estabelecido perto de Mauthausen, e recebeu o nome de "Ostmark". No início da guerra, esses regimentos foram primeiro incorporados à divisão *Totenkopf* da SS, depois à *Waffen-SS*, que cometeu inúmeros crimes de guerra. A identificação simbólica com a morte – como no slogan da *Waffen-SS*, "dar a morte, tirar a morte" – estilizou a autorização para o assassinato na forma do autossacrifício. Implicitamente, ela seguia a lógica perversa que Unamuno acusou ser o intuito do mutilado general Astray: ele queria "aleijar" o seu próprio povo e dizimá-lo da face da Terra. Uma "criação inversa", imaginada como um processo de purificação, que não se detém nem diante da própria pessoa. No seu terrível discurso na assembleia de dirigentes da SS (*SS-Gruppenführertagung*) do dia 4 de outubro de 1943, em Posen – ou seja, vários meses após a Batalha de Stalingrado –, Himmler elogiou o assassinato em massa dos judeus, a tentativa de "exterminar o povo judeu", como "uma página gloriosa da nossa história que nunca foi escrita e nunca poderá ser escrita". E reforçou: "A maior parte de vocês deve saber o que significa quando cem corpos estão deitados juntos, quando quinhentos estão deitados juntos, quando mil corpos estão deitados no chão. Ter suportado isso e ter permanecido decente – salvo as exceções da fraqueza humana – tornou-nos duros." No mesmo parágrafo, ele comparou essa "dureza" com a Noite das Facas Longas, a onda de "limpeza" que, se seguiu ao suposto golpe à SA [*Sturmabteilung*: tropas de choque], engendrado por Ernst Röhm, definindo-a como a prontidão para "cumprir o dever ordenado, colocando no paredão os camaradas que tenham falhado, e disparar contra eles". A lembrança do acontecido em 1934 funcionava como uma ameaça: "Não queremos, por ter exterminado um bacilo, acabar adoecendo e morrendo por causa dele. Nunca permitirei que a mínima carcoma se desenvolva ou se instale aqui. Onde quer que ela se forme, vamos incinerá-la juntos."[67] O discurso moralmente perverso de Himmler já foi comentado muitas vezes. Relevante para o nosso questionamento sobre o "regime suicida" do nacional-socialismo, porém, não é apenas a referência à "decência" de milhões de assassinatos e massacres, o que inspirou Jonathan Littell e mais recentemente Martin Amis em seus romances[68], mas também o medo implícito de um possível "contágio". O dispositivo epidêmico que comentei no terceiro capítulo atualizou-se nomente em 1918: durante alguns meses, entre 50 milhões e 100 milhões de pessoas morreram devido à pandemia da gripe espanhola; por outro lado, foram 40 milhões de vítimas da Primeira Guerra Mundial em quatro anos[69]. Uma espécie de paranoia da purificação buscava constantemente saber quem eram e onde estavam os inimigos. Talvez estivessem havia muito tempo entre seus próprios adeptos, no meio das *Totenkopfverbände*, ou até mesmo na cabeça das pessoas.

4.

Pouco depois de 1933, os nacional-socialistas levaram inúmeras pessoas à morte. Além do fato de que muitos assassinatos reais foram apresentados como suicídios, parece inadequado falar dessas mortes como mortes voluntárias ou "suicídios anômicos" (segundo Durkheim); até mesmo um suicídio provocado assemelha-se a um assassinato. As ondas de suicídio entre a população judaica devem ser caracterizadas como reações à "morte social"[70] infligida a esses cidadãos. Fritz Rosenfelder, empresário de Stuttgart, escreveu em sua carta de despedida, datada da primavera de 1933:

> Um judeu alemão não poderia viver sabendo ser considerado um traidor da pátria pelo movimento que espera salvar a Alemanha nacional! Parto sem ódio ou ressentimento. Um desejo íntimo inspira-me: que se imponha em breve a razão! [...] Como nós, judeus alemães, nos sentimos? Que deduzam pelos meus passos! Como teria preferido dar a minha vida pela minha pátria!

A carta de despedida foi publicada no *Jüdische Rundschau* de 25 de abril de 1933. O jornal antissemita *Der Stürmer* comentou a morte com desdém: sob o título *"Der tote Jude"* [O judeu morto], o artigo diz que estariam também pensando no falecido "sem ódio ou ressentimento": "Pelo contrário, regozijamo-nos com ele e não teríamos nada contra se os seus companheiros de raça partissem da mesma maneira. Pois isso significaria que 'a razão voltou a reinar na Alemanha' e a questão judaica foi resolvida de uma forma simples e pacífica."[71] Em 29 de novembro de 1938 – poucas semanas depois da Noite dos Cristais, em 9 de novembro –, a ex-professora e ativista feminista Hedwig Jastrow escreveu em sua carta de despedida:

> Aqui se despede da vida alguém cuja família possui o estatuto de residência na Alemanha há mais de cem anos, entregue sob juramento de cidadãos, juramento esse que sempre foi cumprido. Durante muitos anos, fui docente de crianças alemãs e cuidei de todas as suas necessidades, e, durante muito mais tempo, trabalhei como voluntária para o povo alemão na guerra e na paz. Não quero viver sem pátria, sem país, sem moradia, sem cidadania, ostracizada e insultada. [...] É uma injustiça gritante![72]

A partir de 1933, o número de suicídios entre judeus aumentou significantemente. A "injustiça gritante" surgiu da natureza radical da exclusão social e da discriminação sem precedentes que – como supracitado no artigo do *Stürmer* – culminaram na expectativa de livrar-se dos odiados "outros" de forma simples e pacífica, por meio de suicídios em massa. Esses "outros" eram os que, desde a aprovação das Leis Raciais de Nuremberg, em setembro de 1935, deveriam ser distinguidos do "próprio" povo alemão por identificação obrigatória. "Os nacional-socialistas não permitiram nenhuma liberdade aos judeus, a não ser a liberdade do suicídio."[73] Mais tarde, nos campos de extermínio, o suicídio foi proibido; uma tentativa fracassada de suicídio era severamente punida – com espancamento, tortura, confinamento. Mas por que as tentativas de suicídio foram punidas enquanto o suicídio era, ao mesmo tempo, incentivado e benquisto? Em sua controversa pesquisa *Aufstand gegen die Masse. Die Chance des Individuums in der modernen Gesellschaft* [Insurreição contra a massa. A chance do indivíduo na sociedade moderna], de 1960, Bruno Bettelheim – ele próprio um antigo interno em Dachau e Buchenwald – expressa a suspeita de que "eles não tenham conseguido se matar. Mas estou convencido de que a morte tenha sido apenas mais um castigo para uma ação pela qual eles mesmos já haviam se decidido"[74]. E, em outra passagem, ele chega a afirmar: "Psicologicamente falando, a maioria dos internos nos campos de extermínio cometeu suicídio, indo para suas mortes sem oferecer resistência. [...] Milhões de pessoas sucumbiram ao seu extermínio porque foram forçadas pelos métodos das SS a não ver o extermínio como um fim, mas como o único meio de pôr término nas condições sob as quais não podiam mais viver como seres humanos."[75]

O fantasma assassino da "purificação" higiênico-social do "corpo do povo" – enquanto dizimação dos desvios da norma – podia ser dirigido contra todos em potencial. Ninguém sabia ao certo se cumpria os critérios de adesão, nem mesmo a liderança nacional-socialista. Hitler sofria, como todos sabem, da doença de Parkinson, Göring era extremamente obeso e viciado em drogas, e o Ministro da Propaganda foi ridicularizado – "Meu Deus, faça-me cego para eu poder crer que Goebbels é um ariano"[76] – por causa do seu pé torto. Ele foi chamado de *"Humpelstilzchen"**

....
* Jogo de palavras intraduzível entre "*humpeln*" (mancar) e "*Rumpelstilzchen*" (duende do conto de fadas *O anão saltador*, coletado pelos irmãos Grimm).

e "*Schrumpfgermane*"*[77]. Ao aproximar-se o fim da guerra, numerosos dirigentes do regime nazista cometeram suicídio. Uma lista da Wikipédia, certamente incompleta, de políticos, diplomatas, oficiais da *Wehrmacht*, funcionários públicos, funcionários do partido e da SS que se mataram entre março e maio de 1945 inclui mais de 160 nomes[78]. Albert Speer relata que Hitler já lhe havia dito, na noite de 18 de março de 1945, que, se a guerra fosse perdida, "o povo também estará perdido. Esse destino é inevitável. [...] O que restaria depois desta luta, [seriam] de qualquer forma, apenas os inferiores, pois os bons terão sido abatidos"[79]. O suicídio de Hitler foi anunciado pela primeira vez como uma espécie de "morte heroica", em 1º de maio de 1945, numa chamada de rádio: "Do quartel-general do Führer nos foi relatado que nosso Führer, Adolf Hitler, lutando até seu último suspiro contra o bolchevismo, morreu pela Alemanha nesta tarde em seu atual quartel-general na chancelaria do Reich."[80] Naquele mesmo dia o correspondente americano William Lawrence Shirer escreveu em seu *Berlin Diary* que acreditava que Hitler havia cometido suicídio:

> O suicídio seria mais do que a forma mais fácil de sair do seu dilema, uma vez que agora arruinou a sua pátria e ela – como num cenário verdadeiramente wagneriano – está devastada. Ser preso e julgado, sentenciado e executado – isso significaria o fim do mito Hitler. Ou quase o fim. Mas ter morrido em seu posto na capital do Reich, no final de uma guerra desesperada e de uma batalha desesperada contra os horrores bolcheviques do Oriente – esse seria o caminho certo para dar continuidade à fábula. E o povo alemão também seria muito estúpido se comemorasse um suicídio. Comemora-se apenas uma morte heroica, de preferência em batalha. O povo será facilmente persuadido de que ele "foi abatido" durante a luta, tornando-se o primeiro guerreiro do Reich. É assim, na luta, que um herói tem de morrer. Ele não se mata. Ele é morto. E o fato de que ele destruiu a pátria? Será que se deve honrar a memória de tal homem? Fazer dele um mito? Oh, o senhor não conhece a vontade autodestrutiva que habita a alma alemã…![81]

---
* Termo pejorativo usado pelo regime nacional-socialista para um alemão pequeno.

Na verdade, muitas pessoas também seguiram o seu Führer no caminho do suicídio. Em 1945, várias ondas de suicídio assolaram o país. As razões eram variadas: medo de vingança e estupro pelas tropas soviéticas, vergonha e culpa, mas também a incapacidade de imaginar uma vida após a queda da ditadura nacional-socialista. Em Berlim, o jornalista germano-dinamarquês Jacob Kronika fez a seguinte observação: "Guilherme II prometeu-nos tempos gloriosos, mas eles nunca chegaram. Hitler e Goebbels prometem-nos muito suicídio – e nós os teremos! Isso foi dito ontem à noite no nosso abrigo subterrâneo."[82] E o médico Hans von Lehndorff, que havia assumido a direção de um hospital de guerra em 13 de janeiro de 1945, escreveu em seu diário: "Por toda a parte fala-se de cianeto hoje em dia, que dizem ser encontrado em qualquer quantidade. Mas a questão, que nem sequer se debate, é se devemos ou não recorrer a ele. Apenas a quantidade necessária é negociada, e isso em tom leve e negligente, como se costuma falar sobre comida."[83] Desde a primavera de 1945, havia de fato quantidades significativas de cápsulas de cianeto em circulação:

> Em nenhum outro lugar a procura foi tão grande como em Berlim. Em nenhum lugar foi tão fácil conseguir os frascos mortais. Vários relatórios sugerem que isso foi feito não apenas com conhecimento, mas com o apoio ativo do partido. A própria autoridade municipal de saúde teria distribuído cianeto aos cidadãos. Diz-se que na última apresentação da Filarmônica de Berlim, em 12 de abril, enquanto ainda ecoava o *Concerto para violino*, de Beethoven, a *Sinfonia romântica*, de Bruckner, e o final do *Crepúsculo dos deuses*, de Wagner, rapazes da Juventude Hitlerista uniformizados esperavam na saída com cestas cheias de cápsulas de cianeto. Fazia parte da lógica do regime que, em caso de sua autodestruição, ele arrastaria consigo o povo. Aqueles que não puderam fazer seu último sacrifício no front deveriam tomar seu destino literalmente em suas próprias mãos. Nas últimas semanas, a capital do Reich alemão tornou-se o epicentro da epidemia alemã de suicídio[84].

A substância letal nas cápsulas de cianeto é ácido prússico, que é liberado em contato com ácido gástrico e leva a uma morte

Fig. 13: *Regina Lisso* (18 de abril de 1945), de Lee Miller, prefeitura de Leipzig.

dolorosa em questão de minutos. É sabido que o ácido prússico (Zyklon B) também foi usado no assassinato sistemático de judeus europeus nos campos de extermínio. E parece que a população sabia disso, ao contrário do que foi admitido depois da guerra. "O Führer não nos deixa cair nas mãos dos russos, ele prefere nos gaseificar"[85], disse uma idosa a Hans von Lehndorff em 23 de janeiro de 1945, ao consultar-se com ele por causa de uma operação de varizes. E, em 1947, por sinal um ano após a publicação de um estudo sobre o duplo[86], o psiquiatra austríaco Erich Menninger-Lerchenthal atestou um "suicídio em massa em alta escala organizacional, sem precedentes na história da Europa", que deveria ser atribuído à "experiência de uma grave derrota política", mas também ao medo de ter que responder pelo ocorrido[87]. A fotógrafa americana Lee Miller documentou vários suicídios[88]. Sua fotografia da falecida Regina Lisso, filha do tesoureiro de Leipzig, Kurt Lisso, tornou-se particularmente conhecida.

Em uma palestra durante a 29ª Conferência Anual da International Psychohistorical Association, no dia 7 de junho de 2006, na Universidade de Nova York, o historiador David R. Beisel discorreu sobre a "mania de suicídio" dos alemães em 1945: "Centenas de milhares de pessoas consideravam e mencionavam o suicídio, enquanto dezenas de milhares de pessoas cometeram de fato suicídio na fase de queda do Terceiro Reich. Foi um dos maiores, talvez mesmo o maior suicídio em massa da história."[89] Entre os participantes desse "suicídio em massa", Beisel contabiliza também as unidades camicases da *Luftwaffe* [Força Aérea nazista], que tinham decidido "que o seu último ato como pilotos de caça deveria ser o de cometer suicídio, colidindo com bombardeiros dos Aliados"[90], assim como o "esquecido exército de crianças" de Hitler[91]. Bernhard Wicki retratou exemplarmente esses acontecimentos em seu famoso filme *A ponte da desilusão*, de 1959 – baseado no romance autobiográfico de Gregor Dorfmeister, publicado em 1958 sob o pseudônimo de Manfred Gregor[92]: tanto o livro como o filme contam de uma ponte que sete rapazes devem defender das tropas americanas. Com uma bazuca, eles atiram num tanque, que pega fogo. Em seguida, os garotos são quase todos mortos. Uma espécie de suicídio infantil? Beisel também trata de questões metodológicas de psico-história, que são desdobradas exemplarmente, abarcando desde os escritos de Freud sobre teoria cultural às psicobiografias de Erik H. Erikson, como *Der junge Mann Luther* [O jovem Luther], de 1958[93], e desde os trabalhos de Lloyd deMause[94] aos de Klaus Theweleit[95]. Beisel argumenta que não basta chamar a atenção apenas para as práticas de educação infantil na Alemanha, que dificilmente diferem das de outros países, ou para as tendências suicidas de Hitler.

> Muito antes de 1945, uma cultura da morte já prevalecia na Alemanha. A propaganda nazista havia trabalhado intensamente na militarização de todos os segmentos da população na Alemanha, culminando em um culto nazista à morte. A morte e o sacrifício foram edificados sobre tradições nacionalistas e esculpiram a alma dos alemães. Ao dar permissão para soltar as rédeas da raiva assassina,

idealizando a obediência cega e o sacrifício militar, a propaganda nazista ajudou a preparar os alemães para o futuro suicídio coletivo. E depois que essa raiva assassina desencadeada incitou a retaliação, a permissão para matar passou a significar implicitamente a permissão para ser morto[96].

Mais complexa e controversa parece ser a tese de Beisel de que a política de apaziguamento da década de 1930 havia selado um "pacto suicida" inconsciente com o regime de Hitler. Beisel desenvolveu essa tese em um livro de 2003 intitulado *The Suicidal Embrace* [O abraço suicida] alguns anos antes da citada palestra sobre o suicídio em massa na Alemanha. O título refere-se a uma observação feita por Neville Chamberlain em 6 de dezembro de 1931, seis anos antes de se tornar primeiro-ministro britânico: "Toda a Europa está num estado de medo nervoso [...] e está assim acelerando a chegada de Hitler. [...] Estamos todos presos num abraço suicida que provavelmente sufocará a maioria de nós."[97] Beisel segue os vestígios deste "abraço" numa série de capítulos, cada um dedicado a uma nação europeia – Grã-Bretanha, Alemanha, França, Bélgica, Itália, Tchecoslováquia, Polônia e União Soviética. Esses países formam, por assim dizer, uma "família" europeia que "delegou" os seus desejos e receios suicidas à Alemanha de Hitler. Como um evento-chave, ele analisa o Acordo de Munique, da madrugada de 30 de setembro de 1938, que teve Benito Mussolini como mediador e foi fechado entre Chamberlain e o primeiro-ministro francês Édouard Daladier. Esse acordo tornou possível a anexação alemã da região dos Sudetos – a factual dissolução da Tchecoslováquia – a fim de evitar a guerra, que, no entanto, começaria um ano depois. A decisão de Munique foi acompanhada de declarações e comentários de jornais nos quais termos como "suicídio" ou "vítima" foram regularmente usados[98]. Beisel cita, por exemplo, passagens dos relatórios iugoslavos de viagem de Rebecca West: "Adentramos um cenário [...] em que a imaginação parece desenvolver uma compulsão ao suicídio. [...] O instrumento dos nossos impulsos suicidas foi Neville Chamberlain."[99] E Beisel

Fig. 14: Cartum de David Low no periódico *Evening Standard* de 10 de outubro de 1938.

também sublinha, naturalmente, a preocupação obsessiva de Masaryk com as teorias sobre o suicídio e a disponibilidade do seu sucessor, Edvard Beneš, para se submeter primeiro às doutrinas de Hitler e depois, em 1948, às doutrinas de Stalin: "As personalidades de Masaryk e Beneš fizeram deles candidatos particularmente adequados para a delegação europeia de ordens suicidas."[100] Por fim, é comentado um cartum de David Low (cujo trabalho é apresentado em um extenso apêndice do livro *The Suicidal Embrace*), publicado no periódico *Evening Standard* de 10 de outubro de 1938, legendado com uma frase de Hitler: "*Europe can look forward to a Christmas of peace.*" – "A Europa pode esperar um Natal de paz." O cartum mostra Hitler como Papai Noel, enfiando crianças da antiga família franco-britânica – vemos ali primeiro a Áustria, depois a Tchecoslováquia – num saco com a inscrição "Alemanha acima de tudo"[101]. Será que ainda nos lembramos da observação de Ernst Jünger sobre o suicídio enquanto uma "desordem" na sala de Natal adentrada antes da hora?

5.

Uma dificuldade metodológica da psico-história é que ela não classifica suas evidências segundo a tematização de conteúdos inconscientes: a doutrina de Freud sobre a pulsão de morte, a investigação de Masaryk em *Der Selbstmord als sociale Massenerscheinung*, e *O homem contra si próprio*, de Karl Menninger, podem ser usados como indicações de tendências suicidas coletivas tanto quanto manchetes e cartuns de jornais, diários e cartas, discursos políticos e testemunhos literários. Assim, Beisel afirma no artigo "The German Suicide, 1945" que "o colapso emocional quase absoluto e o vazio [...] foram simbolizados pelos alemães, que começaram a referir-se ao ano de 1945 como o 'ano zero'"[102]. O zero é representado pela face dupla do deus romano Jano, que olha para trás e para frente ao mesmo tempo: como uma marca na reta numérica, como um entalhe em um eixo do tempo, com a ajuda do qual se pode contar os anos antes e depois de um determinado evento – antes e depois da fundação de Roma, do nascimento de Cristo, da Hégira de Maomé de Meca a Medina, da tomada da Bastilha ou do Palácio de Inverno. Desde ao menos 1929, o zero também tem sido utilizado como alvo de contagens regressivas antes de explosões ou lançamentos de foguetes. Foi provavelmente Fritz Lang quem encenou a primeira contagem regressiva num dos últimos filmes mudos alemães – sob o título *A mulher na Lua*. Dizem que Albert Einstein também esteve presente na estreia, em 15 de outubro de 1929. "*Ground Zero*" é o termo para designar o hipocentro de uma explosão nuclear desde o primeiro teste de bomba atômica, em 16 de julho de 1945, em Los Alamos; e, desde 2001, também é usado para designar o local na Baixa Manhattan onde se encontravam as torres gêmeas do World Trade Center antes do ataque com os aviões. "O que se descortina diante de nós é algo como/ uma história impossível. Estamos diante de uma espécie de zero": essas são as frases pronunciadas nos primeiros minutos de *Filme Socialismo* (2010), de Jean-Luc Godard. Pouco depois, uma voz afirma: "Uma vez eu encontrei o nada/ e é muito menor do que se pensa./ Jaffa, 1948."[103] Lugar e ano marcam o sangrento massacre da *Irgun**, em abril de 1948, e a expulsão dos árabes do velho porto perto de Tel Aviv. "Então agora voltamos a zero, meu caro, / sorte que os árabes o inventaram. / E eles nem sequer recebem os direitos autorais/ *poor chaps.*" Ouve-se na sequência, antes que respondam: "Os números negativos vêm da Índia. E eles estacionaram/ por alguns anos na Arábia antes de desembarcarem na Itália. / Fibonacci foi quem primeiro operou com eles."[104] Godard rodou metade do filme no cruzeiro *Costa Concordia*. Em 13 de janeiro de 2012, poucos meses depois de o filme ter sido lançado em cinemas alemães, o navio bateu numa rocha – com mais de 4 mil passageiros a bordo – e emborcou em frente à entrada do porto de Isola del Giglio; 32 pessoas morreram. Foi feita uma placa memorial com os nomes das vítimas, assim como uma pequena madona, que quase desaparece na parede do cais. Ela olha para a cena do acidente e parece abrir os seus braços como se acolhesse as vítimas. Em 16 e 17 de setembro de 2013, o navio foi erguido – com técnicas inovadoras, espetaculares e extremamente dispendiosas – como preparação do reboque na primavera de 2014. *Costa Concordia*: o nome reporta aos irmãos Costa, que, em 1854, fundaram a futura companhia de navegação, consolidando o ideal de concórdia por afeto, harmonia e parentesco. No filme de Jean-Luc Godard, naturalmente, o *Costa Concordia* é também um símbolo das Cruzadas e do embrutecimento do espírito mediterrânico, invocado por Albert Camus e Cesare Pavese nos anos 1940 como a fonte original da identidade europeia. É grande a lamentação já nos primeiros minutos do filme: "E nós, / quando tivermos abandonado a África/ mais uma vez."[105] Em 3 de outubro de 2013, cerca de duas semanas depois de terem suspendido o *Costa Concordia* das águas, ocorreu um acidente com um barco de refugiados a aproximadamente 725 quilômetros ao sul de Giglio no qual morreram mais de trezentas pessoas. Os seus nomes

....
* Organização Militar Nacional na Terra de Israel.

não aparecem em nenhuma placa e nenhuma madona estende os braços para recebê-los.

Nunca houve um ano zero do calendário. A data exata do nascimento de Jesus – que durante séculos separou as contagens prospectiva e retrospectiva do calendário cristão – nunca pôde ser confirmada, uma vez que os diferentes pontos de referência dos Evangelhos contradizem-se entre si. Somente nos anos 6 e 7 d.C. foi feita uma espécie de censo fiscal da época do governador romano Públio Sulpício Quirino na Síria (segundo o Evangelho de Lucas). Herodes, o Grande, que (segundo o Evangelho de Mateus) teria dado a ordem para o assassinato de crianças em Belém, já havia morrido em março do ano 4 a.C. Os fenômenos celestes (um cometa ou conjunções de Júpiter-Saturno) que poderiam ter levado alguns astrólogos caldeus a procurar um rei recém-nascido dos judeus apontam para o ano 7 a.C. Também não poderia ter existido um ano zero porque a Antiguidade greco-romana – como enfatiza o filme de Godard – não conhecia nenhum zero, que só se impôs gradualmente na matemática ocidental. Não devemos esquecer por quanto tempo era habitual anotar números não com algarismos, mas com letras. Os métodos de cálculo árabes vieram a ser aprendidos somente por Gerbert d'Aurillac, quando era monge na Espanha, e ele os ensinou mais tarde na escola da Catedral de Reims. No ano de 999, enquanto era arcebispo de Ravena, ele foi eleito papa e, com o nome de Silvestre II, esse homem a quem devemos os primeiros passos na introdução dos algarismos indo-arábicos era quem estava no governo justamente na virada para o ano 1000. É certo que ele – inventor de um novo tipo de calculadora que substituiu o ábaco romano – também não teria sido capaz de escrever "1000". O número redondo, o "algarismo" por excelência, o sinal do vazio – o zero – só foi introduzido a partir do século XII. No ábaco de Gerbert, o zero não era especificado, mas meramente indicado por um espaço vago. Até os tempos modernos, o zero, o "nada significado" (Brian Rotman)[106], permaneceu um símbolo estranho cujo uso foi ocasionalmente até proibido. Ainda no século XV, ele era

199

considerado obscuro e pouco claro, e o nome "zero" referia-se ao fato de ele ser uma *nulla figura* e não um sinal geométrico (como o seu parente mais próximo, o ponto).

"O Ano Zero": hoje o termo já não está apenas relacionado com o nascimento de Cristo, mas também com o fim da Segunda Guerra Mundial, o colapso da ditadura nazista e a capitulação incondicional da *Wehrmacht* em 8 de maio de 1945. No entanto, pelo menos na zona linguística germânica, prevaleceu o termo "hora zero". Por que o diretor Roberto Rossellini insistiu no termo "ano zero" em seu filme *Alemanha, ano zero* (1948) é algo que permanece um tanto misterioso, ainda que saibamos que o próprio Rossellini nasceu no dia 8 de maio de 1906, em Roma, e talvez quisesse apenas separar a hora coletiva zero da *ora zero* de seu próprio nascimento. Teria Rossellini querido anunciar o seu próprio recomeço? Afinal, nos anos 1940, ele não só havia apoiado o fascismo italiano – com os filmes *O navio branco* (1941), *Um piloto regressa* (1942) e *O homem da cruz* (1942-43), a chamada trilogia fascista –, mas também cultivara uma estreita amizade com Vittorio Mussolini, o filho do Duce. A hora zero do cinema de Rossellini começou pouco depois do fim da guerra, com os filmes *Roma, cidade aberta* (1945) e *Paisà* (1946), antes de ele decidir filmar a última parte da trilogia neorrealista – que, em certos aspectos, deveria fazer esquecer a trilogia fascista – em Berlim, com atores alemães amadores e em alemão (usando técnicas inovadoras de gravação do áudio original). Rossellini recorda suas primeiras impressões de Berlim em um ensaio publicado na *Cahiers du cinéma* em 2 de novembro de 1955:

> A cidade estava devastada, o cinza do céu parecia deslizar pelas ruas e, da altura do olhar de uma pessoa, podia-se ver todos os telhados. Para encontrar as ruas por baixo das ruínas, haviam retirado e amontoado os escombros; nas rachaduras do asfalto, a grama tinha começado a crescer. Reinava um grande silêncio e cada barulho o sublinhava ainda mais, como num contraponto; o cheiro agridoce da matéria orgânica apodrecendo erguia um muro sólido que precisava ser atravessado. Esse muro pairava sobre Berlim[107].

Alemanha, ano zero conta a história do jovem Edmund, de doze anos, que tenta sobreviver na cidade destruída. O pai está gravemente doente, o irmão esconde-se dos soldados, contra os quais lutou até o fim e para os quais a sua irmã agora abria as pernas. O ambiente é sombrio. Antes do início do filme propriamente dito, Rossellini vira-se para o público e recita uma carta de intenções:

> Este filme, rodado em Berlim no verão de 1947, não pretende ser mais do que uma imagem objetiva e verdadeira desta cidade enorme e quase completamente destruída, na qual 3,5 milhões de pessoas vivem uma existência terrível e desesperada, quase como se não tivessem sequer consciência disso. Vivem numa tragédia como se este fosse o seu elemento natural de vida. Só que não o fazem por força espiritual ou convicção, mas simplesmente por cansaço. Não se trata de uma acusação contra o povo alemão, mas de um inventário objetivo dos fatos. Mas se alguém, depois de testemunhar a história de Edmund Koehler, acreditar que algo deva acontecer, que as crianças alemãs precisam aprender a amar a vida novamente, então o esforço de quem fez este filme terá valido mais do que a pena[108].

Edmund trabalha num cemitério e ajuda a cavar sepulturas. Quando notam que ele não possui carteira de trabalho, é mandado embora. No caminho para casa, ele vê, deitado na rua, um cavalo que aparentemente tinha acabado de morrer. E, como na balada de Brecht e Eisler da acusação do cavalo, "*O Fallada, da du hangest*" ["*Ó Fallada, já que estás enforcado*"] (uma citação do conto de fadas *A guardadora de gansos*, dos irmãos Grimm), pessoas famintas lançam-se imediatamente sobre o animal para cortar um pedaço de carne. Em casa ele dá com o locatário, sr. Rademacher, que reclama que o pai de Edmund geme muito à noite: "Os gemidos e lamúrias constantes do seu pai [...] Por que ele não morre para que tenhamos a nossa paz?" Na cena seguinte, Edmund encontra o antigo professor Enning, que agora trabalha como fornecedor para militares pedófilos. Em uma cena difícil de suportar, Enning assedia o garoto e o envia com um disco de músicas sobre Hitler para a antiga chancelaria do Reich, onde o garoto deveria tentar vender o disco para soldados aliados. Quando Edmund fala sobre seu pai doente internado no hospital, o nojento professor comenta: "Vocês não podem morrer todos de fome só para mantê-lo vivo. Veja só a natureza. Os fracos são aniquilados para que os fortes permaneçam. É preciso apenas ter a coragem de fazer desaparecer os fracos. Você precisa entender isso, meu rapaz. Trata-se de nos salvarmos mutuamente." Depois que o pai retorna da clínica, Edmund lhe prepara uma xícara de chá misturado com algum veneno que levara consigo durante uma visita ao hospital. Seu pai bebe o chá envenenado e morre pouco depois. Quando Edmund volta para ver Enning e lhe diz que "tinha feito aquilo", o professor o chama de monstro. Edmund entra em pânico, caminha sem rumo pelas ruas, vagueia e escala escombros, não é aceito por outras crianças para jogar futebol – até que finalmente se lança pela janela de uma casa em ruínas, em frente à moradia de seus pais.

O filme foi mal recebido e pouco exibido na Alemanha. Sintomática foi a crítica de Hans Habe, publicada no *Süddeutsche Zeitung* em 28 de setembro de 1949, na qual se afirmava: "Neste filme, Rossellini não colhe flores do túmulo de uma nação, ele vomita sobre o caixão." (Hans Habe também tinha criticado o romance de Robert Neumann *Die Kinder von Wien* [As crianças de Viena], de 1946 – uma história que podia ser facilmente comparada com o filme de Rossellini –, da mesma forma grosseira, o que acabou inspirando Neumann a escrever o poema que ele passa a recitar: "O lago está escuro, o ar é puro, Hans Habe deve ter-se afogado.") As filmagens de *Alemanha, ano zero* começaram em 15 de agosto de 1947. A data é relevante para um filme cujo título reporta à contagem do tempo. De fato, o primeiro filho de Rossellini, Marco Romano (do seu casamento com a cenógrafa e figurinista Marcella De Marchis), morreu de uma apendicite em 14 de agosto de 1946. Rossellini dedicou expressamente o filme ao filho morto, e ainda mais: ele esteve obcecado pela ideia de encontrar um menino o mais parecido possível com seu próprio filho. Na escolha do elenco, diz-se que penteou

Fig. 15: Fabrice Aragno em *Filme Socialismo* (2010), de Jean-Luc Godard; foto do filme.

Edmund Meschke ou Moeschke, uma criança de circo desconhecida, até obter a impressão exata. Assim, mais de dez anos antes de Hitchcock, ele encenou um efeito-*Vertigo* que se repete e se expressa em personagens a girar em torno de seu próprio eixo. Encenado basicamente como uma situação edipiana, o patricídio em *Alemanha, ano zero* é um suicídio prolongado, uma antecipação do suicídio que o menino cometerá. Para terminar, retornemos a *Filme Socialismo*, de Godard. No começo, ainda no cruzeiro, ouvimos um informe: "Ondas de bombardeiros aliados arrasam o Terceiro Reich. A *Luftwaffe* tenta tomar o controle com uma tática aterrorizante. Os pilotos alemães lançam os seus próprios aviões contra os bombardeiros inimigos. Ó *Alemanha*. Você sabia que camicase significa 'vento divino'?"[109]

7. Filosofia do suicídio na modernidade

"O nada é uma festa sensorial."
Shumona Sinha[1]

1.

A questão do suicídio é um *leitmotiv* da modernidade. No entanto, tomados isoladamente, os debates sobre suicídios por imitação no século XIX, assim como sobre suicídios de crianças e adolescentes na virada do século e, sobretudo, sobre o entrelaçamento fascista do assassinato com o suicídio no "*Viva la muerte!*", ainda não levam a uma reavaliação do suicídio, como o exigiu o Zaratustra de Friedrich Nietzsche[2], mas a uma fascinação ambivalente, oscilando entre defesa e identificação, condenação moral e idealização heroica, diagnóstico de doença e posicionamento estético. Alguns escritores e pensadores, por outro lado, expressaram-se de forma mais clara e rebelde. Por exemplo: em 1º de abril de 1876, um filósofo alemão enforcou-se. Seu nome era Philipp Batz, mas, por amor a sua cidade natal, Offenbach am Main, ele deu-se o nome de Mainländer, provavelmente também para sinalizar certo distanciamento de seu pai, proprietário de uma fábrica. Sua mãe, que sofria de um grave distúrbio depressivo, morreu no dia 5 de outubro de 1865, justamente no aniversário de 24 anos de Philipp. O ambiente na casa dos pais era opressivo e sombrio. Algum tempo depois, três irmãos cometeram suicídio. Mainländer primeiro completou uma formação na área comercial em Dresden e, em seguida, foi trabalhar em um estabelecimento comercial em Nápoles, onde ficou por cinco anos. Lá, ele não só aprendeu italiano, como também descobriu *O mundo como vontade e como representação*, de Arthur Schopenhauer. Adquiriu conhecimento em literatura e filosofia de forma autodidata e leu também *Crítica da razão pura*, de Kant. Um cargo em um banco privado de Berlim pertencente a Friedrich Martin Magnus foi abandonado após a queda da Bolsa de Valores de Viena em 8 de maio de 1873. Ele precisou ser dispensado do serviço militar – ao qual aderiu por vontade própria – após alguns meses de exaustão. Ao tirar a própria vida no dia 1º de abril de 1876, as cópias recém-impressas de sua extensa obra principal – *Die Philosophie der Erlösung* [A filosofia da redenção] – encontravam-se sobre a sua mesa. Nessa obra, Mainländer aprofunda e radicaliza o pensamento de Schopenhauer de que a vontade de viver deve ser superada, a percepção de que

> *não ser é melhor do que ser*, ou a percepção de que a vida é o inferno e a doce noite silenciosa da morte absoluta é a aniquilação do inferno. E só o ser humano que percebeu clara e inequivocamente que toda a vida é sofrimento, que ela, qualquer que seja a sua forma, é essencialmente infeliz e dolorosa (*mesmo no estado ideal*), de modo que, como o menino Jesus nos braços da Madona Sistina, apenas lhe resta olhar para o mundo com olhos horrorizados e então considerar a calma profunda, a felicidade indizível na contemplação estética, a bem-aventurança do sono num estado de suspensão, estado este que vem da reflexão, em contraste com o estado desperto, e cuja elevação à eternidade nada mais é do que a morte absoluta – tal ser humano *tem de ser* inflamado pela vantagem que lhe é oferecida, ele nem tem como resistir[3].

Entre as maneiras pelas quais essa vantagem pode ser alcançada, Mainländer enumera a "virgindade" enquanto controle da pulsão sexual, mas também a morte voluntária "enquanto redenção de si mesmo"[4]. A uma tal "redenção", Mainländer conecta a ideia política de uma superação pacífica de crises sociais. Na fusão da filosofia hegeliana do espírito absoluto com o budismo, ele chega até mesmo a caracterizar a história mundial como "suicídio de Deus":

O único ato de Deus, o de desintegrar-se na multiplicidade, apresenta-se aqui como a *efetivação* do ato lógico, a *decisão* de não ser, ou, em outras palavras: o mundo é o *meio* para o *fim* da não existência, e, mais ainda, o mundo é *o único* meio *possível* para esse fim. Deus reconheceu que somente *tornando-se* um mundo real de multiplicidade [...] ele poderia passar do *superser* (*Übersein*) para o *não ser* (*Nichtsein*)[5].

Kant ainda rejeitava o suicídio. Já Schopenhauer argumenta com mais cautela e respeito. Em *O mundo como vontade e como representação*, ele escreve que o suicida quereria viver e "não está descontente senão das contradições em que a vida se lhe oferece". Assim, "destruindo a manifestação individual, ele não renuncia ao querer-viver, mas unicamente ao viver. Deseja a vida, quer a existência e a afirmação plena do seu corpo, mas um enredamento de circunstâncias não as concede a ele e assim é acometido de grande sofrimento"[6]. Terry Eagleton tem uma visão semelhante. Em seu ensaio sobre a "esperança sem otimismo", publicado em 2016, ele observa: "Alguém que comete suicídio não precisa estar convencido de que a existência como tal não tem valor algum. Pelo contrário, ele pode ser da firme opinião de que há todas as razões para se ter esperança, só que não para ele. [...] O suicídio assenta-se na esperança. A pessoa se mata na esperança de pôr um fim ao sofrimento."[7] Na obra *Parerga e Paralipomena*, publicada mais de trinta anos após *O mundo como vontade e como representação*, Schopenhauer retoma o tema e afirma que apenas as religiões monoteístas desvalorizam e proíbem o suicídio, embora, por exemplo, nem uma única referência à justificação de tal proibição possa ser retirada dos escritos bíblicos. "O suicídio", disse Schopenhauer, "também pode ser considerado um experimento, uma pergunta que se faz à natureza e cuja resposta se quer forçar: a saber, qual é a mudança que a existência e o conhecimento do homem experimentam através da morte? Mas é um disparate: pois se suprime a identidade da consciência que havia de ouvir a resposta."[8]

Mas e se essa "identidade da consciência" for impulsionada e transformada? Não menos relevante do que a argumentação na

Philosophie der Erlösung – com a sua imponente arquitetura – é talvez o simples fato de Mainländer pôr fim à sua vida um dia após a entrega das cópias impressas de seu livro. Ele transforma seu corpo em um livro, numa espécie de inversão da frase do Evangelho de João (Jo 1, 14): "E o verbo fez-se carne". Mais uma vez, vemos aqui a cisão do sujeito, que já foi mencionada várias vezes: como uma separação entre sujeito e objeto, proprietário e posse, jogador e aposta, escritor e leitor, algoz e vítima. Mesmo quem aspira à *"redenção de si mesmo"* se vê como redentor e redimido, como *homo noumenon* e como *homo phaenomenon*, na acepção de Kant, que afirma em sua *Metafísica dos costumes*: "Quando formulo uma lei penal contra mim enquanto criminoso, é a razão pura jurídico-legisladora em mim (*homo noumenon*) que me submete à lei penal, enquanto uma das pessoas capazes de cometer crimes, portanto enquanto uma pessoa (*homo phaenomenon*) em conjunto com todas as outras."[9] A cisão é inerente à própria questão transcendental. Força-nos a duplicar um sujeito que fica à deriva no fluxo de consciência de diversas percepções e sensações e, ao mesmo tempo, funciona como o unificador *"eu penso"*, que "tem de *poder* acompanhar todas as minhas representações"[10]. Em seus diários filosóficos, Novalis relaciona essa diferença diretamente à questão do suicídio: "O ato filosófico real é matar-se; esse é o verdadeiro começo de toda filosofia, é para onde confluem todas as necessidades do discípulo da filosofia, e só esse ato corresponde a todas as condições e características da ação transcendente. A efetivação de uma ideia altamente interessante."[11] A "ação transcendental" gera a diferença transcendental, que também terá um papel importante na psicanálise, na concepção das diferenças entre as instâncias conscientes e inconscientes do ego. Em sua tese de livre-docência, Odo Marquard apresentou de forma convincente a conexão histórica entre filosofia transcendental, filosofia natural no romantismo e psicanálise[12]. E talvez até mesmo a bem fundada tese de análise midiática de Niklas Luhmann possa ser associada às manifestações da cisão do sujeito, já que ela versa sobre a ascensão da "observação de segunda ordem" na modernidade[13], a qual, naturalmente, tematiza mais observações de outras pessoas do que auto-observações. Cerca de cinquenta anos após o suicídio de Mainländer, foi publicado o fragmento *Bewußtsein als Verhängnis* [Consciência como fatalidade], de Alfred Seidel, que se suicidou em novembro de 1924 com apenas 29 anos de idade. O livro foi editado pelo psiquiatra e historiador de arte Hans Prinzhorn, que também escreveu o prefácio e é autor do influente estudo *Bildnerei der Geisteskranken* [A arte dos doentes mentais], de 1922. Pouco antes de sua morte, Seidel dirigiu-se a Ives Schor, Fritz Bouquet e Prinzhorn com o pedido testamentário de promover a publicação do livro: "Quando o senhor receber esta carta, eu não viverei mais. O livro está completamente acabado, o meu propósito de vida, para o qual tenho vivido sob a maior agonia durante anos, foi cumprido. Eu faço este pedido ao senhor – caso lhe seja possível – de cooperar na publicação."[14] Em sua detalhada introdução, intitulada "Posfácio antecipado", o psiquiatra descreve a curta vida de Seidel. O pai de Alfred

> era propenso à depressão, e um casamento equivocado ao que tudo indica também não lhe deu respaldo espiritual e segurança, [...] assim, um dia ele escapou da pressão insuportável à sua natureza mórbida, valendo-se da pistola (1897). A mãe, que foi deixada para trás com quatro filhos, uma mulher amável, mas, na educação de seus filhos fracos, limitada e teimosa, também morreu cedo (1907), e o filho mais velho morreu de tuberculose com dezesseis anos; o segundo filho e a filha tiveram que ficar bastante tempo sob cuidados em Davos por ameaças à sua saúde. O irmão, altamente inteligente e com talento para a literatura, era propenso à depressão como seu pai e aos 23 anos também tirou a própria vida[15].

Alfred era o mais novo e teria sido uma criança raquítica, "um caçula um tanto mirrado" que foi rapidamente dispensado do serviço militar – como Mainländer. "Todo mundo sabe o papel indigno desses jovens infelizes, fisicamente debilitados e intelectualmente independentes no brutal meio militar, onde são vistos como 'tristes figuras'."¹⁶ Depois disso, Seidel aproximou-se do movimento juvenil e do círculo em torno de Hans Blüher; mais tarde, simpatizou com a ala marxista da Sociologia de Heidelberg. Estudou com Alfred Weber e Karl Mannheim, tornou-se amigo de Walter Benjamin e esteve em contato com Ernst Bloch, Georg Lukács, Siegfried Kracauer e o jovem Theodor Adorno. Muitos anos depois, Alfred Sohn-Rethel ainda recordava a "mente sagaz" e o "inesquecível amigo Alfred Seidel, que optou pelo suicídio em 1924"[17]. A obra de Seidel, publicada postumamente, foi muito discutida e resenhada, por exemplo por Kracauer, Bloch e Ludwig Klages[18]. Margarete Susman escreveu em sua resenha para a revista mensal judaica *Der Morgen*:

> O caminho que o pensamento de Alfred Seidel tomou era estreito, pedregoso e sem adornos – a tarefa que ele encontrou nesse caminho não tinha *páthos* nem recompensa e alegria. Foi a luta amarga contra um inimigo que ele precisou combater com suas próprias armas porque não havia outras à disposição: a luta contra uma excessiva consciência do nosso tempo, que se tornou fatal[19].

Na superfície, *Bewußtsein als Verhängnis* é uma crítica à visão científica do mundo, à ascensão de um "niilismo heroico", ao "relativismo" e ao progressivo "desencantamento do mundo" (Max Weber)[20]. Seidel contesta a teoria cultural de Freud, afirmando que ela apenas postularia a triste alternativa: ou afirmar a sublimação e o recalcamento dos instintos, aceitando com isso as neuroses resultantes, ou "expor a humanidade à dinâmica desmedida da sua vida instintiva, o que confluiria, no entanto, menos para o instinto sexual do que para o instinto de poder"[21]. Porém, o que o autor acredita, acima de tudo ser digno de crítica é a reflexão como um fim em si mesmo, num "tempo que já não tem força para arrancar de si as suas próprias criações sem refletir sobre elas", e que busca "a sua razão de ser"

> na reflexão sobre as criações de períodos anteriores, o que ainda seria uma forma melhor de vida espiritual do que afirmar a reflexão em si, elevá-la a um ideal, ou mesmo vê-la como o início de uma

nova época. A única tarefa que faz sentido para uma pessoa reflexiva num tempo como este é refletir sobre a reflexão e seus efeitos e, assim, anular a reflexão em si ou descreditar a reflexão de outras pessoas[22].

Inevitavelmente, há o risco de envolvimento com novas recursividades. Esse risco também é refletido, por exemplo, na seguinte passagem: "O niilismo consciente em nome do próprio niilismo já é psicologicamente inviável, com cada reação ele nega esse mesmo niilismo." Só o que resta seria "'niilizar' o niilismo: rasgar a máscara da face de todos esses movimentos que, sob o fraseado da positividade, têm de fato apenas efeitos niilistas – o que é tanto mais eficaz quando feito com meios próprios. A pessoa deve destruir o adversário dentro de si, aplicando a sua própria teoria sobre ele"[23]. Mas como destruir "o adversário dentro de si"? Como pode o niilismo ser "niilizado" sem que paremos de respirar? Prinzhorn incluiu vários fragmentos e esboços no apêndice da versão editada do livro, nos quais o suicídio também é explicitamente tematizado. Ele, o suicídio, teria de ser sublimado, afirma Seidel, e isso em forma de um aumento maníaco da produtividade. A "sublimação do suicídio" parece-lhe ser a única estratégia possível "para salvar-se dessa fuga para a própria morte (das agonias da psicopatia)". Apenas a "megalomania" funcionaria ainda "como uma salvação do suicídio, assim como a fuga pela produtividade"[24]. Mas o que acontecerá assim que a "produção" estiver terminada e a obra concluída? Mainländer e Seidel responderam de forma inequívoca a essa pergunta – embora não em seus escritos.

2.

Mil novecentos e vinte e sete foi um ano notável[25]. Em 20/21 de maio, Charles Lindbergh viajou de Nova York a Paris sobrevoando o Atlântico, Viena vivenciou o incêndio do Palácio da Justiça no dia 15 de julho, e na "sexta-feira negra", 13 de maio –

prelúdio à crise econômica global –, Berlim foi abalada pela queda da Bolsa de Valores. No dia 18 de maio, ocorreu o massacre escolar de Bath, no estado americano de Michigan, e, em 28 de junho, a *Steglitzer Schülertragödie*, a tragédia escolar no bairro de Steglitz, em Berlim. Na revista *Zeitschrift für Physik*, Werner Heisenberg descreveu pela primeira vez o Princípio da Incerteza na física quântica; Henri Bergson ganhou o Prêmio Nobel de Literatura; Martin Heidegger publicou aquele que talvez seja o trabalho de maior influência na área da tanatologia filosófica do século XX: *Ser e tempo*, dedicado ao seu professor Edmund Husserl. Com esse trabalho, realizou-se o que Hans Ebeling caracterizou como uma "inversão da tanatologia"– com referência ao discurso de Robert Spaemann sobre uma "inversão da teleologia" no pensamento da primeira fase da Idade Moderna[26]: a dissociação do conceito de morte da questão da imortalidade[27], que Max Scheler ainda tentou defender num fragmento sobre a morte e a sobrevivência, nos anos anteriores à Primeira Guerra Mundial. Scheler escreveu:

> A questão não é como se pode provar a "imortalidade" ou justificar a fé nela. É certo que "provar" – à maneira do século XVIII – *não* é possível. Mas, como acontece com tantas questões filosóficas, é também muito problemático dizer se uma prova faz algum *sentido* aqui e se se deve provar algo. *Qualquer* pressuposto baseado na experiência direta é *eo ipso* impossível de provar e *condição* necessária para todas as provas possíveis. Além disso, "ser imortal" é uma circunstância negativa que, como tal, não é passível de provas. Por conseguinte, *nós* falamos expressamente da continuação e sobrevivência da pessoa, não da sua chamada imortalidade. Se tivéssemos bases experienciais da sua sobrevivência, poderíamos possivelmente também concluir daí o que é chamado de imortalidade[28].

Pouco depois, Sigmund Freud argumentou que a própria morte era "inconcebível, e, por mais que tentemos imaginá-la, notaremos que continuamos a existir como observadores". Em suma, no "inconsciente, cada um de nós está convencido da sua imortalidade"[29]. Essa "convicção" só pode, portanto, ser atribuída à diferença transcendental entre espectador e ator, e não à credibilidade da transcendência pessoal como imortalidade da alma.

Heidegger também comentou criticamente a crença inconsciente na própria imortalidade: "A interpretação pública da pre--sença diz: 'morre-se' porque, com isso, qualquer um outro e o próprio impessoal podem dizer com convicção: mas eu não; pois esse impessoal é o ninguém. A 'morte' nivela-se a uma ocorrência que, embora atinja a pre-sença, não pertence propriamente a ninguém."*[30] Heidegger também nega veementemente a possibilidade de se experienciar a morte, em especial a morte de outros seres humanos ou seres vivos.

O finado deixou nosso "mundo" e o deixou para trás. É *a partir do mundo* que os que ficam ainda podem *ser e estar com ele.* Quanto mais adequada for a apreensão fenomenal do não-mais-estar-presente do finado, mais clara será a visão do que justamente esse ser-com o morto *não* faz a experiência do ter-chegado-ao-fim do finado. A morte se desentranha como perda e, mais do que isso, como aquela perda experimentada pelos que ficam. Ao sofrer a perda, não se tem acesso à perda ontológica como tal, "sofrida" por quem morre. Em sentido genuíno, não fazemos a experiência da morte dos outros. No máximo, estamos apenas "junto"[31].

O trecho soa mais duro do que deveria ser. Heidegger não quer desvalorizar o luto nem fazer com que funerais e rituais de enterro pareçam ridículos, mas meramente afirmar que "cada pre-sença deve, ela mesma e a cada vez, assumir a sua própria morte. Na medida em que 'é', a morte é, essencialmente e cada vez, minha. E de fato, significa uma possibilidade ontológica singular, na medida em que coloca totalmente em jogo o ser próprio de cada pre-sença"[32]. Heidegger também caracteriza essa "possibilidade ontológica" de "ser-para-a-morte". A morte seria "um

---

* Todas as passagens aqui citadas da obra *Ser e tempo* foram retiradas da tradução de Márcia Sá Cavalcante Schuback, 13ª e 15ª edições, Vozes, 2005.

modo de ser que a pre-sença assume no momento em que é", mais precisamente como o fim do "ser-no-mundo", que "não significa o ser e estar-no-fim da pre-sença, mas o seu ser-para--o-fim"[33]. O "ser-para-a-morte" é entendido, por assim dizer, como uma espécie de conhecimento sobre a própria mortalidade e finitude; mas esse conhecimento não se manifesta em reflexões, as quais Alfred Seidel também havia criticado tão veementemente, mas, por um lado, na "cura", no "preceder-a-si-mesma" da pre-sença, e, por outro, na angústia. Heidegger refere-se aqui implicitamente à diferenciação proposta por Søren Kierkegaard em 1844 entre temor e angústia. O temor, argumentou o filósofo dinamarquês, refere-se a circunstâncias e objetos concretos, enquanto a angústia é indefinida, dispersa, estranha. Ela não se direciona a ocasiões ou objetos específicos, mas sim a nada. Mas esse "nada" deve ser levado a sério: "O com quê da angústia não é, de modo algum, um ente intramundano. [...] *Aquilo com que a angústia se angustia é o ser-no-mundo como tal.*"[34] Naturalmente, Heidegger não quer dizer que na angústia o mundo é percebido como tal, mas apenas que nos momentos de angústia as coisas e determinações cotidianas perdem o seu significado habitual. Elas retiram-se, por assim dizer. As evidências da vida desaparecem para dar lugar ao espanto sobre a própria existência. Ao perceber o meu "ser-no-mundo" com tanta angústia, ele torna-se questionável para mim e eu experimento a minha pre-sença como a possibilidade de não-pre-sença: "O ser-para--a-morte é, essencialmente, angústia."[35] Heidegger o expressa mais poeticamente na sua palestra inaugural em Freiburg no dia 24 de julho de 1929: "Pre-sença significa ser retido no nada."[36]

Heidegger centralizou o "ser-para-a-morte" em torno da ideia de uma "possível totalidade" da pre-sença, e Walter Schulz sublinhou energicamente a importância desse conceito de totalidade: "Toda a análise da morte [...] serve para que olhemos para o *Dasein** em sua totalidade a partir do seu fim. Esse con-

....
* *Dasein* é frequentemente traduzido por "existência" ou, justamente, como "pre-sença", termo que figura na tradução brasileira de Heidegger por Márcia Sá Cavalcante Schuback, utilizada aqui.

ceito de totalidade é a chave para entender *Ser e tempo*."[37] Mas o que significa "totalidade"? Apenas algo finito pode ser determinado como um todo; finitude implica limitação de espaço e tempo. Só a partir dos limites do finito é que a sua totalidade pode ser compreendida. De um ponto de vista espacial, essa totalidade pode ser definida como corporeidade localizável, o que não causa problemas particulares. Apenas a interpretação de uma limitação temporal do *Dasein* – a determinação de uma vida entre o nascimento e a morte – nos confronta com uma questão difícil. Será que não deveríamos considerar a totalidade temporal do *Dasein* desde o início como inatingível porque ela só pode ser alcançada no momento em que o *Dasein* chega ao fim? Ou, como disse Heidegger: "Alcançar a totalidade da pre-sença na morte é, ao mesmo tempo, perder o ser do pre. A transição para o não mais estar pre-sente retira a pre-sença da possibilidade de fazer a experiência dessa transição e de compreendê-la como tendo feito essa experiência."[38] Então a morte seria ao mesmo tempo condição e negação da possibilidade do "poder-ser-todo"; e o ponto de vista a partir do qual a vida é apreendida como totalidade permaneceria vazio e insustentável, contingente e, em princípio, opaco. Aparentemente, Heidegger ganha os seus argumentos mais fortes para o conceito da morte como existencial a partir dessa construção paradoxal da finitude temporal. Porque só através da "antecipação da morte" é que o ser humano deve ser capaz de assegurar-se da sua totalidade individual, isto é, do "ser-para-a-morte". Essa argumentação, porém, baseia-se numa falsa inferência. A construção da determinação temporal será falha desde o início se implicar a seguinte interpretação: a pre-sença é limitada no tempo e no espaço, no espaço como um determinado corpo e no tempo por nascimento e morte. No entanto, os conceitos limítrofes, utilizados numa tal representação de finitude, não são compatíveis, em absoluto. Enquanto a limitação espacial significa que eu, como corpo, sou limitado, ou seja, que posso tomar apenas uma posição no espaço, a limitação temporal significa somente que eu existo em um determinado momento, mas não que nasci e vou morrer. Nesse sentido, finitude significa simplesmente que vivo num determinado lugar num determinado tempo, e não em vários lugares e vários tempos simultaneamente. Um dia nasci como este ser limitado no espaço e no tempo, e como este ser vou eventualmente deixar este mundo. Sendo assim, os limites do nascimento e da morte não têm nada a ver com os limites da nossa determinação temporal. Até mesmo por isso, a morte não pode ser entendida como condição ou negação da possibilidade do "poder-ser-todo". Por isso, Wittgenstein afirma com razão: "A solução para o enigma da vida no espaço e no tempo está fora do espaço e do tempo."[39]

A definição de Heidegger do "ser-para-a-morte" como "antecipação do poder-ser *de* um ente cujo modo de ser é, em si mesmo, um antecipar"[40] não permanece uma metáfora temporal, mas uma metáfora espaço-cinética. Friedrich Kittler associou a "antecipação da morte" com a estratégia militar da "barragem", uma espécie de *"Blitzkrieg"* [guerra-relâmpago] como a praticada durante a *Frühjahrsoffensive* [Ofensiva da Primavera alemã] de 1918; tratava-se de uma estratégia de coordenação estreita entre o fogo de artilharia e a infantaria em avanço, auxiliada por telecomunicações. Dois riscos impunham-se: a "barragem" poderia "debandar" se a infantaria não avançasse rapidamente e, por outro lado, a infantaria estava sempre em risco de ir ao encontro de seu próprio fogo de artilharia se ganhasse terreno com grande velocidade. O próprio Heidegger – como Wittgenstein, que ocupou função semelhante na Frente Oriental – havia servido como observador meteorológico, e Kittler comenta ironicamente: "Como as táticas das próprias infantaria e artilharia remontam ao mesmo projeto estratégico, que 'expressamente levava em conta perdas isoladas ocasionadas por seu próprio fogo de artilharia', o antecipar-se para dentro da barragem revela a morte como *'a mais própria, irremissível, certa e, no tocante à certeza, indeterminada, insuperável possibilidade de pre-sença'.*" Nos parâmetros da "barragem", a morte então não seria mais uma categoria da filosofia, mas simplesmente da estatística, enquanto "'distribuição de Poisson' de tipos históricos de morte"[41].

Horkheimer e Adorno já tinham feito justamente essa conexão. Em sua obra *Jargon der Eigentlichkeit* [Jargão da autenticidade], de 1964, Adorno nota que, tanto hoje como no passado, ainda valeria "a resposta de Horkheimer a uma senhora que, comovida, alegou que Heidegger havia ao menos confrontado as pessoas novamente com a morte, no que Horkheimer respondeu: 'Ludendorff o fez muito melhor.'"[42]. O *páthos* da análise da morte em *Ser e tempo* desaparece no front; a heroica "antecipação da morte" é reduzida a novas estratégias de ataque da infantaria e das tropas de assalto.

É também notável que Heidegger tenha levantado a questão do suicídio apenas em uma passagem de *Ser e tempo* – apesar da invocação da "antecipação" como uma "*LIBERDADE PARA A MORTE que, apaixonada, factual, certa de si mesma e desembaraçada das ilusões do impessoal, se angustia*"[43]. Ali, lê-se na passagem sobre o "modo de ser e a pressuposição da verdade", no § 44:

> Da mesma forma que não se pode refutar um cético, não se pode "provar" o ser da verdade. O cético, quando o é de fato, no modo da negação da verdade, *não precisa* ser refutado. Na medida em que *é* e se compreendeu nesse ser, ele dissolve a pre-sença e, com isso, a verdade no desespero do suicídio. A verdade não se deixa provar em sua necessidade porque a pre-sença não pode ser colocada para si mesma à prova. Do mesmo modo que não se comprova que "verdades eternas" se dão, não se comprova que "se dê" um cético "real" – no que acreditam fundamentalmente todas as refutações do ceticismo, apesar do seu propósito. Talvez isso seja mais frequente do que poderia aceitar a ingenuidade das tentativas dialético-formais de surpreendê-lo[44].

A passagem é sombria; não é à toa que Heidegger, até a sétima edição de *Ser e tempo* (1953), não havia escrito "*não se comprova*" na penúltima sentença da passagem citada, mas "*nunca se comprova*". "As observações de Heidegger sobre o suicídio", diz Hans Ebeling referindo-se a essa correção enigmática, revelariam uma total falta de "coerência com sua teoria do ser-para-a-morte, essa teoria de uma relação com a morte que é reivindicada como geral, mas não aborda momentos essenciais do suicídio". De fato, a passagem citada de Heidegger testemunha uma profunda "falta de compreensão da suicidologia enquanto concorrência à sua própria tanatologia"[45].

3.

Em 1927, Karl Löwith concluiu com êxito sua livre-docência sob a orientação de Heidegger, em Marburg, com o tratado *Das Individuum in der Rolle des Mitmenschen* [O indivíduo no papel do companheiro], impresso em 1928 pela editora Drei Masken, de Munique[46]. Nesse texto, Löwith criticou não só o solipsismo implícito em *Ser e tempo*, a exclusão da possibilidade de experimentar a morte de outros, mas também o estranho silêncio de Heidegger em relação ao suicídio. O próprio Löwith, por outro lado, frisou que o fato de "o ser humano poder *questionar* o sentido de sua vida como tal" revela "a possibilidade essencialmente humana do suicídio quando a busca pelo sentido se expressa negativamente. Um ser vivo em estado manifestamente natural não pode negar sua vida, porque, com a ambivalência de seu estado de ser, ele carece da liberdade para ser ele mesmo e, portanto, da liberdade de si mesmo. Vivendo em pura sintonia com a natureza, também só pode morrer de forma natural. Por ser, ele já é. Mas não é só por estar vivo que o homem precisa, *eo ipso*, ser". Assim, "o pensar em suicídio" seria uma

> desnaturação natural humana. Só nele reside a possibilidade *real* de uma real decisão do homem a favor ou contra a sua vida. Uma decisão positiva não pode ser conjecturada pela filosofia. E ela nem sempre o fez. [...] Essa decisão só pode ser tomada por um "eu próprio". Trata-se aqui de decidir sobre a "vida" humana, e eu só posso decidir sobre a minha própria vida porque, ao viver, ainda não tenho, *eo ipso*, que ser[47].

Ainda mais radical que Löwith, mas com uma linha de argumentação semelhante, Hans Ebeling defendia, desde sua dissertação em Freiburg, *Über die Freiheit zum Tode* [Sobre a liberdade de morte], de 1967, a tese de que seria necessário relacionar "uma reflexão satisfatória sobre a suicidologia empírica a uma base não empírica como um pré-requisito, nomeadamente à afirmação de uma subjetividade que seja determinada pela capacidade de contestar a si mesma enquanto subjetividade e também pela capacidade de pôr em prática essa contestação de forma radical: através da autodestruição". A suicidalidade humana estaria, portanto, "no mínimo, em pé de igualdade com a mortalidade de Heidegger, se é que não pode sequer ser afirmada e justificada como transcendental, de certa forma, e por motivos muito melhores". A liberdade elementar de morrer nada mais seria do que "a liberdade da autodestruição". Com referência às qualificações de Heidegger do "ser-para-a-morte" como a mais própria, irremissível, certa e, no tocante à certeza, indeterminada, insuperável possibilidade de pre-sença, Ebeling argumenta que os suicídios seriam antes "possibilidades incertas, mas determináveis e, como tais, superáveis, de uma liberdade real da espécie humana, enquanto a 'liberdade para a morte', reivindicada por Heidegger, fica apenas atrás de uma facticidade e é, no sentido de uma autodeterminação do ser humano, o contrário de 'antecipação'"[48]. Embora Ernst Tugendhat, em seu trabalho de pesquisa linguístico-analítica *Selbstbewußtsein und Selbstbestimmung* [Autoconfiança e autodeterminação] – por sinal publicado no mesmo ano que a antologia de Ebeling, *Tod in der Moderne* [Morte na modernidade] –, designasse a análise da morte em *Ser e tempo* como "incontestável"[49], Jean-Paul Sartre já havia objetado em *O ser e o nada* que a morte não seria a "possibilidade mais própria" da existência, mas uma contingência radical da qual não podia ser derivado qualquer sentido.

Em 2 de setembro de 1939, um dia após a invasão alemã na Polônia, Sartre foi convocado para o serviço militar; no mesmo dia ele escreveu a Simone de Beauvoir:

Dormi um pouco, terminei *O processo*, li *Na colônia penal* e três ou quatro jornais que estavam espalhados por aí. Depois, passei a esperar. Numa estação qualquer, eu entendi que esperaria assim até o fim da guerra. Havia soldados na plataforma: eles esperavam. Oficiais também esperavam. O pessoal da ferroviária esperava. O mundo inteiro esperava. E continua do mesmo jeito[50].

Em suma, a *drôle de guerre*, a "guerra estranha", tinha começado: um período de vários meses de expectativa de guerra numa atmosfera de acirrado tédio e perplexidade, no qual Sartre – que, como Heidegger e Wittgenstein, atuou como observador meteorológico: "aparentemente *o* posto para filósofos"[51] – fazia subir seus balões meteorológicos para determinar as direções do vento. À "guerra estranha" seguiu-se a vitória relâmpago alemã e a conquista de Paris. Mas Sartre também viveu os dias decisivos da guerra apenas a distância, de um front silencioso. Em 21 de junho de 1940 – o dia do cessar-fogo e ao mesmo tempo o dia de seu aniversário de 35 anos – ele foi preso. Durante o seu encarceramento no campo perto de Trier, leu *Ser e tempo*, que um sacerdote amigo tinha conseguido para ele. Em março de 1941, Sartre foi finalmente libertado e regressou a Paris. Dois anos mais tarde, foi publicado o fruto de seus estudos filosóficos durante a *drôle de guerre* e a prisão: *O ser e o nada*. Numa conversa com Simone de Beauvoir em 1974, Sartre sublinhou que só a guerra tornou possível a feitura desse tratado; ela ofereceu-lhe a oportunidade, durante as inusitadas "férias" no front alsaciano e depois no campo perto de Trier, de elaborar a descoberta que ele já havia feito no início de sua obra fenomenológica, especialmente no tratado *O imaginário*, publicado em 1940: a "descoberta da consciência como nada"[52].

Em que consiste essa descoberta? Sob a premissa de Husserl de que a consciência sempre ocorre apenas como consciência *de algo*, isto é, sempre permanece – incluindo o próprio ego – relacionada a objetos que podem e devem ser considerados como coisas reais no mundo, é difícil conceber a própria consciência como uma coisa existente. Tanto já sabia Descartes. É por isso que Sartre afirma que a consciência seria pura transparência, só que não um espelho passivo e vazio, mas antes um nada *ativo*, um "nadificar-se" (*néant*); e a guerra realmente ajudou-o a chegar a essa conclusão. "Para haver destruição, é necessário, em primeiro lugar, uma relação do homem com o ser, quer dizer, uma transcendência; e, nos limites dessa relação, o homem precisa compreender *um* ser como destrutível, o que pressupõe um recorte limitativo de um ser no ser, e isso [...] já constitui uma nadificação. O ser considerado é *isso* e, fora disso, *nada*." E, súbito, Sartre desvela seu raciocínio: "O soldado de artilharia, a quem se determina um alvo, aponta seu canhão nessa direção, *excluindo* todas as outras. Mas, ainda assim, isso nada seria se o ser não se revelasse como *frágil*."[53] O *nada* de Sartre, então, renuncia à aura mística que Heidegger lhe tinha concedido. Ao mesmo tempo, a liberdade humana poderia ser ancorada no "nadificar-se", essa descoberta de uma "fragilidade" elementar do ser: a liberdade como ser, não como qualidade específica, mas como condição essencial da existência humana; não como característica, mas como condição da possibilidade de expressar características. Na medida em que "não há diferença entre o ser do homem e seu 'ser-livre'"[54], esse "nadificar-se" da liberdade teria que ser aplicado nela mesma. O ser humano – enquanto ser através do qual o não ser se revela no mundo – foi, portanto, definido ao mesmo tempo como um ser "que pode adotar atitudes negativas com relação a si"[55], tornando-se assim capaz de "nadificar-se".

Mas Sartre não deduz nenhuma apologia ou justificação do suicídio a partir dessa consideração. Contradizendo Heidegger, ele enfatiza que a morte "jamais é aquilo que dá à vida seu sentido"; ela, "pelo contrário, é aquilo que, por princípio, suprime da vida toda significação. Se temos de morrer, nossa vida carece de sentido, porque seus problemas não recebem qualquer solução e o próprio significado dos problemas permanece indeterminado". Mas ele também afirma expressamente que

> seria inútil recorrer ao suicídio para escapar dessa necessidade. O suicídio não pode ser considerado um fim da vida do qual eu seria o

próprio fundamento. Sendo ato de minha vida, com efeito ele próprio requer um significado que só o porvir pode lhe dar; mas, como é o *último* ato de minha vida, ele recusa a si mesmo esse porvir; assim, mantém-se totalmente indeterminado. De fato, caso eu escape da morte, ou se "falho", não irei mais tarde julgar meu suicídio como uma covardia? Não pode esse acontecimento demonstrar que outras soluções teriam sido possíveis? Mas, uma vez que essas soluções só podem ser esboçadas por mim, elas não podem surgir, a menos que eu continue vivendo. O suicídio é uma absurdidade que faz minha vida submergir no absurdo[56].

O suicídio não figura, portanto, entre as possibilidades do "nadificar-se", o que é justificado com o argumento de que ele exige um significado voltado para o futuro. Mas esse futuro só é respeitado se também puder ser considerado como o *meu* futuro. Mas por que os meus projetos só se tornarão realidade se *eu* continuar vivo? É notável que os defensores de uma filosofia existencialista recusem-se a justificar o suicídio e recorram frequentemente a uma moralidade heroica, como Heidegger, que prega a "antecipação da morte", ou como Sartre, que praticamente condena o suicídio como "covardia". Até mesmo Albert Camus escreve, no *Mito de Sísifo*, que tiraria "três conclusões" da experiência do absurdo: "minha revolta, minha liberdade e minha paixão. Apenas por meio do jogo da consciência transformo em regra de vida o que era convite à morte – e recuso o suicídio"[57].

4.

A rejeição ou a desvalorização do suicídio em *Ser e tempo*, *O mito de Sísifo* e *O ser e o nada* parecem contradizer claramente o fascínio existencialista pelo suicídio – da "liberdade para a morte" à afirmação de que só há "um problema filosófico verdadeiramente sério: o suicídio". Factualmente, porém, essa contradição pode ser facilmente resolvida. Além do fato de que, para usar um jargão psicanalítico, também se poderia falar aqui de uma reação defensiva explícita contra um "abraço suicida", não era apenas a morte que estava no centro do existencialismo parisiense – ao lado do simbolismo sombrio que se manifestava em pulôveres pretos de gola alta ou canções melancólicas –, mas sobretudo a liberdade. O existencialismo propagou uma atitude em relação à vida, e não uma forma de morte; um *ars vivendi*, e não um *ars moriendi*; o espírito de revolta, liberdade e paixão. Nos anos 1950, a filosofia existencialista tornou-se um estilo de vida, uma tendência da moda. "Juliette Gréco inventou o estilo existencialista: cabelos longos e lisos com franjas na testa, o 'penteado de uma afogada', como disse o jornalista Pierre Drouin, além de pulôveres grossos e casacos masculinos com mangas arregaçadas."[58] O fascínio pela Desconhecida do Sena e os debates em torno da "antecipação da morte", de Heidegger, não aumentaram a influência da filosofia no discurso sobre a morte voluntária. Em vez disso, a sociologia e a psicologia afirmaram-se como as principais disciplinas na pesquisa sobre o suicídio, compartilhando o interesse em uma prevenção bem-sucedida, apesar da diferença de seus métodos – que oscilavam entre estatísticas e histórias de casos.

No ano de 1976 – ou seja, cerca de cinquenta anos depois de *Bewußtsein als Verhängnis* e *Ser e tempo* –, foram publicados dois curtos tratados que podem, com alguma razão, ser reverenciados como contribuições para uma suicidologia filosófica: *Meditatio mortis*, de Wilhelm Kamlah, e *Hand an sich legen**, de Jean Améry. Kamlah, cofundador da Escola de Erlangen de construtivismo metódico, já havia publicado em 1975 um artigo sobre o "direito à própria morte" – tendo em vista o § 216 do código penal sobre a morte a pedido do paciente[59]. Na Páscoa de 1976, ele publicou um ensaio intitulado *Kann man den Tod "verstehen"?* [Pode-se "entender" a morte?][60]. Depois, ele reescreveu esses dois textos para publicá-los em *Meditatio mortis*[61]. No dia 24 de se-

....
* Literalmente: "pôr as mãos em si próprio", no sentido de atentar contra si próprio.

tembro de 1976, ele tirou a própria vida, três semanas depois de seu aniversário de 71 anos. A antropologia filosófica de Kamlah não gira em torno de um conceito de liberdade, mas sim dos motivos da paixão. Segundo o princípio de que todas as pessoas são carentes, ele conclui com o imperativo: "Em todas as situações, considere que o outro ser humano tem as mesmas necessidades que você, e aja em conformidade!"[62] O segundo conceito-chave diz respeito à "experiência". Sobretudo a morte não seria

> uma ação nem uma atitude, mas pura experiência. [...] Hoje, filósofos e cientistas sociais se entregam às "teorias da ação", e certamente a ação é um tópico altamente significativo para toda ciência humana. Mas será que nós realmente só existimos se agirmos da manhã à noite? Não estaríamos dependentes das condições de vida nas quais fomos lançados e que de modo algum criamos através das nossas ações, como a nossa constituição mais ou menos vital, o ambiente em que vivemos? Não existimos da manhã à noite de tal forma que muitas coisas "acontecem", boas e más, que também não fomos nós que ocasionamos, mas que "acontecem" conosco, às vezes por ações de outros, como uma visita agradável, uma desvantagem maléfica, outras vezes não causadas por uma ação humana, como uma doença, um dia cinzento de novembro?[63]

Por fim, o terceiro conceito-chave concebido por Kamlah para essa antropologia é o "desapego", a capacidade de "abrir mão" como centro de uma ética eudemônica, na acepção da Antiguidade. E, presumivelmente, ele entendia e justificava a morte voluntária – um termo que ele preferia ao discurso do suicídio ou do matar-se – enquanto um "abrir mão" ou prática de uma "cedência": talvez não em todos os casos, mas "*in dubio pro libertate*"[64]. Muito antes dos debates contemporâneos sobre a liberalização da morte assistida por médicos, e também muito antes da fundação de associações como Dignitas ou Exit, Wilhelm Kamlah reivindicou a criação de um aparato social para o direito à própria morte. Pois, atualmente, uma pessoa que "faz uso desse direito porque já não pode levar uma vida digna" seria forçada a "morrer de maneira indigna"[65].

Duas semanas antes de seu suicídio, foi publicada no jornal *Neue Zürcher Zeitung* a resenha de Kamlah sobre o livro de Jean Améry *Hand an sich legen*[66]. A resenha foi positiva, embora Kamlah não aprovasse a crítica de Améry quanto à suposta falta de declarações lógicas[67]. No prefácio de *Hand an sich legen*, Améry escreve que não teria redigido uma apologia do suicídio, mas sim que só teria tentado "rastrear as contradições indissolúveis da 'condição suicida', nada além disso"[68]. Num primeiro momento, ele aborda essas contradições por meio de várias histórias de casos:

> Penso numa notícia que correu pela imprensa na minha juventude na Áustria: uma empregada doméstica tinha, como dizia a linguagem jornalística da época, "se atirado pela janela por causa de um amor não correspondido por uma celebridade do rádio". Como se pode ligar esse ato com outros desejos e práticas de morte aparentemente incomensuráveis? P. F., um psicanalista que fora aluno de Freud da primeira geração, suicidou-se na terceira idade. Ele havia acabado de perder a sua companheira e também sofria de um câncer de próstata que já não era operável. Pegar o revólver nesse caso é uma ação que todos vão entender, por isso a aprovam com uma seriedade contida no rosto. O homem tinha vivido e vivenciado uma vida profissional intensa e rica e se realizado nela. Nada mais do que dor corporal e solidão poderia ainda acometê-lo: o que chamamos de futuro estava bloqueado, então ele transformou o seu não futuro, que teria significado apenas a extensão da morte na vida, em uma coisa clara, a morte. Ou tomemos o próprio Sigmund Freud. O câncer no palato do idoso estava em estágio final. O paciente tinha um hálito tao forte de pestilência que o seu cão preferido não se aproximava mais dele. Ele então disse ao seu médico que tudo aquilo nao passava de uma tortura e exigiu a seringa libertadora, que o seu velho amigo não recusou. Esse é mais um caso claro de suicídio socialmente aceitável e reconhecido. Mas o que dizer de Cesare Pavese, que se matou no auge da fama e do poder literário por causa de um "caso amoroso sem importância"? Ou Paul Celan, a Desconhecida do Sena, Peter Szondi, o desconhecido de um lago de Berlim, todos esses que preferiram as águas arrasadoras a uma vida de honra e prestígio? Teriam

Pavese, Celan e Szondi mais coisas em comum com a empregada vienense que se defenestrou do que com Freud e P. F.?[69]

A questão é retórica; as histórias de casos permanecem singulares e não podem ser reduzidas a um denominador comum. Em vez disso, Améry investiga as manifestações paradoxais da cisão do sujeito entre corpo e ego, natureza e espírito:

> A morte voluntária é sempre apenas por um curto momento mais natural para o suicida e para aquele propenso ao suicídio do que a morte natural socialmente aceita. Ele ainda está *vivo* enquanto pensa, sendo assim, uma parte de sua pessoa ainda é tributária da lógica da vida até o último suspiro, até os derradeiros momentos, quando fica inconsciente e apenas seu corpo age e reage à lógica da vida, ergue-se e expande-se, não quer permitir que o espírito de repugnância, que talvez seja o espírito por excelência, prevaleça, e que então, naturalmente, essa parte da pessoa libere tudo de si e penda sobre a borda da cama num vazio, antes que o *rigor mortis* lhe dê novamente uma firmeza que afinal não faz sentido, porque está fadada à degradação. O suicida tem medo, eu digo, medo do nada que quer incutir a si mesmo, mas que não o acalentará, medo também da sociedade que o condena (ele é parte de uma minoria e, desse modo, por assim dizer, o escravo colonial da vida) e que, ele bem o sabe, fará tudo que está ao seu alcance para salvá-lo, pode-se também dizer no jargão atual, apropriar-se dele novamente[70].

Améry sabe do que está falando: em 20 de fevereiro de 1974 ele havia tentado o suicídio pela primeira vez em Bruxelas, mas foi salvo após ficar em coma por várias horas. Em 17 de outubro de 1978, dois anos após a publicação de *Hand an sich legen*, ele finalmente cometeu suicídio em Salzburgo.

    O tratado de Améry é ainda hoje amplamente lido e citado; atualmente, a 15ª edição está em circulação. Em sua obra de pesquisa sobre a história das ideias, *Suizidales Denken im 20. Jahrhundert* [O pensamento suicida no século XX], Matthias Bormuth dedicou-lhe três capítulos que também comentam criticamente a formação de lendas em torno do autor enquanto sobrevivente do Holocausto e pioneiro da ética médica[71]. Não faltam nem mesmo "notas patográficas" polemizando sobre a heroificação, a arrogância moral e uma estilização profética de si próprio. Améry é acusado justamente de ter se identificado com a concepção cristã da paixão:

> A história da recepção, na qual Imre Kertész, ele próprio sobrevivente de Auschwitz e posteriormente vencedor do Prêmio Nobel da Literatura, descreveu Améry como um "santo do Holocausto", confirma a autoimagem de profeta ético, moldada pelo motivo da paixão. [...] Esse pensamento suicida introduz a visão grandiosa do suicidário que resplandece em nitidez moral, reforçando assim o efeito lendário[72].

Em seu prefácio, o próprio Jean Améry mencionou sobretudo a obra de Sartre como fonte essencial de inspiração, mas também a dissertação do sociólogo Jean Baechler *Les suicides* (1975)[73], supervisionada por Raymond Aron, e *La mort*, de Vladimir Jankélévitch, publicada pela primeira vez em 1966 – e reeditada em 1977[74]. Jankélévitch, doutor em filosofia, musicólogo e excelente pianista, refere-se em seu trabalho às possibilidades de falar da morte na primeira, segunda e terceira pessoa. "Tomar consciência da gravidade da morte significa, antes de mais nada, passar de um conhecimento abstrato e conceitual para um acontecimento factual."[75] Esse acontecimento factual não pode ser a "minha morte" no futuro, nem qualquer outra morte, mas ocorre como a "morte na segunda pessoa". Pois entre "a morte do outro, que é distante e insignificante, e a própria morte, que atinge directamente o nosso ser, há a proximidade da morte de uma pessoa que me é íntima"[76]. Não a morte na primeira pessoa – o "ser-para-a-morte", de Heidegger – nem a morte na terceira pessoa, do "morre-se", mas somente a morte na segunda pessoa possibilitaria a "experiência singular em que a lei universal da mortalidade é vivida como um infortúnio privado e uma tragédia pessoal"[77]. No centro dessa experiência, revela-se "a morte aquém da morte". Entre as manifestações da "morte aquém da morte", Jankélévitch contabiliza o conhecimento prévio do "impossível-necessário", que "apaixona, sentimentaliza e dramatiza" a duração finita de nossa vida[78]. Jankélévitch, por outro lado, mal fala de suicídio, assim como não o fazem duas obras de grande influência publicadas em Paris em meados dos anos 1970: *História da morte no Ocidente*: *da Idade Média aos nossos dias*, de Philippe Ariès, e *A troca simbólica e a morte*, de Jean Baudrillard[79]. Pode-se, portanto, acusar a filosofia de dar uma "atenção negligente" ao suicídio?[80] Ou será que esse silêncio se deve à abismal ambivalência que permeia não só as ações suicidas em si, como argumentam Matthias Kettner e Benigna Gerisch, mas também ao próprio "pensamento suicida" como um "pensar que leva à morte"?[81]

5.

Mais claramente do que a filosofia existencialista e seus legatários, Michel Foucault retomou o apelo de Nietzsche à morte voluntária e exigiu uma reavaliação radical do suicídio. Ele próprio já tinha tentado suicidar-se em 1948 – com 22 anos –, o que foi seguido de outras tentativas. James Miller relata em sua biografia de Foucault:

> Ele tentou cortar os pulsos. Brincava com a ideia de enforcar-se. Era obcecado por essa ideia. O seu pai, preocupado, arranjou um exame com um dos principais psiquiatras franceses, Jean Delay, no Hospital Sainte-Anne. Quando Foucault, para surpresa de todos, não passou na *Agrégation* em sua primeira tentativa, em 1950, um dos seus professores, com medo de que o aluno desencorajado fosse cometer outra "estupidez", pediu a um colega de classe que tomasse conta dele[82].

Em 1954, Foucault escreveu sobre os "registros do imaginário" em sua extensa introdução à obra *Sonho e existência* (1930), de Ludwig Binswanger. Nela, ele enfatizou que, bem ao contrário da fenomenologia do imaginário de Sartre[83], as "principais formas da imaginação" estariam "casadas com o suicídio". Sim, o suicídio se apresentaria "como o absoluto dos comportamentos imagináveis":

> Todo desejo de suicídio é preenchido desse mundo no qual não estarei mais presente aqui ou ali, porém presente em toda parte, do qual cada setor me seria transparente, e designaria sua pertinência à minha presença absoluta. O suicídio não é uma forma de suprimir o mundo ou eu, ou os dois juntos, mas uma forma de reencontrar o momento originário no qual me faço mundo, no qual nada ainda é coisa no mundo, no qual o espaço ainda não passa de direção da existência, e o tempo, movimento de sua história. Suicidar-se é a maneira última de imaginar; querer exprimir o suicídio em termos realistas de supressão é condenar-se a não compreendê-lo: só uma antropologia da imaginação pode fundamentar uma psicologia e uma ética do suicídio. Retenhamos, apenas por agora, que o suicídio é o mito último, o "juízo final" da imaginação, assim como o sonho é a sua gênese, a origem absoluta[84].

Foucault ficou particularmente fascinado pelo relato de Binswanger do caso de Ellen West. Essa paciente sofria de anorexia grave; em 1921, aos 33 anos, ela suicidou-se tomando veneno. Binswanger relatou que ela sempre "via a *comida* do ponto de vista da *culpa*" e apenas uma vez em sua vida ingeriu algo "que, ao contrário de toda comida, *só* lhe dá alegria, *só* lhe dá novas forças, *só* 'alimenta' a sua esperança, *só* se aplica ao seu amor e *só* clareia a sua mente. Mas esse algo não é mais uma dádiva da vida, mas o veneno da morte"[85]. Saber se Foucault de fato encontrou em Binswanger "um guia excepcionalmente empático para a compreensão do desejo de morte que tudo consome" não é algo assim tão "evidente"[86], como Miller supõe. Mas ele provavelmente compartilhou da atitude com a qual Binswanger comentou o suicídio da jovem: "Não temos que aprovar nem desaprovar o suicídio de Ellen West, não devemos trivializá-lo com uma explicação médica ou psicanalítica nem o dramatizar por meio de julgamento ético ou religioso."[87]

Depois disso, Foucault dedicou-se intensamente à história da loucura, mas também à vida e à obra de Raymond Roussel[88], que cometeu suicídio em 14 de julho de 1933 – no feriado nacional francês – em Palermo. Desde o início dos anos 1970, Foucault já estava engajado na luta contra as condições das prisões francesas, contra o encobrimento das greves de fome e dos suicídios. Em 1975 foi então publicado *Vigiar e punir*. E, no dia 1º de abril de 1979, Foucault publicou um artigo polêmico sobre suicídio e homossexualidade na primeira edição da revista *Le Gai Pied*:

> Vamos falar algo a favor do suicídio. Não em termos de direito, pois, a esse respeito, muita gente já disse coisas tão bonitas. Mas contra a miserável realidade que se faz dele. Contra a humilhação, a hipocrisia, a dubiedade que lhe são impostos: juntar secretamente caixas de comprimidos, encontrar uma boa e velha lâmina de barbear, observar a vitrine de uma loja de armas e tentar entrar no local com uma expressão insuspeita. Em vez disso, na minha opinião, a pessoa teria o direito não a um serviço rápido e, por conseguinte, bastante embaraçoso, mas a uma consultoria séria e competente. Deveria ser possível discutir sobre a qualidade e o efeito de cada arma. Deseja-se um vendedor experiente, sorridente, encorajador, que, no entanto, permaneça reservado e não fale demais. Ele precisa compreender que está lidando com uma pessoa de boa vontade, mas que é desajeitada, que nunca pensou em apontar uma arma para outra pessoa. Seria desejável que o seu zelo não o impedisse de recomendar outras possibilidades que pudessem ser mais adequadas ao estilo de vida e à natureza dos seus clientes. Uma tal consultoria seria mil vezes melhor do que a discussão com as pessoas da funerária ao lado do cadáver. [...] As lições que o morrer promete nos ensinar e os filósofos que nos dizem o que devemos pensar sobre isso me irritam um pouco. Não me interessa o que supostamente pode "preparar-nos para isso". É preciso prepará-lo, organizá-lo, produzi-lo peça por peça, calculá-lo, juntar os ingredientes necessários, pensar, escolher, procurar conselhos, trabalhá-lo para fazer dele uma obra que não tem audiência e só existe para a própria pessoa, que durará tanto quanto o segundo mais curto da vida. [...] Um conselho para os filantropos. Se vocês realmente querem reduzir o número de sui-

cídios, certifiquem-se de que as pessoas só se matem após uma análise cuidadosa, em paz e sem qualquer incerteza[89].

Foucault recomenda o "suicídio como uma festa" ou "orgia", mas não sem acrescentar que haveria também maneiras mais "eruditas e refletidas"[90]. Três anos depois, surge a gravação de uma conversa entre Foucault e o diretor de cinema Werner Schroeter, que ocorreu em 3 de dezembro de 1981. E essa conversa também gira em torno das condições sociais do suicídio:

> Uma das coisas que me preocupam há algum tempo é o fato de ter me dado conta do quanto é difícil suicidar-se. Pensando bem, podemos enumerar o pequeno número de meios de suicídio de que dispomos, cada um mais infame que o outro: o gás é perigoso para o vizinho; o enforcamento, afinal, é desagradável para a faxineira que descobre o corpo no dia seguinte; jogar-se pela janela suja a calçada. Além do mais, a sociedade considera muito negativamente o suicídio. Não apenas é dito que se suicidar não é uma boa, como também consideram que se alguém se suicida é porque ia muito mal. [...] Sou partidário de um verdadeiro combate cultural para se ensinar de novo às pessoas que não há uma conduta mais bela do que o suicídio e, por conseguinte, ela merece ser refletida. Cada um deveria trabalhar seu suicídio toda a sua vida[91].

Foucault morreu das implicações provocadas pela aids em 25 de junho de 1984 em Paris. Seus biógrafos – Didier Eribon, James Miller ou Paul Veyne[92] – descreveram mais ou menos extensivamente os antecedentes dessa morte, por exemplo as experiências com práticas sexuais sadomasoquistas em São Francisco. Suicídio como técnica de si erótica? Teria Foucault de fato escolhido a própria morte, como presumiu Gilles Deleuze quase dez anos antes do próprio suicídio em 4 de novembro de 1995?[93] No início dos anos 1980, os médicos ainda não sabiam muito sobre a aids. Segundo o testemunho de seus amigos, no entanto, Foucault estava surpreendentemente bem informado – e procurou provavelmente algum tipo de infecção solidária no epicentro californiano da epidemia[94]. Pelo menos assim o descreveu James Miller: "Ele teria então terminado sua vida com um gesto suicida de solidariedade, entrincheirando-se nas casas de banho de São Francisco no outono de 1983 e pondo seu corpo em risco uma última vez num chocante mas alienante, lírico e lógico ato de paixão, que foi talvez insano, talvez trágico, mas, em todo caso, totalmente pertinente. Talvez."[95] A cautela deste "talvez" não evitou as controvérsias ferozes em torno da biografia escrita por Miller. Elas não foram menos raivosas do que os debates parisienses que a antecederam sobre o romance-chave de Hervé Guibert, *Para o amigo que não me salvou a vida*, de 1990, no qual Foucault aparece como Muzil e transmite HIV ao seu amigo. Em 27 de dezembro de 1991, Guibert também morreu de aids. Desde então, a questão do possível suicídio de Foucault foi explorada narrativamente várias vezes, como no romance de Patricia Duncker *Alucinando Foucault*, de 1996, e mais recentemente também na sátira de Laurent Binet *Quem matou Roland Barthes?* (2015)[96].

8. Suicídio da espécie humana

> "O discurso do 'suicídio da humanidade'
> proporciona uma base ampla ideal à responsabilidade,
> um álibi esplêndido..."
> *Günther Anders*[1]

1.

O suicídio em massa de alemães em 1945 pode – tal como os ataques camicases da *Luftwaffe* – ser associado a uma prévia história japonesa. A partir de 1944, no decurso de progressivas perdas na Guerra do Pacífico, impôs-se a máxima de vencer ou buscar a morte. O número de mortos aumentou rapidamente e quase não houve prisioneiros. Em seu estudo de cultura comparada sobre a história do suicídio no Japão, Maurice Pinguet afirma: "Vencer ou morrer: os soldados japoneses levaram esse lema ao pé da letra." Numa situação de desespero, a morte era até mesmo provocada: "Se um posto estava numa situação sem saída, a batalha terminava com um ataque suicida. Os sobreviventes atiravam-se em frente às metralhadoras e granadas, gritando 'Banzai!'. Os feridos acionavam uma granada de mão ou pediam ao seu melhor amigo para os matar." E os oficiais cometiam suicídio tradicional por *seppuku*. Estratégias semelhantes também foram praticadas pela população civil.

> Em julho de 1944, a pequena ilha de Saipan teve, por fim, que se render ao fogo americano. O almirante Nagumo, que havia conduzido o ataque a Pearl Harbor com tanto sucesso, matou-se – o antigo general Saitō executou o *seppuku* na presença dos seus oficiais, depois de dar ordem aos sobreviventes para realização do último ataque. A população – colonos japoneses – procurou refúgio nas cavernas rochosas em lugares altos acima do mar. Muitos, especialmente mulheres com seus filhos nos braços, atiraram-se dos penhas-

cos para as profundezas. Num acordo com a censura, a imprensa de Tóquio não tentou minimizar as perdas de vidas humanas, mas, pelo contrário, exagerou deliberadamente, como se quisesse apresentá-las como um exemplo louvável. De batalha em batalha, de uma ilha à outra, até Okinawa alguns meses depois: em toda parte era a mesma amargura, o mesmo fim. Quando o *seppuku* duplo dos generais Ushijima e Chō pôs fim a essa luta em 22 de julho de 1945, foram contados 12 mil mortos do lado americano contra 130 mil do lado japonês. Quanto mais a guerra se aproximava da ilha principal, mais dura e sangrenta se tornava a resistência[2].

Enquanto a batalha por Okinawa acontecia no Mar da China Oriental, realizavam-se os preparativos para o primeiro teste de uma bomba atômica, em Los Alamos – sob a direção de J. Robert Oppenheimer. Em 16 de julho de 1945, estava tudo pronto. Com uma força explosiva de 21 quilotons, a bomba da Experiência Trinity explodiu no deserto do Novo México. Ela abriu uma cratera de três metros de profundidade e 330 metros de largura, vaporizou a torre de aço de trinta metros de altura em que estava montada e fundiu a areia do deserto com vidro esverdeado. As ondas de pressão puderam ser sentidas a uma distância de 160 quilômetros e a nuvem da explosão em forma de cogumelo atingiu uma altura de doze quilômetros. O lugar do experimento foi declarado Marco Histórico Nacional em 1975 e só pode ser visitado nos primeiros sábados de abril e de outubro. Um obelisco negro, o *Trinity Site Monument*, marca o local da detonação da bomba. O que impressiona é a estranha mistura de símbolos: o nome "Trinity" lembra a Santíssima Trindade cristã (Pai, Filho e Espírito Santo). Até hoje no Japão se fala da "bomba cristã". Diz--se que, ao dar esse nome, Oppenheimer teria recordado o "Holy Sonnet XIV", de John Donne, de 1631 (ano da morte do poeta)[3], que começa com as seguintes linhas: *"Batter my heart, three person'd God; for you/ As yet but knock, breathe, shine, and seek to mend;/ that I may rise, and stand, o'erthrow me, and bend/ Your force to break, blow, burn, and make me new."*[4] – "Invada o meu coração! Trindade de Deus, que, tímido/ até agora só bate, respira e cura./ Oh, lance-me ao chão para que eu possa levantar-me!/ Utilize sua força para soprar, queimar, e fazer-me novo!" Segundo outras fontes, Oppenheimer não quis referir-se à Trindade cristã em absoluto, mas à trindade indiana de Deus como Brahma (Criação), Vishnu (Conservação) e Shiva (Destruição). Imediatamente após o teste ele teria citado algumas linhas dos cantos do *Bhagavadgita* indiano: "Se a luz de mil sóis brilhasse de uma só vez no céu/ seria equivalente ao esplendor do todo-poderoso.../ Eu sou a morte que tudo rouba, destruidor dos mundos."[5] Fazendo alusão a essa citação, Robert Jungk deu à sua obra de história da pesquisa nuclear, de 1956, o título *Mais brilhante que mil sóis*. Mas por que esses nomes e associações são tão importantes a ponto de ainda hoje ser possível discutir sua origem? Por que é tão difícil acreditar em Frank Oppenheimer, que esteve ao lado de seu irmão Robert durante o teste Trinity e sempre afirmou que as primeiras palavras do líder do Projeto Manhattan teriam sido simplesmente: "Funcionou"?

A resposta é óbvia. E ela não foi dada no dia 16 de julho, mas três semanas depois: em 6 de agosto de 1945, o dia do bombardeio atômico de Hiroshima. Na época, quase 70 mil pessoas foram dizimadas em uma fração de segundo, e outras 70 mil vítimas sucumbiram aos seus ferimentos até o final do ano. Três dias depois, morreram mais 60 mil pessoas em Nagasaki. As duas bombas atômicas não seguiam uma teologia nem uma estética do sublime, mas uma lógica militar de comando. Os nomes das bombas não reportavam a imagens divinas cristãs ou hindus: *Little Boy* e *Fat Man*. E o avião que lançou a bomba em Hiroshima recebeu o nome da mãe do piloto Paul W. Tibbets: *Enola Gay*. Um avião como uma mãe, uma bomba atômica como um pequeno menino? Não se falou de Shiva nem houve sonetos sobre "corações invadidos". O verdadeiro horror permaneceu inconcebível: ele desapareceu rapidamente em 1945 por trás do entusiasmo nacional sobre a rendição incondicional do Japão, que precisou ser imposta no dia 14 de agosto por ordem do imperador Hirohito, pois seus generais queriam continuar lutando. Um dia depois que a bomba foi lançada sobre Nagasaki, "o ministro japonês da Guerra, general Korechika Anami, pediu à população que continuasse lutando, 'mesmo que tenhamos de comer capim, engolir terra e dormir nos campos'"[6]. Um pacto coletivo de suicídio só foi evitado por meio de intervenção imperial. O horror foi rapidamente convertido em fascínio. Até hoje, vários itens colecionáveis estão à venda na internet: por exemplo, um modelo em miniatura do *Enola Gay*, um B-29 de estanho, e também um modelo da *Little Boy* autografado pelo piloto. Outros *souvenirs* vêm do deserto do Novo México: pedaços da areia do deserto fundidos com vidro, as assim chamadas *trinititas*, ainda com leve radiação alfa; sua coleta no antigo local de testes é, claro, estritamente proibida. Menos de onze meses após aqueles dias de agosto de 1945 teve início a série de testes nucleares americanos no Atol de Bikini, no Oceano Pacífico: a Operação Crossroads. Em 30 de junho de 1946, *Able* foi detonada, e, em 24 de julho, *Baker*: tanto a potência – 23 quilotons – como o tipo de ambas as bombas equivaliam à *Fat Man* de Nagasaki. A primeira bomba atômica foi lançada de um bombardeiro B-29, a segunda foi explodida a 27 metros abaixo da superfície do mar. O que estava sendo testado eram os efeitos de uma bomba atômica em aviões, navios e animais. Para esse propósito, foram estacionados no atol 71 navios cargueiros e militares em desuso, entre eles navios alemães e japoneses, como o cruzeiro *Prinz Eugen* ou o encouraçado *Nagato*. Até mesmo o porta-aviões *USS Saratoga*, que tinha operado na Guerra do Pacífico desde Pearl Harbor, foi afundado na ocasião; alguns navios transportavam gaiolas com cabras, ovelhas, porcos e ratos. Os testes foram bem-sucedidos e celebrados – até na publicidade de alimentos. Não é à toa que as nuvens de fumaça das explosões atômicas foram comparadas de início a uma couve-flor e depois a um cogumelo.

> Pouco depois, havia saborosos *uranium burgers* – por 45 centavos – e *uranium sundaes*, sorvete com chantili, abacaxi e ursinhos de goma. Em novembro de 1946, o vice-almirante William H. P. "Spike" Blandy, comandante-chefe dos primeiros testes de bombas atômicas de Bikini, ofereceu uma cerimônia de encerramento no cas-

Fig. 16: O vice-almirante William H. P. Blandy, sua esposa e o almirante Frank J. Lowry (da esquerda para a direita) cortando o *"Atomic Cake"*, em Washington, D.C., no dia 8 de novembro de 1946.

sino dos oficiais na qual, juntamente com a sua esposa, cortou um bolo gigante, uma réplica primorosa da nuvem atômica, seja ela cogumelo ou couve-flor[7].

A foto causou crítica e indignação mundial.

Os filmes sobre as explosões no Atol de Bikini cativaram um público tão horrorizado quanto fascinado. Já em 5 de julho de 1946, poucos dias após a primeira explosão em Bikini, o engenheiro francês e designer de maiôs Louis Réard fez a modelo Micheline Bernardini descer a passarela da Piscina Molitor, em Paris, com um maiô de banho de duas peças feito de quatro triângulos de tecido. Em competição com Jacques Heim, que tinha criado pouco antes uma camiseta de banho chamada "Atom", em Cannes, Réard chamou a sua criação de "Bikini". No contexto das explosões de bomba, o biquíni provocou um escândalo público, mas isso não impediu Réard de patenteá-lo no Instituto Francês de Patentes em 18 de julho de 1946. A sexualização da bomba atômica seguiu um padrão cultural já moldado em 1933:

por exemplo, pelo filme *Bombshell* (dirigido por Victor Fleming, produzido por Hunt Stromberg e Irving Thalberg), no qual Jean Harlow interpreta a menina Lola Burns, que pretende mudar sua imagem de estrela de cinema casando-se com um marquês e adotando um bebê. *Bombshell* – que na verdade significa "cápsula de bomba" – foi traduzido para o alemão como *Sexbombe* [Bomba sexual] e identificado rapidamente com a bomba atômica. Do mesmo modo, a estrela americana Linda Christian foi comercializada como *"Anatomic Bomb"*. Seios femininos como armas nucleares? *"Bombshells"* recheadas de silicone explosivo? Embora Bodo Mrozek tenha incluído o vocábulo *"Atombusen"* (seio atômico) no seu *Lexicon der bedrohten Wörter* [Dicionário de palavras ameaçadas][8], a expressão ainda é comum. Ao que parece, as fantasias masculinas sobre as "bombas sexuais" esperam que o corpo feminino abrigue conteúdos secretos: silicone ou leite nos seios, sangue ou mesmo uma criança – *Little Boy* – no útero. Em 12 de março de 1950, a revista *Stern* publicou:

> A "superbomba atômica" da Itália agora foi desativada e retirada de circulação. A atriz de cinema Silvana Mangano, de dezenove anos, deixará de aparecer na tela das salas de cinema italianas. Depois de seu grande sucesso no filme realista *Arroz amargo*, que descreve o difícil destino das jovens trabalhadoras nos campos de arroz italianos no Vale do Pó, ela irá se retirar para a sua vida privada. O pulôver vermelho de Silvana e as suas meias finas – contra as picadas de mosquito, é claro – causaram muita excitação aos homens italianos. Entretanto, a jovem tornou-se mãe por vias legais e quer viver só com o seu *bambino* de seis semanas[9].

O texto curto (com foto) conseguiu dar um caráter obsceno não só à "circulação", mas também ao "Vale do Pó", além de levantar questões enigmáticas em torno do que seria uma maternidade "legal" ou "ilegal", assim como a respeito de um nascimento comparado com a desativação de uma bomba atômica – e consequentemente da gravidez como uma espécie de bombardeio.

2.

Depois de três anos, a euforia em relação a Bikini arrefeceu. Em 29 de agosto de 1949, a primeira bomba atômica soviética explodiu na Área de Testes de Semipalatinsk. A Guerra Fria, que já havia começado com a posse de Harry S. Truman (em 12 de abril de 1945) – e continuou com o bloqueio soviético de Berlim Ocidental (de 24 de junho de 1948 a 12 de maio de 1949) –, desenvolveu a partir daí o potencial de ameaça de uma guerra nuclear. Quase dez meses após o sucesso do teste soviético teve início, em 25 de junho de 1950, a Guerra da Coreia, a primeira guerra com apoio indireto das novas potências nucleares. Os testes continuaram nos atóis do Pacífico e no deserto de Nevada – com, por exemplo, as séries Ranger e Greenhouse em abril e maio de 1951 –; e, em 31 de outubro de 1952, explodiu *Ivy Mike*, a primeira bomba de hidrogênio com 10,4 megatons, no atol Enewetak. Em 28 de fevereiro de 1954, sete meses após o fim da Guerra da Coreia (em 27 de julho de 1953 foi assinado um acordo de cessar-fogo), a bomba de hidrogênio *Bravo*, de 15 megatons, foi detonada no Atol de Bikini – até hoje a mais forte explosão atômica termonuclear dos EUA. A explosão foi consideravelmente mais violenta do que o esperado devido a cálculos incorretos; precipitações radioativas atingiram várias ilhas e até mesmo a tripulação de um navio pesqueiro japonês a uma distância de mais de cem quilômetros. Numerosos povos indígenas que tinham sido transferidos para uma ilha supostamente segura e membros do corpo militar sofreram contaminação radioativa. Depois de seis minutos, a nuvem atômica em forma de cogumelo atingiu uma altura de quarenta quilômetros e um diâmetro de cerca de cem quilômetros; no local da detonação, formou-se uma cratera submarina de dois quilômetros de largura e oitenta metros de profundidade. Ainda durante a Guerra da Coreia, o general Douglas MacArthur pediu repetidamente pelo emprego de armas nucleares – inclusive na luta contra a República Popular da China – antes de ser substituído em 11 de abril de 1951. Ao que parece, Truman não só considerou seriamente essa opção, como já tinha assinado a ordem concreta para utilização de bombas nucleares. Felizmente, evitou-se essa escalada porque a ordem de Truman foi perdida na confusão que se seguiu à substituição de MacArthur. Em vez disso, tudo terminou mais uma vez com uma "bomba" feminina, como relatou a revista *Stern* em 7 de março de 1954, pouco depois do teste com a *Bravo*:

> Bomba atômica na Coreia – uma notícia que faz estremecer o mundo. Mas não há necessidade de ninguém tremer. A bomba atômica é uma fêmea que, apesar de altamente explosiva, não ameaça a paz mundial. A estrela de Hollywood Marilyn Monroe fez uma visita de oito dias aos GIs americanos. Primeiro vestindo blusa de camuflagem e coturnos e depois um vestido de coquetel de veludo vermelho bem decotado, ela esteve entre os rapazes e sussurrou com voz rouca ao microfone: "*Oh, baby...*"[10]

A piada deve ter ficado levemente entalada na garganta, sobretudo porque a União Soviética continuou com seus próprios testes – detonando uma primeira bomba de hidrogênio em 22 de novembro de 1955. Embora a bomba fosse muito menor do que a *Bravo*, seis anos depois os soviéticos provocaram a explosão atômica mais forte da história com a *Tsar Bomba*, uma bomba de hidrogênio monstruosa e militarmente inútil de 58 megatons, detonada em Novaya Zemlya.

As preocupações da ciência já haviam crescido logo após a Operação Crossroads e o início da Guerra Fria. No ano de 1947, o Boletim de Cientistas Atômicos, fundado por alguns físicos do Projeto Manhattan em 1945, foi publicado pela primeira vez com o "Doomsday Clock" na capa: os ponteiros do Relógio do Juízo Final, desenhado por Martyl Langsdorf – artista plástica e esposa do físico Alexander Langsdorf, que havia trabalhado no Projeto Manhattan –, foram fixados em sete minutos para a meia-noite. Em 1949, eles foram ajustados para três minutos para a meia-noite; em 1953, para dois para a meia-noite; e, em 1984, foram postos outra vez sobre três para a meia-noite. Com o fim da Guerra Fria, o relógio foi ajustado em 1991 para dezessete minutos para a meia-noite – e desde 2017 está na posição de dois minutos e meio para a meia-noite. Ao justificar esta última decisão, Rachel Bronson, chefe do Conselho de Ciência e Segurança do Boletim, referiu-se não só ao septuagésimo aniversário do "Doomsday Clock", mas também aos crescentes perigos da mudança climática, à progressiva ameaça das armas nucleares, aos ataques cibernéticos e à difusão de fake news[11]. A preocupação causada pela prosaica contagem regressiva para um iminente fim do mundo foi, no entanto, abrandada pelo governo dos EUA e pela mídia já em 1947. Propagaram-se coisas como *bunkers* caseiros e, no ano de 1951, Anthony Rizzo filmou o curta-metragem *Duck and Cover*, no qual o comportamento da tartaruga Bert, um engraçado personagem de desenho animado, foi elogiado como uma estratégia eficiente de proteção contra explosões de bombas nucleares. O filme continuou extremamente popular – inclusive por causa do premiado documentário *The Atomic Cafe* (1982). Sua mensagem foi reforçada por meio de apelos patrióticos e religiosos. Norman Vincent Peale, por exemplo, autor do best-seller *O poder do pensamento positivo* (1952), convidou uma garotinha que aparentemente tinha medo da bomba a participar de seu programa de televisão e, ali, colocou a mão sobre a cabeça da menina e explicou num tom solene de convicção que Deus não toleraria que uma bomba fosse lançada em Nova York.

Não menos importante do que as campanhas jornalísticas para relativizar a situação foi a campanha para usos pacíficos da energia nuclear. Após a primeira rodada da corrida aos armamentos entre os EUA e a União Soviética, o presidente dos EUA Dwight D. Eisenhower proferiu um discurso no dia 8 de dezembro de 1953 na ONU no qual anunciou o programa *"Atoms for peace"*. No futuro, a energia nuclear deveria ser utilizada de forma pacífica; usinas nucleares deveriam ser construídas para fornecer energia em benefício da humanidade. No âmbito do Projeto Manhattan, Enrico Fermi já havia ativado um reator nuclear em 2 de dezembro de 1942, em funcionamento em Chicago. A primeira usina nuclear soviética foi inaugurada em 1954 em Obninsk, perto de Moscou. A primeira usina britânica seguiu-se em 1955 com a entrada em funcionamento da estação de energia nuclear Calder Hall, na costa do Mar da Irlanda. Em agosto do mesmo ano, realizou-se em Genebra uma conferência da ONU de duas semanas com mais de 25 mil participantes de 76 países sobre a utilização pacífica da energia nuclear. No outono do ano seguinte, foi fundada a Agência Internacional de Energia Atômica. Algumas semanas antes do início da Conferência de Genebra, Bertrand Russell e Albert Einstein publicaram, em 9 de julho de 1955, um manifesto em que eles – junto com mais nove cientistas (entre eles Max Born e Linus Pauling) – alertaram para os perigos de uma guerra nuclear e apelaram a todos os governos para que procurassem uma solução pacífica para os conflitos. Na Conferência de Genebra reinava um clima eufórico. Informações até então secretas foram trocadas e os EUA prometeram uma doação de 350 mil dólares a todos os Estados que quisessem construir um reator nuclear. A delegação alemã, chefiada por Otto Hahn, que pela primeira vez desde a assinatura dos Tratados de Paris de 23 de outubro de 1954 pôde participar da Conferência de Genebra como representante de um Estado soberano, apercebeu-se rapidamente da enorme demenda científica que tinha surgido nos dez anos que se seguiram ao fim da guerra. Já em 1º de dezembro de 1955, o chanceler da Alemanha, Konrad Adenauer, fundou o Ministério Federal para Assuntos Nucleares, cujo primeiro-ministro foi Franz Josef Strauss. Inicialmente, a Alemanha planejou a criação de apenas um centro de investigação nuclear. Após longos debates sobre a sua futura localização, foi criado o Centro de Pesquisa de Karlsruhe. Para compensar Werner Heisenberg, que, como diretor do Instituto Max Planck de Física Nuclear em Göttingen, havia defendido Munique como local para um reator de pesquisa, o governo do estado da Baviera aprovou a sua construção em Garching, perto de Munique, com a ajuda dos subsídios americanos acordados em Genebra. O reator foi concluído em tempo recorde, e já iniciou seus trabalhos em 30 de outubro de 1957. Entre a população, o reator de Garching foi apelidado carinhosamente de "Ovo Atômico" – devido à forma de sua cúpula. E foi só em julho de 2000 que o Ovo Atômico, após 43 anos e já fora dos padrões vigentes, foi desativado e tombado como patrimônio histórico. Seu sucessor, que provocou vários litígios judiciais por operar com urânio altamente enriquecido, em princípio utilizável numa arma nuclear, entrou em funcionamento em 2004, tendo sido também violentamente criticado devido à sua proximidade com o aeroporto de Munique. Em 1956 e 1957, porém, o Ovo Atômico encarnava o orgulho da Baviera e da ainda jovem República Federal Alemã, como um símbolo do progresso técnico e econômico. Na cerimônia de inauguração do reator, o primeiro-ministro da Baviera Wilhelm Hoegner posou com uma vareta de urânio para os fotógrafos da imprensa, erguendo-a como uma lança; e o município de Garching deliberou rapidamente incluir os contornos do Ovo Atômico no brasão da cidade. O entusiasmo pela energia nuclear foi até mesmo expresso no cardápio do banquete: salsichas brancas foram oferecidas como "varetas de urânio", carne bovina como "palitos de nêutron" e cerveja como "água de refrigeração radioativa".

O entusiasmo nuclear prevaleceu para além das fronteiras partidárias; os democratas-cristãos e os socialistas tinham as mesmas posições quanto à pesquisa nuclear. Siegfried Balke, sucessor de Franz Josef Strauss como ministro da Energia Nuclear (a partir de 16 de outubro de 1956), considerava a construção de usinas nucleares como um imperativo econômico; e Ludwig Ratzel, deputado do Partido Social-Democrata (SPD), pregou no Parlamento que os alemães não deviam permanecer um "povo subdesenvolvido no que tange às questões nucleares". Na conferência do SPD de 1956, em Munique, Leo Brandt, secretário de Estado da Aviação e Tecnologia de Reatores da Renânia do Norte-Vestfália, falou sobre o "fogo primordial do universo". O combustível urânio-235 seria 1 milhão de vezes melhor que o carvão, pois meio quilo já seria suficiente para fazer um avião voar oito vezes ao redor do mundo. Pelo preço módico de 1 milhão de dólares, seria possível comprar pequenos reatores em caixas de alumínio, enterrá-los sob o gelo ártico, e, assim, abastecer uma cidade de 10 mil habitantes com eletricidade. Em 1956, o SPD aprovou um "plano nuclear" que traçava as grandes possibilidades da energia nuclear. E o Programa de Godesberg, de 1959, formulou a expectativa de que, "na era atômica, o homem poderá facilitar sua vida, libertar-se das preocupações e trazer prosperidade a todos"[12]. Essas expectativas não eram, de modo algum, difundidas apenas por políticos ou lobistas. Até mesmo o sóbrio Karl Jaspers afirmou, em seu livro de sucesso *A bomba atômica e o futuro do homem* (1958), que as perspectivas seriam enormes, pois "enquanto a bomba atômica desaparece, a energia nuclear instala uma nova era de trabalho e economia". Em suma, "se o átomo não trouxer destruição, coloca toda a existência num novo patamar"[13]. E Ernst Bloch chegou mesmo a elogiar a vitória triunfal de uma "técnica não euclidiana" que permitiria "transmutar quaisquer partes da matéria terrestre em um estado de matéria estelar fixa" – "como se as fábricas estivessem logo acima das orgias energéticas do Sol ou de Sirius. A química sintética, que produz matéria-prima não encontrada na natureza, mais barata e às vezes melhor, alia-se à física nuclear por intermédio de uma espécie de ganho analítico de energia, *como algo que não é deste mundo, não da forma como o conhecíamos até então*". À euforia quase gnóstica por uma energia que "não é deste mundo" seguem-se esboços utópicos.

> Assim como as reações em cadeia sobre o Sol nos trazem calor, luz e vida, a energia nuclear, sendo utilizada para outros maquinismos que não o da bomba, na atmosfera azul da paz, também transforma o deserto em terra fértil, o gelo em primavera. Algumas centenas de libras de urânio e tório seriam suficientes para fazer desaparecer os desertos do Saara e de Gobi, para transformar a Sibéria, o norte do Canadá, a Groenlândia e a Antártida numa Riviera. Eles seriam suficientes para fornecer à humanidade, em diminutas latas altamente concentradas e prontas a ser utilizadas, a energia que, de outro modo, teria de ser obtida em milhões de horas de trabalho.

As utopias são apresentadas como feitiçaria que "não só vão muito além das visões de uma obra técnica, mas quase transcendem os manuais de magia antiga"[14]. Nos primeiros anos da aclamada era nuclear, foi traçada toda sorte de planos. Se, por um lado, as necessidades energéticas para aquecimento e eletricidade de futuras habitações familiares deveriam ser satisfeitas com pequenos reatores nucleares, por outro foi também proposto combater ciclones perigosos com bombas atômicas. O sonho era construir um reator nuclear no fundo do mar a uma profundidade de 3.200 metros como "aquecimento central para a Antártida"; aviões, submarinos ou mesmo trens deveriam ser equipados com reatores nucleares. Ao mesmo tempo, foi relatada uma série de experimentos no deserto do Novo México que deviam testar a possibilidade de realizar extensas escavações mais rapidamente por meio de explosões de bombas atômicas. A configuração dos experimentos foi relativamente simples: uma bomba atômica de cinco quilotons foi detonada numa rocha de granito dentro de uma câmara subterrânea a uma profundidade de 285 metros, criando enormes cavernas cobertas com rocha fundida. Quatro meses após a explosão, um grupo de visitantes da Alemanha pôde relatar:

> Usando máquinas, os técnicos escavaram em apenas alguns dias uma galeria paralela até o assim chamado espaço zero. O que vimos então foi algo como a Gruta do Rei da Montanha: não estávamos numa pequena câmara, e sim debaixo de uma cúpula hemisférica de quarenta metros de altura. O seu diâmetro era de 54 metros. O solo da gruta estava cheio de pedaços de sal. Os escombros pareciam ter caído do teto e foram armazenados acima do lago de sal congelado. A temperatura era de "apenas" 55 graus Celsius. Com a baixa radioatividade, os dispositivos de proteção tornaram-se supérfluos para nós[15].

Após a primeira série de testes, os engenheiros e funcionários da Comissão de Energia Atômica dos EUA tornaram-se cada vez mais confiantes na sua capacidade de dominar perfeitamente a tecnologia de escavação nuclear até o final do ano de 1967. Prontamente, foi elaborado um projeto "para escavar o leito para um segundo Canal do Panamá, ainda maior, com explosivos nucleares. À custa de alguns mísseis nucleares táticos se poderia escavar em apenas alguns minutos uma via fluvial cuja construção por meios convencionais levaria anos"[16]. Basicamente, quase tudo foi considerado possível nos primeiros anos após 1955. O *Atomium*, em Bruxelas, erigido para a Exposição Internacional de 1958, tornou-se rapidamente o símbolo de uma nova era.

3.

No entanto, por trás da euforia maníaca, escondiam-se pânico, medos depressivos e expectativas apocalípticas. Ao mesmo tempo que a euforia atômica estava no auge, era discutida na República Federal Alemã a possibilidade de produzir armamento nuclear – afinal, os britânicos já haviam detonado sua primeira bomba atômica em 2 de outubro de 1952, e o primeiro teste de uma bomba de hidrogênio estava marcado para 17 de maio de 1957. Em 12 de abril de 1957, dezoito cientistas nucleares, incluindo Max Born, Otto Hahn, Werner Heisenberg, Heinz Maier-Leibnitz, Wolfgang Pauli e Carl Friedrich von Weizsäcker, publicaram o "Manifesto de Göttingen", que diz:

> Não é conhecido nenhum limite natural à possibilidade de desenvolvimento dos efeitos devastadores do armamento nuclear estratégico. Hoje, uma bomba atômica tática pode destruir uma cidade pequena, mas uma bomba de hidrogênio pode tornar uma região do tamanho do Vale do Ruhr temporariamente inabitável. Com a disseminação da radioatividade, é muito provável que se pudesse exterminar a população da República Federal Alemã com bombas de hidrogênio ainda hoje. Não conhecemos nenhuma possibilidade técnica de proteger com segurança as grandes populações desse perigo. [...] Não negamos que hoje o medo recíproco das bombas de hidrogênio contribui de forma essencial para a preservação da

paz no mundo inteiro e da liberdade em uma parte do mundo. No entanto, consideramos que essa forma de garantir a paz e a liberdade não é fiável em longo prazo, e consideramos que o perigo é fatal em caso de fracasso. Não nos sentimos competentes para apresentar propostas concretas para a política das grandes potências. Para um pequeno país como a República Federal Alemã, acreditamos que hoje em dia ele ainda se protegeria melhor e promoveria de forma mais eficiente a paz mundial se renunciasse expressa e voluntariamente à posse de armas nucleares de qualquer tipo. Em todo caso, nenhum dos abaixo assinados estaria disposto a participar da forma que seja na produção, teste ou utilização de armas nucleares[17].

Visto que a separação entre o armamento nuclear militar e a tecnologia nuclear civil deveria ser mantida, o "Manifesto de Göttingen" é encerrado com um reconhecimento do uso pacífico da energia nuclear. Mas, ao mesmo tempo, ele trouxe à luz o avesso do otimismo atômico: o medo da culpa pelo fim do mundo, o medo do possível apocalipse em forma de um suicídio de toda a nossa espécie.

Günther Anders, aluno de Husserl e Heidegger, primeiro marido de Hannah Arendt e filho do psicólogo William Stern, era a voz sombria no coro dos filósofos – de Jaspers a Bloch. Ele caracterizou o futuro radiante da era nuclear como o "fim dos tempos". Assim, o primeiro volume da obra *Die Antiquiertheit des Menschen* [A antiguidade do homem] (1956) afirma que a ameaça nunca terminaria, mas seria "sempre apenas adiada":

> O que é evitado hoje pode acontecer amanhã. Amanhã ela irá pairar sobre os nossos filhos, e depois de amanhã sobre os filhos dos filhos. Nunca mais ninguém se livrará dela. Não importa quão longe as gerações vindouras possam avançar no futuro, para onde quer que fujam, ela sempre fugirá com eles. Sim, à sua frente, como que lhes apontando o caminho: uma nuvem escura seguida por eles[18].

Desde Hiroshima, as pessoas teriam se tornado mestres em seu aniquilamento coletivo, expoentes de uma *potestas annihilationis*, em contraste com a *creatio ex nihilo*[19]. Portanto, seria ainda mais admirável a sua "incapacidade de sentir medo": "Então é essa a situação. Tão assustadora. Mas onde está o nosso medo? Não vejo nenhum. Não posso encontrar nem mesmo um medo mediano. Nem sequer um daqueles medos que costumam aparecer no caso do perigo de uma epidemia de gripe, por exemplo. Absolutamente nenhum medo. Como isso é possível?"[20] Anders dá várias respostas a essa pergunta. Ele primeiro menciona o que chama de "discrepância prometeica", que impõe limites à empatia dos seres humanos: "Podemos ter medo da nossa morte. Mas sentir empatia com o medo de dez pessoas já é demasiado para nós. Diante da ideia do apocalipse, a alma capitula." E acrescenta que, "em comparação com o que sabemos e somos capaz de produzir, conseguimos imaginar e sentir demasiado pouco"[21].

Uma segunda resposta é derivada da crença moderna no progresso, que proíbe totalmente pensar na morte e na mortalidade. "Uma vez que apenas aquilo que se torna cada vez melhor é considerado como 'ser real', não podemos conceber de forma nenhuma a morte, a menos que a elevemos a algum patamar onde ela possa indiretamente fazer parte da lei universal de melhoria de qualidade."[22] Segundo ele, é certo que hoje se morreria de forma "mais agradável" do que há cinquenta anos; nos cemitérios não se enterrariam mais os mortos, mas a própria morte. A supressão da morte, que Heidegger já havia criticado, teria causado uma perda historicamente nova do futuro.

> Por mais rápido que tenhamos corrido em direção ao mundo do progresso, corremos como míopes. O nosso atual horizonte de futuro, o período que considerávamos como *futurum* e que percebíamos como tal, permaneceu algo de natureza quase provincial. Até mesmo "depois de amanhã" já não representa mais futuro para nós. O que queremos dizer com esse paradoxo é o simples fato de que nem tudo o que está no futuro é considerado como "o futuro". O ano de 1967 significa certamente "o futuro" para nós. Mas somos incapazes de conceber o ano de 2500 como futuro e as pessoas do ano de 2500 como nossos descendentes: eles "não nos dizem respei-

to", o seu lugar no tempo parece estar em algum ponto no nevoeiro; e até o lugar do ano 10000 parece estar na região arcaica do ano 10000 *antes* do início da Era Comum[23].

O diagnóstico é clarividente; ele vale para o nosso próprio tempo de forma ainda mais exata do que era previsível em meados dos anos 1950. A perda do futuro é agora acompanhada por uma consciência sincrônica, que é constantemente ampliada e aguçada pela onipresença dos meios de comunicação e das redes sociais. A supremacia dessa consciência sincrônica manifesta-se exemplarmente na pergunta sempre repetida sobre o que está acontecendo neste momento, enquanto, por exemplo, estou sentado à minha escrivaninha, para além do meu ambiente de trabalho: nas zonas de guerra na Síria, no Iêmen ou na Ucrânia, mas também em lugares onde se encontram os meus filhos e amigos, que postam no Facebook e no Twitter o que estão fazendo, com o que estão ocupados neste instante. Essa ascensão incessável da consciência sincrônica, uma espécie de atenção flutuante que se assemelha ao *multitasking*, faz o mundo parecer cada vez mais agitado. Atrás dos mapas mentais de eventos simultaneamente intermitentes desaparecem os questionamentos sobre a *longue durée*, sobre a genealogia dos conflitos bélicos e crises econômicas, assim como a coerência das histórias de vida individuais e as questões em torno do futuro. Vivemos em um cronótopo do "presente amplo" (Hans Ulrich Gumbrecht), do "choque do presente" (Douglas Rushkoff)[24], dos rizomas e interações. Todos os dias, e, se quisermos, sim, todos os minutos, o mundo nos mostra o seu lado terrível, ficamos sabendo de catástrofes, guerras, fomes, epidemias, suicídios, atentados, movimentos de fuga e ameaças crescentes, como as advindas das alterações climáticas, de modo que até a previsão meteorológica por vezes pinta um quadro sombrio da situação do planeta. A visão de mundo da consciência sincrônica é uma imagem do fim do mundo, uma expressão da desesperança compartilhada sincronicamente. Pelo menos nesse ponto Anders estava errado: já não vivemos num mundo destemido que consegue recalcar a morte e o fim.

Em relação às bombas atômicas, Anders ratificou as visões de Sartre sobre a prática do *néant*, da "nadificação", dando um perfil histórico concreto à tese que Heidegger desenvolveu para sua palestra inaugural em Freiburg – "Pre-sença significa ser retido no nada."[25] Pois a bomba atômica, diz Anders, comporta-se "como um niilista", e, seja o que for que ela possa dizer, "suas palavras não seriam outras que as do niilista", que pergunta, de forma provocadora, por que o mundo não poderia "simplesmente não existir"[26]. O aperfeiçoamento da técnica de armamento teria contribuído para a disseminação universal do niilismo. Ele teria tomado a forma de uma "consciência vulgar da época", ou quase de uma "filosofia de massa"; mas o fato de que este *"niilismo de massa"* e a possibilidade da *"aniquilação em massa"* venham a convergir historicamente seria algo "extremamente espantoso"[27]. No lugar da frase "Todos os homens são mortais", hoje aparece a frase "A humanidade como um todo é matável"[28]. Em uma nota detalhada na qual contesta Heidegger, Anders argumenta que o "ser-para-a-morte" não seria "uma situação escatológica comum a todos os seres humanos e tampouco a possibilidade de um suicídio coletivo"; Heidegger teria apenas processado filosoficamente a solitária "experiência do soldado continuamente confrontado com a morte". Quem se utiliza desse pensamento para uma avaliação da situação atual descreve a catástrofe, segundo Anders, como um pervertido "tornar-se de fato" da humanidade[29]. Em contraste com Jacob Taubes, cujo livro *Abendländische Eschatologie* [Escatologia ocidental] foi impresso em 1947[30], Anders não era um apocalíptico, mas antes um *"katechon"*, ou seja: uma pessoa que almeja adiar o Juízo Final por tanto tempo quanto possível, mesmo na certeza de que esses esforços estão fadados a fracassar[31].

4.

Depois da construção do Muro de Berlim, em agosto de 1961, e da crise cubana, em outubro de 1962, os movimentos de protesto pela paz começaram gradualmente a se organizar. Antes, em 1958, ocorrera a primeira Marcha da Páscoa da Campanha pelo Desarmamento Nuclear britânica – com 10 mil participantes; em 1960, houvera, no norte da Alemanha, uma manifestação de um novo movimento pela paz com quase mil pessoas. No decurso dos anos 1960, o número de participantes das Marchas da Páscoa subiu até 300 mil pessoas e foi só após 1968 que o ativismo diminuiu consideravelmente – sob o impacto da intervenção militar do Pacto de Varsóvia em Praga e da legislação alemã de estado de emergência. A Guerra Fria já tinha se tornado um jogo de simulação estrategicamente complexo havia muito tempo. Na primavera de 1948 foi desenvolvido um plano de ação para o caso de uma guerra contra a União Soviética, sob o codinome de "Halfmoon". Como o alcance dos aviões B-29 e B-50 não era suficiente para voar até uma cidade-alvo na União Soviética e voltar para a base, foram cogitadas até mesmo missões suicidas explícitas. "'Esta será a coisa mais cruel que já fizemos', disse o major-general Earle E. Partridge. 'Sacrificar a tripulação, sacrificar a bomba, sacrificar o avião, tudo de uma só vez. Só mais um beijo de despedida, e pronto.' Em maio de 1948, quando o presidente Truman foi informado sobre o Halfmoon e sobre um ataque aéreo nuclear, ele voltou-se contra ambos."[32] E, mesmo 25 anos após o desenvolvimento desse plano, o então diretor da CIA, William Colby, ficou surpreso ao descobrir que "nossos bombardeiros B-52 são destinados a uma operação sem retorno"[33]. Porque, depois de uma

> operação, os bombardeiros de prontidão no solo decolariam rapidamente das suas bases nos Estados Unidos e levariam de oito a dez horas para voar até os seus destinos na União Soviética. Mas o que encontrariam lá? A União Soviética já teria sido atingida por milhares de ogivas de mísseis. Alvos não destruídos estariam provavelmente cercados por mísseis antiaéreos, e nuvens de poeira de tamanho inimaginável cobririam a paisagem. Para cada B-52 era reservada uma determinada base na Europa ou no Oriente Médio, onde eles deveriam pousar, reabastecer e pegar uma nova carga de armas nucleares para um segundo golpe contra a União Soviética. Mas será

que ainda haveria uma única dessas bases para aqueles que eventualmente sobrevivessem ao seu primeiro voo pelo espaço aéreo soviético? A maioria das tripulações dos B-52 não contava com isso[34].

O que estava claro era que uma guerra nuclear seria um comando suicida, primeiro para os soldados e pilotos, depois para as populações civis, se não para toda a raça humana. E, mesmo que Herman Kahn, consultor temporário do Pentágono e futurologista, suposto modelo para o personagem Dr. Strangelove, do filme *Dr. Fantástico* (1964), de Stanley Kubrick, visse uma guerra nuclear como bastante controlável e com expectativa de vitória, a maioria dos políticos e militares concordou com o almirante Arleigh Burke, que declarou breve e sucintamente: "Não há vencedor em um pacto suicida"[35].

Quem estuda o quadro das avarias e acidentes durante a Guerra Fria publicados no ano de 2013 por Eric Schlosser – com base numa multiplicidade de fontes e entrevistas até agora inacessíveis – é subsequentemente tomado de horror. Segundo ele, em 23 de janeiro de 1961, por exemplo, um bombardeiro B-52 com duas bombas de hidrogênio a bordo caiu sobre a Carolina do Norte; as bombas não detonaram. Os soldados da Air Force encontraram uma das bombas na manhã seguinte; apenas sua ponta ficou enfiada no solo, pois seu paraquedas tinha ficado preso nos galhos de uma árvore. A outra bomba havia caído em um lodaçal, e justamente o núcleo explosivo equipado com o urânio concentrado havia penetrado vinte metros no solo, de modo que as equipes de resgate cavaram inutilmente por semanas[36]. Em outra ocasião, o sistema de alarme detectou com uma probabilidade de quase cem por cento – no quinto e mais alto nível de alarme – um iminente ataque a míssil da União Soviética; nos cinco minutos que restavam para reagir e acionar o contra-ataque, o vice-comandante, Roy Slemon, felizmente perguntou onde estaria Kruschev naquele exato instante. Quando soube pelo serviço de inteligência que o então chefe de governo encontrava-se na ONU, em Nova York, ele ficou um pouco aliviado, e ainda mais quando, após vinte minutos, nenhum ataque de mísseis foi relatado em território americano. Mais tarde, verificou-se que a estação de radar em Thule, na Groenlândia, "tinha tomado a Lua, que nascia lentamente sobre a Noruega, por dezenas de foguetes de longa distância lançados da Sibéria"[37]. A segurança contra acidentes das centrais nucleares, que ainda eram celebradas com entusiasmo utópico nos anos 1950 como monumentos do uso pacífico da energia nuclear, também se revelou falsa. Em 28 de março de 1979, ocorreu uma fusão do núcleo numa usina nuclear em Three Mile Island, a sudeste de Harrisburg, no estado americano da Pensilvânia. Em 26 de abril de 1986, houve o desastre de Chernobyl. Por fim, em 11 de março de 2011, teve início a série de acidentes causada por um tsunami na usina nuclear de Fukushima, no Japão, que contribuiu para dissipar definitivamente as visões de um futuro brilhante sob o signo do átomo.

Os debates sobre os perigos de uma guerra nuclear foram retomados no final da década de 1970, quando a Otan assinou a sua Dupla Resolução em 12 de dezembro de 1979, enquanto quase simultaneamente a União Soviética invadia o Afeganistão. Naquela ocasião, a Otan reforçou a sua reivindicação por uma limitação recíproca do armamento com mísseis de médio alcance lançando mão da ameaça de estacionar novos mísseis na Europa – especialmente na Alemanha. Essa deliberação, que levaria ao aumento do número de armas, não só mobilizou o movimento pela paz, mas também provocou um turbilhão de fantasias apocalípticas sobre uma guerra nuclear iminente na Europa Central. No ano de 1979, por exemplo, foi publicada a pesquisa *The Broken Connection: On Death and the Continuity of Life*, do psiquiatra Robert Jay Lifton, de Nova York. Nesse extenso trabalho, Lifton – que em 1968 já havia analisado as experiências traumáticas dos sobreviventes de Hiroshima e depois dos veteranos da Guerra do Vietnã[38] – apresentou sua crítica à mentalidade do "nuclearismo", que ele considerava tão perigoso quanto as próprias bombas. Segundo Lifton, o "nuclearismo" seria "o abraço apaixonado com as armas nucleares como uma resposta ao medo da morte e uma forma de recuperar o sentimento perdido de imortalidade". Ele seria "uma religião secular, na qual a 'misericórdia' e também a 'redenção' – o domínio sobre a morte e o mal – serão alcançadas através do poder de uma nova divindade tecnológica"[39]. Lifton considerou as descrições de explosões de bombas atômicas – começando com os comentários de Oppenheimer sobre o teste Trinity – como sendo a expressão de experiências típicas de conversão e, ao mesmo tempo, o sintoma de uma "doença do poder do século XX" como reação ao enfraquecimento do "sentimento de confiabilidade e continuidade da vida"[40]. Ele dedicou um capítulo importante do livro ao suicídio, que reportou – especialmente no caso do suicídio ritual de Yukio Mishima – a fantasias de grandeza, às noções totalizantes do eu: "Matar-se pode parecer ser a única possibilidade [...] de afirmar a própria vida. Essa possibilidade pode ser associada a uma grande hostilidade e a muitas formas de 'cisão' interior ou desintegração, como Freud apontou. Mais fundamental, porém, é a percepção da falta de vitalidade, a menos que se dê o passo para o suicídio": como "ação do eu total contra o eu total"[41]. A ambiguidade do discurso de "tirar" a vida – com a conotação tanto de "obter" como de "extrair" – torna-se particularmente visível aqui.

No ano de 1983 – um ano após a manifestação pela paz de 10 de junho de 1982, em Bonn, da qual participaram aproximadamente 400 mil pessoas – o filme *O dia seguinte* entrou para o circuito de cinemas europeu. Ele esboçava um quadro realístico da guerra nuclear. No mesmo ano surgiu também a o livro *Crítica da razão cínica*, de Peter Sloterdijk, com uma longa passagem em forma de uma *meditação sobre bombas*, que apresenta uma crítica à lógica de defesa e autopreservação fundamentada no efeito intimidante das armas nucleares. Sloterdijk escreveu naquela época: "A última guerra tornou-se, na verdade, um 'assunto interno' da humanidade armada. Trata-se ali de transpor o princípio da dura autopreservação com a arcaica e moderna *ultima ratio* da guerra."[42] De fato, a bomba atômica seria um "instrumento de autoconsciência", a saber, como "o único Buda que a razão ocidental também compreende. Infinita é a sua calma e a sua ironia. Não importa como ela cumpre sua missão, seja na espera silenciosa, seja como uma bola de fogo; para ela, a mudança de estados físicos da matéria não conta. Tal como Buda, tudo o que pode ser dito é dito pela sua mera existência. A bomba não é mais cruel do que a realidade, tampouco mais destrutiva do que nós. Ela é apenas o nosso desenvolvimento, uma representação material do nosso ser. [...] Nós somos ela. Nela, o 'sujeito' ocidental torna-se pleno"[43].

Sloterdijk também se referiu ao tema da cisão; ele também singularizou a bomba – como Anders, que sempre falou *da* bomba como se fosse uma única coisa, não um arsenal entre tantos arsenais espalhados pelo planeta –, tornando-a um buda, uma entidade sagrada. Mas permanece em aberto como a "plenitude do 'sujeito' ocidental" deve ser pensada: se como a superação da cisão através da autoconsciência ou da autodestruição. Ainda em 1983, o filósofo e anglicista Ulrich Horstmann esboçou de forma um tanto mais dramática os "contornos de uma filosofia da fuga humana". Em uma mistura de sátira e filosofia misantrópica, ele celebrou, em seu breve tratado *Das Untier* [A besta], a expectativa de um suicídio total da espécie humana:

> E o piscar das detonações e o fogo que consome os continentes se refletirão nos olhos dos últimos da nossa espécie, iluminando e transfigurando seu rosto. E todas as criaturas afundarão nas brasas e adorarão a besta na hora do fim, como a um redentor que as salvou para a morte eterna. E então para o último homem far-se-á sentido o que antes era absurdo, e ele erguerá as suas mãos sobre a carne queimada e dirá: "Sintam-se consolados; o fardo do ser é tirado de vocês e a provação acabou. Cada um de vocês foi apenas a ponta de um cristal de quartzo. Nós, todos nós, nunca fomos!" E ele morrerá em paz[44].

Desde 1983, filmes, livros e representações artísticas sobre o fim do mundo multiplicaram-se tão rapidamente que um observador de outro planeta poderia ver o "antropoceno", como assim foi proclamado o século XXI, como a era do antecipado e até esperado suicídio da espécie. Alan Weisman, por exemplo, descreveu em *O mundo sem nós* (2007), a rapidez com que as casas e cidades da humanidade desapareceriam assim que a espécie humana fosse extinta. No início, apenas as panelas de alumínio, os materiais sintéticos e os azulejos de cozinha desafiariam a decadência inevitável. Mas, depois de alguns milhares de anos, as cidades e as muralhas seriam cobertas por geleiras; apenas estruturas subterrâneas maciças – tais como o Eurotúnel entre Calais e Dover – poderiam ainda existir. Depois de 7 milhões de anos, os retratos dos presidentes dos EUA no Monte Rushmore ainda seriam em parte reconhecíveis; estátuas de bronze poderiam durar até 10 milhões de anos[45]. Por outro lado, as ondas eletromagnéticas das transmissões de rádio e televisão se espalhariam livremente no espaço, ainda que sem uma audiência que pudesse decodificá-las e recebê-las. Alan Weisman dedicou a uma amada morta as suas reportagens impossíveis sobre um mundo sem pessoas, com base nas quais foi feita em seguida até uma série de TV – *Life After People* (2009/10), que chegou a ter vinte episódios. A dedicatória dizia: "*de um mundo sem você*"[46]. Em conformidade com essa dedicatória, as imagens fascinantes de um "mundo sem nós" surgem como os efeitos de uma reversão, uma reflexão inversa: a visão de um mundo sem pessoas camufla não só a visão de um mundo sem a pessoa amada, mas também a visão de um mundo que pode viver *sem mim*.

5.

Hoje, a possível autodestruição da humanidade é também referida como "omnicídio". Na sua investigação sobre a *genocidal mentality*, Robert Jay Lifton e Eric Markusen afirmaram que a "mentalidade de erradicação", enquanto "disponibilidade para ordenar medidas que, se necessário, poderiam matar milhões de pessoas", teria se tornado quase "cotidiana" e moldaria "todas as estruturas da sociedade"[47]. Num ensaio para a célebre revista cultural e literária holandesa *De Gids*, o escritor e tradutor Maarten Asscher falou do "*Homo suicidalis*"[48] – com referência a Primo

Levi, Maurice Pinguet e Marc Etkind. Ele escreve que, em alguns aspectos, os leitores contemporâneos já teriam acreditado de qualquer maneira que o *Homo sapiens* há muito se transformou em *Homo suicidalis*, já que tantas representações do *omnicídio* e do fim do mundo foram imaginadas e difundidas por ocasião da virada do milênio. Não é por acaso que o livro de Jacques Attali *Lignes d'horizon*, de 1990, foi ilustrado com as xilogravuras do *Apocalipse*, de Albrecht Dürer[49]. Mas a coisa não ficou só nas situações imaginárias e visões do fim do mundo. Na segunda metade do século XX, os suicídios coletivos de seitas apocalípticas tornaram-se cada vez mais o centro das atenções públicas. Em 18 de novembro de 1978, mais de 920 seguidores do líder sectário Jim Jones morreram na comunidade de Jonestown, na selva da Guiana, incluindo 276 crianças. Em 19 de abril de 1993, ocorreu o massacre que finalizou o Cerco de Waco, no Texas, no qual morreram num incêndio infernal 82 membros da seita Ramo Davidiano, liderada por Vernon Howell sob o codinome de David Koresh. No outono de 1994, ocorreu o suicídio de 61 membros da Ordem do Templo Solar, na Suíça. Tudo começou com um massacre no dia 30 de setembro, seguido de outros suicídios em grupo nos dias 4 e 5 de outubro – numa estranha mistura de mortes voluntárias, medidas de morte assistida e verdadeiras execuções. Outros adeptos da Ordem do Templo Solar morreram em 23 de dezembro de 1995 numa escarpa perto de Saint-Pierre-de-Chérennes. A polícia encontrou dezesseis cadáveres carbonizados num arranjo circular que lembra os raios de uma roda. Não foi possível esclarecer quem morreu voluntariamente e quem foi morto. Também vale a pena mencionar o suicídio ritual de 39 membros da seita Heaven's Gate, no Rancho Santa Fé, na Califórnia, em março de 1997. Aparentemente, eles acreditavam que o cometa Hale-Bopp sinalizava a chegada de uma nave espacial extraterrestre que os levaria para outro mundo. Por fim, em 17 de março de 2000, morreram pelo menos quinhentos membros do Movimento para a Restauração dos Dez Mandamentos de Deus durante um suicídio em massa em Uganda; entre os mortos havia também 68 crianças.

A lista poderia ser ampliada, mas já é extraordinariamente longa. O que ligou os acontecimentos foi, em primeiro lugar, a crença no iminente fim do mundo, a batalha final do Armagedom, mencionada no Apocalipse de João (Ap 16, 16). Jim Jones, o fundador do Templo do Povo, que primeiro viveu em Indianápolis, depois em São Francisco, e passou a residir no noroeste da Guiana a partir de 1974, fazia – segundo o testemunho de Deborah Layton, que fez parte da seita durante nove anos – quase diariamente discursos nos quais assegurava que a comunidade estava sob ameaça, que o governo dos EUA teria criado campos de concentração para todos os membros do Templo do Povo, que estava planejando ataques na Guiana, tortura e execuções. "Jim nos dizia que estávamos todos numa lista negra. [...] Em seus sermões, ele nos advertia constantemente sobre o inevitável Armagedom nos EUA e nos exortava a cortar nossos laços com este país cruel de extrema direita, para escaparmos com vida."[50] Realidade e paranoia se misturavam até o ponto de não mais se diferenciarem; e na última fase – nas "noites brancas" – o suicídio em massa era até mesmo ensaiado. Layton relata um discurso de Jim, que era chamado de "Pai" por seus seguidores:

> "Estão ouvindo este barulho?", perguntou Jim. "Os mercenários estão chegando. O fim é iminente. Acabou o tempo. Crianças... alinhem-se em duas filas ao meu lado." Os guardas instalaram um grande tonel de alumínio em frente ao pavilhão, perto do Pai. "Tem gosto de suco de fruta, crianças. Vai ser fácil de engolir..." Saltei da cerca e me juntei aos outros. Estava confusa e assustada, não entendia o que se passava. Quem eram aquelas pessoas que vieram para nos matar? Um jovem protestou e gritou. "Não! Não quero morrer! Deve haver uma saída..." "Guardas! Segurem bem ele. É preciso obrigá-lo a beber."[51]

Pouco depois, foi anunciado que se tratava apenas de um exercício. Algumas pessoas, incluindo Deborah Layton, conseguiram fugir. No entanto, seus relatórios aceleraram o início do desastre, pois uma comissão dos EUA foi enviada à floresta para investigar o que tinha acontecido. Na ocasião, a situação se agravou; atiraram contra os membros da delegação do congressista Leo Ryan, alguns deles foram mortos.

> Imediatamente após esse incidente, ocorreu o desastre em si no campo, onde primeiro as crianças foram mortas com injeções de cianeto na boca. O mesmo destino atingiu os jovens. Os adultos tinham um copo envenenado de Kool-Aid Lemonade para beber. O veneno levava cerca de cinco minutos para matar as vítimas. Vigias armados garantiam que a ordem fosse executada. Eles receberam ordem de abater qualquer um que quisesse fugir[52].

O Cerco de Waco também ocorreu no decorrer de um confronto após um ataque do FBI. E os davidianos também tinham presenciado incontáveis sermões do seu líder, David Koresh, nos quais eram frequentemente invocadas "visões surrealistas do Apocalipse e do Reino Milenar". Dessa forma, Koresh "conseguia cuspir fogo e enxofre do púlpito durante quinze horas a fio, às vezes utilizando-se de gritos selvagens e expressões faciais drásticas para 'transmitir' a agonia das almas perdidas e atormentadas"[53]. Jonestown e Waco, em especial, revelam uma segunda base comum desses suicídios em grupo: a fronteira entre assassinato e suicídio dilui-se. "Se não houvesse tanto desejo pela própria destruição, o suicídio em massa teria que ser rebatizado de assassinato em massa"[54], resumiu Udo Singer. Os suicídios grupais dos membros da Ordem do Templo Solar também levantaram a questão da natureza voluntária da morte em conjunto. A sua história foi contada pela cientista literária Patricia Duncker em um livro multifacetado, em parte policial, em parte histórico-cultural, com numerosas alusões a tradições da astronomia esotérica, mas também a referências românticas, filosóficas, literárias e musicais, que vertem luz sobre as raízes culturais do fascínio pelos suicídios apocalípticos em grupo. No centro da trama estão a juíza Dominique Carpentier e o comissário André Schweigen, assim como o compositor e maestro

Friedrich Grosz, guardião espiritual de um velho livro redigido numa escrita incompreensível e, ao mesmo tempo, "guia" de uma seita que no romance é simplesmente chamada de "A Fé". A oposição entre a razão do Iluminismo e a "Fé" é ilustrada em duas óperas do século XIX, *Tristão e Isolda*, de Wagner, e *Fidelio*, de Beethoven. O fascínio da noite e da morte na ária final de Wagner – "Liebstod" [Morte de amor] – equivale ao sinal redentor do trompete no final da ópera de Beethoven, que anuncia a chegada do ministro e a libertação do prisioneiro. O advento dessa nova realidade transforma o desejo de morte de Leonor – expressado pouco antes na ária que diz "anjo que me conduz à liberdade, à liberdade no reino celestial" – num hino de alegria, justiça e amor, que o coro recita durante dez minutos. E enquanto a juíza – na verdade, destituída de qualquer musicalidade – ouve a ária final de *Tristão e Isolda*, ainda com o rosto banhado em lágrimas[55], ela vai sendo tomada por uma "alegria desenfreada"[56]. E, naturalmente, Patricia Duncker deixa transparecer implicitamente que maçons e membros da Rosa-Cruz são apenas o outro lado da metáfora da luz do Iluminismo.

A questão dos contextos culturais nas fantasias apocalípticas do suicídio da espécie (aliás, Thomas Haenel também traçou um paralelo entre Jonestown, Waco e os suicídios da Ordem do Templo Solar na França, no Canadá e na Suíça e a ideia de omnicídio)[57] inspirou Ulrich Horstmann, em 2012, a postular uma espécie de resgate da honra da fantasia apocalíptica. Enquanto os horrores das duas guerras mundiais só foram retratados e processados posteriormente em romances, fotografias, filmes ou pinturas – até o *Ciclo de Hiroshima*, de Arnulf Rainer, de 1982 –, a ameaça da Terceira Guerra Mundial nuclear teria sido, segundo a tese de Horstmann, interrompida e temporariamente evitada por uma tematização antecipada, no sentido de uma "arte de dissuasão". Em especial no quinto capítulo, intitulado "Testes de explosões sob o crânio", Horstmann enfatiza a extraordinária diversidade dessa estética apocalíptica:

Basta tomar a monografia de Paul Brians sobre as causas do holocausto nuclear, *Nuclear Holocausts: Atomic War in Fiction, 1895-1984* (1987), e folhear a bibliografia de 150 páginas, ou estudar o volume de David Dowling *Fictions of Nuclear Disaster*, publicado no mesmo ano, em que o autor só consegue se sustentar graças ao princípio da exemplaridade. Ou basta até mesmo um clique do mouse para acionar avalanches de dados. A Wikipédia, por exemplo, fornece a *List of Apocalpytic and Postapocalyptic Fiction*, estruturada segundo acontecimentos desencadeadores do fim do mundo, e enumera cerca de trezentos verbetes em ordem alfabética para as áreas de cinema, televisão, romance, teatro, jogos e quadrinhos sob o título *World War III and Other Apocalyptic Fiction*. Isso é provavelmente só a ponta do iceberg – para usar uma metáfora da Guerra Fria –, mas já é impressionante o suficiente. E incluindo uma segunda seleção, ordenada cronologicamente, a *List of Nuclear Holocaust Fiction*, não apenas encontramos contos e músicas pop entre as obras, mas também ganhamos uma impressão do longo fôlego e resistência da arte de dissuasão, que, ano após ano, incansavelmente e sem se deixar levar por desilusões, faz seus avanços imaginativos no terreno do não-pode-ser[58].

No epílogo, Horstmann bem que adverte contra a superestimação dos efeitos dessa arte de dissuasão. Como Günther Anders, ele também sabe que "a batalha da imaginação apocalíptica" não pode ser vencida. É certo que teriam conseguido adiar continuamente a "Terceira Guerra total, que significaria o fim da nossa civilização". No entanto, é impossível "consumar o exorcismo e eliminar completamente o risco"[59], até porque o poder da imaginação também permanece com a dupla face de Jano. Até o suicídio universal da espécie humana poderia ser imaginado, ou mesmo desejado.

Pouco antes da virada do milênio, Robert Jay Lifton mais uma vez abordou o potencial apocalíptico da imaginação e da violência na fronteira entre suicídio coletivo e assassinato em massa, referindo-se ao ataque com o gás tóxico sarin perpetrado pela seita japonesa Aum Shinrikyo no metrô de Tóquio, em 20 de março de 1995. O ataque matou treze pessoas e feriu mais de mil. Doze membros da seita foram condenados à morte, incluindo o seu fundador e líder, o quase cego Shoko Asahara. De início, Asahara tomou como base fontes budistas, hindus e esotéricas, como as profecias de Nostradamus; mas, gradualmente, visões apocalípticas do fim do mundo, uma guerra nuclear derradeira e a redenção de algumas poucas pessoas eleitas tomaram posse dele. Um fascínio especial por temas sobre o fim do mundo e a expectativa de uma guerra nuclear, que Asahara profetizou em 1997, formaram o núcleo de seus ensinamentos; ele mesmo reivindicou para si o papel do "redentor cego" que apareceria no Armagedom. Lifton também comparou a fé apocalíptica da Aum Shinrikyo com Jim Jones e o Templo do Povo:

> De forma distorcida, Jones representou o conflito da sociedade americana com o medo da aniquilação nuclear. Sua relação com armas nucleares, porém, difere da de Asahara em dois pontos significativos. O guru americano via-se como uma vítima em potencial de um holocausto nuclear, mas nunca como proprietário ou operante de armamento de extermínio (embora ele também esperasse certas vantagens de uma guerra nuclear para sua seita). Além disso, Jones preparou um apocalipse alternativo em miniatura contra um pano de fundo de aniquilação nuclear iminente – através do suicídio coletivo. Seu desejo de forçar um fim ativo era tão forte quanto o de Asahara, mas se referia apenas ao mundo especial que havia edificado.[60]

Lifton traçou também paralelos com o suicídio grupal da Heaven's Gate, que não era considerado como morte, mas como uma "sobrevivência privilegiada": "Seu suicídio coletivo era o meio de garantir um lugar entre os imortais."[61] Suicidar-se para a imortalidade? Em 1999, o próprio Lifton quase tornou-se um profeta ao resumir seus pensamentos com as seguintes frases:

> Só agora estamos começando a perceber com que força o espectro de uma aniquilação global influenciou a consciência e o comportamento coletivo desde 1945. [...] Portanto, a Aum não deve ser reconhecida como um ponto terminal, mas como um início ameaça-

dor e a expressão de uma nova dimensão da ameaça global. Não faltam no mundo grupos que anseiam por absoluta clareza moral – não apenas por um líder, mas por um guru ou redentor – e que recorrem aos meios mais extremos para provocar a mudança desejada, porque a consideram como a única possível[62].

Apenas dois anos após a publicação desse diagnóstico, ocorreram os ataques de 11 de setembro de 2001.

9. Práticas de suicídio político

> "No sentido figurado, toda carreira de um
> suicida começa com uma greve de fome."
> *Hermann Burger*[1]

1.

À sombra dos espetaculares suicídios em grupo de seitas apocalípticas, à sombra da imaginação de um possível suicídio da própria espécie humana, vem ocorrendo, há séculos, uma grande variedade de suicídios coletivos como reação ao declínio de certos mundos, culturas e tradições. As tripulações de navios, por exemplo, nos quais escravos africanos eram transportados para a América do Norte, foram confrontadas com tais suicídios. Alguns escravos saltavam do navio e deixavam-se afundar imediatamente até as profundezas para não serem pegos novamente. Outros estrangulavam-se ou usavam suas unhas para cortar a própria garganta. E, certa vez, depois que um supervisor levou um grupo de escravos recém-adquiridos a uma pequena ilha caribenha para que plantassem algodão, ao voltar ele os encontrou todos enforcados na floresta[2]. Terri L. Snyder compilou, em sua pesquisa *The Power to Die* (2015), uma série de exemplos como esses[3]. Ela também mostrou como esses suicídios coletivos eram ligados a narrativas míticas, como a de "voar de volta" para a pátria perdida[4]. O fato de tais ações não poderem ser interpretadas exclusivamente como suicídios de desespero, mas também como protesto e fuga, é também sugerido em algumas canções do gênero *spiritual*, como em "Steal Away to Jesus". No suicídio, as pessoas escravizadas "roubam" de volta, por assim dizer, suas vidas expropriadas; elas retomam as próprias vidas justamente ao tirá-las. Em 14 de setembro de 1906, ao desembarcar na praia de Sanur, no sul da ilha de Bali, o Exército Colonial holandês foi confrontado com um terrível suicídio em massa. Eles haviam aportado numa cidade aparentemente deserta, e eis que uma procissão silenciosa deixou o palácio do rajá e, a um sinal dele, cometeu suicídio coletivo. *Puputan* era o nome desse ritual de suicídio em massa, que podia ser praticado após uma derrota seguida de invasão; outro *puputan* aconteceu em Bali, no Palácio Klungkung, em 18 de abril de 1908. Poucos anos atrás, suicídios de grupos indígenas – na Austrália, América Latina ou entre as *First Nations* no Canadá – voltaram a causar considerável impacto. O jornal *Frankfurter Rundschau* noticiou em 5 de maio de 2015:

> Representantes de povos indígenas alertaram no Fórum Permanente para Assuntos Indígenas da ONU que os suicídios entre jovens indígenas se tornaram uma "epidemia". Praticamente todas as regiões do mundo onde vivem povos indígenas são atingidas. Nos EUA, por exemplo, suicídios são a segunda mais frequente causa de morte entre índios na faixa etária de quinze a 24 anos, conforme relatado pelo US Indian Health Service. No estado australiano de Queensland, um estudo recente mostrou que a taxa de suicídios entre jovens aborígines é dez vezes maior do que entre o resto da população[5].

A tese básica deste livro afirma que a questão do suicídio é um *leitmotiv* de uma modernidade que também precisa ser descrita como uma era de conquista e colonialismo. No decorrer da revalorização do suicídio, que desde o Iluminismo já não é visto em primeiro plano como um pecado ou um crime, mas sim como uma doença ou mesmo uma espécie de técnica de si, as formas pré-modernas do suicídio, pelo menos em parte já reconhecidas nos séculos passados – o suicídio heroico (na Antiguidade), o martírio (na Idade Média cristã) e o suicídio por necessidade (desde a Idade Moderna) –, passaram a ter um perfil especificamente moderno. Os suicídios heroicos ganharam – por exemplo, sob o slogan fascista *"Viva la muerte!"* – uma plausibilidade que fez com que, depois de perdidas as guerras, não só oficiais e comandantes lançassem-se sobre a espada, atirassem em si mesmos ou se envenenassem, mas também milhares de civis, buscassem a morte coletiva, entre outros, nos suicídios em massa japoneses e alemães de 1944-45. O suicídio por necessidade, motivado por idade, solidão, doença incurável ou dor difícil de suportar, é hoje geralmente respeitado, e pelo menos a assistência à morte de forma passiva é permitida em quase todos os países europeus. O martírio também se transformou, passando a adotar as várias formas de suicídio político, o derradeiro protesto contra escravidão, ocupação e submissão. Enquanto John Donne, no início do século XVII, ainda precisou usar toda a cautela para comparar o martírio de Jesus com um suicídio, Richard Flanagan, por exemplo, escreveu recentemente na primeira página de seu romance *A terrorista desconhecida*: "Jesus, que tanto ansiava por amor, era sem dúvida um louco, e quando foi confrontado com o fracasso do amor não teve outra escolha senão morrer. Porque sabia que o amor não bastava, e porque tinha percebido que teria de sacrificar a própria vida para que a humanidade pudesse sobreviver, Jesus foi o primeiro autor de um atentado suicida da história, ainda que não tenha sido o último." Essa observação não tem necessariamente um efeito convincente, mas a frase que se segue dificilmente poderá ser contrariada: "Nietzsche escreveu: 'Não sou um ser humano, sou dinamite.' Esse foi o pensamento de um elucubrador. Hoje, todos os dias alguém é dinamite em algum lugar, e não apenas em pensamento."[6]

O suicídio como forma de protesto político é a prossecução do martírio por outros meios. Uma morte cruel, combinada com tortura e dor, executada em nome do poder, é, por assim dizer, revertida em uma morte voluntária que protesta contra esse poder e transforma a humilhação em resistência; essa lógica já foi seguida na reavaliação cristã da crucificação, a punição romana para servir de exemplo a escravos e rebeldes. A autoimolação foi frequentemente usada como um método moderno de protesto suicida, que por sua vez atacou e transformou a prática de punição demonstrativa da Igreja – a morte de hereges e bruxas na fogueira. Os precursores de tais protestos suicidas foram mencionados pelo ginecologista Friedrich Benjamin Osiander, já citado, em sua pesquisa *Über den Selbstmord*: "Um camponês da Alta Estíria, amuado havia muito com o cancelamento dos feriados por parte do imperador José II e temendo ser obrigado a trabalhar por causa do decreto emitido para evitar a indolência, decidiu, no ano de 1786, gozar férias permanentes por meio de um suicídio incomum. Para esse fim, ele montou uma fogueira do tamanho de seu corpo, prendeu um crucifixo e uma imagem de Maria em uma árvore à sua frente, e, acendendo a fogueira, deitou-se silenciosamente no seu leito de morte, deixando-se queimar até as cinzas."[7] Na sequência desse relato, Osiander descreve a "horrenda tolice" de uma inglesa que, tendo vivido uma vida "libertina" e "voluptuosa" até os cinquenta anos de idade, decidiu suicidar-se ateando fogo em si mesma.

> Para tal, ela fez uma grande fogueira na cozinha e posicionou-se nua no meio dela. Antes que morresse, apareceu alguém e a encontrou já com parte do corpo queimado. Questionada sobre o empreendimento horrível, confessou que estava cansada da vida e queria morrer uma morte extraordinária; por isso tinha escolhido a fogueira e tinha ficado parada no fogo tanto quanto as suas forças permitiram. Duas horas mais tarde, ela teve o fim desejado[8].

Enquanto o camponês evidentemente perseguia uma intenção política de protesto – posicionando-se diante de imagens cristãs –, o suicídio da inglesa lembra a queima das bruxas, um terrível martírio, cuja qualidade trágica ganha um acento especial na apresentação misógina de Osiander; no entanto, a inglesa está ligada ao camponês da Estíria e a protestos suicidas posteriores pelo desejo de também morrer uma morte extraordinária.

A cena lembra remotamente o ritual *sati*, a autoimolação das viúvas indianas, que – apesar das proibições estatais – ainda hoje é praticada. Marzio Barbagli falou desse ritual no início da segunda parte de seu livro *O suicídio no Ocidente e no Oriente*, citada anteriormente, num capítulo sobre culturas de suicídio orientais. Ele descreveu ali a história da morte de Roop Kanwar, que se matou em 4 de setembro de 1987 em Deorala, a duas horas de carro de Jaipur, a capital do estado do Rajastão, na Índia:

> Ela tinha dezoito anos estava casada havia oito meses. Seu marido tinha morrido de um distúrbio gastrointestinal, e a jovem trancou-se em seu quarto por algumas horas para pensar, após o que ela decidiu tirar a própria vida. Com seu vestido de noiva vermelho e dourado, ela caminhou à frente da procissão funerária, acompanhada de música e canções religiosas. Depois de alcançar a praça do lugarejo, ela subiu à fogueira erigida para o seu falecido marido e foi queimada viva ao lado dele, diante de uma multidão de cerca de 4 mil espectadores. Roop Kanwar não era uma camponesa ignorante; ela havia crescido em Jaipur, era letrada, elegante e casada com um jovem acadêmico de uma família rica. Além disso, Deorala é também um dos lugarejos mais modernos e ricos do Rajastão. À medida que a notícia de sua decisão se espalhou, milhares de pessoas peregrinaram ao lugarejo para receber a bênção da mulher que, através de seu ato, tornou-se uma *sati mata*, uma mãe pura, dotada de poderes sobrenaturais dos quais se diz que podem curar qualquer doença[9].

As notícias sobre esse acontecimento, porém, foram e permaneceram contraditórias; algumas fontes relataram que a jovem tinha sido forçada a entrar na fogueira, e ela ainda teria tentado fugir, gritando por ajuda. Nove anos mais tarde, houve diversos processos: um processo de homicídio contra 32 pessoas que, no entanto, foram absolvidas, bem como vários processos por glorificação de viúvas queimadas. As proibições estatais foram reforçadas e o movimento contra o ritual tradicional de queimar viúvas ganhou considerável popularidade. A revista *Der Spiegel* comentou:

> Independentemente de ter sido voluntária ou forçada por uma multidão lasciva, a queima da jovem viúva Roop Kanwar deveu-se a circunstâncias que são difíceis de conciliar com os conceitos morais ocidentais. Uma testemunha solteira da mesma idade chamou a

atenção para "a vida miserável" que Roop Kanwar teria sido obrigada a viver: sua cabeça teria sido raspada, joias e sáris coloridos teriam sido proibidos, e só lhe seriam servidos os restos das refeições para comer. Ela teria sido ordenada a fazer as tarefas mais baixas e, sexualmente, seria entregue às mãos dos irmãos do seu falecido marido[10].

O suicídio heroificado da viúva foi certamente mais um tipo de feminicídio – e não uma expressão de protesto. Mas será que podemos ter tanta certeza? Tomando como exemplo justamente o caso da queima da viúva em seu famoso ensaio *Pode o subalterno falar?* (1988), Gayatri Chakravorty Spivak insistiu no fato de que nós não dispomos de testemunhas nem das vozes das mulheres mortas: "Se alguém passar os olhos pelos nomes, transcritos de forma grotescamente errônea, das viúvas sacrificadas nos relatórios policiais da East India Company, verá que nenhuma 'voz' pode ser formulada a partir deles."[11]

Christian Braune, psicoterapeuta do Centro para Vítimas de Queimaduras Graves em Boberg, Hamburgo, e autor de um dos raros estudos sobre suicídios com fogo, apontou, com razão, para as conotações religiosas e rituais do ato de autoimolação. Braune ressaltou que as pessoas ateiam fogo em si mesmas por sentimento de culpa e temores de punição que podem estar relacionados com as ideias do fim do mundo e do Inferno, mas também por causa de uma vergonha profunda, que praticamente exige a superação através do fogo. "O 'calor interior' da vergonha, percebido como insuportável, deve ser – semelhante ao que acontece com o enrubescimento! – aumentado e incinerado através do 'calor exterior' do fogo."[12] Não menos importante, evidentemente, é o desejo de recomeçar e, como a mítica ave Fênix, renascer das cinzas:

> O fogo é a energia cósmica sem a qual não há vida. O seu símbolo mais básico é o Sol. A sua luz traz calor e força para crescer. Torna visível tudo aquilo em que toca. Aquele que ateia fogo em si mesmo se conecta, a caminho da morte, com essa energia de vida universal. Funde-se com o fogo, por assim dizer. Pelo menos dessa vez

ele pode ser tão vivo e flamejante, como sempre desejou e nunca ousou fazê-lo por vergonha. Nesse instante em que está em chamas, apresenta-se publicamente sem vergonha, brilhante e inconfundível, indo contra a sua tendência para se esconder. Esse é o seu *coming out*, o momento em que chama a atenção para si mesmo, ardente como uma tocha[13].

O fogo é imaginado como um meio de salvação; a cisão do sujeito é radicalizada em um ato cerimonial de purgação, uma autopurificação final. Por essa razão, o "anseio por uma dimensão transcendente que se exprima na autoimolação"[14] deve ser levado particularmente a sério. Pois o fogo simboliza a promessa de uma transformação elementar, como Elias Canetti depreendeu das danças do fogo dos índios navajos no Novo México: "A sua dança é o próprio fogo, eles se tornam fogo. Os seus movimentos são os das chamas. Eles seguram algo aceso em suas mãos e isso deve dar a impressão de que são eles mesmos que estão queimando."[15]

A imolação é um dos métodos mais raros, espetaculares, dolorosos e cruéis de suicídio. Ela

> parece ser relativamente simples de se realizar, porque líquidos de fácil combustão, especialmente gasolina, petróleo e similares, são acessíveis em quase todos os lugares e, portanto, adquiridos com facilidade. O método é usado porque é supostamente uma forma certa de morte. [...] Essa expectativa está em trágico contraste com as estatísticas segundo as quais apenas cerca de um terço de todos os pacientes que se incendeiam morrem[16].

A principal razão para essa taxa de mortalidade comparativamente baixa pode ser a escolha do local para o suicídio com fogo: ele costuma ser realizado em público – na rua ou numa praça –, ao contrário, por exemplo, do suicídio com veneno, que é frequentemente praticado na própria residência ou na anonimidade de um quarto de hotel. "Quem ateia fogo em si mesmo quer ser visto."[17] Consequentemente, o fogo também pode ser extinto ou sufocado pelos espectadores. Além disso, as opções de tratamento da medicina especializada em queimaduras aumentaram muito ao longo do tempo. A partir das histórias de casos apresentadas por Christian Braune, pode-se deduzir que mesmo queimaduras graves que afetam cinquenta por cento da superfície do corpo não levam necessariamente à morte. O livro começa com o relato de um desses casos: "Um homem de trinta anos – presumivelmente 'com intenção suicida', como se diz em tais casos – derramou gasolina sobre si mesmo e ateou fogo." Uma hora depois ele já se encontrava na unidade de terapia intensiva do centro para vítimas de queimaduras, foi narcotizado e colocado sob ventilação mecânica.

Só a cabeça com o tubo na boca emerge do cobertor especial. O paramédico que prestou os primeiros socorros o acompanha até a sala de reanimação. Lá ele é recebido pela equipe de tratamento de vítimas de queimaduras. O que um dia foi a sua roupa agora pende do seu corpo junto com pedaços de pele. O cabelo está queimado e com fuligem. O rosto está inchado como um balão, os olhos intumescidos são só fendas. A pele no peito, barriga e coxas foi queimada de tal forma que se tornou uma única grande ferida. Em alguns lugares, o tecido adiposo está cozido e brilha, esbranquiçado. As falanges da mão esquerda parecem garras de pássaro, rígidas e pretas.

Depois de limpar as feridas e fazer incisões cirúrgicas para permitir a circulação do sangue nos braços inferiores queimados, o anestesista faz uma avaliação inicial da situação: o homem é jovem, sua condição, estável, e, apesar das queimaduras em mais de cinquenta por cento do corpo, teria "uma boa chance de sobreviver"[18]. Mas o que significa sobreviver nesse caso? Depois de quantas operações, transplantes de pele, cirurgias plásticas?

2.

O início da história dos suicídios como forma de protesto político por meio da autoimolação costuma ser datado com exatidão:

numa terça-feira, 11 de junho de 1963. Naquele dia, Thich Quang Duc, um monge vietnamita de 66 anos de idade, ateou fogo em si mesmo em Saigon, em protesto contra a opressão da população budista sob o regime católico do presidente Ngo Dinh Diem. Algumas semanas antes – em 8 de maio – a polícia tinha baleado oito ou nove pessoas, incluindo crianças, durante uma manifestação contra a proibição das bandeiras budistas. David Halberstam, jornalista do *New York Times*, descreveu a cena da autoimolação com palavras comoventes:

> Labaredas saíam de um ser humano; o seu corpo secava e encolhia lentamente, a cabeça escurecia e carbonizava. O cheiro de carne humana queimada pairava no ar; é surpreendente como pessoas queimam depressa. Atrás de mim, eu podia ouvir o soluço dos vietnamitas, que agora se uniam. Eu estava abalado demais para chorar, confuso demais para tomar notas ou fazer perguntas, perturbado demais até para pensar [...]. Enquanto ele queimava, não moveu um único músculo, não deixou escapar nem um som e sua visível compostura formava um forte contraste com a lamentação das pessoas ao seu redor[19].

O relato de Halberstam apresenta certa contradição com a precisão dos preparativos para esse protesto suicida. Os monges já tinham experimentado com antecedência diferentes combustíveis e informado jornalistas, mas sem detalhes concretos. Depois que alguns monges derramaram gasolina sobre Quang Duc – que permaneceu em posição de lótus – para que ele ateasse fogo em si mesmo, "várias freiras e monges impediram que os caminhões dos bombeiros se aproximassem, deitando-se junto de suas rodas. Outros distribuíram uma carta de despedida a Quang Duc em inglês"[20], que dizia: "Rezo a Buda para que ilumine o presidente Ngo Dinh Diem a fim de que ele possa cumprir as cinco exigências mínimas dos budistas vietnamitas" – a liberdade de hastear bandeiras budistas, a igualdade religiosa entre budistas e católicos, a indenização das famílias vítimas do 8 de maio, a punição dos responsáveis e o fim das detenções

Fig. 17: *The Burning Monk* (11 de junho de 1963), de Malcolm W. Browne.

arbitrárias. A carta de despedida termina com a frase: "Antes de fechar os olhos para ir ao encontro de Buda, tenho a honra de dirigir estas palavras ao presidente Diem e de lhe pedir que seja gentil e tolerante com o seu povo e siga uma política de igualdade religiosa."[21]

O protesto suicida de Quang Duc foi uma sensação; uma fotografia do repórter Malcolm W. Browne, da *Associated Press*, mostrando o monge em chamas apareceu já no dia seguinte em jornais americanos e foi mais tarde premiada com o World Press Photo de 1963. A foto caiu rapidamente na mesa de John F. Kennedy e parece que abalou o presidente para sempre[22]. A severidade de Diem levou a violentos distúrbios entre a Casa Branca e o regime sul-vietnamita. Mas foi preciso que mais quatro monges e uma freira ateassem fogo em si mesmos para que Diem fosse deposto no dia 1º de novembro de 1963 e baleado no dia seguinte, exatamente vinte dias antes de o próprio Kennedy ser vítima do atentado de Dallas.

Nos anos seguintes, houve muitos outros protestos suicidas (principalmente por meio de fogo) na Índia, Malásia, Japão, União Soviética, EUA e Vietnã. A maioria desses casos remetia à política externa dos EUA, especialmente à sua guerra no Vietnã. [...] Quase todos os casos de protesto suicida após 1963 – com exceção dos *seppuku* – podem ser relacionados direta ou indiretamente a Quang Duc[23].

Efeito-Werther? Suicídios imitativos? Durante os meses do verão de 1965 – dois anos após a imolação do monge budista –, o diretor sueco Ingmar Bergman rodou o filme *Persona* em Estocolmo e na ilha de Fårö, um drama psicológico que gira em torno de duas mulheres. Liv Ullmann, parceira de Bergman de 1966 a 1971, interpreta a atriz Elisabet Vogler, que perde a fala durante uma apresentação na qual fazia o papel de Electra; Bibi Andersson faz a enfermeira Alma, incumbida de tratar de Elisabet em uma casa afastada. Com recursos idiossincráticos e experimentais, o filme retrata a relação que se desenvolve entre as duas mulheres: identificação a ponto de perda de identidade, dependência, resistência, luta e separação. Ele começa com a tematização do próprio cinema. Um refletor é aceso, lançando uma luz ofuscante. Tiras de um rolo de filme deslizam ruidosamente através de um projetor. Vemos fragmentos de um desenho animado. Um pênis ereto aparece por segundos, seguido por fragmentos associativos de imagens, desde o abate de um cordeiro até uma mão na qual se enfia um prego. Corpos mortos e rostos com olhos fechados nos são mostrados. Mas, súbito, uma velha aparentemente morta abre os olhos, e um rapaz, que aparece deitado sobre uma maca, primeiro puxa o lençol sobre a cabeça, vira-se para a parede, ergue-se um pouco, põe os óculos e começa a ler um livro. Depois, ele toca – como se estivesse do outro lado – na imagem que o público do cinema está vendo naquele exato momento, e, por último, na imagem dos rostos em primeiro plano e quase sempre fora de foco das duas mulheres, que são projetados na tela. Só então seguem-se os créditos de abertura e o filme começa: Alma é incumbida de cuidar de Elisabet e é instruída sobre a doença enigmática de sua paciente. Depois de um primeiro contato com a atriz, Alma vai para a cama, pensando em sua futura vida tranquila, não sem se perguntar o que há

Fig. 18: Liv Ullmann em *Persona* (1966), de Ingmar Bergman; foto do filme.

Fig. 19: *Persona*; foto do filme.

com Elisabet. Ela apaga a luz e tudo permanece escuro durante segundos. A cena seguinte mostra Elisabet em silêncio, mas cada vez mais comovida, vendo um programa na televisão – o noticiário sobre a autoimolação do monge budista em Saigon.

Bergman entrelaça os temas do suicídio e do sacrifício – a matança do cordeiro, a mão pregada, a autoimolação do monge – com os processos de relacionamento intrapessoal e cisão do sujeito. Não é por acaso que Alma se identifica tão profundamente com Elisabet que parece tomar sua posição espontaneamente em um encontro com o marido desta. Bergman era fascinado por espelhos e duplos; na sua autobiografia ele até descreve uma cena de confronto com o duplo, que termina com uma tentativa de suicídio:

> Faz-se silêncio. Os telhados do outro lado da estrada estão brancos e a neve cai suavemente no chão. Desisto de ler porque, de qualquer maneira, é difícil entender o que estou lendo. O crepúsculo na sala é sombrio e cortante. Um relógio bate. Talvez eu durma, talvez tenha dado apenas um pequeno passo da realidade sensorial conhecida para outra realidade. Não sei. Encontro-me no fundo de um vazio imóvel, indolor e livre de sentimentos. Fecho os olhos, acredito que fecho os olhos, suspeito que algo se encontra no quarto, abro os olhos: no crepúsculo agudo, a poucos metros de distância, estou de pé e olho para mim mesmo. A experiência é concreta e não ad-

mite contestação. Eu estou ali atrás sobre o tapete amarelo e olho para mim sentado na cadeira. Da cadeira, olho para mim de pé no tapete amarelo. Eu, sentado na cadeira, ainda sou aquele que comanda as ações. Este é o ponto terminal. Não há retorno. Ouço a mim mesmo numa lamúria alta e dolorida. Algumas vezes na minha vida brinquei com a ideia de cometer suicídio. A certa altura da minha juventude, encenei uma tentativa desajeitada. Nunca sonhei em levar as minhas brincadeiras a sério. A minha curiosidade era grande demais, o meu desejo pela vida era muito forte e o meu medo da morte era demasiado sólido e infantil. Essa postura em relação à vida pressupõe, no entanto, um completo e firme controle das relações com a realidade, com a imaginação, com os sonhos. Quando esse controle se perde, o que nunca me aconteceu antes, nem mesmo na minha primeira infância, a máquina explode e a identidade é ameaçada. Ouço a minha voz choramingar, pareço um cão ferido. Levanto-me da cadeira para sair pela janela[24].

Cerca de dois anos após a estreia de *Persona*, houve espetaculares autoimolações na Europa Central, protestos contra a invasão soviética da Tchecoslováquia e contra a repressão ao movimento da Primavera de Praga. Em 8 de setembro de 1968, o filósofo e antigo soldado polonês Ryszard Siwiec, de 59 anos, ateou fogo em si mesmo durante as comemorações do Dia de Ação de Graças, no Estádio da Década, em Varsóvia, vindo a morrer quatro dias mais tarde. Em 16 de janeiro de 1969, entre as três e as quatro horas da tarde – ou seja, pouco antes do pôr do sol –, o estudante Jan Palach, de vinte anos, subiu as escadas do Museu Nacional de Praga, no extremo sudeste da Praça Venceslau, tirou o casaco, pousou no chão uma pasta contendo uma carta de despedida, derramou gasolina sobre si próprio e ateou fogo. Queimando, Palach correu para o centro da praça, onde um despachante tentou sufocar as chamas com seu casaco. Palach sucumbiu às suas graves queimaduras em 19 de janeiro de 1969. Sua carta de despedida não foi publicada, mas Palach a enviou para seus parentes e colegas. Na madrugada de 20 de janeiro, apareceram cartazes com o texto da mensagem de despedida colados às paredes do museu:

Considerando que nossos povos estão à beira do desespero, decidimos expressar nosso protesto e despertar o povo deste país da seguinte maneira. Nosso grupo é feito de voluntários dispostos à autoimolação em nome da nossa causa. Tive a honra de ser o número um e por isso ganhei o direito de escrever a primeira carta e aparecer publicamente como a primeira tocha humana.

Em seguida, são formuladas reivindicações concretas: a revogação imediata da censura e a proibição de distribuição do *Zprávy*, o jornal dos invasores soviéticos, no qual eram reimpressos sobretudo textos da agência de notícias soviética *Tass* e editoriais do *Pravda*. A carta se encerrava com um ultimato: "Se as nossas exigências não forem cumpridas dentro de cinco dias, ou seja, até 21 de janeiro de 1969, e se o povo não nos der apoio suficiente (isso significa: fazendo simultaneamente uma greve geral sem prazo para terminar), haverá outras tochas humanas."[25] É claro que não foram cumpridas quaisquer exigências e também não houve qualquer apelo a uma greve geral de tempo ilimitado; apenas uma parte dos estudantes entrou em greve. Mas, depois da morte de Jan Palach, seu líder, Lubomír Holeček, leu no rádio algumas palavras supostamente ditadas por Palach antes de sua morte: "A minha ação cumpriu o seu propósito. Mas ninguém deve repeti-la. Os alunos devem poupar suas vidas para poder cumprir nossos objetivos, para que possam contribuir para a luta vivos. Eu digo 'adeus' a vocês. Talvez voltemos a nos ver." Na semana seguinte à morte de Jan Palach, várias pessoas na Tchecoslováquia tiraram a própria vida por motivos políticos. Em 25 de fevereiro de 1969, o estudante Jan Zajíc, de dezoito anos de idade, ateou fogo em si mesmo na Praça Venceslau – como a "tocha humana número dois". Antes de atear fogo, ele tinha engolido ácido para acelerar a sua morte. Deixou várias mensagens de despedida, incluindo uma carta aos "cidadãos da República da Tchecoslováquia", na qual afirmava, entre outras coisas:

> Uma vez que, apesar da ação de Jan Palach, nossa vida voltou aos velhos trilhos, eu decidi abalar sua consciência como TOCHA

N. 2. [...] Decidi fazer isso para que vocês tomassem coragem de verdade e não se deixassem guiar por vários ditadores. [...] Que a minha tocha acenda o seu coração e ilumine a sua mente. [...] Só assim vou continuar a viver. Só morreu quem viveu para si mesmo[26].

Várias autoimolações ocorreram na Alemanha Oriental na segunda metade da década de 1970, mas elas representaram apenas em parte protestos contra a repressão comunista – como foram os eventos em Praga e Varsóvia – e alcançaram uma ressonância considerável. Em 18 de agosto de 1976, o pastor Oskar Brüsewitz protestou contra a opressão exercida pelo Estado sobre a Igreja. Ele colocou dois cartazes no teto do seu carro parado em frente à Igreja de São Miguel, em Zeitz, jogou gasolina sobre si próprio e ateou fogo. Morreu quatro dias depois, em 22 de agosto. Em sua carta de despedida, ele assegurava que não havia cometido suicídio, mas que cumpria uma missão interior como testemunha – uma referência evidente ao seu martírio. O governo federal inicialmente escondeu a autoimolação do sacerdote, mas depois a apresentou como um ato psicopático, e a liderança eclesiástica se esforçou para não sobrecarregar o relacionamento entre Estado e Igreja. Numa nota à comunidade, lê-se:

> Sabemos que o irmão Brüsewitz se via agindo em serviço como testemunha de Deus, ainda que por meio de algumas ações inusitadas. Até mesmo com esse ato ele quis indicar que Deus é o Senhor do nosso mundo. Ele foi movido pela preocupação de que nossa Igreja estivesse indecisa demais em seu testemunho. Não podemos concordar com a ação do nosso irmão. Como sucessores de Jesus Cristo, devemos estar prontos para fazer sacrifícios – mas não de tal forma que terminemos deliberadamente com nossa vida. Acreditamos que nossa tarefa é trabalhar juntos em nossa sociedade para ajudar, através do testemunho e do exemplo de nossa vida, a realizar as metas de Deus neste mundo. Não devemos condenar o nosso irmão Oskar Brüsewitz.

A carta não poderia ter sido formulada de forma mais ambivalente; dirigiu-se contra a difamação do pastor por parte do Estado, mas também contra todas as tentativas de "usar os acontecimentos em Zeitz como propaganda contra a República Democrática Alemã"[27]. No entanto, o seu suicídio pelo fogo levou à solidariedade nacional; em um concerto na Igreja de São Nicolau, em Prenzlau, em 11 de setembro de 1976, Wolf Biermann descreveu a autoimolação como "fuga da República através da morte"[28]. Dois anos depois – em 17 de setembro de 1978 –, uma imolação dramática teve lugar na pequena cidade saxã de Falkenstein. O pastor protestante Rolf Günther tinha acabado de ser deposto depois de violentos conflitos internos na Igreja; ele então fez da sua missa de despedida a encenação de um fanal:

> A igreja paroquial já estava apinhada por volta das 9h30, quando o pároco entrou novamente na sacristia. Ele voltou com dois jarros de leite grandes. Estavam cheios de gasolina, que ele derramou no tapete em frente ao altar. Depois, voltou ao altar e estendeu os braços sobre as velas acesas. O padre começou imediatamente a arder em chamas, pois o seu hábito também estava encharcado de gasolina. Ele ainda conseguiu desenrolar uma faixa com a inscrição "Despertem finalmente!"[29].

Em seu testamento, o "anjo das chamas de Falkenstein"[30] tinha proibido que fosse feito um enterro religioso. "E, ao ser enterrado na semana passada", escreveu a *Der Spiegel* na edição de 25 de setembro de 1978, "a cerimônia foi como no *Werther*, de Goethe: nenhum sacerdote o acompanhou."[31] A referência ao romance de Goethe faz pensar no muito discutido "Efeito-Werther", que comentei no terceiro capítulo. Após o suicídio de Oskar Brüsewitz, cerca de sessenta autoimolações foram registradas na Alemanha Oriental, mas elas tiveram apenas em parte motivos políticos[32].

3.

Depois do evento do dia 11 de junho de 1963, mais pessoas atearam fogo em si próprias em protesto. Uma lista certamente incompleta da Wikipédia[33] documenta cerca de 150 nomes, pessoas de todos os continentes, que protestaram contra a Guerra do Vietnã, ditaduras comunistas ou fascistas, genocídios e a opressão das minorias. Uma outra listagem, compilada por Day Blakely Donaldson e oferecida em forma de livro digital em várias plataformas da internet, compreende mais de trezentas entradas[34]. Algumas reivindicações eram extremamente concretas, como na autoimolação do mineiro chileno Sebastián Acevedo Becerra, que se incendiou em 9 de novembro de 1983 em Concepción, na Praça da Independência, em frente à Catedral da Santíssima Conceição, depois que seus filhos foram presos pela polícia secreta de Pinochet. Por outro lado, outras motivações para suicídios com fogo mantiveram-se muito genéricas. Em 4 de junho de 1972, ao atear fogo em si própria na praça Jacques-Cartier, no antigo porto de Montreal, a roteirista franco-canadense Huguette Gaulin Bergeron gritou: *"Ne tuons pas la beauté du monde!"* – "Não destruamos a beleza do mundo!" E o mesmo se deu com o estudante Dietrich Stumpf, de 35 anos, que cometeu suicídio incendiando-se em meio a uma manifestação pela paz nos prados do Reno, em Bonn, no dia de Corpus Christi, em 10 de junho de 1982. Em sua carta de despedida, publicada no jornal *Kieler Rundschau*, ele apresentou, como motivo para seu ato, o fato de não poder mais suportar a situação, ou seja, a "obsessão pelos armamentos que levarão diretamente à próxima guerra mundial", a "tecnologia nuclear que pode extinguir a Europa de uma só vez", o "envenenamento mundial e a destruição das possibilidades de vida". Depois da morte do estudante em 2 de julho – em uma unidade de terapia intensiva do Hospital Universitário de Bonn –, a escritora Karin Struck escreveu na *Der Spiegel*:

> Não há razão para não levar a sério os motivos de Dietrich Stumpf. Pelo contrário, devemos contestar resolutamente os psiquiatras que,

armados até os dentes com medicações, afirmam: ele era um homem deprimido que queria encenar as suas dificuldades pessoais como mal comum. [...] Onde é que no nosso Estado ensina-se que a autodestruição é a "forma errada de ação" para defender a vida, a paz? Não se argumenta todos os dias por meios diversos que (armamento de) destruição salvará vidas? Dietrich seguiu literalmente essa lógica de forma física, mesmo que quisesse que a sua ação fosse entendida de maneira diferente. *Com a morte não se pode salvar a vida* – será que não foi um Estado que acaba de reduzir os gastos sociais, mas aumentou os "gastos com a defesa", que lhe ensinou isso?[35]

No Festival Internacional de Cinema de Cannes de 1983, foi exibido o filme *Nostalgia*, de Andrei Tarkovski, que recebeu três prêmios[36]. Trata-se do sexto filme de Tarkovski e, ao mesmo tempo, o primeiro feito fora da União Soviética. Ainda durante as gravações, Tarkovski descobriu que seu retorno para a pátria tinha sido proibido. O filme fala da saudade e do anseio de retornar ao lar de um escritor russo chamado Andrei Gorchakov (interpretado por Oleg Yankovsky), que havia viajado à Itália para escrever um libreto de ópera sobre Pavel Sosnovsky, compositor que viveu na Itália no século XVIII, mas depois retornou à Rússia, onde finalmente tirou a própria vida. No balneário toscano de Bagno Vignoni, Gorchakov conhece o velho matemático Domenico (interpretado pelo ator favorito de Ingmar Bergman, Erland Josephson), considerado louco pelas pessoas do lugarejo. Ele pede a Gorchakov que cruze a piscina termal de Bagno Vignoni – cuja água tinha sido retirada – com uma vela nas mãos para salvar o mundo do declínio. Enquanto Gorchakov tenta satisfazer o desejo de Domenico, o matemático faz um discurso sobre o mundo moderno do alto da colina do Capitólio – de pé sobre a estátua do cavalo de Marco Aurélio. Numa faixa feita de camisas atadas pelas mangas e esticada sobre a praça, lê-se: *"Non siamo matti, siamo seri"* – "Não somos loucos, somos sérios." O discurso de Domenico começa com uma referência à cisão do sujeito:

Fig. 20: Erland Josephson em *Nostalgia* (1983), de Andrei Tarkovski; foto do filme.

Fig. 21: *Nostalgia*; foto do filme.

Não posso viver simultaneamente na minha cabeça e no meu corpo. É por isso que não posso ser uma única pessoa. [...] A rua do nosso coração está coberta de sombras. É preciso ouvir as vozes que parecem inúteis. O zumbido dos insetos precisa varar o asfalto para atingir os cérebros repletos de longos canos de esgoto, de muros de escola, da prática social. Os ouvidos e olhos de todos nós devem ser preenchidos com as coisas que são o início de um grande sonho. Alguém tem de nos chamar para construir as pirâmides. Não importa se no fim não as construirmos. O desejo deve ser alimentado. Devemos puxar a alma em todas as direções, como se fosse um lençol elástico que se deixa esticar. [...] Se vocês querem que o mundo avance, temos de dar as mãos. Temos de nos misturar: os chamados saudáveis e os chamados doentes. Ei, saudáveis! O que significa a sua saúde? Os olhos de toda a humanidade veem o abismo em que todos caímos. A liberdade não nos serve de nada se vocês não tiverem a coragem de olhar-nos de frente, de comer conosco, de beber conosco, de dormir conosco. Foram precisamente os chamados saudáveis que conduziram o mundo à beira do desastre. Ser humano, ouça! Dentro de você está a água, o fogo e depois as cinzas. E os ossos nas cinzas. Os ossos e as cinzas. Onde estou eu quando não estou na realidade nem na minha imaginação? Faço um novo pacto com o mundo. Para que haja sol à noite e neve no verão. As grandes coisas terminam; são as pequenas coisas que ficam. [...] Basta observar a natureza para entender que a vida é simples e que é preciso voltar ao ponto de antes, ao ponto em que vocês escolheram o caminho errado. É preciso voltar aos princípios básicos da vida sem poluir a água. Que tipo de mundo é este em que um louco diz a vocês que devem envergonhar-se?

Ele pede música, e, de um gravador de cassetes trazido por um epiléptico, ouve-se justamente a "Ode à alegria", do último movimento da *Nona sinfonia*, de Beethoven, o atual hino da Europa. Domenico derrama gasolina sobre si mesmo e ateia fogo; ele sussurra: "Ó mãe, ó mãe. Ar – o ar é esta coisa leve que sopra em torno da sua cabeça e torna-se mais brilhante quando você ri."[37]

Mesmo depois da virada do milênio, numerosos suicídios por meio de fogo foram cometidos. Por exemplo, a autoimolação do feirante tunisiano Mohamed Bouazizi, em 17 de dezembro de 2010, em Sidi Bouzid, que não só desencadeou numerosos atos de imitação em todo o Magrebe como também, em última análise, a Revolução de Jasmim, na Tunísia, a derrocada do autocrático presidente Zine el-Abidine Ben Ali e, de certa forma, a chamada Primavera Árabe. Outras autoimolações – mais frequentes no Tibete e no Congo, por exemplo – passaram despercebidas e sem consequências políticas, assim como alguns suicídios com fogo de vítimas de dívida ou crise financeira e suicídios de refugiados. Em seu relato sobre a tentativa de autoimolação de um requerente de asilo russo, a terapeuta de trauma Antje Krueger destacou mais uma vez a ambivalência da morte por fogo:

> Durante a entrevista, as descrições da autoimolação, impressionantes e acompanhadas de muitos gestos, mostram que o sr. Haritonov, apesar da experiência trágica, também deu um caráter de luxúria a partes de sua tentativa de extermínio. Durante a conversa ele riu muito e me mostrou com o uso de imagens toda a extensão do fogo. Não foi só a escassez de vocabulário alemão que parecia movê-lo a retratar a cena da imolação de forma tão plástica. Tive a impressão de que ele agia com grande alegria e que a reencenação da situação trazia a lembrança de um momento positivo. Ele descreveu o fascínio das chamas com um sorriso sensual e salientou várias vezes que não tinha tido qualquer dor. Em contraste com sua vida cotidiana, marcada por grande estresse psicológico e ansiedade, que também se expressavam de forma somática, ele pareceu sentir-se não só indolor no curto momento de sua queima, mas também bem e realizado. Nesse sentido, o fogo teve uma função redentora e transformadora. Aqui eu gostaria de abordar o aspecto

catártico da autoimolação: o fogo destrói tudo o que é desagradável em um ser humano e cria, por um breve momento e geralmente também pela última vez, uma figura radiante e deslumbrante: o próprio ser humano torna-se uma tocha brilhante. As testemunhas de tal suicídio ficam fascinadas, muitas vezes rijas de susto, e conferem um enorme significado e grandiosidade à ação através do seu olhar imóvel[38].

O suicídio por meio de fogo pode ser confrontado com o suicídio através da fome, como se ela fosse um fogo interior, mais prolongado, não menos angustiante e doloroso, também associado ao autossacrifício e ao martírio. De acordo com a proposta de classificação de Jean Baechler, o suicídio através da fome pode ser contabilizado igualmente entre os suicídios escapitas e oblativos[39]. A história política do suicídio por meio de fome já havia começado muitos anos antes de 1963. Ele é associado frequentemente à Índia e à resistência não violenta de Gandhi, que, nas décadas de 1930 e 1940, recusou-se repetidamente a comer durante semanas para evitar o início da guerra civil. Mas, na verdade, foram as mulheres na luta pelo seu direito ao voto na Grã-Bretanha e nos EUA que fizeram as primeiras greves de fome após a sua prisão. Em 10 de outubro de 1903, Emmeline Pankhurst fundou em Manchester a União Social e Política das Mulheres. Ela desenvolveu uma teoria da resistência pacífica, dirigida somente contra a propriedade, não contra pessoas. As sufragistas faziam manifestações, ateavam fogo em caixas de correio, devastavam campos de golfe ou quebravam vidraças de janelas. Elas foram levadas presas para Holloway (Londres), a maior penitenciária feminina da Europa Ocidental, mas exigiram ser tratadas como presos políticos – com direito a roupas civis, por exemplo –, recusaram a comida da prisão e fizeram greve de fome. Emmeline Pankhurst descreveu essa situação em sua autobiografia dizendo que ninguém

> que nunca tenha passado pela experiência horrível de uma greve de fome pode imaginar como é grande o sofrimento. Numa cela co-

mum o sofrimento já é suficientemente grande. Mas na indescritível miséria das solitárias é ainda pior. Os ataques de fome da maioria dos prisioneiros duram apenas 24 horas. Eu costumo sofrer mais no segundo dia. Depois disso, já não se tem um desejo particularmente desesperado por comida. A fraqueza e a depressão o substituem. Distúrbios digestivos graves tornam o desejo de alívio da dor maior do que o desejo pela comida. Muitas vezes surgem dores de cabeça violentas com tonturas ou um delírio leve. A exaustão total e o sentimento de estar separado da terra caracterizam as fases finais da agonia. A recuperação leva frequentemente muito tempo, e uma restauração completa da saúde é por vezes tão lenta que é desencorajadora. A primeira greve de fome aconteceu no início de julho (1909). Nos dois meses seguintes, um grande número de mulheres assumiu essa forma de protesto contra um governo que não queria reconhecer o caráter político de seus crimes. Em alguns casos, elas foram tratadas com uma crueldade sem precedentes. Mulheres fracas e de frágil constituição não só foram condenadas ao isolamento, como foram algemadas durante 24 horas. Uma mulher que se recusou a usar roupas de prisão foi colocada numa camisa de força[40].

Segundo Pankhurst, a greve de sede foi pior que a greve de fome, uma "tortura impiedosa". Porque a renúncia a líquidos acelera a perda de peso. O corpo não pode suportar a desidratação, "ele protesta com todas as suas fibras nervosas. Os músculos encolhem, a pele fica enrugada e flácida, a expressão facial muda terrivelmente". As toxinas não são mais expelidas, "são retidas no corpo e absorvidas. Ele se torna frio e treme, há dores de cabeça constantes e enjoos, às vezes também febre. A boca e a língua são tomadas por saburra e ficam inchadas, a garganta se fecha, e a voz se torna um sussurro débil"[41]. Os médicos da prisão entraram em pânico rapidamente. A princípio, soltaram as mulheres após alguns dias de greve de fome ou de sede. Depois, partiram para uma medida controversa, que era ainda mais temida que os efeitos da recusa alimentar, apesar de toda a dor e medo da morte: a alimentação forçada. Para tal, a prisioneira era amarrada a uma cama ou segura com violência e imobilizada

Fig. 22: Recorte do artigo de Djuna Barnes sobre o experimento voluntário da alimentação forçada na *The World Magazine* (6 de setembro de 1914).

por vários vigias. Então um médico "pegava uma mangueira de borracha de dois metros de comprimento e a enfiava em uma das narinas. A dor era tão terrível que ela gritava". Essa mangueira era empurrada até o estômago. "Um médico ficava de pé numa cadeira mantendo a mangueira para cima e derramava ali uma dieta líquida, quase sufocando a pobre vítima." Emmeline Pankhurst cita uma colega detenta que disse: "Meus tímpanos pareciam estourar. [...] Eu sentia a dor até o peito. Quando o tubo foi finalmente removido, parecia que meu nariz e minha garganta tinham sido arrancados com ele."[42] Todos os dias esse tratamento doloroso era repetido, apesar dos protestos médicos e públicos. Em 1914, a autora e repórter Djuna Barnes, na época com 22 anos, submeteu-se voluntariamente ao procedimento coercivo para poder descrever de modo adequado as experiências das sufragistas presas. Seu relato foi publicado em 6 de setembro de 1914 – sob o título *"How It Feels to Be Forcibly Fed"* [Como é ser alimentada à força] – na *The World Magazine*. Ela escreveu:

> Na minha histeria, tive uma visão de cem mulheres em pavorosos hospitais prisionais, amarradas e embrulhadas em mortalhas, sobre mesas como esta, imobilizadas pelas garras brutas de vigias insensíveis enquanto médicos em roupas brancas empurravam mangueiras de borracha pelas suas ternas narinas. Tudo isso para forçar para dentro de corpos indefesos o cruel alimento e preservar a vida que desejavam sacrificar. Assim, a ciência finalmente nos privou do direito de morrer[43].

4.

Ocasionalmente, levanta-se a objeção de que uma greve de fome não é uma tentativa de suicídio porque visa a implementação de uma exigência política e não a própria morte. E, de fato, Emmeline Pankhurst tinha dito claramente

> que os amigos bem-intencionados que falam que só aguentamos os horrores da prisão, das greves de fome e da alimentação forçada porque queríamos ser mártires de nossa causa estão completamente equivocados. Nunca fomos para a prisão para tornarmo-nos mártires. Fomos lá para obter os nossos direitos de cidadãs. Estávamos dispostas a quebrar leis para forçar os homens a dar também a nós o direito de fazer leis. Pois foi assim que os homens ganharam a sua cidadania[44].

Para além do fato de a distinção entre tentativa de suicídio e suicídio permanecer questionável (porque nem uma tentativa de suicídio é um suicídio fracassado nem um suicídio é uma tentativa de suicídio bem-sucedida)[45], essa objeção, que até mesmo Pankhurst parece justificar, ignora a profunda ambivalência de todos os suicídios, especialmente o político, que consiste em querer viver de forma diferente, correndo o risco da própria morte para a realização desse desejo. A cisão do sujeito que aí se manifesta foi comentada por Maud Ellmann em seu inspirador ensaio *Die Hungerkünstler* [Os artistas da fome], de 1993, sobre a alimentação forçada de Sylvia Pankhurst, com base nos relatos de Emmeline, sua mãe. Sylvia teria indicado que

> está sendo consumida pela comida que a forçam a engolir, pois sua subjetividade se desfaz como se ela própria tivesse sido mastigada. "Às vezes, quando cessava de lutar, ou mesmo quando ainda estava lutando para me defender, eu tremia com a sensação de que meu ser tinha sido partido em vários 'eus' [...] que emergiam em mim cheios de ferocidade", ela se lembra. "Às vezes, subiam das profundezas do meu ser 'eus' macerados; e eu me ouvia gritar: 'Não, não, não, não, não, eu não quero mais aturar isso. Não quero mais aturar isso.' Eu não sabia, e era igualmente indiferente, se poderia silenciar essa voz, mesmo que me esforçasse para tal. Ouvi-a como se fosse algo desligado de mim."[46]

Ellmann interpreta essa passagem como o retorno de um trauma da primeira infância:

> Todos nós experimentamos a comida primeiro como um alimento forçado; quando bebês, fomos alimentados por outros, e, pela comida que nos enfiaram goela abaixo, fomos estuprados. Por conseguinte, comemos para nos vingar desse abuso que tivemos de suportar num primeiro momento da nossa vida. [...] *Todo alimento é nutrição forçada*, e, através da ferida causada pela alimentação, o Outro ganha acesso e pode se instalar no centro do nosso Eu[47].

Segundo a interpretação de Ellmann, esse outro trouxe-nos à vida e forçou-nos a ela sem nos perguntar de antemão – no sentido da passagem da *Metafísica dos costumes*, de Kant[48], citada no primeiro capítulo. Aceitando a nossa vida ou tirando a nossa vida, também nos vingamos desse primeiro "abuso". À primeira vista, a tese soa exagerada e oblíqua. Mas ela ganha plausibilidade tão logo continuamos com o relatório de Djuna Barnes: "Eu estava no fundo do poço e me pareceu que me encontrava ali deitada havia anos, observando o jarro enquanto ele subia na mão do médico e permanecia flutuando, uma ameaça diabólica e desumana. Dentro dele estava a dieta líquida que eu devia tomar. Era leite, mas eu não conseguia descobrir o que era, porque todas as coisas são iguais quando chegam ao estômago através de um tubo de borracha."[49]

Desde as lutas das sufragistas, que finalmente fizeram valer o direito ao voto das mulheres a partir de 1919-20 nos EUA e de 2 de julho de 1928 na Grã-Bretanha, as greves de fome têm sido principalmente destinadas a melhorar as condições de detenção ou ao reconhecimento dos pedidos de asilo. A greve de fome praticamente pressupõe o cativeiro – ou pelo menos a restrição da liberdade de movimento. A alimentação forçada, no entanto, torna-se cada vez mais rara. Em outubro de 1975, a Associação Médica Mundial (WMA) declarou em Tóquio que os médicos não devem participar de nenhuma prática de tortura, tratamento cruel, desumano, degradante ou punição; recusas de alimentação e greves de fome devem ser respondidas com esclarecimentos sobre as consequências, mas não com medidas de alimentação forçada. Diretrizes mais precisas sobre a forma como os médicos devem lidar com as greves de fome foram formuladas na Declaração de Malta, de novembro de 1991. Nela, foi estipulado claramente: *"Forcible feeding is never ethically acceptable"* [A alimentação forçada nunca é eticamente aceitável][50]. Claro que as declarações da WMA não tinham vínculo jurídico, como tornou-se evidente mais tarde, após os debates sobre métodos de tortura como o afogamento simulado (*waterboarding*) ou a alimentação forçada no campo de detenção americano de Guantánamo; porém, a WMA declarou como princípio orientador para os médicos o respeito pelo direito à autodeterminação dos prisioneiros e refugiados. Assim, passou a ser aceito oficialmente que uma greve de fome malsucedida possa levar à morte, ao suicídio como protesto político; mas essa consequência também já havia sido considerada antes. Entre 1972 e 1994, por exemplo, os presos da RAF*, tinham organizado um total de dez greves de fome coletivas para conseguir o reconhecimento como presos políticos e uma melhoria das condições de prisão. Algumas exigências foram satisfeitas, mas não as de agrupamento de todos os prisioneiros da RAF. Em 9 de novembro de 1974, morreu Holger Meins, aos 33 anos de idade, devido às consequências de uma greve de fome que durou 57 dias; mesmo sua morte sendo adiada por meio de alimentação forçada com uma sonda no estômago, ela não pôde ser impedida. Mais de 5 mil pessoas foram ao seu enterro em 18 de novembro. A mensagem de despedida de Holger Meins foi uma carta que ele havia escrito uma semana antes de sua morte – por ocasião da ocupação da sede da Anistia Internacional em Hamburgo: "Ou porco ou homem, ou sobreviver a qualquer preço ou lutar até a morte, ou problema ou solução, não há nada entre uma coisa e outra."[51]

Ao mesmo tempo, também começaram greves de fome na prisão de Maze (perto de Lisburn), na Irlanda do Norte, uma prisão de segurança máxima onde estavam alojados os membros detidos do IRA. Em julho de 1972, quarenta deles entraram em greve de fome e conseguiram, por meio dessa luta, um status especial, comparável ao tratamento dos prisioneiros de guerra: não tinham que usar uniformes de prisão ou fazer o típico trabalho prisional. Esse status especial foi abolido em 1976 e novos protestos foram realizados a partir de setembro. Os primeiros protestos – o *Blanket Protest*, em que os prisioneiros do IRA ficavam sentados em suas celas, nus, envoltos apenas em cobertores, e não iam trabalhar; depois o *Dirty Protest*, em que eles manchavam suas celas com excrementos – levaram a uma greve de fome a partir de 24 de outubro de 1980, que foi interrompida após 55 dias devido a algumas concessões, mas não resultou em mais negociações com o governo de Thatcher. Foi assim que, a partir de 1º de março de 1981, teve início a segunda greve de fome irlandesa, liderada por Bobby Sands. De acordo com o ritmo combinado, toda semana um novo prisioneiro juntava-se à greve

----

* Fração do Exército Vermelho, grupo guerrilheiro alemão que atuou de 1970 a 1998.

para aumentar a pressão sobre o governo britânico. Bobby Sands morreu em 5 de maio de 1981, pouco depois de ter sido eleito deputado da Câmara dos Comuns britânica em 9 de abril de 1981. Após a sua morte, houve manifestações e confrontos violentos; mais de 100 mil pessoas participaram de seu funeral em Belfast. A greve de fome, no entanto, só foi interrompida pelo IRA em 3 de outubro de 1981. A partir de 6 de outubro, os prisioneiros foram autorizados a usar roupas civis, e várias outras reivindicações também foram atendidas. Em sua já citada pesquisa, Maud Ellmann chamou a atenção para as raízes irlandesas da greve de fome. Desde 1917 tinham ocorrido não só greves de fome, que terminaram com a morte de prisioneiros republicanos – Thomas Ashe, Terence MacSwiney e Seán McCaughey –, como também havia uma estranha tradição jurídica que pode ser rastreada até a Idade Média:

> Na Irlanda medieval – como na Índia medieval – havia um meio legal conhecido como *troscud*, o "jejum por penhor", o que significava que um devedor podia jejuar contra o seu credor, ou mesmo podia-se jejuar contra alguém que tivesse cometido injustiça. O acusador ou "o homem do lado de fora", como é chamado na terminologia sensível do texto medieval, passava fome no limiar da porta do réu. [...] Essa tradição foi incorporada ao cristianismo: há lendas em que o santo padroeiro irlandês, São Patrício, conduz uma greve de fome contra Deus. Deus sempre se rende, pois a capitulação a esse autossacrifício era considerada pelos primeiros cristãos como um sinal de santidade. Em um relatório do século XVII sobre a vida de São Patrício, ele sobe a montanha sagrada para obter privilégios do Senhor, onde é, no entanto, repreendido por um anjo por exigir demasiado. Patrício então inicia prontamente uma greve de fome e sede, que mantém por 45 dias, até que Deus finalmente cede[52].

No ano de 2008 foi lançado *Hunger*, o filme de estreia do videoartista e fotógrafo britânico Steve McQueen. O filme retrata os últimos 66 dias de Bobby Sands. No centro do filme, cujas cenas e imagens raramente são acompanhadas ou interrompidas por palavras, há uma longa conversa de mais de vinte minutos entre Bobby Sands (interpretado por Michael Fassbender) e o padre Dominic Moran (Liam Cunningham), filmada em um plano-sequência de dezessete minutos. De início, a conversa gira, assim como em *Esperando Godot*, de Samuel Beckett, em torno do bom ladrão do Gólgota, que foi salvo. Mas, enquanto na peça de Beckett Vladimir constata que "um dos ladrões foi redimido. *Pausa.* É uma boa porcentagem"[53], Bobby resume: "Quando se está pendurado na cruz, o cara diz tudo. Jesus promete que ele poderá sentar-se ao lado do seu pai no assim chamado Paraíso. Para conseguir isso, o cara faz qualquer coisa." E, ainda assim, ele também sonha com o Paraíso: "Éramos apenas meninos da cidade, com medo de gado e coisas assim. Aqueles monstros davam leite e hambúrguer? Meu Deus! Da próxima vez, vou nascer no campo, garanto-lhe isso. Animais selvagens, pássaros, isso sim seria paradisíaco." Natureza, paisagem e uma vida fantasticamente selvagem são percebidas como promessas de felicidade e liberdade. Indagado sobre o que diz seu coração, Bobby responde: "Minha vida significa tudo para mim. A liberdade significa tudo para mim. [...] Um homem como o senhor talvez não possa entender isso. Mas, porque respeito a minha vida, tenho o desejo de liberdade, um amor inabalável pela fé, posso superar qualquer dúvida que venha a eventualmente ter. Arriscar a minha vida não é a única coisa que posso fazer, Dom. É também bom e correto." Como se resolve o paradoxo de alguém desistir da sua vida para ganhá-la? De que ponto de vista uma greve de fome assemelha-se a um suicídio? Bobby nega veementemente:

> O senhor quer discutir comigo se o meu projeto é um suicídio moral ou real? O que o senhor chama de suicídio eu chamo de assassinato. E essa é outra diferença entre nós dois. Somos ambos católicos, ambos republicanos. Mas, enquanto o senhor pescava salmões em Kilrea, puseram fogo, por cima das nossas cabeças, nas nossas casas. Em muitos aspectos somos semelhantes, mas a vida, as nossas experiências, influenciou de forma diferente a nossa fé.

E, quando Dominic refuta: "E o que a tua morte provará? Que os britânicos são impiedosos, talvez? Pois se o mundo inteiro já sabe como são os britânicos!", Bobby responde: "Sinto o teu ódio, Dom." Mas o ódio não pode ser um argumento para uma vida melhor, e o padre responde:

> Vocês, homens, já não sabem o que significa a vida. Depois de quatro anos nestas circunstâncias, ninguém espera que vocês sejam normais. Nada mais em vocês é normal. Neste momento, o movimento da independência lançou-se para escanteio. E o seu IRA está diante da situação e olha fixamente para este canto. Toda esta história, todos os homens e mulheres mortos, vocês ainda não entenderam. Se a sua resposta é matar a todos, estão enganando-se a si mesmos e têm medo de parar. Medo da vida, medo da conversa, da paz.

A conversa alcança rapidamente um clímax irreconciliável. Dominic: "Que se dane! A vida parece já não significar nada para o senhor." Bobby: "Então Deus vai me castigar." Dominic: "Bem, se ele não o fizer pelo suicídio, terá de castigá-lo pela estupidez." Bobby: "Sim, e o senhor pela sua arrogância. Porque a minha vida é a vida real, e não apenas um exercício teológico, algum truque religioso que não tem nada a ver com a vida. Jesus Cristo tinha firmeza, mas os seus discípulos, todos os que vieram depois dele, vocês se escondem atrás da retórica e de uma semântica inútil."

A disputa é acompanhada por um subtexto gestual que não só sublinha a intensidade da argumentação como a aumenta: fuma-se o tempo todo. Assim começa o diálogo: com uma oferta de cigarros. "Que tal fumar a Bíblia, para variar? Alguém já descobriu qual livro dá o melhor cigarro?", pergunta o padre. E Bobby responde: "Só fumamos o Livro das Lamentações." A conversa termina com o mesmo tema e, é claro, sem que o padre tenha conseguido dissuadir Bobby da sua greve de fome. Dominic levanta-se, pega o maço de cigarros, e Bobby comenta: "Pode deixá-los aqui se quiser. Ou será que devo fumar as sagradas

Fig. 23: Michael Fassbender (à esquerda) e Liam Cunningham em *Hunger* (2008), de Steve McQueen.

epístolas de João?" O padre responde: "Não quero isso pesando na minha consciência. Acho que não voltarei a visitá-lo, Bobby." E Bobby despede-se: "Não é necessário, Dom." Fumar cria a conexão comunicativa que é exaurida como os cigarros acesos e a sua mais-valia teológica. A palavra de Deus – a palavra da criação – é suplantada pelo livro sagrado; as páginas impressas da Bíblia são suplantadas pelo fumo, desde os salmos até as epístolas de João. No Livro da Revelação, João é obrigado a comer o livro (Ap 10, 9-10); Bobby Sands irá fumá-lo. Em alguns aspectos, sua fumaça simboliza o nada que ocupou o lugar de Deus, a solidão negra, a fome que não luta pela saturação, mas pela sua própria radicalização e potencialização – como fome de mais fome. Pois o homem é, de acordo com Thomas Hobbes, o ser que "até mesmo a fome futura já deixa faminto"[34]. O filme de Steve McQueen fundamenta a reflexão sobre a greve de fome de 1981 – a um só tempo, luta política e suicídio – em três campos: no campo da política e da guerra, no campo da medicina e no campo das artes. O próprio McQueen é um artista e seguramente percebeu logo como as práticas da greve de fome estão intimamente relacionadas às técnicas de si artísticas e vanguardistas. Quem, diante do *Blanket Protest*, não pensa nos *happenings* do Acionismo Vienense? Ou nas telas gotejadas de Pollock, nos quadros de Andy Warhol oxidados com urina? Quem não se lembra de *"Fêtes de la faim"* [Festas da fome], de Arthur Rimbaud – "Pastai o prado de feno, fomes minhas"?[55] A fome como técnica de si é precisamente uma espécie de arte; o movimento de enraizamento da greve de fome na arte da fome, na tentativa poética de transformar a própria carne em texto, também foi ilustrado por Maud Ellmann com numerosos exemplos da literatura mundial. Na narrativa de Kafka, *Um artista da fome* (1922), ela ressalta sobretudo a percepção de que "nós sobrevivemos não através da comida, mas através do olhar dos outros, e, portanto, é impossível viver da fome, a menos que alguém seja visto ou retratado como visto. A fome voluntária é, acima de tudo, uma representação"[56]. E este "ser visto" pode ser transposto para o registro médico. Estando inseparavelmente ligados às experiências históricas da greve de fome, os debates supracitados sobre a legitimidade da alimentação forçada assemelham-se às discussões contemporâneas sobre o direito à morte assistida, punibilidade do suicídio assistido, medicina paliativa, testamentos vitais e medidas de prevenção do suicídio.

5.

Um ano depois de Steve McQueen, o cineasta suíço Peter Liechti criou um cenário obscuro e fascinante para a eclética rede de relações entre medicina, estética e política, que entrelaça cada vez mais a fome e o "ser visto" – inclusive com a ajuda de cirurgias e técnicas de mídia – e faz delas a mais absoluta técnica de si. Seu documentário *Das Summen der Insekten – Bericht einer Mumie* [O zumbido dos insetos – relato de uma múmia] é baseado em um conto do escritor japonês Masahiko Shimada, publicado pela primeira vez no inverno de 1990 na revista *Chūōkōron* sob o título *Miira ni naru made* [Até que me transforme em múmia]. O conto refere-se a eventos amplamente relatados e comentados na mídia japonesa há cerca de trinta anos. Os letreiros iniciais do filme fazem uma espécie de resumo desses relatos:

Em 30 de janeiro do ano passado, estando numa caçada de lebres nos pântanos altos cobertos de neve do norte, o comerciante de carnes S. deparou-se com uma cabana parcialmente destruída, feita de lonas de plástico. Pensando que aquele seria um bom lugar para descansar, espreitou seu interior – para sua surpresa, descobriu que já havia alguém lá: uma múmia estava deitada sobre uma maca coberta de palha. Ela estava vestida com roupas quentes e coberta com uma fina camada de poeira e geada. De alguma forma, o cadáver tinha escapado da decomposição e estava completamente seco; para tornar-se uma múmia, certamente perdera peso ainda em vida. Entre as pernas do morto havia um caderno. O homem teve a gentileza de deixar um relatório consciencioso sobre a causa da própria morte. Com base nesses registros e na autópsia, os agentes concluíram que se tratava de um suicídio por inanição. A morte foi meticulosamente planejada, mas o motivo não ficou claro. O falecido tinha aproximadamente quarenta anos de idade, 1,76 metro de altura e pesava 36 quilos. Ele estava morto fazia cerca de cem dias. Uma vez que não havia referências a nome e profissão ou à sua aparência em tempos passados, uma identificação foi extremamente difícil. Aparentemente ninguém sentiu a sua falta. Parecia esquecido pelo mundo e pode-se supor que estava bem ciente disso. A seguir, os registros do falecido são reproduzidos em sua totalidade.

Como explica Peter Liechti em uma conversa com Ekkehard Knörer, essa introdução ao documentário funciona como base para as primeiras cenas do filme, que

> foi rodado como um longa-metragem ficcional: um corpo é encontrado na floresta numa espécie de *cena do crime*. O intuito era fixar numa imagem o acontecimento objetivo. A voz do narrador conta a história em forma de relato. A última frase é: "Segue-se aqui o conteúdo do diário" – então há uma mudança para a perspectiva subjetiva. E há uma segunda esfera, que eu vejo como a trajetória central do filme: a tentativa de mostrar e retratar da forma mais exata e háptica possível a existência física na floresta, o frio, o vento, a umidade, as estações, os animais, os insetos, o aqui e agora. Rodamos em alta definição, que funciona para mim como as imagens da

retina. A próxima esfera é a cidade, a origem, em cinza-azulado, o ambiente urbano entrelaçado com a música de Norbert Möslang. Aos poucos, essa camada desaparece, deixando ainda alguns fragmentos durante um tempo, mas em determinado momento eles não são mais vistos. Aí, as imagens em super-8 vão ficando cada vez mais fortes. Esta é a quarta esfera: as alucinações, o sonho. Também me abstive de pensar em alguém que vivencia essas imagens. Sou só eu. Que tipo de imagens vejo quando me ponho nessa situação? Quais são as minhas associações nesse momento?

A densidade subjetiva é obtida com a ajuda das lonas plásticas, que formam uma espécie de tela sobre a tela. Na narrativa, elas funcionam como proteção contra a chuva; mas também possibilitam, segundo Liechti, "através de tomadas contra a luz, narrar as estações do ano, a passagem do tempo e, no sentido literal, servem como um painel de projeção. Para mim, elas funcionam como uma tela alucinatória para o moribundo, que a usa cada vez mais para projetar suas próprias imagens. O que está do lado de fora e as coisas que acontecem em sua cabeça, todas essas imagens fundem-se cada vez mais umas nas outras."[37]

É claro que o homem sem nome na cabana de plástico é também um leitor e um escritor – assim como Bobby Sands, que escreveu seu diário de prisão, *One Day in My Life*, e vários poemas com uma caneta que precisou esconder no próprio corpo –; de suas anotações no diário descobrimos que ele lê o *Inferno*, de Dante, e *Malone morre*, de Beckett, e que ouve música de Johann Sebastian Bach no rádio, o que parece estranho: os livros e a música representam mais um cânone europeu do que um cânone educacional japonês, além do fato de que é bastante incomum acompanhar a própria morte com Dante e Beckett. Em 20 de setembro, o desconhecido inicia uma conversa com uma mulher do reino intermediário de suas alucinações:

> Do nada, uma jovem mulher apareceu de repente ao lado da cabeceira da minha cama. Ela vestia uma blusa rasgada, meias-calças furadas e uma saia suja. Mas nada mais podia assustar-me. Pensei que ela tinha vindo do outro mundo para me buscar, estendi-lhe a

mão e disse: "Por favor, leve-me com você para onde quer que vá."
"Não posso ir a lugar nenhum", respondeu a mulher, inabalável.
"Você vem do outro mundo, não vem?" "Nunca estive lá antes."
"Então você está viva?" "Não sei mesmo dizer." Ela virou o seu triste perfil para mim e começou a contar a sua história. "Há muito tempo, fui violada e assassinada na floresta. Pensei que seria levada para o outro mundo, mas, por mais que eu esperasse, ninguém veio me buscar. Então decidi ir sozinha. De alguma forma, consegui chegar até a margem do Rio Estige e entrei num barco..." "Você está querendo dizer que nunca chegou lá?" "Eu era a única passageira e o barqueiro não me deixou sair. Na opinião dele, não *há* o lado de lá." "Mas o que acontece aos mortos? Estão condenados a vagar para sempre quando não há reino dos mortos?" "Primeiro pensei que o barqueiro estivesse mentindo para mim. Mas ele insistiu que não *havia* o lado de lá." "E o que você faz agora?" "O barqueiro me leva com ele a lugares diferentes. Para o Cabo da Boa Esperança ou para a Antártida, também ao Mar Morto e ao Lago Baikal. Ele é muito bom para mim e por isso agora vivemos juntos." "E como você chegou aqui?" "Pelo Amazonas." "E onde está o seu companheiro?" "Ali..." A mulher apontou para um pequeno barco sujo à deriva no pântano em frente à minha cabana. "O que devo fazer?" Sem responder, ela saiu da cabana. Quando gritei: "Ei, espere!", o barco se foi. Quando voltei a mim e olhei mais de perto, percebi que o que eu pensava ser um barco era um coelho. Coelho infeliz! Talvez esta seja a minha última noite.

A referência ao barqueiro e ao Estige também não nos leva ao Japão. Já quanto à prática da automumificação, é diferente. Ela – o *sokushinbutsu* – era comum em certos mosteiros budistas e foi praticada, por exemplo, no norte do Japão, na província de Yamagata, na ilha de Honshu. O *sokushinbutsu* é realizado durante três períodos de mil dias – ou seja, mais de oito anos no total. Durante os primeiros mil dias, o monge adere a uma dieta especial de nozes e sementes da região; ele medita horas a fio sob cachoeiras geladas. No segundo período, reduz a alimentação a pequenas quantidades de cascas de árvore e raízes e bebe um chá venenoso da resina da árvore de *urushi*, comumente usada no polimento de talheres e móveis. O chá provoca vômitos violentos e desidratação; além disso, deve tornar o corpo tão venenoso que se torne intragável para larvas e insetos. Durante os últimos mil dias, o monge é trancado em uma tumba que oferece pouco mais espaço do que seu corpo precisa para ficar na posição de lótus. A partir de então, ele toca um sino diariamente para anunciar que ainda está vivo. Assim que o sino para de tocar, a cripta é selada e o fornecimento de ar é cortado. Só depois de expirados os mil dias a cripta é aberta novamente, a fim de se verificar se o processo do automumificação foi bem-sucedido. Nesse caso, o monge é levado para o templo onde é adorado como a encarnação de Buda. Diz-se que ele encontrou o seu caminho para o nirvana, a libertação do ciclo de morte e renascimento. No entanto, algumas perguntas permanecem sem resposta: por que o Nada, a redenção da dor da existência, precisa de uma tal representação material? Que tipo de testemunho presta o corpo petrificado eternamente dessa forma quase triunfante? Em que consiste o fascínio mágico da múmia? Qual é o propósito de sua adoração cúltica no templo?

O que distingue a curta narrativa de Masahiko Shimada do antigo rito de *sokushinbutsu* – que, aliás, foi proibido várias vezes – é simplesmente o fato de que o homem sem nome não quer sobreviver como um corpo, mas como um texto. Ele deixa um diário, e se, por outro lado, deixa também um corpo mumificado, isso é secundário. Ele não se apega a nenhuma esperança; nem mesmo o espírito da jovem estuprada e assassinada que lhe aparece acredita em fantasmas, na justiça *post mortem* ou num reino de mortos. Peter Liechti capturou a desolação desse suicídio secular, um morrer sem promessa, em imagens opressivas que citam a iconografia dos cavaleiros apocalípticos, a dança da morte, o cavalo malhado e o ceifador. Essas imagens não apontam uma saída, assim como não o faz o barqueiro que leva sua passageira do Cabo da Boa Esperança ao Lago Baikal ou ao Amazonas, e cuja figura lembra um pouco o holandês voador que encontrou sua Senta*, mas não foi redimido nem integrado ao Nada. Os últimos registros do relato de Masahiko Shimada, no entanto, permanecem ambíguos, mantendo uma espécie de equilíbrio entre solidão e confiança na comunidade de vivos e mortos: "4 de outubro: Ouvem-se risos no rádio. Dia 60, 5 de outubro: Alguém apareceu. Dia 61, 6 de outubro: Várias pessoas aqui. O rio flui na minha direção. Dia 62: Faz-se claridade." A propósito: Peter Liechti morreu no dia 4 de abril de 2014, aos 63 anos.

Fica em aberto a pergunta sobre os contextos e conexões entre *Hunger*, de Steve McQueen, e *Das Summen der Insekten*, de Peter Liechti. Uma primeira resposta é óbvia: como é consenso, a crise financeira começou em 9 de agosto de 2007, e ainda estamos vivendo sob suas sombras. Ela desencadeou aumentos de preços que também podem ser atribuídos a transações especulativas com produtos alimentícios de base; e, de fato, o número de pessoas que passam fome em todo o mundo aumentou em milhões entre 2007 e 2008, o que foi descrito como uma espécie de "crise da fome": "Segundo o Banco Mundial, mais de 69 milhões de pessoas submergiram na miséria da fome."[58] Mas em alguns aspectos a própria crise financeira deve ser vista como sintoma, o sintoma de uma crise mais profunda que, enquanto crise metabólica, confunde as ordens sociais de escambo, os ciclos e ritmos da comunicação, de dar e receber, de endividamento e amortização, de vida e morte, de refeições e jejum. Talvez devêssemos considerar a tese do antropoceno como uma era de transtornos alimentares. Esses transtornos se expressam de várias maneiras; não se originam de uma patologia individual, mas sim de uma crise dos processos metabólicos coletivos que, por um lado, manifestam-se em ideais anoréxicos de beleza, em suicídios através da fome motivados política ou esteticamente, em crescente insegurança diante da questão da alimentação adequada, em críticas legítimas à pecuária em massa e às indústrias de criação e abate de animais. Por outro lado, esses processos se expressam

....
* Do *Navio fantasma*, de Richard Wagner.

na rápida expansão da obesidade, que – como no romance de 2010 de Amélie Nothomb, *Une forme de vie* [Uma forma de vida]⁵⁹ – começa a representar apenas a outra forma de uma greve letal, de uma rebelião suicida. Que formas assume essa rebelião? Desde o início dos anos 1960, os suicidas no Japão adentram a mítica e fantasmagórica floresta de Aokigahara, no sopé norte do Fuji, para enforcar-se ou morrer de fome. Hoje, a floresta tornou-se o local suicida mais importante do mundo depois da ponte Golden Gate: só em 2002, 78 pessoas foram encontradas mortas nessa floresta. Em outubro de 2007, o agente comercial desempregado Peter-Jochen Z. subiu a uma torre de observação em uma floresta perto de Göttingen, na Alemanha, para morrer de inanição; ele também deixou um diário que deveria ser entregue à sua filha. Eu não sei se Peter Liechti conhecia essa história; ela foi documentada na revista *Der Spiegel* de 18 de fevereiro de 2008⁶⁰. Será então que não só os mercados financeiros, as práticas de intercâmbio da mídia, o tráfego e o metabolismo estão se globalizando, mas também as culturas da recusa radical e do suicídio?

10. Terrorismo suicida

> "Que o suicídio se tenha tornado uma *subversão*,
> a forma básica de revolta, é algo novo
> que uma ou duas décadas atrás ainda não existia."
> *Jean Baudrillard*[1]

1.

Em 1838, o médico Carl August Diez publicou uma obra abrangente sobre suicídio. Ele a dividiu em duas partes aproximadamente do mesmo tamanho. A primeira comenta as causas dos suicídios; a segunda, os métodos. Essa segunda parte ilustra de forma muito direta quão difícil e doloroso era cometer suicídio ainda no século XIX – quando venenos e remédios não estavam disponíveis em tão grande número, quando havia apenas alguns edifícios dos quais se podia saltar e nenhum trem em frente do qual alguém pudesse se atirar nem carros para conduzir contra muros. Não é à toa que Diez nomeia em primeiro lugar e acima de tudo um método que hoje quase caiu no esquecimento: o de "engolir coisas indigestas". E cita uma série de exemplos, como o caso de uma jovem aristocrata polonesa que, "devido a um amor não correspondido", cansou-se da vida e matou-se "durante cinco meses" com a ajuda desse método. "Na autópsia, encontraram em seu estômago: quatro chaves, uma faca grande e duas pequenas, treze moedas de prata, duas de cobre e quatro de latão, vinte pregos de ferro, fragmentos de seis colheres de estanho e uma de latão, dois cabos de colheres de prata, sete trancas de ferro para janelas, uma cruz de latão, um botão de ferro, 101 alfinetes, uma pedra, três peças de vidro e duas contas de rosário. Tudo isso junto pesava duas libras e doze *lot**[2], ou seja, claramente mais do que um quilo[3]. O que surpreende ainda mais é

---
* Antiga unidade de medida de massa usada em vários países europeus.

que Diez apresenta – em 11º lugar da sua descrição enciclopédica de métodos suicidas – uma variante extremamente moderna: o suicídio por explosão. Explodir-se no ar, diz Diez, seria

> uma maneira de morte grande e heroica, que só é possível com uma rara combinação de diversas circunstâncias, e em que o suicida quase sempre arrasta um grande número de outros indivíduos para suas mortes. Na maioria das vezes, só vemos acabarem assim as pessoas que, tendo sido vencidas em uma luta entusiástica por algo, preferem um declínio louvável em meio a inimigos igualmente sacrificados a uma vida desprezível na submissão a esse mesmo inimigo. Normalmente é nas lutas partidárias e nas verdadeiras batalhas políticas que encontramos esses sacrifícios; e não podemos deixar de admirar essa morte, mesmo nos casos em que não toleramos a causa pela qual ela se deu.

Esse tipo de morte é ilustrado com alguns casos ocorridos na guerra pela independência dos gregos contra os otomanos, entre 1821 e 1829:

> Durante a conquista e destruição de Psara por Mehmed Chosrem Pascha, em 3 de julho de 1824, antes de partirem para a última batalha desesperada, muitos dos corajosos habitantes haviam massacrado suas esposas e filhos em casa com as próprias mãos para não deixá-los cair na escravidão dos turcos; outras meninas e mulheres esfaquearam-se e mataram-se para escapar da vergonha e da servidão. Mas os homens presos na fortaleza da Montanha de São Nicolau, quando viram que tinham de submeter-se aos turcos tempestuosos, explodiram-se, arrastando consigo 3 a 4 mil inimigos. A guarnição de Mesolóngi fez o mesmo no Domingo de Ramos de 1820. As mulheres mais jovens e corajosas foram abatidas lutando ao lado dos homens e estes explodiram-se, juntamente com milhares de turcos, no final da luta desesperada[4].

Teriam então os gregos "inventado" o ataque suicida? Costuma-se presumir que a história dos ataques suicidas tenha começado na Rússia, e não sem boas razões. Os suicídios coletivos gregos foram reações a situações de cerco sem possibilidade de defesa, como há quase 2 mil anos em Massada. Ou seja, eles não representavam uma estratégia de ataque como no caso dos estudantes Nikolai Ivanovitch Ryssakov e Ignati Ioakhimovitch Grinevitski, que, em 1º/14 de março de 1881[5], atiraram duas latas cheias de dinamite no tsar Alexandre II. A primeira bomba não atingiu o alvo, mas a segunda matou o tsar. Grinevitski ficou tão gravemente ferido que morreu poucas horas depois; Ryssakov foi capturado um mês após o ataque e executado juntamente com outros conspiradores. Os assassinos estavam contando com as suas próprias mortes. Um dia antes do ataque, Grinevitski escreveu a seguinte carta de despedida:

> Alexandre II deve morrer [...] Ele morrerá, e nós com ele, nós, seus inimigos, seus carrascos, também morreremos... Quantas vítimas mais nosso infeliz país exigirá de seus filhos antes de ser libertado? [...] É meu destino morrer jovem, não verei nossa vitória, não passarei um dia, uma hora sequer no tempo radiante do nosso triunfo, mas acredito que, com minha morte, cumprirei meu dever, e ninguém no mundo pode exigir mais de mim[6].

Em 15/28 de outubro de 1907, a pianista e cantora Evstolia Ragozinnikova, de 21 anos de idade, matou o general Konstantin Maximovski, diretor da administração penitenciária de São Petersburgo; ela esperava ser levada à sede da polícia secreta – a infame Okhrana – para explodir o prédio com os treze quilos de dinamite que trazia costurada no forro de seu corpete. Mas o plano falhou e, em 18/31 de outubro, ela foi executada[7]. Em jornais ingleses ela foi descrita como "*Woman with an infernal machine, hidden in her bosom*" ["Mulher com uma máquina infernal escondida em seu seio"][8]. Na verdade, ela pode ser considerada a inventora do colete de explosivos. Em seu romance apocalíptico *O cavalo pálido*, que foi escrito mais ou menos na mesma época, o terrorista russo Boris Savinkov fez seu herói anônimo, que operava sob o pseudônimo de George O'Brien, planejar um atentado contra o governador-geral: "E se formos ao palácio? Aí vai ser o seguinte: vamos nos cobrir de dinamite, colocar uma armadura invisível, penetrar no palácio e, por último, mas não menos importante, detonar o dispositivo explosivo a tempo."⁹ Ainda no ano de 1907, "o próprio Savinkov trabalhou no planejamento de um atentado ao tsar, realizado por meio de um avião que, carregando várias toneladas de dinamite, devia cair na residência imperial em Tsarskoye Selo. A operação falhou por motivos técnicos. Um ataque com a ajuda de um submarino especialmente construído para esse fim também estava sendo planejado"[10].

Colete de explosivos? Aviões cheios de dinamite varando edifícios governamentais? Essas ideias parecem tão atuais que poderiam facilmente ser tomadas por trechos de uma transmissão de noticiário televisivo do século XXI, mas, ao mesmo tempo, elas estão profundamente enraizadas no final do século XIX. Dificilmente alguém terá mapeado as correntes niilistas e anarquistas na Rússia de forma tão precisa como Fiódor Dostoiévski, por exemplo no romance *Os demônios*, de 1872. Nesse livro, os temperamentos e dinâmicas do horror são corporificados por vários protagonistas. É justamente um engenheiro quem proclama – dez anos antes da narrativa de Nietzsche sobre o homem louco[11] – a morte de Deus e o tornar-se Deus do "novo homem". Aleksiêi Kiríllov prega o suicídio:

> A vida é dor, a vida é medo, e o homem é um infeliz. Hoje tudo é dor e medo. Hoje o homem ama a vida porque ama a dor e o medo. E foi assim que fizeram. Agora a vida se apresenta como dor e medo, e nisso está todo o engano. Hoje o homem ainda não é aquele homem. Haverá um novo homem, feliz e altivo. Aquele para quem for indiferente viver ou não viver será o novo homem. Quem vencer a dor e o medo, esse mesmo será Deus. E o outro Deus não existirá. Aquele que desejar a liberdade essencial deve atrever-se a matar-se. Aquele que se atrever a matar-se terá descoberto o segredo do engano. Além disso não há liberdade; nisso está tudo, além disso não há nada. Aquele que se atrever a matar-se será Deus. Hoje qualquer um pode fazê-lo porque não haverá Deus nem haverá nada. Mas ninguém ainda o fez nenhuma vez[12].

À objeção de que sempre houve "milhões de suicídios", Kiríllov responde "sempre apenas por medo". Contudo, somente aquele que não tira sua vida por medo, mas "para matar o medo", torna-se "imediatamente Deus"[13]. Na terceira parte do romance, pouco antes do final, Kiríllov é submetido a um exame rigoroso de seu ensinamento: ele deve matar-se, mas antes disso tem que assumir a culpa pelo assassinato do estudante Chátov em uma carta de despedida ditada a ele pelo intrigante e inescrupuloso Piotr Vierkhoviénski. Súbito, o engenheiro resiste – apesar de estar disposto a confessar, ele também quer esclarecer as razões do assassinato; só depois de ter assinado a carta de despedida com a sentença "*Liberté, égalité, fraternité ou la mort*" é que ele dá um tiro na cabeça num canto escuro da sala[14]. Como é sabido, Dostoiévski abordou em seu romance os acontecimentos que envolveram Sergei Netchaiev, o fundador da organização secreta *Narodnaya Rasprava* [Revanche do Povo]: quando o estudante Ivan Ivanov quis deixar a organização em 1869, ele foi baleado por Netchaiev e seu grupo.

Recentemente, o jornalista e escritor iraquiano Najem Wali, que vive em Berlim, publicou o ensaio *Im Kopf des Terrors* [Na cabeça do terror], que também contém uma análise detalhada do romance de Dostoiévski. Segundo Wali, ele "nos dá um quadro completo da estrutura e das ações de uma organização terrorista", e seus personagens seriam "ainda assim, figuras literárias com a mais forte alusão ao presente"[15]. Quase sessenta anos antes desse diagnóstico, Albert Camus havia adaptado o romance de Dostoiévski para o palco: em 30 de janeiro de 1959, a peça *Os possessos* estreou no Théâtre Antoine, em Paris, sob a direção do autor. Camus fez Kiríllov declamar novamente, pouco antes de seu suicídio, que alguém teria de dar o primeiro passo "e matar-se, a fim de provar aos outros a terrível liberdade do ser humano. Para minha desgraça, eu sou o primeiro e tenho um medo terrível. Mas eu dou o primeiro passo e deixo a porta aberta. Assim, todos os homens serão felizes, serão tsares para sempre"[16]. Camus já havia começado, na década de 1930, a envolver-se intensamente com a história do terrorismo russo; em 1931, as *Vos-*

pominaniya terrorista [Memórias de um terrorista], de Boris Savinkov, haviam sido publicadas na tradução francesa pela editora Payot[17]. No livro, Savinkov também relatou sua amizade com Ivan Kaliáiev, que, em 15 de fevereiro de 1905, pretendia realizar um atentado ao grão-duque Sergei Alexandrovich Romanov, mas mudou de ideia quando viu que a esposa e o sobrinho do grão-duque também estavam na carruagem. "Você precisa entender... Não foi possível... A mão baixou por si só... Havia essa mulher e a criança... a criança... Para quê?"[18] Mas, dois dias depois, Kaliáiev acabou matando o odiado grão-duque, conhecido como "o ditador de Moscou" – e que era o tio do tsar – e foi imediatamente preso e executado no dia 23 de maio de 1905. Camus apresentou a história de Kaliáiev e os debates dos conspiradores sobre a legitimidade do assassinato de crianças em seu drama *Os justos*, que estreou em 15 de dezembro de 1949 no Théâtre Hébertot, em Paris. Durante uma disputa com Stepan, quase no final do segundo ato – na qual este constata laconicamente que "o terror não é para espíritos frágeis. Somos assassinos, e decidimos ser assassinos"[19] –, Kaliáiev justifica a interrupção da primeira tentativa de atentado: "Irmãos, eu quero ser bem sincero com vocês e dizer pelo menos o que o mais simples dos nossos camponeses poderia dizer: matar crianças é contra a honra. E se um dia na minha vida a revolução separar-se da honra, então eu me afastarei dela." E quando Stepan responde que a honra é um luxo para os ricos, Kaliáiev responde: "Não. Ela é a última riqueza dos pobres. Você sabe disso muito bem, e também sabe que há honra na revolução. Por ela, estamos dispostos a morrer."[20] Há uma troca simbólica no âmbito dessa honra: a minha própria morte paga a morte do outro – e distingue a morte do outro de um assassinato covarde. O atentado ganhará a dignidade de um duelo – o que já é sugerido por meio do uso do termo "honra". "Para Savinkov, o terror não era mais do que uma luta entre dois homens, um duelo de vida e morte."[21]

Esses "duelos" incluíram desde o início – e não apenas em representações filosóficas, literárias e cinematográficas[22] – a expectativa suicida da própria morte. Os terroristas russos até chegavam algumas vezes a ser arrastados para a morte pelas suas próprias bombas, mas, na sua maioria, eram capturados após o crime e executados, como aconteceu com Kaliáiev. Atentados anarquistas também passaram a ser castigados com tortura e execução a partir de 1878, isso quando os perpetradores não eram linchados imediatamente, como foi o caso de Anteo Zamboni, de quinze anos, que em 31 de outubro de 1926 – durante um desfile em Bolonha em memória da marcha fascista sobre Roma – tinha tentado sem sucesso atirar em Mussolini. Dizem que o homem que primeiro segurou Zamboni foi justamente Carlo Alberto Pasolini, o pai do futuro cineasta Pier Paolo. Talvez o jovem assassino não tenha esperado esse fim ou levado em conta uma morte tão dolorosa desde o início, mas para um grande número de ataques históricos – mesmo que não tenham sido concebidos e realizados com o mesmo nível de discurso do grupo de Kaliáiev – a expressão "atentado suicida" é praticamente uma tautologia. A suicidalidade é, sem dúvida, uma das características elementares do terrorismo moderno. Foi por isso que, ao referir-se aos ataques de 11 de setembro de 2001, Navid Kermani defendeu a tese de que eles não deveriam ser tão relacionados com os ideais islâmicos ou cristãos do martírio, mas sim com a filosofia de Nietzsche. Ele alegou que

> Nietzsche representa, num sentido ainda mais fundamental, as ideias que se manifestaram nas ações do 11 de Setembro; nomeadamente, penso em uma das ideias centrais de Nietzsche da qual o fascismo também já se apropriara: o niilismo ativo. [...] Quando, no passado, a Fração do Exército Vermelho, o Partido dos Trabalhadores do Curdistão, os Tigres de Libertação da Pátria Tâmil, a Jihad Islâmica Egípcia, palestinos radicais e colonos judeus cometeram ataques, eles admitiram orgulhosamente que estavam usando de violência para perseguir objetivos políticos concretos e identificáveis. Esses objetivos estavam quase sempre ligados à ideia de um Estado desejado, defensável ou mutável. Mas e hoje?[23]

Os bombistas suicidas modernos não são, portanto, mártires, mas descendentes distantes de Kiríllov. Eles não sonham com o

Paraíso, mas com uma epifania instantânea no suicídio. E muitos deles – como Kiríllov – são engenheiros de profissão, o que foi comprovado empiricamente não faz muito tempo. Eles são "engenheiros da Jihad"[24].

2.

Em 2005, o cientista político Robert Anthony Pape propôs distinguir entre *suicide attacks*, os ataques suicidas, e *suicide missions*, as missões suicidas – também conhecidas coloquialmente como comandos de ascensão (aos céus). Pape argumenta que os *suicide attacks* são caracterizados pelo fato de que os seus agentes praticam um método de ataque que, se bem-sucedido, pressupõe sua morte, por exemplo no caso de uma detonação de um carro-bomba ou de um colete de explosivos. "Essencialmente, os bombistas suicidas matam outros ao mesmo tempo que matam a si próprios." As *suicide missions*, por outro lado, são operações tão perigosas que um terrorista não pode esperar "sobreviver a elas, pois, ainda que não se mate, talvez seja morto pela polícia ou por outras forças de segurança"[25]. A distinção faz sentido estratégico e histórico: em muitas guerras foram realizadas *suicide missions* – como quando há um avanço da tropa contra posições inimigas. Sobreviver a tais "comandos suicidas" era improvável, mas não impossível. As chances de sucesso de uma "*suicide mission*" – por exemplo, nos campos de batalha da Primeira Guerra Mundial – aumentavam quando se conseguia sobreviver à missão de alto risco; por outro lado, a sobrevivência a um *suicide attack* significa até hoje que ele realmente falhou. Foi somente no decurso da Segunda Guerra Mundial que a equipe da Divisão Geral japonesa aperfeiçoou uma espécie de estratégia suicida de guerra, operando com infantes equipados com mochilas repletas de material explosivo, os chamados "projéteis de carne"[26], ou numerosos esquadrões de aviões camicases. Em seu livro sobre as raízes históricas dos ataques suicidas, Joseph Croitoru enfatizou a efetividade dessa estratégia de ataque japonesa:

apenas no final da guerra "o balanço do horror das missões camicases tornou-se claro: no total, os japoneses tinham sacrificado 5.615 aviões com pilotos suicidas, incluindo 2.630 da Marinha e 1.985 do Exército. Eles conseguiram afundar 57 navios inimigos, tornar 107 inoperantes e causar danos graves a 85 deles e danos leves a mais 211". Os números de baixas dos americanos durante, por exemplo, a invasão de Okinawa, demonstram que a "perda de vidas humanas causada pelos ataques camicases foi bastante relevante". Pois um "único piloto camicase que fizesse uma queda 'bem-sucedida' sobre um navio inimigo arrastava para a morte dezenas de membros da tripulação. Os japoneses, conhecendo bem o efeito psicológico devastador desses índices de vítimas, ainda os exageravam em sua propaganda". Em suma, as operações camicases foram bastante eficientes; os japoneses, como salienta Croitoru, não saíram derrotados por causa de sua tática de guerra, mas apenas devido ao "lançamento das bombas atômicas"[27].

A radicalização da guerra suicida – das *suicide missions* aos *suicide attacks* – pode, como argumenta Croitoru, ser rastreada do Japão via Alemanha nazista e Coreia do Norte – onde o "suicídio tornou-se uma doutrina de Estado"[28] após a Guerra da Coreia – até o Oriente Médio:

> Era 30 de maio de 1972 quando um ataque terrorista de uma brutalidade sem precedentes mergulhou Israel e o público mundial no horror. Naquela terça-feira, no aeroporto internacional Ben-Gurion, de Tel Aviv, três japoneses perpetraram um terrível banho de sangue no qual 26 pessoas, a maioria peregrinos cristãos de Porto Rico, morreram, e outras oitenta ficaram feridas. Armados com metralhadoras e granadas de mão contrabandeadas em sua bagagem, os assassinos, que haviam chegado num avião de passageiros, puseram-se a atirar loucamente na multidão sem o menor cuidado para escapar vivos. Um dos três terroristas foi alvejado; o segundo explodiu-se com uma granada de mão; o terceiro, finalmente, foi pego e preso. Logo ficou claro que, além do grupo terrorista Exército Vermelho Japonês, a organização guerrilheira marxista da Palestina, Frente Popular para a Libertação da Palestina (FPLP), foi

também articuladora desse ataque realizado por soldados do grupo terrorista japonês[29].

Relevante para esse ataque foi não apenas a genealogia histórica – como se o Japão tivesse praticamente autenticado a autoria histórica da invenção do ataque suicida –, mas também a falta de exigências ou motivos concretos para o atentado. O que os peregrinos de Porto Rico têm a ver com o conflito no Oriente Médio? Os sequestros de aeronaves como parte da estratégia da FPLP desde o final dos anos 1960 sempre tiveram propósitos concretos: em sua maioria, a libertação de prisioneiros em troca de passageiros. Assim se deu por exemplo com os sequestradores palestinos que, em 5 de setembro de 1972, durante os Jogos Olímpicos de Munique, invadiram os alojamentos da equipe israelense e exigiram não apenas a libertação de palestinos das prisões israelenses como também a soltura de Andreas Baader e Ulrike Meinhof e a libertação do terrorista japonês Kozo Okamoto, que havia sido preso três meses antes durante o ataque ao aeroporto de Tel Aviv. Aparentemente, Okamoto – que foi solto treze anos mais tarde, em maio de 1985, e hoje vive em Beirute – lastimou ter sobrevivido ao ataque:

> Okamoto queria morrer e fez um acordo escrito com um general israelense imediatamente após sua prisão. Segundo o acordo, ele daria um depoimento abrangente em troca do qual o general lhe deixaria a sua pistola para que ele pudesse se matar. Mas ambos trapacearam. O terrorista revelou um falso codinome e outras inverdades, o general deixou na mesa uma pistola que não estava carregada.

Em agosto de 1972, Okamoto disse para a socióloga americana Patricia Steinhoff: "Quando eu era criança, disseram-me que as pessoas viram estrelas quando morrem. Nós, os três soldados do Exército Vermelho, queríamos transformar-nos na constelação de Órion quando morrêssemos. E o meu coração consola-se com a ideia de que todas as pessoas que matamos se tornarão estrelas no mesmo firmamento."[30]

Em contraste com o massacre no aeroporto de Tel Aviv, o ataque olímpico da organização terrorista Setembro Negro em Munique inspirou numerosas reportagens, documentários, romances e filmes, não só devido ao fracasso dramático da campanha de libertação dos reféns no aeroporto militar de Fürstenfeldbruck, mas também pelo contexto da comparação com os Jogos Olímpicos de Berlim, em 1936. As especulações sobre o apoio de grupos neonazistas, assim como da RAF e da Alemanha Oriental aos assassinos[31], também desempenharam um papel importante no caso, bem como a rápida libertação dos três sequestradores detidos em troca dos passageiros do avião *Kiel*, da Lufthansa, sequestrado em 29 de outubro de 1972, no voo de Damasco para Munique. O que por fim contribuiu ainda mais para um aprofundamento da fascinação histórica desse caso foi a decisão da primeira-ministra israelense Golda Meir e seu gabinete de segurança de instruir o serviço secreto do Estado de Israel, o Mossad, a rastrear e liquidar os líderes terroristas sobreviventes do massacre olímpico. O Mossad formou a unidade especial "Caesarea", nomeada a partir da cidade no norte de Israel onde teriam sido realizadas várias operações de extermínio (sob o codinome de *Mivtza Za'am Ha'el* – Ira de Deus) nos anos seguintes[32]. Foram precisamente essas operações que encontraram expressão na cultura popular: por exemplo, em um romance do jornalista canadense George Jonas publicado sob o título de *A hora da vingança* em 1984. Os eventos de Munique e as ações posteriores do Mossad são contados a partir da perspectiva do chefe fictício da unidade especial, cujo nome no romance é Avner[33]. O livro inspirou dois filmes: em 29 de novembro de 1986, a produção para televisão de Michael Anderson *Sword of Gideon* [Espada de Gideão], com Steven Bauer (como Avner), Michael York, Rod Steiger e Lino Ventura, exibida nos EUA e Canadá, e, quase vinte anos depois, em 2005, *Munique*, de Steven Spielberg, com Eric Bana (como Avner), Daniel Craig, Mathieu Kassovitz, Michael Lonsdale e Hanns Zischler. O ex-jornalista da *United Press* Daniel Silva também se inspirou em Avner para uma série que hoje já se alastra por quinze romances sobre o agente do Mossad Gabriel

Allon. Ainda que essas narrativas e filmes sobre a vingança de Israel – que se estendem até *Bastardos inglórios* (2009), de Quentin Tarantino – fascinem por sua revisão das perspectivas dominantes sobre as vítimas da história judaica, ao mesmo tempo elas fornecem implicitamente uma aura de atentado suicida ao massacre de atletas israelenses pelo Setembro Negro. É por essa razão que, na sequência final do filme de Spielberg, Avner pergunta a Efraim, seu superior (interpretado por Geoffrey Rush), por que o Mossad não foi incumbido de prender os assassinos para que fossem julgados, como Eichmann, em Jerusalém. A questão permanece em aberto – nos EUA, o filme foi criticado por sua "ingenuidade pacifista" e por tendências "antissionistas", e provavelmente também por representar um voto contra a Guerra ao Terror de George W. Bush. O ativista pacifista israelense Uri Avnery, por outro lado, acusou Spielberg de reduzir o conflito no Oriente Médio ao nível de um faroeste ou filme de gângsteres, "onde os bons matam os maus e correm rios de sangue"[34]. A dramatização hollywoodiana de Spielberg é discutível; pior do que as alusões a filmes de faroeste ou de gângsteres é o fim do filme: Efraim rejeita o convite de Avner para a Última Ceia ("Partilha comigo o pão, Efraim"), o que não só evoca associações com rituais cristãos, mas também o clichê da lei de talião judaica como legitimação de um espírito de vingança[35].

Em *Munique*, o ator Moritz Bleibtreu interpreta um amigo alemão de Avner chamado Andreas; cinco anos antes, ele havia incorporado um terrorista alemão (Eric) na adaptação para o cinema do primeiro romance de Jennifer Egan, *Circo invisível* (1995), dirigido por Adam Brooks[36]. O romance e o filme [*Uma história a três*] contam como a jovem americana Phoebe (interpretada por Jordana Brewster) viaja à Europa para esclarecer o desaparecimento – e, como se verá mais tarde, o suicídio – de sua irmã mais velha, Faith (Cameron Diaz). Nessa viagem, Phoebe inicia uma relação amorosa com Wolf (Christopher Eccleston), o ex-namorado da sua irmã. Ela segue o rastro deixado por diferentes cartões-postais, toma conhecimento de um assassinato não planejado cometido por Faith para uma organização terrorista alemã (ela havia deposto bombas em um prédio de escritórios supostamente vazio) e finalmente viaja em companhia de Wolf para o lugar onde Faith pulou do muro de uma igreja nos penhascos da Ligúria. No caminho, ela toma LSD, o que desencadeia uma experiência intensa de duplicação ou, na verdade, de cisão do sujeito: ela vê Faith em uma vitrine como uma gêmea de si mesma.

> Numa vitrine, Phoebe viu sua imagem no espelho, aproximou-se do vidro e trocou consigo mesma um olhar tão cheio de familiaridade recíproca, de conhecimento mútuo, que ficou até embaraçada. Tudo pelo que passamos, ela pensou. Quando criança, ela sempre brincava de olhar por um longo tempo para o espelho em seu quarto até conseguir persuadir-se a não reconhecer a menina que olhava de volta. Um delicioso sentimento de medo atravessava seu estômago quando sua própria imagem se tornava a imagem de outra menina, uma estranha, diante da qual ela ficava tímida. Phoebe olhou para o reflexo indistinto dos cabelos escuros, viu os olhos muito separados um do outro, um pouco tortos, olhando para ela através do vidro turvo. Aquela era uma outra garota, a mão de outra pessoa, esticada com cautela, com muita cautela atrás do vidro para tocar a mão de Phoebe, e era Faith. Era Faith. Atrás do vidro, Faith estava parada olhando para Phoebe, e suas mãos encontraram-se no vidro. Atrás da frieza do vidro, Phoebe sentiu o calor vindo de sua irmã. "Meu Deus", sussurrou ela[37].

E, como Alice no País das Maravilhas, ela tenta cruzar o espelho para se unir à irmã desaparecida e há muito procurada[38]. Mas, ao lançar-se repetidamente contra a vidraça, com a boca sangrando, Phoebe percebe que só morta poderia cair do outro lado.

No local do penhasco íngreme de onde Faith saltou para as profundezas, parece formar-se mais uma vez a possibilidade de uma fusão mortal com o gêmeo imaginário:

> O mar abriu-se diante dela, vasto e silencioso. Tão intimidado que chega a ser silêncio – pensou Phoebe – o mar e todo o resto também. Ela caminhou em direção ao mar. "Pare", gritou Wolf. Phoe-

be estremeceu violentamente. Quando se virou, viu que Wolf tinha-se levantado e estava pronto para atirar-se sobre ela. Ela abriu a boca para dizer algo, mas não conseguiu soltar nenhum som; não conseguiu falar tamanho o espanto. Wolf acreditava que ela iria saltar. Phoebe tentou imaginar a situação – quando a pessoa está ali e toma essa decisão –, mas algo nela fez com que se afastasse com repugnância. "Eu nunca faria isso", disse ela e olhou para Wolf, incrédula. "Nunca. Eu nunca faria isso." E, enquanto falava, sua atitude em relação a esse ato mudou. Ela achou a decisão terrível[39].

Circo invisível traça uma genealogia do terrorismo suicida que será interpretada de forma ainda mais precisa no segundo romance de Jennifer Egan, intitulado *Olhe para mim* e publicado justo na semana do 11 de Setembro. O sucesso notável desse trabalho pode dever-se ao fato de que ele liga a história de um terrorista com a história de uma modelo: Charlotte sofreu ferimentos graves em seu rosto num acidente de carro; desde então, ela só consegue concebê-lo como uma máscara artificial fixada por mais de oitenta parafusos de titânio. Por um lado, *Olhe para mim* explora a complexa dialética entre visibilidade e invisibilidade; por outro, as variantes da vida duplicada, a busca pelo gêmeo imaginário na galeria dos espelhos da escrita ou da imagem, oscilando entre a primeira e a terceira pessoa. O texto condensa essa busca na tentativa de suicídio de Charlotte (enquanto intensificação e interrupção), o salto do 25º andar que, no entanto, termina numa varanda um pouco mais abaixo: "A galeria dos espelhos tinha desaparecido. Eu nunca entraria nela – e talvez ela nem sequer existisse. Fiquei com o rosto virado para o vento. Saltar. Esse pensamento flutuava na minha cabeça como uma tira de serpentina. Olhei para a suave escuridão rosa. *Saltar!*"[40] Saltar e cair, medo e ira, a busca pelo gêmeo e as dissociações na imagem do espelho: esses motivos edificam o palco para a entrada em cena do terrorista desconhecido, Z.

3.

De volta a Moritz Bleibtreu: no filme *O grupo Baader Meinhof* (2008), de Uli Edel, ele fez o papel de Andreas Baader. O filme, que teve produção dispendiosa de Bernd Eichinger e foi rodado a partir de uma pesquisa de Stefan Aust republicada em inúmeras edições ampliadas desde 1985[41], é apenas um exemplo da impressionante e longa série de obras históricas, documentais, literárias e artísticas com a história da RAF, que se estende por quase três décadas e se divide em três gerações. A maioria das listas de filmes sobre a RAF – como a da Agência Federal para Educação Política, com vinte filmes[42], ou a da Wikipédia, com 33 filmes[43] – parte do ano de 1975, com a adaptação para o cinema de uma história de Heinrich Böll: *A honra perdida de Katharina Blum* (1974), de Volker Schlöndorff e Margarethe von Trotta. Apenas Anna Pfitzenmaier, que apresenta detalhadamente em sua filmografia comentada de 2007 um total de 78 filmes – 29 ficções e 49 documentários[44] –, menciona ainda *Tätowierung* [Tatuagem] (1967), de Johannes Schaaf, *Brandstifter* [Os pirômanos] (1969), de Klaus Lembke, e *Bambule* [Motim] (1970), de Eberhard Itzenplitz, criado a partir de um roteiro de Ulrike Meinhof. A primeira exibição deste filme sobre a vida sombria de crianças em orfanatos havia sido agendada pela emissora Südwestfunk para o dia 24 de maio de 1970, mas, como Ulrike Meinhof participou da libertação de Andreas Baader dez dias antes, o filme foi cancelado e desapareceu dos arquivos da emissora para somente ser exibido pela primeira vez em 24 de maio de 1994, ou seja, 24 anos após a divulgação de sua primeira exibição. O roteiro, no entanto, foi publicado pela editora de Klaus Wagenbach em 1971[45]. *Tätowierung* também contava a história de um adolescente que cresceu em um orfanato e depois em um abrigo para crianças antes de ser adotado. Tempos depois, o ator principal, Christof Wackernagel, também aderiu à RAF, foi preso em Amsterdam em 1977 e condenado a uma pena de de quinze anos de prisão em 1980. Enquanto o debate social sobre maus-tratos e abuso de crianças e adolescentes em instituições e internatos só começou a ser conduzido no final dos anos 1990, *A honra perdida de Katharina Blum* foi, na verdade, o primeiro filme a tratar explicitamente do tema do terrorismo, e o fez com um posicionamento crítico à incitação ao ódio e ao sensacionalismo na mídia que ainda é extremamente atual, o que se vê não apenas nos debates sobre mensagens de ódio e notícias falsas na internet, mas também no fato de Richard Flanagan – mais de três décadas após Böll e Schlöndorff – recontar a mesma história em seu já citado romance *A terrorista desconhecida*: depois de passar uma noite de amor com um suspeito de terrorismo chamado Tariq, uma jovem dançarina de boate cai na mira das buscas policiais e das reportagens de TV; no final, ela – assim como o fez Katharina – mata o jornalista responsável e é baleada. Pouco antes do fim, Flanagan faz com que sua heroína sinta o medo coletivo. Súbito, ela acredita

> poder cheirar e sentir o gosto do medo; todos respiravam medo, comiam e bebiam, viviam com e através do medo. Ela se perguntou se as pessoas não poderiam viver sem medo. E se elas precisassem do medo para assegurar-se da sua identidade, para ver confirmada a justeza do seu modo de vida? Talvez elas precisassem de uma dose de medo de vez em quando, até mais que do seu café ou cerveja ou cocaína. Pois o que teria qualquer sentido sem medo?[46]

Na primeira versão de sua narrativa, Böll havia colocado a tentativa de suicídio de Katharina no final da história[47]. O suicídio como última consequência sempre esteve presente na história da RAF, não na forma de atentados suicidas diretos, mas através de greves de fome e *suicide missions*. Assim morreu Holger Meins; assim morreram Ulrich Wessel e Siegfried Hausner após uma não planejada detonação de bomba durante a tomada de reféns na embaixada alemã em Estocolmo em 24 de abril de 1975. Os mortos eram regularmente incorporados nos nomes dos novos comandos: o grupo terrorista de Estocolmo denominou-se Comando Holger Meins; o rapto de Peter Lorenz, o principal candidato do partido União Democrata-Cristã (CDU), em 27 de fevereiro de 1975 – três dias antes da eleição para a Câmara dos Deputados de Berlim –, foi assumido pelo Movimento 2 de Junho, cujo nome refere-se ao assassinato do estudante Benno Ohnesorg durante uma manifestação contra o xá persa em 2 de junho de 1967. Depois do suicídio de Ulrike Meinhof em 8 de maio de 1976, que, no entanto, é negado frequentemente até hoje e apresentado como assassinato[48], o Comando Ulrike Meinhof confessou o assassinato do procurador-geral da República Siegfried Buback e seus acompanhantes em 7 de abril de 1977. O sequestro e posterior assassinato de Hanns Martin Schleyer no outono de 1977 foi realizado pelo Comando Siegfried Hausner. O grupo de quatro terroristas da FPLP que se apoderou do avião *Landshut*, da Lufthansa, em 13 de outubro de 1977, autodenominava-se Comando Martyr Halimeh, em alusão à Halima, o nome de guerra da terrorista alemã Brigitte Kuhlmann, que, em 27 de junho de 1976, havia participado do sequestro de um avião da Air France – em voo de Tel Aviv para Paris. Ela foi morta a tiros em Entebbe, a antiga capital de Uganda, durante uma ação de libertação dos reféns por soldados israelenses em 4 de julho de 1976. A prática de nomear os comandos segundo os companheiros mortos parece indicar uma espécie de culto ao mártir. Nesse sentido, Andreas Pflitsch afirmou:

> O mártir como figura legitimadora correspondia à dinâmica de grupo específica da RAF. As ações da segunda geração, em particular, tinham como alvo causas quase exclusivamente internas. Os objetivos políticos eram postos em segundo plano em favor da libertação dos membros da RAF detidos em Stammheim. O grupo girava cada vez mais em torno de si mesmo. Em tal atmosfera de paranoia constantemente autoalimentada, a figura do mártir desdobra seu próprio potencial para criar significado e sua própria escalada da violência[49].

Culto ao mártir ou fascínio suicida? Depois da Noite de Morte na prisão de Stammheim, em 18 de outubro de 1977, em que Andreas Baader, Gudrun Ensslin e Jan-Carl Raspe se suicidaram, voltaram a circular especulações sobre uma execução ordenada pelo Estado ou, pelo menos, sobre uma tolerância deliberada dos suicídios. Após serem presas na Alemanha Oriental em 1990, Susanne Albrecht e Monika Helbing relataram que, "no cerne da RAF, falava-se em *suicide action* para definir o que aconteceu naquela noite, mas claro que tudo isso era um segredo para o mundo lá fora". Monika Helbing, por sua vez, assegurou ter ouvido de Brigitte Mohnhaupt que "o pessoal de Stammheim tinha a intenção de cometer suicídio no caso de não conseguirem a libertação"[50]. Como num espelho convexo, a imagem da execução, disfarçada de suicídio, revela-se uma imagem de suicídio disfarçada de execução. Somente Irmgard Möller, que foi encontrada com quatro facadas profundas em sua cela, ainda hoje sustenta a versão de assassinato. Numa conversa com os editores da *Der Spiegel* Manfred Ertel e Bruno Schrep, em 13 de maio de 1992, dia de seu 45º aniversário, ocorrida na prisão de Lübeck-Lauerhof, ela nega vigorosamente uma tentativa de suicídio:

> Isso é mentira. Às onze horas da noite, ouvi o último jornal noturno. Eu sabia que algo iria acontecer, que uma decisão seria tomada. Mas eu não sabia qual. Estava achando aquilo insuportável. Depois adormeci. No meio da noite, ouvi um ruído abafado que não consegui identificar. Um barulho violento. Não pensei num tiro, parecia mais um armário caindo ou algo assim. E então minha próxima percepção foi de estar deitada no corredor sob a luz de neon, sendo segura por pessoas que agarravam todas as partes do meu corpo, abriam meus olhos. Aí ouvi uma voz: "Baader e Ensslin estão mortos." Depois, não me lembro de mais nada[51].

Ela considera absurdos os relatos sobre uma *suicide action* em Stammheim, bem como as declarações dos antigos membros da RAF, que só "querem se aproveitar da tal da delação premiada"[52]. Em 1º de dezembro de 1994, Möller foi libertada da prisão e, mesmo em conversas posteriores – por exemplo, com Oliver Tolmein[53] –, não reviu a sua descrição dos acontecimentos de Stammheim.

Não é fácil saber se o terrorismo da RAF era implicitamente suicida. Em 2001, a psicanalista Annette Simon argumentou que a atitude em relação à vida mudou permanentemente desde o assim chamado Outono Alemão e que, "para alguns, isso significou um declínio repentino e muito duro. Repetidas vezes, entrevistados relatam o alto número de suicídios cometidos por seus colegas e amigos no final dos anos 1970/começo dos anos 1980. Nessa época, parte da primeira geração contra-atacou de forma violenta, apoiada por instituições estatais. Aqui, eu vejo um trauma da velha Alemanha Ocidental que não foi trabalhado até hoje. Para mim, os acontecimentos daquele tempo parecem estar encerrados numa cápsula. Se mexemos nela, emerge muita coisa que não se vê no ambiente público de hoje"[54]. No primeiro volume do seu *Buch der Könige* [Livro dos reis], de 1988, Klaus Theweleit afirmou que os próprios Grupos K* já eram basicamente fábricas de suicídios[55]. Em sua retrospectiva dos anos 1967 a 1977, *A revolta de 68 e o flerte com o totalitarismo: reflexões sobre a década vermelha na Alemanha*[56], de 2001, Gerd Koenen contradisse essa tese, mas dois anos depois, em sua investigação sobre as origens do terrorismo alemão, *Die Urszenen des deutschen Terrorismus* [Cenas primordiais do terrorismo alemão], ele trata do trágico suicídio de Bernward Vesper (em 15 de maio de 1971), antigo parceiro de Gudrun Ensslin, mas acima de tudo comenta o seu romance inacabado *Die Reise* [A viagem]. Cartas e diários de Vesper são documentados e comentados, como a assustadora carta a Ruth, a irmã de catorze anos de Gudrun, na qual ele escreve que estaria "contente e muito feliz por você existir, caríssima [...] ontem à noite visitamos o túmulo de Kleist, durante as primeiras horas azul-cinzentas da manhã no Lago Wannsee (Lena Conradt, Ronald Steckel, eu...). Você já parou para imaginar o instante no qual Kleist atira na senhora Von Vogel antes de atirar em si mesmo?"[57] A pergunta parece estranha, quase como se Vesper quisesse estimular sua própria

---

* Grupos remanescentes do movimento estudantil da Alemanha Ocidental, atuantes sobretudo no início da década de 1970.

"senhora Von Vogel" a cometer o suicídio duplo. E, de fato, ele escreveu a Gudrun Ensslin nos últimos dias de fevereiro de 1968: "Às vezes eu também penso em Kleist, mas não achei até agora nenhuma senhora Vogel!"[58] Outro rastro de infortúnio leva a seu pai: Will Vesper foi um escritor que glorificou incondicionalmente os ideais do *"Blut und Boden"* [sangue e solo] de Hitler, o racismo nazista e a perseguição dos judeus. E, claro, o romance-ensaio *Die Reise* é um confronto constante com a sombra desse pai fascista. Essa sombra nazista também encobria a história da RAF. Em 1977 foi publicado o estudo crítico de Jillian Becker *Hitler's Children* [Os filhos de Hitler][59]. Vistos de sua perspectiva, os processos psico-históricos que moldaram a "década vermelha" tornam-se mais claramente visíveis: tanto a raiva pela participação de inúmeros perpetradores do nazismo na construção da República Federal Alemã como a ambivalência da tentativa de desmascarar esse Estado como uma ditadura fascista ao mesmo tempo que é fortificada a aliança com os terroristas palestinos na luta contra Israel e os judeus. Como os terroristas alemães no terminal do aeroporto de Entebbe permitiram que os passageiros judeus fossem separados dos não judeus?[60] Como legitimar o sequestro de Schleyer com a expressão *"Volksgericht"* [tribunal popular], usada também por Peter-Jürgen Boock no impressionante documentário de Heinrich Breloer *Todesspiel* [Jogo da morte], de 1997? Nele aparecem Helmut Schmidt e Friedrich Zimmermann falando de suas atuações como soldados na guerra enquanto oficiais da *Wehrmacht*. O que é mostrado em *Todesspiel* é o pesadelo de um morto-vivo que ameaça sair não de um "colo ainda fértil" (para usar a sentença já muitas vezes citada do epílogo do drama *A resistível ascensão de Arturo Ui*, de Brecht), mas sim da suicidalidade traumaticamente encapsulada do fascismo, essa caixa-preta que Andres Veiel tentou revelar em seu premiado documentário de 2001 sobre a vida e a morte violenta de Alfred Herrhausen e Wolfgang Grams, *Black Box BRD*.

Parece plausível lançar um olhar sobre a história da RAF – como prelúdio ao crescimento do terrorismo suicida nas últimas duas décadas do século XX – não apenas porque a história das

Fig. 24: *Gegenüberstellung 2* (1988), do ciclo *18 de outubro de 1977*, de Gerhard Richter.

Brigadas Vermelhas italianas foi influenciada por tantas ações dos serviços secretos e por organizações extremistas de direita – entre elas, o Ordine Nuovo e as lojas maçônicas secretas, como a Propaganda Due (P2) – que ainda hoje é difícil identificar os verdadeiros autores dos ataques, mas também porque a RAF gerou um novo poder iconográfico e uma eficácia midiática, uma estética do terror. Essa estética foi em parte reforçada em alguns dos já citados filmes, fotos, romances, peças de teatro, reportagens de imprensa, obras de arte e exposições, mas foi também refletida criticamente. Esse foi o caso do ciclo *18 de outubro de 1977*, de Gerhard Richter, que manipulou fotografias publicadas originalmente em revistas alemãs. Ele editou as imagens originais, acinzentando-as, tornando-as desfocadas e borradas, de modo que "é preciso olhar várias vezes para intuir o que elas mostram". Richter parecia estar "menos preocupado com uma 'evidenciação' da 'verdadeira' história da RAF do que com as passagens desfocadas e irreconhecíveis que as fotografias de alta nitidez da imprensa e da polícia eram incapazes de captar"[61]. Porém, as fotos dos corpos de Andreas Baader e Ulrike Meinhof foram processadas não apenas por Richter, mas também por Hans-Peter Feldmann em seu projeto fotográfico *Die Toten, 1967-1993* [Os mortos], de 1998, que mostra os perpetradores e as vítimas do terrorismo numa série de cerca de noventa imagens. A maioria delas são fotos de baixa resolução, tiradas de jornais e revistas. "Os mortos, tanto perpetradores quanto vítimas, mas também pessoas que, como no caso de Reinhold Brändle, o acompanhante de Schleyer, que foi parar acidentalmente na linha de fogo, encontram-se pendurados lado a lado numa sala. Apenas o nome e a respectiva data da morte são informados abaixo das fotografias. Os fatos desta 'Caaba do luto' são reduzidos ao mínimo." E, ao lado de "um número assustador de fotos de mortos desconhecidos e há muito esquecidos, há fotos que ficaram gravadas na memória (iconográfica) coletiva"[62]. Elas fazem menção ao mito, mas também a um mórbido fascínio, como o que levou o médico-legista Hans Joachim Mallach – um antigo membro do *Waffen-SS* e da guarda pessoal de Adolf Hitler[63] – a extrair o cérebro de Ulrike Meinhof para suas próprias investigações após a autópsia e a preparar as máscaras mortuárias de Baader, Ensslin e Raspe, armazenando-as num cofre durante anos[64], antes que elas caíssem na posse da Casa da História, em Stuttgart. Sete anos mais tarde, porém, verificou-se que o escultor Gerhard Halbritter – contratado pelo pai de Gudrun Ensslin – também tinha feito máscaras dos mortos de Stammheim. Elas foram apresentadas pela primeira vez numa exposição em Esslingen.

4.

Do mesmo modo que ocasionalmente se afirmava que a Segunda Guerra Mundial teria nascido – ainda que não obrigatoriamente – da catástrofe da Primeira Guerra Mundial[65], é possível argumentar que a história do terrorismo suicida reporta-se a raízes cujas ramificações podem ser rastreadas até a Segunda Guerra Mundial: soldados japoneses do Exército Vermelho no aeroporto de Tel Aviv, terroristas alemães da RAF no avião sequestrado da Air France em Entebbe. Gerd Koenen resume:

> Quem quiser descrever os militantes da RAF como "filhos de Hitler", então que o faça da mesma maneira desmedida e incondicional com que eles declararam guerra a um mundo de inimigos (em grande parte criados por sua imaginação delirante), e continuaram declarando mesmo quando já estavam encarcerados no sétimo andar do *bunker* em Stammheim, sem chance de fuga. Nesse sentido, as imagens nebulosas do Outono Alemão de 1977 ainda evocam, a distância, algo da legendária derrocada de abril de 1945[66].

A história do terrorismo suicida mais recente começou no Oriente Médio nos anos 1980, algum tempo depois da Noite de Morte em Stammheim. Os primeiros ataques foram feitos com veículos carregados de explosivos, como em 15 de dezembro de 1981 na embaixada do Iraque em Beirute, assim como em 11 de novembro de 1982 no quartel-general do Exército israelense na cidade de Tiro, no sul do Líbano, ou em 18 de abril de 1983 na embaixada dos EUA em Beirute. No apêndice do já citado estudo *Dying to Win* [Morrendo para vencer], Robert A. Pape compilou uma lista quase integral dos ataques suicidas entre 1980 e 2005. Sua documentação não segue uma estrutura puramente cronológica ou regional, mas uma ordem de *campaigns*, as séries individuais de ofensivas e ataques[67]. Pape enumera dezoito *campaigns*, sendo treze concluídas, à frente de catorze ataques – que, enquanto *isolated attacks*, foram realizados em parte sem nem mesmo deixarem bilhetes com o reconhecimento da autoria. Os ataques são listados com data, arma, alvo e número de vítimas. Essa estruturação suporta sua tese central: os atentados suicidas podem geralmente ser atribuídos a motivos políticos, econômicos ou nacionalistas. Como agentes, são citadas as minorias oprimidas ou populações em territórios ocupados; sua afiliação religiosa, por outro lado, só desempenharia um papel secundário, como, no caso das minorias que podem também estabelecer sua identidade em termos de política religiosa. As primeiras três ofensivas entre 1982 e 1986 foram lideradas pelo Hezbollah e dirigidas contra Israel e o Exército do Sul do Líbano, uma vez contra uma instituição francesa e várias vezes contra embaixadas dos EUA. Os atentados ocorreram no contexto da Guerra Civil Libanesa (1975-1990), mas sobretudo da Guerra do Líbano de 1982 e da ocupação israelense do sul do Líbano, que durou até 1985.

Mudemos de cenário: nos anos 1990, a maioria dos ataques suicidas ocorreu durante a Guerra Civil do Sri Lanka (1983-2009), a partir de então também com cinto de explosivos. Os separatistas tâmeis, especialmente os Tigres de Libertação da Pátria Tâmil (LTTE), lutavam pela sua independência em relação ao Estado insular. O conflito tinha motivação política e ideológica, enquanto diferenças religiosas – por exemplo, entre os budistas cingaleses e os tâmeis hindus – eram de pouca importância. Entre as vítimas mais célebres dos ataques suicidas do LTTE estão Rajiv Gandhi, ex-primeiro-ministro da Índia, que em 21 de maio de 1991 foi morto por uma bombista suicida vestida com um cinto de explosivos, em um evento de campanha eleitoral perto de Madras, e Ranasinghe Premadasa, o presidente do Sri Lanka, que foi morto num atentado suicida em 1º de maio de 1993, a caminho de uma manifestação em Colombo. Joseph Croitoru afirmou que "já em meados dos anos 1980, combatentes do LTTE haviam sido treinados por organizações da OLP, tanto no Líbano como no Iêmen"[68], razão pela qual o governo do Sri Lanka iniciou uma estreita cooperação com peritos israelenses. Ao que parece, o LTTE também recebeu armas da produção norte-coreana. Segundo Croitoru, o chefe do LTTE, Velupillai Prabhakaran, teria venerado Subhas Chandra Bose, o líder do antigo Exército Nacional Indiano (INA), que – como adversário de Gandhi – fez com que seus soldados fossem instruídos na arte do *bushido* por militares japoneses. Um número acima da média de mulheres lutava no LTTE, o que pode ser explicado pelo fato de que "muitas delas teriam sido estupradas por soldados cingaleses antes de se juntarem à organização. Uma vez que, segundo o entendimento tâmil-hindu, uma mulher violada não pode casar nem ter filhos e, por isso, é geralmente rejeitada pela sua família – e, no caso de mulheres casadas, também pelo marido –, às vítimas de estupro só restava se juntarem aos LTTE". Assim, a jovem mulher que arrastou Rajiv Ghandi para a morte teria sido uma vítima de estupro dos soldados indianos[69].

Ao contrário de Pape, Croitoru sublinha o aspecto do "culto ao martírio" dos Tigres Tâmeis, que ele atribui a raízes palestinas. O que permanece em aberto, contudo, é como o conceito de martírio pode alinhar-se à fé hindu; não é coincidência, por exemplo, que na já citada coletânea *Märtyrer-Porträts* não haja nenhuma referência aos mártires hindus[70]. O martírio é de fato uma forma de "autossacrifício" – o "suicídio altruísta", segundo Durkheim –, mas certamente não é a única! No fundo, a maioria das declarações sobre a propagação global do terrorismo suicida reflete tão somente a origem e a filiação de seus autores. Joseph Croitoru, historiador e jornalista israelense, concentra-se no terror dos palestinos. Um cientista político como Robert A. Pape, por outro lado, dá prioridade aos conflitos políticos que resultam da opressão das minorias étnicas. Um analista das "novas guerras" com vasto conhecimento da história militar como Herfried Münkler chama a atenção para a nacionalização das guerras e as estratégias da guerrilha[71]. Um estudioso islâmico como Navid Kermani aborda o "niilismo ativo" dos ataques suicidas e relativiza as referências religiosas – islâmicas ou cristãs. Um estudioso literário japonês como Arata Takeda comenta vários exemplos de ataques suicidas na história literária ocidental para questionar a alegada genealogia japonesa da estratégia de guerra suicida[72]. E um editor iraquiano como Najem Wali inicia o seu trabalho de pesquisa, *Im Kopf des Terrors* – também citado anteriormente –, com uma observação atual:

Há dois anos e meio, na primavera de 2014, quatro bombistas suicidas explodiram a si mesmos na capital iraquiana, Bagdá. Mas a surpresa que iria ser divulgada pela mídia ainda no mesmo dia foi que os quatro, todos entre início e meados dos vinte anos, vieram da Alemanha e eram cidadãos alemães. E ainda mais: eles não só possuíam a cidadania alemã, como também tinham pais e mães alemães, e eram, portanto – segundo uma classificação posterior –, alemães "biológicos" sem "ascendência migratória", para usar a nomenclatura dos boletins oficiais e de especialistas aplicada atualmente para descrever filhos de imigrantes (oh, sim, há tantos especialistas hoje em dia!).

Em outra passagem, Wali escreve sobre uma conversa telefônica com sua irmã, que mora em um subúrbio de Bagdá. Ela não compreende o que está acontecendo:

> Como ela, que tem três filhos, dos quais o mais velho entrou para a universidade este ano, e que sonha em tornar possível que seus filhos estudem na Europa – como ela poderia compreender que esta Europa, que para ela sempre foi um farol do conhecimento e do esclarecimento, enviou quatro jovens bombistas suicidas para matar o maior número possível de iraquianos com os seus carros-bomba? E isso só por causa da fé xiita dessas pessoas?[73]

O que Wali descreve é uma globalização do suicídio político através da migração: enquanto mais e mais jovens da Europa viajam até a Síria ou o Iraque para juntar-se às milícias terroristas islâmicas, um número crescente de refugiados de guerra chega aos países vizinhos ou à Europa.

Pape criou um extenso banco de dados para registrar os atentados suicidas; a contagem atual (de 1982 a 12 de outubro de 2016) registra 5.292 atentados, com 52.966 mortos e 132.423 feridos[74]. Até hoje, 51 países foram atingidos. Não admira que os países líderes sejam Iraque (2.152 ataques) e Afeganistão (1.145), seguidos por Paquistão (516), Síria (259), Nigéria (175), Iêmen (137), Somália (117), Sri Lanka (115) e Israel (114). Por outro lado, os países que hoje pertencem à União Europeia sofreram dezesseis ataques, sendo eles na Bélgica (3), Bulgária (1), Espanha (1), Finlândia (2), França (4), Grã-Bretanha (4) e Suécia (1); na Rússia – principalmente no contexto da Guerra da Chechênia – foram contados 88 ataques suicidas; na Turquia, 43[75]. A estatística, estruturada em ordem cronológica, mostra um aumento acentuado das taxas após a virada do milênio: um número de três dígitos de atentados suicidas foi registrado pela primeira vez em 2004 (175); os valores de pico são assinalados em 2015 (652), 2014 (598), 2007 (525) e 2013 (479). O aumento das taxas e a globalização dos atentados suicidas foram favorecidos pela expansão acelerada da internet e das redes sociais, ou seja, por uma espécie de migração virtual. O Facebook foi lançado na rede em 4 de fevereiro de 2004, o YouTube o seguiu em 15 de fevereiro de 2005 e o Twitter em 21 de março de 2006. O terrorismo suicida é praticamente dependente dos meios de comunicação social para difundir as suas mensagens:

> Os suicídios políticos das últimas décadas são sobretudo rituais de mídia: sua audiência consiste principalmente em leitores de jornais, telespectadores e usuários da internet. Aqueles que podem presenciar a ação em si permanecem geralmente uma minoria. Até mesmo o uso do suicídio como arma política [...] quase sempre depende de sua representação textual e/ou pictórica[76].

Mas foram também os fóruns e plataformas da internet que tornaram possível prejudicar com sucesso a seleção de notícias pelas agências de imprensa. Em *Homo Deus*, o historiador israelense Yuval Noah Harari caracterizou a fase final da modernidade como uma época de vitória sobre os "cavaleiros do Apocalipse" – fome, guerra, morte e peste. Apoiado por numerosas estatísticas, ele afirma que, de acordo com levantamentos de 2014, aproximadamente 2,1 bilhões de pessoas sofrem de obesidade, enquanto 850 milhões sofrem de fome e desnutrição. Em 2012, morreram em todo o mundo cerca de 56 milhões de pessoas, 620 mil por violência, cerca de 120 mil em guerras, e por volta de meio milhão através de crimes; 1,5 milhão, por outro lado, morreram de diabetes. "Hoje, o açúcar é mais perigoso que a pólvora"⁷⁷, conclui Harari, com frieza. E o terrorismo?

No seu cerne, o terrorismo é um show. Terroristas encenam um espetáculo terrível e violento que ocupa nossas mentes e nos transmite a impressão de estarmos retornando para o caos da Idade Média. Como resultado, os Estados sentem-se frequentemente obrigados a reagir a esse teatro do terror com um show de segurança e a apresentar pomposamente todo um elenco de violência estatal, como a perseguição de grupos populacionais inteiros ou a invasão de países estrangeiros. Na maioria dos casos, essa reação exagerada ao terror representa uma ameaça muito maior à nossa segurança do que os próprios terroristas⁷⁸.

Além da ascensão da internet e das redes sociais, foi certamente o atentado suicida mais importante das últimas décadas que marcou o limiar de uma época: o ataque ao World Trade Center, em Nova York, em 11 de setembro de 2001, que – segundo as cifras do banco de dados de Chicago – causou 2.753 vítimas, incluindo passageiros e tripulação dos dois aviões que colidiram com as torres, as pessoas que saltaram das janelas para escapar da morte pelas chamas e mais de quatrocentos ajudantes, bombeiros, policiais e paramédicos. O horrível acontecimento adquiriu quase imediatamente um extraordinário poder visual e midiático; muitas emissoras de televisão mostraram em *loops* contínuos os vídeos do impacto dos aviões, assim como entrevistas com testemunhas oculares, sobreviventes e celebridades. Logo a abreviatura 9/11 seria divulgada em associação com o número da polícia norte-americana, 911, e para os ouvidos dos alemães estaria também ligada a uma data marcada por vários acontecimentos políticos, o 9 de novembro*. Depois de algumas semanas, as primei-

....
* Entre os mais marcantes estão: 9.11.1848: data da execução do líder liberal Robert Blum, acontecimento simbólico para o fracasso da Revolução de 1848; 9.11.1918: proclamação da primeira república da Alemanha, a República de Weimar; 9.11.1923: deu-se o *Putsch* de Munique; 9.11.1938: a Noite dos Cristais marca o início do Holocausto; 9.11.1989: queda do Muro de Berlim.

ras teorias da conspiração circulavam na internet, embora de início nem estivesse claro quem teria sido o responsável pelo assassinato em massa. Em um ensaio para a *The Times Literary Supplement* de 29 de março de 2002, Navid Kermani comentou que "uma das mais notáveis e menos refletidas eventualidades em torno do 11 de setembro" seria o fato de que

> o atentado tenha sido realizado sem qualquer reivindicação de autoria. Não foram formulados nem planos nem exigências políticas. O próprio Bin Laden evitou claramente assumir a responsabilidade pelos atentados em seu infame vídeo de 7 de outubro de 2011, a noite do primeiro ataque aéreo americano no Afeganistão, ainda que os comentaristas ocidentais tenham interpretado o vídeo nesse sentido. Por outro lado, ele também não negou a autoria. Em vez disso, tentou dar a impressão de que choviam aviões do céu para dentro de arranha-céus americanos, como se fossem um fenômeno natural, uma maldição inevitável[79].

Maldições e desastres naturais são temas populares em Hollywood; e a conexão com os gêneros de horror, catástrofe e ação também foi estabelecida rapidamente. O histórico do 11 de Setembro portanto inclui não só os pilotos camicases japoneses e o planejamento dos primeiros ataques suicidas com aviões em Manila – o Plano Bojinka, frustrado pelas autoridades das Filipinas em 1995 –, mas também, por exemplo, o romance *O concorrente* (1982), de Stephen King, sob o pseudônimo de Richard Bachman, em que no final o herói manobra um avião para dentro do arranha-céu de uma estação de TV. A versão para o cinema [*O sobrevivente*] do romance entrou para o circuito em 1987 – estrelado por Arnold Schwarzenegger.

5.

A lista de exemplos da história do fascínio e do impacto cultural do 11 de Setembro é longa: ela inclui fotografias, filmes, romances, pinturas, esculturas, monumentos, músicas e, claro, os projetos arquitetônicos e os debates para a reconstrução do *Ground Zero*. A maioria das obras e das posições artísticas testemunha o luto pelas vítimas e a solidariedade com os familiares, podendo também ser descrita como uma expressão do trabalho em prol da memória coletiva. Para começar com a fotografia: numerosas imagens mostram as torres de fumaça, as nuvens de fogo após o impacto dos aviões, o colapso dos arranha-céus. Involuntariamente, elas ilustram uma narração bem conhecida: a história bíblica da Torre de Babel (Gn 11, 1-9), uma parábola mítica de soberba e declínio que foi retratada por muitos pintores importantes, de Pieter Bruegel a René Magritte. Desse âmbito convencional, destacam-se duas fotografias que hoje alcançaram um status quase icônico: uma imagem do fotógrafo alemão Thomas Hoepker e uma do americano Richard Drew. Ambas as fotos (*vide* figs. 25 e 26) foram altamente controversas. A foto de Hoepker dava a impressão de ter sido tirada na hora certa, mas no lugar errado; a foto de Drew foi criticada como impiedosa. O estranho na foto de Hoepker é que o grupo nem parece notar a catástrofe que está acontecendo nas suas costas. A imagem foi descrita como uma falsificação tendenciosa e antiamericana; uma mulher nela retratada afirmou na internet que o grupo estava tendo uma conversa emotiva sobre os atentados. Hoje, fica claro como essa situação se repetiu com frequência: em resposta à pergunta costumeira sobre o que estávamos fazendo quando os aviões atingiram as torres, muitas pessoas têm de admitir que estavam sentadas em frente da televisão, possivelmente tomando o café da manhã ou almoçando, numa situação semelhante à dos protagonistas no cais de Williamsburg. Nós mesmos já vivenciamos muitas vezes a cena duvidosa do quadro, a fusão das duas situações. A história da recepção da fotografia de Richard Drew foi ainda mais controversa. O fotógrafo e os jornais que imprimiram a foto foram acusados de simplesmente tentar satisfazer o voyeurismo do público e violar os direitos pessoais do moribundo – presumivelmente o engenheiro de som Jonathan Briley. Drew enfatizou que ele não tinha "fotografado a morte

Fig. 25: *Blick von Williamsburg auf Manhattan, Brooklyn, 11. September 2001*, de Thomas Hoepker.

Fig. 26: *The Falling Man*, de Richard Drew.

de um ser humano, mas um momento na vida desse homem. Ele tomou uma decisão e eu a capturei na foto"[80].

O comentário de Drew é esclarecedor porque, entre outras coisas, ele toca num tabu. O assassinato em massa do 11 de Setembro também envolve suicídios: tanto os suicídios dos assassinos quanto os das numerosas pessoas que preferiram morrer saltando para as profundezas a ser mortas pelo fogo. Claro que podemos objetar dizendo que a decisão do homem em queda foi forçada, pois foi uma opção entre dois males; mas talvez ele respondesse que mesmo tal decisão ainda permanece uma decisão. Ela lembra vagamente a decisão tomada por uma pessoa gravemente doente que apela para os serviços de uma organização de eutanásia: essa pessoa também opta entre dois males, a morte ou a continuação do sofrimento insuportável. Não é por acaso que a fotografia de Drew exerceu uma influência considerável. Por um lado ela inspirou esculturas como *Ten Breaths* (2007-08), de Eric Fischl, que também aborda o tema da queda, e, por outro lado, romances como *Homem em queda* (2007), de Don DeLillo[81], uma interação entre as perspectivas de um sobrevivente traumatizado – funcionário de uma firma de advocacia no World Trade Center – e o terrorista Hammad, atormentado pelas dúvidas antes do impacto do avião. O "homem em queda" é introduzido num papel secundário, um artista de performances de ação acostumado a descer pela fachada de edifícios com a ajuda de uma corda, criado talvez em referência ao malabarista francês Philippe Petit que, em 7 de agosto de 1974 – depois de seis anos de preparação –, fez a travessia de uma torre do World Trade Center para a outra sobre um cabo de aço, a uma altura de 417 metros. A ação sem mecanismos de segurança não foi autorizada, razão pela qual Petit foi preso e levado à justiça, sendo depois absolvido por respeito ao seu desempenho. Sete anos depois do 11 de Setembro, mas apenas um ano após a publicação do romance de Don DeLillo, a ação ousada virou um filme intitulado *O equilibrista*; o diretor James Marsh ganhou prontamente um Oscar com seu documentário.

O equilibrista nem sequer pertence ao grupo dos 390 filmes sobre o 11 de Setembro listados no *Internet Movie Database*[82]. E *Homem em queda* também poderia ser comparado com vários outros romances: por exemplo, com *Extremamente alto & incrivelmente perto* (2005), de Jonathan Safran Foer – filmado em 2011 –, *A submissão* (2011), de Amy Waldman, ou *O último grito* (2013), de Thomas Pynchon[83]. Outro exemplo interessante é a *graphic novel* de Art Spiegelman *À sombra das torres ausentes* (2004), na qual o autor da famosa história em quadrinhos *Maus* tenta superar seus próprios sintomas pós-traumáticos depois do 11 de Setembro. Em seu prefácio de apresentação das dez detalhadas séries de tirinhas, Spiegelman escreve:

> Eu me irrito com facilidade. Pequenos contratempos como um cano entupido ou um atraso me deixam bastante alterado, como se o céu viesse abaixo. Essa é uma predisposição que não te prepara bem para a eventualidade de o céu realmente vir abaixo. Antes do 11/9, meus traumas eram mais ou menos autoinfligidos, mas fugir da nuvem tóxica que segundos antes era a Torre Norte do World Trade Center me deixou cambaleando no limiar onde a história do mundo e minha própria história colidem. Essa foi a curva do caminho para a qual meus pais, sobreviventes de Auschwitz, constantemente me alertavam quando me instruíam a sempre ter as malas prontas. Demorou muito tempo até que eu pudesse deixar as torres em chamas

Fig. 27: *À sombra das torres ausentes*, de Art Spiegelman.

atrás de mim. [...] A imagem decisiva da minha manhã no 11/9, que anos mais tarde continua gravada no interior das minhas pálpebras, é a visão do esqueleto incandescente da Torre Norte segundos antes de virar pó. Tentei repetidas vezes desenhar exatamente isso, com resultados de início vergonhosos. Finalmente consegui capturar a visão do desmantelamento em formato digital no meu computador. E consegui posicionar algumas sequências das minhas memórias mais vivas em torno dessa imagem central. Eu tinha esperança de poder desenhar a viagem de carro pelo inferno de uma cidade em pânico, que foi o que nós vivenciamos quando fomos pegar nosso filho de nove anos, Dash, na escola da ONU. Naquela manhã, acreditávamos que a escola seria mais um alvo. Quando estávamos todos finalmente reunidos, caí em prantos, o que perturbou muito mais os meus filhos do que tudo o que antecedeu os meus soluços[84].

A imagem de fundo da folha de rosto do livro, com o título e a assinatura de Art Spiegelman, era a primeira página de uma edição do jornal *The World* publicada em Nova York no dia 11 de setembro de 1901. A manchete era: *"President's Wound reopened; Slight Change for Worse."* ["A ferida do presidente foi reaberta; uma ligeira mudança para pior."] Sob uma foto do cirurgião dr. Charles McBurney, que informava sobre o estado do presidente, lê-se: *"Prof. Mazzoni, the Pope's surgeon, thinks second bullet will have to be removed."* ["O prof. Mazzoni, cirurgião do papa, acha que a segunda bala terá de ser removida."] Na coluna da esquerda do jornal lemos alguns detalhes sobre a prisão de Emma Goldman, a *"Anarchist Queen"*, que nega veementemente qualquer conspiração com Czolgosz. De que tratam todas essas notícias? É simples: elas referem-se ao atentado a tiros contra o presidente dos EUA William McKinley cometido pelo anarquista Leon Czolgosz em 6 de setembro de 1901. McKinley morreu poucos dias depois, em 14 de setembro; o próprio Czolgosz foi executado na cadeira elétrica em 29 de outubro.

Os comentários em forma de quadrinhos de Art Spiegelman causaram inicialmente tamanha controvérsia que não foram publicados numa revista americana, mas no semanário alemão *Die Zeit*. Já na segunda tira encontram-se observações que certamente foram percebidas como inapropriadas, tais como: "Se não tivesse havido essa tragédia e os mortos, eu poderia imaginar esse ataque como uma espécie de crítica radical à arquitetura." Wiglaf Droste adotou uma abordagem semelhante quando, no décimo aniversário dos ataques, escreveu um artigo no periódico *Junge Welt* no qual não só rememorava o aniversário de Franz Beckenbauer (nascido em 11 de setembro de 1945), mas também repetiu o comentário irônico de Spiegelman: "O colapso de duas torres feias e muito dispensáveis tem apenas um significado folclórico nacional. Para mim, o dia 11 de setembro de 2001 permanecerá como a hora do nascimento da crítica arquitetônica voadora. A empresa de engenharia Bin Laden & Herdeiros poderia continuar a contribuir bastante para o embelezamento do mundo."[85] Tais linhas satíricas foram um pouco mais fáceis de digerir em 2011 do que em 2002, ou mesmo alguns dias após os ataques, quando Karlheinz Stockhausen desencadeou uma tremenda tempestade de indignação com o comentário: "Essa foi a maior obra de arte de todos os tempos. Fantasmas realizam em um ato o que não podemos sonhar na música: que as pessoas pratiquem por dez anos como loucos, totalmente fanáticos por um concerto, e depois morram. Essa é a maior obra de arte que existe em todo o cosmos. Eu não conseguiria fazer igual. Comparado com isso, nós compositores não somos nada."[86] Provavelmente essas frases não eram satíricas, assim como a caracterização de Osama bin Laden como videoartista por Boris Groys[87]. Ao focarem os perpetradores – e seus suicídios – e não as vítimas ou as torres destruídas, eles seguiram as tão rapidamente propagadas teorias da conspiração, que também concentravam suas questões nos perpetradores e proclamavam uma corresponsabilidade do governo dos EUA[88].

Após 2001, o campo da sátira transformou-se numa zona de guerra. A série de doze caricaturas do profeta Maomé publicada no diário dinamarquês *Jyllands-Posten* em 30 de setembro de 2005 sob o título "A face de Maomé" (em dinamarquês: "*Muhammeds ansigt*") logo provocou protestos e vários ataques, nos quais mais de cem pessoas morreram. Em 2008 e 2010, os ataques ao cartunista dinamarquês Kurt Westergaard, que desenhou Maomé com uma bomba no turbante, foram frustrados no último minuto. A partir de 2011, a revista satírica francesa *Charlie Hebdo* também passou a ser alvo de atentados. Um ataque incendiário com um coquetel molotov à redação foi realizado nas primeiras horas da madrugada de 2 de novembro de 2011; em 7 de janeiro de 2015, dois homens mascarados invadiram os escritórios da redação, mataram onze pessoas, incluindo o editor e ilustrador Stéphane Charbonnier, feriram várias pessoas presentes e atiraram em um policial enquanto fugiam. Dois dias depois, eles foram apanhados e mortos pelas forças de segurança. No primeiro aniversário do ataque, foi publicada uma edição especial da *Charlie Hebdo*, com uma tiragem de 1 milhão de exemplares. Na capa, foi impresso um desenho de Laurent Sourisseau, também conhecido como Riss: sobre um fundo preto vê-se um velho barbudo usando o triângulo divino com o olho panóptico

Fig. 28: *Charlie Hebdo*, edição especial de 6 de janeiro de 2016.

na cabeça como o chapéu napoleônico de duas pontas. A túnica branca está manchada de sangue e o velhote sisudo traz nas costas uma *kalashnikov*. Acima do desenho, vê-se o título: *"1 an après: l'assassin court toujours"* ["Um ano depois: o assassino continua livre"]. Deus como um terrorista fugitivo? Naturalmente, esta declaração também provocou protestos, até mesmo do Vaticano, especialmente porque o editorial de Sourisseau não se dirigia apenas contra os "fanáticos ignorantes" do islã, mas também contra os "rabos abençoados das outras religiões". Deus não está morto, como Nietzsche acreditava. Ele é um zumbi irredutível e um bombista suicida.

11. Imagens da minha morte: suicídio nas artes

> "Morrer é uma arte como todo o resto.
> Sou muito boa nisso."
> *Sylvia Plath*[1]

1.

As artes modernas, bem antes do 11 de Setembro, apropriaram-se do motivo do suicídio e o recriaram. *The Falling Man*, de Richard Drew, cita de certa forma os trabalhos da obra *Suicide*, de Andy Warhol, do início dos anos 1960; e o próprio Warhol referiu-se, em um desses trabalhos, a uma famosa fotografia tirada por Robert C. Wiles quatro minutos após a morte de Evelyn McHale, uma contadora de 23 anos de idade que saltou do 86º andar do Empire State Building no dia 1º de maio de 1947. A foto foi impressa na revista *Life* do dia 12 de maio de 1947 e difundida rapidamente sob o título *The Most Beautiful Suicide*, o que já é paradoxal o suficiente. Evelyn McHale tinha deixado uma carta de despedida que começava justamente com a frase: "*I don't want anyone in or out of my family to see any part of me.*" ["Não quero que ninguém, dentro ou fora da minha família, veja qualquer parte de mim."][2] Esse desejo não foi realizado. A foto da mulher infeliz tornou-se um ícone suicida, bastante comparável à Desconhecida do Sena; circulou também em versões coloridas e foi até remontada para a capa de um CD lançado pela banda Machines of Loving Grace. O que pode ter contribuído ainda mais para a história do fascínio provocado por esse caso é o fato de uma pessoa com o mesmo sobrenome que Evelyn – a atriz Dorothy Hale – também ter cometido suicídio, em 21 de outubro de 1938, saltando da janela de seu apartamento no 16º andar do Hampshire House, em Nova York, Central Park South.

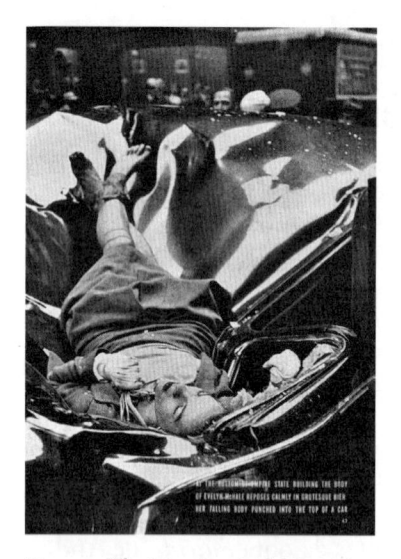

Fig. 29: *The Most Beautiful Suicide*, de Robert C. Wiles, na revista *Life* de 12 de maio de 1947.

Fig. 30: *O suicídio de Dorothy Hale* (1939), de Frida Kahlo.

A queda não chegou a ser fotografada, mas foi pintada por Frida Kahlo, amiga de Hale. Sua pintura a óleo (1939) mostra o edifício envolto em nuvens e penas, o corpo em queda da jovem mulher e, ao mesmo tempo, deitado quase ileso no chão em primeiro plano, com um vestido de veludo preto e um buquê de rosas amarelas. Uma legenda detalhada na borda inferior do quadro recapitula em espanhol o acontecimento planejado com precisão por Dorothy. Na véspera, ela oferecera uma festa de despedida para alguns amigos, pois iria empreender uma longa viagem. Depois, escreveu algumas cartas de despedida antes de se jogar pela janela de manhã. Assim como a fotografia do "*most beautiful suicide*", a obra de Frida Kahlo foi reproduzida e citada muitas vezes; por exemplo, recentemente, em uma peça de teatro de Myra Bairstow intitulada *The Rise of Dorothy Hale* (2007). Nessa peça, a história da atriz é recontada a partir da perspectiva do quadro e da pintora.

Nas artes antes da modernidade, as representações suicidas são muito mais raras e quase sempre remetem a motivos e narrativas bem conhecidos: por exemplo, aos suicídios de Sócrates, Sêneca, Ajax, Saul, Catão, Dido, Cleópatra e Lucrécia, e naturalmente também ao de Judas. As artes pré-modernas estão muito distantes da possível realidade desses atos de suicídio. Para a sua mensagem alegórica e moral – seja a heroificação, seja a condenação do suicídio – é irrelevante que os eventos tenham ocorrido como foram transmitidos, e não importa nem mesmo que as representações refiram-se a personagens – como foi o caso de Werther e Ofélia, no século XIX – ou a personalidades históricas. A modernidade é bem diferente. A disseminação das imagens de Dorothy Hale e Evelyn McHale testemunha um fascínio estético e não uma lição de moral. Enquanto as alegorias perdem significado, aspectos da crítica social vêm à tona. É o caso das imagens de homens enforcados ou mortos a tiros e mulheres afogadas criadas por artistas como Édouard Manet, Max Klinger, Camille Pissarro, Henri Toulouse-Lautrec, Käthe Kollwitz, Ernst Barlach, George Grosz e Frans Masereel em desenhos, litografias, pinturas a óleo e xilogravuras nas décadas em torno da virada do século XX[3]. Os motivos dos suicídios são obscuros e indiferentes, como no caso das duas mulheres com o nome de Hale, que, aliás, em turco significa "auréola de um eclipse solar". Até mesmo os cinco homens sentados numa fileira nas obras *Die Lebensmüden* e *Die enttäuschten Seelen* [Os cansados da vida e As almas decepcionadas], pintadas por Ferdinand Hodler em 1892, permanecem em silêncio: sentados no banco com as mãos cruzadas como pedras, sem contato visual e com a cabeça baixa.

O fascínio contínuo que o suicídio exerceu sobre as artes modernas não se limitava à crítica social, mas antes abordava os aspectos da relação do sujeito consigo mesmo, da cisão do sujeito e da dissociação que já haviam emergido no culto ao gênio. Na sua segunda edição, de 15 de janeiro de 1925, a recém-fundada revista *La Révolution Surréaliste* publicou os resultados de uma pesquisa cujo tema era: "O homem vive, o homem morre.

Fig. 31: *Die Lebensmüden* (1892), de Ferdinand Hodler.

Que papel a vontade própria desempenha nisso? Seria o suicídio comparável ao sonho? Seria ele igualmente 'inconsciente'? Não se trata aqui de uma questão moral: seria o suicídio uma solução?"[4] Foram publicadas respostas e contribuições de cerca de cinquenta autores, incluindo Antonin Artaud, André Breton, Francis Jammes e Marcel Jouhandeau ("O suicídio é inútil")[5]. René Crevel, que sofria de tuberculose pulmonar, defendeu o suicídio, que ele acabou cometendo de fato dez anos depois, e Paul Valéry respondeu na pessoa de seu *alter ego*, Monsieur Teste[6]. Ele argumentou que o suicídio em si seria uma "solução grosseira", mas admitiu que algumas pessoas "duas vezes mortais" parecem

> levar consigo um assassino sonâmbulo à sombra da sua alma, um sonhador sem misericórdia, um duplo que se torna o executor de uma ordem implacável. Às vezes há um sorriso vazio e misterioso nos seus rostos, o sinal da semelhança de seu mistério, que (se assim se pode escrever) expressa a presença da sua ausência. Talvez percebam suas vidas como sonhos sem sentido e desagradáveis, dos quais se sentem cada vez mais cansados, de modo que cada vez menos conseguem resistir à tentação de despertar. Tudo lhes parece mais sombrio e fútil do que o não ser[7].

André Masson, Man Ray e Oskar Kokoschka enviaram fotos como respostas. Kokoschka mencionou ainda que tinha acabado de completar um desenho intitulado *Moi-même mort* [Autorretrato como morto][8]. Man Ray, por sua vez, apresentou uma aerografia do ano de 1917, já com o título apropriado: *Suicide*. Esse trabalho abstrato é interpretado em fontes secundárias da história da representação de suicídios na arte como uma expressão de desespero, até mesmo como um grito de socorro[9]. Além disso, Man Ray havia planejado usar a imagem para encenar o próprio suicídio: ele pretendia direcionar uma arma para a obra e acionar o gatilho com a ajuda de uma corda enquanto ele próprio ficava atrás do quadro. O arranjo lembra um pouco *O retrato de Dorian Gray* (1890-91), de Oscar Wilde; mas o retrato de Man Ray não tratava apenas dos excessos da relação consigo mesmo, do conflito com seu próprio duplo ou das complexas interações entre artista e obra ou arte e vida: abordava também as técnicas de arte entre pintura e fotografia. Afinal, as aerografias são criadas com a ajuda de uma pistola de pulverização que é usada para borrifar tinta e produtos químicos sobre papel fotográfico; nesse sentido, Man Ray apontou uma pistola para a imagem já durante o processo de feitura de *Suicide*. Essa percepção é reforçada por trabalhos posteriores. Em 1926, Man Ray encenou uma fotografia sob o título *Le suicide*: vemos uma jovem com uma bolha apontar uma pistola para o quadro do suicídio feito nove anos antes. O seu rosto é refletido numa oval do lado esquerdo; a arma aponta para a oval direita. Imagem na imagem, espelho, fotografia? O enredamento das técnicas pictóricas orquestra, por assim dizer, a cisão do sujeito, que torna possível o suicídio.

Outra fotografia, do ano de 1932, mostra o próprio Man Ray com uma corda ao redor do pescoço, segurando uma pistola em sua mão esquerda, com um despertador e vários utensílios à sua frente. Essa fotografia, sob o título *Suicide – Self-Portrait*, permanece igualmente ambígua: seria a arma uma pistola de pulverização? Os utensílios sobre a mesa – garrafa, vidro, funil, despertador – serviriam para o trabalho, a intoxicação ou a morte?

Fig. 32: *Le suicide* (1926), de Man Ray.

Para a mistura de coquetéis, venenos ou produtos químicos? Estaria a pessoa retratada oscilando entre os métodos suicidas como oscila entre as possíveis técnicas do seu trabalho criativo? E a corda em volta do pescoço? Ela conecta Man Ray, quase como um cordão umbilical, com Jacqueline Goddard, a quem ele fotografou no mesmo ambiente, na frente da mesma mesa e de objetos semelhantes, novamente com arma, cigarro e uma corda ao redor de seu pescoço. Em sua autobiografia, Man Ray fala de vários suicídios em seu círculo de amigos: de Jacques Rigaut, o *french dandy*[10], que era próximo dos surrealistas e cuja obra poética girava quase exclusivamente em torno da tentativa de suicídio que cometeu aos trinta anos (depois de uma vida de excessos, com inúmeras drogas e casos amorosos), até o pintor Óscar Domínguez, que cortou os pulsos no Réveillon do ano de 1957, pouco antes do completar 52 anos[11]. E Man Ray ainda conta que, quando questionado se suas fotos poderiam incitar a jovem geração ao suicídio, e por isso não deveriam ser divulgadas, teria respondido que a ponte de Pasadena, de onde sempre alguém se lança, também não tinha sido desmontada, e que os poemas que supostamente levam jovens doentes de amor ao suicídio não são banidos. Ele próprio teria tentado pintar um quadro que – como a bela cabeça da Medusa – transformasse o espectador em pedra, mas até agora sem êxito[12].

2.

Alguns estudos sobre o suicídio como tema das artes também comentam a frequência de suicídios de artistas. Fred Cutter anexou ao seu trabalho não apenas uma lista de artistas que abordaram temas suicidas, mas também uma relação daqueles que cometeram suicídio[13]. Thomas Bronisch e Werner Felber compilaram uma lista muito mais abrangente de tais suicídios[14]. Steven Stack comparou as formas de suicídio de artistas nos EUA segundo os diferentes movimentos artísticos entre os anos 1985 e 1992. Ele foi capaz de mostrar que o número de suicídios no período escolhido foi consideravelmente maior do que a média geral da população. Por exemplo, 33 atores morreram em consequência de suicídio, o que chega a quase quatro por cento de todas as mortes nesse grupo profissional – ou seja, mais que o dobro do que afeta a totalidade da população dos EUA. Das 1.284 mortes entre escritores, 58 foram por meio de suicídio, ou seja, 4,52 por cento; em 1989 chegou-se a 5,8 por cento, quase quatro vezes mais do que a média da população. Um pouco mais baixos, embora ainda significativamente altos, são os números coletados para o grupo de pintores e escultores (3,39 por cento) e para o grupo de fotógrafos (2,8 por cento). Nos campos artísticos da dança e da música, a frequência de suicídios foi apenas ligeiramente superior ao total da população no período da comparação[15]. Stack resume o seu resultado:

> Do total de 26.198 mortes de artistas, 646 foram suicídios. A taxa de suicídio entre os artistas foi, portanto, significativamente maior do que entre o total da população durante todos os oito anos da pesquisa. No entanto, vimos que alguns grupos de artistas estavam sujeitos a um risco maior de cometer suicídio do que outros. O grupo de alto risco incluiu atores, escritores, pintores, escultores, artesãos e artistas gráficos [...]. Um risco mais baixo dizia respeito a bailarinos, designers, músicos, fotógrafos e redatores.[16]

Uma possível explicação para essas discrepâncias observadas poderia ser derivada do potencial da imaginação visual e narrativa, em oposição à dança, música e design. Alguns artistas – por exemplo, Man Ray – praticaram a já citada "antecipação" da própria morte como uma "previsão" ou "imitação antecipada" ("*Vorahmen*", no sentido usado por Hans Blumenberg[17]), como uma narrativa antecipatória. Numa das primeiras fotografias da história (de 18 de outubro de 1840) vemos um inventor e pioneiro da nova arte que, em comparação com Louis Daguerre ou William Henry Fox Talbot, hoje parece estar quase esquecido: Hippolyte Bayard, um funcionário do fisco francês. A foto mostra um homem afogado sobre uma maca. Ao virar-se a imagem, pode-se ler no verso:

> O cadáver do homem que se vê do outro lado é o do sr. Bayard. [...] A academia, o rei e todos aqueles que viram suas imagens ficaram repletos de admiração, assim como o senhor ou a senhora as admira neste momento, embora ele mesmo as tenha considerado malfeitas. Isto trouxe-lhe muita honra, mas nem um centavo. O governo, tendo dado demasiado ao sr. Daguerre, declarou que não podia fazer nada pelo sr. Bayard. Então o homem infeliz afogou-se[18].

Depois de 160 anos, no início de 2001, Niki Lederer e Hannes Priesch iniciaram um levantamento visual em Nova York: o projeto *Death in the Studio*.

> Enviamos convites para mais de uma centena de artistas em Nova York, Viena, Bratislava e Toronto. Pedimos a eles que encenassem a sua morte ou imaginassem como seria a sua morte no seu estúdio ou noutro local da sua escolha. No caso de uma resposta positiva, fotografamos a encenação. [...] Começamos nossas primeiras "visitas ao estúdio" em maio de 2001, no Brooklyn, Nova York. Em setembro desse mesmo ano, foi realizado um "rali de quatro dias" por Viena e Bratislava, levando-nos a 23 "cenas do crime" diferentes. Mais tarde, no outono, retomamos os nossos *Studio Death Snapshots* em Nova York. As sessões prosseguiram com interrupções até o início do verão de 2002. Nossa última parada foi Toronto, no Canadá, onde nove participantes encenaram sua versão da *Death in the Studio* em junho de 2002. Sessenta e um artistas e grupos de artistas contribuíram para este projeto[19].

Fig. 33: *The suicidist #7* (1973), de Sam Samore.

O que chama a atenção no projeto *Death in the Studio* é, por um lado, o silêncio sobre os acontecimentos de 11 de setembro de 2001 – que deixou uma "cena do crime", mas quase nenhum morto visível –, e, por outro, a relativa dominância dos suicídios encenados: quinze dos 61 artistas, ou seja, cerca de um quarto, criaram um cenário pós-suicídio. A *Preenactment* [pré-encenação] da própria morte aparentemente tende para a morte escolhida.

Quem encena e retrata a sua morte "de forma antecipada" ou "calculada" dificilmente pode reprimir esse fascínio, já manifesto no obstinado boato de que a fotógrafa Diane Arbus teria fotografado o próprio suicídio com uma câmera (em 26 de julho de 1971, em Nova York)[70]. Talvez essa antecipação do olhar do outro sobre o próprio corpo morto seja essencialmente parte da imaginação do próprio suicídio, do círculo imaginário que Ene-Liis Semper criou em seu vídeo-*loop* de sete minutos *FF/REW* (1998): como o eterno retorno de vários tipos de suicídio.

O tiro ecoa sem ser ouvido, o suicídio encenado no filme é acompanhado apenas pelo som da suave música para piano de Beethoven. A mulher de branco afunda numa poltrona, mas, contra todas as expectativas, levanta-se e senta-se novamente, dedica-se a uma breve leitura e volta a cometer suicídio. Desta vez, vai enforcar-se. Quando ela empurra o banquinho para o lado com o pé, a imagem escurece. Porém, quando a cena reaparece, o filme retorna à sua posição inicial. A atriz, que representa a si mesma, está novamente de pé no banco, deixa o cenário sinistro do suicídio, retoma a leitura, a fim de atirar mais uma vez em si mesma[21].

A partir do início dos anos 1970, o fotógrafo Sam Samore, de Nova York, também começou a encenar visualmente várias maneiras de tirar a própria vida. Em algumas fotos, o artista está debaixo de um carro; em outras, parece flutuar sem vida na água. Samore deu início à sua série de imagens com o título *The suicidist* em 1973 e a retomou em 2003, talvez devido à impressão causada pelo projeto *Death in the Studio*.

> Os cenários de ataques contra si mesmo – esboçados com astúcia, ou melhor, humor negro – adotam, por um lado, padrões familiares de suicídio: queda de escadas e um acidente de carro, morte por afogamento e uma overdose de comprimidos, mas, por outro, apresentam um aspecto cômico grotesco, por exemplo quando Samore se sufoca com um saco plástico puxado sobre sua cabeça, se estrangula com um cabo telefônico, enfia um tubo de aspirador na garganta ou se lança de cabeça para baixo de um escorregador infantil[22].

Em seus *Suicide Self-Portraits* (2006), o artista plástico londrino Neil Hamon também atirou em si mesmo virtualmente, enforcou-se e envenenou-se: os autorretratos consistem em seis fotografias individuais que mostram a mesma cena de diferentes ângulos e distâncias, num arranjo semelhante. As fotografias lembram fotos policiais ou mesmo macabros *souvenirs* – como parecem indicar, por exemplo, o cavalete com o pequeno retrato e a estante com os utensílios de pintura em *Suicide Self-Portrait: Hanging* –, mas pode-se tratar também de naturezas-mortas ou retábulos multipartidos. Nos meios usados para sua encenação, o suicídio é decomposto com ironia macabra.

Fig. 34: *Suicide Self-Portrait: Hanging* (2006), de Neil Hamon.

Em 20 de fevereiro de 1999, a dramaturga britânica Sarah Kane enforcou-se aos 28 anos de idade. Sua última peça, *4.48 Psychosis*, que teve estreia póstuma, terminou com as palavras: *"It is myself I have never met, whose face is pasted on the underside of my mind/ please open the curtains."*[23] ["Sou eu mesma a quem nunca encontrei, aquela cujo rosto está colado na parte inferior da minha mente/ por favor, abram as cortinas."] As palavras finais são ambíguas. Podem referir-se a uma janela, a um palco ou mesmo ao mundo inteiro; e podem ser faladas para dentro ou para fora, a partir da perspectiva do público ou dos atores. Será que somente a abertura da cortina permitirá um encontro consigo mesma? Ou será que a cortina só se abre para as pessoas que renunciaram aos encontros consigo mesmas? Poucos meses após o suicídio da autora, a fotógrafa Claudia Reinhardt, do sul da Alemanha, tentou reconstruir o evento e capturá-lo numa imagem. A partir dessa experiência, ela desenvolveu uma série fotográfica de encenações próprias, nas quais recriou e fotografou – sob o título *Todesarten/Killing Me Softly* – os suicídios de artistas importantes. Numa conversa com Veronika Springmann, ela conta:

> A morte de Sarah Kane deu o impulso inicial para esse trabalho. *Sarah* é a primeira foto da série, tirada no banheiro do nosso apar-

tamento, no último dia do ano de 1999. Li muito sobre Sarah Kane e estive intensamente envolvida com ela e com o seu trabalho. Fiquei chocada com o seu suicídio e me perguntei como é possível chegar a tal ato, como esclarecê-lo, o que será que se sente[24].

À foto de Sarah seguiram-se as "últimas fotos" de Unica Zürn, Clara Immerwahr, Sylvia Plath, Adelheid Duvanel, Ingeborg Bachmann, Anne Sexton, Diane Arbus, Pierre Molinier e Karin Boye. Em primeiro lugar, trata-se de abordar o "destino das mulheres", enfatiza Reinhardt, de fazer uma homenagem às artistas, suas vidas e trabalhos, mas também, naturalmente, trata-se de uma crítica à falta de reconhecimento, que é socialmente negado, ao abuso e à violência. Por que, no entanto, a fotógrafa quis incorporar a morte escolhida das mulheres admiradas como um "modelo"? Por que não escolheu um momento exemplar de perfeição criativa ou de felicidade hipotética?

Nas fotografias, quase em tamanho real, o suicídio é retratado não como sacrifício, mas como um ato; não como doença, mas como uma decisão: as protagonistas de Claudia Reinhardt "sentam-se, deitam-se, saltam ou se enforcam bem diante de nossos olhos e nos provocam a uma espécie de monólogo interior"[25]. Há também um fascínio abismal, um aliciamento à superação estético-filosófica de fronteiras, que talvez estejam ligados à resposta para a pergunta: "O que será que se sente?" Como podemos ter empatia com a mais radical de todas as distinções? A estratégia de identificação nas fotografias de Reinhardt está entrelaçada com a questão do testemunho – o eu como olho, *I* e *eye* ao mesmo tempo – no momento final da autoextinção. É esse testemunho que as últimas linhas de *4.48 Psichosis*, de Sarah Kane, parecem evocar: "Me valide/ me testemunhe/ me veja/ me ame [...] Não desejo a morte/ nenhum suicida jamais desejou/ me veja desaparecer/ me veja/ desaparecer/ me veja/ me veja/ veja."[26] É nessa testemunha que se transforma a artista multimídia holandesa Mathilde ter Heijne quando atira o seu duplo – uma boneca em tamanho real com aparência igual à sua e que se veste exatamente como ela – de uma ponte, ou quando deixa que a boneca perca a cabeça ou, como em *Suicide Bomb* (2000)[27],

Fig. 35: *Mathilde, Mathilde...* (2000), de Mathilde ter Heijne; foto do filme.

que arda em chamas[28]. Ela escolheu uma passagem de *Knots* [Nós] (1970), de Ronald D. Laing, como título de seu extenso catálogo de obras de 2008: *If it's me, it's not me*[29]. A frase de Laing cita a cisão: o eu observador que encontra o eu observado, ou o eu assassino que confronta o eu a ser morto. Naturalmente, não fica claro se é o observador ou o observado quem comete o ato final. Se na carta de despedida estiver escrito "estou no fim das minhas forças e não posso assistir ao meu declínio intelectual, físico, psicológico"[30], então será provavelmente a testemunha quem fala; se, por outro lado, ouve-se "me veja desaparecer", aí, presumivelmente, quem fala é o sujeito testemunhado, que tenta escapar ao olhar da autovigilância, ao imperativo do autocontrole.

3.

Por que os artistas tiram tão frequentemente a própria vida? Em um ensaio inspirador de 1993, a escritora e filósofa Patricia de Martelaere examinou a questão de uma *estética do suicídio* a partir de uma perspectiva nada familiar. "Claro que", assim ela começa, "o suicídio está 'na moda'. Mais e mais pessoas pensam nisso, mais e mais pessoas cometem suicídio e mais e mais pessoas têm uma experiência de tentativa. Mas, acima de tudo, fala-se sobre suicídio – sejam psicólogos, médicos e padres, sejam críticos, moralistas e simpatizantes, sejam líderes de seitas, terapeutas e pessoas hesitantes e desesperadas."[31] Dois tipos de suicídio, no entanto, são "filosoficamente desinteressantes": o suicídio racional, cometido por motivos convincentes – uma restrição brutal da vida por causa de velhice, doença incurável ou dor difícil de suportar – e o suicídio tão "fortemente determinado por uma patologia psicológica" que quase poderia ser caracterizado como "ação inconsciente". Em analogia com uma frase do autor de ficção científica Fredric Brown, "pela qual muitos autores pagariam em dinheiro para ter o direito de alegar que a formularam" – a saber: "Escrever me repugna, mas eu acho maravilhoso *ter escrito*" –, ela busca o tipo de suicida que "preferiria 'ter vivido' a viver"[32]. Essa atitude impossível é caracterizada por um "anseio de plenitude, de perfeição, de fechamento do ciclo da própria vida, para poder finalmente apresentá-la como produto final aos seus familiares e observá-los secretamente de dentro da sepultura". O "ser-para-a-morte" de Heidegger ainda sonhava com "*o possível ser-inteiro da pre-sença*"[33]. Porém, um "aspecto doloroso da vida" consistiria precisamente no fato de que "ela não se conclui":

> Imaginamos que morreremos "no fim" da nossa vida, o que não só seria lógico, mas também justo e muito bonito. Mas, na realidade, morremos a caminho de ir buscar as crianças na escola, no banheiro, enquanto ouvimos um programa cultural no rádio, ou na cama com uma mulher que não é nossa. Morremos sempre, ao que parece, nos momentos mais inoportunos. E tudo o que ainda tínhamos de fazer a todo custo, tudo o que ainda queríamos dizer definitivamente, ficará simplesmente por fazer e por dizer. A nossa vida é *interrompida* pela morte, não *concluída*[34].

É nisso que consiste a ameaça da morte: na ruptura, não na conclusão. No contexto dessa análise, Patricia de Martelaere esboça um "retrato falado" do suicida criativo,

> que, mais do que ninguém, é movido por uma inquietação e insatisfação intermináveis. Ele não pode começar nada sem querer imediatamente que já esteja terminado porque imagina que ficará satisfeito e terá a sua paz restaurada. Mas segue sendo permanentemente decepcionado porque, assim que termina uma coisa, ou na maioria das vezes até mesmo muito antes disso, ele já deseja começar algo novo, algo que na verdade já deveria ter sido terminado há muito tempo. Isso explica tanto a grande perseverança quanto a grande relutância com que trabalha, pois, ao contrário de seus próprios colegas, que podem interromper sem problemas a meio caminho a maior parte de suas atividades, ele não se preocupa com o prazer da variedade ou o passatempo, mas apenas com o momento da conclusão.[35]

O suicida seria "um arrivista no sentido literal, porque ele já 'chegou' antes de partir, e também só pode iniciar o caminho com essa perspectiva. Ele é um 'perfeccionista' incomparável que deseja que tudo seja 'perfeito', no sentido etimológico de já ter passado, de algo já trabalhado e completado, do que deriva o significado da palavra 'per-*feito*'". O fim é imaginado como realização, como o instante em que Deus – no dia após a criação – pôde dizer: foi bom[36]. Ele partilha dessa imaginação com artistas e escritores:

> Em *Anna Karenina*, de Tolstói, ocorre logo no início do romance um acidente ferroviário na plataforma onde Anna e seu futuro amante, Wronski, encontram-se pela primeira vez. Trata-se, por si só, de um incidente relativamente insignificante e de valor puramente anedótico. Somente no final do romance, quando Anna comete suicídio jogando-se na frente de um trem, o incidente pode ser identificado como uma dramática prefiguração com implicações fatídicas. Isso significa que Tolstói, tendo em vista quão volumoso seu romance se tornaria, já escreveu o início visando esse fim[37].

A suicidalidade não é, portanto, apenas destrutiva ou niilista, conclui Patricia de Martelaere, mas também uma paixão estética, uma expressão do desejo de ser outra pessoa, um gêmeo dividido ou um duplo, que é capaz, por assim dizer, de ver a própria vida como uma obra de arte completa. Nisso consistiria o estreito parentesco entre arte e suicídio:

> Não é a arte que tem "estetizado" o suicídio de forma perversa – o suicídio tem, numa variação específica, um significado estético e artístico e pôde, *por isso*, tornar-se um tema tão central na arte e à sua volta. A consciência estética *em geral* é essencialmente "suicida" – ou, em termos menos negativos: terminal, perfeccionista e arrivista. [...] Não há arte que não seja a arte da conclusão[38].

Essas reflexões lançam uma nova luz sobre o termo "arte de viver", ao qual tem sido dada especial atenção desde os anos 1990 – muitas vezes com referência ao trabalho tardio de Foucault[39]. Como é sabido, Foucault associou a arte de viver com as técnicas de si. Em contraste com as técnicas de produção, técnicas de poder e técnicas para trabalhar com sistemas semânticos e simbólicos, são as *techniques de soi*, segundo Foucault, "que permitem aos indivíduos efetuar, com seus próprios meios ou com a ajuda de outros, um certo número de operações em seus próprios corpos, almas, pensamentos, conduta e modo de ser, de modo a transformá-los com o objetivo de alcançar um certo estado de felicidade, pureza, sabedoria, perfeição ou imortalidade"[40]. Será que o suicídio – ainda à luz das reflexões de Patricia de Martelaere – não deveria ser entendido como técnica de si por excelência? Em sua palestra sobre as "Tecnologias de si" na Universidade de Vermont, em outubro de 1982, Foucault falou da preparação para a morte, mas não do suicídio. No entanto, na já citada conversa com o diretor de cinema Werner Schroeter em 3 de dezembro de 1981, ele enfatizou inequivocamente que não haveria "conduta mais bela do que o suicídio e, por conseguinte, ela merece ser refletida. Cada um deveria trabalhar seu suicídio toda a sua vida"[41].

Suicídio como técnica de si: o trabalho sobre a própria morte interage com o ego da mesma forma que um trabalho artístico – segundo o comentário de Foucault. A vida, enquanto "história", "romance" ou "filme", é simbolicamente condensada, como nos conhecidos relatos de experiências de quase-morte em que toda a vida da pessoa é repassada em segundos pela sua mente, como em câmera rápida[42]. Essa experiência também tem sido descrita – o mais tardar desde o romantismo – como uma experiência estética: como a base para a frase impossível dita pelo moribundo hipnotizado no conto "A verdade na casa do senhor Valdemar" (1845), de Edgar Allan Poe: "*I have been sleeping – and now – now* – I am dead", "Eu *estive* dormindo – e agora – agora – *estou morto*"[43]. Essa frase só pode ser formulada no conto, no romance ou no palco, não na vida real. Por essa razão, Michel Schneider comentou, em sua investigação de mortes imaginárias, que seria preciso "ler os livros que os escritores escreveram: lá eles falam de sua morte. Um escritor é alguém que morre durante toda sua vida, em longas sentenças, em pequenas palavras"[44]. Mas, na maioria das vezes, essas sentenças não traçam um caminho para a morte real do autor. No entanto, um eco distante da frase impossível do senhor Valdemar ressoa numa nota escrita ainda no verão de 1976: "Estarei morto, e saberei por quê."[45] Novas tentativas de um exame literário da própria morte tiveram início depois da morte prematura de Fritz Angst, filho de um milionário de Zurique e professor do ensino médio, no Dia de Finados do ano de 1976. Antes da sua morte, Angst entregou o manuscrito de um texto autobiográfico ao seu livreiro, que o repassou a Adolf Muschg para análise. O livro foi publicado postumamente sob o título *Marte*; o autor havia corrigido o caráter programático de seu sobrenome* e – dando um salto de A para Z – passou a se nomear Fritz Zorn**. *Marte* rapidamente tornou-se o livro cult do final dos anos 1970; nele fundiam-se protesto e desespero, as evidências da ascendência rejei-

....
* O sobrenome original, *Angst*, significa "medo" em alemão.
** *Zorn* significa "ira".

tada, revolta fracassada e um futuro sem perspectivas. No prefácio do romance publicado em 1977, Muschg se pergunta até que ponto essa "obra de um moribundo" poderia ser vista como literatura, "no sentido dessa nobreza precária que faz a proximidade da guilhotina coexistir com o brilho do alexandrino"[46]. Ele respondeu afirmativamente à sua pergunta, embora com algumas ressalvas, mencionando a falta de sensorialidade e experiência pessoal expressas na linguagem violenta de Zorn, que interpreta o seu câncer como a corporificação da autocrítica a uma vida mal vivida.

Para Zorn, a morte iminente era uma espécie de suicídio, um ato de liberdade e emancipação que nos faz sofrer e que por isso mesmo é paradoxal. Nesse mesmo tom, Hermann Burger comentou a morte de Zorn em seu *Tractatus logico-suicidalis* (1988):

> Se definíssemos uma doença mortal como o câncer como uma ajuda orgânica ao suicídio, então a morte de Fritz Zorn, o autor do livro *Marte*, também é um caso de suicídio. Ele não só chamou pelo câncer como Kafka pela tuberculose, mas descreveu o tumor maligno como completamente "lógico", chamando-o de "a melhor ideia que já tive"; a saber: pegar câncer, ou melhor, "tê-lo". Vou sofrer um acidente, é o que diz um funcionário em forma de piada quando quer tirar uns dias de folga. E, de fato, nós temos o câncer, nós temos a depressão. [...] Zorn afirma que a coisa terrível a atormentá-lo desde sempre teria ganho finalmente um nome, e ninguém iria negar que o terrível conhecido é sempre melhor do que o desconhecido terrível. E eis que um método sensacional para a psiquiatria começa a delinear-se: o suicídio como terapia[47].

Burger descreveu Zorn como um "verdadeiro suicida"[48]. O próprio Burger, por sinal, pôs um fim voluntário à sua vida em 28 de fevereiro de 1989. Zorn havia escrito:

> Eu sentia uma enorme tristeza; morro de sofrimento. Talvez eu tenha de pagar com a morte o meu desejo de ser diferente dos meus pais. Talvez até mesmo o câncer seja uma decisão voluntária, o preço que estou disposto a pagar para me livrar dos meus pais.

Pode-se argumentar que isso significa deitar fora a criança junto com a água do banho. Mas se a criança já está perdida mesmo, se a criança tem de morrer de qualquer forma, então não seria mais que nunca o caso de pelo menos deitar fora a água?[49]

Marte não deve ser lido apenas como um texto autobiográfico. O ensaio de Fritz Zorn é também um comentário clarividente sobre os anos de chumbo na Alemanha. Ele, um professor natural da assim chamada "Goldküste" [Costa Dourada], em Zurique, escreveu, algumas semanas após o suicídio de Ulrike Meinhof, em 9 de maio de 1976:

> Fez sentido para Ulrike Meinhof declarar guerra a uma nação inteira? "Fazer sentido" não é provavelmente a expressão certa, "sem sentido" também não. Por mim pode até ter sido algo sem sentido, mas foi *consequente*. Não sei que tipo de circunstâncias levaram Ulrike Meinhof a tornar-se terrorista, mas não podem ter sido boas circunstâncias, porque ninguém que está bem torna-se terrorista. Muito provavelmente a sua vida era infeliz, talvez fosse também uma vida sem sentido, mas *uma coisa* a sua vida foi: *consequente*[50].

E talvez essa vida fosse ainda mais consequente do que o próprio Fritz Zorn poderia imaginar: foi, desde o início, uma resposta às crianças perdidas, moribundas, traídas, cuja água do banho – ainda que na clandestinidade – deveria ser derramada. Hermann Burger comentou sucintamente: "Aquele que planeja e executa um ataque à própria vida é claramente um terrorista."[51]

4.

Já reconhecemos, em várias ocasiões, a tendência de escritores para fundir a conclusão de uma obra com a "conclusão" suicida da própria vida – por mais paradoxal que seja: por exemplo, no caso de Philipp Mainländer e Alfred Seidel. Em 11 de fevereiro de 1963, quatro semanas após a publicação de seu primeiro romance, *A redoma de vidro*, Sylvia Plath suicidou-se. Outro exemplo foi dado pelo escritor e fotógrafo francês Édouard Levé. Em outubro de 2007, ele enviou o manuscrito de um texto intitulado *Suicide* – meio romance, meio ensaio ou confissão – para seu editor, que, entusiasmado depois de lê-lo, ligou para ele a fim de marcar um encontro. Porém, poucos dias depois do telefonema, o autor, que estava com 42 anos, enforcou-se. Seu texto é único na medida em que é concebido como uma espécie de conversa consigo próprio; a cisão do sujeito – entre o eu literário do autor e o você a quem se dirige: um amigo que havia cometido suicídio – é realizada com precisão quase cirúrgica.

> A sua vida foi uma suposição. Os que morrem velhos são um monte de passado. A gente pensa neles e vê o que foram. A gente pensa em você e vê o que poderia ter sido. Você foi e continua a ser um monte de possibilidades. Seu suicídio foi a coisa mais importante que você faz em sua vida, mas você não vai colher os frutos. Será que está morto mesmo, já que estou lhe falando? [...] Você é um livro, e fala comigo quando eu quero. A sua morte escreveu a história da sua vida[52].

Li poucos textos nos últimos anos que sigam tão claramente uma *estética do suicídio*, na concepção esboçada por Patricia de Martelaere: um anseio pela imortalidade em forma de recomeço no texto. E várias vezes a conversa com o amigo morto transforma-se num solilóquio:

> No início, os eventos ainda carregam em si o potencial que vêm a perder com o fim. O desejo pode durar tanto quanto não for satisfeito. O prazer, por outro lado, marca o fim do desejo e, pouco depois, também o fim do próprio prazer. É estranho que justo você, que amava os começos, tenha se matado: um suicídio põe um fim. Será que você pensou que era um começo?[53]

Em outra passagem, Levé explica que, pare ele, o suicídio aparece de fato como um "ato fundador":

Depois que você morreu, nunca ouvi alguém falar sobre a sua vida começando pelo início. [...] O seu último segundo inverteu a sua vida aos olhos dos outros. [...] Você não é um dos que acabam doentes e velhos, com corpos murchos fantasmagóricos e que se parecem com a morte antes de terem deixado de viver. A morte destes está no fim de uma decadência assustadora. Pois não é verdade que a morte significa redenção para aquele que já é uma ruína? A morte da morte? Você, por outro lado, desapareceu em posse da sua força vital. Jovem, forte, saudável. A sua morte foi a morte da vida. E, no entanto, quero acreditar que encarna o oposto: a vida da morte. Não estou procurando imaginar de que forma você poderia ter sobrevivido ao seu suicídio, mas o seu desaparecimento é uma tal afronta que dá origem a esta loucura: acreditar que você é eterno[54].

Um tipo de cisão completamente diferente foi encenado por Terézia Mora em sua obra *Das Ungeheuer* [O monstro], publicada em 2013. Por um lado, *Das Ungeheuer* é uma espécie de continuação do romance *Der einzige Mann auf dem Kontinent* [O único homem no continente][55], de 2009, com o qual o texto compartilha seu protagonista, o engenheiro e especialista em tecnologia da informação, Darius Kopp; por outro, o livro não apenas adota consistentemente várias perspectivas, mas também é dividido em dois textos, separados um do outro por uma linha divisória em cada página impressa. O primeiro texto descreve a situação catastrófica de Darius Kopp, que já havia perdido seu emprego no final de *Der einzige Mann auf dem Kontinent* e quase arruinou seu casamento com Flora. Então Flora enforca-se e ele mergulha numa profunda depressão de luto, mal sai do apartamento bagunçado e precisa do apoio de amigos para partir numa longa viagem, primeiro para a Hungria, onde Flora cresceu e onde ele recebe a urna com suas cinzas, que carrega a partir de então o tempo todo consigo na mala do carro; depois segue para a Albânia, Turquia, Grécia, Armênia e finalmente para a Geórgia. Mesmo no final do livro a viagem ainda não terá acabado, viagem durante a qual Darius Kopp analisa os arquivos do laptop da sua falecida esposa, originalmente escritos em húngaro e depois traduzidos: uma mistura de caderno de anotações, diário, excertos da literatura psicológica e tentativas de traduzir literatura húngara. O segundo texto é o conglomerado desses arquivos, impresso continuamente a partir da página 83 abaixo da linha divisória. Os leitores precisam decidir se leem os dois textos paralelamente ou primeiro um e depois o outro, porque só ocasionalmente é que os textos parecem estar interligados. Ambos são interrompidos várias vezes, com algumas partes riscadas, que, no entanto, deixam o excluído visível, com regular alternância entre perspectiva interior e exterior, primeira e terceira pessoa, empatia e distância. O luto pela amada enforcada – essa "percepção da sua ausência, que me deixa louco de fúria"[56] – espelha os questionamentos sobre pátria e exílio, sobre migração e tradução, e, literalmente, sobre o limiar entre vivos e mortos, onde se decide a questão do pertencimento. O engenheiro rememora as primeiras semanas de lua de mel no seu apartamento,

> onde, dois dias depois, encontravam-se sentados um bem perto do outro na frente da TV, assistindo hora após hora aos aviões entrarem nas torres gêmeas – e eis que voa um avião e mais um, e mais um, há um aeroporto nas proximidades – e nuvens e mais nuvens, a nuvem no momento da colisão, a nuvem do colapso, e as pessoas que saltaram das janelas, pessoas o dia inteiro, pessoas saltando das janelas, e desta vez não são as que saltam da janela do banheiro no terceiro andar para o pátio interno, nunca vistas por ninguém[57].

A questão da voz narrativa permanece em aberto, assim como a decisão de onde enterrar a urna com as cinzas de Flora. Numa das notas de Flora, lê-se: "Sou filha de ninguém. *Mãe morta, pai desaparecido, nem Deus nem pátria.* Por que não posso esquecer tudo? Beber do Rio Lete."[58]

Em um ensaio sobre o tema do suicídio na literatura, Steven Stack e Barbara Bowman classificaram 61 obras da literatura mundial – o que é apenas uma fração das possíveis referências – segundo gênero, motivos e métodos de suicídio[59]. A questão dos tipos de suicídio, a escolha dos meios adequados para matar-se, é tratada com frequência em textos literários. Em *Senhorita Else*, de

Arthur Schnitzler, a protagonista pergunta-se quantos comprimidos de Veronal precisaria tomar para tirar a própria vida. E responde a si mesma: "Seis, creio eu. Mas dez é mais seguro." E conclui: "Acho que ainda há dez. Sim, dez serão suficientes."[60] Anne Sexton escreveu em um obituário lírico para sua amiga Sylvia Plath – a própria Sexton também morreu num suicídio em 4 de outubro de 1974 – que todos os suicidas compartilham "uma língua própria": "Como carpinteiros, eles perguntam apenas *qual ferramenta*, mas nunca *por que construir*."[61] E Peter Turrini fez seu personagem – o homem que pretende contar até mil antes de dar um tiro na própria cabeça – falar em forma de monólogo:

> Cogitei todos os tipos de mortes e voltei a rejeitá-las. O salto pela janela me pareceu muito incerto, eu poderia sobreviver e me tornar um inválido. A morte por gás está fora de cogitação desde que o município descontaminou o gás. Já tomei comprimidos, sem sucesso. Durante algum tempo pensei em bater com o meu carro contra uma parede, mas isso só iria aumentar as estatísticas de acidentes e tirar o quê de especial da minha morte. Enforcar-se também acho muito batido. Uma autoimolação é demasiado dramática para mim; além do mais, a pessoa ainda fica gritando por minutos. Um tiro na cabeça é a coisa mais sensata. Um forte estouro, e depois silêncio.[62]

A questão dos métodos de suicídio também inclui o arranjo do cenário onde o próprio cadáver deverá ser encontrado. Assim, em seu romance autobiográfico, *Koala* (2014), Lukas Bärfuss comenta o suicídio de seu irmão, que cortou os pulsos na banheira:

> Parecia que meu irmão tinha tido a consideração de limitar o esforço de remoção do corpo à limpeza de uma banheira, mas eu reconheci ali um comentário sarcástico sobre as noções de higiene propagadas naquela região, que sustentavam que a maior afronta de um suicida não seria sua morte, mas a sujeira que deixa para trás[63].

No monólogo de Peter Turrini, o homem pergunta, pouco antes do tiro final:

O terno que estou usando não é demasiado casual para esta ocasião? Esta camisa não parece muito esportiva? Devo tirar os sapatos e pôr um par mais elegante? Devo fazer a barba primeiro ou isso faz parte do serviço da funerária? Pensei em tudo, e agora de repente me vêm à mente tantas coisas. E se o tiro não me matar e tudo for em vão? Devo ir ao banheiro antes?[64]

Obras literárias utilizam a linguagem dos carpinteiros (segundo Anne Sexton); elas se concentram nos últimos detalhes, como os rapazes em *As virgens suicidas* (1993), de Jeffrey Eugenides, que recolhem tudo o que podem relacionar de alguma forma com os suicídios das cinco belas filhas do casal Lisbon: Cecilia (treze anos), Lux (catorze), Bonnie (quinze), Mary (dezesseis) e Therese (dezessete), que se suicidam, todas elas, no intervalo de um único ano. Primeiro morre a mais nova: Cecilia corta os pulsos no banheiro, mas é descoberta e salva no último instante. O médico que costura as suas feridas e faz os curativos comenta: "O que você está fazendo aqui, menina? Você não tem idade suficiente nem para imaginar o quanto a vida pode ser difícil." Ao que ela responde, convicta: "Pelo jeito, o senhor nunca foi uma garota de treze anos."[65] Pouco depois, durante a festa desoladora que seus pais organizam para celebrar sua recuperação, mas também por razões terapêuticas, ela salta pela janela e é empalada pela estaca de ferro de uma cerca. A morte de Cecilia marca o início de uma catástrofe social, cujo curso não pode ser corrigido em nenhum momento. O luto da família transforma-se em paralisia e depressão irremediável. Casa e jardim, sala e cozinha são cada vez mais negligenciados; roupas sujas encontram-se jogadas por toda parte enquanto restos de comida apodrecem nas mesas e nos cantos. Logo as meninas não vão mais à escola e o pai, um professor de matemática da mesma instituição, é demitido. A compaixão dos vizinhos transforma-se gradualmente em rejeição e ódio. No aniversário do suicídio de Cecilia, morrem também as outras quatro meninas: Therese toma comprimidos para dormir, Mary coloca a cabeça no fogão a gás, Bonnie enforca-se e Lux envenena-se na garagem com os gases de escape do carro. Os eventos são contados a partir da perspectiva de um grupo de meninos cujos nomes são mencionados mas não têm nenhuma importância, pois eles não funcionam como contrapartes das meninas, mas como o coro de uma tragédia grega: comentam e testemunham as ações das protagonistas sem nunca tornar as próprias vidas visíveis. Ao longo de todo o romance, eles recolhem provas e detalhes como se tivessem de testemunhar em tribunal o curso dos acontecimentos, os seus antecedentes e a verdade por trás de tudo:

> Está tudo ali – da prova n. 1 à prova n. 97, distribuídos em cinco diferentes malas, cada uma com uma foto da respectiva falecida, como uma lápide egípcia [...]: (n. 1) uma foto polaroide da casa, tirada pela sra. D'Angelo, encoberta por uma pátina verde que parece musgo; (n. 18) os antigos cosméticos de Mary, que ressecam aos poucos e transformam-se em pó bege; (n. 32) as botas de linho de Cecilia, tão amareladas que nem escova de dentes e água com sabão ajudam mais; (n. 57) as velas votivas de Bonnie, roídas pelos ratos todas as noites; (n. 62) as lâminas de microscópio de Therese, nas quais se multiplicam novas bactérias; (n. 81) os sutiãs de Lux [...], que se tornaram tão rígidos e protéticos como algo vestido por uma avó. Nós não selamos nosso túmulo hermeticamente e nossos objetos sagrados deterioram-se[66].

Algumas das provas não são lembranças ou relíquias, mas sim registros e testemunhos escritos, como o diário de Cecilia.

> As páginas estavam todas tomadas por desenhos em miniatura. Anjos em bolhas de chiclete flutuavam nas bordas superiores ou se enganchavam uns nos outros pelas asas, apertados entre passagens quase inteiramente rabiscadas. Virgens com cabelos dourados choravam lágrimas azul-marinho na dobra do livro. Baleias roxas lançavam jorros de sangue em torno de uma reportagem de jornal (colada) na qual se lê os novos nomes na lista de espécies ameaçadas de extinção[67].

Mais tarde, até mesmo documentos escolares irão engrossar a coleção dos meninos: "Os deveres de química de Therese, a redação de história de Bonnie sobre Simone Weil, as dispensas falsificadas de Lux para a aula de educação física."[68] Mas nenhum detalhe fornece uma resposta fiável.

Os jornais e noticiários de hoje ocultam com frequência esses detalhes para evitar o risco e a acusação de induzir a atos de imitação. Como justificativa, eles apontam para os "efeitos-Werther", naturalmente sem considerar que esses efeitos também devem ser imputados à história do fascínio do suicídio na modernidade, e baseiam-se nos rumores de "epidemias de suicídio" desencadeadas, por exemplo, por "Gloomy Sunday", a "canção suicida" por excelência[69]. A canção, que traz o título original "Szomorú Vasárnap", ["Domingo triste"], foi composta por dois húngaros em 1933: Rezső Seress escreveu a música; László Jávor, a letra. Espalhou-se o boato de que a música foi escrita para uma antiga namorada de Jávor, que se suicidou logo após a gravação. Rezső Seress também tirou a própria vida – no entanto, apenas muitos anos mais tarde, em janeiro de 1968. Desde 1936, tem sido repetidamente afirmado que um grande número de suicídios na Hungria estava relacionado à canção, isso antes mesmo de terem sido feitas traduções e gravações americanas – entre as quais a versão de Billie Holiday tornou-se especialmente célebre. O *Los Angeles Times* de 24 de fevereiro de 1936 e a revista *Time* de 30 de março do mesmo ano, por exemplo, noticiaram que dezessete suicídios na Hungria poderiam ser associados à canção: alega-se que duas pessoas mataram-se com tiros enquanto uma banda tocava a canção e outras teriam se matado ouvindo o disco ou se afogado no Danúbio com uma partitura da música. Em 25 de janeiro de 1937, a *Time* relatou que Jerry Flanders, de 24 anos, pediu a um cantor em um salão em Indianápolis para cantar "Gloomy Sunday" e foi por pouco que o impediram de beber um copo de cerveja envenenada. De acordo com o *New York Times* de 6 de abril de 1936, o jovem Floyd Hamilton, de treze anos, teria se enforcado na sala de estar da casa em que vivia com seu pai divorciado; uma cópia da letra da canção foi encontrada em seu bolso[70]. Steven Stack, Karolina Krysinska e David Lester concluem que esses relatórios eram pelo menos em parte corretos e não menos efeitos de uma lenda popular. E, de fato, a BBC bloqueou qualquer reprodução da música até 2002[71]. Hoje, mais de oitenta artistas já gravaram "Gloomy Sunday"[72]; e no ano de 1999 foi filmada a história da canção sobre o triste domingo – com Erika Marozsán, Joachim Król e Ben Becker, e direção de Rolf Schübel.

5.

O número de obras musicais – canções, óperas, marchas fúnebres – orbitando o tema do suicídio ainda será certamente ultrapassado pelo número de filmes. Uma seleção é difícil, especialmente porque as séries de TV que são veiculadas semanalmente na Alemanha, como *Tatort* e *Polizeiruf 110*, abordam cada vez mais os suicídios. Zonas de tabu na mídia, cuja imposição foi discutida após a já mencionada série televisiva *Morte de um estudante*, da emissora ZDF[73], quase não encontram mais respaldo. Até mesmo o complicado tema do suicídio infantil foi tratado no episódio 22 da série de TV *Unter Verdacht* [Sob suspeita], que levou o título: "*Mutterseelenallein*"*, com Senta Berger no papel de Eva-Maria Prohacek e Rudolf Krause como André Langner. Esse episódio, exibido pela primeira vez pela emissora Arte em 11 de abril de 2014, girava em torno do esclarecimento do suicídio de um menino de nove anos. E justamente no episódio 1.001 da série *Tatort* – exibido pela primeira vez pela emissora ARD no dia 20 de novembro de 2016 sob o título "Viva a morte" –, o ator Ulrich Tukur, no papel do comissário Felix Murot, é persuadido por um psicopata, interpretado por Jens Harzer, a cometer suicídio, mas vem a ser salvo no último segundo, quando já está deitado na banheira com os pulsos cortados. Resumindo: há vários anos os suicídios têm sido mais populares do que os assassinatos em série que povoaram as telas de cinema e os canais de TV na década de 1990 após o sucesso do filme *O silêncio dos*

....
* Jogo de palavras para expressar um estado extremo de solidão.

inocentes (1991), de Jonathan Demme. Numa tentativa mais recente de classificação dos *suicide movies*, Steven Stack e Barbara Bowman registraram 1.158 filmes – com um total de 1.377 suicídios[74]. Os seguintes motivos para suicídios foram qualificados percentualmente: motivos psicológicos tradicionais (como depressão, dependência de drogas etc.) com 21,4 por cento; motivos psicológicos não tradicionais (como psicopatia) com 18,4 por cento; motivos físicos (como doença, dor, deficiência etc.) com 6,9 por cento. A perda de um ente querido (um filho, amigo ou cônjuge) emergiu como motivo suicida relevante em 7,6 por cento dos filmes classificados; conflitos nas relações sociais (briga, vergonha, preconceito etc.) desempenharam o papel motivador em 52,9 por cento dos filmes; dificuldades econômicas (dívida, desemprego etc.) em 16,2 por cento. Motivos suicidas altruístas (como o autossacrifício em guerras ou situações perigosas) foram encontrados em cerca de 18,7 por cento dos filmes[75]. A porcentagem total calculada é evidentemente maior do que cem por cento, já que os motivos podem interligar-se, quando, por exemplo, a perda de um ente querido leva a conflitos sociais ou dificuldades econômicas, e na medida em que alguns filmes tratam de mais do que um suicídio – cerca de duzentas produções na amostra pesquisada. Naturalmente, as estatísticas só são significativas numa medida limitada. Como um quadro representativo poderia ser traçado e avaliado? Assistir a mil filmes já custa muito tempo: vendo-se três filmes por dia, daria quase um ano. No entanto, um banco de dados de filmes como o *Internet Movie Database* contém mais de 4 milhões de entradas, e não lista nem de longe todos os documentários, filmes para TV e filmes independentes. Uma segunda dificuldade resulta do esquema classificatório de Émile Durkheim, que Steven Stack e Barbara Bowman aplicaram aos *suicide movies*. Esse esquema foi concebido para a análise de sistemas sociais. Além disso, faltam critérios estéticos como os empregados por Patricia de Martelaere em seu ensaio *Der Lebenskünstler* [O artista da vida], assim como também não há uma reflexão das interações entre estética e vida. Uma terceira dificuldade é a questão dos processos de desenvolvimento histórico: em que épocas os suicídios tornam-se o foco das atenções cinematográficas? Quando são feitos mais *suicide movies*? E a partir de que momento o interesse do público começa a diminuir novamente? Quarta dificuldade: imagens, romances, óperas, filmes não são análises sociológicas ou psiquiátricas. A realidade que retratam é difícil de comparar com as mentalidades práticas de vida, determinadas pelas pesquisas, pois elas moldam, também e acima de tudo, as realidades do fascínio, aquela mistura de atração e repulsa, que não levam necessariamente a identificação ou imitação, defesa ou rejeição.

Alguns diretores de cinema concentraram-se no tema do suicídio em vários filmes. Robert Bresson era um desses diretores fascinados pelo suicídio. Em seus quase cem anos de vida (de 1901 a 1999), ele fez apenas treze longas-metragens (e um curta-metragem), dos quais pelo menos três abordam explicitamente o suicídio de um protagonista: *Mouchette, a virgem possuída* (1967), *Uma mulher delicada* (1969) – uma adaptação para cinema de um romance de Dostoiévski – e o referido filme sobre o suicídio de um adolescente *O diabo, provavelmente* (1977). Em certo sentido, os filmes *O processo de Joana d'Arc* (1962) e especialmente *A grande testemunha* (1966) também abordam o tema do suicídio: apesar de não ficar claro por que Marie – em interpretação brilhante de Anne Wiazemsky – desapareceu após seu estupro, a suspeita de que ela se suicidou é insinuada. Bresson foi admirado por muitos colegas – como Bergman, Cocteau, Fassbinder, Godard, Susan Sontag, Truffaut e Tarkovski – por afirmar o cinema como uma forma de arte independente e o separar radicalmente de todas as alianças parasitárias com a fotografia, o teatro, a ópera e a música. A cinematografia, como Bresson explicou em suas *Notas sobre o cinematógrafo*, deve romper qualquer ponte entre ela e a arte cênica, pois o filme não deve mostrar dramas, mas sim uma "escrita com imagens em movimento e com sons"[76]. É por essa razão que Bresson não empregava atores profissionais, mas apenas amadores, a quem ele chamava de "modelos"; eles não deveriam representar, simular ou significar nada. Em seu romance *Jeune fille* [*A jovem*], de

2007, Anne Wiazemsky descreveu como o diretor incentivava seus "modelos" a exercícios de leitura para garantir que eles não atuassem ou interpretassem. "Eu quero que você suprima qualquer intenção", cita ela, referindo-se às máximas de Bresson, que lembram o rigorismo de Brecht, "você não deve fingir interioridade ou simplicidade. Trata-se de não fingir nada."[77] Quando Walter Green, o ator que fazia o papel de Jacques em *A grande testemunha*, nega-se a entender que "atuação" já começa com a ênfase errada de uma única palavra, Bresson pede que o texto seja lido pela sua Marie:

> Aceitei o pedido dele. De vez em quando tropeçava numa palavra e me interrompia, confusa. Com um leve movimento de mão, ele me encorajava a continuar. [...] Por fim, ele me disse que o exercício tinha acabado, e voltou sua atenção para Walter: "Ouviu?" "Sim, senhor." "Então você é capaz, assim espero, de perceber que Anne Marie é a pessoa do meu filme porque está disposta a permanecer ela mesma. Ela não acrescenta nenhuma intenção, não faz psicologia, ela é como é, e é verdadeira. É isso que exijo do senhor."[78]

Em busca de tal veracidade, Bresson também valorizava seus "modelos" animais – como o gato em *Anjos do pecado*, o cão e os pombos em *O processo de Joana d'Arc*, o coelho em *Mouchette*, o burro em *A grande testemunha*, os cavalos em *Lancelot do lago* – talvez até mais do que os seus melhores atores amadores.

Como "modelo" temos também Nadine Nortier em *Mouchette*, baseado no romance de Georges Bernanos (de 1937)[79]. Aqui é contada a narrativa de um martírio. Mouchette – traduzido literalmente, seu nome significa "pequena mosca" – é uma menina de doze anos que vive em um vilarejo isolado na França com seu pai, um beberrão, e sua mãe doente e acamada. Além de ir à escola, ela cuida da casa e do irmão mais novo. Em quase todas as situações da vida, ela permanece à margem: na escola, é humilhada na aula de música e também rejeitada por seus colegas de classe; um pequeno prazer no bate-bate do parque de diversões – onde ela colide várias vezes com um menino bonito – termina com um

Fig. 36: Nadine Nortier em *Mouchette, a virgem possuída* (1967), de Robert Bresson; foto do filme.

tapa no rosto por parte do pai. Arsène, um alcoólatra que a aborda na floresta e a leva para sua cabana com medo de que ela o tenha observado e revele que o viu ferir ou matar outro homem em uma briga no lago, a estupra logo depois de ela tê-lo socorrido de uma convulsão epiléptica. A sua mãe morre enquanto ela vai buscar leite. Quando uma idosa lhe dá um vestido para a mãe morta, Mouchette o pega para si e caminha até o lago, onde se afoga. A cena final do suicídio de Mouchette é impressionante: a menina enrola-se no vestido fúnebre de sua mãe e rola por uma encosta para cair no lago com o impulso das viradas. Primeiro, a queda fracassa e precisa ser repetida; em seguida, o público só ouve um baque e vê a superfície da água ficando mais tranquila aos poucos. Em uma das cenas-chave do filme, Mouchette observa uma lebre sendo alvejada na floresta por três caçadores que atiravam nela de todas as direções. Não importa o quanto corra, o animal tem poucas chances de escapar do tiro mortal. A lebre é Mouchette; ela também sucumbe aos ataques, desferidos de várias direções. Bresson filmou essa triste história sem sentimentalismos, quase ao estilo de uma tragédia grega. Em nenhum momento o público deve comover-se ou ser levado a sentimentos de compaixão, nem mesmo pelas passagens musicais esparsas de "Magnificat", de Monteverdi. Emoções são pouco verbalizadas; as expressões faciais dos personagens não revelam nenhum sentimento. Nem mesmo a câmera toma partido, tanto no caso da lebre quanto no da menina. O emprego dos recursos técnicos nessa estratégia é notável: na maioria das vezes, a câmera não segue os "modelos", mas, posicionada de forma estática, deixa que eles saiam do respectivo enquadramento, abandonem a imagem ou – como na cena final – rolem. O ritmo do filme não é gerado pelos movimentos de câmera, mas apenas pela edição e montagem, de acordo com a regra básica de Bresson: "Comover não com imagens em movimento, mas com interações entre as imagens que as tornam vivas e as põem em movimento ao mesmo tempo."[80]

Outro diretor – também admirador de Bresson[81] – que já lidou com o tema do suicídio em vários de seus filmes é Michael Haneke. *O sétimo continente*, de 1989, e *71 fragmentos de uma cronologia do acaso*, de 1994, já abordavam suicídios: no primeiro filme, uma família de três pessoas – Georg, Anna e a filha Eva – suicida-se tomando um veneno, que no filme é chamado de "Noctenal". No segundo filme, um estudante atira em três pessoas e por fim em si mesmo numa agência bancária de Viena. O filme *A professora de piano*, de 2001, baseado no romance *A pianista* (1983) de Elfriede Jelinek, termina com uma facada que Erika Kohut, interpretada por Isabelle Huppert, inflige a si mesma quando deixa uma audição. Sangrando, ela sai para a rua. O filme recebeu o Grande Prêmio do Júri em Cannes. Haneke ganhou a Palma de Ouro pela primeira vez em 2009, com *A fita branca*, e depois novamente em 2012, com *Amor*, um filme que também trata do tema da eutanásia e do suicídio assistido. Mas a cena de suicídio mais assustadora e violenta é mostrada em *Caché* (2005). No centro deste filme, cujos temas são ainda mais atuais hoje do que quando ele foi feito, está um casal parisiense: Georges e Anne, como em *O sétimo continente*. A mulher, interpretada por Juliette Binoche, trabalha para uma editora; o homem, interpretado por Daniel Auteuil, comanda um programa de literatura popular na televisão. O casal recebe pacotes anônimos com fitas de

Fig. 37: *Caché* (2005), de Michael Haneke; foto do filme.

vídeo mostrando horas de gravações da fachada de sua casa. De início, eles acreditam que seja alguma forma de *stalking*, mas a segunda remessa é acompanhada por um desenho de uma criança sangrando pela boca. Outra remessa mostra um bloco de apartamentos em Paris e uma porta de entrada com um número. Georges então encontra o tal apartamento num prédio para beneficiários do programa de assistência social, e dá de cara com Majid, um argelino da sua idade. Gradualmente vem à tona uma antiga história recalcada: há muitos anos, os pais de Majid tinham trabalhado na fazenda dos pais de Georges ao mesmo tempo que a guerra da independência grassava na sua terra natal. Mas eles não regressam de uma manifestação em Paris e presume-se que tenham sido abatidos no infame massacre de 17 de outubro de 1961, quando pelo menos duzentos argelinos foram baleados, espancados até à morte ou afogados no Sena. Majid, na época com seis anos, deveria ter sido adotado, mas o ciúme de Georges impediu que isso ocorresse. Ele instigou Majid a decepar a cabeça de um galo, mas depois alegou que o menino queria assustá-lo; Majid foi então transferido para um orfanato. Quando Georges visita novamente o argelino, Majid volta a negar ter filmado os vídeos, mas saca subitamente uma faca e corta a própria garganta. A cadeia de referências, memórias e visualizações, construída até então – desde os desenhos grosseiros até os vídeos, que, como filmes no filme, geram um estranhamento no hábito da percepção –, é partida em um único instante, e de forma tão inesperada, que quase arranca o público assustado de suas cadeiras: como se o suicídio atravessasse de um momento para o outro a fronteira entre representação e realidade.

A multiplicidade de filmes que abordam suicídios de forma central ou indireta é, como já foi dito, difícil de ignorar, e podem ser descobertos exemplos em quase todos os gêneros. Há alguns anos um filme está no topo da lista dos cinquenta melhores de todos os tempos que é regularmente levantada pela revista *Sight & Sound*, do Instituto Britânico de Cinema, através de pesquisas com críticos e diretores: trata-se de *Um corpo que cai* (1958), de Alfred Hitchcock[82]. Diferentemente de Bresson e Haneke, em seu extenso trabalho Hitchcock encenou inúmeros assassinatos, mas raramente tratou de suicídios. As únicas exceções são *Rebecca, a mulher inesquecível* (1940), que traz a autoimolação da sra. Danvers, a empregada doméstica louca, e *Suspeita* (1941), a história do caso de amor ambivalente entre o dândi Johnnie Aysgarth (interpretado por Cary Grant) e Lina McLaidlaw, de uma família abastada (interpretada por Joan Fontaine). Vez ou outra, sombras recaem sobre o homem: suspeitas que vão de fraude no casamento a assassinato. No filme, não é dada muita atenção a essas suspeitas, mas fato é que Hitchcock queria rodar um final completamente diferente:

> Quando, no final do filme, Cary Grant traz o copo de leite envenenado para Joan Fontaine, ela deveria estar escrevendo uma carta para sua mãe: "Querida mãe, eu o amo loucamente, mas não quero mais viver. Ele quer me matar, então prefiro morrer. Mas acredito que a sociedade precisa ser protegida dele." Então, quando Cary Grant lhe entrega o copo de leite, ela diz: "Querido, você poderia mandar esta carta para minha mãe?" E ele diz: "Sim." Ela bebe o leite e morre. A imagem escurece e há um corte para uma curta cena: Cary Grant caminha assobiando e joga a carta em uma caixa de correio[83].

Uma vez que Lina sabia que ia ser envenenada, ela estaria na verdade cometendo suicídio – nesse final alternativo –, como sugere, aliás, a carta de despedida à sua mãe. No entanto, esse fim não foi permitido porque a produtora, RKO, não queria que a estrela Cary Grant aparecesse como um assassino e impostor, e talvez a insinuação do suicídio também devesse ser evitada. Já em *Um corpo que cai* a coisa é completamente diferente. O enredo desse filme – baseado num romance de Pierre Boileau e Thomas Narcejac[84] – é extremamente complicado. Uma jovem com bastante talento para a atuação chamada Judy, interpretada por Kim Novak, é contratada para se passar por uma mulher casada chamada Madeleine, que parece sucumbir ao encantamento da sua bisavó morta, Carlota Valdes, uma senhora num retrato que supostamente teria se suicidado muitos anos antes. Madeleine passa a imitar cada vez mais a imagem, usa o mesmo colar, carrega um buquê de flores semelhante, e também comete suicídio no final. Toda essa encenação é feita para encobrir o assassinato da verdadeira esposa, que não aparece no filme. A história é contada a partir da perspectiva do policial aposentado Scottie Ferguson, interpretado por James Stewart, que sofre de fobia de altura e por isso não poderá impedir o suicídio encenado de Madeleine – o salto do campanário de uma pequena estação missionária. No entanto, o plano do assassinato não prevê que o ex-policial e a atriz se apaixonem. O que também não foi planejado é que eles se reencontrem após o crime. O reencontro entre Judy e o ex-policial molda a dinâmica e o suspense da segunda metade do filme, que é encenada como uma imagem espelhada da primeira metade. Antes mesmo do protagonista masculino, o público já sabe que Judy é idêntica à Madeleine da primeira parte, que parece ter saltado do campanário. Com crescente tensão, os espectadores acompanham a transformação gradual de Judy de volta ao papel da amante perdida, Madeleine. A transformação, forçada com energia maníaca, chega ao seu clímax quando a atriz – enfim com a roupa certa e o penteado desejado – entra na sala envolta por uma luz de neon verde que anuncia o seu retorno do reino dos mortos. Como um Pigmalião moderno, Fer-

Fig. 38: Kim Novak em *Um corpo que cai* (1958), de Alfred Hitchcock; foto do filme.

guson triunfa nesse momento, mas falha como Orfeu, pois não pode evitar ver o colar. A imagem (Judy) de uma imagem (Madeleine) de uma imagem (Carlota) que se reporta duas vezes a uma pessoa morta (primeiro Carlota, depois Madeleine) é reconhecida como simulação e termina pouco depois com uma segunda queda mortal da torre da igreja. A cadeia de suicídios é desmascarada como uma camuflagem do assassinato.

12. Locais de suicídio

"O suicídio perfeito: sair sonambulando pela janela.
Mas será que a gente acorda no caminho para baixo?"
Samuel Beckett[1]

1.

Na maioria das estatísticas de suicídio, entram no levantamento sexo, idade, método e motivo; muito mais raramente entra o local do ato. Apenas uma antologia recente, *Suicide as a Dramatic Performance*, dedica a segunda de quatro partes à "localização do ato suicida"[2]. Logo no início dessa parte, é citada uma estatística de locais de suicídio em dezesseis estados americanos para 2010. Naquele ano, 75,4 por cento dos suicidas morreram em suas próprias casas; 4,1 por cento na natureza (floresta, lago, mar, montanha); 3,2 por cento em estradas ou rodovias; 2,3 por cento em carros; 1,9 por cento em hotéis; 1,5 por cento em parques, playgrounds ou áreas esportivas; 1,3 por cento em prisões e 1,2 por cento em estacionamentos. Os lugares restantes – como linhas ferroviárias, hospitais, escritórios, lojas de departamento e escolas –, com pouco menos de um por cento cada, praticamente não são representativos[3]. Essas estatísticas contrastam de forma interessante com a notoriedade cultural de vários locais de suicídio, desde a ponte Golden Gate até a floresta japonesa de Aokigahara. Além disso, tendo em vista o fato de que três quartos de todos os suicídios ocorrem na própria casa da pessoa, essas estatísticas não dão informações mais precisas sobre as condições concretas de vida dos suicidas e sobre a escolha dos cômodos em que tiram as próprias vidas. Em seu resumo, os dois autores observam que a chance de descobrir o suicídio doméstico é geralmente muito maior do que quando a pessoa morre em um quarto de hotel ou no canto solitário de um parque. Em seguida, as estatísticas sobre os locais são relacionadas com as diferenças entre os gêneros: "Mulheres optam pelo suicídio em casa mais frequentemente que homens. Essa informação pode ser útil para explicar a discrepância de gêneros nos casos de suicídio." Pois nos EUA morrem quatro vezes mais homens por suicídio do que mulheres. Os autores suspeitam que, embora as mulheres cometam mais suicídios em suas próprias casas, elas também são descobertas e resgatadas com muito mais frequência. A tentativa de interpretação também demonstra quantas narrativas duvidosas são veiculadas pelas estatísticas. Apesar de enfatizarem que seria necessária uma pesquisa mais detalhada para esclarecer as diferenças na escolha do local concreto para o suicídio na própria casa, os autores também especulam prontamente que os homens poderiam ser atraídos, por exemplo, pela garagem ou pelo porão, ou seja, por lugares associados a atividades masculinas, enquanto as mulheres prefeririam escolher o banheiro ou o quarto. Mas o que significa matar-se na cama ou na banheira? O que essa decisão expressa? Estaria a morte aqui simbolizando o sono ou mesmo o regresso ao útero? Tais perguntas não são respondidas. Elas poderiam, no entanto, ser investigadas por meio de entrevistas com pessoas propensas ao suicídio, que poderiam então relatar quais os lugares desejados para sua morte[4].

A diferença central entre suicídios na própria casa e num ambiente estranho poderia ser explorada mais de perto com base na teoria do "não lugar" (*non-lieux*), apresentada em 1992 pelo etnólogo francês Marc Augé, durante anos diretor da Escola de Estudos Avançados em Ciências Sociais, de Paris[5]. Como "não lugares", ele entendia certos espaços funcionais como supermercados, autoestradas, campos de refugiados, estações de trem, hotéis e aeroportos, e principalmente as zonas difusas entre espaços privados e públicos, relacionadas às terras de ninguém e "faixas da morte" que permeiam frequentemente fronteiras. Segundo Augé, esses "não lugares" não criam história, relações, filiações ou identidade, mas apenas solidão e similitude. Segundo ele, o "lugar antropológico" tradicional, ao contrário, cria contextos históricos e relações sociais. No contexto das nossas origens e do nosso futuro, ele seria o

> lugar ocupado pelos nativos, os que ali vivem e trabalham, que o defendem, determinam suas características marcantes, guardam suas fronteiras, mas também buscam por indícios dos poderes subterrâneos ou celestes, dos ancestrais ou espíritos que o povoam e enchem de vida sua geografia mais íntima, como se a pequena parte da humanidade que nesse lugar os homenageia e traz oferendas fosse ao mesmo tempo a quintessência, como se houvesse uma humanidade digna desse nome apenas no lugar do culto que lhe é consagrado[6].

A diferença entre tais "lugares antropológicos" e "não lugares" é deduzida da distinção entre migração horizontal e vertical. A migração horizontal refere-se a todos os tipos de viagens, independentemente de serem efetuadas voluntária ou involuntariamente, seja como uma viagem de aventura e descoberta, seja como deportação e fuga. Ela se caracteriza por ser uma viagem que parte de um lugar para chegar a outro. Antes de se assentarem, as pessoas, mesmo sem viajar, estavam permanentemente em trânsito. A migração vertical, por outro lado, descreve a viagem como metáfora para toda a vida: com nascimento e morte sendo chegada e partida. John Berger descreveu o "lugar antropológico" – no sentido de Augé – como a interseção entre as rotas de migração horizontal e vertical. Nas sociedades tradicionais, o centro do mundo era um lugar onde

> uma linha vertical e uma linha horizontal se cruzavam. A linha vertical era a trilha que levava ao céu e ao submundo. A linha horizontal representava o tráfego mundial, todos os tipos de estradas que atravessavam a Terra. Assim, a pessoa em casa estaria mais próxima dos deuses do céu e dos mortos do submundo. Essa proximidade prometia acesso a ambos. E, ao mesmo tempo, a pessoa estava no ponto de partida e, com sorte, no ponto de regresso de todas as viagens terrestres[7].

A perspectiva de John Berger exclui uma percepção cultural conservadora dos "não lugares" de Augé, que idealiza uma "pátria" ou reivindica implicitamente que se evite os "não lugares". Isso porque os "lugares antropológicos" nos quais viemos ao mundo definem uma filiação contingente, dada a nós por acaso, ainda que esteja desde então registrada em todos os documentos de identidade e de viagem. Às vezes, refugiados chegam ao novo país sem local e data de nascimento, sem nacionalidade; eles são então recebidos com especial desconfiança, como afirma Ilija Trojanow:

> Metade de sua vida, ele passou como *apátrida*. Isso não é uma trivialidade. Não é uma formalidade. Nem uma *petitesse* [pequenez] burocrática. Toda vez que ele entra no país, adverte os companheiros de viagem atrás dele que seria melhor juntar-se à outra fila. A cada controle de passaporte, ele vivencia o quanto o Estado desconfia dos apátridas. É uma provocação para a ordem correta do Estado. Na verdade, ele não deveria existir[8].

No entanto, somos todos imigrantes! Wilhelm Reich expressou-o desta forma no seu inflamado discurso antinacionalista *Rede an den kleinen Mann* [*Escute, Zé-Ninguém!*]: "'Peguem, peguem o ladrão! Ele é um estrangeiro, um imigrante. Mas eu sou um alemão, um americano, um dinamarquês, um norueguês!' Ah! Não venha com essa, homenzinho! Você é e continua a ser o eterno imigrante e emigrante. Você imigrou para este mundo por acaso e partirá silenciosamente dele."[9] Assim, os "não lugares" poderiam ser celebrados também como espaços móveis, como corporificações arquitetônicas da libertação das amarras da estirpe, da história, da dependência social – como lugares definidores de uma passagem que dá forma emancipatória às chegadas e partidas, ao luto e à saudade. É por essa razão que Kalle – porta-voz das animadas *Flüchtlingsgespräche* [*Conversas de refugiados*], escritas por Bertolt Brecht no início dos anos 1940 – defende a livre escolha da pátria, ao contrário daquela imposta pelo destino como uma loteria de nascimento que faz com que uma pessoa caia num berço de ouro e outra num estábulo.

É como ter que amar aqueles com quem nos casamos em vez de casar-nos com aqueles que amamos. Por quê? Quero ter uma escolha primeiro. Digamos assim: mostram-me um pedaço da França e um bocado da boa Inglaterra e uma ou duas montanhas suíças e algum lugar norueguês à beira-mar. Então eu aponto e digo: vou escolher isso aqui como minha pátria; aí, sim, eu apreciaria a coisa. Mas assim é como se alguém não apreciasse nada tanto quanto a janela de onde caiu uma vez. [...] No mais, eu só ouço que a gente deve ter raízes. Estou convencido de que as únicas criaturas que têm raízes, as árvores, prefeririam não as ter, então poderiam voar de avião[10].

Recentemente, George Steiner confirmou enfaticamente essa suposição de Kalle numa conversa com Laure Adler: "A árvore tem raízes; eu tenho pernas. E isso é um grande progresso. Adoro as árvores. Venero as árvores do meu jardim. Mas, quando vem a tempestade, elas se partem e caem; a árvore pode, ah, ser derrubada por machado ou relâmpago. Eu, por outro lado, posso andar. As pernas são uma invenção de primeira qualidade."[11] O elogio às pernas nos ensina, segundo Steiner, "que somos todos hóspedes nesta Terra" e que devemos praticar a "difícil arte" de "estar em casa em todos os lugares e contribuir para cada comunidade que nos recebe"[12].

Os "lugares antropológicos", as interseções entre migração horizontal e vertical desapareceram quase completamente na modernidade. É impossível, resume John Berger, "voltar ao estado histórico onde cada lugarejo era o centro do mundo. Agora, a única esperança de edificar um núcleo é declarar toda a Terra como um centro"[13]. Mas como pode a Terra inteira se tornar um núcleo próprio? Em suas reflexões sobre os contos de Nikolai Leskov, Walter Benjamin escreveu que, no passado, "não havia uma só casa, dificilmente um quarto, em que ninguém tivesse morrido", mas hoje "os cidadãos estão em quartos que permanecem livres da morte, tornaram-se inquilinos por temporada da eternidade"[14]. Teriam então nossas casas se transformado há muito em "não lugares"? Será que faz alguma diferença se subimos em torres ou escalamos falésias, se caminhamos por pontes ou estradas de ferro, se vamos a quartos de hotel, florestas ou ficamos num lugar nas nossas casas – a cama, o porão ou a banheira – para tirarmos a própria vida? Ou é exatamente o contrário? Será que os famosos locais de suicídio – para além do mero impulso de imitação – não são frequentados precisamente porque se transformaram de forma gradual em "lugares antropológicos" onde o caminho para os deuses e para o submundo já foi percorrido muitas vezes? Em sua pesquisa estatística do suicídio (de 1881), Enrico Morselli já havia constatado que a "escolha do lugar" era tão significativo para o suicídio quanto a "escolha dos meios destrutivos", e que as razões que fazem alguém preferir a água à arma de fogo ou a corda ao veneno são tão pertinentes como a decisão de "cometer suicídio na própria casa, na rua ou em canais aquáticos"[15]. Mas Morselli também sublinhou que alguns métodos suicidas limitam a escolha da localização, o que é óbvio – quem quiser afogar-se tem que ir para um rio ou lago, quem quiser saltar para as profundezas precisa dirigir-se a um cume, uma ponte ou um edifício alto, enquanto outros métodos permanecem praticamente neutros em relação ao local: consigo atirar em mim mesmo ou envenenar-me quase em qualquer lugar. Mas isso também significa que são precisamente os métodos suicidas neutros em relação ao lugar que dão um especial peso biográfico, político ou estético à escolha de um determinado local.

Entre 2012 e 2014, a fotógrafa Donna J. Wan, que nasceu em Taiwan e hoje vive na Califórnia, examinou o potencial de fascinação visual de vários locais de suicídio. *Death Wooed Us* [A morte nos chamou] – é o título de um ciclo de fotografias que por sua vez alude a um poema da fase inicial de Louise Glück: "Ossos de peixes navegam as vagas de Hatteras./ E existem outros sinais/ De que a morte nos corteja por mar/ E por terra: entre pinheiros/ Uma cobra desenrolada, que se enrola no musgo/ Suspensa no ar poluído./ O nascimento, não a morte, eis a dura privação./ Eu sei. Deixei, também, por ali, uma pele."[16] No seu site, Donna J. Wan escreve sobre o seu projeto fotográfico:

Suicídio é um tema difícil para uma conversa. A maioria das pessoas tenta evitá-lo. Alguns de nós experimentamos pessoalmente um desespero tão profundo que consideramos essa opção. E conhecemos outros que sucumbiram tragicamente a ela. Após o nascimento de minha filha, em 2011, eu desenvolvi uma grave depressão pós-parto e pensei em tirar a minha vida. Imaginei que iria à costa da Califórnia para ver o oceano grandioso e depois saltar de um penhasco. Desde então eu já me recuperei e fiquei sabendo que muitas pessoas suicidas têm uma ideia semelhante: elas viajam para lugares próximos ou distantes, bem conhecidos ou proibidos, em meio à natureza, para pôr um fim às suas vidas[17].

As fotos da maioria dos locais de suicídio mostram paisagens belas, românticas, quase *kitsch*, mas que também impressionam por seu vazio: mar, céu, às vezes um cais ou um penhasco, que são como um limiar antes da passagem final. As fotografias de Wan lembram as teses de Georg Simmel e de Joachim Ritter, segundo as quais a modernidade estética começou com a descoberta da paisagem[18] como espelho da subjetividade, como uma unidade esteticamente limitada em contraste com a natureza abrangente. A carta de Francesco Petrarca sobre a escalada do Mont Ventoux, datada de 26 de abril de 1336, é frequentemente citada nesse contexto como uma espécie de documento fundador da moderna contemplação da paisagem não só pela descrição da grandiosa e vasta vista[19], mas também porque o poeta tinha decidido ler as *Confissões*, de Agostinho, no alto da montanha, onde logo se depara com a frase: "E os homens vão admirar a altura das montanhas, as ondas ingentes do mar, as quedas enormes dos rios, a amplidão do oceano, as órbitas das estrelas, mas se esquecem de si mesmos."[20] Petrarca fecha o livro apenas para reabri-lo mais propriamente em espírito; afasta-se do panorama – e volta seu olhar para dentro. Então, meio milênio antes do início do romantismo, a paisagem aparece pela primeira vez como um *tópos*, um lugar da melancolia, da vida solitária sobre a qual Petrarca refletiu intensamente[21], como uma *"tragédie du paysage"*. Dizem que o escultor francês David d'Angers teria pro-

Fig. 39: *Death Wooed Us*, "Dumbarton Bridge" #2 (2014), de Donna J. Wan.

Fig. 40: *Der Mönch am Meer* (1808 ou 1810), de Caspar David Friedrich.

clamado no ateliê de Caspar David Friedrich: "*Voilà un homme, qui a découvert la tragédie du paysage!*" ["Eis um homem que descobriu a tragédia da paisagem!"][22]

2.

A ponte Golden Gate, de São Francisco, foi fotografada com especial frequência por Donna J. Wan em seu ciclo sobre suicídio. O nome da ponte refere-se à entrada da baía que se estende por 1,6 quilômetro e que, desde 1846 – no início da corrida do ouro na Califórnia –, passou a ser chamada assim. Em 28 de maio de 1937, a ponte foi solenemente inaugurada, e, com ela, também um local de suicídio particularmente famoso. Na edição de 13 de outubro de 2003 da *New Yorker*, Tad Friend escreveu, em sua coluna "Carta da Califórnia", sobre as pessoas que saltaram da ponte desde então:

> Em média, de duas em duas semanas, alguém salta da ponte Golden Gate. É a principal destinação para suicidas do mundo. Na década de 1980, os marceneiros locais fundaram a Associação de Saltadores da Golden Gate – um clube onde se podia fazer apostas sobre em que dia da semana alguém iria saltar. Desde a inaugura-

ção da ponte, em 1937, pelo menos 1.200 pessoas foram observadas saltando ou encontradas na água, entre elas Roy Raymond (1993), fundador da Victoria's Secret, e Duane Garrett (1995), ativista do Partido Democrata e amigo próximo de Al Gore. A taxa atual é provavelmente bem mais elevada. [...] Muitos saltadores embrulham cartas de despedida em plástico e as guardam em seus bolsos. "*Survival of the fittest. Adios – unfit*", escreveu um homem de setenta anos em sua mensagem de despedida; outro anotou: "Nenhuma razão em absoluto, a não ser dor de dentes."[23]

Em 1996, a técnica em informática e artista plástica Natalie Jeremijenko, atualmente professora no Departamento de Artes Visuais da Universidade de Nova York, instalou um sistema de vídeo com detectores de movimento – o Suicide Box[24] – na ponte Golden Gate, com o qual gravou dezessete saltos para a morte em três meses. Ao correlacionar esses suicídios – que foram significativamente mais numerosos do que nas estatísticas oficiais – com o Dow Jones, Jeremijenko criou um *Despondency Index* [índice do desânimo], como medida simbólica do desespero coletivo.

Dez anos depois, o documentário *A ponte* (2006), de Eric Steel provocou discussões acaloradas e controversas. Inspirado pelo relatório de Tad Friend na *New Yorker*, Steel instalou câmeras na ponte – por quase todo o ano de 2004 – para filmar os suicídios. No entanto, a autorização para filmar só lhe tinha sido concedida sob pretexto de documentar as espetaculares interações entre a construção e a natureza. "Mas agora", escreveu o *San Francisco Chronicle* em 19 de janeiro de 2005, "Steel revelou em um e-mail para as autoridades responsáveis que as câmeras filmaram [...] quase todas as dezenove pessoas que saltaram da ponte no ano passado, bem como uma série de tentativas de suicídio."[25] A indignação por parte das autoridades, contudo, não parecia verossímil. Igualmente em janeiro de 2005, o filme experimental de Jenni Olson *The Joy of Life* estreou com sucesso no Festival de Cinema de Sundance: um filme sobre a ponte Golden Gate como símbolo do suicídio. Apenas alguns dias antes da reportagem sobre a controversa em torno do filme de Steel, o *San Francisco Chronicle* havia publicado o texto de Olson em defesa da construção de barreiras preventivas na ponte[26]. Naturalmente, o foco do debate sobre *A ponte* foi a preocupação de que o filme provocaria inúmeros suicídios por imitação. Em uma entrevista à ABC News em 20 de outubro de 2006, Steel chegou mesmo a argumentar que a maioria dos suicídios não era o resultado da contemplação de imagens de suicídio, mas em seguida ele basicamente se contradisse ao justificar o sigilo em torno do projeto, alegando que queria impedir que as pessoas fossem à ponte para cometer suicídio em um filme. Além disso, a equipe de filmagem sempre teria intervindo assim que viam sinais de tentativas de suicídio e até teriam conseguido impedir seis saltos. A ponte em si é o problema da imitação, resumiu Steel, e não um filme que também incluiu inúmeras entrevistas com amigos e parentes das vítimas de suicídio na apresentação do tema.

Por que a Golden Gate? Já nos créditos de abertura, o filme de Eric Steel mostra inúmeras perspectivas da ponte; com frequência, parte de sua construção desaparece na neblina e no vapor. Não muito longe da ponte, na parte sul da Baía de São Francisco, fica o Vale do Silício, onde empresas renomadas investem bilhões de dólares para realizar o sonho da vitória sobre a morte com estratégias científicas. A sua máxima é: "*Equality is out, immortality is in.*"[27] ["Igualdade está por fora, imortalidade está na moda."] A promessa de vida eterna é promovida pelo mesmo grupo ínfimo a quem é dirigida: a imortalidade é para quem pode. Esse grupo inclui Ray Kurzweil, chefe de desenvolvimento técnico do Google, e Peter Thiel, cofundador do PayPal, com uma fortuna privada estimada em 2,2 bilhões de dólares, doador do Tea Party e da campanha eleitoral de Donald Trump. A menos de duas horas de carro dali, pessoas saltam da ponte. *Equality is out*: foi essa a questão discutida por Thornton Wilder em seu segundo romance, *A ponte de São Luís Rei* (1927), vencedor do Prêmio Pulitzer em 1928 e adaptado diversas vezes para o cinema, que reflete o dilema do "destino ou providência", exemplificado no caso do colapso de uma velha ponte suspensa em

Lima que levou cinco pessoas à morte em 1714. O romance de Wilder trata do conhecimento de informações proibidas que acabam levando o narrador, o monge franciscano irmão Juniper, à morte pelo fogo – o castigo dado aos hereges. Essas informações consistiam nos sistemas filosóficos e nas fórmulas matemático-estatísticas com a ajuda dos quais seria possível vincular as biografias individuais das vítimas com o evento de sua inesperada morte em comum, o colapso fatal da ponte. O enigma encontra apenas uma resposta breve e piegas no romance: "Há uma terra de vivos e uma terra de mortos, e a ponte entre elas é o amor."[28] Embora essa ponte seja aparentemente frágil e corra o risco do colapso, ela também entrelaça simbolicamente os caminhos da mobilidade horizontal e vertical.

A lista de pontes que compartilham a fama duvidosa de serem consideradas célebres locais de suicídio é longa. Inclui, por exemplo, a ponte Nanjing Yangtze, uma combinação de ponte rodoviária e ferroviária em Nanquim, capital da província chinesa de Jiangsu. Com mais de 2 mil suicídios desde 1968, hoje ela já ultrapassou a taxa de suicídios da Golden Gate. Igualmente populares como locais de suicídio são: a ponte Van Staden, na África do Sul, a ponte Hornsey Lane, em Londres, a ponte pênsil Clifton, sobre o Rio Avon, perto de Bristol, a ponte da Baía de Sydney, o viaduto Prince Edward, na cidade canadense de Toronto, a ponte do Bósforo, em Istambul, que foi renomeada para "Ponte dos Mártires de 15 de Julho" dez dias após a tentativa de golpe de Estado dos militares turcos em julho de 2016, a ponte Eduardo Villena, em Lima, e a ponte de Segóvia, em Madri. Na Alemanha, podemos mencionar a ponte Göltzschtal, no Vogtland Saxão, a ponte Köhlbrand, em Hamburgo, e a ponte Großhesseloher Isar, em Munique, sobre a qual a revista *Der Spiegel* escreveu em 27 de maio de 1996:

> Por mais de um século, a ponte ferroviária sobre o Rio Isar, no sul de Munique, tem exercido uma atração mágica sobre suicidas. Bem acima do rio, que flui verdejante, a silhueta de Munique pode ser vista no horizonte, e pessoas fazem *cooper* ao lado da água. Na

trilha de cascalhos, há marcas circulares de fogueiras para churrasco por toda parte, alguns patos grasnam na margem do rio. [...] Em 1877, saltou a primeira pessoa. Desde então, a série de suicídios não parou mais. Em 1978, o jornal *Münchner Merkur* relatou mais de trezentos mortos; outros periódicos contam 286 pessoas mortas, não há índices oficiais. Mas o número aumenta constantemente. Nos anos 1920, os dândis londrinos consideravam a ponte um "lugar particularmente elegante para o fim da vida". Em 1926, o *Frankfurter Zeitung* escreveu um artigo sobre o *"odium* e sua força sugestiva para os desesperados" da ponte. Hoje, o viaduto Großhesseloher está no mesmo patamar que a ponte Golden Gate, de São Francisco, e a ponte pênsil de Clifton, perto da cidade inglesa de Bristol[29].

O artigo da *Der Spiegel* foi escrito após dois suicídios de crianças. Em 30 de abril de 1996, Jan, um menino de doze anos, saltou para as profundezas, seguido seis dias depois por uma menina de quinze anos. Como a revista enfatiza, Jan parece não ter sabido nada sobre a história macabra da ponte, mas isso é duvidoso. O *odium* de um local de suicídio não é apenas revelado após estudos de fontes históricas.

Mas em que consiste esse *odium* ou, literalmente, má fama? Em seus estudos patognomônicos sobre fobia de pontes, Rudolf Heinz elaborou a tese de que qualquer pessoa com um medo intransponível de entrar numa ponte perceberia algo nessa construção arquitetônica que permanece oculto para quem dela faz um "uso normal", como a superação dos limites naturais de um rio ou de um barranco[30]. Heinz insinua que as pontes são "coisas de guerra" imperiais, que servem para expansão e conquista. Os fóbicos de ponte, portanto, seguiriam o impulso inconsciente de uma espécie de recusa em obedecer a ordens. E os saltadores suicidas? Estes experimentam uma "apropriação negativa da destruição", uma espécie de "autoconquista" no ato de autodestruição. Ao tirarem a própria vida, apoderam-se dela. Poderia esse diagnóstico também ser atribuído a crianças? Ou a animais? A ponte Overtoun, nas proximidades de Glasgow, na Escócia, é uma das mais misteriosas pontes de suicídio, pois não só se diz

Fig. 41: Ponte Overtoun, perto de Dumbarton, na Escócia.

que humanos saltaram dessa ponte, mas também cerca de seiscentos cães. Depois disso, foram colocadas placas com o texto: "Ponte perigosa: mantenha seu cão na coleira." Especialistas em etologia e psicologia canina que estudaram os arredores da ponte suspeitaram que o cheiro agudo da urina de visons machos atraía os cães de forma tão irresistível que eles acabavam saltando para baixo – aliás, sempre pelo mesmo lado da ponte. No entanto, a questão não foi definitivamente esclarecida, em especial porque caçadores locais afirmaram que nunca tinham visto visons naquela área antes. Por fim, os "caçadores de fantasmas" intervieram, alegando que a ponte e a propriedade a que ela leva seriam lugares "amaldiçoados". Para ilustrar sua argumentação, referiram-se a um caso do ano de 1994 em que um deficiente mental jogou seu filho de duas semanas de idade da ponte e só com muito esforço pôde ser impedido de lançar a si mesmo para baixo. Ele disse que de repente sentiu que o seu filho estava possuído pelo diabo. E, em 30 de julho de 2015, Florian Schmidt comentou no jornal *Die Welt* que até mesmo a mitologia celta teria "uma resposta para a Ponte do Suicídio dos Cães. A área em torno de Overtoun é tradicionalmente descrita como um *thin place*. O termo descreve um lugar onde este mundo e o além estão bastante próximos – um fenômeno que cães provavelmente sentem mais do que humanos, que os atrai e desperta neles desejos de morte"[31]. O fato decisivo aqui não é se cães ou humanos podem sentir a presença de espíritos, mas sim que pontes formam metáforas de morte convincentes: são passagens, vias de conexão – "não lugares" por excelência.

3.

Se somos "todos hóspedes nesta Terra", como George Steiner enfatizou em uma entrevista a Laure Adler, faz sentido cometer suicídio em um lugar que é explicitamente reservado para hóspedes, como um quarto de hotel. Pelo menos por uma noite estamos protegidos ali por uma porta de quarto trancada da qual pende um sinal de "*do not disturb*", de modo diverso do que ocorre em casa. Os hotéis são anônimos. Quando alguém tira a própria vida em um de seus quartos, os hotéis trabalham em conjunto com equipes profissionais de limpeza de cenas de crime. Os vestígios do suicídio são removidos rápida e completamente: a morte é "higienizada", como relatou o tabloide *BZ*, de Berlim, em 13 de abril de 2014:

> O quarto está arrumado. A cama acaba de ser feita. O hóspede nunca passou a noite neste quarto de hotel. Mas a sua vida acabou na banheira. [...] Christian Heistermann (45) só está interessado em saber quando limpará novamente o banheiro. Heistermann é o primeiro profissional de limpeza de cenas de crime da Alemanha. [...] O suicídio no banheiro é rotina para o nativo de Schmargendorf. "Já é o segundo suicídio no hotel esta semana", diz ele. O chefe de empresa e seu empregado vestem macacões descartáveis brancos, luvas de borracha verdes e máscaras respiratórias nos rostos. Então tudo é vedado para proteger de vírus e bactérias. O revestimento, uma folha amarela e azul, também faz parte da rotina. Uma ou duas vezes por semana os homens trabalham em cenas de crime. Os suicídios constituem mais da metade das operações de

limpeza. "A maioria das pessoas tira a própria vida no banheiro para não fazer tanta sujeira", diz Heistermann. "Eles preparam tudo com exatidão."³²

As estatísticas são praticamente inexistentes. Em geral, os hotéis não fazem questão de ser conhecidos como locais de suicídio e os hóspedes não querem reservar um quarto onde alguém acabou de tirar a própria vida. Além disso, para reduzir o risco de suicídios por imitação, essas informações são frequentemente mantidas em sigilo.

Com a mesma discrição, Sarah Khan relata – em seu livro-reportagem *Die Gespenster von Berlin* [Os fantasmas de Berlim], de 2009 – a história de um prédio alto no Hackescher Markt que desfruta da reputação de ser um local popular para suicídios. Embora o endereço não seja mencionado, é fácil descobri-lo, pois no prédio são regularmente alugados apartamentos por temporada. Devido à sua planta, o imóvel é chamado de "Moinho de Vento", e parece com

> uma espaçonave branca no meio da cidade, com 24 andares, 240 cabines e cerca de quinhentas pessoas a bordo. [...] No entanto, certas pessoas sentem-se tão estranhamente atraídas por essa coisa que se dirigem a ela desde sua inauguração há quatro décadas e sacrificam ali as suas vidas num exercício de voo entre a fachada e o estacionamento. Se três pessoas saltam por ano, então 120 pessoas já caíram dali nos últimos quarenta anos. Esse moinho de vento é perigoso. É por isso que suas varandas também são chamadas pelos residentes de varandas de decolagem. Elas podem ser adentradas pelo sistema de saída de emergência, a via de evacuação pelas escadas. Os taxistas de Berlim conhecem o prédio e, respeitosamente, chamam-no "O Moinho de Vento"³³.

Sarah Khan puxa conversa com o taxista, que imediatamente pergunta: "Ah, a senhora vai para o moinho de vento? Quer dar um pulinho?"³⁴. Ela também conversa com os moradores sobre a série de suicídios no arranha-céus:

"Somos populares entre os suicidas no sentido negativo. Já era assim na Alemanha Oriental. Eles vinham de lá." "São três a quatro deles por ano. Há apenas três semanas, houve outro, à tarde. Já nem pego mais a saída dos fundos porque tenho medo de alguém cair na minha cabeça." "Passo sempre bem rente à parede." "Eu cheguei a pensar: mas que pássaro grande! Só que não existem pássaros tão grandes." "Às vezes, a gente vê pessoas chorando no estacionamento, com flores e velas, óculos de sol, pensativas. Aí a gente pensa: devem ser os parentes." [...] A varanda de decolagem do 24º andar fica quase oitenta metros acima do solo, causa tontura e medo, embora a vista seja grandiosa, porém insuportável. Está toda rabiscada com mensagens de ódio e tristeza, mas é o 23º andar o mais marcado. Essa varanda já viveu muita coisa[35].

No ano 2000, Wim Wenders rodou o filme *O hotel de um milhão de doláres*, supostamente baseado em uma ideia de Bono, o cantor líder da banda U2. A história se passa num hotel abandonado de Los Angeles e o filme começa com um suicídio: depois de tomar um longo impulso, Tom Tom, interpretado por Jeremy Davies, salta do telhado do hotel. O público ouve sua voz em off: "Cara, só depois que eu pulei é que percebi que a vida é muito maravilhosa." O comentário é seguido por um flashback: apenas duas semanas atrás, ele havia perdido seu melhor amigo, Izzy (Tim Roth), que também tinha saltado do telhado, e, naqueles mesmos dias, Tom Tom apaixonara-se por Eloise (Milla Jovovich). Um pouco mais tarde, um homem (Mel Gibson) vestindo um terno caro e gravata aparece no lobby do hotel e imediatamente se apresenta: "Eu sou o agente especial detetive J. D. Skinner, do FBI." Depois descobriremos que Skinner foi contratado pelo pai de Izzy, o magnata midiático Stanley Goldkiss (Harris Yulin), para investigar as circunstâncias que levaram à morte de seu filho. O pai argumenta que Izzy teria sido assassinado e empurrado do telhado: "O suicídio é o crime mais baixo para um judeu. Não há suicídio entre nós. Não precisamos disso. Só muito raramente." Skinner conduz a investigação seguindo fielmente a máxima de tratar cada suspeito como culpado. Mas quando Tom Tom, para proteger Eloise, confessa o crime, o agen-

Fig. 42: Jeremy Davies em *O hotel de um milhão de dólares* (2000), de Wim Wenders; foto do filme.

te não acredita nele; em vez disso, prende Gerônimo (Jimmy Smits), outro residente do hotel. Tom Tom assume a culpa até mesmo em um programa de TV. Depois, na clandestinidade, sonha com uma fuga conjunta com Eloise e, finalmente, salta para a morte. O filme termina diante de uma poça de sangue. Eloise e Skinner abraçam-se. O comentário de Tom Tom, dito em off no início do filme – a ode à vida e ao amor, o reconhecimento do seu desejo de salvar Eloise – é repetido e por fim soa a canção composta especialmente para o filme pelo U2, "The Ground Beneath Her Feet": *"Let me love you, let me rescue you."* ["Deixe-me salvar você, deixe-me amar você."]

Ocasionalmente, porém, hotéis também tiram proveito da morte de um hóspede famoso. Depois que Whitney Houston foi encontrada morta em 11 de fevereiro de 2012 na banheira do Beverly Hilton Hotel, em Los Angeles, inúmeros fãs reservaram a suíte 434 em que ela havia morrido. O Grand Hotel Beau-Rivage, em Genebra, também desfruta de tal reputação tão indesejada. Na noite de 11 de outubro de 1987, morreu lá o político do CDU Uwe Barschel, que tinha acabado de renunciar ao cargo de primeiro-ministro de Schleswig-Holstein. Sua morte – após o caso em torno de uma campanha de difamação contra seu adversário político Björn Engholm (SPD) – provocou inúmeros rumores em torno da questão do suicídio ou assassinato de Barschel. A revista *Stern* publicou a foto do político morto na banheira do hotel, levando a ferozes debates sobre a legitimidade de tais reportagens, e nos anos seguintes foram exibidos vários documentários televisivos e filmes de longa-metragem, como *Die Staatskanzlei* [A chancelaria do Estado], de 1989, dirigido por Heinrich Breloer, ou mesmo um episódio do seriado policial *Tatort* ("Borowski e a queda livre", com Axel Milberg como comissário), que estreou na emissora ARD em 14 de outubro de 2012. Em 6 de fevereiro de 2016, foi exibido o documentário de Kilian Riedhof *Der Fall Barschel* [O caso Barschel] – também na emissora ARD. Após a morte de Barschel, foram publicados vários livros de não ficção, e, em 1997, a fotografia *Badezimmer* [Banheiro], de Thomas Demand, atraiu especial atenção – uma reconstituição meticulosa, ainda que sem o político morto, da foto causadora do escândalo na *Stern*. A foto joga, por assim dizer, com a memória pictórica do espectador, com a questão da historicidade das imagens e com a diferença entre modelo e realidade. Anteriormente, a mídia já havia ressaltado o caráter histórico do hotel de luxo às margens do Lago Genebra: foi ali que a imperatriz Elisabete da Áustria, a famosa Sissi, passou a última noite de sua vida, na suíte de número 119/120. Em 10 de setembro de 1898, ela foi atacada com um canivete pelo anarquista Luigi Lucheni e levada de volta ao hotel. No mesmo dia, sucumbiu aos seus ferimentos. Lucheni foi condenado a prisão perpétua, apesar de ter exigido a pena de morte para si próprio. Em 19 de outubro de 1910, ele se enforcou com um cinto na sua cela.

No verão de 1993, o holandês Jan Hilarius, livre-pensador e assistente social aposentado, provocou um escândalo para além das fronteiras de seu país com a ideia de criar o seu próprio hotel para suicidas. Hilarius argumentou que as circunstâncias que envolvem um salto de arranha-céus ou diante de um trem, um suicídio com arma de fogo ou um enforcamento eram de fato dramáticas e insuportáveis. Seria preciso oferecer uma es-

Fig. 43: *Badezimmer* (1997), de Thomas Demand.

pécie de "pátria" ao suicida, com acompanhamento competente de pessoal treinado, que poderia responder a perguntas concretas sobre testamentos ou enterros tão atentamente quanto às últimas dúvidas, que são muitas vezes o testemunho de um profundo desespero. Ao Hotel am Horizont – como Hilarius chamou seu projeto de hotel – não caberia estimular nem impedir o suicídio, mas sim manter-se consistentemente neutro quanto à decisão do indivíduo de morrer ou viver. As reações do público ao projeto foram ambivalentes; o satirista Youp van 't Hek, por exemplo, escreveu um artigo no jornal *NRC Handelsblad* em que questionava se os quartos no 16º andar seriam mais caros do que os do primeiro andar e se aos hóspedes seria pergun-

Fig. 44: Quarto de morte na organização de apoio à eutanásia Dignitas.

tado à noite quando gostariam de ser acordados pela manhã[36]. O Hotel am Horizont não foi construído, mas organizações em defesa da eutanásia – como as suíças Dignitas e Exit – já tinham erigido os seus abrigos para a última viagem fazia muito tempo. Os quartos nesses estabelecimentos certamente não são quartos de luxo; antes assemelham-se às acomodações de uma simples pensão. Bartholomäus Grill, que acompanhou seu irmão doente de um câncer incurável em sua viagem à Dignitas, em Zurique, descreve assim o quarto no qual seu irmão tomou a medicação letal:

> O quarto de morte tem talvez vinte metros quadrados. Poltrona, mesa de cabeceira, cinco cadeiras, uma mesa redonda com uma toalha vermelha, velas, uma rosa murcha, uma pintura a óleo na parede frontal. Uma mulher vestida com um manto vermelho, de costas para o observador, apoia-se sobre os braços e olha para a floresta. Ao lado do gravador há um CD, Vivaldi, *As quatro estações*[37].

A foto mais publicada do quarto de morte da Dignitas mostra, em primeiro plano – ao lado de um copo de água com uma colher –, a medicação fornecida para esse fim. Sobre a mesa com a toalha colorida há uma vela rodeada por uma pequena coroa de flores, que já lembra a decoração de um túmulo. No fundo podemos ver uma cama com uma grande almofada e uma coberta dobrada; predominam as cores verde, laranja e vermelho-claro. Na frente da janela com as persianas fechadas, vemos vários vasos de plantas; na parede acima da cama está pendurado um quadro com um nu feminino, como se o final devesse ser associado ao início. O quadro pode ter inspirado Michel Houellebecq – em seu romance *O mapa e o território* (2010) – a compará-lo com um bordel. A Dignitas processou prontamente o autor[38]. "A associação Dignitas gabava-se", escreveu Houellebecq, "de satisfazer a demanda de cem clientes por dia em épocas de grande movimento. Não seria possível afirmar com certeza se o clube Babylon FKK Relax Oase pode reivindicar um número comparável de visitantes."[39]

4.

Frequentemente, pessoas que querem tirar a própria vida dirigem-se a lugares isolados – "não lugares" num sentido completamente diferente do analisado por Marc Augé – onde elas não são confrontadas com tradição e origem nem com tráfego de passageiros como em aeroportos, estações ferroviárias ou centros comerciais. Esses lugares incluem todas as regiões despovoadas onde as pessoas têm dificuldade em viver: as grutas rupestres de Santo Antão, o Anacoreta, os mares de Odisseu ou do misantropo Capitão Nemo, que tomou emprestado o nome do astuto marinheiro, os desertos dos "santos do pilar" sírios, as florestas de Parsifal, Dante ou Thoreau, as montanhas, do Mont Ventoux ao Monte Verità, em Ascona, as ilhas de Robinson ou Rousseau, as estepes desertas de todos os movimentos fronteiriços no Leste ou Oeste, as geladas zonas polares das expedições de investigação do século XIX, os espaços interestelares dos astronautas do século XX. Muitas vezes, essas áreas eram e continuam sendo centros de um "mundo avesso", onde os mortos são mais poderosos do que os vivos, e os servos, mais fortes que os senhores. Em suas *Observações sobre o sentimento do belo e do sublime*, de 1764, Kant escreve: "A solidão profunda é sublime, mas de maneira assustadora. É por isso que grandes e vastos campos despovoados, como o imenso deserto de Taklamakan, na Tartária, sempre ofereceram ocasião ao deslocamento de terríveis sombras, duendes e larvas de fantasmas."[40] Os "não lugares" solitários são geralmente caracterizados não só pela ausência de outras pessoas, mas também pela sua uniformidade e homogeneidade: desertos, mares, florestas, estepes e campos de neve formam, pelo menos à primeira vista, ambientes monótonos nos quais as pessoas podem com facilidade perder-se. Mas é precisamente essa uniformidade que favorece as múltiplas e variadas aparições de significados e símbolos que, como sinais em uma superfície anônima, como atores em um cenário neutro, intensificam seu brilho semântico[41]. Nesse sentido, o deserto funciona como qualquer pedra lisa, como um painel de argila ou cera, como uma tela, papiro ou folha de papel, como uma mídia para várias técnicas de si e, não menos importante, para o suicídio.

Comecemos pela interação entre as heterotopias da montanha e do mar sob a forma, por exemplo, de falésias impressionantes. Entre elas estão o Pigeon's Rock, ao largo da costa libanesa de Raouché, perto de Beirute, e sobretudo o planalto calcário de Beachy Head, em East Sussex, na Inglaterra. Ali ocorrem cerca de vinte suicídios por ano, embora patrulhas locais percorram a área todos os dias para evitar que potenciais suicidas saltem. Por fim, outros locais populares para o suicídio são os penhascos irlandeses de Moher, que sobressaem a uma altura de até 120 metros do Oceano Atlântico, assim como os penhascos de trinta metros de altura de Türisalu, na Estônia, o "Púlpito do Pregador" Preikestolen, em Ryfylke, na província norueguesa de Rogaland, cuja borda se ergue a seiscentos metros sobre o fiorde, e os penhascos a leste de Sydney, com o título característico de The Gap, "O vão". Esse é o local de suicídio mais conhecido da Austrália, mas foram feitos esforços conside-

Fig. 45: Beachy Head, na Inglaterra (5 de abril de 2010).

ráveis para reduzir sua alta taxa de mortes: através da construção de cercas, sistemas de vigilância por vídeo, telefones de emergência e sinais de alerta. A maioria dos penhascos dos quais são cometidos suicídios evoca os *topoi* românticos da solidão e da sublimidade. Mas eles também são atraentes para os turistas; os lugares solitários de retiro podem facilmente tornar-se os "não lugares" de uma economia turística globalizada. Nesse sentido, até mesmo o ainda ativo vulcão do Monte Mihara, na ilha japonesa Izu-Oshima, figura prontamente como uma citação. Em 12 de fevereiro de 1933, a estudante Kiyoko Matsumoto, de 21 anos, jogou-se na cratera e, já no ano seguinte, 944 pessoas, sendo 804 homens e 140 mulheres, seguiram-na. No início dos anos 1920, iniciou-se no Japão um diálogo intenso com as obras de Friedrich Hölderlin e logo foram publicadas as primeiras traduções das suas obras[42]. E talvez seja possível rastrear o fascínio de Hölderlin pela morte de Empédocles – o lendário filósofo de quem se diz que saltou para dentro do Etna em brasa no século V a.C. – interligando-a à cratera do Monte Mihara.

Como já foi mencionado, ainda no Japão, no sopé norte do Fuji, encontra-se a floresta fantasma de Aokigahara, outro ponto de magnetismo para pessoas suicidas. A floresta é tão densa e impenetrável – um "mar de árvores" (*Aokigahara Jukai*) cobrindo uma área de 35 quilômetros quadrados – que se corre o risco de perder todo o senso de orientação. Desde o início dos anos 1960, numerosos cadáveres de suicidas são resgatados todos os anos e, provavelmente, alguns dos mortos em partes inacessíveis da floresta nem sequer são descobertos. A ascensão dessa floresta cercada de histórias e lendas de fantasmas a um dos mais importantes locais de suicídio do mundo também teve sua origem na literatura: em 1960, foi publicado o best-seller *Nami no tō* [A torre de ondas], de Matsumoto Seichō: por causa de um amor não correspondido, a heroína do romance suicida-se no mar de árvores. Em 2015, Gus Van Sant, o diretor de *Elefante*, rodou um filme misterioso na floresta suicida: *O mar de árvores*. O filme trata do encontro entre o americano Arthur Brennan (Matthew McConaughey), um homem de luto pela morte de sua esposa, Joan (Naomi Watts), e o japonês Takumi Nakamura (Ken Watanabe) em Aokigahara; ambos pretendem cometer suicídio. Mas, à medida que penetram cada vez mais fundo na floresta e vão aos poucos se perdendo, sua vontade de sobreviver também cresce. Em inúmeros flashbacks é revelada a história de Arthur e de seu casamento, marcado por desespero e sentimento de culpa. No final, Arthur é resgatado por uma patrulha florestal e fica claro que seu companheiro, Takumi, não existia de fato. Fantasma ou duplo? E por que a imagem protetora da mulher morta surge incorporada num japonês? Essas questões permanecem sem resposta num filme sobrecarregado de símbolos que tenta retratar a dinâmica de um processo de luto. Porém, o livro favorito de Joan, enviado por sua irmã a Arthur antes do início da viagem, revela ao menos o segredo da floresta: trata-se justamente de *Hansel e Gretel* [*João e Maria*], o conto de fadas dos irmãos Grimm. Do ponto de vista psicanalítico, esse conto trata da superação do "doce" desejo – representado pela casa de chocolate – de voltar ao ventre, de ser engolido pela mãe, que, por sua vez, na pele da mãe mortífera, a bruxa, deve ser morta para que as crianças possam sobreviver além das fronteiras da floresta. (Em tempo: na clandestinidade, os pseudônimos de Andreas Baader e Gudrun Ensslin eram Hans e Grete.)

Os locais de suicídio na natureza – montanhas, florestas, lagos, oceanos – representam não só solidão e isolamento, mas também a sedutora violência das *Cattive madri*, as mães más, que o pintor paisagista Giovanni Segantini projetou nos galhos de uma árvore torta em frente a uma paisagem alpina, num quadro de 1894 (fig. 46). Em 1911, Karl Abraham já relacionava esta pintura a desejos inconscientes de suicídio. Ele citou as frases da biografia de Segantini por Franz Servaes (1907):

> Toda a curvatura de seu corpo é como um lamento choroso; os braços estendidos são como o desespero indefeso; o cabelo esvoaçante pendurado na árvore é como a dor de uma suicida; e o rosto de uma palidez mortal com a boca torta e os olhos afundados é como a tortura do arrependimento. Mas o que choca é a cabeça apelante e sedenta da criança abandonada, que secou sem amor, inclinada sobre o peito da mãe nua e fria[43].

A última obra em que Segantini trabalhou antes de sua morte, ainda jovem, em 28 de setembro de 1899, foi o "Tríptico alpino". Os três quadros, que hoje se encontram no Museu Segantini de St. Moritz, chamam-se *La vita*, *La natura* e *La morte*. Na época, Segantini tinha se mudado para a montanha Schafberg, a uma altura de 2.700 metros. Durante o trabalho no tríptico, ele teve febre, mas, apesar disso, não deixou de sair frequentemente de dia ou de noite para pintar na natureza. Um ano antes da sua morte, ele até teria se "perdido numa caminhada durante o inverno e, estando cansado, deitou-se na neve e adormeceu. Ele certamente teria morrido por congelamento se não tivesse sido chamado no momento do perigo por uma voz que reconheceu como a *voz de sua mãe*". Karl Abraham comenta:

> De particular interesse para nós são os casos não raros de *suicídio inconsciente* – tenham sido eles apenas tentativas ou suicídios consumados. As pessoas que sofrem de depressão geralmente ignoram

Fig. 46: *Le cattive madri* (1894), de Giovanni Segantini.

as medidas de precaução mais simples, reconhecidas até então como naturais. Sem prestar atenção, eles atravessam o caminho de um carro, tomam acidentalmente um medicamento tóxico em vez de um não tóxico ou ferem-se por descuidos que nunca tinham cometido antes. Todas essas ações podem ocorrer sem intenção consciente, ou seja, elas podem resultar de impulsos inconscientes. Por exemplo, no campo do suicídio inconsciente não são poucos os frequentes acidentes em montanhas altas. Chama a atenção o fato de que Segantini, que vivia nas montanhas e percorria a região em todas as épocas do ano como pintor, turista e caçador, tenha-se perdido e ainda tenha sido descuidado o suficiente para deitar-se na neve no frio do inverno. O perder-se e adormecer na neve nos leva a suspeitar de que houve ali uma tentativa inconsciente de suicídio. Essa suposição é justificada pelo fato de que, especialmente naquela época, pensamentos sinistros emergiam com frequência do inconsciente de Segantini, e que um desejo de morte era muito claramente perceptível[44].

Quase vinte anos depois de Abraham, Sigmund Freud relacionou o desejo de fusão com uma natureza que se crê materna e fatal – o "sentimento oceânico", que Romain Rolland apontou como raiz das religiões – a um profundo "mal-estar na civilização". Freud enfatizou várias vezes em seu tratado o quanto ele próprio achava estranho esse "sentimento oceânico", e que, nesse ponto, preferiria expressar-se como na balada do mergulhador, de Schiller: "Regozija-se aquele que aqui em cima respira, na rósea luz!"[45] Mas, desde o início dos anos 1920, ele já vinha desenvolvendo o conceito da "pulsão de morte", ao qual deu continuidade. O fato de que essa "pulsão de morte" tenha preferência pelo elemento água pode ser demonstrado de forma convincente através da escolha de alguns locais de suicídio, como os inúmeros saltos de uma ponte ou penhasco. A ideia romântica do suicídio – de Ofélia à Desconhecida do Sena – idealizou com frequência o suicídio na água. Desde meados dos anos 1970, um novo mito de "arte suicida" desenvolveu-se em torno da suposta morte do criador de vídeo e arte conceitual holandês Bas Jan Ader: em 9 de julho de 1975, Ader zarpou do Cape Cod, em Massachusetts, com o *Ocean Wave*, um veleiro de apenas quatro metros de comprimento, para atravessar o Oceano Atlântico – "*In Search of the Miraculous*", em busca do milagroso. Em 10 de abril de 1976, o seu veleiro foi encontrado perto da costa da Irlanda. Até hoje não há vestígios do artista, que na época tinha 33 anos. Teria ele encenado o seu desaparecimento e estaria vivendo desde então como Robinson numa ilha? Seu barco teria virado? Ou ele se suicidara no mar? A hipótese de suicídio dialoga com alguns filmes experimentais de Ader nos quais ele cai de bicicleta do telhado ou parece andar com ela no mar. Antje von Graevenitz afirma que a "arte suicida" de Ader propaga uma atitude existencialista por meio da qual um artista deseja "ofertar um pouco da vida vivida à arte"[46]. E ela sublinha: "Morrer por uma obra de arte – essa possibilidade não foi mencionada por Freud ao falar de uma 'pulsão de morte' genérica."[47] Em seu livro *In Search of Bas Jan Ader* (2013), Maike Aden-Schraenen questionou decisivamente a validade dessa interpretação e apontou para suas raízes no culto romântico ao gênio[48]. Indiscutível parece ser o fato de que a planejada travessia do Atlântico com um veleiro tão pequeno já possa ser considerada como um projeto suicida por excelência.

5.

A questão do "suicídio inconsciente" – nos casos de Segantini ou de Bas Jan Ader – aborda lugares de suicídio nos quais se inscreve, desde o início, a indefinição do limiar entre acidente e morte intencionalmente induzida: suicídios com veículos ou equipamentos. A epistemologia do acidente inclui a questão da responsabilidade, ou das causas. Quem ou o que o desencadeou? Estão em cogitação engenheiros, fornecedores e usuários: o descarrilamento de um trem, por exemplo, pode ser atribuído a um erro na construção, a um defeito de material ou a uma falha por parte das pessoas envolvidas – maquinistas, agentes de sinalização, pessoal responsável pela estação. Os peritos procuram vestígios de falhas técnicas ou humanas; mais tarde, as companhias de seguros, e talvez também advogados e juízes, irão basear-se nelas para as suas conclusões. Mas todas as instâncias só continuarão falando de acidente, falha ou culpa desde que uma real intenção possa ser excluída do caso. A retórica do acidente, bem como sua reconstrução e avaliação, remete à certeza de que ele aconteceu sem intenção; caso contrário, seria julgado como um ataque, sabotagem ou, justamente, suicídio. As primeiras imagens de TV do 11 de Setembro de 2001 mostraram um evento muito semelhante a um acidente, como as testemunhas inicialmente achavam que podiam classificá-lo, e que lembrava grandes acidentes históricos: o incêndio do Hindenburg, em 6 de maio de 1937; a explosão do ônibus espacial Challenger, em 28 de janeiro de 1986; a queda do Concorde, em 25 de julho de 2000. Mas a codificação do evento como ofensiva de guerra mudou de forma rápida a percepção e o fascínio público. Como dito antes, para se determinar que um evento foi acidental, ele não deve ter origem em qualquer intenção. No entanto, a falta de intenção nem sempre é claramente discernível: ela só pode ser confirmada quando, por exemplo, penas de aves forem retiradas das turbinas – sinais do bando de pássaros que levou à queda da aeronave. Mas, por vezes, a falta de intenção só pode ser deduzida a partir de vestígios e indícios. Depois da morte da princesa de Gales, em 31 de agosto de 1997, procurou-se durante muitos anos por pistas de um atentado disfarçado de acidente. Será que o motorista estava mesmo tão bêbado como afirmou o relatório final da polícia de Paris em 26 de outubro de 1998 (grau de alcoolemia de 1,8 grama por litro no sangue)? Teria o Mercedes S realmente entrado no túnel a quase duzentos quilômetros por hora, para então colidir com um pilar de concreto – após uma frenagem de dezesseis metros? Será que havia realmente um Fiat Uno branco envolvido no acidente, que nunca pôde ser descoberto apesar de uma investigação exaustiva, incluindo a averiguação de mais de 3 mil condutores de Uno? Teria Diana de fato, um ano antes de sua morte, entregado uma carta selada ao mordomo na qual previa o planejamento de uma tentativa de assassinato por um manipulado acidente de carro? Em dezembro de 2006, uma comissão de investigação britânica liderada por Lord Stevens, antigo chefe da Scotland Yard, chegou à mesma conclusão que os seus colegas franceses: não houve conspiração; foi simplesmente um acidente normal, embora trágico, causado por um motorista alcoolizado que conduzia em velocidade demasiado alta para escapar de alguns fotógrafos.

A suspeita de que um certo acidente foi na verdade um suicídio é muito mais difícil de refutar do que um boato de homicídio. Ela não pode ser comprovada nem descartada sem que tenha havido um anúncio ou uma carta de despedida. A única testemunha está morta. Teria a pessoa planejado e querido a sua morte? Será que a provocou ou pelo menos arriscou morrer? A pergunta dificilmente pode ser respondida por investigação e reconstrução do evento, pois a ausência de uma marca de frenagem antes do impacto não se reporta necessariamente à intenção, mas pode também se dever à fadiga ou ao microssono. Do mesmo modo, após o fatal acidente de carro do controverso político austríaco Jörg Haider, em 11 de outubro de 2008, emergiram inúmeras especulações sobre conspirações e assassinatos. Mais preocupante ainda foi a questão, levantada com frequência, sobre o próprio Haider não ter provocado o seu acidente através da alcoolização e da velocidade excessiva, possivelmente sob efeito de uma depressão. Acidente ou suicídio? Uma resposta clara é frequentemente impossível. O ramo da psicologia que trata de acidentes contabiliza múltiplas intenções inconscientes; ela sabe que hoje o aluno Gerber não saltaria mais da janela, mas sofreria um acidente de bicicleta. Assim, o produtor de filmes pornográficos Ludwig – no romance *Heldensterben* [Morte heroica], de Christine Grän – segue de táxi e com uma garrafa de vodca até o município de Semmering, perto de Viena, em busca da morte por congelamento; na rodovia, um caminhão com faróis altos vem na direção oposta. O motorista do táxi "xinga, porque não consegue ver mais nada, e pisa nos freios, o que leva seu carro a girar na estrada escorregadia. Ludwig sente o mundo deslizar. A garrafa escorrega de sua mão e rola para o chão. Ele vê uma luz brilhante. *Jesus*, diz ele. Última palavra. Ele bem que teria formulado outra coisa se tivesse tido tempo"[49]. O suicídio planejado torna-se inesperadamente um acidente.

Quando é levantada a questão de uma possível cumplicidade num acidente ou suicídio, ela geralmente aparece sob a forma de uma acusação de omissão de socorro. Foi assim que Albert Camus a apresentou em seu último romance, *A queda* (1956), catorze anos após a tese supracitada que diz só haver "um problema filosófico verdadeiramente sério: o suicídio"[50]. A história de Jean-Baptiste Clamence, o autoproclamado "juiz-penitente" no distrito portuário de Amsterdam, faz referência ao suicídio de uma mulher jovem e desconhecida. Numa noite de novembro, assim relata o antigo advogado parisiense:

> Voltei para casa via Pont Royal pela margem esquerda do Sena. Era uma hora da madrugada, caía uma chuva fina, ou melhor, um chuvisco que afugentava alguns pedestres. [...] Na ponte, vi uma figura que se inclinava sobre o corrimão e parecia olhar para o rio. Quando me aproximei, notei que era uma jovem e esbelta mulher vestida de preto. Entre os cabelos escuros e a gola do casaco via-se um pescoço fresco, molhado de chuva, o que não me deixou indiferente. Por um segundo hesitei, depois, continuei o meu caminho. [...] Eu já tinha caminhado cerca de cinquenta metros quando ouvi o baque de um corpo sobre a água; no silêncio da noite, o som

me pareceu tremendamente alto, apesar da distância. Parei de repente, mas não dei meia-volta. Quase ao mesmo tempo, ouvi gritos repetidos sendo arrastados rio abaixo e, em seguida, cessarem. Na noite subitamente congelada, o silêncio que voltou a reinar parecia não ter fim. Eu queria andar e não me mexi. Acho que tremia de frio e desamparo. Disse a mim mesmo que era preciso apressar-me e senti uma fraqueza irresistível tomar conta do meu corpo. Não me lembro do que pensei naquele momento. "Tarde demais, longe demais..." ou algo assim. Ainda imóvel, continuava à espreita. Depois, retirei-me, o passo hesitante na chuva. Não informei ninguém[51].

Um modelo para a jovem mulher foi provavelmente Francine Camus, esposa do escritor, que, em novembro de 1954 – durante uma grave depressão –, saltou da janela de uma clínica e sofreu uma fratura na pelve: "Quando Camus lhe passou partes do livro para ler, ela disse: 'Você vive se empenhando pela boa causa de uns ou de outros. Mas será que também ouve os gritos dirigidos a você?' O grito da jovem que Clamence não salva é o grito reprimido de Francine."[52] Mas *A queda* não é um texto autobiográfico; e o riso que Clamence parece ouvir – anos depois do suicídio da jovem – lembra também o misterioso sorriso no rosto da *Inconnue*:

> Eu tinha entrado na Pont des Arts, vazia naquela hora, para olhar o rio, já quase irreconhecível na escuridão que havia tomado o céu por completo. [...] Eu me endireitei e só queria acender um cigarro, o cigarro da paz, quando uma risada ressoou atrás de mim. Com grande surpresa, virei-me rapidamente – ninguém. Dobrei-me sobre o corrimão – não havia barcaça nem barcos menores passando. Voltei o corpo para a ilha e novamente ouvi o riso nas minhas costas, mas a uma distância um pouco maior, como se estivesse descendo o rio. Fiquei imóvel. Gradualmente o riso desvaneceu-se, mas ainda o ouvia nitidamente atrás de mim. Vinha do nada ou talvez da água[53].

Acidente ou suicídio? *A queda* é o acidente que Camus temia terminantemente – e ao que ele acabou sucumbindo, poucos anos após a publicação do romance, em 4 de janeiro de 1960. "Aos seus amigos, Camus dizia muitas vezes que não há maior escândalo do que a morte de uma criança e nada mais absurdo do que morrer em um acidente de carro."[34] Dificilmente alguém reconheceu esse absurdo com mais clareza do que John Hawkes em seu romance *Travesty* (1976), que traduziu definitivamente o caso em um acidente – e, ao mesmo tempo, deste em suicídio. O texto inteiro é um monólogo falado durante um passeio de carro que termina em um acidente: O motorista promete à sua filha e ao marido dela, no inconfundível tom do juiz-penitente Clamence:

> Nós iremos dobrar uma curva impossível para entrar no quintal de uma chácara abandonada, e lá, sem diminuir a velocidade, bater frontalmente contra a parede sem janelas de um celeiro antigo e agora sem teto, construído cuidadosamente com pedras do campo, há muito tempo. A parede tem um metro de espessura. Um metro ou mesmo um pouco mais[55].

Um acidente como prolongamento do suicídio? Ainda em 1976, Jean Améry havia declarado em seu discurso em defesa do suicídio: "Nunca li, em nenhum lugar, sobre um piloto ou maquinista determinado a cometer suicídio que teria arrastado os passageiros confiados aos seus cuidados para a sua própria morte."[56] Menos de quarenta anos depois, foi exatamente isso o que ocorreu: em 24 de março de 2015, um Airbus da companhia aérea Germanwings, indo de Barcelona a Düsseldorf, chocou-se contra uma montanha nos Alpes Franceses às 10h41. Após uma breve investigação, verificou-se que o copiloto, Andreas Lubitz, havia deliberadamente levado o avião a cair. Em seu suicídio, ele arrastou consigo 144 passageiros e cinco membros da tripulação. Alguns meses antes, o filme de Damián Szifron *Relatos selvagens*, rodado em 2014 e condecorado com vários prêmios, chegou às telas dos cinemas. O primeiro episódio do filme se passa em um avião com poucos passageiros. Quando um deles começa a flertar com uma mulher, ambos descobrem um conhecido comum: Gabriel Pasternak. Um após o outro e em rápida suces-

Fig. 47: María Rosa López Ottonello (à esquerda) e Héctor Drachtman em *Relatos selvagens* (2014), de Damián Szifron; foto do filme.

são, cada vez mais passageiros confessam que também conhecem aquele homem, até que a aeromoça, com o rosto pálido, aparece no corredor e anuncia que Gabriel Pasternak, comissário de bordo do avião, tomou o lugar no cockpit do piloto e trancou a porta. Depois de um corte, o público vê um casal de idosos no jardim de um bangalô, e enquanto os espectadores ainda se perguntam se aqueles seriam os pais de Pasternak, o avião aparece no céu em voo rasante em direção à propriedade. Não sabemos se Andreas Lubitz viu o filme de Szifron; na Alemanha, *Relatos selvagens* – com o subtítulo de *Jeder dreht mal durch!* [Todo mundo perde a cabeça!] – estreou no circuito de cinemas em 8 de janeiro de 2015. Mas hoje temos informação de vários outros suicídios de pilotos causados por quedas de aviões de passageiros: em 9 de fevereiro de 1982, o voo 350 da Japan Airlines, indo do aeroporto de Fukuoka, no sul do Japão, para o aeroporto de Haneda, em Tóquio; em 31 de outubro de 1999, um Boeing 767 da EgyptAir, voando de Los Angeles para o Cairo; em 29 de novembro de 2013, um avião de passageiros das Linhas Aéreas de Moçambique, no voo de Maputo para Luanda, em Angola[57], para citar apenas três exemplos.

13. Debates sobre eutanásia e suicídio assistido

> "E naqueles dias as pessoas procurarão a morte e não a encontrarão; e desejarão morrer e a morte fugirá deles."
> *Apocalipse 9, 6*

1.

Paul Lafargue nasceu em 15 de janeiro de 1842 em Santiago de Cuba, onde passou os seus primeiros anos de vida, até sua família mudar-se para Bordeaux, na França, em 1851. Em Paris, estudou primeiro farmácia, depois medicina; mais tarde, juntou-se ao movimento socialista. E, enquanto dava continuidade a seus estudos de medicina em Londres, tornou-se um convidado regular na casa de Karl Marx, onde conheceu sua filha Laura. O casamento teve lugar em 2 de abril de 1868; o padrinho foi Friedrich Engels. As origens de Lafargue lhe renderam numerosos ataques racistas ao longo da vida; até mesmo seu sogro, provavelmente um pouco ciumento, descreveu-o em cartas como "descendente de um gorila"[1], "*Negrillo*"[2], "médico crioulo"[3] e "*hidalgo della figura trista*"[4]. Algumas semanas antes, ele havia até ameaçado: "Esse maldito patife, Lafargue, está me incomodando com seu proudhonismo e é capaz de não dar sossego até que eu lhe tenha dado um bom cascudo em seu crânio crioulo."[5] Mas pelo menos ele também admitiu, na já citada carta à Laura de 5 de setembro de 1866: "Para ser sincero, eu gosto do rapaz. Ao mesmo tempo, tenho bastante ciúme dele por ter se apossado do meu antigo 'secretário secreto.'[6] Marx lamentou a perda de sua filha – "o antigo secretário secreto" – numa carta que dirigiu ao casal alguns dias depois do matrimônio:

> Fico feliz [...] que estejam aproveitando bem a sua lua de mel e espero que todas as circunstâncias externas, a primavera e o sol, o

ar e as alegrias parisienses, confluam para o seu bem. Quanto a esse companheiro, diz muito da bondade inata do "jovem" que me envie livros num momento tão crítico. Este simples fato não seria uma má prova de que ele deve pertencer a uma raça melhor do que a europeia[7].

No entanto, Marx já tinha expressado, em carta a Friedrich Engels datada de 7 de agosto de 1866, alguma preocupação com "os excessos emocionais de tais crioulos, um certo receio de que o *jeune homme* (ele tem 25 anos) se mate"[8].

A preocupação expressa fortuitamente, no entanto, foi justificar-se apenas em novembro de 1911, quase três décadas após a morte de Karl Marx. Na noitede 25 para 26 de novembro de 1911, Paul e Laura Lafargue suicidaram-se em sua casa em Draveil, cerca de trinta quilômetros a sudeste de Paris, com injeções de cianeto; antes disso, tinham ido à capital e visitado a ópera. Diz-se que regressaram a casa de bom humor, comeram um pequeno jantar e foram para a cama. Pela manhã, a cozinheira encontrou o casal morto. Paul havia deixado uma carta de despedida, na qual dizia: "Com corpo e mente saudáveis, eu me mato antes que a velhice impiedosa retire de mim um após o outro todos os prazeres e alegrias de viver, que me roube meus poderes físicos e psicológicos, paralise minha energia, abata a minha vontade e faça de mim um fardo para os outros e para mim mesmo."[9] Lafargue enfatizou que havia prometido a si mesmo muito tempo antes não ultrapassar a idade de setenta anos. A atitude de Laura em relação ao suicídio conjunto não é mencionada; uma mensagem de despedida do "antigo secretário secreto" também não foi encontrada. Quinze mil pessoas participaram do funeral no cemitério de Père-Lachaise, em Paris, incluindo uma delegação de trezentos taxistas grevistas. Discursaram no enterro: Wilhelm Bracke, Édouard Vaillant, Jean Louis Dubreuilh, Jules Guesde, Jean Jaurès, Karl Kautsky, Édouard Anseele, Keir Hardie, Ilya Rubanovich, Alexandra Kollontai e Vladimir Lênin. Seis anos antes do início da Revolução Russa, Lênin elogiou Lafargue, dizendo se tratar de "um dos homens mais talentosos e de maior embasamento entre aqueles que difundem as ideias do marxismo":

> Duas épocas unem-se na pessoa de Lafargue [...]: aquela época em que a juventude revolucionária da França, junto com os trabalhadores franceses, levantou-se contra o Império em nome das ideias republicanas – e a época em que o proletariado francês, sob a liderança dos marxistas, empunhou a consistente luta de classes contra toda a ordem burguesa[10].

Na esfera privada, porém, ele expressou sérias dúvidas sobre o duplo suicídio dos Lafargue: "Um socialista não pertence a si mesmo, mas ao partido. Se ele é capaz, de alguma forma, de ser útil à classe trabalhadora, nem que seja só para escrever um apelo ou um artigo, então ele não tem o direito de cometer suicídio."[11] Mesmo os obituários em honra de Lafargue não deixaram de expressar tais ambivalências. Franz Mehring, por exemplo, escreveu na revista *Die Neue Zeit* que

> o serviço à liberdade é um serviço rigoroso que não permite nem mesmo ao veterano ricamente laureado abandonar seu posto enquanto ainda dispuser de um sopro de força. [...] Sua morte testemunha contra ele, assim como seus grandes líderes e mestres, que também não temeram as debilidades da velhice no intuito de servir à sua grande causa até o último suspiro[12].

Mehring, além disso, não hesitou em caracterizar a origem de Lafargue como uma possível causa do suicídio:

> Em Paul Lafargue misturava-se o sangue de três raças oprimidas: a mãe de seu pai era uma mulata e, por parte dos pais de sua mãe, o avô era um índio e a avó uma índia caribenha. É o que dizem os obituários franceses, que não podemos confirmar nem negar. Mas certo é que Lafargue tinha sangue negro nas veias, do qual ele mesmo gostava de falar e cuja tez opaca e os grandes globos oculares brancos em contraste com um rosto que, no mais, tinha linhas regulares prestavam testemunho eloquente. E essa mistura de sangue

tinha um certo significado para a natureza do homem; a ela se atribui a sua saúde mental e física, sua grande tranquilidade, que talvez ainda tenha se manifestado no modo como morreu, e também um certo grau de teimosia, o que, vez ou outra, levou Marx e Engels a zombarem de forma irritantemente engraçada da "cabeça dura do negro"[13].

Eduard Bernstein também estabeleceu uma ligação direta entre a origem de Lafargue e seu suicídio, ao escrever:

> A consciência de que ele era parcialmente descendente de pessoas oprimidas, de raças estranhas à civilização europeia, parece ter influenciado o seu pensamento desde muito cedo, como se pode depreender dos traços de uma visão cultural influenciada por essa consciência, presente em todas as suas obras etnológicas e sociológicas. Pode-se descrever essa sua visão como um romantismo cultural-filosófico, um elevado grau de ceticismo em relação à cultura dos povos evoluídos da Europa e uma forte valorização das instituições e hábitos dos povos selvagens e semisselvagens. A sua morte por livre escolha testemunha quão firme esse romantismo estava dentro dele. Repetidamente, Lafargue mostrou grande simpatia pelo costume dos selvagens e bárbaros de matar os seus anciãos assim que estes se tornavam tão inválidos a ponto de não mais poder participar das caminhadas da tribo sem padecimentos[14].

Mais óbvia do que as acusações de deserção das obrigações revolucionárias perante a classe operária e o partido, mais óbvia do que as associações com uma banalização cultural-romântica do assassinato dos idosos seria certamente a lembrança de um tratado lido com frequência como uma sátira: o texto de Lafargue *O direito à preguiça*, de 1880, por enorme coincidência traduzido para o alemão em 1891 por Eduard Bernstein. O tratado foi publicado inicialmente em vários idiomas e, antes de 1917, já era tão difundido quanto o *Manifesto comunista*; na União Soviética, os escritos de Lafargue foram banidos por muito tempo. No Ocidente, o texto também só veio a ser redescoberto na época dos protestos estudantis do final dos anos 1960: em 1966, foi publicada uma nova edição da antiga tradução de Bernstein, editada por Iring Fetscher. Na introdução, Fetscher relatou que, ao citar passagens dessa obra, teria sido prontamente acusado de "minar a moral do trabalho" na Alemanha Oriental[15]. Em 2013, o tratado de Lafargue foi reimpresso – com a tradução de Bernstein revisada por Ulrich Kunzmann. No posfácio, o filósofo Guillaume Paoli enfatizou que as teses de Lafargue deveriam ser relidas, especialmente depois das experiências da crise financeira e do endividamento. Quem, há algumas décadas, acreditou que o desenvolvimento direcionado para rendas mais elevadas, menos horas de trabalho e uma prosperidade crescente confirmaria subsequentemente a visão de Lafargue precisou corrigir sua postura a partir de 2008. Porque o valor agregado teria, segundo sublinhou Paoli, "escapado da produção industrial para o capital fictício. [...] A população assalariada só é relevante se puder contrair dívidas e pagar as contas dos bancos e dos Estados"[16]. A classe trabalhadora, por outro lado, estaria dispersa e derrotada, de modo que "o capital é deixado à sua sorte, sem forças sociais que a ele se oponham e que ainda possam domar as suas tendências camicases"[17]. A suicidalidade sistêmico-imanente do capital já havia, é claro, sido enfatizada pelo próprio Lafargue em 1887, em seu tratado *A religião do capital* – ou seja, quase vinte anos antes da *Ética protestante e o espírito do capitalismo*, de Max Weber[18], e mais de trinta anos antes do fragmento de Walter Benjamin sobre "O capitalismo como religião"[19]. O tratado de Lafargue intui, nas *ultima verba* do capital, esse novo Deus: "Os homens expulsaram Brahma, Júpiter, Jesus e Alá do Céu; mas a minha morte fica por minha conta."[20]

Poderia o duplo suicídio de Paul e Laura Lafargue ser interpretado à luz da proclamação do direito ao lazer e à preguiça? Ou como reivindicação de um direito a estar cansado da vida, a estar "farto" no sentido do Jó bíblico, que, após terríveis provações, atingiu uma idade avançada, teve filhos e netos até a quarta geração, para eventualmente morrer "velho e farto de dias", como diz a Bíblia (Jó 42, 17)? Tal interpretação é apoiada pelo fato de que na carta de despedida de Lafargue não são mencionadas doenças agudas ou moléstias da velhice, mas apenas sua probabilidade futura, o risco crescente de se tornar um fardo para outras pessoas e para si mesmo. Mas, embora o argumento de não querer sobrecarregar ninguém, muito menos parceiros, amigos ou filhos – frequentemente expresso para justificar o suicídio na velhice –, também possa ser entendido como um apelo, o motivo mencionado em segundo lugar, de não querer sobrecarregar a si mesmo, permanece um tanto enigmático. Quem é a pessoa sobrecarregada? Quem é o fardo? Uma primeira resposta é óbvia: o fardo é o próprio corpo, que ameaça parar de funcionar. Assim começam as lembranças do imperador romano Adriano, retratado por Marguerite Yourcenar em 1951, em seu romance mais famoso: "Pela primeira vez meu corpo, este velho amigo e fiel companheiro, que conheço muito melhor que minha alma, revelou-se para mim como um monstro traiçoeiro que quer se rebelar contra seu mestre."[21] E numa passagem de *Crítica da razão cínica*, Peter Sloterdijk formulou – a propósito, ainda pouco antes dos primeiros ataques suicidas da história mais recente – que a medicina contemporânea vê o corpo como "risco de subversão. Nele, o perigo de doenças bate como uma bomba-relógio; ele é suspeito de ser o provável assassino futuro da pessoa que nele vive. O corpo é o autor do meu atentado"[22]. Ainda mais assustador do que o corpo que se nega a funcionar, no entanto, parece ser a sobrecarga pessoal causada pela ideia do fracasso do "mestre", o que resulta em uma segunda resposta: um possível motivo para o suicídio na velhice são as futuras perdas de controle devido a, por exemplo, uma demência progressiva. Do mesmo modo, Gunter Sachs justificou o seu suicídio, em 7 de maio de 2011, em uma carta de despedida pública:

> Nos últimos meses reconheci, por meio da leitura de publicações relevantes, ter sido acometido da doença A sem cura. Hoje, não a atesto, de modo algum, através de uma ausência ou declínio do meu pensamento lógico – mas por meio de um crescente esquecimento, assim como da deterioração da minha memória e do

vocabulário correspondente à minha formação. Isso já leva a atrasos ocasionais durante algumas conversas. Essa ameaça sempre foi o meu único critério para pôr fim à minha vida. Sempre enfrentei grandes desafios. A perda do controle mental sobre a minha vida seria um estado indigno, ao qual resolvi opor-me decisivamente[23].

Quem se opõe a quem aqui? Quem é um fardo para quem? A questão descerra uma estrutura de tempo complexa: o que é percebido como um fardo é o fato de que em algum momento eu poderia não ser mais capaz de me perceber como um fardo. Nesse sentido, o teólogo Hans Küng confessou – num *postscriptum* ao seu livro *Glücklich sterben*? [Morrer feliz?] – que, durante uma grave crise de saúde no curso de sua doença progressiva de Parkinson, ele temia deixar passar o momento certo para a decisão autodeterminada de morrer. Naquela hora, ele teria compreendido "que o desejo de manter o controle da minha vida até o último segundo é um ideal"[24].

Gunter Sachs estava com 78 anos quando se matou com um tiro em seu chalé em Gstaad, na Suíça; Paul Lafargue estava prestes a completar o seu septuagésimo aniversário quando injetou cianeto de potássio em si próprio e em sua esposa, que tinha 66 anos. De acordo com análises estatísticas na Alemanha, cerca de 10 mil pessoas morrem anualmente através de suicídio; quase quarenta por cento desses suicidas têm mais de sessenta anos. A cifra negra é presumivelmente ainda muito mais elevada: por exemplo, idosos que não querem mais viver podem morrer por recusa de alimentos e por suspensão ou excesso de medicamentos; a intenção suicida nesses casos é raramente reconhecida, sem contar o fato de que os médicos atestam uma morte natural a doentes em idade avançada também por consideração aos membros da família. No catálogo que acompanha a sua impressionante reinterpretação em vídeo do famoso mural na Basileia *Totentanz* [Dança da morte] (realizada em novembro de 2013), Peter Greenaway comentou, aprazendo-se com a provocação:

Deveríamos realmente ser capazes de entrar num consenso quanto a um limite razoável de setenta anos. Não deveríamos ser ávidos e deixar para lá. Afinal, estamos falando apenas de quantidade, não de qualidade. [...] Estou com 71, um ano acima do limite. Vivo de tempo emprestado, vivo com horas extras. Pessoas da minha idade estão morrendo à minha volta – na frequência de duas mortes por segundo. Elas cansaram a paciência da evolução. [...] A maioria das pessoas tem dificuldade com o conceito de eutanásia voluntária. Em Amsterdam, onde vivo, fala-se muito de eutanásia involuntária. Só falam, note-se bem, mas a sério[25].

Mas mesmo Greenaway dispõe-se a negociar: talvez se devesse traçar a linha de demarcação nos oitenta anos? "Sendo assim, oitenta. 'Feliz aniversário, vovô, coma um pedaço do bolo de aniversário que lá vem a seringa.' Não é permitido a ninguém contornar isso, não é permitido a ninguém fugir, comprar a liberdade ou lutar por uma saída."[26] Setenta anos? Oitenta anos? Mas a quem cabe definir os limites da vida? Alguns anos atrás, a designer e artista conceitual japonesa Michiko Nitta apresentou sua tese no Royal College of Art, em Londres: o manifesto de uma nova organização radical chamada Extreme Green Guerilla. Um dos princípios básicos dessa organização fictícia seria a obrigação de não ultrapassar a faixa etária dos quarenta anos. Nitta apresentou um design para um brinco que deveria ser colocado cerimoniosamente no aniversário de vinte anos e que, pontualmente por ocasião do aniversário de quarenta anos, liberaria uma droga letal. E ela perguntou: "Se você soubesse que sua vida só duraria quarenta anos, como a planejaria?"[27] Naturalmente, o projeto de Michiko Nitta foi tão provocador quanto o ensaio de Greenaway na Basileia; implicitamente, porém, ela nos lembrou da prática comum no Japão de, aos setenta anos, deixar-se levar para uma montanha isolada para ali morrer. O cineasta japonês Shohei Imamura descreveu essa prática – *ubasute* – de forma impressionante em seu filme *A balada de Narayama*. Nele, Orin (Sumiko Sakamoto), a protagonista da trama, que acontece num pequeno vilarejo, está a um ano do seu sep-

Fig. 48: Ken Ogata (à esquerda) e Sumiko Sakamoto em *A balada de Narayama* (1983), de Shohei Imamura; foto do filme.

tuagésimo aniversário. Ela faz os preparativos necessários e cuida de todos os assuntos da família para que possa finalmente embarcar em sua jornada final. Quando alegam que está com ótima saúde, ela quebra os próprios dentes com uma pedra – numa cena difícil de suportar – para parecer-se mais com uma idosa. O filme de Imamura recebeu a Palma de Ouro no Festival Internacional de Cinema de Cannes em 1983.

2.

Ensina-me a viver, de Hal Ashby, pode ser visto como o equivalente ocidental de *A balada de Narayama*: o filme, que teve estreia nos cinemas em 1971, quebra dois tabus ao mesmo tempo, servindo-se de humor negro, razão pela qual não foi bem recebido nem pela crítica nem pelo público num primeiro momento para mais tarde ganhar o status de um verdadeiro filme cult. A partir de um roteiro de Colin Higgins, Hal Ashby abordou os temas do suicídio e do fascínio que ele exerce, apresentando uma relação amorosa altamente inconvencional entre a quase octogenária Maude (Ruth Gordon) e o jovem Harold (Bud Cort). Segue um resumo da trama: Harold vive numa mansão na Califórnia e é fascinado pela morte e pelo suicídio. Ele encena suicídios falsos de forma realista e chocante para testar as reações de sua rica mãe, dirige um Cadillac convertido em rabecão, visita cemitérios e participa de funerais. Numa dessas ocasiões, ele conhece Maude, de 79 anos, que responde ao seu temperamento mórbido com uma excêntrica alegria de viver. E, enquanto sua mãe continua tentando aproximá-lo de garotas jovens e – a conselho de seu tio, um general – mandá-lo para o Vietnã, uma intensa história de amor desenrola-se entre Harold e Maude. Essa história chega a um fim abrupto na celebração do octogésimo aniversário de Maude: ela confessa que tinha acabado de tomar comprimidos para morrer. Harold fica horrorizado e a leva para uma clínica, mas já é tarde demais. Na cena final, vê-se primeiro o Cadillac-rabecão caindo no mar: o último suicídio falso é para o público do cinema, que logo depois vê o jovem de pé à beira do penhasco, tocando o banjo que Maude lhe deu. As cenas de sexo entre Harold e Maude do filme original tiveram de ser cortadas depois de um veto da Paramount; afinal, a emancipação sexual do final dos anos 1960 não podia ir longe demais. Com isso, apenas uma vez vemos os dois deitados um ao lado do outro na cama; Maude ainda está dormindo e Harold sopra bolhas de sabão no ar. A trilha sonora é de Cat Stevens; a música "If you want to sing out, sing out", tocada várias vezes durante o filme, tornou-se especialmente popular. Pouco depois, foi publicado o romance *Ensina-me a viver*, escrito por Colin Higgins paralelamente ao roteiro, também adaptado para o teatro. Em 26 de janeiro de 2017, a peça teve sua mais recente estreia em Viena, no Theater in der Josefstadt – com a atriz Erni Mangold, na época com noventa anos, como Maude e Meo Wulf como Harold.

Mas a imagem afável do suicídio na velhice esboçada por Hal Ashby, e em certos aspectos também por Shohei Imamura, precisa ser relativizada – apesar de toda a simpatia pela figura de Maude. De uma perspectiva psicanalítica, formulada no filme justamente por um sacerdote, o que vemos é uma típica história sobre

Fig. 49: Meo Wulf (à esquerda) e Erni Mangold em *Ensina-me a viver*, de Colin Higgins, no Theater in der Josefstadt, em Viena, em 26 de janeiro de 2017.

a adolescência: um menino sem pai quer ganhar a atenção de sua mãe com fantasias suicidas e cenas mórbidas; conquista, porém, sua figura arcaica, uma "grande mãe" vital, que o inicia sexualmente e depois o abandona; só essa perda lhe permitirá tornar-se adulto. A vida pessoal de Maude, por outro lado, permanece oculta; em um breve momento, vê-se uma tatuagem de um número de Auschwitz em seu braço, mas esse motivo não reaparece. Não se trata da história de Maude, e sim da de Harold. O motivo do suicídio de Maude não é explicado, mas apenas sugerido através do clichê difuso dos sobreviventes do Holocausto. Não descobrimos por que ela quer morrer justamente no seu aniversário de oitenta anos. Porém, diferentemente do que se passa no filme, os motivos habituais do suicídio na velhice são bastante evidentes: fim de carreira e o "choque da aposentadoria", doenças, deficiências e dores crônicas, confinamento na cama, isolamento social e solidão, mudança do ambiente familiar para a casa de repouso e, sobretudo, a perda do parceiro. O último motivo mencionado, a "morte por amor", é fortemente recalcado. No dia a dia, não nos permitimos a preocupação de perguntar quem sobreviverá a quem e como. A atitude expressa na suposta observação de um marido citado por Freud – "Se um de nós morrer, eu me mudo para Paris"[28] – normalmente está bem longe da nossa realidade. E, quando Graham Vick, diretor de ópera britânico, apresentou sua encenação de *Tristão e Isolda*, de Wagner, ao público da Deutsche Oper Berlin em 13 de março de 2011, houve violentas manifestações de protesto. Ele tinha tido a ideia de deixar passar várias décadas antes do terceiro ato e fazer os amantes voltarem ao palco como idosos. O libreto não indica idade alguma, mas apenas um jovem casal cujo amor – "inconsciente, a mais alta luxúria" – fracassa e morre, o que pode ser idealizado como romântico. Graham Vick, então com 58 anos, encenou a ideia de uma "morte por amor" completamente diferente, uma versão que não permite a idealização romântica, mas merece profundo respeito: como uma "morte na segunda pessoa", como afirmou Vladimir Jankélévitch em sua pesquisa, datada de 1966. Pois entre "a morte do outro, que é distante e insignificante, e a própria morte, que atinge diretamente o nosso ser, há a proximidade da morte de uma pessoa que me é íntima"[29]. Não a morte na primeira pessoa – o "ser-para-a-morte", de Martin Heidegger – nem a morte na terceira pessoa, como a que figura nas análises históricas ou etnológicas, mas somente a morte na segunda pessoa força uma experiência de morte "aquém da morte"[30], como um morrer em você, na dor e na temporalidade do envelhecimento. A morte da pessoa amada é, de certa forma, a minha própria morte, segundo Jankélévitch.

Em 2006, o filósofo francês natural de Viena André Gorz publicou uma das mais belas declarações de amor que jamais li: a *Carta a D.: história de um amor*. Essa carta à sua esposa Dorine, que passou anos gravemente doente e atormentada por dores quase insuportáveis, terminava com as seguintes linhas:

> Você acaba de fazer 82 anos. E ainda é bonita, graciosa e desperta meu desejo. Vivemos juntos há 58 anos e eu a amo mais do que nunca. Recentemente, me apaixonei de novo por você, e de novo

carrego em meu peito este vazio extenuante, que só o calor do seu corpo contra o meu é capaz de preencher. À noite, às vezes, vejo a figura de um homem caminhando atrás de um carro funerário, em uma rua vazia, numa paisagem estéril. Esse homem sou eu. E é você quem o carro funerário leva. Não quero estar presente na sua cremação, não quero ter um recipiente com as suas cinzas. Ouço a voz de Kathleen Ferrier cantando: "O mundo está vazio, não quero mais viver", e acordo. Ouço a sua respiração, a minha mão a toca. Cada um de nós não quer ter que sobreviver ao outro. Dissemos muitas vezes a nós mesmos que, se milagrosamente tivermos uma segunda vida, queremos passá-la juntos[31].

André e Dorine Gorz suicidaram-se juntos em 22 de setembro de 2007. O livro foi uma carta de despedida ao público; outras últimas cartas foram dirigidas a amigos, e na porta de entrada da casa do casal em Vosnon, na Borgonha, havia um bilhete pendurado com um pedido para que informassem a polícia. O duplo suicídio de André e Dorine Gorz na província francesa lembra quase imediatamente a morte conjunta de Paul e Laura Lafargue. A propósito, nos seus últimos livros, André Gorz, que foi um defensor rigoroso do direito ao trabalho e do dever de trabalhar, havia previsto não só o fim da sociedade do trabalho e uma era de mudanças ecológicas, mas também a introdução de uma renda básica universal e, por assim dizer, um "direito à preguiça"[32].

Dois anos depois do duplo suicídio de André e Dorine Gorz, a jornalista Johanna Adorján pesquisou e registrou a tocante história de seus avós, Vera e István; o casal havia cometido suicídio conjunto no exílio na Dinamarca, em 13 de outubro de 1991. Em *Um amor exclusivo*, Adorján descreve como seu avô estudou medicina em Viena, tornou-se ortopedista, conheceu sua esposa, Vera, e casou-se. Ambos viviam em Budapeste. Após a ocupação da Hungria pelas tropas alemãs em março de 1944, István foi levado para o campo de concentração de Mauthausen, mas sobreviveu. Durante a Revolução Húngara de 1956, o casal fugiu de Budapeste para a Dinamarca, onde viveu os 35 anos seguintes de forma bem reservada. Quando István foi acometido de uma grave doença, eles fizeram todos os preparativos para uma morte conjunta. Como parte das suas pesquisas, a neta também encontrou o médico que os tinha ajudado. Ele descreveu os avós como um "casal aristocrático", como "rei e rainha", ele e sua esposa "tinham gostado muito deles." Johanna Adorján fala abertamente com o médico:

> Ele me disse que meu avô perguntou-lhe se era mesmo necessário tomar um antiemético. Foi aí que decidiu esclarecê-los sobre tudo o que precisavam considerar. Não queria ajudá-los a morrer. Mas, quando viu que o fariam mesmo sem a sua ajuda, quis ajudá-los a deixar a vida da forma mais indolor, mais tranquila possível. "Achei insuportável a ideia de que apenas um deles sobrevivesse", disse ele, "quem sabe até gravemente ferido." Por isso, respondeu às perguntas do meu avô da melhor maneira possível. Foi uma discussão de peritos, lembra-se. Uma conversa entre dois médicos. Sim, o antiemético era absolutamente necessário. Sim, o veneno tem um efeito ainda mais rápido quando se remove a cápsula de gelatina e só se toma o pó. Sim, isso era uma boa ideia.

O médico confessou que "tinha ficado com a impressão de que havia um pacto entre os meus avós para um não morrer sem o outro. Um voto que tinham feito muito tempo antes, talvez quase cinquenta anos antes, depois do fim da Segunda Guerra Mundial, e que tinha sido possivelmente renovado depois da fuga". A decisão deles, assegura o médico, "era irrevogável. Não havia dúvidas"[33]. Outro médico, o psicanalista, professor de psicossomática e especialista em medicina psicossomática e psicoterapia Herbert Csef, de Würzburg, enfatizou em um ensaio as semelhanças desses duplos suicídios na velhice: "Em média, o casal viveu junto de quarenta a sessenta anos e foi casado durante muito tempo. Um dos cônjuges adquire uma doença grave ou incurável. No momento do suicídio conjunto, os cônjuges estão com quase oitenta anos de idade ou mais."[34] Csef também cita outros casos: o suicídio duplo do psiquiatra holandês Nico Speijer e sua esposa Renée (na noite de 28 para 29 de setembro de 1981), o suicídio duplo de Arthur e Cynthia Koestler (em 1º de março de 1983) e, por fim, o suicídio duplo de Georgette e Bernard Cazes (em 22 de novembro de 2013), em Paris:

> Eles também viveram juntos por mais de sessenta anos e vieram da classe alta e letrada parisiense. Ambos estavam com 86 anos quando do duplo suicídio. Georgette sofreu muito com a sua cegueira. Para o suicídio planejado, o casal de idosos dirigiu-se ao venerável hotel de luxo parisiense Lutetia. Lá, colocaram duas cartas de despedida sobre a mesa de cabeceira. Ambos puseram um saco plástico sobre a cabeça e asfixiaram-se. Bernard Cazes era um alto funcionário estadual e oficial da Legião de Honra. Georgette Cazes foi professora de literatura e autora de livros didáticos. Eles deixaram não apenas uma carta de despedida para sua família, mas também uma carta pública para o Procurador-Geral da República francês, uma espécie de acusação. Nessa carta, apelavam à liberalização da eutanásia e à implementação de um fórum civil sobre o tema. Eles acusavam o Estado de forçar os idosos a recorrerem a métodos cruéis de suicídio e não lhes dar o direito de morrerem tranquilamente e com autonomia[35].

Herbert Csef também se refere a dois filmes que abordam diretamente o tema do suicídio conjunto de casais idosos: *Cores no escuro* (2010), de Sophie Heldman, e *Amor* (2012), de Michael Haneke[36]. Ambos os filmes tiveram elenco célebre: no primeiro, Senta Berger e Bruno Ganz interpretaram os personagens principais, Anita e Fred; no segundo, Emmanuelle Riva e Jean-Louis Trintignant despontaram como Anne e Georges. No momento da filmagem, Senta Berger e Bruno Ganz estavam com 69 anos, Emmanuelle Riva e Jean-Louis Trintignant, tinham respectivamente 85 e 81 anos. Riva morreu no dia 27 de janeiro de 2017, pouco antes do seu aniversário de noventa anos, em Paris. Do que tratam esses dois filmes? *Cores no escuro* retrata a vida de um casal que vive em matrimônio há quase cinquenta anos; os filhos são adultos, a neta está perto de prestar vestibular. Depois que Anita flagra seu marido entrando em um novo apartamento vazio em vez de ir ao escritório, ela o interroga, pois suspeita que ele tenha uma amante. No entanto, Fred lhe conta que foi diagnosticado com câncer de próstata e decidiu não se submeter à cirurgia. Ela fica indignada e sente-se abandonada; o casamento entra em uma profunda crise, no auge da qual Anita até se muda da mansão conjunta para uma casa de repouso. Apenas na festa de formatura de sua neta haverá uma reconciliação: Fred e Anita dançam um com o outro e passam a noite juntos no hotel. Depois vão para o novo apartamento, sentam-se num sofá e suicidam-se com uma injeção de veneno. *Amor*, de Michael Haneke, por outro lado, começa com a descoberta de uma morta: vemos Anne deitada na cama, vestida com o seu melhor vestido e cercada de flores[37]. Então um flashback conta a história até ali. Depois de sofrer um derrame que a deixa paralisada de um lado e dependente de uma cadeira de rodas, Anne, ex-pianista e professora de piano, não quer mais viver, embora seu marido cuide dela com carinho, vista-a, lave-a e a alimente. Ela se nega a comer e chega a cuspir a água que Georges lhe dá, clamando baixinho por ajuda durante horas. Por fim, Georges senta-se na cama e conta uma história da sua infância para ela: aos dez anos, ele teria sido enviado para uma colônia de férias. Mas não gostou nada de lá: a programação esportiva, o odiado pudim de arroz. "Tinha combinado uma comunicação secreta com mamãe. Eu lhe enviaria um cartão-postal toda semana. No caso de eu estar gostando do lugar, eu desenharia flores, se não, estrelas. Ela guardou o postal – estava cheio de estrelas."[38] Pouco depois, ele teria sido levado com febre alta e difteria aguda para a ala de isolamento de um hospital, onde sua mãe só podia acenar para ele através da vidraça. No final da história – Anne havia se acalmado – Georges pega um travesseiro e a sufoca. Em seguida, veste a morta com as roupas festivas, cerca-a de flores e fecha o quarto. Já o suicídio dele é apenas insinuado de forma metafórica: na libertação de uma pomba e no pedido de sua esposa, que aparece de repente em pé na cozinha e lava os pratos, para que ele calce seus sapatos e saia com ela. As últimas imagens são mostradas pela perspectiva de Eva, sua filha (interpretada por

Fig. 50: Bruno Ganz (à esquerda) e Senta Berger em *Cores no escuro* (2010), de Sophie Heldman; foto do filme.

Fig. 51: Emmanuelle Riva (à esquerda) e Jean-Louis Trintignant em *Amor* (2012), de Michael Haneke; foto do filme.

Isabelle Huppert). Essas imagens descrevem um desamparo também partilhado por nós e que pode ser igualmente sentido em algumas partes do relatório de Johanna Adorján, porque nós – leitores e espectadores – também fomos excluídos. O próprio Haneke mencionou, em uma conversa com Thomas Assheuer no dia 13 de setembro de 2012, que o filme teria sido inspirado no grande sofrimento reumático de sua velha tia, que se suicidou com 93 anos para não se tornar dependente de cuidados. Segundo Haneke, o filme trata da "grande dificuldade de lidar com o sofrimento de um ente querido"[39].

3.

Mudança formal da morte por amor: ainda na primeira metade do século XX, eram sobretudo casais jovens que, por dificuldades econômicas, gravidez indesejada ou rejeição parental de seu relacionamento, enveredavam pelo caminho do suicídio conjunto, talvez até inspirados em modelos românticos como aqueles que povoavam palcos, salas de cinema ou romances. Hoje, por outro lado, são os casais idosos que – muitas vezes após décadas de união – suicidam-se, por medo de uma vida demasiado longa que possivelmente terá de ser passada na doença, na deficiência e na dor, mas sobretudo por medo de sobreviverem ao ente querido. Essa mudança formal insinuou-se há muito tempo. De acordo com cálculos da Agência Federal de Estatísticas da Alemanha, a expectativa de vida no país mais que dobrou desde o fim da Guerra Franco-Prussiana, em 1871, ou seja, durante o século de guerras e genocídios, caracterizado por Eric Hobsbawm como a "Era dos Extremos"[40]. Isso significa que os quatro cavaleiros do Apocalipse – no cavalo branco da guerra, no cavalo vermelho da morte, no cavalo preto da fome e no cavalo amarelo da peste e do medo –, embora não tenham recuado no final do século XX, também não contiveram essa mudança demográfica. Até mesmo a expectativa de vida dos idosos – o número médio de anos de vida com que pessoas com sessenta anos podem contar – terá, em comparação com 1900, praticamente duplicado até 2050: enquanto homens de sessenta anos de idade podiam contar com mais treze anos no início do século XX, em 2050 eles contarão com quase 24 anos a mais; as mulheres de sessenta anos viverão aproximadamente mais 28 anos (em média até seu aniversário de 88 anos), em vez dos catorze anos estimados na época[41]. Assim, a vida se tornará mais longa; quase ninguém terá que "viver com tanta pressa". Em tais circunstâncias, mortes inesperadas tornaram-se raras, e a ideia da morte tardia, antes cobiçável, transformou-se basicamente em seu oposto. Em séculos passados, morrer subitamente era considerado uma infelicidade. Por sua vez, a morte gradual era tida como uma coisa boa, porque permitia que as pessoas ordenassem e regulassem seus assuntos terrestres e celestes. Hoje, porém, a morte gradual e prolongada é limitada ou mesmo evitada com a ajuda de testamentos vitais, enquanto uma morte súbita reflete mais propriamente a ideia de uma morte feliz. A morte não é mais percebida como fatalidade, mas como um projeto calculável e moldável, ou seja: na verdade, como suicídio. No prefácio à sua *Psychoanalyse des Selbstmords* [Psicanálise do suicídio], publicada em 1938, Karl Menninger afirmou a sua certeza de que, "em última análise, cada ser humano se mata de uma maneira pessoal e por escolha própria, rápida ou lentamente, mais cedo ou mais tarde"[42]. Hoje, essa tese tornou-se ainda mais verdadeira.

A nova forma de manifestação da morte inspirou o português José Saramago, vencedor do Prêmio Nobel de Literatura falecido em 2010, a um radical experimento de raciocínio. A questão central do seu romance *As intermitências da morte*, escrito com a idade avançada de 82 anos, é: o que aconteceria se, de repente, por exemplo, após o início de um novo ano, ninguém morresse? No início, os aspectos grotescos dessa situação provavelmente viriam à tona: a rainha, cuja morte era esperada de uma hora para outra, permanece viva, a despeito do príncipe herdeiro; os hospitais e os asilos ficam cada vez mais superlotados, porque já não há mais fluxo de baixas e novas admissões; a Igreja Católica vê-se abalada, porque a promessa de vida eterna e de ressurreição parece perder o seu poder de persuasão; e os representantes da indústria funerária apelam ao governo para que ordene o enterro obrigatório de todos os animais domésticos – desde canários a elefantes de circo – a fim de evitar rapidamente a falência de todo um setor. As companhias seguradoras, igualmente ameaçadas pelo colapso, propõem um pacto pelo qual se deve fixar uma idade de morte obrigatória de oitenta anos, "obviamente, em sentido figurado", como acrescenta o seu presidente, "sorrindo com indulgência": "Dessa maneira, as companhias passariam a cobrar os prêmios na mais perfeita normalidade até a data em que o feliz segurado cumprisse o seu octogésimo aniversário, momento em que, uma vez que se havia convertido em alguém virtualmente morto, mandaria proceder à cobrança do montante integral do seguro, o qual lhe seria pontualmente satisfeito."[43] Mas, aos poucos, a sociedade divide-se em dois partidos, numa discórdia "entre a esperança de viver sempre e o temor de não morrer nunca"[44]. E antes que a rainha comece a reconhecer a ameaça da falência da aposentadoria – "Majestade, se não voltarmos a morrer não temos futuro"[45] –, e ainda antes que a assustadora carta de morte seja colocada sobre a mesa do diretor da emissora de televisão, desenvolvem-se práticas bizarras de eutanásia. Já que aparentemente basta levar os doentes moribundos incapazes de morrer ou os idosos para além das fronteiras nacionais, cria-se logo uma organização poderosa – chamada de Máphia (com ph "para nos distinguirmos da outra, da clássica") – a fim de apoiar as pessoas na solução de seus problemas morais ou legais: "Não é o mesmo levar à morte e matar, pelo menos neste caso."[46] Nos debates que se seguem em torno dessa questão, a Máphia encontra rapidamente uma solução: como os moribundos concordaram em ser levados para além da fronteira, eles só precisam ser listados como "suicidas" nas certidões de óbito[47]. Qualquer um que queira morrer deve consentir no seu suicídio, por assim dizer. *Um tempo sem morte** logo se transforma em um tempo de suicídio.

No romance de Saramago, esse tempo é também de debates sobre eutanásia e suicídio assistido. Desde a descriminalização gradual do suicídio a partir do século XVIII – no Reino Unido, somente em 1961; em Israel, em 1966 – e as discussões sobre a legitimidade da prevenção ao suicídio, por exemplo através da admissão compulsória em departamentos fechados de instituições psiquiátricas ou através de medidas de alimentação forçada durante greves de fome em prisões, a medicina moderna tem sido confrontada com a questão do suicídio de uma forma cada vez mais clara e irrefutável. Os médicos precisam – paradoxalmente – repensar questões ligadas ao seu rendimento e às suas conquistas, em especial as possibilidades técnicas de prolongar ilimitadamente a vida de uma pessoa com a ajuda de medicamentos ou máquinas. As regras jurídicas em geral diferenciam entre: (em primeiro lugar) eutanásia ativa e morte a pedido do paciente; (em segundo lugar) eutanásia passiva através da interrupção ou redução das medidas de tratamento que prolongam a vida; (em terceiro lugar) eutanásia indireta através de uma dosagem elevada de medicamentos para sedação, anestesia e alívio da dor, o que também implica aceitar um possível encurtamento da vida (palavra-chave: medicina paliativa); e (em quarto lugar) auxílio ao suicídio, o suicídio assistido, praticado em associações

----
* No original, *Eine Zeit ohne Tod*, título do livro em alemão.

como Dignitas ou Exit. A situação jurídica já difere entre os países europeus. A eutanásia ativa só é permitida por lei em Luxemburgo, na Bélgica e na Holanda. Hoje, nestes dois últimos países, ela estende-se até mesmo a crianças. A concessão da eutanásia passiva ou da indireta, por outro lado, só é expressamente proibida na Polônia, enquanto a maioria dos outros países europeus apenas exige como condição prévia a expressão da vontade do doente ou um testamento vital. O suicídio assistido é legal não só nos países do Benelux e na Suíça como também na Suécia, mas apenas para pessoas físicas; na Inglaterra e na Irlanda, por sua vez, ele pode ser punido com até catorze anos de prisão, e, na Áustria e na Eslovênia com até cinco anos de prisão. Nos EUA, o suicídio assistido é permitido nos estados da Califórnia, Washington, Colorado, Oregon e Vermont. No Território do Norte, na Austrália, a eutanásia ativa e a assistência ao suicídio foram legais no curto período de 1995 a 1997 – através da adoção da Lei dos Direitos dos Pacientes Terminais –; no Canadá, o suicídio medicamente assistido tem sido permitido desde 2016. Na China, a eutanásia ativa e a assistência ao suicídio são estritamente proibidas; por outro lado, a Colômbia, país com forte influência católica, já as permite desde 1997. A situação jurídica internacional é, portanto, muito confusa; mesmo uma listagem tabelar ofereceria apenas uma visão momentânea do conjunto, pois em muitos países – sobretudo na Alemanha – as iniciativas para a liberalização da eutanásia sempre voltam a ser discutidas de forma feroz e controversa.

 Foram comumente os casos especiais, por vezes julgados por várias instâncias judiciais, que provocaram o desenrolar do debate. No dia 4 de março de 1985 por exemplo, morreu Emily Gilbert, em Fort Lauderdale, na Flórida. Ela e seu marido Roswell "sempre foram inseparáveis. Amigos e familiares testemunharam que eles tinham tido um casamento feliz e harmonioso – durante 51 anos." Porém, numa reunião de condôminos em seu prédio, da qual participaram juntos, "Emily Gilbert, na época com 73 anos, caiu em prantos sem motivo aparente. Depois, ela pediu ao seu marido, tão alto que todos os vizinhos a ouviram, para 'acabar de vez com o seu sofrimento' e 'matá-la'. Roswell Gilbert voltou para o apartamento com a mulher e lhe deu analgésicos. Em seguida, foi pegar a sua pistola e disparou, pelas costas, dois tiros na cabeça da esposa"[48]. Emily sofria de uma doença óssea incurável, bem como da demência de Alzheimer, que àquela altura ainda era pouco pesquisada. No tribunal, o homem, na época com 76 anos de idade, alegou que queria aliviá-la da sua dor. Como ele confessou a intencionalidade do seu crime, o juiz condenou-o a uma pena de 25 anos de prisão. O veredito severo teve grande repercussão e levou a acaloradas discussões públicas sobre a eutanásia nos EUA. A trágica história dos Gilbert – que lembra o filme *Amor*, de Haneke – foi filmada por Steve Gethers para a TV em 1987 sob o título *Mercy or Murder?* [Compaixão ou assassinato?], estrelado por Robert Young e Frances Reid. Em agosto de 1990, Gilbert foi perdoado e libertado; ele morreu no início de setembro de 1994 com 85 anos, na casa de sua filha em Baltimore. Dois anos mais tarde – em 22 de setembro de 1996 –, Bob Dent, um carpinteiro de 66 anos, suicidou-se em Darwin, capital do Território do Norte, na Austrália, como a primeira pessoa a tirar proveito da legalização do suicídio assistido, que havia acabado de ser aprovada. Seu médico foi Philip Nitschke, fundador e diretor da Exit International; ele usou um dispositivo que permitiu a infusão em tempos alternados de uma dose mortal de barbitúricos após três confirmações em um laptop operado pelo próprio paciente. Jack Kevorkian, um médico americano e ativista da eutanásia, tinha projetado e usado um dispositivo semelhante; em 1999 ele foi condenado a uma longa pena de prisão por homicídio culposo, da qual obteve liberdade condicional em 2007 – poucos anos antes da sua própria morte. Em 2008, Roger Kusch, ex-secretário de Justiça de Hamburgo, apresentou o aparelho injetor de Kevorkian e Nitschke como um mecanismo eficiente para o suicídio assistido. De qualquer modo, Bob Dent havia deixado uma carta de despedida na qual descrevia sua desesperada condição física e mental da forma mais precisa possível. Ele enfati-

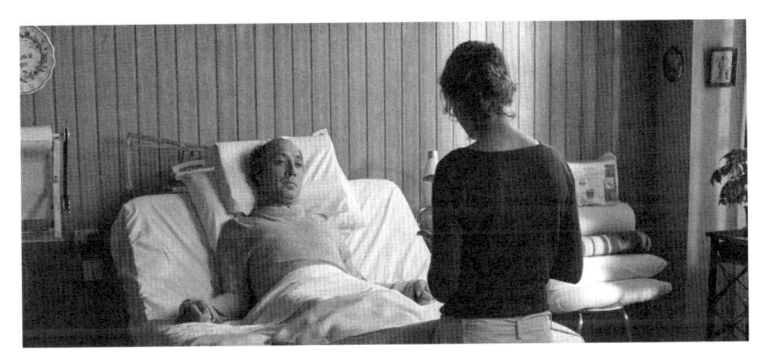

Fig. 52: Javier Bardem (à esquerda) e Belén Rueda em *Mar adentro* (2004), de Alejandro Amenábar; foto do filme.

zou seu direito a escolher livremente a sua morte, garantido desde julho de 1996, e acrescentou: "Eu seria processado se mantivesse um animal de estimação no estado em que eu mesmo estou."[49] A associação com a eutanásia em animais por misericórdia, ou *mercy killing*, que já havia desempenhado um certo papel nos debates sobre o julgamento do caso Gilbert, permaneceu ambivalente: sabemos muito bem que animais de estimação são frequentemente "postos para dormir" porque seus cuidados tornam-se muito dispendiosos.

Nos anos seguintes, outras histórias de morte tiveram repercussão internacional: como o caso do marinheiro Ramón Sampedro, da Espanha, que ficou paraplégico com 25 anos – depois de saltar de um penhasco – e lutou durante trinta anos sem sucesso pelo seu direito à eutanásia ativa. Em 12 de janeiro de 1998 – uma semana depois do aniversário de 55 anos de Ramón – sua namorada, Ramona Maneiro, ajudou-o a beber um copo de solução de cianeto de potássio com um canudo na pequena cidade de Boiro, no norte da Espanha. Ela documentou em vídeo a sua assistência ao suicídio, na época passível de pena. Pouco antes da sua morte, Sampedro publicou um livro de poemas escrito em parte com a boca e em parte por meio de ditado: *Cartas do Inferno*[50]. Sua história também virou um filme célebre, realizado por Alejandro Amenábar, com o título *Mar adentro* (2004); Javier Bardem o estrelou no papel de Ramón. O filme foi premiado com um Globo de Ouro e um Oscar, ambos na categoria de melhor filme em língua estrangeira. Um caso semelhante ocorreu em 24 de setembro de 2000, na França: um grave acidente de carro paralisou Vincent Humbert, de dezenove anos, que – depois de nove meses em coma – ficou cego e mudo; ainda conseguia ouvir e movia somente o polegar direito. Ele também lutou pelo direito à eutanásia, com, por exemplo, uma petição ao presidente francês Jacques Chirac. Por fim, sua mãe injetou-lhe uma dose de pentobarbital. Vincent voltou ao coma e a mãe foi presa. No dia seguinte, porém, foi publicado seu livro *Je vous demande le droit de mourir* [Peço-lhes o direito de morrer][51]. A mãe foi então solta e, em 26 de setembro de 2003, os aparelhos de suporte à vida da clínica da localidade de Berck, no departamento de Pas-de-Calais, foram desligados. Os casos descritos até agora diziam respeito a uma morte a pedido do paciente (Emily Gilbert), a um câncer grave (Bob Dent) e a acidentes com consequências graves irreversíveis (Ramón Sampedro, Vincent Humbert); tratava-se então, sob vários aspectos legais, de eutanásia ativa e suicídio assistido. Dois casos de atrofia muscular progressiva comoveram as pessoas ao longo dos anos de 2006 e 2007: a eutanásia passiva nos casos de Piergiorgio Welby, em 20 de dezembro de 2006, em Roma, e Inmaculada Echevarría, em 14 de março de 2007, em Granada. Welby sofria de distrofia muscular desde 1963 – na época, estava com dezoito anos. Em 2006, encontrava-se paralisado quase completamente havia uma década e dependente da ventilação mecânica. Em 22 de setembro daquele ano, ele enviou uma carta aberta e um vídeo ao presidente italiano Giorgio Napolitano; o seu pedido de eutanásia passiva foi, no entanto, rejeitado por um tribunal romano. Então o seu médico, Mario Riccio, administrou-lhe um anestésico e desligou o aparelho de ventilação. Uma acusação de homicídio contra Riccio foi indeferida pelo tribunal, mas a Igreja Católica recusou um enterro religioso para Welby. O caso de Inmaculada Echevarría, que sofria da mesma doença desde os onze anos de idade, é semelhante. Depois de quarenta anos, ela conseguiu finalmente impor o desligamento da ventilação mecânica. Pouco antes, uma comissão de ética tinha examinado o seu caso minuciosamente e – contra a resistência de religiosos conservadores – chegou à conclusão de que a rejeição de tratamento ainda não significava eutanásia. Em todos esses casos, o desejo veemente dos doentes foi documentado em detalhes, por escrito e em forma de filme. Mais complicados foram os casos dos pacientes em coma Terri Schiavo (EUA) e Eluana Englaro (Itália), pois aqui não foi possível lançar mão de testamentos vitais ou declarações da vontade dos pacientes. No caso de Schiavo, que já se encontrava fazia quinze anos em um estado vegetativo irreversível, não só a Igreja Católica, mas também os pais – em litígio com o marido – lutavam contra a decisão de interromper todas as medidas de ventilação mecânica e nutrição artificial. Por fim, Terri Schiavo pôde morrer no dia 31 de março de 2005, em Pinellas Park, na Flórida. Eluana Englaro esteve em estado vegetativo durante dezessete anos até que seu pai finalmente conseguiu impor o término do tratamento – em 9 de fevereiro de 2009, em Udine. Pouco antes, o primeiro-ministro italiano Silvio Berlusconi tinha tentado emitir um decreto de emergência para impedir na Justiça o desligamento dos aparelhos de suporte à vida. O presidente Giorgio Napolitano, porém, recusou-se a assinar o decreto. Em seu *Diario di un suicidio*, de 2010, Roberta Tatafiore criticou o alvoroço político e midiático em torno de Eluana Englaro como sendo a expressão de uma "competição perversa entre todos aqueles que querem ser os primeiros a apoderar-se dessa frágil figura: os políticos, que querem mantê-la viva ou os médicos, que foram obrigados pelo pai a deixá-la morrer. Ela merecia poder deixar este mundo envolta em profundo silêncio e devoção. Mas isso não é possível: a política apropriou-se dela"[32].

Ao morrer, Terri Schiavo tinha 41 anos; Eluana Englaro, 38. A morte delas reforçou a questão: a quem pertence realmente a minha vida quando já não posso mais ser questionada, e de certa forma já nem sequer estou presente? Aos meus pais, ao marido, ao Pai? À Igreja? Ao Estado? Aos advogados e tribunais? A uma comissão de ética? Ou aos médicos e diretores de clínicas?

4.

Poucos meses depois da morte de Eluana Englaro, foi publicado – em maio de 2009 – o romance *Acabadora*, de Michela Murgia, sobre a eutanásia na Sardenha. O romance saiu pela Casa Giulio Einaudi, em Turim, que desde 1994 faz parte da editora Mondadori, pertencente ao império Berlusconi e dirigida por uma das filhas de Silvio Berlusconi, Marina. *"Accabadora"*, na Sardenha, é o nome dado a uma mulher que acompanha alguém nos primeiros e últimos caminhos. Ela é tanto parteira como assistente de morte e é chamada para ajudar as mulheres que estão em trabalho de parto ou as pessoas em agonia. A acabadora é uma figura mítica do sul italiano, a região mágica que o antropólogo Ernesto de Martino explorou tão intensamente e cujo declínio foi frequentemente lamentado por Pier Paolo Pasolini[53]. No muito elogiado romance de Murgia, a acabadora é uma antiga costureira da fictícia localidade sarda de Soreni, introduzida na história como a "segunda mãe" de Maria, a quem ela toma sob seus cuidados como uma "filha do coração", *fill'e anima*, a menina mais nova da pobre e amarga Anna Teresa Listru. Essa prática de adoção não exigia quaisquer autorizações, autoridades, documentos ou carimbos; era suficiente a concordância por parte da família, com a qual a "filha do coração" continuava a manter contato. A partir daí, Maria passa a ter simplesmente duas mães. De forma parecida, o Renascimento já distinguia entre mães "de sangue" e "de leite"[54]. A acabadora da história de Murgia chama-se Bonaria Urrai; ela é o anjo da morte que Roberta Tatafiore imaginou em seu *Diario di un suicidio* no dia 31 de janeiro de 2009: "Se alguém sentir a necessidade de morrer, o que essa pessoa mais deseja é ter um anjo ao seu lado, uma figura que não seja deste mundo, mas também não inteiramente do outro."[55] Bonaria Urrai é chamada, geralmente à noite, para facilitar o último passo em direção à morte. Certa vez, quando é convocada antes da hora, ela abandona, indignada, a família impaciente, não sem antes amaldiçoá-los. No entanto, a sua atividade permanece ambivalente. No centro do romance está a história de Nicola Bastíu, um homem cuja perna precisa ser amputada após o disparo de um tiro. Nicola não quer mais viver, e pede ajuda a Bonaria, o que, num primeiro momento, ela recusa decisivamente, mas mais tarde – na madrugada do Dia de Todos os Santos para o Dia de Finados – acaba concedendo:

> Ela se aproximou de sua cama e só respondeu quando estava tão perto que Nicola acreditou sentir o típico cheiro amargo dos idosos. Quando a mulher falou, ele entendeu que estava mesmo acordado. "Do mesmo modo que vim, posso ir embora. Se você me disser que mudou de ideia, saio do quarto sem olhar para trás. Prometo que nunca mais falaremos sobre isso, como se nunca tivesse acontecido nada." Nicola respondeu precipitadamente, como se não quisesse dar tempo a si mesmo para duvidar. "Não mudei de ideia. Já estou morto, e vocês sabem disso." Ela manteve o rosto na sombra para que ele não pudesse vê-lo e olhou em seus olhos. Neles, ela viu o que não esperava ver. Com uma voz exaurida, sussurrou: "Não, Nicola, não sei. Só você pode saber disso. Eu vim porque você me chamou, mas rezo para que o Senhor tire da sua cabeça o que você me pediu, porque não é uma coisa abençoada e nem sequer necessária..." "Para mim, ela é necessária", disse Nicola, tomando para si a maldição com um leve aceno de cabeça. Enquanto isso, a velha mulher desatou as pontas de seu lenço e expôs suas mãos, que estavam fechadas ao redor de um pequeno recipiente de terracota. Quando a acabadora ergueu a tampa, saiu dele uma fumaça. Nicola Bastíu sugou profundamente o cheiro cortante, que era exatamente como havia esperado que fosse, e murmurou palavras suaves que a velha fingia não ouvir. O homem segurou a fumaça venenosa nos pulmões e fechou os olhos pela última vez. Talvez ele já estivesse dormindo quando o travesseiro foi pressionado em seu rosto, pois não reagiu nem se defendeu. Mas talvez não tivesse resistido de qualquer maneira, porque não poderia morrer de forma diferente da como tinha vivido: sem fôlego[56].

Bonaria Urrai paga um preço alto por seu feito. Maria a deixa depois que o irmão de Nicola lhe conta o que havia observado naquela noite. A própria acabadora tem um fim longo e sofrido, até que Maria, finalmente de volta a Soreni, pressiona o travesseiro em seu rosto.

Mercy or Murder? Talvez não haja uma resposta elementar para essa pergunta, e só se possa decidir cada caso individualmente. A esse consenso cauteloso chegaram também o jornalista Bartholomäus Grill e o filósofo Robert Spaemann, um oponente decisivo da eutanásia, ao participarem de um debate. Anteriormente, Grill havia acompanhado o seu irmão, Urban, que estava gravemente doente, até Zurique, onde este terminou a sua vida nos quartos da Dignitas – como já foi mencionado no décimo segundo capítulo.

> Só a irmã e o estudante de teologia estão na sala. Urban senta-se na borda da cama. O sr. W. dissolve o sonífero no copo d'água, quinze gramas de pentobarbital, uma dose letal. Urban pega o copo com a mão trêmula, leva-o à boca, esvazia-o em três ou quatro goles intensos e inclina-se contra o ombro esquerdo de sua irmã, o sr. W. ajoelhado diante dele. Urban põe o dedo indicador sobre os lábios. Ele não diz mais nada, apenas um curto "pssssst!" escapa de sua boca. Depois de dois minutos, ele adormece. A irmã o deita na cama e segura sua mão. Os traços faciais de Urban relaxam-se, ele sorri como não sorria desde março. Ele venceu o câncer. Quebrou as correntes do seu sofrimento. Após cerca de dez minutos, a respiração para. Após dezesseis minutos, a irmã já não sente o seu pulso. São 16h06, 26 de novembro de 2004. A irmã cambaleia até a janela e a abre completamente, para que a alma de seu irmão possa sair voando[57].

Quase dois anos depois, Grill e Spaemann discutem a questão "Barbárie ou misericórdia?" em Stuttgart. Durante o debate, Spaemann traz à tona repetidamente a prática da eutanásia pelos nazistas: "Em seu livro *The Thanatos Syndrome* [A síndrome de Tânatos], Walker Percy cita um velho homem que diz: 'O sentimentalismo leva a Auschwitz'. Goebbels trabalhou com esse sentimentalismo, ele também falou de 'morte por misericórdia'. Naquela época, os psiquiatras diziam: 'Essas pessoas têm uma vida miserável. Precisamos libertá-las dessa vida.'"[58] Spaemann ataca seriamente sobretudo a prática holandesa da eutanásia, não sem admitir que o crescente apelo à eutanásia reage a "formas extremas de prolongamento da vida" que excedem "todos os limites da razão": "As pessoas já não podem morrer em paz."[59] Ao menos ele concorda com Grill que as regras gerais não cobrem adequadamente os casos individuais; e confessa que teria acompanhado o próprio irmão até uma morte livremente escolhida, mas sem aprovar sua decisão. Um tópico-chave da discussão é, mais uma vez, a cisão do sujeito no suicídio. Do horizonte de sua convicção cristã, Spaemann argumenta: "O que significa a frase: 'Eu quero libertar-me do meu corpo'? Isso significaria que existe um eu que se libertou de seu corpo. E que vive como esse eu libertado. Mas quem não crê nisso não pode usar a expressão 'libertação do meu corpo'. Ele só pode dizer: eu quero desaparecer como um todo."[60] Mas será que não se poderia descrever esse "desaparecer como um todo" justamente com a palavra "libertação" quando uma continuação da pessoa, do eu ou da alma não for esperada nem desejada, como no pensamento budista?[61] Em seu romance *Tout s'est bien passé* [Tudo correu bem], de 2013, a escritora francesa Emmanuèle Bernheim escreve sobre o pedido de seu pai – após um grave derrame – para que ela o ajudasse com o suicídio. O motivo dele parece plausível:

> *O meu pai está definhando.* – Você não pode me deixar assim. – O pescoço se estica, a cabeça se ergue. – Isso aqui… – Ele aponta para o corpo com o queixo. – Tudo isso… – De repente, a sua mão esquerda agarra a grade de metal. Ele se endireita. O rosto distorcido pela tensão. – Isso não… – Os nossos rostos quase se tocam. – NÃO SOU MAIS EU. – As suas palavras estouram na minha cara, numa torrente de saliva. A sua cabeça pende para trás. *Isso não sou mais eu*[62].

Poucos dias depois, a autora estuda o site de uma organização suíça de eutanásia:

> Eu deveria ir dormir, mas fico sentada com os olhos fixos numa longa palavra, a única palavra em negrito, uma centopeia escura no

meio do texto. *Selbstbestimmung*. O que significa isso em francês? Eu clico no *dashboard*. Aparece o retângulo azul do Mar do Sul. *Traduzir: do alemão para: francês*. Digito a palavra com cuidado, letra por letra, S-e-l-b-s-t-b-e-s-t-i-m-m-u-n-g. Sustenho a respiração. "*Autodétermination*."[63]

Em 1995, surgiu um apelo polêmico por uma morte digna e autodeterminada, escrito pelo teólogo suíço Hans Küng e por Walter Jens, professor de retórica na Universidade de Tübingen. Juntos, porém, eles só escreveram a breve introdução (de dezembro de 1994), que começava com uma pergunta e o relato de um caso:

> Pode uma mulher de 72 anos que sofreu danos cerebrais incuráveis após uma parada cardíaca, está em coma e precisa ser alimentada artificialmente, pode essa mulher ser privada de alimentação artificial após três anos para que possa enfim adormecer tranquilamente? Sim, disse o filho dela; sim, disse também o médico responsável. Não, disse o pessoal da enfermagem do hospital que se recusou a acatar as ordens do médico e, mais que isso, chamou o tribunal tutelar. O resultado: a alimentação artificial continuou. E assim essa mulher, sem responder, permaneceu em coma por mais nove meses, até que finalmente pôde morrer[64].

Essa introdução é seguida não só de um ensaio teológico de Hans Küng e de uma digressão histórico-literária de Walter Jens, mas também de comentários do médico Dietrich Niethammer – na época diretor do Hospital Universitário de Pediatria de Tübingen – e do advogado Albin Eser, diretor do Instituto Max Planck de Direito Penal Internacional e Estrangeiro, em Freiburg, de 1982 a 2003. Uma edição atualizada do livro foi publicada em 2009, acrescida de dois textos de Hans Küng, mas também e especialmente de um "Posfácio em causa própria", de Inge Jens, a esposa do coautor. Esse posfácio tornou-se necessário após os debates em torno da demência progressiva de seu marido, na época com 85 anos, que ao mesmo tempo giravam em torno da sua antiga adesão ao partido nazista NSDAP, supostamente esquecida. Além disso, o adendo também foi importante devido à publicação de um livro controverso escrito pelo jornalista Tilman Jens, filho do casal, uma mistura de homenagem e acerto de contas[65], certamente não tão gentil quanto o livro *O exílio do velho rei*, um relato de Arno Geiger sobre seu pai demente, publicado dois anos mais tarde[66]. Em seu posfácio, Inge Jens primeiro citou passagens relevantes do testamento vital de seu marido, para depois descrever seu dilema:

> Eu sei que ele nunca quis viver como vive agora: "Você não pode permitir que isso aconteça, tem que falar com o dr. X, tem que me ajudar." Sim, quero ajudá-lo... mas como? No que consiste essa ajuda de maneira concreta? O meu marido não está ligado a aparelhos que eu poderia desligar, não tem dores insuportáveis, está "bem". Em todo caso, não há razão objetiva para encurtar a sua vida. Mas ele sofre. Ele realmente sofre. É insuportável? Ele não pode mais me dizer. Ele não tem mais linguagem. Então como devo ajudá-lo?[67]

Os estados do doente oscilam entre o desejo desesperado de morrer e o medo de que alguém realize esse desejo: "'Não, eu não quero morrer!' O medo o abala e ele leva muito tempo até se acalmar novamente e ter a certeza de que ninguém quer que ele morra. Não é possível lhe passar confiança através de argumentos racionais, mas no nível da troca emocional é possível convencê-lo. Ele consegue até responder: 'Oh, que bom.'"[68] Em tais situações, testamentos vitais tornam-se subitamente inúteis, pois eles não podem responder à pergunta que Inge Jens se faz: "Seria a vontade de uma pessoa saudável ainda idêntica à da pessoa doente?"[69] Ela mesma teria aprendido aos poucos a "repensar as categorias de 'vida indigna' e 'vida digna', a diferenciar meus conceitos de 'dignidade' e 'felicidade', e aceitar a insolubilidade de certas antinomias, pelo menos para mim"[70]. Walter Jens finalmente morreu em 9 de junho de 2013, três meses após seu nonagésimo aniversário.

De certo modo, o dilema da passagem do tempo – esse fosso possivelmente aprofundado nos muitos anos entre a assinatura de um testamento vital e a dolorosa perda da capacidade de exprimir a própria vontade e comunicá-la linguisticamente – é um efeito dos progressos tecnológicos da medicina. Eles aumentam constantemente o risco de perder o momento certo em que a pessoa ainda pode decidir sobre a própria vida. Mas se a morte se transforma numa fase final da vida cada vez mais duradoura, se o "reino intermediário" – essa terra de ninguém entre a vida e a morte – muda constantemente as suas fronteiras, então será que não deveríamos perguntar "por que razão as pessoas têm de viver tanto tempo a ponto de nem sequer poderem mais morrer por si próprias"? Como contestar Daniele Dell'Agli, que, com grande energia polêmica, conclui que seria "vergonhoso e indigno vegetar durante semanas, meses ou anos, sem forças, sem alegria, sem vontade, estando a pessoa indefesa, confusa e sedada ou amarrada, alimentada à força, sendo ventilada artificialmente, sofrendo com úlceras por pressão ou paralisada e, em todo caso, sempre babando pelos cantos", especialmente quando "se pode olhar para trás e ver sete, oito ou nove décadas de vida, se não de contínua satisfação, ainda assim rica em experiências"?[71]

Dell'Agli está convencido de que uma outra, uma nova cultura da morte só pode ser alcançada através da "despatologização há muito esperada do suicídio"[72] – e especialmente do suicídio na velhice. Ele concorda com Matthias Kamann, que critica até os hospícios e as instalações de medicina paliativa a partir do momento em que são propagados "como uma espécie de proteção milagrosa contra o pecado da morte assistida":

> A medicina paliativa e os hospícios precisam ser bons porque a assistência ao suicídio, que eles supostamente têm como alvo, é cruel. O fato de essa lógica ser uma inversão é algo que só será notado, o mais tardar, quando perceberem que, ao menos na terceira idade, os suicídios são cometidos menos por medo da morte em si do que por medo da fase na casa de repouso. Aqueles que querem expandir a medicina paliativa na luta contra os suicídios na velhice, comportam-se como alguém que quer tirar o medo da escola dos alunos do ensino fundamental planejando tornar as celebrações da formatura especialmente festivas e harmoniosas[73].

Diz-se que Franz Kafka, quando esteve internado no sanatório perto de Klosterneuburg com uma tuberculose laríngea grave que quase o impedia de falar, teria pedido ao seu médico e amigo Robert Klopstock, no dia 3 de junho de 1924, que lhe aplicasse finalmente a prometida injeção de morfina: "Ou o senhor me mata, ou será um assassino!"[74] Em seu *Tractatus logico-suicidalis*[75], Hermann Burger cita este lendário pedido paradoxal e também conta a continuação da história da morte: quando Klopstock aplicou a tão desejada injeção em Kafka e afastou-se para limpar a seringa, "Kafka falou: 'Não vá embora.' Klopstock tranquilizou-o: 'Não vou embora.' 'Mas eu me vou', disse Kafka, e fechou os olhos"[76].

No livro *Todeskämpfe* [Agonias], Matthias Kamann traçou um panorama do cenário cultural dos debates sobre eutanásia e suicídio assistido: em primeiro lugar, a transformação dos discursos sobre suicídio, que "no passado, mais recentemente na filosofia existencialista, foram conduzidos num âmbito naturalmente elitista, com todos os exageros cabíveis ali". Os suicídios já não são mais considerados um crime, muito menos um pecado, e, aos poucos, "as noções do morrer, da morte e do estado que a ela se segue mudaram drasticamente nas populações ocidentais, tanto entre os cristãos vinculados à religião como entre os não eclesiásticos. O morrer surge como uma disponibilidade, a morte desperta menos medo, os processos de morte perdem o seu significado metafísico. A linha do indivíduo, pensado como ser pertencente a este lado da vida, é traçada da vida para a morte e torna-se o fio condutor das decisões". Ao mesmo tempo, porém, "as populações ocidentais estão terrivelmente perturbadas com seu envelhecimento coletivo, com o forte aumento da demanda de cuidados com os idosos, com as possibilidades técnicas de prolongamento da vida e com as lógicas quase inacessíveis de um sistema de saúde que, na opinião de muitas pessoas, não está interessado nas suas necessidades pessoais. Portanto, os motivos dos suicídios e os debates sobre eutanásia refletem também uma resistência a sistemas alheios aos indivíduos, assim como a busca de respostas apropriadas às mudanças demográfica e social". Além disso, os ideais de autodeterminação – no decurso dos processos de democratização e individualização social – estenderam-se das elites para amplas camadas da população desde os anos 1980, segundo Kamann. Esses ideais foram "destituídos de seu caráter heroificado" e popularizados. "A autodeterminação não precisa mais se justificar e, portanto, já não necessita armar-se com uma argumentação; antes aparece como uma obviedade, de maneira intuitiva, por assim dizer, diante da qual todas as restrições precisam ser justificadas."[77] A eutanásia é negociada – predominantemente livre de transcendências – no horizonte dos discursos sobre autonomia pessoal. E é exatamente essa tendência, como argumenta Svenja Flaßpöhler em *Mein Tod gehört mir* [Minha morte me pertence], que também causa decepções: "Assim, é evidente que se torne cada vez mais difícil para nós abrir mão do controle, deixar simplesmente que determinadas coisas aconteçam". Quem espera um filho quer saber qual seu sexo antes do nascimento e se ele é saudável. Portanto, deveríamos questionar se o apelo à eutanásia não seria uma exaltação do desejo moderno por autodeterminação

> na medida em que nem sequer no fim da nossa vida queremos soltar as rédeas. A ideia de, mais cedo ou mais tarde, ser dependente de outros, ter que se deixar cuidar, sofrer limitações físicas ou até mesmo contrair uma doença fatal é insuportável para muitas pessoas – e é por isso que ainda em tempos de plena saúde elas já adquirem um cartão de associado na instituição suíça Exit, a fim de estarem preparadas para qualquer eventualidade[78].

E pode-se acrescentar: essa tendência para a individualização, autodeterminação e controle é reforçada pelas novas mídias e pela revolução digital. Atualmente, mesmo a curta interrupção de uma conexão à internet ou um smartphone defeituoso já são vistos como uma violação da liberdade pessoal de circulação e autonomia.

5.

A questão do suicídio é um *leitmotiv* da modernidade que, como tal, ainda não foi muito pesquisada. A ascensão inevitável desse *leitmotiv* foi precedida por vários processos de relativização: etapas de negação da heroificação, de desmoralização, de descriminalização e, por fim, de despatologização do suicídio. Assim, já na Idade Média, o suicídio não era mais considerado um ato heroico honroso como o foi na Antiguidade, mas um grave pecado; a partir dos séculos XVI e XVII, a pecaminosidade do suicídio foi gradualmente questionada, e no século XVIII – desde 1751, com o édito de Frederico II da Prússia para a abolição da punição do suicídio no reino – começou sua despenalização gradual. Em 1790, Julius Friedrich Knüppeln, por exemplo, escreveu em seu texto *Über den Selbstmord* [Sobre o suicídio]: "Porém, Frederico, o Único!, revogou, por meio de um rescrito de 6 de dezembro de 1751, todos os editais emitidos em tempos anteriores para punição do suicídio, porque os parentes teriam de sofrer sem nenhuma culpa própria e seriam deixados em grande embaraço pelas acusações e insultos resultantes disso."[79] Hoje estamos no limiar da despatologização do suicídio, do reconhecimento da decisão pessoal pelo suicídio. Os processos de negação da heroificação, desmoralização, descriminalização e despatologização foram possíveis graças à perda progressiva da esperança em uma vida após a morte, na imortalidade e na ressurreição. Como é de nosso conhecimento, dúvidas quanto à existência do além – Céu, Inferno ou algo completamente diferente – já torturavam o príncipe da Dinamarca no século XVII. Ele observou em seu famoso monólogo suicida que seria o terror de alguma coisa após a morte que nos faria suportar os males que já temos, em lugar de fugirmos para outros que desconhecemos[80]. O "terror de alguma coisa após a morte" difundiu-se e aprofundou-se na modernidade tanto quanto o medo da longevidade insuportável. Portanto, as pesquisas permanecerão inúteis enquanto só levantarem dados sobre a crença da população em uma vida após a morte. Na

Alemanha, quando menos, essa crença parece diminuir: de acordo com uma pesquisa representativa de 2016, quase metade das pessoas acima dos sessenta anos são da opinião de que nada vem depois da morte, e apenas doze por cento chegam a esperar rever seus entes queridos falecidos[81]. No entanto, nunca foi levantada a pergunta de Hamlet: se uma vida após a morte é desejada ou temida. Durante 150 anos, no entanto, têm sido precisamente estas questões as abordadas em sessões espíritas, na caça a fotografias de fantasmas ou na avaliação de experiências de quase-morte: O que acontece quando morremos? A luz literalmente se apaga? Ou será que – após a tão mencionada passagem por um túnel[82] – fica tudo ainda mais claro? E o que vivenciam os suicidas no instante de quase-morte? Hans Peter Duerr e Hubert Knoblauch negaram veementemente que os suicidas sejam acometidos por experiências negativas de quase-morte, por vezes até caracterizadas como "infernais"[83]. Mas quem ainda hoje tenta – por exemplo, em círculos esotéricos ou em fóruns da internet – criar imagens cruéis do Inferno esqueceu-se de que foi justo o medo do Inferno que atuou como o motor da secularização, como uma razão particularmente forte para não desejar a vida eterna, e sim temê-la. É nesse sentido que o advogado Kevin Lomax (interpretado por Keanu Reeves), do filme de Taylor Hackford *Advogado do diabo* (1997), derrota o diabo (na pele de John Milton, magnificamente interpretado por Al Pacino) disparando uma bala na própria cabeça.

As imagens da vida após a morte, do além, do Céu e do Inferno, por outro lado, permanecem estranhamente desbotadas em filmes ou romances populares. A imortalidade torna-se cada vez mais sombria; e até mesmo os vampiros sofreram uma notável mudança em sua representação nas últimas décadas. Na literatura gótica do século XIX, eles ainda aparecem como monstros vitais, zumbis sanguinários capazes de fortalecer-se e estender sua vitalidade tanto quanto quiserem com o sangue dos mortais contemporâneos. O seu representante mais célebre é o Conde Drácula, no romance de Bram Stoker (de 1897). Sua figura obscura também se afirmou nas telas dos cinemas: de *Nosferatu*

(1922), de Friedrich Wilhelm Murnau, a *Drácula* (1992), de Francis Ford Coppola. Esses filmes sobre Drácula foram complementados por inúmeros filmes de vampiro que participavam do mito sem explicitamente citar ou mudar algo nele. O quadro básico da trama inclui regularmente um castelo mal-assombrado, a incapacidade dos vampiros em refletir sua imagem no espelho, sua aversão à luz solar, alho, amuletos de prata e crucifixos, sua possível morte por uma estaca de madeira enfiada em seu coração – reminiscente de uma forma de execução cruel do século XV, preferencialmente praticada por um dos possíveis modelos históricos para Drácula, o *voivoda* romeno Vlad III, também chamado de Vlad, o Empalador – e, claro, as mordidas sangrentas causadas por caninos longos e pontiagudos. Além de Vlad, as raízes dos mitos dos vampiros estão associadas a enterros de pessoas em estado de animação suspensa ou a morcegos, nos quais os vampiros se transformam durante os seus passeios noturnos. Klaus Hamberger examinou as raízes médicas históricas dos mitos dos vampiros de forma exemplar[84]; Laurence A. Rickels apresentou detalhadamente as referências psicanalíticas e os contextos do vampirismo em suas *Vampire Lectures* [Palestras sobre vampiros], de 1999[85]. Em 1994, houve uma mudança significativa no gênero quando a versão cinematográfica de Neil Jordan a partir de um romance de Anne Rice conquistou os cinemas: *Entrevista com o vampiro*. Não só o elenco opulento – com Brad Pitt, Tom Cruise, Christian Slater, Antonio Banderas e Kirsten Dunst – foi responsável pelo sucesso do filme, bem como a própria narração do sensível vampiro Louis de Pointe du Lac (Brad Pitt), que abdica permanentemente de morder suas vítimas por compaixão e alimenta-se de ratos, e também afeiçoa-se por Claudia (Kirsten Dunst) – o coração de ambos bate espontaneamente no mesmo ritmo –, órfã que ele adota depois de encontrá-la sentada ao lado da mãe morta durante uma epidemia de peste na Louisiana. Seu mestre, companheiro e antagonista, Lestat de Lioncourt (Tom Cruise), transforma a menina em vampira, o que, no entanto, faz com que Claudia passe sua vida eterna como criança. É por isso que ela, juntamente com Louis, vinga-se de Lestat cortando-lhe a garganta, mas sem chegar a matá-lo. Duas cenas são particularmente interessantes: a tentativa de suicídio que Louis empreende, incendiando sua casa na Louisiana para morrer no fogo, e a melancolia do mirrado vampiro Lestat em New Orleans, que suporta mal a vida enquanto zumbi na pós-modernidade e foge para salas de cinema, horrorizado com o nascer do sol.

Desde então, os novos vampiros são sensíveis, compassivos e amáveis, educados e atenciosos, melancólicos e suicidas latentes. Essa tendência continuou no século XXI. E, justamente no ano da crise de 2008 – poucos dias depois do anúncio de falência do Lehman Brothers –, chegou aos cinemas o primeiro filme da saga *Crepúsculo*, que conta a história de amor entre Bella Swan (Kristen Stewart) e o vampiro Edward Cullen (Robert Pattinson). Ela termina com uma inversão paradoxal do amor clássico dos vampiros: Bella é mordida por outro vampiro, mas Edward suga o sangue contaminado de sua ferida para evitar que ela se torne uma vampira. Sua mordida funciona como um salvamento médico, como a racionalização de um beija-mão e como uma espécie de reanimação: tenho de morder você para evitar que se torne como eu. Um papel-chave nisso tudo é desempenhado por seu pai, Dr. Cullen, que o confronta com a alternativa de salvar Bella, reduzindo a própria sede de sangue, ou transformá-la num vampiro. Quase dois meses antes, no início de setembro de 2008, foi exibido o primeiro episódio da série de TV *True Blood*, em que os vampiros, em sua maioria, se contentam com sangue sintético. *True Blood* também começou com uma história de amor: a relação entre Sookie Stackhouse (Anna Paquin) e o vampiro Bill Compton (Stephen Moyer). Foram filmadas sete temporadas da série. O filme sueco *Deixa ela entrar*, de Tomas Alfredson, também teve estreia em 2008, foi muito elogiado e ganhou sessenta prêmios. Era mais uma história de amor entre um ser humano e um vampiro, agora entre o introvertido menino Oskar (Kåre Hedebrant) e a andrógina vampira menina Eli (Lina Leandersson). No final do filme, Oskar e Eli fogem. Nós os vemos em um trem: Eli é transportada em uma caixa e ouvimos batidas em código Morse para a palavra "beijo" vindas de seu interior. Ou seja, os beijos tomaram definitivamente o lugar das mordidas, e os vampiros – como Claudia no filme de Neil Jordan – tornaram-se crianças eternas. Da mesma forma que Klaus Kinski na refilmagem de *Nosferatu*, de Werner Herzog (de 1979), os novos vampiros sofrem de amor não correspondido e com a própria imortalidade. *Amantes eternos* (2013), de Jim Jarmusch, também conta a história de amor entre dois vampiros que, como os primeiros humanos, chamam-se Adam (Tom Hiddleston) e Eve (Tilda Swinton). Eles alimentam-se do conteúdo das bolsas de sangue de um hospital, que bebem em elegantes copos de xerez. Às vezes, seu desespero parece até superar seu amor secular, como no início do filme, quando Adam, um músico, planeja seu suicídio com a ajuda de uma bala de madeira especial que ele pretende enfiar em seu coração – em vez da costumeira estaca. Embora o amor prevaleça sobre o desespero, no final Adam e Eve são forçados a sacrificar um casal de amantes em nome de sua própria sobrevivência. "*Excusez-moi*", diz Eve, antes de cravar os dentes no pescoço da menina quando esta está no meio de um beijo, o que nós – nesse ponto o filme permanece tão discreto quanto seus heróis – não podemos mais ver. Aliás, Adam chama os humanos mortais de "zumbis" e justifica seu plano suicida perante Eve alegando a ascensão desses "zumbis" e de seu domínio do mundo. Essa observação oferece uma pista para as possíveis causas da suicidalidade melancólica dos vampiros: no que diz respeito a mordidas, eles se veem diante de uma concorrência inescrupulosa, representada por zumbis e lobisomens, já presentes na saga *Crepúsculo* ou em *True Blood* em forma de proletários consumistas, opositores dos aristocratas melancólicos. Zumbis e lobisomens não se contentam com sangue; como predadores famintos, dilaceram suas vítimas e comem sua carne. Eles não se importam com sua morte, porque se reproduzem ao se alimentar, como declarou Tomáš Sedláček, em uma conversa com David Graeber: "Os zumbis são muito eficientes – quero dizer que eles podem comer e reproduzir-se ao mesmo tempo. (Essa é uma habilidade que nós, humanos, ainda

Fig. 53: Tom Hiddleston em *Amantes eternos* (2013), de Jim Jarmusch; foto do filme.

não desenvolvemos. Para nós, a comida e a reprodução ainda acontecem separadamente.)"[86]

O que se reflete nesse breve processo de civilização dos vampiros? Uma visão anacrônica da luta de classes, na qual uma classe pós-moderna de consumidores é confrontada com os representantes de uma nobreza quase em extinção, que nos impressiona com suas boas maneiras, sua melancolia e sua abstinência temporária? Seriam os capitalistas, os especuladores do mercado de ações e os corretores financeiros agora parte da classe dos lobos mordedores, que não diferem significativamente dos zumbis inconscientes nem pelo seu nível de reflexão nem por sua ganância? Teria sido por essa razão que a figura do vampiro se enobreceu, transfigurando-se no *tópos* romântico da nostalgia por uma cultura perdida? Em *Amantes eternos*, os vampiros são os últimos boêmios, intelectuais como Christopher Marlowe (interpretado por John Hurt), que não só afirma ter escrito sob o pseudônimo de Shakespeare, mas também fornece sangue fresco ao seu círculo de amigos. Enquanto nós podemos facilmente nos identificar com esses simpáticos vampiros, os zumbis assumem a imagem dos inimigos por excelência: são estúpidos, gananciosos e brutais, porém – ao contrário dos vampiros – fáceis de matar. A civilização dos vampiros pode certamente ser julgada à luz dos desenvolvimentos sociais e econômicos, mas a perspectiva que me parece mais importante é a que se centra na mudança das nossas atitudes em relação à longevidade. A longevidade é um valor cujo significado é cada vez mais relativizado quanto mais pessoas podem contar com o fato de alcançar uma idade avançada. E essa mudança também atinge os vampiros: as suas mordidas tornam-se tanto mais ternas quanto mais precisamos temer a falta de dentes da terceira idade. Em 1922, o mesmo ano em que Murnau filmou *Nosferatu*, o autor tcheco Karel Čapek apresentou seu drama *O caso Makropulos* – na verdade, concebido como romance – nos palcos de Praga, onde foi visto também por Leoš Janáček, que, em 1926, fez da peça uma ópera (com um libreto de Max Brod). A comédia de humor negro e a ópera tratam do tédio da imortalidade, do veneno dos elixires e da melancolia de uma existência sem limites[87]. Tema e matéria são muito mais atuais hoje do que no período entre as guerras mundiais; talk shows e artigos na imprensa são constantemente dedicados a questões de eutanásia e suicídio na velhice, que passam a ser comentados de forma cada vez mais positiva – por exemplo, por ocasião do suicídio de Udo Reiter, ex-diretor da emissora de rádio e TV MDR (em 9 de outubro de 2014), ou do escritor Fritz J. Raddatz (em 26 de fevereiro de 2015).

Stephen King devia estar consciente disso quando escreveu, em 2013, a continuação de seu romance mundialmente famoso *O iluminado*, de 1977, filmado por Stanley Kubrick em 1980. Nesse segundo volume, Danny Torrance, a criança clarividente do primeiro romance, depara-se com uma seita de "vampiros" que se alimentam do "elixir da vida" feito das dores das crianças atormentadas. Esses novos vampiros já não são aristocratas nobres, melancólicos e seres propensos ao suicídio, e sim burgueses discretos em roupas de poliéster, dirigindo seus Chevrolets Caravan.

Vocês não os estão vendo, não é mesmo? E por que veriam? É apenas o pessoal dos trailers, idosos aposentados e alguns camaradas mais jovens que passam suas vidas de pessoas sem raízes nas estradas e rodovias, que vivem em acampamentos onde se sentam em suas cadeiras de armar da marca Walmart e preparam algo na churrasqueira móvel enquanto discutem sobre investimentos, competições de pesca, receitas de guisado e sabe Deus o quê[88].

Danny Torrance, por sua vez, trabalha como cuidador numa clínica para pacientes em estado terminal onde é carinhosamente chamado de Doutor Sono porque possibilita a eles uma morte suave. Não são os vampiros que precisam ser civilizados, mas os idosos: é essa a mensagem inquietante de Stephen King, que sonha com uma nova e pacífica cultura do morrer, certamente ao preço de matar os idosos excessivamente ávidos de vida. Em *Revival* (2014), King expôs essas ideias de forma ainda mais sombria: aqui, a promessa cristã de renascimento aparece quase como uma lúgubre profecia do Inferno[89]. Essa obra define-se pela expressão literária de uma naturalização biopolítica da luta de classes – em forma de uma guerra dos velhos contra os jovens. Em comparação com ela, algumas das críticas à busca de imortalidade, como as expressadas por John Gray[90] e Yuval Noah Harari, parecem muito bem-comportadas. Mas Harari pelo menos retratou com precisão a origem dos novos mitos da vida eterna:

> Apesar de todo o discurso do islã radical e do fundamentalismo cristão, o lugar mais interessante do mundo, do ponto de vista religioso, não é o Estado Islâmico ou o Cinturão da Bíblia, e sim o Vale do Silício. É onde os gurus da alta tecnologia estão fermentando para nós novas religiões admiráveis que pouco têm a ver com Deus, e tudo a ver com tecnologia. Eles prometem os prêmios clássicos – felicidade, paz, prosperidade e até vida eterna –, mas aqui mesmo, na Terra, com a ajuda da tecnologia, e não depois da morte, com a ajuda de seres celestiais[91].

Em seu romance *Zero K* (2016), Don DeLillo deu a essa promessa a forma sombria de um laboratório futurista de imortalidade nas fronteiras do mundo habitado. Nele, as pessoas podem ser congeladas para superar doenças e velhice no futuro com a ajuda da mais recente tecnologia médica. Quase imperceptivelmente, a esperança de uma vida eterna funde-se com o mero desejo de morrer. A primeira frase do romance é: "Todo mundo quer ser dono do fim do mundo."[92] O desejo de reter o fim do mundo e aceitar a vida eterna pressupõe a autorização de um procedimento que se assemelha consideravelmente a um suicídio assistido.

Posfácio

> "Eu terei a última palavra."
> Roland Topor[1]

Como termina um livro? Com uma última frase ou palavra? Certamente não, pois sobretudo as últimas frases e palavras não podem suportar tal peso. Elas apenas projetariam a sombra de uma sensação ambivalente – o anseio pelo fim, que Patricia de Martelaere analisou de forma virtuosa em seu ensaio *Der Lebenskünstler*[2]. Mas refletiriam também o medo do fim, o mesmo medo que, em 1781, fez com que um sapateiro e ávido leitor parisiense procurasse por tanto tempo pela citação correta para sua carta de despedida até acabar desistindo de todos os planos de suicídio[3]. Em vez de últimas frases e palavras, a recapitulação parece mais apropriada. Em suas *Vorlesungen über die Grundlagen der Mathematik* [Observações sobre os fundamentos da matemática], Ludwig Wittgenstein afirma que, como professor, ele seria, por si, um guia turístico. Mas para "ser um bom guia é preciso mostrar às pessoas em primeiro lugar as ruas principais; eu sou, no entanto, um péssimo guia e tendo a deixar-me levar por lugares interessantes e entrar em ruas perpendiculares antes de seguir pelas principais"[4]. Eu entendo bem essa simpatia por rodeios e trilhas paralelas. Por isso pretendo agora voltar às rotas principais e resumir brevemente as teses deste livro.

Em primeiro lugar – A modernidade é uma época de reavaliação do suicídio, que é cada vez menos perseguido, demonizado ou um tabu. No pensamento do Iluminismo ele já não era mais considerado como um pecado grave, mas como uma doença, e, desde 1751, quando Frederico II aboliu todas as penas para o suicídio na Prússia, o suicídio foi gradualmente descriminalizado – no Reino Unido, só a partir de 1961. Os processos de negação da heroificação, desmoralização e descriminalização do suicídio tornaram-se possíveis, sem dúvida, pela sua patologização abrangente, como revela o discurso sobre epidemias suicidas e riscos de infecção. Só hoje se torna evidente que essa patologização também pode ser questionada em, por exemplo, debates sobre suicídio na velhice, medicina paliativa e liberalizações do suicídio assistido[5]. A questão do suicídio talvez não seja a "quintessência da modernidade", como disse Walter Benjamin[6], mas certamente um *leitmotiv* essencial.

Em segundo lugar – A revalorização do suicídio na modernidade dá-se em vários campos: nas religiões, na estética, na literatura, na filosofia, na arte, no cinema, na política (desde o fascista *"Viva la muerte!"*[7] até os suicídios como forma de protesto e os atentados suicidas dos últimos tempos), nos sistemas jurídicos e na medicina. No âmbito dessa reavaliação, há inúmeras interferências e ressonâncias, apesar de todas as diferenças nos subsistemas da sociedade. Os debates sobre eutanásia, por exemplo, encontram expressão não apenas em romances, filmes e ensaios filosóficos, em reformas legais e na transformação de convicções religiosas como a crença na imortalidade pessoal, mas também na difícil questão da legitimidade dos esforços preventivos institucionais, como a alimentação forçada de grevistas de fome na prisão[8]. Outro exemplo: os suicídios em escolas têm sido intensamente discutidos desde o final do século XIX, mas, no contexto dos atentados suicidas políticos, eles mudaram dramaticamente, tomando as formas de síndrome de Amok e *school shootings*, que vêm se multiplicando desde o fim do século passado – o infame Massacre de Columbine aconteceu em 20 de abril de 1999[9].

Em terceiro lugar – Os processos de secularização constituem uma importante raiz da moderna reavaliação do suicídio. A crença na imortalidade pessoal perdeu parcialmente seu potencial de fascínio; ao mesmo tempo, a ressurreição e a sobrevivência após a morte já não parecem tão desejáveis como no primeiro século da expansão do cristianismo[10]. No curso do contínuo aumento da expectativa de vida através dos progressos médicos e técnicos, o sonho de uma vida longa tomou um rumo sombrio, como testemunham vividamente os romances de terror e filmes de vampiro. As análises estatísticas de ataques suicidas por motivos políticos desde 1982 também não atestam um retorno das religiões, mas no máximo a ascensão de um "niilismo ativo", como argumentou convincentemente Navid Kermani pouco depois do 11 de Setembro[11].

Em quarto lugar – O suicídio na modernidade avançou para uma técnica de si – para usar uma terminologia de Michel Foucault[12] – em estreita conexão com outras técnicas de si, tais como escrever, ler ou produzir quadros[13]. A ideia de que eu e minha vida me pertencem[14] está hoje incorporada, sobretudo, à paradoxal exigência de que minha morte me pertença[15]. A própria morte torna-se um projeto que eu desejo moldar, e não delegar a quaisquer instituições ou membros da sociedade. A tradução alemã do diário suicida de Roberta Tatafiore traz o título certeiro de *Einen Tod entwerfen* [Esboçar uma morte][16].

Em quinto lugar – As técnicas de si costumam operar com uma espécie de cisão do sujeito: o sujeito aparece como autor e ao mesmo tempo como obra, como observante e observado, como jogador e jogo, como possuidor e posse, como vigia e detento, como libertador e libertado. Essa cisão é explicitamente abordada em várias representações e reflexões sobre o suicídio, em especial em numerosas cartas de despedida. Théodore Jouffroy expressou-a da forma mais clara em 1842 ao observar que o discurso sobre "matar-se ou suicidar-se" lançaria mão de uma terminologia inapropriada porque "quem mata nunca é idêntico a quem é morto"[17].

Em sexto lugar – A ascensão do suicídio à técnica de si está intimamente relacionada com a história mais recente da mídia de massa. Já nos debates sobre a *English Malady*, no século XVIII[18], e a "febre Werther", no século XIX, os efeitos potencialmente perigosos de idas ao teatro e da leitura de jornais e romances foram enfatizados, e ainda hoje as instituições de prevenção do suicídio criticam a cobertura midiática e a comunicação na internet como matrizes prováveis para atos de imitação.

A modernidade é essencialmente caracterizada pela mídia de massa, por um lado em função da vasta alfabetização e educação escolar e, por outro, através de rápidos avanços tecnológicos que facilitam muito o uso de técnicas culturais simbólicas – de máquinas de escrever a computadores, de câmeras fotográficas a smartphones. Afinal, quem teve, antes do século XIX, a oportunidade de ver ou tirar uma foto de si mesmo? Quem teve a oportunidade de escrever um texto sobre si e sua vida ou de escrever uma carta de despedida enquanto preparava o suicídio? As técnicas de si eram anteriormente praticadas apenas pelas elites minoritárias, ao passo que hoje podem ser praticadas com bastante naturalidade – e ainda por cima com alcance global – por todos os estratos da população.

Em sétimo lugar – De uma perspectiva histórica, as culturas críticas e as fascinadas pelo suicídio podem ser distinguidas umas das outras[19]. A Antiguidade, por exemplo, era decerto muito mais favorável ao suicídio do que a Idade Média cristã, embora Emil Szittya presumivelmente exagere ao caracterizar a Antiguidade como a época de um verdadeiro entusiasmo suicida[20]. Mas, exceto o fato de que tanto o fascínio quanto a crítica têm duas faces oscilando entre atração e repulsa, aspectos culturais específicos das tradições de suicídio e das suas narrativas difundiram-se e misturaram-se globalmente em um ritmo tão impressionante que quase não faz sentido tentar distinguir entre as mentalidades críticas ao suicídio e as por ele fascinadas. Quem comparar peças de teatro, romances, séries de TV ou jogos de computador de diferentes regiões do mundo irá descobrir rapidamente muito mais semelhanças e afinidades do que diferenças significativas. Vivemos num mundo fascinado pelo suicídio, que muitas vezes sonha em ser capaz de assistir ao seu próprio declínio[21]. E já pouco importa onde foram produzidas as visões distópicas de uma era pós-nuclear, de uma vida após o colapso final do clima ou de uma disseminação mundial de vírus mortais que transformam todos os humanos em zumbis: se no Japão, nos EUA, no Canadá, na América Latina, na África do Sul ou na Europa. Hoje não pensamos apenas ocasionalmente em tirar nossa vida, mas também estamos fascinados pela ideia de que a espécie humana será extinta – no final de um antropoceno porventura até bem curto. "Crescemos com a convicção", escreveu Hannah Arendt em 1943, "de que a vida é o bem maior e a morte o maior horror, e ainda assim nos tornamos testemunhas e vítimas de horrores piores que a morte – sem poder descobrir um ideal maior que a vida."[22] Mas o que poderia tomar seu lugar? Será que só mesmo o "nada", esse substantivo repugnante e sublime que, segundo afirmou recentemente Peter Watson, seria a rubrica da nossa era?[23] Ou uma "cultura do suicídio", como exigiu Michel Foucault numa das suas últimas entrevistas?[24]

* * *

A última palavra deve sempre expressar agradecimentos. Os primeiros esboços para o tema deste livro foram escritos durante uma estadia de pesquisa no *Kolleg* Morphomata, na Universidade de Colônia, durante o ano acadêmico de 2013-14. Agradeço a Günter Blamberger e Dietrich Boschung pelo convite para essa estadia – com o projeto "Suicídio como técnica de si". Em seguida, dei uma palestra sobre a história cultural do suicídio na Universidade de Humboldt, em Berlim, no semestre acadêmico de inverno de 2014-15. Agradeço aos alunos por suas perguntas e comentários estimulantes. Ao esquadrinhar o campo de pesquisa ainda bastante novo da suicidologia cultural, colegas do Instituto de Estudos Culturais acompanharam-me com conselhos. A eles eu gostaria de agradecer cordialmente: Iris Därmann, Katja Kynast (com quem conduzi um seminário sobre a comparação cultural de representações suicidas em cinema para o programa de mestrado "Estudos culturais psicanalíticos"), Antonio Lucci, Jasmin Mersmann e Inga Anderson. Gostaria de agradecer também a Raimar S. Zons e Geertjan de Vugt, bem como a Haim Hazan e Raquel Romberg, do Minerva Center for the Interdisciplinary Study of the End of Life, da Universidade de Tel Aviv, pelos seus valiosos conselhos. A Genoveva Rückert (do OK, em Linz) agradeço por algumas conversas comoventes e informativas. Apoiou-me também com conversas e sugestões a equipe de pessoal do Centro Internacional de Investigação para Estudos Culturais, em Viena, o qual dirijo desde março de 2016. São eles: Johanna Richter, Katja Geiger, Petra Radeczki, Daniela Losenicky, Ingrid Söllner-Pötz e Fiona Faßler. Apenas algumas semanas antes da entrega do manuscrito deste trabalho, Rafaela Kupfner me surpreendeu ao deixar o livro infantil *Os irmãos Coração de Leão*, de Astrid Lindgren, sobre a minha mesa. E ela o fez porque esse livro desencadeou uma feroz controvérsia no Parlamento sueco, após sua publicação em 1973, por causa de sua suposta representação idealizadora de um suicídio infantil. (De fato, no final do livro os dois irmãos saltam num abismo; no entanto, àquela altura eles já tinham morrido havia muito tempo e transitavam por diferentes paisagens do além.)[25]

Gostaria de agradecer a Julian Baller por sua assistência e apoio na pesquisa de alguns capítulos do livro; ele também elaborou o índice onomástico. Um agradecimento especial a Hanna Leitgeb, da agência literária Rauchzeichen, que me incentivou com gentil insistência a fazer de um plano uma concepção, e da concepção, um livro. Finalmente, gostaria de agradecer à editora Suhrkamp pela sua confiança e paciência, pela cuidadosa edição de Eva Gilmer e pelo apoio sempre útil de Christian Heilbronn. E, por último, gostaria de agradecer a Annette Wunschel, que, com seu carinho, me acompanhou e encorajou em fases de desespero e resignação.

Notas

Introdução

1 Walter Benjamin, "Das Passagen-Werk", in: *Gesammelte Schriften*, vol. V.1. Org. Rolf Tiedemann. Frankfurt am Main, 1982, p. 455. [Trad. bras. *Passagens*. Editora UFMG, 2006.]
2 Cf. Peter Sloterdijk, *Zorn und Zeit. Politisch-psychologischer Versuch*. Frankfurt am Main, 2006.
3 Cf. Byung-Chul Han, *Müdigkeitsgesellschaft*. Berlim, 2010; Alain Ehrenberg, *Das erschöpfte Selbst. Depression und Gesellschaft in der Gegenwart*. Trad. Manuela Lenzen e Martin Klaus. Frankfurt am Main, 2008. [Trad. bras. *Sociedade do cansaço*. Vozes, 2015.]
4 Cf. Hartmut Rosa, *Beschleunigung und Entfremdung. Entwurf einer kritischen Theorie spätmoderner Zeitlichkeit*. Trad. Robin Celikates. Berlim, 2013. Org. Armen Avanessian, *Akzeleration*. Berlim, 2013.
5 Cf. Samuel Huntington, *Kampf der Kulturen. Die Neugestaltung der Weltpolitik im 21. Jahrhundert*. Trad. Holger Fliessbach. Munique, Viena, 1996; Herfried Münkler, *Die neuen Kriege*. Reinbek, Hamburgo, 2002. [Trad. bras.: *O choque das civilizações*. Objetiva, 1996.]
6 Cf. Heinz Bude, *Gesellschaft der Angst*. Hamburgo, 2014.
7 Cf. Christopher Lasch, *Das Zeitalter des Narzismus*. Trad. Gerhard Burmundt. Munique, 1980; Hans-Joachim Maaz, *Die narzisstische Gesellschaft. Ein Psychogramm*. Munique, 2012.
8 Cf. Ralf Konersmann, *Die Unruhe der Welt*. Frankfurt am Main, 2015.
9 Hans Blumenberg, Carl Schmitt, *Briefwechsel 1971-1978 und weitere Materialien*. Org. Alexander Schmitz e Marcel Lepper. Frankfurt am Main, 2007, p. 148.
10 Walter Benjamin, "Charles Baudelaire. Ein Lyriker im Zeitalter des Hochkapitalismus", in: *Gesammelte Schriften*, vol. I.2. Org. Rolf Tiedemann e Hermann Schweppenhäuser. Frankfurt am Main, 1974, pp. 509-690; p. 578. [Trad. bras. *Charles Baudelaire, um lírico no auge do capitalismo: obras escolhidas*. Brasiliense, 1989.]
11 Cf. Jean-Étienne Esquirol, *Die Geisteskrankheiten in Beziehung zur Medizin und Staatsarzneikunde*. Trad. W. Bernhard, vol. 1. Berlim, 1838, pp. 306-90.

12 Cf. Max Schur, *Sigmund Freud. Leben und Sterben*. Trad. Gert Müller. Frankfurt am Main, 1973.
13 Karl Menninger, *Selbstzerstörung. Psychoanalyse des Selbstmords*. Trad. Hilde Weller. Frankfurt am Main, 1978, p. 25 s. [Trad. bras. *Eros e Tânatos: o homem contra si próprio*. Ibrasa, 1970.]
14 Cf. Michaela Maria Hintermayr, *Diskurs über Suizide und Suizidversuche von Hausgehilfinnen in Wien zwischen 1925 und 1933/34*. Dissertação de mestrado não publicada. Viena, 2010, p. 12.
15 Cf. Erwin Ringel, *Der Selbstmord. Abschluß einer krankhaften psychischen Entwicklung. Eine Untersuchung an 745 geretteten Selbstmördern*. Viena, Düsseldorf, 1953; cf. Gernot Sonneck *et al.*, *Krisenintervention. Von den Anfängen der Suizidprävention bis zur Gegenwart*. Weitra, 2008.
16 Hipócrates, *Fünf auserlesene Schriften*. Trad. Wilhelm Capelle. Darmstadt, 1984, p. 172; cf. Beate Gundert, "Artikel Krise", *in*: Karl-Heinz Leven (org.), *Antike Medizin. Ein Lexikon*. Munique. 2005, p. 541 s.
17 Cf. Edwin S. Shneidman, *The Suicidal Mind*. Oxford, New York, 1996; *id.*, *Autopsy of a Suicidal Mind*. Oxford, New York, 2004.
18 Cf. David Lester, *The "I" of the Storm. Understanding the Suicidal Mind*. Varsóvia, Berlim, 2014, p. 155.
19 Cf. Yuval Noah Harari, *Homo Deus. Eine Geschichte von Morgen*. Trad. Andreas Wirthensohn. Munique, 2017, p. 26. [Trad. bras. Paulo Geiger. *Homo Deus: uma breve história do amanhã*. Companhia das Letras, 2016.]
20 Friedrich Nietzsche, "Jenseits von Gut und Böse", *in*: *Sämtliche Werke/ Kritische Studienausgabe (= KSA)*. Org. Giorgio Colli e Mazzino Montinari, vol. 5. Munique, Berlim *et al.*, 1980, pp. 9-243; p. 100. [Trad. bras. *Além do bem e do mal*. Companhia das Letras, 2005.]
21 Walker Percy, *The Moviegoer*. New York, 1962, p. 194 s. A versão alemã desta passagem, ausente na tradução de Peter Handke, é citada a partir de: Glen O. Gabbard, "Misslungene psychoanalytische Behandlungen suizidaler Patienten", *in*: Sylvia Zwettler-Otte (org.), *Entgleisungen in der Psychoanalyse. Berufsethische Probleme*. Göttingen, 2007, pp. 120-42; p. 131.
22 Cf. Julie Beck, "'Going to Switzerland' Is a Euphemism for Assisted Suicide", *in*: *The Atlantic* (27.08.2014). Disponível em: https://www.theatlantic.com/health/archive/2014/08/going-to-switzerland-is-a-euphemism-for-assisted-suicide/379182. Acesso em: 15.05.2017.
23 Cf. N.N., "Passant hilft bei Suizid nach", *in*: *BZ* (24.05.2009). Disponível em: http://www.bz-berlin.de/aktuell/welt/passant-hilft-bei-suizid-nach-article467006.html. Acesso em: 15.05.2017.

24 Cf. Claude Guillon/Yves LeBonniec, *Gebrauchsanleitung zum Selbstmord. Eine Streitschrift für das Recht auf einen frei bestimmten Tod*. Trad. Eva Moldenhauer. Frankfurt am Main, 1982; Geo Stone, *Suicide and Attempted Suicide. Methods and Consequences*. New York, 1999. [Trad. port. *Suicídio, modo de usar: história, técnica, notícia*. Antígona, 1990.]
25 Cf. Michel Foucault, "Technologien des Selbst". Trad. Michael Bischoff, in: *Schriften in vier Bänden*, vol. 4: *1980-1988*. Trad. Michael Bischoff et al. Frankfurt am Main, 2005, pp. 966-99. [Trad. bras. do inglês: Andre Degenszajn. "Tecnologias de si", in: *Verve*, n. 6, 2004, pp. 321-60.]
26 Ernst Jünger, "Heliopolis", in: *Werke*, vol. 10: *Erzählende Schriften II*. Stuttgart, 1965, p. 400. [Trad. bras. *Heliópolis*. Nova Fronteira, 1981.]
27 Nesse sentido, Roberta Tatafiore fala da "vigia da prisão do seu próprio eu". Cf. Roberta Tatafiore, *Einen Tod entwerfen. Tage buch eines Selbstmords*. Trad. Andreas Rostek. Berlim, Varsóvia, 2010, p. 27.
28 Cf. Immanuel Kant, "Die Metaphysik der Sitten", in: *Werkausgabe*. Org. Wilhelm Weischedel, vol. VIII. Frankfurt am Main, 1978, p. 456. [Trad. bras. *Metafísica dos costumes*, Vozes, 2013.]
29 Théodore Jouffroy, *Nouveaux mélanges philosophiques*. Org. Jean Philibert Damiron. Paris, 1842, p. 245.
30 Bertolt Brecht, "Als ich in weißem Krankenzimmer der Charité", in: *Die Gedichte*. Org. Jan Knopf. Frankfurt am Main, 2007, p. 1.564 s.
31 Cf. Onno van der Hart, Ellert R. S. Nijenhuis e Kathy Steele, *Das verfolgte Selbst. Strukturelle Dissoziation und die Behandlung chronischer Traumatisierung*. Trad. Theo Kierdorf e Hildegard Höhr. Paderborn, 2008.
32 Cf. Fritz Zorn, *Mars*, prefácio de Adolf Muschg. Frankfurt am Main, 1979. Tatafiore, *op. cit.* em nota 27.
33 Cf. Stefan Kaegi/Dominic Huber, "Nachlass. Pièces sans personnes". Disponível em: http://www.rimini-protokoll.de/website/de/project/nachlass. Acesso em: 15.05.2017.
34 Cf. Jan Assmann, *Tod und Jenseits im Alten Ägypten*. Munique, 2001, pp. 496-500.
35 Zacharias Gottlieb Hußty, *Diskurs über die medizinische Polizei*, vol. 1. Bratislava, Leipzig, 1786, p. 511. Cf. Harald Neumeyer, *Anomalien, Autonomien und das Unbewusste. Selbstmord in Wissenschaft und Literatur von 1700 bis 1800*. Göttingen, 2009, p. 36.
36 Essa é outra razão pela qual numerosos posts sobre o nosso tema na internet mencionam de imediato os endereços e números de telefone dos relevantes organismos de intervenção em situações de crise.

37 Michael Köhlmeier, *Zwei Herren am Strand*. Munique, 2014, p. 27 s. Pela referência a esse romance, gostaria de agradecer imensamente ao meu amigo Raimar S. Zons.
38 *Ibid.*, p. 59 s.
39 *Ibid.*, p. 166.
40 *Ibid.*, p. 83.
41 Nigel Barley, *Tanz ums Grab*. Trad. Ulrich Enderwitz. Stuttgart, 1998, p. 43 s.
42 Cf. Nick Hornby, *A Long Way Down*. Trad. Clara Drechsler e Harald Hellmann. Munique, 2006. [Trad. bras. *Uma longa queda*. Companhia das Letras, 2014.] Cf. igualmente Anne Waak, *Der freie Tod. Eine kleine Geschichte des Suizids*. Berlim, 2016.
43 Cf. Julian Baller, *Unter Einsatz des Lebens. Zur Theorie und Praxis der Interferenz von Spiel und Tod*. Dissertação de mestrado não publicada. Berlim, 2016.
44 Cf. Johan Huizinga, *Homo ludens. Versuch einer Bestimmung des Spielelementes der Kultur*. Trad. Hans Nachod. Basileia, Bruxelas *et al.*, 1949. [Trad. bras. *Homo ludens: o jogo como elemento da cultura*. Editora da Universidade de S. Paulo, Perspectiva, 1971.]
45 Cf. Roger Caillois, *Die Spiele und die Menschen. Maske und Rausch*. Trad. Peter Geble. Berlim, 2017, pp. 153 e 237-9. [Trad. bras. *Os jogos e os homens: a máscara e a vertigem*. Vozes, 2017.]
46 Georges Bataille, "Spiel und Ernst" [1951]. Trad. Gerd Bergfleth, *in*: Johan Huizinga, *Das Spielelement der Kultur. Mit kommentierten Texten von Georges Bataille, Roger Caillois und Eric Voegelin*. Org. Knut Ebeling. Berlim, 2014, pp. 75-111; p. 84.
47 Cf. Friedrich Georg Jünger, *Die Spiele. Ein Schlüssel zu ihrer Bedeutung*. Frankfurt am Main, 1953; *apud* edição de bolso. Munique, 1959, p. 14.
48 *Ibid.*, p. 174: "Tudo que ainda não está em jogo pode ser posto em risco, dinheiro e bens, nome, boa reputação, honra e, portanto, a própria pessoa."
49 Jean Baechler, *Tod durch eigene Hand. Eine wissenschaftliche Untersuchung über den Selbstmord*. Trad. Christian Seeger. Frankfurt am Main, Berlim *et al.*, 1981, p. 330. Cf. igualmente Baller, *Unter Einsatz des Lebens*, p. 65.
50 Georges Surdez, "Russian Roulette. The Strange Case of Sergeant Burkowski, Who Died Many Deaths, and His Friend Feldheim, Who Had to Explain One of Them to Their Superior Officers", *in*: *Collier's Weekly*, (30.01.1937), pp. 16 e 57.
51 Cf. David Lester, "Russian Roulette and Duels", *in*: Steven Stack (org.), *Suicide as a Dramatic Performance*. New Brunswick, Londres, 2015, pp. 259-66.

52 Thomas Mann, *Der Zauberberg*. Frankfurt am Main, 2008, p. 970 s. [Trad. bras. *A montanha mágica*. Nova Fronteira, 2000.]
53 Em sua pitoresca coletânea de histórias de suicídio, Emil Szittya também menciona o alto risco de suicídio entre jogadores: "Entre os 1.756 suicídios que ocorreram em Paris de 1819 a 1923, 213 foram de jogadores." Cf. Emil Szittya, *Selbstmörder. Ein Beitrag zur Kulturgeschichte aller Zeiten und Völker*. Leipzig, 1925, p. 308.
54 Menninger, *Selbstzerstörung*, p. 16.
55 Aristóteles, *Politik*. Trad. e org. Olof Gigon. Munique, 1973, p. 49. [Trad. bras. *Política*. Martin Claret, 2001.] Cf. igualmente Aristóteles, *Die Nikomachische Ethik*. Trad. e org. Olof Gigon. Munique, 1972, p. 65.
56 Friedrich Nietzsche, "Vom Nutzen und Nachtheil der Historie für das Leben", *in*: KSA, vol. 1, p. 248. Cf. igualmente Friedrich Nietzsche, "Zur Genealogie der Moral", *in*: KSA, vol. 5, p. 291. [Trad. bras. *Genealogia da moral*. Companhia das Letras, 2009.]
57 Georg Wilhelm Friedrich Hegel, "Phänomenologie des Geistes", *in*: *Werke*. Com base em *Werke von 1832-1842*. Org. Eva Moldenhauer e Karl Markus Michel, vol. 3. Frankfurt am Main, 1970, p. 415. [Trad. bras. *Fenomenologia do espírito*. Vozes, 2014.]
58 Huizinga, *Homo ludens*, p. 1. [Trad. bras. *Homo ludens: o jogo como elemento da cultura*. Editora da Universidade de S. Paulo, Perspectiva, 1971.]
59 Christoph Drösser, *Tierquäler Disney*, apud "Stimmt's?", *in*: *Die Zeit* (17.09.1997). Disponível em: www.zeit.de/stimmts/1997/1997_38_stimmts. Acesso em: 15.05.2017.
60 Emil Szittya relata o suicídio de cavalos em *Selbstmörder*, p. 372 s. Suicídos míticos de pássaros nos Andes são descritos por Tip Marugg no seu romance *Auch Vögel sterben im Morgenblau* [Até os pássaros morrem no azul da manhã]. Trad. Waltraud Hüsmert. Berlim, 1993.
61 Edmund Ramsden/Duncan Wilson, "The Nature of Suicide: Science and the Self-Destructive Animal", *in*: *Endeavour* 1 (2010), pp. 21-4.
62 Claire Colebrook, "Suicide for Animals", *in*: Patricia MacCormack (org.), *The Animal Catalyst. Towards Ahuman Theory*. Londres. Nova Délhi *et al.*, 2014, pp. 133-44; p. 134.
63 *Ibid.*, p. 134 s.
64 *Ibid.*, p. 138.
65 Bernd Mahr, "Der maschinelle Wille zur Selbstvernichtung", *in*: *Maschinentheorien/Theoriemaschinen*. Org. Hans-Christian von Herrmann e Wladimir Velminski. Frankfurt am Main, Berlin *et al.*, 2012, pp. 149-76.

66 Um breve esboço biográfico de Tinguely, incluindo o poema de Duchamp, está disponível em: https://www.cineclubdecaen.com/peinture/peintres/tinguely/tinguely.htm. Acesso em: abril/2020.

1. A quem pertence a minha vida?

1 Michel de Montaigne, "Über die Einsamkeit", *in*: *Essais*. Trad. Hans Stilett. Frankfurt am Main, 1998, pp. 124-9; p. 126.
2 Albert Camus, *Der Mythos des Sisyphos*. Trad. Vincent von Wroblewsky. Reinbek, Hamburgo, 2000, p. 11. [Trad. bras. *O mito de Sísifo*. Record, 2004.]
3 Kamel Daoud, *Der Fall Meursault – eine Gegendarstellung*. Trad. Claus Josten. Colônia, 2016, p. 22. [Trad. bras. *O caso Meursault*. Globo Livros, 2016.]
4 Camus, *Der Mythos des Sisyphos*, p. 160.
5 Cf. Albert Camus, *Der glückliche Tod*. Trad. Eva Rechel-Mertens. Reinbek, Hamburgo, 1983, pp. 13 s. e 50 s. [Trad. bras. *A morte feliz*. BestBolso, 2017.]
6 Fiódor Dostoiévski, *Die Brüder Karamasow*. Trad. Swetlana Geier. Frankfurt am Main, 2006, p. 425. [Trad. bras. *Os irmãos Karamázov*. Editora 34, 2008.]
7 Ludwig Wittgenstein, "Tagebücher 1914-1916", *in*: *Werkausgabe*, vol. 1. Frankfurt am Main, 1984, pp. 87-187; p. 187. [Trad. bras. *Cadernos 1914-1916*. Biblioteca de filosofia contemporânea, vol. 34, Edições 70, 2004.]
8 Cf. Heidrun Hannusch, *Todesstrafe für die Selbstmörderin. Ein historischer Kriminalfall*. Berlim, 2011.
9 Gerry Holt, *When Suicide Was Illegal*, *in*: *BBC News* (03.08.2011). Disponível em: http://www.bbc.com/news/magazine-14374296. Acesso em: 15.05.2017.
10 Jean Améry, *Hand an sich legen. Diskurs über den Freitod*. Stuttgart, 2008, p. 105.
11 Aristóteles, *Politik*. Trad. e org. Olof Gigon. Munique, 1973, p. 55 (1.255 b 11). [Trad. bras. *Política*. Martin Claret, 2001.]
12 Lúcio Aneu Sêneca, *Briefe an Lucilius*. Trad. Heinz Gunermann *et al*. Org. Marion Giebel. Stuttgart, 2014, pp. 136 (42, 10) e 286 (75, 18). [Trad. port. *Cartas a Lucílio*. Fundação Calouste Gulbenkian, 2009.]
13 *Ibid.*, p. 256 (70, 5).
14 *Ibid.*, p. 262 (71, 36).

15 Apud David Graeber, *Schulden. Die ersten 5000 Jahre*. Trad. Ursel Schäfer *et al.* Stuttgart, 2012, p. 49. [Trad. bras. *Dívida: os primeiros 5.000 anos*. Três Estrelas, 2016.]
16 *Die Vorsokratiker*, vol. 1. Trad. M. Laura Gemelli Marciano. Düsseldorf, 2007, p. 37. [Trad. Bruno Loureiro Conte.]
17 Nesse mesmo sentido, Hans Blumenberg caracterizou a marcha ereta como "cena primária". Cf. Hans Blumenberg, *Beschreibung des Menschen*. Org. Manfred Sommer. Frankfurt am Main, 2006, p. 777.
18 Cf. Sigmund Freud, "Aus der Geschichte einer infantilen Neurose" [*"Der Wolfsmann"*], in: *Studienausgabe*. Org. Alexander Mitscherlich *et al.*, vol. VIII: *Zwei Kinderneurosen*. Frankfurt am Main, 1969, pp. 125-32; pp. 149-65. [Trad. bras. Paulo César de Souza. *Obras completas*, vol. 14: *História de uma neurose infantil ("O homem dos lobos"), Além do princípio do prazer e outros textos (1917-1920)*. Companhia das Letras, 2010.]
19 Originalmente, Freud tinha interpretado a "cena primária" como uma experiência real de abuso. Cf. Sigmund Freud, *Briefe an Wilhelm Fließ 1887-1904*. Org. Jeffrey Moussaieff Masson, versão alemã por Michael Schröter. Frankfurt am Main, 1896, p. 253.
20 Bronisław Malinowski, *Das Geschlechtsleben der Wilden in Nordwest Melanesien. Liebe/Ehe und Familienleben bei den Eingeborenen der Trobriand-Inseln/Britisch-Neu-Guinea*. Trad. Eva Schumann. Leipzig, Zurique, 1930, p. 132.
21 *Ibid.*, p. 120.
22 Cf. Yuval Noah Harari, *Eine kurze Geschichte der Menschheit*. Trad. Jürgen Neubauer. Munique, 2013, pp. 9-98. [Trad. bras. *Sapiens: uma breve história da humanidade*. L&PM, 2015.]
23 *Ibid.*, p. 53.
24 A suposta miscigenação só foi provada há poucos anos – com a ajuda de análises genéticas. Antes disso, os cientistas sempre acreditaram no primeiro genocídio da história mundial. Cf. *ibid.*, p. 27 s.
25 *Ibid.*, p. 79.
26 Ernst Bloch, *Das Prinzip Hoffnung*. Frankfurt am Main, 1973, p. 1. [Trad. bras. *O princípio esperança*. EdUERJ, 2005.]
27 Cf. Max Raphael, *Wiedergeburtsmagie in der Altsteinzeit. Zur Geschichte der Religion und religiöser Symbole*. Frankfurt am Main, 1979. Cf. Hans Peter Duerr, *Sedna oder Die Liebe zum Leben*. Frankfurt am Main, 1984.
28 Pierre-Joseph Proudhon, *Was ist das Eigentum? Erste Denkschrift. Untersuchungen über den Ursprung und die Grundlagen des Rechts und der Herrschaft*. Trad. Alfons Fedor Cohn. Berlim, 1896, p. 1.

29 Immanuel Kant, "Die Metaphysik der Sitten", *in*: *Werkausgabe*. Org. Wilhelm Weischedel, vol. VIII. Frankfurt am Main, 1978, p. 373. [Trad. bras. *Metafísica dos costumes*. Vozes, 2013, I, § 13, p. 68.]

30 Cf. Josef H. Reichholf, *Warum die Menschen sesshaft wurden. Das größte Rätsel unserer Geschichte*. Frankfurt am Main, 2008. Cf. Hermann Parzinger, *Die Kinder des Prometheus. Eine Geschichte der Menschheit vor der Erfindung der Schrift*. Munique, 2014.

31 Cf. Jost Herbig, *Nahrung für die Götter. Die kulturelle Neuerschaffung der Welt durch den Menschen*. Munique, Viena, 1988, p. 207.

32 Nathalie Sarthou-Lajus, *Lob der Schulden*. Trad. Claudia Hamm. Berlim, 2013, p. 41.

33 Cf. Karl Jaspers, *Vom Ursprung und Ziel der Geschichte*. Munique, 1949. Cf. Karen Armstrong, *Die Achsenzeit. Vom Ursprung der Weltreligionen*. Trad. Michael Bayer e Karin Schuler. Munique, 2006.

34 Cf. Peter Sloterdijk, *Die schrecklichen Kinder der Neuzeit. Über das anti-genealogische Experiment der Moderne*. Berlim, 2014.

35 Friedrich Benjamin Osiander, *Über den Selbstmord, seine Ursachen, Arten, medicinisch-gerichtliche Untersuchung und die Mittel gegen denselben. Eine Schrift sowohl für Policei- und Justiz-Beamte, als für gerichtliche Ärzte und Wundärzte, für Psychologen und Volkslehrer*. Hannover, 1813, p. 2.

36 Kant, *Die Metaphysik der Sitten*, p. 553. [Trad. bras. *Metafísica dos costumes*. Vozes, 2013, II, § 6, p. 234.]

37 John Locke, *The Second Treatise of Government/Über die Regierung*, em inglês e alemão. Trad. Dorothee Tidow. Org. Peter Cornelius Mayer-Tasch. Stuttgart, 2012, p. 49 (§ 27).

38 *Ibid.*, pp. 13 e 15 (§ 6).

39 *Ibid.*, pp. 89 e 91 (§ 55).

40 Kant, *Die Metaphysik der Sitten*, p. 393 s. [Trad. bras. *Metafísica dos costumes*. Vozes, 2013, I, § 28, pp. 85-6.]

41 Manfred Sommer, *Identität im Übergang: Kant*. Frankfurt am Main, p. 21.

42 Kant, *Die Metaphysik der Sitten*, p. 395. [Trad. bras. *Metafísica dos costumes*. Vozes, 2013, I, § 29, p. 87.]

43 Frederick Douglass, "Self-Made Men", *in*: John Blassinghame e John McKivigan (org.), *The Frederick Douglass Papers*, série 1, vol. 4. New Haven, Londres, 1992, pp. 545-75; p. 549 s.

44 *Ibid.*, p. 560.

45 Cf. Thomas Piketty, *Das Kapital im 21. Jahrhundert*. Trad. Ilse Utz e Stefan Lorenzer. Munique, 2014. [Trad. bras. *O capital no século XXI*. Intrínseca, 2014.]

46 Sigmund Freud, "Eine Schwierigkeit der Psychoanalyse", in: *Imago, Zeitschrift für Anwendung der Psychoanalyse auf die Geisteswissenschaften*, vol. V. Leipzig, Viena, 1919, pp. 1-7; p. 7. [Trad. bras. Paulo César de Souza. *Obras completas*, vol. 14. *História de uma neurose infantil ("O homem dos lobos"), Além do princípio do prazer e outros textos (1917-1920)*. Companhia das Letras, 2010.]
47 Cf. Lydia Cacho, *Sklaverei. Im Inneren des Milliardengeschäfts Menschenhandel*. Trad. Jürgen Neubauer. Frankfurt am Main, 2011; assim como Benjamin Skinner, *Menschenhandel. Sklaverei im 21. Jahrhundert*. Trad. Jürgen Neubauer. Bergisch Gladbach, 2010.
48 Benjamin Skinner, "A World Enslaved", in: *Foreign Policy* (março/abril/2008), pp. 62-7; p. 62. Disponível em: www.foreignpolicy.com/articles/2008/02/19/a_world_enslaved. Acesso em: 15.05.2017.
49 Max Stirner, *Der Einzige und sein Eigentum*. Org. Ahlrich Meyer. Stuttgart, 1972, p. 5. [Trad. bras. *O único e a sua propriedade*. WMF Martins Fontes, 2009.]
50 Améry, *Hand an sich legen*, p. 84 s.
51 Uma exceção é o tratado em latim *Tractatus theologico-litterarius*, do diácono Friedrich Lebrecht Götze. Cf. Friedrich Lebrecht Götze, *De nonismo et nihilismo in theologia, caeterisque eruditionis partibus obvio tractatus theologico-litterarius*. Cygnea (Zwickau), 1733.
52 Friedrich Heinrich Jacobi, *Werke*, vol. 3. Leipzig, 1816, p. 44.
53 Jean Paul, *Vorschule der Ästhetik*, parte I. Berlim, 1827, p. 32 (§ 2).
54 Jean Paul, *Siebenkäs*. Org. Carl Pietzcker. Stuttgart, 1983, p. 299 s.
55 Karl Rosenkranz, *Aus einem Tagebuch. Königsberg Herbst 1833 bis Frühjahr 1846*. Leipzig, 1854, p. 133.
56 Friedrich Nietzsche, "Jenseits von Gut und Böse", in: *KSA*, vol. 5, pp. 9-243; p. 137. [Trad. bras. Paulo César de Souza. *Além do bem e do mal*. Companhia das Letras, 2005.]
57 Friedrich Nietzsche, "Nachgelassene Fragmente. Herbst 1885 bis Herbst 1887", in: *KSA*, vol. 12, pp. 125 e 350. [Trad. port. *Fragmentos póstumos: 1885-1887*. Forense Universitária, 2013.]
58 *Ibid.*, p. 216.
59 Heinrich Popitz, *Phänomene der Macht*. Tübingen, 1992, p. 60.
60 Suzanne Collins, *Die Tribute von Panem. Tödliche Spiele*. Trad. Sylke Hachmeister e Peter Klöss. Hamburgo, 2009, p. 383 s. [Trad. bras. *Jogos vorazes*. Rocco, 2012.]
61 Friedrich Nietzsche, "Also sprach Zarathustra. Ein Buch für Alle und Keinen", in: *KSA*, vol. 2, pp. 367-704; p. 632 s. [Trad. bras. Paulo César de Souza. *Assim falou Zaratustra*. Companhia das Letras, 2018.]

62 Friedrich Nietzsche, "Menschliches, Allzumenschliches II", in: *KSA*, vol. 2, pp. 367-704; p. 632 s. [Trad. bras. *Humano, demasiado humano II*. Companhia das Letras, 2008.]
63 Svenja Flaßpöhler, *Mein Tod gehört mir. Über selbstbestimmtes Sterben*. Munique, 2013, p. 18.
64 Rainer Maria Rilke, *Die Gedichte*. Frankfurt am Main, 1986, p. 293. [Trad. port. *Poemas*. Luzes no Asfalto, 2010.]
65 Harold Brodkey, *Die Geschichte meines Todes*. Trad. Angela Praesent. Reinbek, Hamburgo, 1998.

2. Suicídio antes da modernidade

1 Cesare Pavese, *Das Handwerk des Lebens. Tagebuch 1935-50*. Trad. Maja Pflug. Munique, 2001, 2ª edição, p. 438. [Trad. bras. *O ofício de viver: diário de 1935-1950*. Bertrand Brasil, 1988.]
2 Cf. Julia Schreiner, *Jenseits vom Glück. Suizid, Melancholie und Hypochondrie in deutschsprachigen Texten des späten 18. Jahrhunderts*. Munique, 2003, p. 145 s. Cf. igualmente Ursula Baumann, *Vom Recht auf den eigenen Tod. Die Geschichte des Suizids vom 18. bis zum 20. Jahrhundert*. Weimar, 2001, p. 19.
3 Paul-Henri Thiry d'Holbach, *System der Natur, oder von den Gesetzen der physischen und moralischen Welt*, vol. I. Trad. Carl Gottfried Schreiter. Frankfurt am Main, Leipzig, 1791, p. 333.
4 Públio Siro, *Die Sprüche*. Em latim e alemão. Org. Hermann Beckby. Munique, 1969, p. 32 s.
5 Cf. Émile Durkheim, *Der Selbstmord*. Trad. Sebastian e Hanne Herkommer. Frankfurt am Main, 1983, pp. 163-242, 242-72, e 273-319. [Trad. bras. *O suicídio*. WMF Martins Fontes, 2019.]
6 Ruth Benedict, *Chrysantheme und Schwert. Formen der japanischen Kultur*. Trad. Jobst-Matthias Spannagel. Frankfurt am Main, 2006, p. 196 s. [Trad. bras. *O crisântemo e a espada: padrões da cultura japonesa*. Perspectiva, 2002.]
7 Platão, *Nomoi* [*Leis*], in: *Sämtliche Werke*, vol. 6. Trad. Hieronymus Müller. Hamburgo, 1959, p. 235 (873c).
8 Mario Erdheim e Maya Nadig comentaram o conceito de morte social a partir de uma perspectiva etnopsicoanalítica; cf. Mario Erdheim e Maya Nadig, "Größenphantasien und sozialer Tod", in: *Kursbuch* 58 ("Karrieren", 1979), pp. 115-6. Orlando Patterson referiu-se à *social death* da escravidão. Cf. Orlando Patterson, *Slavery and Social Death*.

A Comparative Study. Cambridge/MA, 1982. Eu mesmo afirmei em meus estudos sobre as metáforas da morte que todas elas podem ser reportadas aos conceitos de morte social. Cf. Thomas H. Macho, *Todesmetaphern. Zur Logik der Grenzerfahrung*. Frankfurt am Main, 1987, pp. 408-45.
9 Tito Lívio, *Römische Geschichte*, vol. 1. Trad. Konrad Heusinger. Braunschweig, 1821, p. 95 (I, 58).
10 Públio Ovídio Nasão, *Fasti – Festkalender*, em latim e alemão. Trad. Niklas Holzberg. Munique, Zurique, 1995, p. 95 (II, 829-36). [Trad. bras. *Fastos*. Autêntica, 2015.]
11 Cf. Klaus Theweleit, *Buch der Königstöchter. Von Göttermännern und Menschenfrauen. Mythenbildung, vorhomerisch, amerikanisch* (= Pocahontas II). Frankfurt am Main, Basileia, 2013.
12 Cf. Thomas Macho, *Vorbilder*. Munique, 2011, pp. 115-75.
13 Plutarco, *Moralia*, vol. I. Org. Christian Weise e Manuel Vogel, a partir de uma tradução de Christian Nathanael Osiander e Gustav Schwab. Wiesbaden, 2012, p. 437. Cf. igualmente Aulo Gélio, *Attischen Nächte*. Trad. Fritz Weiss, vol. 2. Leipzig, 1876, p. 279 s. (XV, 10).
14 Georges Minois, *Geschichte des Selbstmords*. Trad. Eva Moldenhauer. Düsseldorf, Zurique, 1996, p. 71 s. [Trad. bras. *História do suicídio: a sociedade ocidental diante da morte voluntária*. Editora Unesp, 2018.]
15 Cf. Yolande Grisé, *Le suicide dans la Rome antique. Collection d'études anciennes*. Montreal, Paris, 1982, pp. 34-53.
16 Cf. Dante Alighieri, *Die Göttliche Komödie*. Trad. Wilhelm G. Hertz. Munique, 1994, p. 160 s. [Trad. bras. *A divina comédia*. Editora 34, 1998.]
17 Flávio Josefo, *Geschichte des Judäischen Krieges*. Trad. Heinrich Clementz. Stuttgart, 2015, p. 500. [Trad. port. *A Guerra dos Judeus: história da guerra entre judeus e romanos*. Sílabo, 2013.]
18 Cf. Emmanuel Carrère, *Das Reich Gottes*. Trad. Claudia Hamm. Berlim, 2016, 425 s. [Trad. bras. *O reino*. Alfaguara, 2016.]
19 Sigmund Freud, "Zeitgemäßes über Krieg und Tod", *in*: *Studienausgabe*. Org. Alexander Mitscherlich, Angela Richards e James Strachey, vol. X: *Fragen der Gesellschaft/Ursprünge der Religion*. Frankfurt am Main, 1974, pp. 33-60; p. 49. [Trad. bras. Paulo César de Souza. *Obras completas*, vol. 12: *Introdução ao narcisismo, ensaios de metapsicologia e outros textos (1914-1916)*. Companhia das Letras, 2010.]
20 Franz Borkenau, "Todesantinomie und Kulturgenerationen", *in*: *Ende und Anfang. Von den Generationen der Hochkulturen und von der Entstehung des Abendlandes*. Org. Richard Löwenthal. Stuttgart, 1984, pp. 83-119; p. 96.

21 *Ibid.*, p. 109.
22 "Die Akten der HH. Perpetua und Felizitas", *in*: *Frühchristliche Apologeten und Märtyrerakten*, vol. 2 (= Bibliothek der Kirchenväter, série 1, vol. 14). Trad. Gerhard Rauschen. Kempten, Munique, 1913, pp. 328-44; p. 331.
23 *Ibid.*, p. 344.
24 Santo Agostinho, *Vom Gottesstaat I, 26*, vol. 1, livros 1 a 10. Trad. Wilhelm Thimme. Munique, 1991, pp. 45-7. [Trad. port. *A cidade de Deus*. Fundação Calouste Gulbenkian.]
25 Atanásio, "Schutzschrift an Kaiser Constantius" [*Apologia ad Constantium*], *in*: *Ausgewählte Schriften des Heiligen Athanasius*, vol. 2. Trad. e org. Josef Fisch (= Bibliothek der Kirchenväter, série 1, vol. 29). Kempten, 1875, pp. 176-213; p. 210.
26 Elaine Pagels e Karen L. King, *Das Evangelium des Verräters. Judas und der Kampf um das wahre Christentum*. Trad. Rita Seuß. Munique, 2008. [Trad. bras. *Apócrifos e pseudo-epígrafos da Bíblia*. Fonte Editorial, 2010.]
27 Simon Critchley, *Notes on Suicide*. Londres, 2015, p. 31.
28 Nietzsche, *Also sprach Zarathustra*, p. 95. [Trad. bras. Paulo César de Souza. *Assim falou Zaratustra*. Companhia das Letras, 2018.]
29 Cf. Marzio Barbagli, *Farewell to the World. A History of Suicide*. Trad. Lucinda Byatt. Cambridge, Malden, 2015, p. 31. [Trad. bras. *O suicídio no Ocidente e no Oriente*. Vozes, 2019.]
30 Cf. Peter Burschel, *Sterben und Unsterblichkeit. Zur Kultur des Martyriums in der frühen Neuzeit* (= Ancien Régime, Aufklärung und Revolution, vol. 35). Munique, 2004.
31 Minois, *Geschichte des Selbstmords*, p. 24 s. Cf. Alexander Murray, *Suicide in the Middle Ages*, vol. 1: *The Violent Against Themselves*, vol. 2: *The Curse on Self-Murder*. Oxford, Nova York, 1998 e 2000. [Trad. port. *História do suicídio: a sociedade ocidental perante a morte voluntária*. Teorema, 1998.]
32 Cf. Ursula Spuler-Stegemann, *Die 101 wichtigsten Fragen zum Islam*. Munique, 2007, p. 128.
33 Cf. *Zeugen für Christus. Das deutsche Martyrologium des 20. Jahrhunderts*. Org. de dois volumes por Helmut Moll a pedido da Conferência dos Bispos Alemães. Paderborn, 2015.
34 Sigrid Weigel (org.), *Märtyrer-Porträts. Von Opfertod, Blutzeugen und heiligen Kriegern*. Munique, 2007.
35 Dante, *Die Göttliche Komödie*, p. 60. [Trad. bras. *A divina comédia*. Editora 34, 1998.]

36 Erasmo de Rotterdam, *Das Lob der Torheit*. Trad. e org. Anton J. Gail. Stuttgart, 2012, p. 41 s. [Trad. bras. *Elogio da loucura*. WMF Martins Fontes, 2019.]
37 *Ibid.*, p. 42 s.
38 Minois, *Geschichte des Selbstmords*, p. 120.
39 Erasmo de Rotterdam, *Das Lob der Torheit*, p. 5.
40 *Ibid.*, p. 6 s.
41 Thomas More, *Utopia*. Trad. Gerhard Ritter. Stuttgart, 2003, p. 106. [Trad. bras. *Utopia,* edição bilíngue (latim/português). Autêntica, 2017.]
42 Antonio de Guevara, *Fürstlicher Lustgarten und Weckuhr*, parte 3. Trad. Aegidius Albertinus. Leipzig, 1619, p. 127. Cf. igualmente a tradução de algumas passagens desse texto por Eva Moldenhauer, *in*: Minois, *Geschichte des Selbstmords*, p. 105 s.
43 *Ibid.*, p. 294.
44 Henry Kamen, *The Iron Century. Social Change in Europe 1550-1660.* Londres, 1982.
45 Michel de Montaigne, "Ein Brauch auf der Insel Keos", *in*: *Essais*. Trad. Hans Stilett. Frankfurt am Main, 1998, pp. 172-80; p. 175.
46 *Ibid.*, p. 180.
47 Cf. John Donne, *Biathanatos*. Ed. comentada e org. Michael Rudick e M. Pabst Battin. Nova York, Londres, 1982.
48 Cf. Robert Burton, *Anatomie der Melancholie. Über die Allgegenwart der Schwermut, ihre Ursachen und Symptome sowie die Kunst, es mit ihr auszuhalten.* Trad. Ulrich Horstmann. Zurique, Munique, 1988. [Trad. bras. *A anatomia da melancolia. A primeira partição: causas da melancolia*, vol. 2. Editora UFPR, 2011.]
49 David Hume, "Über Selbstmord", *in*: *Dialoge über natürliche Religion. Über Selbstmord und Unsterblichkeit der Seele.* Trad. Friedrich Paulsen, Leipzig, 1905, pp. 144-55; p. 154 [Trad. bras. *Diálogos sobre a religião natural.* Edufba, 2016.]

3. Efeitos-Werther

1 Roberta Tatafiore, *Einen Tod entwerfen. Tagebuch eines Selbstmords.* Trad. Andreas Rostek. Berlin, Varsóvia, 2010, p. 30.
2 Cf. Karl Kerényi, *Der göttliche Arzt. Studien über Asklepios und seine Kultstätten.* Darmstadt, 1956.

3 Jean Delumeau, *Angst im Abendland. Die Geschichte kollektiver Ängste im Europa des 14. Bis 18. Jahrhunderts*. Trad. Monika Hübner et al. Reinbek, Hamburgo, 1989, p. 143. [Trad. bras. *História do medo no Ocidente: 1300-1800: uma cidade sitiada*. Companhia das Letras, 1989.]
4 *Der tanzende Tod. Mittelalterliche Totentänze*. Trad., org. e comentários por Gert Kaiser. Frankfurt am Main, 1982, p. 97.
5 Cf. *Die Chronik des Mathias von Neuenburg*. Trad. Georg Grandaur. Leipzig, 1892, p. 173 s.
6 Delumeau, *Angst im Abendland*, p. 189.
7 Daniel Defoe, *Die Pest zu London*. Trad. Werner Barzel. Munique, 1987, p. 206 s. [Trad. port. *Diário da peste de Londres*. Presença, 1964.]
8 Philippe Ariès, *Geschichte des Todes*. Trad. Hans-Horst Henschen e Una Pfau. Munique, Viena, 1980, p. 605. [Trad. bras. *História da morte no Ocidente: da Idade Média aos nossos dias*. Ediouro, 2003.]
9 Defoe, *Die Pest zu London*, p. 138 s.
10 Ocasionalmente, surgiram dúvidas se essa bactéria foi realmente responsável pelas epidemias devastadoras na Idade Média e nos tempos modernos. Em 2011, as análises de DNA dos esqueletos do cemitério da Peste Negra, em Londres, refutaram essas dúvidas.
11 Albert Camus, *Die Pest*. Trad. Uli Aumüller. Reinbek, Hamburgo, 1998, pp. 150 e 247 s. [Trad. bras. *A peste*. Record, 2017.]
12 *Ibid.*, p. 350.
13 Heinrich Heine, "Französische Zustände", item VI, *in*: *Sämtliche Schriften*. Org. Klaus Briegleb, vol. 3. Munique, Viena, 1996, pp. 164-80; p. 168.
14 Cf. Alain Corbin, *Pesthauch und Blütenduft. Eine Geschichte des Geruchs*. Trad. Grete Osterwald. Berlin, 1984, p. 128 s.
15 Jacques Ruffié/Jean-Charles Sournia, *Die Seuchen in der Geschichte der Menschheit*. Trad. Brunhild Seeler. Stuttgart, 1987, p. 71 s.
16 Montaigne, "Über die Physiognomie", *in*: *Essais*, pp. 521-37; p. 539.
17 Defoe, *Die Pest zu London*, pp. 83 s. e 111 s.
18 Michel Devèze, *L'Espagne de Philippe IV, 1621-1665*, vol. 2. Paris, 1971, p. 318, *apud* Delumeau, *Angst im Abendland*, p. 171.
19 Cf. Vera Lind, *Selbstmord in der Frühen Neuzeit. Diskurs, Lebenswelt und kultureller Wandel am Beispiel der Herzogtümer Schleswig und Holstein*. Göttingen, 1999, p. 242 s.
20 Cf. Georges Minois, *Geschichte des Selbstmords*. Trad. Eva Moldenhauer. Düsseldorf, Zurique, 1996, pp. 132-74. [Trad. port.: *História do suicídio: a sociedade ocidental perante a morte voluntária*. Teorema, 1998.]

21 Cf. Marzio Barbagli, *Farewell to the World. A History of Suicide*. Trad. Lucinda Byatt. Cambridge, Malden, 2015, p. 19. [Trad. bras. *O suicídio no Ocidente e no Oriente*. Vozes, 2019.]
22 Johann Wolfgang Goethe, "Die Leiden des jungen Werther", *in*: *Werke, Kommentare und Register*. Edição de Hamburgo em 14 volumes. Org. Erich Trunz, vol. 6: *Romane und Novellen I*. Munique, 1996, pp. 7-124; p. 124. [Trad. bras. *Os sofrimentos do jovem Werther*. Martins Fontes, 1994.]
23 Cf. David P. Phillips, "The Influence of Suggestion on Suicide: Substantive and theoretical Implications of the Werther Effect", *in*: *American Sociological Review*, 39/3 (1974), pp. 340-54.
24 Walther Ziegler e Ulrich Hegerl, "Der Werther-Effekt. Bedeutung, Mechanismen, Konsequenzen", *in*: *Der Nervenarzt* I (2002), pp. 41-9; p. 41.
25 Johann August Ernesti, "Pro Memoria des Dekans der theologischen Fakultät an die Kurfürstliche Bücherkommission und Zensurbehörde". Leipzig, 28.01.1775, *apud* Horst Flaschka, *Goethes "Werther". Werkkontextuelle Deskription und Analyse*. Munique, 1987, p. 281.
26 Cf. Harald Neumeyer, *Anomalien, Autonomien und das Unbewusste. Selbstmord in Wissenschaft und Literatur von 1700 bis 1800*. Göttingen, 2009, pp. 151-64. Cf. igualmente o prefácio de Lessing para os ensaios de Karl Wilhelm Jerusalem, *Philosophische Aufsätze*. Org. Gotthold Ephraim Lessing. Braunschweig, 1776, pp. 1-12.
27 *Goethe und Werther. Briefe Goethe's, meistens aus seiner Jugendzeit, mit erläuternden Documenten*. Org. August Kestner. Stuttgart, Tübingen, 1854, p. 87 s.
28 *Ibid.*, p. 98 s.
29 Cf. Neumeyer, *Anomalien, Autonomien und das Unbewusste*, pp. 86-105.
30 Cf. Immanuel Kant, "Die Metaphysik der Sitten", *in*: *Werkausgabe*. Org. Wilhelm Weischedel, vol. VIII. Frankfurt am Main, 1978, MS 6: 423 (p. 555). [Trad. bras. *Metafísica dos costumes*. Vozes, 2013.]
31 Gottfried Less, *Vom Selbstmorde*. Göttingen, 1776, p. 44 s.
32 *Ibid.*, p. 17.
33 Cf. Michel Foucault, "Technologien des Selbst", *in*: Luther H. Martin (org.), *Technologien des Selbst*. Trad. Michael Bischoff. Frankfurt am Main, 1993, pp. 24-62; Michel Foucault, *Hermeneutik des Subjekts. Vorlesung am Collège de France* (1981-82). Trad. Ulrike Bokelmann. Frankfurt am Main, 2004; Pierre Hadot, *Philosophie als Lebensform. Geistige Übungen in der Antike*. Trad. Ilsetraut Hadot e Christiane Marsch. Berlim, 1991. [Trad. bras. do inglês: Andre Degenszajn. "Tec-

nologias de si", *in*: *Verve*, n. 6, 2004, pp. 321-60; trad. bras. *A hermenêutica do sujeito*. WMF Martins Fontes, 2010.]
34 Pierre Hadot, *Die innere Burg. Anleitung zu einer Lektüre Marc Aurels*. Trad. Makoto Ozaki e Beate von der Osten. Frankfurt am Main, 1996, pp. 45-61.
35 Cf. Platão, "Phaidon". Trad. Friedrich Schleiermacher, *in*: *Sämtliche Werke*, vol. 3. Hamburgo, 1958, pp. 7-66; p. 57 (107d). [Trad. bras. Carlos Alberto Nunes. *Fédon*. Editora da UFPA, 2011.]
36 Sêneca, *Briefe an Lucilius*, p. 90f (25, 5-7). [Trad. port. *Cartas a Lucílio*. Fundação Calouste Gulbenkian, 2009.]
37 Paul Valéry, *Monsieur Teste*. Trad. Max Rychner *et al*. Frankfurt am Main, 1997, p. 51. Cf. igualmente Thomas Macho, "Mit sich allein. Einsamkeit als Kulturtechnik", *in*: Aleida e Jan Assmann (org.), *Einsamkeit. Archäologie der literarischen Kommunikation VI*. Munique, 2000, pp. 27-44. [Trad. port. *O senhor Teste*. Relógio d'Água, 1985.]
38 Arthur Schopenhauer, "Die Welt als Wille und Vorstellung", vol. 2, *in*: *Sämtliche Werke*. Org. Arthur Hübscher, vol. III. Wiesbaden, 1972, p. 528. [Trad. bras. *O mundo como vontade e como representação*. Editora Unesp, 2005.]
39 Cf. Peter Sloterdijk, *Scheintod im Denken. Von Philosophie und Wissenschaft als Übung*. Berlim, 2010, pp. 98-106. [Trad. port. *Morte aparente no pensamento*. Relógio d'Água, 2014.]
40 Platão, *Phaidon*, p. 29 (67e). [Trad. bras. Carlos Alberto Nunes. *Fédon*. Editora da UFPA, 2011.]
41 Immanuel Kant, "Kritik der reinen Vernunft", *in*: *Werkausgabe*, vol. III. Org. Wilhelm Weischedel. Frankfurt am Main, 1968, p. 136 (B 132). [Trad. bras. *Crítica da razão pura*. Vozes, 2012.]
42 Platão, *Phaidon*, p. 31 (67e).
43 Montaigne, "Philosophieren heißt sterben lernen", *in*: *Essais*, pp. 45-52; p. 48. [Trad. bras. *Que filosofar é aprender a morrer e outros ensaios*. L&PM, 2016.]
44 Marc Etkind, *...Or Not to Be. A Collection of Suicide Notes*. Nova York, 1997, p. I s.
45 *Ibid.*, p. 2.
46 Cf. Marie Isabel Schlinzig, *Abschiedsbriefe in Literatur und Kultur des 18. Jahrhunderts*, spectrum Literaturwissenschaft, vol. 25. Berlim, Boston, 2012, p. 177. Cf. igualmente Michael MacDonald/Terence R. Murphy, *Sleepless Souls. Suicide in Early Modern England*. Oxford, 1990.
47 Simon Critchley, *Notes on Suicide*. Londres, 2015, pp. 45-76.
48 Etkind, *...Or Not to Be*, pp. 12-4.

49 Walter Morgenthaler, em colaboração com Marianne Steinberg, "Letzte Aufzeichnungen von Selbstmördern", *in*: *Schweizerische Zeitschrift für Psychologie und ihre Anwendungen*, Suplemento I. Berna, 1945. *Apud* Roger Willemsen, *Der Selbstmord. Briefe, Manifeste, Literarische Texte*. Frankfurt am Main, 2007, pp. 31 e 69. Walter Morgenthaler foi um psiquiatra suíço e autor da primeira história de um caso médico, a do seu paciente mais dotado, o pintor Adolf Wölfli.
50 Jeff Merrick, "Patterns and Prosecution of Suicide in Eighteenth-Century Paris", *in*: *Historical Reflections/Réflexions Historiques I* (1989), pp. 1-53; p. 1 s. Cf. igualmente Barbagli, *Farewell to the World*, p. 25 s.
51 Kestner (org.), *Goethe und Werther*, p. 95.
52 Johann Michael Sailer, *Ueber den Selbstmord. Für Menschen, die nicht fühlen den Werth, ein Mensch zu sein*. Munique, 1785, p. 147 s.
53 Friedrich Benjamin Osiander, *Über den Selbstmord, seine Ursachen, Arten, medicinisch-gerichtliche Untersuchung und die Mittel gegen denselben. Eine Schrift sowohl für Policei- und Justiz-Beamte, als für gerichtliche Ärzte und Wundärzte, für Psychologen und Volkslehrer*, Hannover, 1813, p. 70.
54 *Ibid.*, p. 359.
55 Jean-Pierre Falret, *Der Selbstmord. Eine Abhandlung über die physischen und psychologischen Ursachen desselben, und über die Mittel, seine Fortschritte zu hemmen*. Trad. Gottlob Wendt. Sulzbach, 1824, p. 21.
56 *Ibid.*, p. 23.
57 *Ibid.*, p. 86 s.
58 *Ibid.*, p. 141 s.
59 *Ibid.*, p. 142.
60 Johann Heinrich Hoffbauer, "Welches sind die Ursachen der in neuerer Zeit so sehr überhand nehmenden Selbstmorde und welche Mittel sind zu deren Verhütung anzuwenden?", *in*: *Archiv der Deutschen Gesellschaft für Psychiatrie und gerichtliche Psychologie 2* (1859), pp. 1-138; p. 25 s.
61 Carl August Diez, *Der Selbstmord, seine Ursachen und Arten vom Standpunkte der Psychologie und Erfahrung dargestellt*. Tübingen, 1838, p. 240.
62 *Ibid.*, pp. 79-87.
63 *Ibid.*, p. VI. Cf. Johann Ferdinand Heyfelder, *Der Selbstmord in arzneigerichtlicher und in medicinisch-polizeilicher Beziehung*. Berlim, 1828, pp. 3-14.
64 *Ibid.*, p. 3.
65 Diez, *Der Selbstmord*, p. 242 s.
66 *Ibid.*, p. 243 s.
67 Forbes Winslow, *The Anatomy of Suicide*. Londres, 1840, p. 108.

68 *Ibid.*, p. 114.
69 *Ibid.*, pp. 115-20.
70 *Ibid.*, pp. 330-3 e frontispício.
71 Gabriel Tarde, *Die Gesetze der Nachahmung*. Trad. Jadja Wolf. Frankfurt am Main, 2003, p. 92.
72 Gabriel Tarde, *Penal Philosophy*. Trad. Rapelje Howell, com uma nota editorial por Edward Lindsey e prefácio por Robert H. Gault. Boston, 1912, p. 322.
73 Gabriel Tarde, *Die Gesetze der Nachahmung*, p. 13 s.
74 Durkheim, *Der Selbstmord*, p. 134. [Trad. bras. Monica Stahel. *O suicídio*. WMF Martins Fontes, 2019.]
75 *Ibid.*, p. 147.
76 *Ibid.*, p. 91 s.
77 Cf. Paul Aubry, *La contagion du meurtre. Étude d'anthropologie criminelle*. Paris, 1896, pp. 180-3.
78 Durkheim, *Der Selbstmord*, p. 148.

4. Suicídios do *Fin de Siècle*

1 Hugo von Hofmannsthal, "Gabriele d'Annunzio", *in*: *Essays, Reden und Vorträge*. Berlim, 2013, pp. 38-46; p. 38.
2 Hermann Anton Krose, *Der Selbstmord im 19. Jahrhundert nach seiner Verteilung auf Staatengebiete und Verwaltungsbezirke*. Freiburg im Breisgau, 1906, p. 3 s.
3 Hannes Leidinger, *Die BeDeutung der SelbstAuslöschung. Aspekte der Suizidproblematik in Österreich von der Mitte des 19. Jahrhunderts bis zur Zweiten Republik*. Innsbruck, Viena *et al.*, 2012, p. 114.
4 Cf. Jean-Claude Chesnais, *Histoire de la violence en Occident de 1800 à nos jours*. Paris, 1981.
5 Georges Minois, *Geschichte des Selbstmords*. Trad. Eva Moldenhauer. Düsseldorf, Zurique, 1996, p. 455. [Trad. port. *História do suicídio: a sociedade ocidental perante a morte voluntária*. Teorema, 1998.]
6 Marzio Barbagli, *Farewell to the World. A History of Suicide*. Trad. Lucinda Byatt. Cambridge, Malden, 2015, p. 19. [Trad. bras. *O suicídio no Ocidente e no Oriente*. Vozes, 2019.]
7 Joachim Radkau, *Das Zeitalter der Nervosität. Deutschland zwischen Bismarck und Hitler*. Munique, Viena, 1998.
8 Florian Kühnel, *Kranke Ehre? Adlige Selbsttötung im Übergang zur Moderne*. Munique, 2013.

9 *Apud* Leidinger, *Die BeDeutung der SelbstAuslöschung*, p. 157.
10 Comunicado de imprensa da Biblioteca Nacional Austríaca de 31.07.2015. Disponível em: http://www.onb.ac.at/services/presse_23385.htm. Acesso em: 01.08.2016.
11 O texto da carta de despedida está disponível em: http://www.altertuemliches.at/files/abschiedsbriefe_wortlaut.pdf. Acesso em: 15.05.2017.
12 Heinrich von Kleist, *Lebensspuren. Dokumente und Berichte der Zeitgenossen*. Org. Helmut Sembdner. Munique, 1996, p. 528.
13 Wilhelm Amann, *Heinrich von Kleist*. Berlim, 2011; Günter Blamberger, *Heinrich von Kleist. Biographie*. Frankfurt am Main, 2011; Anna Maria Carpi, *Kleist. Ein Leben*. Trad. Ragni Maria Gschwend. Berlim, 2011; Peter Michalzik, *Kleist: Dichter, Krieger, Seelensucher. Biographie*. Berlim, 2011.
14 Jens Bisky, *Kleist. Eine Biographie*. Berlim, 2007; Gerhard Schulz, *Kleist. Eine Biographie*. Munique, 2007.
15 Cf. Ernst Lothar, *Der Engel mit der Posaune*. Posfácio por Eva Menasse. Viena, 2016.
16 Cf. Katharina Sykora, *Die Tode der Fotografie*, vol. 1: *Totenfotografie und ihr sozialer Gebrauch*. Munique, 2009, pp. 296-427.
17 Rainer Maria Rilke, *Die Aufzeichnungen des Malte Laurids Brigge*. Org. Manfred Engel. Stuttgart, 1997, p. 67. [Trad. bras. *Os cadernos de Malte Laurids Brigge*. L&PM, 2009.]
18 Ernst Benkard, *Das ewige Antlitz. Eine Sammlung von Totenmasken*. Berlim, 1926, p. 61 e fig. 112. Cf. igualmente Egon Friedell, *Das letzte Gesicht. Neunundsechzig Bilder von Totenmasken*. Zurique, 1894 [1929], p. 89 e fig. 69.
19 Alfred Döblin, "Von Gesichtern, Bildern und ihrer Wahrheit", *in*: August Sander, *Antlitz der Zeit. Sechzig Aufnahmen deutscher Menschen des 20. Jahrhunderts*. Munique, 2003, pp. 7-15; p. 8.
20 Cf. Ödön von Horváth, "Eine Unbekannte aus der Seine", *in*: *Gesammelte Werke*, vol. 7: *Eine Unbekannte aus der Seine und andere Stücke*. Org. Traugott Krischke em colaboração com Susanna Foral-Krischke. Frankfurt am Main, 1998, pp. 9-74.
21 Cf. Reinhold Conrad Muschler, *Die Unbekannte*. Darmstadt, 1936.
22 Alfred Alvarez, *Der grausame Gott. Eine Studie über den Selbstmord*. Trad. Maria Dessauer. Hamburgo, 1974, p. 145.
23 Louis Aragon, *Aurélien*. Trad. Lydia Babilas. Berlim, 2007, p. 81 s.
24 Cf. Maurice Blanchot, "Die zwei Fassungen des Bildlichen". Trad. Hinrich Weidemann, *in*: Thomas Macho/Kristin Marek (org.), *Die neue Sichtbarkeit des Todes*. Munique, 2007, pp. 25-36.

25 Maurice Blanchot, *Eine Stimme von anderswo. Texte zu Louis-René des Forêts, René Char, Paul Celan und Michel Foucault*. Trad. e org. Marco Gutjahr. Viena, Berlim, 2015, p. 15. [Trad. bras. *Uma voz vinda de outro lugar*. Rocco, 2011.]
26 Cf. Katharina Sykora, *Die Tode der Fotografie*, vol. 2: *Tod, Theorie und Fotokunst*. Paderborn, 2015, pp. 115-37.
27 Chuck Palahniuk, *Die Kolonie*. Trad. Werner Schmitz. Munique, 2009, p. 186 s.
28 Richard Cobb, *Tod in Paris. Die Leichen der Seine 1795-1801*. Trad. Gabriele Gockel e Thomas Wollermann. Prefácio por Patrick Bahners. Stuttgart, 2011 [1978], p. 70 s.
29 Michael Davidis, "Die Marbacher Masken", in: *Archiv der Gesichter. Toten- und Lebendmasken aus dem Schiller-Nationalmuseum Marbach* (= Marbacher Kataloge 53). Marbach am Neckar, 1999, pp. 37-53; p. 46. Cf. Claudia Schmölders, "Das ewige Antlitz. Ein Weimarer Totenkult", in: Claudia Schmölders/Sander L. Gilman (org.), *Gesichter der Weimarer Republik. Eine physiognomische Kulturgeschichte*. Colônia, 2000, pp. 250-61; p. 256 s.
30 Elisabeth Bronfen, *Nur über ihre Leiche. Tod, Weiblichkeit und Ästhetik*. Trad. Thomas Lindquist. Munique, 1994.
31 Cf. Mario Praz, *Liebe, Tod und Teufel. Die schwarze Romantik*. Trad. Lisa Rüdiger. Munique, 1963. [Trad. bras. *A carne, a morte e o diabo na literatura romântica*. Editora da Unicamp, 1996.]
32 Thomas Macho, *Vorbilder*. Munique, 2011, pp. 143-61.
33 Cf. Mary Ann Caws, *Pablo Picasso*. Londres, 2005, p. 28.
34 Cf. Ernst Bloch, *Das Prinzip Hoffnung*. Frankfurt am Main, 1973, p. 1. [Trad. bras. *O princípio esperança*. EdUERJ, 2005.]
35 Cf. Alexandra Wach, "Premiere für die Tatwaffe", in: *art. Das Kunstmagazin* (14.07.2016). Disponível em: http://www.art-magazin.de/kunst/16653-rtkl-van-goghs-suizidwaffe-im-museum-premiere-fuer-die-tatwaffe. Acesso em: 15.05.2017.
36 Hans Maier, *Die christliche Zeitrechnung*. Freiburg im Breisgau, Basileia *et al.*, 1991, p. 35.
37 José Ortega y Gasset, *Die Schrecken des Jahres eintausend. Kritik an einer Legende*. Trad. Ulrich Kunzmann. Leipzig, 1992, pp. 5 e 84 s.
38 Elias Canetti, *Die Provinz des Menschen. Aufzeichnungen 1942-1972*. Frankfurt am Main, 1976, p. 223.
39 Citação da reprodução de um obituário *in*: Heidi Matzel, *Mein Sohn starb durch Suizid*. Berlim, 2003, p. 127.
40 Arndt Brendecke, *Die Jahrhundertwenden. Eine Geschichte ihrer Wahrnehmung und Wirkung*. Frankfurt am Main, Nova York, 1999, p. 98.

41 *Ibid.*, pp. 160 e 208.
42 *Ibid.*, p. 160 s.
43 Gottfried Christian Cannabich, *Wie feiern wir den Eintritt eines neuen Jahrhunderts würdig? Predigt am ersten Tag des neunzehnten Jahrhunderts in der Stadtkirche zu Sondershausen gehalten*. Leipzig, 1801, p. 3.
44 Cf. Leidinger, *Die BeDeutung der SelbstAuslöschung*, pp. 157-61.
45 Cf. Joseph A. Schumpeter, *Kapitalismus, Sozialismus und Demokratie*. Trad. Susanne Preiswerk. Tübingen, Basileia, 1993, pp. 134-42. [Trad. bras. *Capitalismo, socialismo e democracia*. Fundo de Cultura, 1961.]
46 Friedrich Nietzsche, "Also sprach Zarathustra. Ein Buch für Alle und Keinen", *in*: *KSA*, vol. 4, p. 75. [Trad. bras. Paulo César de Souza. *Assim falou Zaratustra*. Companhia das Letras, 2018, p. 57.]
47 Edgar Zilsel, *Die Geniereligion. Ein kritischer Versuch über das moderne Persönlichkeitsideal, mit einer historischen Begründung*. Org. Johann Dvořak. Frankfurt am Main, 1990 [1918], pp. 59-61.
48 *Ibid.*, p. 60.
49 Arthur Rimbaud, *Seher-Briefe – Lettres du voyant*. Trad. e org. Werner von Koppenfels. Mainz, 1990, pp. 10 e 20.
50 *Ibid.*, pp. 25 e 27. [Trad. Lucas Bertolo.]
51 Rudolf Hans Bartsch, "Beethovens Gang zum Glück. Nach einer wahren Begebenheit", *in*: *Unerfüllte Geschichten*. Leipzig, 1916, pp. 235-96; p. 263. Cf. igualmente Zilsel, *Die Geniereligion*, p. 236.
52 Otto Weininger, *Taschenbuch und Briefe an einen Freund*. Org. Artur Gerber. Leipzig, Viena, 1920, p. 7 s.
53 Otto Weininger, *Geschlecht und Charakter. Eine prinzipielle Untersuchung*. Munique, 1980, p. 274.
54 Otto Rank, *Der Doppelgänger. Eine psychoanalytische Studie*. Leipzig, Viena *et al.*, 1925, p. 109. [Trad. bras. *O duplo*. Coeditora Brasílica (Cooperativa), 1939.]
55 Weininger, *Geschlecht und Charakter*, p. 137.
56 Otto Weininger, *Über die letzten Dinge*, com um prefácio biográfico por Moriz Rappaport. Viena, Leipzig, 1904, p. 57.
57 *Ibid.*, p. 12.
58 Cf. Ludwig Wittgenstein, *Geheime Tagebücher 1914-1916*. Org. Wilhelm Baum. Viena, 1991. [Trad. bras. *Cadernos 1914-1916*. Biblioteca de filosofia contemporânea, vol. 34. Edições 70, 2004.]
59 Após a recusa do editor da revista *Die Fackel*, Georg Jahoda, em imprimir o *Tractatus*, diz-se que Wittgenstein falou com Wilhelm Braumüller para publicá-lo pela editora de Otto Weininger. Cf. Ray Monk,

Wittgenstein. *Das Handwerk des Genies*. Trad. Hans Günter Holl e Eberhard Rathgeb. Stuttgart, 1994, p. 191 s.
60 Wittgenstein, *Geheime Tagebücher*, p. 92.
61 Ludwig Wittgenstein, "Tagebücher 1914-1916", *in*: *Werkausgabe*, vol. 1. Frankfurt am Main, 1984, pp. 87-187; p. 187. [Trad. bras. *Cadernos 1914-1916*. Biblioteca de filosofia contemporânea, vol. 34. Edições 70, 2004.]

5. Suicídios na escola

1 Louis Aragon, "Suicide", *in*: *Cannibale*. Org. Francis Picabia, Caderno 1, 25.04.1920. Paris, 1920, p. 4.
2 Abraham Adolf Baer, *Der Selbstmord im kindlichen Lebensalter. Eine social-hygienische Studie*. Leipzig, 1901, p. 5 s.
3 Gustav Siegert, *Das Problem der Kinderselbstmorde*. Leipzig, 1893, p. 42 s.
4 Christoph Conti, *Abschied vom Bürgertum. Alternative Bewegungen in Deutschland von 1890 bis heute*. Reinbek, Hamburgo, 1984, p. 88.
5 *Apud* Wilhelm Flitner/Gerhard Kudritzki (org.), "Die deutsche Reformpädagogik", vol. 1: *Die Pioniere der pädagogischen Bewegung*. Düsseldorf, Munique, 1961, p. 277 s. Cf. igualmente Thomas Koebner/Rolf-Peter Janz *et al.* (org.), *Mit uns zieht die neue Zeit. Der Mythos Jugend*. Frankfurt am Main, 1985.
6 Paul Natorp, *Der Tag des Deutschen. Vier Kriegsaufsätze*. Hagen, 1915, pp. 21 e 23.
7 *Der Wandervogel. Zeitschrift des Bundes für Jugendwanderungen + Alt--Wandervogel* 3 (1906), p. 2 s. *Apud* Winfried Mogge, "Wandervogel, Freideutsche Jugend und Bünde. Zum Jugendbild der bürgerlichen Jugendbewegung", *in*: Koebner/Janz *et al.* (org.), *Mit uns zieht die neue Zeit*, pp. 174-98; p. 183.
8 *Apud* Uwe-K. Ketelsen, "Die Jugend von Langemarck. Ein poetisch--politisches Motiv der Zwischenkriegszeit", *in*: Koebner/Janz *et al.* (org.), *Mit uns zieht die neue Zeit*, pp. 68-96; p. 70.
9 Cf. Günter Kaufmann (org.), *Langemarck. Das Opfer der Jugend an allen Fronten*. Stuttgart, 1938.
10 Baldur von Schirach, *Revolution der Erziehung. Reden aus den Jahren des Aufbaus*. Munique, 1938, p. 30 s.
11 Otto Dietrich, *Mit Hitler an die Macht. Persönliche Erlebnisse mit meinem Führer*. Munique, 1941, p. 135.

12 Hermann Rauschning, *Gespräche mit Hitler*. Zurique, Nova York, 1940, p. 79.
13 Romain Rolland, Über den Gräben. *Aus den Tagebüchern 1914-1919*. Trad. Cornelia Lehmann. Org. Hans Peter Buohler. Munique, 2015, pp. 13, 53 e 93.
14 Eduard Spranger, *Psychologie des Jugendalters*. Heidelberg, 1979 [1925], p. 245 s.
15 Siegert, *Das Problem der Kinderselbstmorde*, p. 43.
16 *Ibid.*, p. 58 s.
17 Cf. Ellen Key, *Das Jahrhundert des Kindes*. Trad. Francis Maro. Berlim, 1905, 8ª edição, pp. 219-49.
18 Baer, *Der Selbstmord im kindlichen Lebensalter*, pp. 20 e 22.
19 Siegert, *Das Problem der Kinderselbstmorde*, pp. 8 e 10-3.
20 *Ibid.*, p. 58 s.
21 Frank Wedekind, *Frühlings Erwachen. Eine Kindertragödie*. Munique, 1907, p. 76 s. [Trad. port. *O despertar da primavera*. Estampa, 1991.]
22 Frank Wedekind, "Was ich mir dabei dachte", *in*: *Gesammelte Werke*, vol. 9: *Dramen, Entwürfe, Aufsätze aus dem Nachlaß*. Org. Artur Kutscher e Richard Friedenthal. Munique, 1924 [1911], p. 424.
23 Cf. Rolf Kieser, *Benjamin Franklin Wedekind. Biographie einer Jugend*. Zurique, 1990, p. 146.
24 Frank Wedekind, *Gesammelte Briefe*. Org. Fritz Strich, vol. 1. Munique, 1924, p. 140 (43).
25 Frank Wedekind, "Was ich mir dabei dachte", p. 424.
26 Cf. Julia Reitinger, *Die Darstellung der Pubertät am Beispiel von Frank Wedekinds "Frühlings Erwachen" (1891)*. Dissertação de mestrado em Teatro, Cinema e Comunicação não publicada. Viena, 2009, pp. 76-94.
27 Frank Wedekind, "Der Marquis von Keith", *in*: *Gesammelte Werke*, vol. 4. Munique, 1920 [1900], pp. 3-98; p. 8.
28 Hermann Hesse, *Unterm Rad*. Berlim, 1908, p. 77 s. [Trad. bras. *Debaixo das rodas*. Civilização Brasileira, 1974.]
29 *Ibid.*, p. 201 s.
30 *Ibid.*, p. 291.
31 Cf. Rainer Maria Rilke, "Die Turnstunde", *in*: *Sämtliche Werke*. Org. Arquivo Rilke em colaboração com Ruth Sieber-Rilke, disponibilizado de Ernst Zinn, vol. 4: *Frühe Erzählungen und Dramen*. Frankfurt am Main, 1961, pp. 601-9. [Trad. bras. "Aula de ginástica", *in*: *A melodia das coisas: contos, ensaios, cartas*. Estação Liberdade, 2011.]

32 Marie von Ebner-Eschenbach, "Der Vorzugsschüler", *in*: *Aus Spätherbsttagen. Erzählungen*, vol. 1. Berlin, 1902 [1898], pp. 5-126; p. 103 s.
33 *Ibid.*, p. 113 s.
34 *Ibid.*, p. 115.
35 Emil Strauss, *Freund Hein. Eine Lebensgeschichte*. Berlim, 1905 [1902], p. 2.
36 *Ibid.*, p. 330.
37 Cf. Jacob e Wilhelm Grimm, *Deutsches Wörterbuch*, vols. IV, II [H-J]. Leipzig, 1877, col. 885-887.
38 Cf. Friedrich Huch, *Mao*. Berlim, 1907, p. 228 s.
39 Franz Pfemfert, "Im Zeichen der Schülerselbstmorde", *in*: *Die Aktion, Wochenschrift für Politik, Literatur und Kunst*. Org. Franz Pfemfert, 1/9 (1911), col. 257 s.
40 Albert Eulenburg, "Schülerselbstmorde. Vortrag im Berliner Verein für Schulgesundheitspflege am 26. Februar 1907", *in*: *Zeitschrift für Pädagogische Psychologie, Pathologie und Hygiene* 1/2 (1907), pp. 1-31; p. 4.
41 *Ibid.*, p. 6.
42 *Ibid.*, p. 10.
43 *Ibid.*, p. 16.
44 *Ibid.*, p. 30.
45 *Ibid.*, p. 28.
46 Heinrich Ditzel, "Zur Statistik der Schülerselbstmorde", *in*: *Pädagogisches Archiv. Monatsschrift für Erziehung, Unterricht und Wissenschaft* 6 (1910), pp. 372-5; p. 372 s.
47 *Ibid*, p. 374 s.
48 *Über den Selbstmord insbesondere den Schüler-Selbstmord. Diskussionen des Wiener Psychoanalytischen Vereins*. Org. Vereinsleitung, caderno 1. Wiesbaden, 1910, p. 10.
49 *Ibid.*, p. 13.
50 *Ibid.*, p. 19.
51 *Ibid.*, p. 33.
52 *Ibid.*, p. 27.
53 *Ibid.*, p. 46.
54 *Ibid.*, p. 59 s.
55 Cf. Sigmund Freud, "Trauer und Melancholie", *in*: *Internationale Zeitschrift für ärztliche Psychoanalyse* 6 (1918), pp. 288-301. [Trad. bras. Paulo César de Souza. *Obras completas*, vol. 12: *Introdução ao narcisismo, ensaios de metapsicologia e outros textos (1914-1916)*. Companhia das Letras, 2010.]
56 Paul Federn, "Die Diskussion über 'Selbstmord', insbesondere 'Schüler-Selbstmord', im Wiener Psychoanalytischen Verein im Jahre

1918", in: Zeitschrift für psychoanalytische Pädagogik 11/12/13 (1929), edição especial "Selbstmord", pp. 333-44; p. 333.
57 Cf. Editha Sterba, "Der Schülerselbstmord in André Gides Roman 'Die Falschmünzer'", in: Zeitschrift für psychoanalytische Pädagogik 11/12/13 (1929), pp. 400-9; assim como in: Almanach der Psychoanalyse 1930. Org. Adolf Josef Storfer. Viena, 1930, pp. 85-98.
58 Cf. Walter Kiaulehn, Berlin. Schicksal einer Weltstadt. Munique, 1997, pp. 520-5.
59 Theodor Lessing, "Kindertragödie", in: Prager Tagblatt, nº 38, 28.02.1928, p. 4.
60 Friedrich Torberg, Der Schüler Gerber. Munique, 2013 [1930], p. 6.
61 Ibid., pp. 135 e 288.
62 Cf. Fiódor Dostoiévski, Schuld und Sühne. Trad. Richard Hoffmann. Munique, 1990, pp. 72-9. [Trad. bras. Crime e castigo. Editora 34, 2009.]
63 Maurice Agulhon, "Das Blut der Tiere. Das Problem des Tierschutzes im Frankreich des 19. Jahrhunderts", in: Der vagabundierende Blick. Für ein neues Verständnis politischer Geschichtsschreibung. Trad. Michael Bischoff. Frankfurt am Main, 1995, p. 119.
64 Cf. Walter Nigg, Friedrich Nietzsche. Zurique, 1994, p. 197 s.
65 Cf. David P. Phillips, "The Influence of Suggestion on Suicide: Substantive and theoretical Implications of the Werther Effect", in: American Sociological Review 3 (1974), pp. 340-54.
66 Cf. Armin Schmidtke/Heinz Häfner, "Die Vermittlung von Selbstmordmotivation und Selbstmordhandlung durch fiktive Modelle. Die Folgen der Fernsehserie 'Tod eines Schülers'", in: Der Nervenarzt 9 (1986), pp. 502-10.
67 Apud "Vielleicht zu spät. Das ZDF zeigt Robert Bressons 'Der Teufel möglicherweise' – ein umstrittenes Öko- und Selbstmorddrama", in: Der Spiegel 50 (1978), pp. 252-5; p. 254.
68 Joachim Gaertner, "Ich bin voller Hass – und das liebe ich!!". Dokumentarischer Roman aus den Original-Dokumenten zum Massaker an der Columbine Highschool. Frankfurt am Main, 2009, p. 31.
69 Ibid., p. 123.
70 Ibid., p. 143.
71 Ibid., p. 176.
72 A transcrição do filme está disponível em: http://www.script-o-rama.com/movie_scripts/b/bowling-for-columbine-script-transcript.html. Acesso em: 29.06.2020.

73 Cf. Ralf Junkerjürgen, "Form und Ethik in spielfilmischen Inszenierungen von School Shootings. Reflexionen zu Elephant (2003), Polytechnique (2009) und We Need to Talk About Kevin (2011)", *in*: Ralf Junkerjürgen/Isabella von Treskow (org.), *Amok und Schulmassaker. Kultur- und medienwissenschaftliche Annäherungen*. Bielefeld, 2015, pp. 141-66.
74 Gaertner, "*Ich bin voller Hass – und das liebe ich!!*", p. 170 s.

6. Suicídio, guerra e Holocausto

1 Gilles Deleuze/Félix Guattari, *Tausend Plateaus. Kapitalismus und Schizophrenie*. Trad. Gabriele Ricke e Ronald Voullié. Berlim, 1992, p. 314. [Trad. bras. Suely Rolnik. *Mil platôs: capitalismo e esquizofrenia*. Editora 34, 2012 (2ª edição).]
2 Ernst Jünger, "Das erste Pariser Tagebuch", *in*: *Werke*, vol. 2: *Tagebücher II*. Stuttgart, 1962, pp. 231-426; p. 246.
3 Ernst Jünger, "Epigramme", *in*: *Werke*, vol. 8: *Essays IV*. Stuttgart, 1963, pp. 645-54; p. 653.
4 Ernst Jünger, *Annäherungen. Drogen und Rausch*. Stuttgart, 1970, p. 76. Cf. igualmente Ernst Jünger/Carl Schmitt, *Briefe 1930-1983*. Org. Helmuth Kiesel. Stuttgart, 1999, p. 392. [Trad. port. *Drogas, embriaguez e outros temas*. Relógio d'Água, 2001.]
5 Em sua dissertação, Dolf Sternberger observou que em *Ser e tempo*, de Heidegger, a existência joga, "*a priori*, uma loteria consigo mesma, na forma de uma aposta – mas joga sozinha: não há, em nenhuma parte, nenhum sócio, nenhum empresário e nenhuma caixa". Cf. Dolf Sternberger, "Der verstandene Tod. Eine Untersuchung zu Martin Heideggers Existenzial-Ontologie", *in*: *Schriften*, vol. 1: *Über den Tod*. Frankfurt am Main, 1977, pp. 68-264; p. 147.
6 Ernst Jünger, "Das abenteuerliche Herz. Erste Fassung", *in*: *Werke*, vol. 7: *Essays III*. Stuttgart, 1961, pp. 25-176; p. 165. [Trad. port. *O coração aventuroso* (segunda versão). Edições Cotovia, 1991.]
7 Ernst Jünger, "An der Zeitmauer", *in*: *Werke*, vol. 6: *Essays II*. Stuttgart, 1964 [1959], pp. 405-661; p.485.
8 Ernst Jünger, "Heliopolis", *in*: *Werke*, vol. 10: *Erzählende Schriften II*. Stuttgart, 1965, p. 400. [Trad. bras. *Heliópolis*. Nova Fronteira, 1981.]
9 *Ibid.*, p. 400 s.
10 Tomáš Garrigue Masaryk, *Der Selbstmord als sociale Massenerscheinung der modernen Civilisation*. Viena, 1881, p. 51 s.

11 *Ibid.*, pp. 54-6.
12 *Vide* listagem no site das Forças Armadas alemãs (*Bundeswehr*): https://www.bundeswehr.de/portal/a/bwde/start/streitkraefte/grundlagen/staerke/. Acesso em: 15.05.2017.
13 *Vide* Wikipédia, "Liste der Streitkräfte": https://de.wikipedia.org/wiki/Liste_der_Streitkräfte. Acesso em: 15.05.2017.
14 *Vide* N.N., "Durch Selbstmord starben mehr US-Soldaten als im Afghanistan-Einsatz", *in*: *Zeit Online* (15.01.2013). Disponível em: http://www.zeit.de/politik/ausland/2013-01/us-soldaten-selbstmordrate. Acesso em: 15.05.2017. Cf. igualmente Timothy W. Lineberry/Stephen S. O'Connor, "Suicide in the US Army", *in*: *Mayo Clinic Proceedings* 9, 2012, pp. 871-8.
15 Cf. N.N., "Mehr Selbstmorde als Gefallene im Irak", *in*: *orf.at* (s.d.). Disponível em: http://newsv1.orf.at//071115-18719. Acesso em: 15.05.2017.
16 Cf. N.N., "Vietnam-Veteranen: Mehr Suizide als Kriegstote", *in*: *Die Presse* (24.10.2007). Disponível em: http://diepresse.com/home/ausland/aussenpolitik338984/VietnamVeteranen_Mehr-Suizide-als--Kriegstote. Acesso em: 15.05.2017.
17 Cf. N.N., "Anzahl der im Vietnamkrieg gefallenen US-Soldaten in den Jahren 1961 bis 1975". Disponível em: https://de.statista.com/statistik/daten/studie/264176/umfrage/gefallene-us-soldaten-in-vietnam/. Acesso em: 15.05.2017.
18 Masaryk, *Der Selbstmord als sociale Massenerscheinung*, p. 51.
19 Hans Rost, *Der Selbstmord als sozialstatistische Erscheinung*. Colônia, 1905, p. 113.
20 *Die Welt am Abend* 75 (31.03.1932). *Apud* Christian Goeschel, *Selbstmord im Dritten Reich*. Trad. Klaus Binder. Berlim, 2011, p. 42.
21 *Statistik des Deutschen Reiches* 336 (1924), p.154. *Apud ibid.*, p. 34.
22 Jünger, *An der Zeitmauer*, p. 484. Cf. igualmente Romain Rolland, *Über den Gräben. Aus den Tagebüchern 1914-1919*. Trad. Cornelia Lehmann. Org. Hans Peter Buohler. Munique, 2015, p.93.
23 Ernst Jünger, "Maxima-Minima. Adnoten zum 'Arbeiter'", *in*: *Werke*, vol. 6: *Essays II*, pp. 331-403; p. 339.
24 Jünger, *Das erste Pariser Tagebuch*, p. 317.
25 Cf. Chaim F. Shatan, "'Zivile' und 'militärische' Realitätswahrnehmung. Über die Folgen einer Absurdität", *in*: *Psyche. Zeitschrift für Psychoanalyse und ihre Anwendungen* 6 (1981), pp. 557-72.
26 Cf. Kurt R. Eissler, *Freud und Wagner-Jauregg vor der Kommission zur Erhebung militärischer Pflichtverletzungen*. Viena, 1979. O memorando de Freud, publicado somente em 1955 por James Strachey, pode ser

visto em forma de fac-símile e em transcrição no site dos Arquivos do Estado Austríaco (Österreichisches Staatsarchiv: http://wkI.staatsarchiv.at/sanitaet-und-hygiene/sigmund-freud-gutachten-zu-elektroschocks/. Acesso em: 15.05.2017.

27 Após a guerra, Simmel concluiu uma análise didática com Karl Abraham e fundou em 1920, juntamente com Max Eitingon, a Associação Psicanalítica de Berlim.
28 Ernst Simmel, *Kriegs-Neurosen und "Psychisches Trauma". Ihre gegenseitigen Beziehungen dargestellt auf Grund psycho-analytischer, hypnotischer Studien*. Munique, Leipzig, 1918, p. 5.
29 *Ibid.*, p. 8.
30 *Ibid.*, p. 14.
31 *Ibid.*, p. 26.
32 *Ibid.*, p. 29 s.
33 *Ibid.*, p. 36.
34 Sigmund Freud, "Einleitung", *in*: *Zur Psychoanalyse der Kriegsneurosen. Diskussion gehalten auf dem V. Internationalen Psychoanalytischen Kongreß in Budapest*, em 28 e 29 de setembro de 1918, Internationale Psychoanalytische Bibliothek, n. 1. Leipzig, Viena, 1919, pp. 3-7; p. 5.
35 Cf. Karl Birnbaum, "Kriegsneurosen und -psychosen auf Grund der gegenwärtigen Kriegsbeobachtungen. Sammelberichte I-VI", *in*: *Zeitschrift für die Gesamte Neurologie und Psychologie*, vol. 11, pp. 321-69 (do início da guerra até meados de março de 1915); vol. 12, pp. 1-89 (de meados de março a meados de agosto de 1915) e pp. 317-88 (de meados de agosto de 1915 até o fim de janeiro de 1916); vol. 13, pp. 457-533 (do início de fevereiro de 1916 até o fim de julho de 1916); vol. 14, pp. 193-258 e pp. 313-51 (do início de agosto de 1916 até o fim de março de 1917); vol. 16, pp. 1-78 (de abril até o fim de 1917). Berlim, 1915-18.
36 Cf. Ernst Simmel, "Antisemitismus und Massen-Psychopathologie", *in*: Ernst Simmel/Elisabeth Dahmer-Kloss (org.), *Antisemitismus*. Frankfurt am Main, 1993, pp. 58-100.
37 Cf. Simmel, *Kriegs-Neurosen und "Psychisches Trauma"*, p. 16.
38 *Ibid.*, p. 25.
39 Ingmar Bergman, *Laterna Magica. Mein Leben*. Trad. Hans-Joachim Maass. Berlim, Colônia, 2011, p. 101. [Trad. port. *Lanterna Mágica*. Relógio d'Água, 2012.]
40 Cf. Otto Rank, "Der Doppelgänger", *in*: *Imago. Zeitschrift für Anwendung der Psychoanalyse auf die Geisteswissenschaften* 2 (1914), pp. 97-164; pp. 97-101. [Trad. bras. *O duplo: um estudo psicanalítico*. Dublinense, 2013.]

41 *Ibid.*, p. 99. Cf. igualmente as referências ao medo sentido por Otto Weininger de seu duplo e o ensaio de Otto Rank no quarto capítulo, sobre o suicídio no *Fin de Siècle*.

42 Friedrich Kittler, "Romantik – Psychoanalyse – Film: eine Doppelgängergeschichte", *in*: *Draculas Vermächtnis. Technische Schriften*. Leipzig, 1993, pp. 81-104; p. 103.

43 Cf. Siegfried Kracauer, "Von Caligari zu Hitler. Eine psychologische Geschichte des deutschen Films", *in*: *Werke*, vol. 2.1. Trad. Ruth Baumgarten e Karsten Witte. Org. Sabine Biebl. Berlim, 2012.

44 Cf. Anton Kaes, *Shell Shock Cinema. Weimar Culture and the Wounds of War*. Princeton, Oxford, 2011, p. 5.

45 Cf. Pauline Krebs, *Selbstmord auf der Leinwand. Umgang mit einem gesellschaftlichen Tabu im deutschen Film der 20er Jahre*. Saarbrücken, 2011.

46 Kracauer, "Von Caligari zu Hitler", p. 256.

47 *Ibid.*, p. 151.

48 Johan Huizinga, "Verratene Welt. Eine Betrachtung über die Chancen auf eine Wiederherstellung unserer Kultur", *in*: *Kultur- und zeitkritische Schriften*. Trad. Annette Wunschel. Org. Thomas Macho. Munique, 2014, pp. 133-271; p. 188.

49 Johan Huizinga, "Im Schatten von morgen. Eine Diagnose des geistigen Leidens unserer Zeit", *in*: *Kultur- und zeitkritische Schriften*, pp. 9-129; p. 92.

50 *Ibid.*, p. 87.

51 *Ibid.*, p.93.

52 *Ibid.*, p. 195.

53 Nesse sentido, Christian Goeschel, por exemplo, refere-se repetidamente à ditadura nazista como um "regime suicida". Cf. Goeschel, *Selbstmord im Dritten Reich*, pp. 231 e 263.

54 *Ibid.*, p. 90 s.

55 *Ibid.*, p. 95

56 *Ibid.*, p. 195.

57 Gottfried Benn, "Über Selbstmord im Heer", Carta ao conselheiro ministerial Müller-Lauchert, datada de 02.12.1940, *in*: *Neue Rundschau* 4 (1976), pp. 669-74; p. 673 s.

58 *Ibid.*, p. 671 s.

59 Hans F. K. Günther, *Rassenkunde des deutschen Volkes*. Munique, 1930, p. 209

60 Cf. Henry Morselli, "Suicide. An Essay on Comparative Moral Statistics", *in*: *The International Scientific Series*, vol. 36. Londres, 1881, p. 91.

Günther refere-se também à obra do economista e teórico racial americano William Z. Ripley, *The Races of Europe. A Sociological Study.* Nova York, 1899, p. 519.
61 Günther, *Rassenkunde des deutschen Volkes*, p. 209.
62 *Der Tiger. Weitere Unterhaltungen Clémenceaus mit seinem Sekretär Jean Martet.* Trad. Paul Mayer. Berlim, 1930, p. 54 s.
63 Durkheim, *Der Selbstmord*, p. 80. [Trad. bras. Monica Stahel. *O suicídio*. WMF Martins Fontes, 2019.]
64 Morselli, "Suicide", p. 131.
65 Apud *Der Spanische Bürgerkrieg in Augenzeugenberichten.* Org. e prefácio Hans-Christian Kirsch. Düsseldorf, 1967, p. 144. Cf. igualmente Hugh Thomas, *Der spanische Bürgerkrieg.* Trad. Walter Theimer. Berlim, Frankfurt am Main *et al.*, 1962, p. 276 s. [Trad. bras. *A Guerra Civil Espanhola.* Coleção Documentos da História Contemporânea. Civilização Brasileira, 1964.]
66 *Ibid.*, pp. 147-9.
67 "Rede des Reichsführers SS bei der SS-Gruppenführertagung in Posen am 4. Oktober 1943". Disponível em: http://www.1000dokumente.de/pdf/dok_0008_pos_de.pdf. Acesso em: 15.05.2017.
68 Cf. Jonathan Littell, *Die Wohlgesinnten.* Trad. Hainer Kober. Berlim, 2008. Cf. igualmente Martin Amis, *Interessengebiet.* Trad. Werner Schmitz. Zurique, Berlim, 2015. [Trad. bras. *As benevolentes.* Alfaguara, 2007; *A zona de interesse.* Companhia das Letras, 2015.]
69 Cf. Yuval Noah Harari, *Homo Deus. Eine Geschichte von Morgen.* Trad. Andreas Wirthenson. Munique, 1964, p. 166. [Trad. bras. *Homo Deus: uma breve história do amanhã.* Companhia das Letras, 2016.]
70 Cf. Orlando Patterson, *Slavery and Social Death. A Comparative Study.* Cambridge/MA, 1982. Cf. igualmente Marion Kaplan, *Der Mut zum Überleben. Jüdische Frauen und ihre Familien in Nazideutschland.* Trad. Christian Wiese. Berlim, 2003, pp. 232-46.
71 *Apud* Goeschel, *Selbstmord im Dritten Reich*, p. 152 s.
72 *Apud ibid.*, p.160.
73 *Ibid.*, p. 183.
74 Bruno Bettelheim, *Aufstand gegen die Masse. Die Chance des Individuums in der modernen Gesellschaft.* Trad. Herman Schroeder e Paul Horstrup. Munique, 1964, p. 166.
75 *Ibid.*, p. 271. Cf. igualmente Goeschel, *Selbstmord im Dritten Reich*, p. 180. Com relação à crítica a Bettelheim, cf. Jacob Robinson, *Psychoanalysis in a Vacuum. Bruno Bettelheim and the Holocaust.* Nova York, 1970. E Terrence Des Pres, *Der Überlebende. Anatomie der Todeslager.*

Trad. Monika Schiffer. Stuttgart, 2008. Depois de Bettelheim (*ibid.*, p. 167 s.), Giorgio Agamben deu sequência à discussão sobre os *"Muselmänner"* nos campos de extermínio. Cf. Giorgio Agamben, *Was von Auschwitz bleibt. Das Archiv und der Zeuge (Homo Sacer III).* Trad. Stefan Monhardt. Frankfurt am Main, 2003, pp. 36-75. [Trad. bras. *O que resta de Auschwitz: o arquivo e a testemunha (Homo Sacer, III).* Boitempo, 2015.]

76 Cf. Rudolph Herzog, *Heil Hitler, das Schwein ist tot! Lachen unter Hitler – Komik und Humor im Dritten Reich.* Munique, 2008, p. 22.

77 Cf. Ralph Wiener, *Gefährliches Lachen. Schwarzer Humor im Dritten Reich.* Reinbek, Hamburgo, 1994, p. 57.

78 Cf. Wikipédia, "Liste führender Nationalsozialisten, die zum Ende des Zweiten Weltkrieges Suizid verübten": https://de.wikipedia.org/wiki/Liste_führender_Nationalsozialisten,_die_zum_Ende_des_Zweiten_Weltkrieges_Suizid_verübten. Acesso em: 15.05.2017.

79 Cf. Max Domarus (org.), *Hitler: Reden und Proklamationen, 1932-1945. Kommentiert von einem deutschen Zeitgenossen*, vol. 2: *Untergang*, 2. Halbband: 1941-5. Munique, 1965, p. 2.213 s.

80 *Apud* William L. Shirer, *Berliner Tagebuch. Das Ende. 1944-1945.* Trad. e org. Jürgen Schebera. Leipzig, 1994, p. 65.

81 *Ibid.*, p. 68.

82 Jacob Kronika, *Der Untergang Berlins.* Trad. Margareth Bossen. Flensburg, Hamburgo, 1946, p. 40.

83 Hans Graf von Lehndorff, *Ostpreußisches Tagebuch. Aufzeichnungen eines Arztes aus den Jahren 1945-1947.* Munique, 2005, p. 24 s.

84 Florian Huber, *Kind, versprich mir, dass du dich erschießt. Der Untergang der kleinen Leute 1945.* Berlim, 2015, p. 126 s.

85 Von Lehndorff, *Ostpreußisches Tagebuch*, p. 18.

86 Cf. Erich Menninger-Lerchenthal, *Der eigene Doppelgänger,* suplemento do *Schweizerischen Zeitschrift für Psychologie und ihre Anwendungen* 11. Berna, 1946.

87 Erich Menninger-Lerchenthal, *Das europäische Selbstmordproblem. Eine zeitgemäße Betrachtung.* Viena, 1947, pp. 10 e 13. Cf. igualmente Goeschel, *Selbstmord im Dritten Reich*, p. 254.

88 Cf. Lee Miller, *War. Photographer and Correspondent With the Allies in Europe 1944-45.* Org. Antony Penrose. Londres, 2005, pp. 160-89.

89 David R. Beisel, "Der deutsche Suizid von 1945". Trad. Winfried Kurth, Heinrich Reiß e Christian Neuse, *in: Jahrbuch für Psychohistorische Forschung* 8 (2007), pp. 167-78; p. 168.

90 *Ibid.*, p. 169.

91 Cf. Harald Stutte/Günter Lucks, *Hitlers vergessene Kinderarmee*. Reinbek, Hamburgo, 2014.
92 Cf. Manfred Gregor, *Die Brücke*. Munique, Viena *et al.*, 1958. [Trad. port. *A ponte*. Publicações Europa-América, 1972.]
93 Cf. Erik H. Erikson, *Der junge Mann Luther. Eine psychoanalytische und historische Studie*. Trad. Johanna Schiche. Berlim, 2016.
94 Cf. Lloyd deMause (org.), *Hört ihr die Kinder weinen. Eine psychogenetische Geschichte der Kindheit*. Trad. Ute Auhagen. Frankfurt am Main, 1977.
95 Cf. Klaus Theweleit, *Männerphantasien*, vol. 1: *Frauen, Fluten, Körper, Geschichte*; vol. 2: *Männerkörper. Zur Psychoanalyse des Weißen Terrors*. Frankfurt am Main, Basileia, 1977 e 1978.
96 Beisel, "Der deutsche Suizid von 1945", p. 174.
97 *Apud* David R. Beisel, *The Suicidal Embrace. Hitler, the Allies, and the Origins of the Second World War*. Nova York, 2003, p. 1. Cf. igualmente Keith Feiling, *The Life of Neville Chamberlain*. Hamden/CT, 1970, p. 201.
98 Cf. Beisel, *The Suicidal Embrace*, p. 190 s.
99 Rebecca West, *Black Lamb and Grey Falcon. A Journey Through Yugoslavia*. Harmondsworth, 1994 [1940], pp. 1.121 e 1.125.
100 Beisel, *The Suicidal Embrace*, p. 172.
101 *Ibid.*, p. 279.
102 Beisel, "Der deutsche Suizid von 1945", p. 172.
103 Jean-Luc Godard, *Film Socialisme. Dialoge mit Autorengesichtern*. Trad. Ellen Antheil e Samuel Widerspahn. Zurique, 2011, p. 7 s.
104 *Ibid.*, p. 19.
105 *Ibid.*, p. 5.
106 Cf. Brian Rotman, *Signifying Nothing. The Semiotics of Zero*. Stanford, 1987.
107 *Apud* Peter Brunette, *Roberto Rossellini*. Berkeley, Los Angeles *et al.*, 1996, p. 77.
108 Todas as citações do filme foram retiradas do seguinte DVD: Roberto Rossellini, *Deutschland im Jahre Null*. Edition Deutscher Film 1/1948. Leipzig, 2014. A carta de intenções não está incluída em todas as versões do filme.
109 Jean-Luc Godard, *Film Socialisme. Dialoge mit Autorengesichtern*, p. 14.

7. Filosofia do suicídio na modernidade

1 Shumona Sinha, *Erschlagt die Armen!* Trad. Lena Müller. Hamburgo, 2015, p. 75.
2 Cf. Friedrich Nietzsche, "Also sprach Zarathustra. Ein Buch für Alle und Keinen", *in*: *KSA*, vol. 4, pp. 93-5. [Trad. bras. Paulo César de Souza. *Assim falou Zaratustra*. Companhia das Letras, 2018.]
3 Philipp Mainländer, *Die Philosophie der Erlösung*. Berlim, 1876, p. 216 s.
4 *Ibid.*, p. 302.
5 *Ibid.*, p. 325.
6 Arthur Schopenhauer, "Die Welt als Wille und Vorstellung 3/4", *in*: *Sämtliche Werke*, vol. 3. Stuttgart, 1895, p. 270. [Trad. bras. *O mundo como vontade e como representação*. Editora Unesp, 2005.]
7 Terry Eagleton, *Hoffnungsvoll, aber nicht optimistisch*. Trad. Hainer Kober. Berlim, 2016, p. 129 s.
8 Arthur Schopenhauer, "Parerga und Paralipomena 3", *in*: *Sämtliche Werke*, vol. 10. Stuttgart, 1895, p. 296 s. [Trad. bras. *Parerga e Paralipomena, pequenos escritos filosóficos*. Zouk, 2016.]
9 Immanuel Kant, "Die Metaphysik der Sitten", *in*: *Werkausgabe*. Org. Wilhelm Weischedel, vol. VIII. Frankfurt am Main, 1978, p. 456. [Trad. bras. *Metafísica dos costumes*. Vozes, 2013, MS 6: 335 (p. 141).]
10 Immanuel Kant, "Kritik der reinen Vernunft", *in*: *Werkausgabe*, vol. III. Frankfurt am Main, 1978, p. 136 (B 132). [Trad. bras. *Crítica da razão pura*. Vozes, 2012, B 132 (p. 129).]
11 Novalis, *Werke, Tagebücher und Briefe Friedrich von Hardenbergs*. Org. Hans-Joachim Mähl e Richard Samuel, vol. 2: *Das philosophisch-theoretische Werk*. Munique, Viena, 1978, p. 223.
12 Cf. Odo Marquard, *Transzendentaler Idealismus, romantische Naturphilosophie, Psychoanalyse, Schriftenreihe zur Philosophischen Praxis*, vol. 3. Colônia, 1987.
13 Cf. Dirk Baecker, *Beobachter unter sich. Eine Kulturtheorie*. Berlim, 2013
14 Hans Prinzhorn, "Vorangestelltes Nachwort des Herausgebers", *in*: Alfred Seidel: *Bewußtsein als Verhängnis. Fragmente über die Beziehungen von Weltanschauung und Charakter oder über Wesen und Wandel der Ideologien*. Org. do espólio por Hans Prinzhorn. Frankfurt am Main, pp. 7-68; p. 45.
15 *Ibid.*, p. 11 s.
16 *Ibid.*, p. 12 s.
17 Alfred Sohn-Rethel, *Geistige und körperliche Arbeit. Zur Theorie der gesellschaftlichen Synthesis*. Frankfurt am Main, 1972, p. 11.

18 Cf. Christian Voller, "Radikales Denken. Über Alfred Seidels fragmentarische Schrift Bewußtsein als Verhängnis von 1927", in: *Zeitschrift für Kulturphilosophie* 2 (2012), Schwerpunkt: Radikalität, pp. 313-26; p. 314 s.
19 Margarete Susman, "Alfred Seidel: 'Bewußtsein als Verhängnis'", in: *Der Morgen. Monatsschrift der Juden in Deutschland* 3 (1927), pp. 338-41; p. 339.
20 Seidel, *Bewußtsein als Verhängnis*, p. 85 s.
21 *Ibid.*, p. 94.
22 *Ibid.*, p. 101.
23 *Ibid.*, p. 203.
24 *Ibid.*, p. 214.
25 Cf. igualmente Hans Ulrich Gumbrecht, *1926: Ein Jahr am Abgrund der Zeit*. Trad. Joachim Schulte. Frankfurt am Main, 2003. Tanto o obituário de Alfred Seidel na edição de Hans Prinzhorn de *Bewußtsein als Verhängnis* quanto a dedicatória de Husserl em *Ser e tempo* são datados de abril de 1926.
26 Cf. Robert Spaemann, *Reflexion und Spontaneität. Studien über Fénelon*. Stuttgart, 1963, pp. 50-64.
27 Cf. Hans Ebeling, "Einleitung: Philosophische Thanatologie seit Heidegger", in: *Der Tod in der Moderne*. Königstein/Taunus, 1979, pp. 11-31; p. 33 s.
28 Max Scheler, "Tod und Fortleben", in: *Schriften aus dem Nachlass*, vol. 1. Berlim, 1933, pp. 3-51; p. 33. [Trad. port. *Morte e sobrevivência*. Edições 70, 2017.]
29 Sigmund Freud, "Zeitgemäßes über Krieg und Tod", in: *Imago. Zeitschrift für Anwendung der Psychoanalyse auf die Geisteswissenschaften* 1 (1915), pp. 1-21; p. 12.
30 Martin Heidegger, *Sein und Zeit*. Tübingen, 2006, 16ª edição, p. 253. [Trad. bras. *Ser e tempo*. Vozes, 2012.]
31 *Ibid.*, p. 238 s.
32 *Ibid.*, p. 240.
33 *Ibid.*, pp. 245 e 247.
34 *Ibid.*, p. 186.
35 *Ibid.*, p. 266.
36 Martin Heidegger, "Was ist Metaphysik?", in: *Wegmarken*. Frankfurt am Main, 1967, pp. 1-19; p. 11. [Trad. bras. *Marcas do caminho*. Vozes, 2008.]
37 Walter Schulz, *Der Gott der neuzeitlichen Metaphysik*. Pfullingen, 1957, p. 44.

38 Heidegger, *Sein und Zeit*, p. 237. [Trad. bras. *Ser e tempo*. Vozes, 2012.]
39 Ludwig Wittgenstein, "Tractatus logico-philosophicus", *in*: *Werkausgabe*, vol. 1. Frankfurt am Main, 1984, pp. 7-85; p. 84. [Trad. port. *Tratado lógico-filosófico: investigações filosóficas*. Serviço de Educação, Fundação Calouste Gulbenkian, 1995.]
40 Heidegger, *Sein und Zeit*, p. 262.
41 Friedrich Kittler, "Il fiore delle truppe scelte", *in*: Hans Ulrich Gumbrecht *et al.* (org.), *Der Dichter als Kommandant. D'Annunzio erobert Fiume*. Munique, 1996, pp. 205-25; pp. 225 e 224. Cf. igualmente Heidegger, *Sein und Zeit*, p. 258 s.
42 Theodor W. Adorno, "Jargon der Eigentlichkeit. Zur deutschen Ideologie", *in*: *Gesammelte Schriften*. Org. Rolf Tiedemann *et al.*, vol. 6. Frankfurt am Main, 1997, pp. 413-526; p. 505.
43 Heidegger, *Sein und Zeit*, p. 266.
44 *Ibid.*, p. 229.
45 Ebeling, "Einleitung: Philosophische Thanatologie seit Heidegger", p. 21 s.
46 Cf. Karl Löwith, *Das Individuum in der Rolle des Mitmenschen. Ein Beitrag zur anthropologischen Grundlegung der ethischen Probleme*. Munique, 1928.
47 *Ibid.*, p. 22 s.
48 Ebeling, "Einleitung: Philosophische Thanatologie seit Heidegger", p. 22 s.
49 Ernst Tugendhat, *Selbstbewußtsein und Selbstbestimmung. Sprachanalytische Interpretationen*. Frankfurt am Main, 1979, p. 235.
50 Jean-Paul Sartre, *Briefe an Simone de Beauvoir und andere*, vol. 1. Trad. Andrea Spingler. Reinbek, Hamburgo, 1988, p. 285.
51 Sarah Bakewell, *Das Café der Existenzialisten. Freiheit, Sein und Aprikosencocktails*. Trad. Rita Seuß. Munique, 2016, p. 156. [Trad. bras. *No café existencialista: o retrato da época em que a filosofia, a sensualidade e a rebeldia andavam juntas*. Objetiva, 2017.]
52 Simone de Beauvoir, *Die Zeremonie des Abschieds und Gespräche mit Jean-Paul Sartre August-September 1974*. Trad. Uli Aumüller e Eva Moldenhauer. Reinbek, Hamburgo, 1983, p. 229.
53 Jean-Paul Sartre, *Das Sein und das Nichts. Versuch einer phänomenologischen Ontologie*. Trad. Hans Schöneberg e Traugott König. Reinbek, Hamburgo, 1994, p. 57. [Trad. bras. *O ser e o nada*. Vozes, 2015 (24ª edição).]
54 *Ibid.*, p. 84.
55 *Ibid.*, p. 119.

56 *Ibid.*, p. 928.
57 Albert Camus, *Der Mythos des Sisyphos*. Trad. Vincent von Wroblewsky. Reinbek, Hamburgo, 2000, p. 84. [Trad. bras. *O mito de Sísifo*. Record, 2004.]
58 Bakewell, *Das Café der Existenzialisten*, p. 26. [Trad. bras. *No café existencialista: o retrato da época em que a filosofia, a sensualidade e a rebeldia andavam juntas*. Objetiva, 2017.]
59 Cf. Wilhelm Kamlah, "Das Recht auf den eigenen Tod und der § 216", in: *Von der Sprache zur Vernunft. Philosophie und Wissenschaft in der neuzeitlichen Profanität*. Mannheim, Viena et al., 1975, pp. 216-28.
60 Cf. Wilhelm Kamlah, "Kann man den Tod 'verstehen'? Passionsbetrachtungen eines Philosophen", in: *Neue Zürcher Zeitung* 85 (10/11.04.1976), p. 63 s.
61 Cf. Wilhelm Kamlah, *Meditatio mortis. Kann man den Tod "verstehen", und gibt es ein "Recht auf den eigenen Tod"?*. Stuttgart, 1976.
62 Wilhelm Kamlah, "Meditatio mortis", nova impressão, *in*: Ebeling (org.), *Der Tod in der Moderne*, pp. 210-25; p. 221.
63 *Ibid.*, p. 213.
64 *Ibid.*, p. 220.
65 *Ibid.*, p. 222.
66 Cf. Wilhelm Kamlah, "Das Recht auf den Freitod, ein menschliches Grundrecht. Bemerkungen zu einer Schrift von Jean Améry", *in*: *Neue Zürcher Zeitung* 211 (09.09.1976), p. 27.
67 Cf. Jean Améry, *Hand an sich legen. Diskurs über den Freitod*. Stuttgart, 1976, p. 29.
68 *Ibid.*, p. 11.
69 *Ibid.*, p. 17 s.
70 *Ibid.*, p. 57.
71 Cf. Matthias Bormuth, *Ambivalenz der Freiheit. Suizidales Denken im 20. Jahrhundert*. Göttingen, 2008, pp. 221-304.
72 *Ibid.*, p. 315.
73 Cf. Jean Baechler, *Les suicides*. Paris, 1975 (em alemão: *Tod durch eigene Hand. Eine wissenschaftliche Untersuchung über den Selbstmord*. Trad. Christian Seeger. Frankfurt am Main, Berlim et al., 1981).
74 Cf. Vladimir Jankélévitch, *La mort*. Paris, 1977 [1966].
75 Vladimir Jankélévitch, *Der Tod*. Trad. Brigitta Restorff. Org. Christoph Lange. Frankfurt am Main, 2005, p. 24.
76 *Ibid.*, p. 39.
77 *Ibid.*, p. 41.
78 *Ibid.*, p. 119.

79 Cf. Philippe Ariès, *Studien zur Geschichte des Todes im Abendland*. Trad. Hans-Horst Henschen. Munique, Viena, 1976; Jean Baudrillard, *Der symbolische Tausch und der Tod*. Trad. Gerd Bergfleth. Munique, 1982. [Trad. bras. *História da morte no Ocidente: da Idade Média aos nossos dias*. Ediouro, 2003; *A troca simbólica e a morte*. Edições Loyola, 1996.]

80 Matthias Kettner/Benigna Gerisch, "Zwischen Tabu und Verstehen. Psycho-philosophische Bemerkungen zum Suizid", *in*: Ines Kappert et al. (org.), *Ein Denken, das zum Sterben führt. Selbsttötung – das Tabu und seine Brüche. Hamburger Beiträge zur Psychotherapie der Suizidalität*, vol. 5. Göttingen, 2004, pp. 38-66; p. 38.

81 *Ibid.*, p. 51: "Suizidales Handeln ist nahezu immer von einer fundamentalen Ambivalenz durchzogen und umschließt gleichermaßen das Tödliche, Verneinende wie das Lebenwollen, aber *so* nicht mehr leben können." (O comportamento suicida é quase sempre permeado por uma ambivalência fundamental e engloba a um só tempo a ação fatal, a negação e a vontade de viver, mas sem poder mais viver *assim*.)

82 James Miller, *Die Leidenschaft des Michel Foucault. Eine Biographie*. Trad. Michael Büsges, com a colaboração de Hubert Winkels. Colônia, 1995, p. 78.

83 Cf. Jean-Paul Sartre, *Das Imaginäre. Phänomenologische Psychologie der Einbildungskraft*. Trad. Hans Schöneberg. Reinbek, Hamburgo, 1971. [Trad. bras. *O imaginário: psicologia fenomenológica da imaginação*. Ática, 1996.]

84 Michel Foucault, "Einführung zu Ludwig Binswanger: 'Traum und Existenz'". Trad. Hans-Dieter Gondek, *in*: *Schriften in vier Bänden*, vol. 1: *1954-1969*. Trad. Michael Bischoff, Hans-Dieter Gondek e Hermann Kocyba. Frankfurt am Main, 2001, pp. 107-74; p. 166. [Trad. bras. Vera Lúcia Avellar Ribeiro. "Introdução", *in*: *Ditos e escritos I: problematização do sujeito: psicologia, psiquiatria e psicanálise*. Forense Universitária, 2010, p. 125.]

85 Ludwig Binswanger, "Der Fall Ellen West (1944-45)", *in*: *Der Mensch in der Psychiatrie*, *in*: *Ausgewählte Werke*, vol. 4. Heidelberg, 1994, pp. 73-209; p. 132.

86 Miller, *Die Leidenschaft des Michel Foucault*, p. 108.

87 Binswanger, "Der Fall Ellen West", p. 131.

88 Cf. Michel Foucault, *Raymond Roussel*. Trad. Renate Hörisch-Helligrath. Frankfurt am Main, 1989. [Trad. bras. *Raymond Roussel*. Forense Universitária, 1999.]

89 Michel Foucault, "Ein so schlichtes Vergnügen". Trad. Michael Bischoff, *in*: *Schriften in vier Bänden*, vol. 3: *1976-1979*. Trad. Michael Bischoff, Hans-Dieter Gondek, Hermann Kocyba e Jürgen Schröder. Frankfurt am Main, 2003, pp. 970-73; p. 971 s. [Trad. bras. "Um prazer tão simples", *in*: *Ditos e escritos IX: genealogia da ética, subjetividade e sexualidade*. Forense Universitária, 2013.]

90 *Ibid.*, p. 973.

91 Michel Foucault, "Gespräch mit Werner Schroeter". Trad. Michael Bischoff, *in*: *Schriften in vier Bänden*, vol. 4: *1980-1988*. Trad. Michael Bischoff, Ulrike Bokelmann, Horst Brühmann, Hans-Dieter Gondek, Hermann Kocyba e Jürgen Schröder. Frankfurt am Main, 2005, pp. 303-14; p. 309 s. [Trad. bras. Vera Lúcia Avellar Ribeiro. "Conversa com Werner Schroeter", *in*: *Ditos e escritos VII: arte, epistemologia, filosofia e história da medicina*. Forense Universitária, 2011, p. 109.]

92 Cf. Didier Eribon, *Michel Foucault. Eine Biographie*. Trad. Hans-Horst Henschen. Frankfurt am Main, 1991; Paul Veyne, *Foucault. Der Philosoph als Samurai*. Trad. Ursula Blank-Sangmeister. Stuttgart, 2009. [Trad. bras. *Michel Foucault: uma biografia por Didier Eribon*. Companhia das Letras, 1990.]

93 Cf. Gilles Deleuze, *Foucault*. Trad. Hermann Kocyba. Frankfurt am Main, 1987, p. 138. [Trad. bras. *Foucault*. Brasiliense, 1988.]

94 Tais práticas de "infecção solidária" continuam atuais e são efetuadas como "*barebacking*" em ambientes homossexuais, por exemplo. Cf. Tim Dean, *Unlimited Intimacy. Reflections on the Subculture of Barebacking*. Chicago, Londres, 2009.

95 Miller, *Die Leidenschaft des Michel Foucault*, p. 541.

96 Cf. Hervé Guibert, *Dem Freund, der mir das Leben nicht gerettet hat*. Trad. Hinrich Schmidt-Henkel. Reinbek, Hamburgo, 1991. Cf. Patricia Duncker, *Die Germanistin*. Trad. Karen Nölle-Fischer. Berlim, 1997. Cf. igualmente Laurent Binet, *Die siebte Sprachfunktion*. Trad. Kristian Wachinger. Reinbek, Hamburgo, 2017. [Trad. bras. *Para o amigo que não me salvou a vida*. José Olympio, 1995; *Alucinando Foucault*. Editora 34, 1998; *Quem matou Roland Barthes?*. Companhia das Letras, 2016.]

8. Suicídio da espécie humana

1 Günther Anders, *Die Antiquiertheit des Menschen*, vol. 1: *Über die Seele im Zeitalter der zweiten industriellen Revolution*. Munique, 1956, p. 225 s.

2 Maurice Pinguet, *Der Freitod in Japan. Ein Kulturvergleich*. Trad. Beate von der Osten et al. Berlim, 1991, p. 264 s. [Trad. bras. *A morte voluntária no Japão*. Rocco, 1987.]
3 Cf. Richard Rhodes, *The Making of the Atomic Bomb*. Nova York, 1986, p. 571 s.
4 John Donne, *The Poems of John Donne*. Org. Edmund Kerchever Chambers, vol. 1. Londres, 1896, p. 165.
5 Cf. Robert Jungk, *Heller als tausend Sonnen. Das Schicksal der Atomforscher*. Stuttgart, 1956, p. 223. [Trad. port. *Mais brilhante que mil sóis: o destino dos atomistas*. Publicações Europa-América, 1960.]
6 Eric Schlosser, *Command and Control. Die Atomwaffenarsenale der USA und die Illusion der Sicherheit. Eine wahre Geschichte*. Trad. Sven Scheer e Rita Seuß. Munique, 2013, p. 72. [Trad. bras. *Comando e controle: armas nucleares, o acidente de Damasco e a ilusão de segurança*. Companhia das Letras, 2015.]
7 Karin Geerken et al., "Bombenkulte", *in*: Fritz Kramer (org.), *Bikini oder die Bombardierung der Engel. Auch eine Ethnographie*. Frankfurt am Main, 1983, pp. 100-13; p. 102.
8 Cf. Bodo Mrozek, *Lexikon der bedrohten Wörter*. Reinbek, Hamburgo, 2005, p. 27.
9 *Der Stern* (12.03.1950), p. 31. Cf. igualmente Geerken *et al.*, "Bombenkulte", p. 107.
10 *Der Stern* (07.03.1954), p. 3. Cf. igualmente Geerken *et al.*, "Bombenkulte", p. 108.
11 Cf. "It Is Two and a Half Minutes to Midnight. 2017 Doomsday Clock Statement", *in*: *Bulletin of the Atomic Scientists*. Org. John Mecklin, p. 1. Disponível em: https://thebulletin.org/sites/default/files/Final%202017%20Clock%20Statement.pdf. Acesso em: 28.09.2020.
12 Programa Básico do Partido Social-Democrata da Alemanha. Aprovado pelo Congresso Extraordinário do Partido Social-Democrata da Alemanha em Bad Godesberg de 13 a 15 de novembro de 1959. Colônia, 1959, p. 5.
13 Karl Jaspers, *Die Atombombe und die Zukunft des Menschen. Politisches Bewußtsein in unserer Zeit*. Munique, 1958, p. 242. [Trad. bras. *A bomba atômica e o futuro do homem: conferência radiofônica*. Agir (Ediouro), 1958.]
14 Ernst Bloch, *Das Prinzip Hoffnung*. Frankfurt am Main, 1973, p. 775. [Trad. bras. *O princípio esperança*. EdUERJ, 2005.]
15 "Panamakanal in fünf Sekunden gebaut. Entfesselte Gewalten versetzen Berge, und nukleare Sprengungen schaffen Kanäle und Hafenbe-

cken", in: *Hobby. Das Magazin der Technik*, 11/13 (1963), pp. 25-31; p. 26.
16 *Ibid.*, p. 31.
17 Cf. Manfred Wetzel, *Praktisch-politische Philosophie*, vol. 1: *Allgemeine Grundlagen*. Würzburg, 2004, p. 467.
18 Anders, *Die Antiquiertheit des Menschen*, vol. 1, p. 264.
19 *Ibid.*, p. 259.
20 *Ibid.*, p. 269.
21 *Ibid.*
22 *Ibid.*, p. 280.
23 *Ibid.*, p. 282.
24 Cf. Hans Ulrich Gumbrecht, *Unsere breite Gegenwart*. Trad. Frank Born. Berlin, 2010; Douglas Rushkoff, *Present Shock: Wenn alles jetzt passiert*. Trad. Gesine Schröder e Andy Hahnemann. Freiburg im Breisgau, 2014. [Trad. bras. *Nosso amplo presente: o tempo e a cultura contemporânea*. Editora Unesp, 2015.]
25 Martin Heidegger, "Was ist Metaphysik?", in: *Wegmarken*. Frankfurt am Main, 1967, pp. 1-19; p. 11. [Trad. bras. *Marcas do caminho*. Vozes, 2008.]
26 Anders, *Die Antiquiertheit des Menschen*, vol. 1, p. 301.
27 *Ibid.*, p. 303.
28 *Ibid.*, p. 243.
29 *Ibid.*, p. 345 s.
30 Cf. Jacob Taubes, *Abendländische Eschatologie*. Berna, 1947.
31 Cf. Jacob Taubes, *Ad Carl Schmitt. Gegenstrebige Fügung*. Berlim, 1987, p. 73.
32 Schlosser, *Command and Control*, p. 104.
33 *Ibid.*, p. 428.
34 *Ibid.*, p. 429.
35 *Ibid.*, p. 237.
36 Cf. *ibid.*, p. 286 s.
37 *Ibid.*, p. 295.
38 Cf. Robert Jay Lifton, *Death in Life. Survivors of Hiroshima*. Nova York, 1968; *Home from the War. Vietnam Veterans – Neither Victims nor Executioners*. Nova York, 1973.
39 Robert Jay Lifton, *Der Verlust des Todes. Über die Sterblichkeit des Menschen und die Fortdauer des Lebens*. Trad. Annegrete Lösch. Munique, Viena, 1986, p. 443.
40 *Ibid.*, p. 465.
41 *Ibid.*, pp. 319 e 321.

42 Peter Sloterdijk, *Kritik der zynischen Vernunft*. Frankfurt am Main, 1983, p. 256. [Trad. bras. *Crítica da razão cínica*. Estação Liberdade, 2012.]
43 *Ibid.*, p. 258 s.
44 Ulrich Horstmann, *Das Untier. Konturen einer Philosophie der Menschenflucht*. Viena, Berlim, 1983, p. 100 s. Cf. igualmente Thomas Macho, "Bombenmetaphern. Zur Einführung in die Nuklearmetaphysik", in: *Fragmente* 14/15 (1985), pp. 172-98.
45 Cf. Alan Weisman, *Die Welt ohne uns. Reise über eine unbevölkerte Erde*. Trad. Hainer Kober. Munique, Zurique, 2007, pp. 25 e 51. [Trad. bras. *O mundo sem nós*. Planeta, 2007.]
46 *Ibid.*, p. 6.
47 Robert Jay Lifton/Eric Markusen, *Die Psychologie des Völkermordes. Atomkrieg und Holocaust*. Trad. Hans Günter Holl. Stuttgart, 1992, p. 49.
48 Maarten Asscher, "Het verdachte probleem", in: *De Gids* 163/1 (2000), pp. 224-9; p. 226.
49 Cf. Jacques Attali, *Millennium. Gewinner und Verlierer in der kommenden Weltordnung*. Trad. Bernd Rüther. Düsseldorf *et al.*, 1992.
50 Deborah Layton, *Selbstmord im Paradies. Mein Leben in der Sekte*. Trad. Sibylle Mall. Org. Carrie Asman. Frankfurt am Main, 2008, p. 134.
51 *Ibid.*, p. 242 s.
52 Thomas Haenel, *Amok und Kollektivsuizid. Selbsttötung als Gruppenphänomen*. Munique, 2012, p. 60.
53 Clifford L. Linedecker, *Sektenführer des Todes. David Koresh und das Waco-Massaker*. Trad. Anne Elsner. Munique, 1994, p. 73 s.
54 Udo Singer, *Massenselbstmord. Zur Phänomenologie und Psychodynamik*. Stuttgart, 1980, p. 125.
55 Cf. Patricia Duncker, *Der Komponist und seine Richterin*. Trad. Barbara Schaden. Berlim, 2010, p. 146 s.
56 *Ibid.*, p. 337.
57 Cf. Haenel, *Amok und Kollektivsuizid*, pp. 144-7.
58 Ulrich Horstmann, *Abschreckungskunst. Zur Ehrenrettung der apokalyptischen Phantasie*. Munique, 2012, p. 111.
59 *Ibid.*, p. 175 s.
60 Robert Jay Lifton, *Terror für die Unsterblichkeit. Erlösungssekten proben den Weltuntergang*. Trad. Udo Rennert e Ursula Gräfe. Munique, Viena, 2000, p. 304.
61 *Ibid.*, p. 335.
62 *Ibid.*, p. 290 s.

9. Práticas de suicídio político

1 Hermann Burger, *Tractatus logico-suicidalis. Über die Selbsttötung.* Frankfurt am Main, 1988, p. 112.
2 Cf. Terri L. Snyder, *The Power to Die. Slavery and Suicide in British North America.* Chicago, Londres, 2015, p. 51.
3 Cf. *ibid.*, p. 43 s.
4 Cf. *ibid.*, p. 163.
5 Joachim Wille, "Mehr Suizide bei indigenen Völkern. Studie des UN-Forums: Vor allem Kinder und Jugendliche weltweit sind betroffen", in: *Frankfurter Rundschau* (05.05.2015). Disponível em: http://www.fr.de/panorama/naturvoelker-mehr-suizide-bei-indigenen-voelkern-a-467099. Acesso em: 15.05.2017.
6 Richard Flanagan, *Die unbekannte Terroristin.* Trad. Eva Bonné. Munique, Berlim et al., 2016, p. 7. O romance de Flanagan *The Narrow Road to the Deep North*, sobre a construção da "Ferrovia da Morte" entre a Tailândia e a Birmânia, recebeu o Prêmio Man Booker em 2014. Cf. Richard Flanagan, *Der schmale Pfad durchs Hinterland.* Trad. Eva Bonné. Munique, Berlim *et al.*, 2015. [Trad. bras. *A terrorista desconhecida.* Companhia das Letras, 2009. Cf. igualmente trad. port. *A senda estreita para o norte profundo.* Relógio d'Água, 2015.]
7 Friedrich Benjamin Osiander, *Über den Selbstmord, seine Ursachen, Arten, medicinisch-gerichtliche Untersuchung und die Mittel gegen denselben. Eine Schrift sowohl für Policei- und Justiz-Beamte, als für gerichtliche Ärzte und Wundärzte, für Psychologen und Volkslehrer.* Hannover, 1813, p. 184.
8 *Ibid.*, p. 185.
9 Marzio Barbagli, *Farewell to the World. A History of Suicide.* Trad. Lucinda Byatt. Cambridge, Malden, 2015, p. 191. [Trad. bras. *O suicídio no Ocidente e no Oriente.* Vozes, 2019.]
10 Rainer Paul, "Seelen im Tod vereint", *in*: *Der Spiegel* (11.01.1999), pp. 158-9.
11 Gayatri Chakravorty Spivak, *Can the Subaltern Speak? Postkolonialität und subalterne Artikulation.* Trad. Alexander Joskowicz e Stefan Nowotny. Viena, Berlim, 2008. [Trad. bras. *Pode o subalterno falar?*. Editora UFMG, 2010.]
12 Christian Braune, *Feuerzeichen. Warum Menschen sich anzünden.* Göttingen, 2005, p. 27 s.
13 *Ibid.*, p. 127 s.
14 *Ibid.*, p. 129.

15 Elias Canetti, *Masse und Macht*. Munique, Viena, 1993, p. 91. [Trad. bras. *Massa e poder*. Companhia das Letras, 1995.]
16 Braune, *Feuerzeichen*, p. 27 s.
17 *Ibid.*, p. 128.
18 *Ibid.*, p. 7 s.
19 David Halberstam, *The Making of a Quagmire. America and Vietnam During the Kennedy Era*. Trad. Anne Uhde. Nova York, 1965, p. 211.
20 Lorenz Graitl, *Sterben als Spektakel. Zur kommunikativen Dimension des politisch motivierten Suizids*. Wiesbaden, 2012, p. 40.
21 *Apud ibid.*, p. 40 s.
22 Cf. Michael Biggs, "Dying Without Killing: Self-Immolations, 1963-2002", *in*: Diego Gambetta (org.), *Making Sense of Suicide Missions*. Oxford, 2005, pp. 173-208; p. 204.
23 Graitl, *Sterben als Spektakel*, p. 41.
24 Ingmar Bergman, *Laterna Magica. Mein Leben*. Trad. Hans-Joachim Maass. Berlim, Colônia, 2011, p. 124 s. [Trad. bras. *Lanterna mágica*. Guanabara, 1988.]
25 *Apud* Graitl, *Sterben als Spektakel*, p. 131.
26 *Apud ibid.*, p. 147.
27 *Apud* Harald Schultze (org.), *Das Signal von Zeitz. Reaktionen der Kirche, des Staates und der Medien auf die Selbstverbrennung von Oskar Brüsewitz 1976. Eine Dokumentation*. Leipzig, 1993. Cf. igualmente Braune, *Feuerzeichen*, p. 112.
28 Cf. Schultze (org.), *Das Signal von Zeitz*, pp. 264-7.
29 Artigo do *Berliner Zeitung* de 20 de janeiro de 2001, *apud* Braune, *Feuerzeichen*, p. 113.
30 Braune, *Feuerzeichen*, p. 112.
31 N.N., "DDR/Kirche: Nie heimisch", *in*: *Der Spiegel* (25.09.1978), pp. 47-52; p. 52.
32 Cf. Udo Grashoff, *In einem Anfall von Depression. Selbsttötungen in der DDR*. Berlim, 2006, p. 339.
33 Cf. Wikipédia, "*List of Political Self-Immolations*": https://en.wikipedia.org/wiki/List_of_political_self-immolations. Acesso em: 15.05.2017.
34 Cf. Day Blakely Donaldson, *The Self-Immolators*, 2013. Disponível em: https://thespeakernewsjournal.com/wp-content/uploads/2013/06/The-Self-Immolators.pdf. Acesso em: 09.11.2020.
35 Karin Struck, "Für das Überleben verloren", *in*: *Der Spiegel* (12.07.1982), p. 149.
36 *Nostalgia* recebeu o Prêmio do Júri Ecumênico e o Prêmio Fipresci; Tarkovski dividiu o prêmio de Melhor Diretor com Robert Bresson.

No entanto, outro filme sobre suicídio recebeu a cobiçada Palma de Ouro, *A balada de Narayama*, de Shohei Imamura.
37 Norbert P. Franz (org.), *Nostalgia*. URSS/Itália, 1983. Direção: Andrei Tarkovski. Transcrição do filme, tradução dos diálogos. Potsdam, 2015, p. 91 s. Cf. igualmente Andrei Tarkovski, *Collected Screenplays*. Trad. William Powell e Natasha Synessios. Londres, Nova York, 1999, p. 500 s.
38 Antje Krueger, "Feuerspuren. Dimensionen eines Selbstverbrennungsversuchs im Asylkontext", *in*: Robert E. Feldmann/Günter H. Seidler (org.), *Traum(a) Migration. Aktuelle Konzepte zur Therapie traumatisierter Flüchtlinge und Folteropfer*. Gießen, 2013, pp. 35-51; p. 44 s.
39 Cf. Jean Baechler, *Tod durch eigene Hand. Eine wissenschaftliche Untersuchung über den Selbstmord*. Trad. Christian Seeger. Frankfurt am Main, Berlim *et al.*, 1981, p. 61 s.
40 Emmeline Pankhurst, *Suffragette. Die Geschichte meines Lebens*. Trad. Agnes S. Fabian e Hellmut Roemer. Göttingen, 2016, p. 140 s.
41 *Ibid.*, p. 268.
42 *Ibid.*, p. 145.
43 Djuna Barnes, "Kennen Sie Zwangsernährung?", *in*: *New York. Geschichten und Reportagen aus einer Metropole*. Trad. Karin Kersten. Reinbek, Hamburgo, 2002, pp. 79-84; p. 83.
44 Pankhurst, *Suffragette*, p. 169.
45 Matthias Kettner/Benigna Gerisch, "Zwischen Tabu und Verstehen. Psycho-philosophische Bemerkungen zum Suizid", *in*: Ines Kappert *et al.* (org.), *Ein Denken, das zum Sterben führt. Selbsttötung – das Tabu und seine Brüche. Hamburger Beiträge zur Psychotherapie der Suizidalität*, vol. 5. Göttingen, 2004, pp. 38-66; pp. 49-51.
46 Maud Ellmann, *Die Hungerkünstler. Hungern, Schreiben, Gefangenschaft*. Trad. Michael Müller. Stuttgart, 1994, p. 63.
47 *Ibid.*, p. 66 s.
48 Cf. Immanuel Kant, "Die Metaphysik der Sitten", *in*: *Werkausgabe*. Org. Wilhelm Weischedel, vol. VIII. Frankfurt am Main, 1978, p. 393 s. [Trad. bras. *Metafísica dos costumes*. Vozes, 2013.]
49 Barnes, "Kennen Sie Zwangsernährung?", p. 81
50 "WMA Declaration of Malta on Hunger Strikers"; a declaração, assinada em Malta em 1991 e em Marbella, Espanha, em 1992, por ocasião do encontro da WMA, assim como uma versão revisada feita em Pilanesberg, África do Sul, em 2006, está disponível em: https://www.wma.net/policies-post/wma-declaration-of-malta-on-hunger-strikers/. Acesso em: 15.05.2017.

51 *Apud* Michael Sontheimer, "Terrorzelle Stammheim", *in*: *Der Spiegel* (08.10.2007), pp. 98-108; p. 100.
52 Ellmann, *Die Hungerkünstler*, p. 26 s.
53 Samuel Beckett, *Warten auf Godot*. Trad. Elmar Tophoven. Frankfurt am Main, 1963, p. 10. [Trad. bras. *Esperando Godot*. Companhia das Letras, 2017.]
54 Thomas Hobbes, "Vom Menschen", *in*: *Vom Menschen/Vom Bürger*. Trad. Max Frischeisen-Köhler. Org. Günter Gawlick. Hamburgo, 1994, pp. 1-56. Cf. igualmente Amélie Nothomb, *Biographie des Hungers*. Trad. Brigitte Große. Zurique, 2009, p. 187: "Na verdade, eu tinha alcançado o auge da minha fome. Tinha fome de sentir fome."
55 Arthur Rimbaud, "Feste des Hungers", *in*: *Das poetische Werk*. Trad. Hans Therre e Rainer G. Schmidt. Munique, 1988, p. 431.
56 Ellmann, *Die Hungerkünstler*, p. 34 s.
57 Ekkehard Knörer, "'Ich bin ein Abschweifer'. Gespräch mit Peter Liechti", *in*: *CARGO*. *Film – Medien – Kultur 20* (2013), pp. 16-31; p. 23.
58 Jean Ziegler, *Wir lassen sie verhungern. Die Massenvernichtung in der Dritten Welt*. Trad. Hainer Kober. Munique, 2011, p. 301.
59 Cf. Amélie Nothomb, *So etwas wie ein Leben*. Trad. Brigitte Große. Zurique, 2013.
60 Cf. Michael Fröhlingsdorf, "Einfach verschwunden. Ein Arbeitsloser hungerte sich in einem Wald bei Göttingen zu Tode", *in*: *Der Spiegel* (18.02.2008), p. 60 s.

10. Terrorismo suicida

1 Jean Baudrillard, *Der symbolische Tausch und der Tod*. Trad. Gerd Bergfleth, Gabriele Ricke e Ronald Voullié. Munique, 1991, p. 388. [Trad. bras. *A troca simbólica e a morte*. Loyola, 1996.]
2 Carl August Diez, *Der Selbstmord, seine Ursachen und Arten vom Standpunkte der Psychologie und Erfahrung dargestellt*. Tübingen, 1838, p. 336.
3 O médico Ernst Büchner, pai do poeta Georg Büchner, já havia dedicado um estudo próprio a esse método suicida. Cf. Ernst Büchner, *Versuchter Selbstmord durch Verschlucken von Stecknadeln*. Org. Heiner Boehncke e Hans Sarkowicz. Berlim, 2013, pp. 5-39.
4 Diez, *Der Selbstmord*, p. 412 s.
5 Na Rússia, o calendário bizantino foi aplicado até o início do século XVIII; em 1º de janeiro de 1700, o tsar Pedro, o Grande, introduziu o calendário juliano, que "fica atrás" do calendário gregoriano por treze

dias. O calendário gregoriano só foi introduzido em 1º/14 de fevereiro de 1918 – ou seja, depois da Revolução de Outubro.

6 Avrahm Yarmolinsky, *Road to Revolution. A Century of Russian Radicalism*. Londres, 1957, p. 276.

7 Cf. Anne Waak, *Der freie Tod. Eine kleine Geschichte des Suizids*. Berlim, 2016, p. 21.

8 Cf. *The Evening News* (30.10.1907), p. 4.

9 Boris Savinkov, *Das fahle Pferd. Roman eines Terroristen*. Trad. Alexander Nitzberg. Berlim, 2015, p. 127. [Trad. bras. *O cavalo pálido*. Grua Livros, 2019.]

10 Alexander Nitzberg, "Boris Sawinkow – Die fleischgewordene Vision Dostojewskis". Posfácio do tradutor, *in*: *ibid.*, pp. 235-70; p. 242.

11 Cf. Friedrich Nietzsche, "Die fröhliche Wissenschaft", *in*: *KSA*, vol. 3, pp. 343-651; p. 480 s. (§ 125). [Trad. bras. Paulo César de Souza. *A gaia ciência*. Companhia das Letras, 2001.]

12 Fiódor Dostoiévski, *Böse Geister*. Trad. Swetlana Geier. Frankfurt am Main, 2000, p. 151 s. [Trad. bras. Paulo Bezerra. *Os demônios*. Editora 34, 2004.]

13 *Ibid.*, p. 152 s.

14 *Ibid.*, p. 860.

15 Najem Wali, *Im Kopf des Terrors. Vom Töten mit und ohne Gott*. Trad. Markus Lemke. Salzburgo, Viena, 2016, p. 95.

16 Albert Camus, "Die Besessenen", *in*: *Sämtliche Dramen*. Trad. Hinrich Schmidt-Henkel e Uli Aumüller. Reinbek, Hamburgo, 2015, pp. 325-490; p. 483. [Trad. port. *Os possessos: peça em 3 atos, adaptada do romance de Dostoiévski*. Livros do Brasil, digitalizado, 2010.]

17 Cf. Boris V. Savinkov, *Souvenirs d'un terroriste*. Trad. Bernard Taft. Paris, 1931 (em alemão: Boris V. Savinkov, *Erinnerungen eines Terroristen*. Trad. Arkadi Maslow e Barbara Conrad. Nördlingen, 1985).

18 Boris Savinkov, "Aus den Erinnerungen an Iwan Kaljajew", *in*: *Das fahle Pferd*, pp. 271-88; p. 282.

19 Albert Camus, "Die Gerechten", *in*: *Sämtliche Dramen*, pp. 253-323; p. 283. [Trad. bras. "Os justos", *in*: *Noites de teatro*, vol. 1. Ática, 1961.]

20 *Ibid.*, p. 282.

21 Jörg Baberowski, "Das Handwerk des Tötens. Boris Sawinkow und der russische Terrorismus", *in*: Savinkov, *Das fahle Pferd*, pp. 205-32; p. 217.

22 Jean-Luc Godard também usou *Os demônios*, de Dostoiévski, em seu filme *A chinesa*, de 1967, com Anne Wiazemsky no papel de Véronique, um ano depois de sua estreia no filme *A grande testemunha*, de Robert Bresson.

23 Navid Kermani, *Dynamit des Geistes. Martyrium, Islam, Nihilismus*. Göttingen, 2006, p. 31 e p. 35 s.
24 Cf. Diego Gambetta/Steffen Hertog, *Engineers of Jihad. The Curious Connection between Violent Extremism and Education, Princeton*. Oxford, 2016, pp. 1-33.
25 Robert A. Pape, *Dying to Win. The Strategic Logic of Suicide Terrorism*. Nova York, 2005.
26 Cf. Waak, *Der freie Tod*, p. 111.
27 Joseph Croitoru, *Der Märtyrer als Waffe. Die historischen Wurzeln des Selbstmordattentats*. Munique, Viena, 2003, p. 21.
28 *Ibid.*, p. 72.
29 *Ibid.*, p. 74.
30 Cf. Michael Sontheimer, "40 Jahre moderner Terrorismus: Im Zeichen des Orion", *in*: *Die tageszeitung* (26.05.2012), p. 27.
31 N.N., "Dr. Schreck und die Neonazis. Die seltsame Karriere des Bankräubers Udo Albrecht im rechten Untergrund", *in*: *Der Spiegel* (07.09.1981), pp. 59-66; p. 63.
32 Cf. Aaron J. Klein, *Striking Back. The 1972 Munich Olympics Massacre and Israel's Deadly Response*. Nova York, 2005. [Trad. bras. *Contra-ataque: o massacre nas Olimpíadas de Munique e a reação mortal de Israel*. Ediouro, 2006.]
33 Cf. George Jonas, *Die Rache ist unser. Ein israelisches Geheimkommando im Einsatz*. Trad. Gertrud Theiss. Munique, 1984. [Trad. bras. *A hora da vingança*. Record, 2006.]
34 Uri Avnery, "Von Rache zu Rache". Trad. Ellen Rohlfs, *in*: *Aurora. Magazin für Kultur, Wissen und Gesellschaft*. Março de 2006. Disponível em: http://www.aurora-magazin.at/gesellschaft/avnery_rache_frm.htm. Acesso em: 15.05.2017.
35 A situação parece irreconciliável, até mesmo para Sam, o jornalista israelense que inicia um *amour fou* com o narrador em primeira pessoa, Sebastian, um colega britânico, no recém-publicado romance *September*, de Jean Mattern. Os dois devem apresentar um relatório sobre os Jogos Olímpicos de Munique, mas as experiências da tomada de reféns na vila olímpica e a catástrofe de Fürstenfeldbruck dilaceram o delicado amor. Cf. Jean Mattern, *September*. Trad. Holger Fock e Sabine Müller. Berlim, 2016.
36 Na tradução alemã, o romance foi intitulado *Die Farbe der Erinnerung* (1999). O filme nem sequer chegou a ser lançado nos cinemas devido às más críticas, mas apenas distribuído em DVD (sob o insignificante título *Deadly Shadows*).

37 Jennifer Egan, *Die Farbe der Erinnerung*. Trad. Günter Ohnemus. Frankfurt am Main, 1999, p. 246. [Trad. bras. *Circo invisível*. Intrínseca, 2015.]
38 Cf. igualmente Thomas Macho, "Auf der Suche nach dem verlorenen Zwilling. Allegorien des Selbstopfers in Jennifer Egans 'The Invisible Circus'", *in*: Günter Blamberger/Sebastian Goth (org.), *Ökonomie des Opfers. Literatur im Zeichen des Suizids*. Munique, 2013, pp. 85-105.
39 Egan, *Die Farbe der Erinnerung*, p. 503 s.
40 Jennifer Egan, *Look at Me*. Trad. Gabriele Haefs. Frankfurt am Main, 2002, p. 220. [Trad. bras. *Olhe para mim*. Intrínseca, 2014.]
41 Cf. Stefan Aust, *Der Baader-Meinhof-Komplex*. Hamburgo, 1985.
42 Cf. Holger Twele/Christian Heger, *Die RAF im Film – Eine kommentierte Übersicht*. Bonn, 2011. Disponível em: http://www.bpb.de/gesellschaft/kultur/filmbildung/43367/kommentierte-filmografie-raf. Acesso em: 20.09.2020.
43 Cf. "Filme", no verbete "RAF" da Wikipédia: https://de.wikipedia.org/wiki/Rote_Armee_Fraktion#Filme. Acesso em: 28.09.2020.
44 Cf. Anna Pfitzenmaier, "RAF, Linksterrorismus und 'Deutscher Herbst' im Film. Eine kommentierte Bibliographie (1967-2007)", *in*: *Zeitgeschichte-online* (tema: Die RAF als Geschichte und Gegenwart). Org. Jan-Holger Kirsch e Annette Vowinckel. Potsdam, 2007. Disponível em: http://www.zeitgeschichte-online.de/sites/default/files/documents/raf_filmographie.pdf}. Acesso: 15.05.2017.
45 Cf. Ulrike Marie Meinhof, *Bambule. Fürsorge, Sorge für wen?* Berlim, 1971.
46 Richard Flanagan, *Die unbekannte Terroristin*. Trad. Eva Bonné. Munique, Berlim *et al.*, 2016, p. 279 s. [Trad. bras. *A terrorista desconhecida*. Companhia das Letras, 2009.]
47 Cf. Werner Bellmann, "Notizen zu Heinrich Bölls Erzählung 'Die verlorene Ehre der Katharina Blum'", *in*: *Wirkendes Wort. Deutsche Sprache und Literatur in Forschung und Lehre* 2 (2004), pp. 165-70.
48 Cf. Aust, *Der Baader-Meinhof-Komplex*, pp. 429-31. Cf. igualmente Jutta Ditfurth, *Ulrike Meinhof. Die Biografie*. Berlim, 2007, pp. 433-48.
49 Andreas Pflitsch, "'Kommando Holger Meins' – Zur Serienstruktur der RAF-Aktionen", *in*: Sigrid Weigel (org.), *Märtyrer-Porträts*. Munique, 2007, pp. 107-9; p. 108.
50 Butz Peters, *1977: RAF gegen Bundesrepublik*. Munique, 2017, p. 419 s.
51 "Irmgard Möller 'Ich will nicht anders leben.' Die inhaftierte RAF-Terroristin Irmgard Möller über ihr Verhältnis zu Staat und Gewalt"; entrevista *in*: *Der Spiegel* (18.05.1992), pp. 129-35; p. 134.

52 *Ibid.*, p. 135.
53 Cf. Oliver Tolmein, *"RAF – Das war für uns Befreiung"*. *Ein Gespräch mit Irmgard Möller über bewaffneten Kampf, Knast und die Linke*. Hamburgo, 2002.
54 Annette Simon, "'Wir wollten immer artig sein'. Generationskonflikte der 68er in Ost und West", *in*: Hans-Jürgen Wirth (org.), *Hitlers Enkel oder Kinder der Demokratie? Die 68er, die RAF und die Fischer-Debatte*. Gießen, 2001, pp. 45-72; p. 53.
55 Cf. Klaus Theweleit, *Buch der Könige*, vol. 1: *Orpheus und Eurydike*. Basileia, Frankfurt am Main, 1988, p. 214.
56 Cf. Gerd Koenen, *Das rote Jahrzehnt. Unsere kleine deutsche Kulturrevolution 1967-1977*. Colônia, 2001, p. 447. [Trad. bras. *A revolta de 68 e o flerte com o totalitarismo: reflexões sobre a década vermelha na Alemanha*. Editora Unijuí, 2006.]
57 Gerd Koenen, *Vesper, Ensslin, Baader. Urszenen des deutschen Terrorismus*. Colônia, 2003, p. 130.
58 Gudrun Ensslin/Bernward Vesper, *"Notstandsgesetze von Deiner Hand"*. *Briefe 1968/1969*. Org. Caroline Harmsen, Ulrike Seyer e Johannes Ullmaier. Frankfurt am Main, 2009, p. 9.
59 Jillian Becker, *Hitler's Children. The Story of the Baader-Meinhof Terrorist Gang*. Londres, 1977. Uma versão alemã foi publicada um ano depois. Cf. Jillian Becker, *Hitlers Kinder? Der Baader-Meinhof-Terrorismus*. Trad. L. O. Heyde. Frankfurt am Main, 1978.
60 Cf. igualmente Wolfgang Kraushaar, *"Wann endlich beginnt bei euch der Kampf gegen die heilige Kuh Israel?" München 1970: Über die antisemitischen Wurzeln des deutschen Terrorismus*. Reinbek, Hamburgo, 2013.
61 Inge Stephan/Alexandra Tacke, "Einleitung", *in*: id. (org.), *NachBilder der RAF*. Colônia, Weimar et al., 2008, pp. 7-23; p.16.
62 *Ibid.*, p. 13 s. Cf. Hans-Peter Feldmann, *Die Toten, 1967-1993. Studentenbewegung, APO, Baader-Meinhof, Bewegung 2. Juni, Revolutionäre Zellen, RAF*. Düsseldorf, 1998.
63 Cf. Ditfurth, *Ulrike Meinhof*, p. 438.
64 Cf. Jürgen Dahlkamp, "Trophäen für den Panzerschrank", *in*: *Der Spiegel* (14.10.2002), pp. 66-70.
65 Cf. George L. Mosse, *Gefallen für das Vaterland. Nationales Heldentum und namenloses Sterben*. Trad. Udo Rennert. Stuttgart, 1993.
66 Koenen, *Vesper, Ensslin, Baader*, p. 335.
67 Cf. Pape, *Dying to Win*, pp. 265-81.
68 Croitoru, *Der Märtyrer als Waffe*, p. 209.

69 *Ibid.*, p. 210.
70 Cf. Weigel (org.), *Märtyrer-Porträts*, pp. 5-10.
71 Cf. Herfried Münkler, *Die neuen Kriege*. Reinbek, Hamburgo, 2002.
72 Cf. Arata Takeda, *Ästhetik der Selbstzerstörung. Selbstmordattentäter in der abendländischen Literatur*. Munique, 2010.
73 Wali, *Im Kopf des Terrors*, p. 7 s.
74 Cf. o banco de dados *Suicide Attack Database*, disponível no site do Chicago Project on Security and Threats: http://cpostdata.uchicago.edu/search_new.php. Acesso em: 15.05.2017.
75 O ataque aos visitantes do Mercado de Natal de Berlim será presumivelmente classificado como uma "missão suicida", e não como um "ataque suicida".
76 Lorenz Graitl, *Sterben als Spektakel. Zur kommunikativen Dimension des politisch motivierten Suizids*. Wiesbaden, 2012, p. 120.
77 Yuval Noah Harari, *Homo Deus. Eine Geschichte von Morgen*. Trad. Andreas Wirthensohn. Munique, 2017, p. 26. [Trad. bras. *Homo Deus: uma breve história do amanhã*. Companhia das Letras, 2016.]
78 *Ibid.*, p. 31.
79 Kermani, *Dynamit des Geistes*, p. 31 s. Cf. igualmente Navid Kermani, "A Dynamite of the Spirit. Why Nietzsche Helps to Understanding the Suicide Bombers", in: *The Times Literary Supplement* (29.03.2002), p. 13.
80 *Apud* Wikipédia, "The Falling Man": https://de.wikipedia.org/wiki/Falling_Man. Acesso em: 28.09.2020.
81 Cf. Don DeLillo, *Falling Man*. Trad. Frank Heibert. Colônia, 2007. [Trad. bras. *Homem em queda*. Companhia das Letras, 2007.]
82 Cf. a busca no site do *Internet Movie Database*: http://www.imdb.com/search/keyword?keywords=september-11-2001. Acesso em: 15.05.2017.
83 Cf. Jonathan Safran Foer, *Extrem laut und unglaublich nah*. Trad. Henning Ahrens. Colônia, 2005; Amy Waldman, *Der amerikanische Architekt*. Trad. Brigitte Walitzek. Frankfurt am Main, 2013; Thomas Pynchon, *Bleeding Edge*. Trad. Dirk van Gunsteren. Reinbek, Hamburgo, 2014. [Trad. bras. *Extremamente alto & incrivelmente perto*. Rocco, 2006; *A submissão*. Fundamento, 2011; *O último grito*. Companhia das Letras, 2017.]
84 Art Spiegelman, *Im Schatten keiner Türme*. Trad. Christine Brinck e Jürgen von Rutenberg. Zurique, 2011, p. 3 s. [Trad. bras. *À sombra das torres ausentes*. Companhia das Letras, 2004.]
85 Wiglaf Droste, "Von Beckenbauer zu Atta. Ein anderer Elfter September ist möglich", in: *Junge Welt* (10.09.2011), p. 3.

86 N.N., "Der 11. September und die 'Erhabenheit der Katastrophe'", *in*: *Die Welt* (08.10.2001). Disponível em: https://www.welt.de/print-welt/article480096/Der-11-September-und-die-Erhabenheit-der-Katastrophe.html. Acesso em: 28.09.2020.

87 Boris Groys, "Das Schicksal der Kunst im Zeitalter des Terrors", *in*: *id.*, *Die Kunst des Denkens*. Hamburgo, 2008, pp. 49-67; p. 51.

88 Cf. Jesse Ventura, *Die amerikanische Verschwörung. 9/11 und andere Lügen*. Trad. Lotta Rüegger e Holger Wolandt. Munique, 2011, pp. 249-82.

11. Imagens da minha morte: suicídio nas artes

1 Sylvia Plath, "Lady Lazarus", *in*: *Ariel*. Trad. Alissa Walser. Frankfurt am Main, 2008, pp. 40-7; p. 43. [Trad. bras. *Ariel*. Verus, 2018.]

2 *Apud* Wikipédia, "Evelyn McHale": https://en.wikipedia.org/wiki/Evelyn_McHale. Acesso em: 15.05.2017.

3 Cf. Thomas Bronisch/Werner Felber, *Der Selbstmord in der Kunst*. Regensburg, 2014, pp. 101-15.

4 "Enquête: Le suicide est-il une solution?", *in*: *La Révolution Surréaliste*, 2 (1925), pp. 8-15; p. 8. "La Révolution Surréaliste, *Enquête*", trad. Tanja Graf, *in*: Roger Willemsen, *Der Selbstmord. Briefe, Manifeste, Literarische Texte*. Frankfurt am Main, 2007, pp. 361-85; p. 361.

5 *Ibid.*, p. 368.

6 Cf. Paul Valéry, *Monsieur Teste*. Trad. Max Rychner et al. Frankfurt am Main, 1997. [Trad. port. *O senhor Teste*. Relógio d'Água, 2014.]

7 "La Révolution Surréaliste, *Enquête*", p. 379 s.

8 *Ibid.*, p. 372.

9 Cf. Bronisch/Felber, *Der Selbstmord in der Kunst*, p. 120 s. Cf. Karolina Krysinska, "Suicide and the Arts: From the Death of Ajax to Andy Warhol's Marilyn Monroe", *in*: Steven Stack/David Lester (org.), *Suicide and the Creative Arts*. Nova York, 2009, pp. 15-47; p. 38. Cf. Ron M. Brown, *The Art of Suicide*. Londres, 2001, p. 196 s. Cf. Fred Cutter, *Art and the Wish to Die. An Analysis of Images of Self-Injury in Art From Prehistory to the Present*. Chicago, 1983, p. 12.

10 Man Ray, *Self Portrait*. Boston, Toronto, 1963, p. 108.

11 *Ibid.*, p. 245.

12 *Ibid.*, p. 342.

13 Cf. Cutter, *Art and the Wish to Die*, p. 279 s.

14 Cf. Bronisch/Felber, *Der Selbstmord in der Kunst*, pp. 139-45.
15 Cf. Steven Stack, "Suicide in Artists: National Epidemiology", *in*: *Suicide and the Creative Arts*, pp. 169-88. A respectiva planilha encontra-se na p. 178 s.
16 *Ibid.*, p. 180.
17 Cf. Hans Blumenberg, "Nachahmung der Natur. Zur Vorgeschichte der Idee des schöpferischen Menschen" (1957), *in*: *id.*, *Wirklichkeiten, in denen wir leben. Aufsätze und eine Rede*. Stuttgart, 1981, pp. 55-103.
18 *Apud* André Jammes, *Hippolyte Bayard. Ein verkannter Erfinder und Meister der Photographie* (Bibliothek der Photographie, vol. 8). Trad. Gertrud Strub. Lucerna, Frankfurt am Main, 1975, fig. 21.
19 Niki Lederer/Hannes Priesch, *Death in the Studio*. Nova York, 2002, p. 142.
20 Cf. Patricia Bosworth, *Diane Arbus. Leben in Licht und Schatten. Eine Biographie*. Trad. Peter Münder, Frank Thomas Mende *et al.* Munique, 1984, p. 372.
21 Matthias Mühling, *Selbst, inszeniert*. Org. Uwe M. Schneede, para a exposição "*gegenwärtig: Selbst, inszeniert*", no Hamburger Kunsthalle (28.11.2004-02.02.2005). Hamburgo, 2004, p. 47.
22 Karoline Norpoth, "Sam Samore White Dahlia", *in*: Hans-Jürgen Schwalm e Ferdinand Ullrich (org.), *Zum Sterben schön? Der Tod in der Kunst des 20. Jahrhunderts*, catálogo da exposição no Kunsthalle Recklinghausen (11.02.2007-15.04.2007). Recklinghausen, 2007, p. 48 s.
23 Sarah Kane, "4.48 Psychosis", *in*: *id.*, *Complete Plays*. Londres, 2001, pp. 203-45; p. 245.
24 Veronika Springmann/Claudia Reinhardt, "Auszüge aus einem Gespräch zu der Fotoarbeit 'Killing Me Softly – Todesarten'", *in*: Claudia Reinhardt, *Todesarten/Killing Me Softly. Fotografische Inszenierungen/ Photoworks Staged and Performed*. Berlim, 2004, p. 40 s.
25 Cf. Kristin Möller, "Wege aus der Welt zu kommen", *in*: Reinhardt, *Todesarten/Killing Me Softly*, p. 14 s.
26 Kane, "4.48 Psychose", p. 250 s.
27 Cf. Jill Dawsey, "Mathilde, Mathilde: The Artist and Her Double", *in*: Mathilde ter Heijne, *If It's Me, It's Not Me*. Ostfildern, 2008, pp. 7-10.
28 *Ibid.*, p. 123. Cf. igualmente Mathilde ter Heijne, *Any Day Now*, catálogo da exposição no Kunsthalle Nürnberg (16.09.2010-14.11.2010) e no Lentos Kunstmuseum Linz (21.01.2011-27.03.2011). Nuremberg, 2010.
29 Ronald D. Laing, *Knots*. Nova York, p. 46.

30 A passagem citada é da carta de despedida de Jean Améry à sua segunda esposa, Maria, escrita na noite de 16 para 17 de outubro de 1978. Cf. Jean Améry, "Ausgewählte Briefe 1945-1978", in: id., Werke, vol. 8. Org. Gerhard Scheit. Stuttgart, 2007, p. 600.
31 Patricia de Martelaere, "De levenskunstenaar. Naar een esthetica van de zelfmoord", in: *Een verlangen naar ontroostbaarheid. Over leven, kunst en dood*. Amsterdam, 1993, pp. 91-109 (em alemão: "Der Lebenskünstler. Über eine Ästhetik des Selbstmords". Trad. Susanne George, in: *Neue Rundschau* 3 (1997), pp. 117-31; p. 117).
32 *Ibid.*, p. 118 s.
33 Martin Heidegger, *Sein und Zeit*. Tübingen, 2006, 19ª edição, pp. 235-67. [Trad. bras. *Ser e tempo*. Vozes, 2012.]
34 De Martelaere, "Der Lebenskünstler", p. 120.
35 *Ibid.*, p. 123.
36 *Ibid.*, p. 124 s.
37 *Ibid.*, p. 128.
38 *Ibid.*, p. 130.
39 Cf. Michel Foucault, *Ästhetik der Existenz. Schriften zur Lebenskunst*. Trad. Michael Bischoff et al. Org. Daniel Defert e François Ewald, com a colaboração de Jacques Lagrange. Frankfurt am Main, 2007. Cf. igualmente Wilhelm Schmid, *Auf der Suche nach einer neuen Lebenskunst. Die Frage nach dem Grund und die Neubegründung der Ethik bei Foucault*. Frankfurt am Main, 1991.
40 Michel Foucault, "Technologien des Selbst". Trad. Michael Bischoff, in: id., *Schriften in vier Bänden*, vol. 4: *1980-88*. Trad. Michael Bischoff et al. Frankfurt am Main, 2005, pp. 966-99; p. 968. [Trad. bras. do inglês: Andre Degenszajn. "Tecnologias de si", in: *Verve*, n. 6, 2004, pp. 321-60; pp. 323-4.]
41 Michel Foucault, "Gespräch mit Werner Schroeter". Trad. Michael Bischoff, in: *Schriften in vier Banden*, vol. 4: *1980-88*, pp. 303-14; p. 310. [Trad. bras. "Conversa com Werner Schroeter", in: *Ditos e escritos VII: arte, epistemologia, filosofia e história da medicina*. Forense Universitária, 2011. p. 102-12; p. 108.]
42 Cf. Elisabeth Kübler-Ross, *On Death and Dying*. Londres, 1969. Cf. igualmente Raymond Avery Moody, *Life After Life. The Investigation of a Phenomenon – Survival of Bodily Death*. Harrisburg, 1976. [Trad. bras. *Sobre a morte e o morrer*. WMF Martins Fontes, 2008.]
43 Edgar Allan Poe, "The Facts in the Case of M. Valdemar", in: *The Works of Edgar Allan Poe*, vol. 1. Nova York, 1849, pp. 121-30 (em ale-

mão: "Tatsächliches über die Magnetisierung des Herrn Waldemar", *in*: *id.*, *Seltsame Geschichten*. Trad. Alfred Mürenberg. Stuttgart, 1882, pp. 65-75; p. 73). [Trad. bras. "A verdade no caso do senhor Valdemar", *in*: *Contos de suspense e terror*. LeBooks, 2018.]

44 Michel Schneider, "Morts imaginaires". Paris, 2003, p. 17; *apud* Tiphaine Samoyault, *Roland Barthes. Die Biographie*. Trad. Maria Hoffmann-Dartevelle e Lis Künzli. Berlim, 2015, p. 25. [Trad. bras. *Mortes imaginárias*. Girafa, 2005.]

45 Fritz Zorn, *Mars*. Prefácio por Adolf Muschg. Frankfurt am Main, 1979, p. 211. [Trad. bras. *Marte*. Nova Fronteira, 1986.]

46 Adolf Muschg, "Geschichte eines Manuskripts", *in*: Zorn, *Mars*, pp. 7-22; p. 10.

47 Hermann Burger, *Tractatus logico-suicidalis. Über die Selbsttötung*. Frankfurt am Main, 1988, p. 186.

48 *Ibid.*, p. 190.

49 Zorn, *Mars*, p. 179 s.

50 *Ibid.*, p. 178 s.

51 Burger, *Tractatus logico-suicidalis*, p. 190.

52 Édouard Levé, *Selbstmord*. Trad. Claudia Hamm. Berlim, 2012, p. 11.

53 *Ibid.*, p. 76.

54 *Ibid.*, p. 31.

55 Cf. Terézia Mora, *Der einzige Mann auf dem Kontinent*. Munique, 2009; *id.*, *Das Ungeheuer*. Munique, 2013.

56 Mora, *Das Ungeheuer*, p. 70.

57 *Ibid.*, p. 70 s.

58 *Ibid.*, p. 277 s.

59 Cf. Steven Stack/Barbara Bowman, "Suicide Motives in 61 Works of Popular World Literature and Comparison to Film", *in*: Stack/Lester (org.), *Suicide and the Creative Arts*, pp. 113-24; pp. 117-23.

60 Arthur Schnitzler, *Fräulein Else*. Stuttgart, 2002, p. 52. [Trad. bras. *Senhorita Else*. Paz e Terra, 1996.]

61 Anne Sexton, "The Bar Fly Ought to Sing. Über Sylvia Plath nach ihrem Selbstmord". Trad. Silvia Morawetz, *in*: *Neue Rundschau* 3 (1997), pp. 132-9; p. 134.

62 Peter Turrini, "Endlich Schluß", *in*: *id.*, *Die Eröffnung · Endlich Schluß· Kindsmord. Monologe*. Org. Silke Hassler. Frankfurt am Main, 2006, pp. 51-88; p. 80.

63 Lukas Bärfuss, *Koala*. Göttingen, 2014, p. 24.

64 Turrini, "Endlich Schluß", p. 87.

65 Jeffrey Eugenides, *Die Selbstmord-Schwestern*. Trad. Mechthild Sandberg-Ciletti, revisto por Elke Schönfeld. Reinbek, Hamburgo, 2005, p. 11. [Trad. bras. *As virgens suicidas*. Companhia das Letras, 2013.]
66 *Ibid.*, p. 248 s.
67 *Ibid.*, p. 35.
68 *Ibid.*, p. 103.
69 Cf. Steven Stack et al., "Gloomy Sunday: Did the 'Hungarian Suicide-Song' Really Create a Suicide Epidemic?", *in*: Stack/Lester (org.), *Suicide and the Creative Arts*, pp. 245-52.
70 Cf. *ibid.*, p. 247.
71 Cf. *ibid.*, p. 248.
72 Uma lista geral dos artistas está disponível em: http://www.phespirit.info/gloomysunday/recordings.htm. Acesso em: 15.05.2017.
73 Cf. o quinto capítulo, sobre suicídios na escola, p. 135 ss.
74 Cf. Steven Stack/Barbara Bowman, *Suicide Movies. Social Patterns 1900-2009*. Cambridge/MA, Göttingen, 2012, p. 15.
75 *Ibid.*, p. 18.
76 Robert Bresson, *Notizen zum Kinematographen*. Trad. Andrea Spingler e Robert Fischer. Org. Robert Fischer. Berlim, 2007, p. 17. [Trad. bras. *Notas sobre o cinematógrafo*. Iluminuras, 2005.]
77 Anne Wiazemsky, *Jeune fille*. Trad. Judith Klein. Munique, 2009, p. 139.
78 *Ibid.*, p. 140 s.
79 Cf. Georges Bernanos, *Die neue Geschichte der Mouchette*. Trad. Jakob Hegner. Frankfurt am Main, Berlim *et al.*, 1981.
80 Bresson, *Notizen zum Kinematographen*, p. 51. Cf. igualmente Graham Petrie, "Mouchette by Robert Bresson", *in*: *Film Quarterly* 1 (1968), pp. 52-6. [Trad. bras. *Notas sobre o cinematógrafo*. Iluminuras, 2005.]
81 Cf. Michael Haneke, "Schrecken und Utopie der Form. Bressons 'Au hasard Balthazar'", *in*: *Nahaufnahme Michael Haneke. Gespräche mit Thomas Assheuer*. Berlim, Colônia, 2013, 3ª edição, pp. 135 53.
82 Veja a lista do ranking "The 50 Greatest Films of All Time" no site do Instituto Britânico de Cinema: http://www.bfi.org.uk/news/50-greatest-films-all-time. Acesso em: 15.05.2017.
83 François Truffaut, *Mr. Hitchcock, wie haben Sie das gemacht?*. Trad. Frieda Grafe e Enno Patalas. Org. Robert Fischer. Munique, 2003, p. 132.
84 Pierre Boileau/Thomas Narcejac, *Aus dem Reich der Toten*. Trad. Marianne Caesar. Reinbek, Hamburgo, 1985.

12. Locais de suicídio

1 Samuel Beckett, *Weitermachen ist mehr, als ich tun kann. Briefe 1929-1940*. Trad. Chris Hirte. Berlim, 2013, p. 702 s; p. 703.
2 Cf. David Lester/Steven Stack (org.), *Suicide as a Dramatic Performance*. New Brunswick, Londres, 2015, pp. 71-164.
3 Cf. Steven Stack, "The Location of the Suicidal Act", *in*: ibid., pp. 73-5; p. 74.
4 David Lester/Steven Stack, "Conclusion", *in*: ibid., pp. 323-31; p. 327 s.
5 Cf. Marc Augé, *Non-Lieux. Introduction à une anthropologie de la surmodernité*. Paris, 1992 (em alemão: *Orte und Nicht-Orte. Vorüberlegungen zu einer Ethnologie der Einsamkeit*. Trad. Michael Bischoff. Frankfurt am Main, 1994). [Trad. bras. *Não lugares: introdução a uma antropologia da supermodernidade*. Papirus, 2017.]
6 Marc Augé, *Nicht-Orte*. Trad. Michael Bischoff. Nova edição ampliada com posfácio. Munique, 2010, p. 51.
7 John Berger, *Und unsere Gesichter, mein Herz, vergänglich wie Fotos*. Trad. Karin Kersten. Munique, Viena, 1986, p. 65.
8 Ilija Trojanow, *Nach der Flucht*. Frankfurt am Main, 2017, p. 44.
9 Wilhelm Reich, *Rede an den kleinen Mann*. Frankfurt am Main, 1984, p. 53. [Trad. bras. *Escute, Zé-Ninguém!*. WMF Martins Fontes, 2007.]
10 Bertolt Brecht, *Flüchtlingsgespräche*. Frankfurt am Main, 1984, p. 99 s. [Trad. bras. *Conversas de refugiados*. Editora 34, 2017.]
11 George Steiner, *Ein langer Samstag. Ein Gespräch mit Laure Adler*. Trad. Nicolaus Bornhorn. Hamburgo, 2016, p. 33.
12 Ibid., p. 31.
13 Berger, *Und unsere Gesichter, mein Herz, vergänglich wie Fotos*, p. 77.
14 Walter Benjamin, "Der Erzähler. Betrachtungen zum Werk Nikolai Lesskows", *in*: id., *Gesammelte Schriften*, vol. II.2. Org. Rolf Tiedemann e Hermann Schweppenhäuser. Frankfurt am Main, 1977, pp. 438-65; p. 449.
15 Enrico Morselli, *Suicide. An Essay on Comparative Moral Statistics*. Londres, 1881, p. 349 s.
16 Louise Glück, "Cottonmouth Country", *in*: id., *Poems 1962-2012*. Nova York, 2012, p. 41. "*Fish bones walked the waves off Hatteras./ And there were other signs/ That Death wooed us, by water, wooed us/ By land: among the pines/ An uncurled cottonmouth that rolled on moss/ Reared in the polluted air./ Birth, not death, is the hard loss./ I know. I also left a skin there.*" [Trad. bras. Marcos Konder Reis. "O país da serpente boca-de-algodão", *in*: *Quingumbo, nova poesia norte-americana*. Org. Kerry Shawn Keys. Escrita, 1980.]

17 Donna J. Wan, "Death Wooed Us". Disponível em: http://www.donnajwan.com/death-wooed-us/. Acesso em: 15.05.2017.
18 Cf. Georg Simmel, "Philosophie der Landschaft", *in*: *id.*, *Brücke und Tür. Essays des Philosophen zur Geschichte, Religion, Kunst und Gesellschaft*. Org. Michael Landmann e Margarete Susman. Stuttgart, 1957 [1913], pp. 141-52. [Trad. bras. *A ponte e a porta*. Periódicos UFPB. Disponível em: https://periodicos.ufpb.br/ojs/index.php/politicaetrabalho/article/view/6379/19750. Acesso em: 24.09.2019.] Cf. igualmente Joachim Ritter, *Landschaft. Zur Funktion des Ästhetischen in der modernen Gesellschaft*. Münster, 1963.
19 Francesco Petrarca, *Die Besteigung des Mont Ventoux*. Trad. e org. Kurt Steinmann. Stuttgart, 1995, p. 23.
20 *Ibid.*, p. 25. [Trad. bras. Lorenzo Mammì. Santo Agostinho, *Confissões*. Penguin Classics; Companhia das Letras, 2017, X.VIII.15 (pp. 264-5).]
21 Cf. Francesco Petrarca, *Das einsame Leben*. Trad. Friederike Hausmann. Org. Franz Josef Wetz. Stuttgart, 2004.
22 *Apud* Carl Gustav Carus, *Lebenserinnerungen und Denkwürdigkeiten*, vol. 2. Org. Elmar Jansen. Weimar, 1969, p. 172 s.; p. 552.
23 Tad Friend, "Letter from California: Jumpers. the Fatal Grandeur of the Golden Gate Bridge", *in*: *The New Yorker* (13.10.2003), pp. 48-59; p. 50.
24 Uma pequena descrição está disponível em: http://www.bureauit.org/sbox/. Acesso em: 15.05.2017.
25 Philip Matier/Andrew Ross, "Film Captures Suicides on Golden Gate Bridge. Angry Officials Say Moviemaker Misled Them", *in*: *San Francisco Chronicle* (19.01.2005), p. A1.
26 Cf. Jenni Olson, "Power Over Life and Death. Another Toll Goes Up on the Golden Gate Bridge", *in*: *San Francisco Chronicle* (14.01.2005), p. B9.
27 Yuval Noah Harari, *Homo Deus. Eine Geschichte von Morgen*. Trad. Andreas Wirthensohn. Munique, 2017. [Trad. bras. *Homo Deus: uma breve história do amanhã*. Companhia das Letras, 2016.] Cf. igualmente Tobias Hülswitt/Roman Brinzanik, *Werden wir ewig leben? Gespräche über die Zukunft von Mensch und Technologie*. Berlim, 2010.
28 Thornton Wilder, *Die Brücke von San Luis Rey*. Trad. Herberth E. Herlitschka. Frankfurt am Main, 2009 [1927], 54ª edição, p. 158. [Trad. bras. *A ponte de São Luís Rei*. Companhia Editora Nacional, 2002.]
29 N.N., "Ort fürs Lebensende. Seit mehr als einem Jahrhundert zieht die Großhesseloher Isar-Brücke in München Selbstmörder zum Sprung in den Tod an", *in*: *Der Spiegel* (27.05.1996), pp. 54-8; p. 54.

30 Cf. Rudolf Heinz, "Vom armen Satyr und der unzuverlässigen Nymphe. Parabel über eine Brückenphobie", in: *Theatro Machinarum* 5/6 (1984), pp. 7-14.
31 Florian Schmidt, "Von dieser Brücke stürzen sich Hunde in den Tod", in: *Die Welt/N24* (30.07.2015). Disponível em: https://www.welt.de/vermischtes/article144636898/Von-dieser-Bruecke-stuerzen-sich-Hunde-in-den-Tod.html. Acesso em: 15.05.2017.
32 Maren Wittge, "Tatortreiniger: Die Männer, die den Tod wegwischen", in: *BZ* (13.04.2014). Disponível em: http://www.bz-berlin.de/berlin/die-maenner-die-den-tod-wegwischen. Acesso em: 15.05.2017.
33 Sarah Khan, *Die Gespenster von Berlin. Wahre Geschichten*. Berlim, 2013, p. 86 s.
34 *Ibid.*, p. 87.
35 *Ibid.*, p. 91.
36 Cf. N.N., "Modernes Sterben. Das niederländische Projekt 'Hotel am Horizont' will den Selbstmord schöner und bequemer machen", in: *Der Spiegel*, (06.09.1993), p. 137.
37 Bartholomäus Grill, "Endstation Zürich – Die letzte Reise meines Bruders", in: id., *Um uns die Toten. Meine Begegnungen mit dem Sterben*. Munique, 2014, pp. 148-64; p. 163.
38 Cf. Sandra Kegel, "Sterbenskomisch", in: *Frankfurter Allgemeine Zeitung* (12.03.2011), p. 33.
39 Michel Houellebecq, *Karte und Gebiet*. Trad. Uli Wittmann. Colônia, 2011, p. 278. [Trad. bras. *O mapa e o território*. Record, 2012.]
40 Immanuel Kant, "Beobachtungen über das Gefühl des Schönen und Erhabenen", in: id., *Werkausgabe*, vol. II. Org. Wilhelm Weischedel. Frankfurt am Main, 1977, p. 827 s. [Trad. bras. *Observações sobre o sentimento do belo e do sublime. Ensaio sobre as doenças mentais*. Papirus, 1993.]
41 Cf. Thomas Macho, "Mit sich allein. Einsamkeit als Kulturtechnik", in: Aleida e Jan Assmann (org.), *Einsamkeit. Archäologie der literarischen Kommunikation VI*. Munique, 2000, pp. 27-44.
42 Cf. Johann Kreuzer (org.), *Hölderlin-Handbuch. Leben – Werk – Wirkung*. Stuttgart, Weimar, 2011, p. 462.
43 Karl Abraham, *Giovanni Segantini. Ein psychoanalytischer Versuch*. Org. Sigmund Freud. Leipzig, Viena, 1911, p. 40.
44 *Ibid.*, p. 61 s. Cf. igualmente Rüdiger Eschmann, *Todeserfahrungen im Werk von Giovanni Segantini*. Göttingen, 2016.
45 Sigmund Freud, *Das Unbehagen in der Kultur*. Viena, 1930, p. 19. [Trad. bras. *O mal-estar na civilização, novas conferências introdutórias à psicanálise e outros textos: (1930-1936)*. Companhia das Letras, 2010.]

46 Antje von Graevenitz, "Der tatsächliche Tod des Subjekts in der Inszenierung seines Kunstwerks als Herausforderung an das wahrnehmende Subjekt", *in*: Paul Geyer/Monika Schmitz-Emans (org.), *Proteus im Spiegel. Kritische Theorie des Subjekts im 20. Jahrhundert*. Würzburg, 2003, pp. 571-82; p. 571.
47 *Ibid.*, p. 572.
48 Cf. Maike Aden-Schraenen, *In Search of Bas Jan Ader*. Berlim, 2013, pp. 106-9.
49 Christine Grän, *Heldensterben*. Frankfurt am Main, 2008, p. 308. O romance tem como foco a história de Lucie, uma anã que, tendo ela mesma tendências suicidas, está trabalhando numa enciclopédia de retratos biográficos de suicidas. Ela não faz ideia de que já existe uma tal coletânea: cf. Gerald Grote/Michael Völkel/Karsten Weyershausen, *Das Lexikon der prominenten Selbstmörder. Mehr als 300 dramatische Lebensläufe*. Berlim, 2000.
50 Albert Camus, *Der Mythos des Sisyphos*. Trad. Vincent von Wroblewsky. Reinbek, Hamburgo, 2000, p. 11. [Trad. bras. *O mito de Sísifo*. Record, 2004.]
51 Albert Camus, *Der Fall*. Trad. Guido G. Meister. Reinbek, Hamburgo, 1968, p. 58 s. [Trad. bras. *A queda*. BestBolso, 2015.]
52 Olivier Todd, *Albert Camus. Ein Leben*. Trad. Doris Heinemann. Reinbek, Hamburgo, 1999, p. 691. Cf. igualmente p. 634 s.
53 Camus, *Der Fall*, p. 34.
54 Todd, *Albert Camus*, p. 807.
55 John Hawkes, *Travestie*. Trad. Jürg Laederach. Frankfurt am Main, 1985, p. 21 s.
56 Jean Améry, *Hand an sich legen. Diskurs über den Freitod*. Stuttgart, 2008, p. 109.
57 *Vide* Anne Waak, *Der freie Tod. Eine kleine Geschichte des Suizids*. Berlim, 2016, pp. 181-4.

13. Debates sobre eutanásia e suicídio assistido

1 Carta de Marx à sua filha Laura em 5 de setembro de 1866, *in*: Karl Marx/Friedrich Engels, *Werke*, vol. 31. Berlim, 1965, p. 527 s.; p. 527.
2 *Ibid.*, p. 528.
3 Carta de Marx a Engels em 7 de agosto de 1866, *in*: *ibid.*, p. 247.
4 Carta de Marx à sua filha Laura em 28 de agosto de 1866, *in*: *ibid.*, p. 523.

5 Carta de Marx à sua filha Laura em 20 de março de 1866, *in*: *ibid.*, pp. 506-8; p. 508.
6 Carta de Marx à sua filha Laura em 5 de setembro de 1866, *in*: *ibid.*, p. 528.
7 Carta de Marx a Laura e Paul Lafargue em 11 de abril de 1868, *in*: Karl Marx/Friedrich Engels, *Werke*, vol. 32. Berlim, 1974, p. 544 s.; p. 544.
8 Carta de Marx a Engels em 7 de agosto de 1866, p. 247.
9 *Apud* Jean-Pierre Baudet, "Zur Religion des Kapitals von Paul Lafargue", *in*: Paul Lafargue, *Die Religion des Kapitals*. Trad. Andreas Rötzer. Berlim, 2009, pp. 85-174; p. 88. [Trad. bras. *O direito à preguiça – A religião do capital*. Kairós, 1983.]
10 Vladimir Ilitch Lênin, "Rede im Namen der SDAPR bei der Beisetzung von Paul und Laura Lafargue am 20. November 1911", *in*: *id.*, *Werke*, vol. 17. Berlim, 1978, p. 293 s.; p. 293.
11 *Apud* Baudet, "Zur Religion des Kapitals von Paul Lafargue", p. 88.
12 Franz Mehring, "Paul und Laura Lafargue", *in*: *Die Neue Zeit. Wochenschrift der deutschen Sozialdemokratie* 10 (1911), pp. 337-43; p. 337.
13 *Ibid.*, p. 338.
14 Eduard Bernstein, "Paul Lafargue", *in*: *Sozialistische Monatshefte* 1 (1912), pp. 20-4; p. 20.
15 Paul Lafargue, *Das Recht auf Faulheit – und persönliche Erinnerungen an Karl Marx*. Trad. Eduard Bernstein. Org. Iring Fetscher. Frankfurt am Main, Viena, 1966, p. 8 s. [Trad. bras. *O direito à preguiça – A religião do capital*. Kairós, 1983.]
16 Guillaume Paoli, "Wider den Ernst des Lebens", posfácio de Paul Lafargue, *Das Recht auf Faulheit. Widerlegung des "Rechts auf Arbeit" von 1848*. Trad. Eduard Bernstein e Ulrich Kunzmann. Berlim, 2013, pp. 81-123; p. 119.
17 *Ibid.*, p. 120.
18 Cf. Max Weber, "Die protestantische Ethik und der Geist des Kapitalismus", *in*: *id.*, *Gesammelte Aufsätze zur Religionssoziologie*, vol. 1. Tübingen, 1920 [1904/1905], pp. 17-206. [Trad. bras. *A ética protestante e o "espírito" do capitalismo*. Companhia das Letras, 2004.]
19 Cf. Walter Benjamin, "Kapitalismus als Religion", *in*: *id.*, *Gesammelte Schriften*, vol. VI. Org. Rolf Tiedemann e Hermann Schweppenhäuser. Frankfurt am Main, 1985, pp. 100-3. [Trad. bras. *O capitalismo como religião*. Boitempo, 2013.]
20 Lafargue, *Die Religion des Kapitals*, p. 70. [Trad. bras. *O direito à preguiça – A religião do capital*. Kairós, 1983.]

21 Marguerite Yourcenar, *Ich zähmte die Wölfin. Die Erinnerungen des Kaisers Hadrian*. Trad. Fritz Jaffé. Munique, 2015, p. 7. [Trad. bras. *Memórias de Adriano*. Nova Fronteira, 2019.]

22 Peter Sloterdijk, *Kritik der zynischen Vernunft*. Frankfurt am Main, 1983, p. 631. [Trad. bras. *Crítica da razão cínica*. Estação Liberdade, 2012.]

23 *Apud* Ekkehard Martens, "Angst vor der 'ausweglosen Krankheit A.' – Mit Alzheimer-Demenz 'aufgehoben' weiterleben", *in*: Thomas Rentsch/Harm-Peer Zimmermann/Andreas Kruse (org.), *Altern in unserer Zeit. Späte Lebensphasen zwischen Vitalität und Endlichkeit*. Frankfurt am Main, Nova York, 2013, pp. 204-11; p. 205.

24 Hans Küng, *Glücklich sterben? Mit dem Gespräch mit Anne Will*. Munique, Zurique, 2014, p. 158.

25 Peter Greenaway, *The Dance of Death – Der Tanz mit dem Tod. Ein Basler Totentanz* (31.10.2013-30.11.2013). Trad. Jane Wolff e Claire Hoffmann. Org. Ulrike Krüger. Basileia, 2013, p. 5 s.

26 *Ibid.*, p. 7.

27 Cf. Lloyd Alter, "Michiko Nitta: Extreme Green Guerilla", 22.06.2007. Disponível em: http://www.treehugger.com/culture/michiko-nitta-extreme-green-guerilla.html. Acesso em: 15.05.2007.

28 Sigmund Freud, "Zeitgemäßes über Krieg und Tod", *in*: *id. Studienausgabe*. Org. Alexander Mitscherlich, Angela Richards e James Strachey, vol. IX: *Fragen der Gesellschaft/Ursprünge der Religion*. Frankfurt am Main, 1974, p. 58. [Trad. bras. "Considerações atuais sobre a guerra e a morte", *in*: *Obras completas*, vol. 12. Companhia das Letras, 2010.]

29 Vladimir Jankélévitch, *Der Tod*. Trad. Brigitta Restorff. Org. Christoph Lange. Frankfurt am Main, 2005, p. 39.

30 *Ibid.*, p. 119.

31 André Gorz, *Brief an D. Geschichte einer Liebe*. Trad. Eva Moldenhauer. Zurique, 2007, p. 83 s. [Trad. bras. *Carta a D.: história de um amor*. Annablume, 2008.]

32 Cf. André Gorz, *Arbeit zwischen Misere und Utopie*. Trad. Jadja Wolf. Frankfurt am Main, 2000.

33 Johanna Adorján, *Eine exklusive Liebe*. Munique, 2009, p. 162 s. [Trad. bras. *Um amor exclusivo*. Geração Editorial, 2010.]

34 Herbert Csef, "Doppelsuizide von Paaren nach langer Ehe. Verzweiflungstaten oder Selbstbestimmung bei unheilbaren Krankheiten?", *in*: *Internationale Zeitschrift für Philosophie und Psychosomatik* 1 (2016), tema em foco: "Demenz und Ethik" [demência e ética], p. 2. Disponível em: http://www.izpp.de/fileadmin/user_upload/Ausgabe_1_2016/008_IZPP_1_2016_Csef.pdf. Acesso em: 15.05.2017.

35 *Ibid.*, p. 5.
36 *Ibid.*, p. 5 s.
37 Desde o filme *O sétimo continente* (1989), os casais de Haneke chamam-se frequentemente Georg e Anna, como em *O vídeo de Benny* (1992), *Violência gratuita* (1997), *Código desconhecido* (2000), *O tempo do lobo* (2003) e *Caché* (2005).
38 Michael Haneke, *Liebe. Das Buch*, com um ensaio de Georg Seeßlen. Munique, 2012, p. 149.
39 *Nahaufnahme: Michael Haneke. Gespräche mit Thomas Assheuer*. Berlim, Colônia, 2013, 3ª edição, p. 65.
40 Cf. Eric J. Hobsbawm, *Das Zeitalter der Extreme. Weltgeschichte des 20. Jahrhunderts*. Trad. Yvonne Badal. Munique, Viena, 1997. [Trad. bras. *Era dos extremos: o breve século XX, 1914-1991*. Companhia das Letras, 1995.]
41 Cf. Statistisches Bundesamt [Agência Federal de Estatísticas da Alemanha] (org.), *Bevölkerung Deutschlands bis 2050. 11ª Koordinierte Bevölkerungsvorausberechnung*. Wiesbaden, 2006, p. 42.
42 Karl Menninger, *Selbstzerstörung. Psychoanalyse des Selbstmords*. Trad. Hilde Weller. Frankfurt am Main, 1978, p. 11. [Trad. bras. *Eros e Tânatos: o homem contra si próprio*. Ibrasa, 1970.]
43 José Saramago, *Eine Zeit ohne Tod*. Trad. Marianne Gareis. Reinbek, Hamburgo, 2007, p. 37 s. [Trad. bras. *As intermitências da morte*. Companhia das Letras, 2005.]
44 *Ibid.*, p. 87.
45 *Ibid.*, p. 106.
46 *Ibid.*, p. 49.
47 *Ibid.*, p. 85.
48 N.N., "Sterbehilfe: Phantastische Tat", *in*: *Der Spiegel* (14.10.1985), pp. 213-6; p. 213.
49 A carta de despedida de Bob Dent está disponível em: https://exitinternational.net/story/bob-dent/. Acesso em: 15.05.2017.
50 Cf. Ramón Sampedro, *Cartas desde el infierno*. Barcelona, 2004. [Trad. bras. *Cartas do Inferno*. Planeta, 2005.]
51 Cf. Vincent Humbert, *Je vous demande le droit de mourir*. Paris, 2003.
52 Roberta Tatafiore, *Einen Tod entwerfen. Tagebuch eines Selbstmords*. Trad. Andreas Rostek. Berlim, Varsóvia, 2010, p. 71 s.
53 Cf. Ernesto de Martino, *Katholizismus, Magie, Aufklärung. Religionswissenschaftliche Studie am Beispiel Süd-Italiens*. Trad. Barbara Kleiner. Munique, 1982; cf. igualmente Pier Paolo Pasolini, *Freibeuterschriften. Die Zerstörung der Kultur des Einzelnen durch die Konsumgesellschaft*. Trad. Thomas Eisenhardt. Berlim, 1978.

54 Cf. Christiane Klapisch-Zuber, "'Blutseltern' und 'Milcheltern'", *in*: *id., Das Haus, der Name, der Brautschatz. Strategien und Rituale im gesellschaftlichen Leben der Renaissance*. Trad. Alexandre Métraux. Frankfurt am Main, Nova York, 1995, pp. 94-119.
55 Tatafiore, *Einen Tod entwerfen*, p. 55.
56 Michela Murgia, *Accabadora*. Trad. Julika Brandestini. Berlim, 2010, p. 95 s. [Trad. bras. *Acabadora*. Alfaguara, 2012.]
57 Bartholomäus Grill, "Endstation Zürich – Die letzte Reise meines Bruders", *in*: *id., Um uns die Toten. Meine Begegnungen mit dem Sterben*. Munique, 2014, pp. 148-64; p. 164.
58 Bartholomäus Grill, "Barbarei oder Barmherzigkeit? Ein Streitgespräch über das Recht zu leben und zu sterben", *in*: *id.*, pp. 165-88; p. 171.
59 *Ibid.*, p. 178.
60 *Ibid.*, p. 181.
61 Numa narrativa, Enrique Vila-Matas encontrou uma expressão particularmente memorável para o anseio de desaparecer completamente. No texto, ele descreve um homem "tão ansioso" para não "ser um fardo para ninguém" que preferia "fechar a janela atrás de si depois de ter saltado para o vazio". Cf. Enrique Vila-Matas, *Vorbildliche Selbstmorde*. Trad. Veronika Schmidt. Frankfurt am Main, 1995, p. 136. [Trad. bras. *Suicídios exemplares*. Cosac Naify, 2009.]
62 Emmanuèle Bernheim, *Alles ist gutgegangen*. Trad. Angela Sanmann. Munique, 2014, p. 58 s.
63 *Ibid.*, p. 91 s.
64 Walter Jens/Hans Küng, *Menschenwürdig sterben. Ein Plädoyer für Selbstverantwortung*, edição ampliada e atualizada. Munique, Zurique, 2009, p. 17.
65 Cf. Tilman Jens, *Demenz: Abschied von meinem Vater*. Gütersloh, 2009.
66 Cf. Arno Geiger, *Der alte König in seinem Exil*. Munique, 2011. [Trad. bras. *O exílio do velho rei*. Paz e Terra, 2012.]
67 Inge Jens, "Ein Nach-Wort in eigener Sache (2008)", *in*: Jens/Küng, *Menschenwürdig sterben*, pp. 199-211; p. 201.
68 *Ibid.*, p. 203. Cf. igualmente Jens, *Demenz: Abschied von meinem Vater*, p. 145.
69 *Ibid.*, p. 205.
70 *Ibid.*, p. 204.
71 Daniele Dell'Agli, *Aufruhr im Zwischenreich. Vorboten einer anderen Sterbekultur*. Paderborn, 2016, p. 39.
72 *Ibid.*, p. 9.

73 Matthias Kamann, *Todeskämpfe. Die Politik des Jenseits und der Streit um Sterbehilfe*. Bielefeld, 2009, p. 70 s.
74 Cf. Thomas Anz, *Franz Kafka. Leben und Werk*. Munique, 2009, p. 130. Cf. igualmente Dell'Agli, *Aufruhr im Zwischenreich*, p. 45.
75 Hermann Burger, *Tractatus logico-suicidalis. Über die Selbsttötung*. Frankfurt am Main, 1988, p. 169.
76 *Ibid.*, p. 170.
77 Kamann, *Todeskämpfe*, p. 26.
78 Svenja Flaßpöhler, *Mein Tod gehört mir. Über selbstbestimmtes Sterben*. Munique, 2013, p. 103.
79 Julius Friedrich Knüppeln, *Ueber den Selbstmord. Ein Buch für die Menschheit*. Gera, 1790, p. 36.
80 William Shakespeare, *Hamlet, Prinz von Dänemark*. Trad. August Wilhelm Schlegel. Org. Dietrich Klose. Stuttgart, 2014, p. 75. [Trad. bras. *A tragédia de Hamlet, príncipe da Dinamarca*. Ubu, 2019.]
81 Cf. N.N., "Glaube an das Leben nach dem Tod schwindet", *in*: *Die Welt/N24* (26.02.2016). Disponível em: https://www.welt.de/wissenschaft/article52677412/Glaube-an-das-Leben-nach-dem-Tod-schwindet.html. Acesso em: 15.05.2017.
82 Cf. Sam Parnia/Josh Young, *Der Tod muss nicht das Ende sein. Was wir wirklich über Sterben, Nahtoderlebnis und die Rückkehr ins Leben wissen*. Trad. Juliane Molitor. Berlim, Munique, 2013, p. 156 s.
83 Cf. Hans Peter Duerr, *Die dunkle Nacht der Seele. Nahtod-Erfahrungen und Jenseitsreisen*. Berlim, 2015, p. 106. Cf. Hubert Knoblauch, *Berichte aus dem Jenseits. Mythos und Realität der Nahtoderfahrung*. Freiburg im Breisgau, Basileia, *et al.*, 1999, p. 79.
84 Cf. Klaus Hamberger, *Über Vampirismus: Krankengeschichten und Deutungsmuster 1801-1899*. Viena, 1992.
85 Cf. Laurence A. Rickels, *Vampirismus Vorlesungen*. Trad. Egbert Hörmann. Berlim, 2007.
86 Tomáš Sedláček/David Graeber, *Revolution oder Evolution. Das Ende des Kapitalismus? Gespräch mit Roman Chlupatý*. Trad. Hans Freundl. Munique, 2015, p. 68
87 Cf. Annette Wunschel, "Das Leben der Unsterblichen", *in*: Thomas Macho/Annette Wunschel (org.), *Science & Fiction. Über Gedankenexperimente in Wissenschaft, Literatur und Philosophie*. Frankfurt am Main, 2004, pp. 33-55.
88 Stephen King, *Doctor Sleep*. Trad. Bernhard Kleinschmidt. Munique, 2013, p. 201. [Trad. bras. *Doutor Sono*. Suma, 2014.]

89 Stephen King, *Revival*. Trad. Bernhard Kleinschmidt. Munique, 2015. [Trad. bras. *Revival*. Suma, 2015.]
90 John Gray, *Wir werden sein wie Gott. Die Wissenschaft und die bizarre Suche nach Unsterblichkeit*. Trad. Christina Schmutz e Frithwin Wagner-Lippok. Stuttgart, 2012.
91 Yuval Noah Harari, *Homo Deus. Eine Geschichte von Morgen*. Trad. Andreas Wirthensohn. Munique, 2017, p. 475. [Trad. bras. *Homo Deus: uma breve história do amanhã*. Companhia das Letras, 2016.]
92 Don DeLillo, *Null K*. Trad. Frank Heibert. Colônia, 2016, p. 9. [Trad. bras. *Zero K*. Companhia das Letras, 2017.]

Posfácio

1 Roland Topor, "Hundert gute Gründe, mich auf der Stelle umzubringen". Trad. Ludwig Harig, *in*: Thomas Raab (org.), *Neue Anthologie des schwarzen Humors*. Wiesbaden, 2017, pp. 80-3; p. 81.
2 Cf. Patricia de Martelaere, "Der Lebenskünstler. Über eine Ästhetik des Selbstmords". Trad. Susanne George, *in*: *Neue Rundschau* 3 (1997), pp. 117-31. Esse ensaio é discutido detalhadamente no décimo primeiro capítulo, p. 351 ss.
3 Cf. Jeffrey Merrick, "Patterns and Prosecution of Suicide in Eighteenth-Century Paris", *in*: *Historical Reflections/Réflexions Historiques* 1 (1989), pp. 1-53; p. 1 s. Essa anedota é mencionada no terceiro capítulo, p. 100.
4 Ludwig Wittgenstein, *Vorlesungen über die Grundlagen der Mathematik* (= *Schriften*, vol. VII). Trad. Joachim Schulte. Org. Cora Diamond. Frankfurt am Main, 1978, p. 50. [Trad. bras. João José R. L. de Almeida. *Observações sobre os fundamentos da matemática*. Manuscrito não publicado. Disponível em: https://www.unicamp.br/~joaojose/. Acesso em 30.11.2020.]
5 Cf. especialmente o décimo terceiro capítulo, pp. 409-51.
6 Walter Benjamin, "Das Passagen-Werk", *in*: *id.*, *Gesammelte Schriften*, vol. V.1. Org. Rolf Tiedemann. Frankfurt am Main, 1982, p. 455. [Trad. bras. *Passagens*. Editora UFMG, 2006.]
7 Cf. considerações no sexto capítulo, p. 185 ss.
8 Cf. a discussão desta questão no nono capítulo, p. 286 ss.
9 Cf. as pesquisas do quinto capítulo, p. 162 ss. *Vide* igualmente a extensa lista de *school shootings*, por exemplo, nos EUA.: https://en.wikipedia.org/wiki/List_of_school_shootings_in_the_United_States. Acesso em: 22.10.2020.

10 Cf. a discussão sobre a "antinomia da morte", de Franz Borkenau, no segundo capítulo, p. 66 ss.
11 Navid Kermani, *Dynamit des Geistes*. *Martyrium, Islam, Nihilismus*. Göttingen, 2006. Cf. igualmente os comentários do décimo capítulo, pp. 309-10.
12 Cf. Michel Foucault, "Technologien des Selbst". Trad. Michael Bischoff, *in*: *id.*, *Schriften in vier Bänden*, vol. 4: *1980-1988*. Trad. Michael Bischoff *et al*. Frankfurt am Main, 2005. Cf. igualmente as considerações na introdução deste livro, p. 16 ss. [Trad. bras. do inglês: Andre Degenszajn. "Tecnologias de si", *in*: *Verve*, n. 6, 2004, pp. 321-60; pp. 323-4.]
13 Num artigo para a revista *Psychosomatic Medicine*, Shannon Wiltsey Stirman e James W. Pennebaker relataram um experimento linguístico-computacional no qual eles compararam cerca de trezentos poemas de diferentes fases criativas de nove escritores que se suicidaram com o mesmo número de poemas de um grupo de poetas não suicidas. Atestou-se que os trabalhos do grupo suicida tinham um caráter mais fortemente autorreferencial. Cf. Shannon Wiltsey Stirman, James W. Pennebaker, "Word Use in the Poetry of Suicidal and Non-suicidal Poets", *in*: *Psychosomatic Medicine* 4 (2001), pp. 517-22.
14 Cf. as reflexões do primeiro capítulo, pp. 33-55.
15 Cf. Svenja Flaßpöhler, *Mein Tod gehört mir. Über selbstbestimmtes Sterben*. Munique, 2013.
16 Cf. Roberta Tatafiore, *Einen Tod entwerfen. Tagebuch eines Selbstmords*. Trad. Andreas Rostek. Berlim, Varsóvia, 2010.
17 Théodore Jouffroy, *Nouveaux mélanges philosophiques*. Org. Jean Philibert Damiron. Paris, 1842, p. 245. André Breton apresentou essa frase em resposta a uma pesquisa da revista *La Révolution Surréaliste* sobre o tema "Seria o suicídio uma solução?" Cf. o comentário do décimo primeiro capítulo, p. 341 ss.
18 Cf. George Cheyne, *The English Malady, or A Treatise of Nervous Diseases of all Kinds, as Spleen, Vapours, Lowness of Spirits, Hypochondriacal, and Hysterical Distempers*. Londres, 1733.
19 Cf. Thomas Macho, *Vorbilder*. Munique, 2011, p. 404 ss.
20 Cf. Emil Szittya, *Selbstmörder. Ein Beitrag zur Kulturgeschichte aller Zeiten und Völker*. Leipzig, 1925, pp. 1-8.
21 Cf. o oitavo capítulo, sobre o suicídio da espécie humana, pp. 233-63.
22 Hannah Arendt, *Wir Flüchtlinge*. Trad. Eike Geisel. Stuttgart, 2016, p. 15.
23 Cf. Peter Watson, *The Age of Nothing: How We Have Sought to Live Since the Death of God*. Nova York, 2014.

24 Cf. Michel Foucault, "Michel Foucault, interviewt von Stephen Riggins". Trad. Hans-Dieter Gondek, *in*: *id.*, *Schriften in vier Bänden*, vol. 4: *1980-1988*, pp. 641-57; p. 642. [Trad. bras. Wanderson Flor do Nascimento. *Uma entrevista com Michel Foucault*. "Não temos uma cultura do silêncio, assim como não temos uma cultura do suicídio", *in*: *Verve*, n. 5, 2004, pp. 240-59; pp. 323-4; p. 241. Cf. o mesmo texto em outra edição: "Uma entrevista de Michel Foucault por Stephen Riggins", *in*: Michel Foucault, *Genealogia da ética, subjetividade e sexualidade. Ditos e escritos IX*. Forense Universitária, 2014, pp. 192-206.].
25 Cf. Astrid Lindgren, *Die Brüder Löwenherz*. Trad. Anne-Liese Kornitzky. Hamburgo, 1974, p. 236 ss. Por sinal, Astrid Lindgren foi membro ativo da associação O Direito à Nossa Morte. [Trad. bras. *Os irmãos Coração de Leão*. Companhia das Letrinhas, 2007.]

Índice de ilustrações

1 Ticiano, *Tarquinio e Lucrezia* (1516-17), *in*: Sylvia Ferino-Pagden, Wilfried Seipel (org.), *Der späte Tizian und die Sinnlichkeit der Malerei*. Viena, 2007, p. 258.
2 Rembrandt van Rijn, *Lucretia* (1664), *in*: Eric Jan Sluijter, *Rembrandt and the Female Nude*. Amsterdam, 2006, p. 304.
3 Caixa de marfim romana (*c.* 420-30), *in*: Wolfgang Fritz Volbach, *Elfenbeinarbeiten der Spätantike und des frühen Mittelalters*. Mainz, 1976, 3ª edição, p. 82, fig. 116.
4 Gislebertus, *Le suicide de Judas* (*c.* 1120-35), *in*: Jeannet Hommers, *Gehen und Sehen in Saint-Lazare in Autun: Bewegung – Betrachtung – Reliquienverehrung (Sensus/Studien zur mittelalterlichen Kunst)*. Colônia, 2016, p. 200.
5 Johann David Schubert, *Werther erschießt sich* (1822). Freies Deutsches Hochstift/Frankfurter Goethe Museum (Alexandra Koch).
6 Albert Rudomine, *La Vierge Inconnue. The Unknown Woman of the Seine* (1900), *in*: Anne-Gaelle Saliot, *The Drowned Muse: The Unknown Woman of the Seine's Survivals from Nineteenth-Century Modernity to the Present (Oxford Modern Languages and Literature Monographs)*. Oxford, 2015, p. 10.
7 Dragana Jurisic, *My Own Unknown* (2014), instalação no Wexford Arts Centre: http://www.wexfordartscentre.ie/solo-my-own-unknown-by-dragana-jurisic.html. Acesso em: 15.05.2017.
8 John Everett Millais, *Ophelia* (*c.* 1851), *in*: Jason Rosenfeld, Alison Smith, *Millais*. Londres, 2008, p. 69.
9 Pablo Picasso, *Evocação – O funeral de Casagemas* (1901), *in*: John Richardson, *A Life of Picasso*, vol. 1. Nova York, 1991, p. 212. © Succession Picasso/AUTVIS, Brasil, 2021.
10 Wolfgang Glück, *O aluno Gerber* (1981). Hoanzl, 2007. Foto do filme pelo autor.
11 Robert Bresson, *O diabo, provavelmente* (1977). Artificial Eye, 2008.
12 Stanley Kubrick, *Nascido para matar* (1987). Warner Home Video, 2001. Foto do filme pelo autor.
13 Lee Miller, "Regina Lisso". Leipziger Rathaus (18.04.1945), *in*: Lee Miller, *Krieg: Mit den Alliierten in Europa 1944-1945. Reportagen und Fotos*. Munique, 2015 (imagem sem referência de página).

14 Cartum de David Low no periódico *Evening Standard* (10.10.1938), *in*: David Low/Howe Quincy, *A Cartoon History of Our Times*. Nova York, 1939, p. 121.
15 Jean-Luc Godard, *Filme Socialismo* (2010). Absolut Medien GmbH, 2012. Foto do filme pelo autor.
16 O vice-almirante William H. P. Blandy, sua esposa e o almirante Frank J. Lowry cortando o *"Atomic Cake"*, em Washington, D.C., *in*: *Washington Post* (08.11.1946), p. 18.
17 Malcolm W. Browne, *The Burning Monk*, *in*: Pete Hamill, *Vietnam: The Real War. A Photographic History by the Associated Press*. Nova York, 2013, pp. 64-5. © picture alliance/AP Photo.
18 Ingmar Bergman, *Persona* (1966). StudioCanal, 2005. Foto do filme pelo autor.
19 *Vide* 18.
20 Andrei Tarkovski, *Nostalgia* (1983). Alive, 2010. Foto do filme pelo autor.
21 *Vide* 20.
22 Djuna Barnes, "How It Feels to Be Forcibly Fed", *in*: *The World Magazine* (06.09.1914).
23 Steve McQueen, *Hunger* (2008). Ascot Elite Home Entertainment, 2009. Foto do filme pelo autor.
24 Gerhard Richter, *Gegenüberstellung 2* (1988), do ciclo *18 de outubro de 1977*, *in*: Gerhard Richter/Robert Storr, *Gerhard Richter: October 18, 1977*. Nova York, 2000, p. 13.
25 Thomas Hoepker, *Blick von Williamsburg auf Manhattan, Brooklyn, 11. September 2001*, *in*: Felix Hoffmann (org.), *Unheimlich vertraut. Bilder vom Terror*. Colônia, 2011, p. 249.
26 Richard Drew, *The Falling Man*, *in*: *The New York Times* (12.09.2001), p. 7.
27 Art Spiegelman, *In the Shadow of No Towers*. Nova York, 2004, p. 2. [Trad. bras. *À sombra das torres ausentes*. Companhia das Letras, 2004.]
28 Capa da edição especial de *Charlie Hebdo* (06.01.2016).
29 Robert C. Wiles, *The Most Beautiful Suicide* [Evelyn McHale], *in*: *Life Magazine* (12.05.1947), p. 43.
30 Frida Kahlo, *O suicídio de Dorothy Hale* (1939), *in*: Hayden Herrera, *Frida Kahlo. The paintings*. Londres, 1992 (imagem sem referência de página).
31 Ferdinand Hodler, *Die Lebensmüden* (1892), *in*: Matthias Fischer, *Der junge Hodler. Eine Künstlerkarriere 1872-1897*. Wädenswil, 2008, p. 215.

32 Man Ray, *Le suicide* (1926), *in*: Jean-Hubert Martin, *Man Ray Photographs*. Londres, 1982, p. 45. © Man Ray Trust/AUTVIS, Brasil, 2021.
33 Sam Samore, *The Suicidist #7* (1973), http://www.contemporaryart-daily.com/2012/11/sam-samore-at-team-gallery/ssa-73-thesuicidist-7/. Acesso em: 15.05.2017.
34 Neil Hamon, *Suicide Self-Portrait: Hanging* (2006), *in*: Bernhard Fibicher (org.), *Six Feet Under: Autopsie unseres Umgangs mit Toten*. Bielefeld et al., 2006, p. 159.
35 Mathilde ter Heijne, *Mathilde, Mathilde...* (2000). Foto do filme pela autora.
36 Robert Bresson, *Mouchette, a virgem possuída* (1967). GCTHV, 2005. Foto do filme pelo autor.
37 Michael Haneke, *Caché* (2005). EuroVideo Medien GmbH, 2006. Foto do filme pelo autor.
38 Alfred Hitchcock, *Um corpo que cai* (1958). Columbia/DVD, 2000. Foto do filme pelo autor.
39 Donna J. Wan, *Death Wooed Us*, "Dumbarton Bridge" #2 (2014), http://www.donnajwan.com/death-wooed-us-1/. Acesso em: 15.05.2017.
40 Caspar David Friedrich, *Der Mönch am Meer* (1808 ou 1810), *in*: Werner Hofmann, *Caspar David Friedrich: Naturwirklichkeit und Kunstwahrheit*. Munique, 2013, 3ª edição, p. 54.
41 Ponte Overtoun; videoclipe "Suicide Dogs", no site do *National Geographic*. Disponível em: http://channel.nationalgeographic.com/wild/stranger-than-nature/videos/suicide-dogs/#}. Acesso em: 15.05.2017. Foto do filme pelo autor.
42 Wim Wenders, *O hotel de um milhão de dólares* (2000). StudioCanal, 2012. Foto do filme pelo autor.
43 Thomas Demand, *Badezimmer* (1997), *in*: Thomas Demand, Udo Kittelmann (org.), *Nationalgalerie "How German is it?"*. Berlim, 2011, p. 230.
44 Quarto de morte na organização de apoio à eutanásia Dignitas em Wiedikon, Zurique (18.09.2002). Foto: Gaëtan Bally. © Keystone.
45 Beachy Head, East Sussex, England (05.04.2010). Foto de David Iliff. Disponível em: https://de.wikipedia.org/wiki/Datei:Beachy_Head_and_Lighthouse,_East_Sussex,_England_-_April_2010.jpg. Acesso em: 15.05.2017.
46 Giovanni Segantini, *Le cattive madri* (1894), *in*: Diana Segantini, Giovanni Segantini (org.), *Segantini*. Basileia, 2011, p. 37.
47 Damián Szifron, *Relatos selvagens* (2014). Prokino, 2015. Foto do filme pelo autor.

48 Shohei Imamura, *A balada de Narayama* (1983). Umbrella Entertainment, 2010. Foto do filme pelo autor.
49 Meo Wulf e Erni Mangold em *Ensina-me a viver*, de Colin Higgins, no Theater in der Josefstadt, em Viena (26.01.2017). © Erich Reismann.
50 Sophie Heldman, *Cores no escuro* (2010). EuroVideo, 2011. Foto do filme pela autora.
51 Michael Haneke, *Amor* (2012). Warner Home Video, 2013. Foto do filme pelo autor.
52 Alejandro Amenábar, *Mar adentro* (2004). Universum Film GmbH, 2009. Foto do filme pelo autor.
53 Jim Jarmusch, *Amantes eternos* (2013). Pandora Film, 2014. Foto do filme pelo autor.

Índice onomástico

Acevedo Becerra, Sebastián 281
Adenauer, Konrad 242
Aden-Schraenen, Maike 401
Ader, Bas Jan 401 s.
Adler, Alfred 151 s.
Adler, Laure 379, 388
Adorján, Johanna 421 s., 425
Adorno, Theodor W. 210, 217
Agostinho 37 s., 65, 70 s., 97, 381
Agulhon, Maurice 156
Aichhorn, August 10
Albrecht, Susanne 320
Alexandre II (czar da Rússia) 305
Alfredson, Tomas 446
Alvarez, Alfred 117
Amann, Wilhelm 113
Amenábar, Alejandro 431
Améry, Jean 36, 50, 223, 225 ss., 406
Amis, Martin 188
Anami, Korechika 236
Anaximandro 37
Anders, Günther 247 ss., 255, 261
Anderson, Michael 313
Andersson, Bibi 275
Anseele, Édouard 410
Aragon, Louis 117, 135
Arbus, Diane 347, 350
Arendt, Hannah 247, 457
Ariès, Philippe 228
Aristóteles 27, 36
Aron, Raymond 24, 227
Artaud, Antonin 342
Asahara, Shoko 262

Ashby, Hal 23, 417 s.
Ashe, Thomas 292
Asscher, Maarten 256
Assheuer, Thomas 425
Atanásio 71
Attali, Jacques 257
Aubry, Paul 107
Augé, Marc 376 ss., 395
Aurélio, Marco 16, 79, 95, 97, 282
Aust, Stefan 317
Auteuil, Daniel 370
Avnery, Uri 314

Baader, Andreas 312, 317, 319 s., 324, 399
Babluani, Géla 25
Bach, Johann Sebastian 298
Bachmann, Ingeborg 350
Bachofen, Jakob 38
Baechler, Jean 24, 227, 285
Baer, Abraham Adolf 135, 141, 151
Bairstow, Myra 340
Balázsovits, Lajos 114
Balke, Siegfried 243
Bana, Eric 313
Banderas, Antonio 445
Barbagli, Marzio 110, 268
Bardem, Javier 431 s.
Bärfuss, Lukas 361
Barlach, Ernst 341
Barley, Nigel 22
Barnes, Djuna 287, 290
Barschel, Uwe 391 s.
Bartsch, Rudolf Hans 130

Barylli, Gabriel 155, 157
Bataille, Georges 23
Baudrillard, Jean 228, 303
Bauer, Steven 313
Bayard, Hippolyte 346
Beauvoir, Simone de 219 s.
Beckenbauer, Franz 336
Becker, Ben 365
Becker, Jillian 322
Becker, Meret 113
Beckett, Samuel 293, 298, 375
Beethoven, Ludwig van 115, 130, 192, 260, 284, 347 s.
Beisel, David R. 194 s., 197
Ben Ali, Zine el-Abidine 284
Benedict, Ruth 58 ss.
Beneš, Edvard 196
Benjamin, Walter 7 s., 15, 210, 379, 413, 454
Benkard, Ernst 116
Benn, Gottfried 183 s.
Berger, John 377 ss.
Berger, Senta 365, 423, 425
Bergeron, Huguette Gaulin 281
Bergman, Ingmar 179, 275 s., 282, 367
Bergner, Elisabeth 117
Bergson, Henri 212
Berlusconi, Silvio 433 s.
Bernanos, Georges 368
Bernardini, Micheline 237
Bernheim, Emmanuèle 437
Bernstein, Eduard 412 s.
Besson, Luc 23, 25
Bettelheim, Bruno 190
Beuckert, Rolf 158
Beyer, Alexander 113
Biermann, Wolf 280
Binet, Laurent 232
Binoche, Juliette 370

Binswanger, Ludwig 228 s.
Binz, Ludwig 182
Birnbaum, Karl 178
Bisky, Jens 113
Bizet, Georges 121, 123
Blamberger, Günter 113, 457
Blanchot, Maurice 117
Blandy, William H. P. 236 s.
Bleibtreu, Moritz 314, 317
Bloch, Ernst 40, 126, 210, 244, 247
Bloch, Iwan 149
Blüher, Hans 210
Blumenberg, Hans 7 s., 346
Boccaccio, Giovanni 84
Boese, Carl 154
Boileau, Pierre 373
Boock, Peter-Jürgen 322
Borkenau, Franz 66 ss.
Bormuth, Matthias 226
Born, Max 242, 246
Börner, Wilhelm 9
Borries, Achim von 155
Bouazizi, Mohamed 284
Bouquet, Fritz 209
Bowman, Barbara 360, 366
Boye, Karin 350
Bracke, Wilhelm 410
Brändle, Reinhold 324
Brandt, Leo 243
Brant, Sebastian 76
Braune, Christian 270, 272
Brecht, Bertolt 16, 181, 201, 322, 368, 378
Brehm, Alfred 111
Breloer, Heinrich 322, 392
Brendecke, Arndt 128
Bresson, Robert 159 s., 367 ss., 372
Breton, André 342
Brewster, Jordana 314
Brians, Paul 261

Briley, Jonathan 332
Brod, Max 449
Brodkey, Harold 55
Bronisch, Thomas 345
Bronson, Rachel 241
Brown, Fredric 352
Browne, Malcolm W. 274
Bruegel, Pieter 332
Brühl, Daniel 155
Brüsewitz, Oskar 279 s.
Buback, Siegfried 319
Bühler, Charlotte 10
Burger, Hermann 265, 356 s., 441
Burr, Aaron 26
Burschel, Peter 74
Burstall, Christopher 25
Burton, Robert 81
Bush, George W. 314

Cacho, Lydia 50
Caillois, Roger 23 s.
Cameron, James 31
Camus, Albert 33 s., 88, 198, 222, 307 s., 404 ss.
Camus, Francine 405
Canetti, Elias 127, 271
Cannabich, Gottfried Christian 128
Čapek, Karel 449
Carnot, Lazare 45
Carpi, Anna Maria 113
Carrère, Emmanuel 65
Casagemas, Carlos 124 s.
Catão, Marcus Porcius 63, 94, 341
César, Júlio 63, 79
Chamberlain, Neville 195
Chaplin, Charlie 20 ss.
Charbonnier, Stéphane 337
Charcot, Jean-Martin 180
Chaumeil, Pascal 23

Chesnais, Jean-Claude 110
Chirac, Jacques 432
Christensen, Ute 157
Christian, Linda 238
Churchill, Winston 20 s.
Cimino, Michael 25
Clarke, Alan 164
Clemenceau, Georges 184 s.
Clemente VIII (papa) 127
Cleópatra 341
Cobain, Kurt 161
Cobb, Richard 119 s.
Cocteau, Jean 367
Colby, William 251
Colebrook, Claire 30
Columbus, Chris 31
Conrad, Tony 179
Correggio, Antonio da 126
Cort, Bud 417
Craig, Daniel 313
Crevel, René 342
Critchley, Simon 72, 99
Croitoru, Joseph 310 s., 326 s.
Cruise, Tom 445
Csef, Herbert 422 s.
Cunningham, Liam 293, 295
Cutter, Fred 345
Czolgosz, Leon 336

d'Angers, David 381
d'Annunzio, Gabriele 111
D'Onofrio, Vincent 173
Daguerre, Louis 346
Daladier, Édouard 195
Dante Alighieri 63, 75, 80, 298, 395
Daoud, Kamel 33
Davidtz, Embeth 31
Davies, Jeremy 390 s.
Dean, James 23
Defoe, Daniel 86 s., 90

Deleuze, Gilles 30, 106, 167, 231
DeLillo, Don 333 s., 450
Dell'Agli, Daniele 440
Delumeau, Jean 90
Demand, Thomas 392 s.
deMause, Lloyd 194
Demeny, Paul 129
Demme, Jonathan 366
Deneuve, Catherine 114
Dent, Bob 430, 432
Derrida, Jacques 30
Descartes, René 220
Diana (princesa de Gales) 403
Diaz, Cameron 314
Dickow, Hans Helmut 157
Diem, Ngo Dinh 273 s.
Dieterle, Wilhelm 180
Dietrich, Otto 139
Diez, Carl August 103 ss., 303 s.
Ditzel, Heinrich 151
Döblin, Alfred 116
Dobmeier, Simone 113
Domínguez, Óscar 344
Donaldson, Day Blakely 281
Donizetti, Gaetano 121
Donne, John 81, 234, 267
Dorfmeister, Gregor 194
Dostoiévski, Fiódor 156, 306 s., 367
Douglass, Frederick 48 s.
Dreikurs, Rudolf 10
Drew, Richard 332 s., 339
Dreyfus, Alfred 174
Droste, Wiglaf 336
Drouin, Pierre 223
Dubreuilh, Jean Louis 410
Dudow, Slatan 181
Duerr, Hans Peter 40, 444
Duncker, Patricia 232, 259 s.
Dunst, Kirsten 445
Durkheim, Émile 8, 58, 106 s., 123, 185, 188, 327, 366

Duvanel, Adelheid 350
Dvořák, Antonín 123 s.

Eagleton, Terry 207
Ebeling, Hans 212, 217, 219
Ebner-Eschenbach, Marie von 145 ss.
Eccleston, Christopher 314
Echevarría, Inmaculada 432
Edel, Uli 317
Egan, Jennifer 314, 316
Eichinger, Bernd 317
Einstein, Albert 197, 242
Eisenhower, Dwight D. 241
Eisler, Hanns 181, 201
Elisabete (imperatriz da Áustria) 392
Ellmann, Maud 289, 292, 296
Empédocles 397
Engels, Friedrich 409 s., 412
Engholm, Björn 392
Englaro, Eluana 433 s.
Ensslin, Gudrun 319 ss., 324, 399
Erasmo de Rotterdam 58, 75 ss.
Eribon, Didier 231
Erikson, Erik H. 194
Ertel, Manfred 320
Eser, Albin 438
Esquirol, Jean-Étienne 8 s., 102
Etkind, Marc 98 s., 257
Eugenides, Jeffrey 362
Eulenburg, Albert 149 ss.

Falret, Jean-Pierre 102
Fassbender, Michael 293, 295
Faure, Félix 174
Federn, Paul 153
Felber, Werner 345
Feldmann, Hans-Peter 324
Ferenczi, Sándor 178

534

Fermi, Enrico 241
Fetscher, Iring 413
Fincher, David 31
Fischl, Eric 333
Flanagan, Richard 267, 318
Flanders, Jerry 364
Flaßpöhler, Svenja 54, 442
Flávio Josefo 64 s.
Fleming, Victor 238
Foer, Jonathan Safran 334
Fontaine, Joan 372
Ford Coppola, Francis 445
Forêts, Louis-René des 117
Foucault, Michel 16, 19, 95, 228 ss., 354 s., 455, 457
Fra Angelico 125
Frankl, Victor 10
Frederico II (rei da Prússia) 57, 112, 443, 453
Freisler, Roland 183
Freud, Sigmund 8 s., 38, 43, 49, 66, 151 ss., 175, 177 ss., 194, 197, 210, 212, 225 s., 254, 400 s., 420
Friedel, Christian 113
Friedjung, Josef Karl 151
Friedrich, Caspar David 382
Friend, Tad 382 s.
Furtmüller, Carl 151
Fuselier, Dwayne 163

Gaertner, Joachim 163
Galland, Jean 117
Gance, Abel 174 s.
Gandhi, Mohandas Karamchand 285
Gandhi, Rajiv 326
Ganz, Bruno 423, 425
Garbo, Greta 117
Gargallo, Germaine 124 s.
Gauguin, Paul 126

Gaulin, Huguette 281
Gauss, Karl Friedrich 128
Geiger, Arno 439
Gerbert d'Aurillac (papa Silvestre II) 199
Gerisch, Benigna 228
Gethers, Steve 430
Gibson, Mel 390
Gide, André 153
Gilbert, Emily 429 ss.
Girard, René 106
Giskes, Heinrich 114
Gislebertus 72 s.
Glück, Louise 380
Glück, Wolfgang 155, 157
Godard, Jean-Luc 197 ss., 203, 367
Goddard, Jacqueline 344
Goebbels, Joseph 190, 192, 436
Goeschel, Christian 185
Goethe, Johann Wolfgang 91 ss., 100 ss., 130, 135, 280
Gogh, Vincent van 11, 126, 129
Goldman, Emma 336
Gordon, Ruth 417
Gorz, André 420 s.
Gorz, Dorine 421
Graeber, David 37, 447
Graevenitz, Antje von 401
Grams, Wolfgang 322
Grän, Christine 404
Grant, Cary 372 s.
Gray, John 450
Gréco, Juliette 223
Green, Walter 368
Greenaway, Peter 120, 415 s.
Greene, Graham 25
Gregor, Manfred 194
Griffith, D. W. 174
Grill, Bartholomäus 394, 436 s.
Grimm, Jacob 148, 190, 201, 398

Grimm, Wilhelm 148, 190, 201, 398
Grinevitski, Ignati Ioakhimovitch 305
Grisé, Yolande 63
Gross, Jean 142
Grosz, George 341
Groys, Boris 337
Guattari, Félix 167
Guesde, Jules 410
Guevara, Antonio de 79 s.
Guibert, Hervé 232
Gumbrecht, Hans Ulrich 249
Günther, Hans Friedrich Karl 184 s.
Günther, Rolf 280

Habe, Hans 202
Hackford, Taylor 444
Hadot, Pierre 95
Haenel, Thomas 260
Häfner, Heinz 159
Hahn, Otto 242, 246
Haider, Jörg 403
Halberstam, David 273
Hale, Dorothy 339 ss.
Hamberger, Klaus 445
Hamilton, Alexander 26
Hamilton, Floyd 364
Hamilton, Linda 31
Hamon, Neil 348 s.
Haneke, Michael 370 ss., 423 ss., 430
Harari, Yuval Noah 39, 329 s., 450
Hardie, Keir 410
Harlow, Jean 238
Hartl, Karl 114
Harzer, Jens 365
Hausner, Jessica 113 s.
Hausner, Siegfried 318 s.
Hawkes, John 406
Hawking, Stephen 27

Hedebrant, Kåre 446
Heidegger, Martin 66, 212 ss., 227, 247 s., 250, 352, 420
Heijne, Mathilde ter 350 s.
Heim, Jacques 237
Heine, Heinrich 89
Heinz, Rudolf 386
Heisenberg, Werner 212, 242, 246
Hek, Youp van 't 393
Helbing, Monika 320
Heldman, Sophie 423, 425
Hendrix, Jimi 161
Henrique VIII (rei da Inglaterra) 77
Herrhausen, Alfred 322
Herzog, Werner 447
Hesse, Hermann 144 s., 147
Heyfelder, Johann Ferdinand 103
Hiddleston, Tom 447 s.
Higgins, Colin 417 ss.
Hilarius, Jan 392 s.
Himmler, Heinrich 183, 187 s.
Hipócrates 10
Hirohito (imperador do Japão) 235
Hirschfeld, Magnus 149, 154
Hitchcock, Alfred 203, 372, 374
Hitler, Adolf 114, 140, 162, 180, 182, 190 ss., 194 ss., 202, 322, 324 s.
Hobbes, Thomas 295
Hobsbawm, Eric J. 426
Hodler, Ferdinand 341 s.
Hoegner, Wilhelm 243
Hoepker, Thomas 332 s.
Hofmannsthal, Hugo von 109
Hoger, Hannelore 114
Holbach, Paul-Henri Thiry Barão de 57
Holbein D. J., Hans 125
Hölderlin, Friedrich 397
Hörbiger, Attila 114

Hörbiger, Christiane 114
Horkheimer, Max 217
Hornby, Nick 23
Horstmann, Ulrich 255, 260 s.
Horváth, Ödön von 117
Houellebecq, Michel 395
Houston, Whitney 391
Huber, Dominic 18
Huch, Friedrich 148
Hugo, Victor 156
Huizinga, Johan 23 s., 28, 181 s., 185
Humbert, Vincent 432
Hume, David 57, 81, 93
Huppert, Isabelle 370, 425
Hurt, John 448
Husserl, Edmund 212, 220, 247
Hußty, Zacharias Gottlieb 19

Ibsen, Henrik 132
Imamura, Shohei 416 ss.
Immerwahr, Clara 350
Itzenplitz, Eberhardt 317

Jacobi, Friedrich Heinrich 51
Jammes, Francis 342
Janáček, Leoš 449
Jancsó, Miklós 114
Jankélévitch, Vladimir 227 s., 420
Jarmusch, Jim 447 s.
Jaspers, Karl 43, 244, 247
Jaurès, Jean 410
Jávor, László 364
Jean Paul 51
Joana d'Arc 62, 74, 367 s.
Jelinek, Elfriede 370
Jens, Inge 438 s.
Jens, Tilman 439
Jens, Walter 438 s.
Jeremijenko, Natalie 383
Jerusalem, Karl Wilhelm 93, 101

Jesus Cristo 15, 44, 51, 65, 68 s., 71 ss., 125, 197, 199 s., 206, 265, 267, 279, 293 s., 404, 413
João (apóstolo de Jesus) 69, 72, 208, 258, 295
Jodorowsky, Alejandro 25
Jonas, George 313
Jones, Brian 161
Jones, Ernest 178
Jones, Jim 257 s., 262
Joplin, Janis 161
Jordan, Neil 445, 447
Josephson, Erland 16, 282 s.
Jouffroy, Théodore 16, 455
Jouhandeau, Marcel 342
Jovovich, Milla 390
Judas Iscariotes (apóstolo de Jesus) 72 s., 341
Jugert, Rudolf 114
Jünger, Ernst 16, 139, 167 ss., 172, 181, 186, 196
Jünger, Friedrich Georg 24
Jungk, Robert 235
Jurisic, Dragana 119

Kaegi, Stefan 18
Kaes, Anton 180
Kafka, Franz 296, 356, 441
Kahlo, Frida 340
Kaiser, Georg 180
Kaliáiev, Ivan 308 s.
Kamann, Matthias 440 ss.
Kamen, Henry 80
Kamlah, Wilhelm 223 ss.
Kane, Sarah 349 s.
Kant, Immanuel 16, 42, 46 ss., 66, 93, 96, 206 ss., 289, 396
Kassovitz, Matthieu 313
Käutner, Helmut 111
Kautsky, Karl 410

Kennedy, John F. 274
Kermani, Navid 309, 327, 331, 455
Kettner, Matthias 228
Kevorkian, Jack 430
Key, Ellen 141
Kierkegaard, Søren 73, 214
King, Stephen 331, 449 s.
Kinski, Klaus 447
Kittler, Friedrich 179, 216
Klages, Ludwig 210
Kleist, Heinrich von 112 ss., 321 s.
Klinger, Max 341
Klopstock, Robert 441
Knoblauch, Hubert 444
Knörer, Ekkehard 297
Knüppeln, Julius Friedrich 443
Koch, Robert 88 s.
Koenen, Gerd 321, 325
Koestler, Arthur 423
Koestler, Cynthia 423
Köhlmeier, Michael 20 s.
Kokoschka, Oskar 343
Kollontai, Alexandra 410
Kollwitz, Käthe 341
Koresh, David 257, 259
Kracauer, Siegfried 180 s., 210
Krantz, Paul 153 ss.
Krause, Rudolf 365
Kreindl, Werner 155, 157
Król, Joachim 365
Kronika, Jacob 192
Krose, Hermann Anton 109 s.
Krueger, Antje 284
Kruschev, Nikita Sergueievich 252
Krysinska, Karolina 364
Kubrick, Stanley 173, 252, 449
Kuhlmann, Brigitte 319
Küng, Hans 415, 438
Kunzmann, Ulrich 413

Kurzweil, Ray 384
Kusch, Roger 430

Lacan, Jacques 18
Laden, Osama bin 331, 337
Laerdal, Asmund S. 118 s.
Lafargue, Paul 409 ss., 415, 421
Laing, Ronald D. 351
Lang, Fritz 180, 197
Langsdorf, Alexander 240
Langsdorf, Martyl 240
Latour, Bruno 106
Layton, Deborah 258
Leandersson, Lina 446
Lederer, Niki 346
Lehndorff, Hans von 192 s.
Lembke, Klaus 317
Lênin, Vladimir Ilitch 410
Leonard, Robert Sean 161
Leskov, Nikolai 379
Less, Gottfried 93 s.
Lessing, Theodor 154
Lester, David 11, 25, 364
Levé, Édouard 358
Levi, Primo 256 s.
Liechti, Peter 296 ss., 300 ss.
Liewehr, Fred 114
Lifton, Robert Jay 253 s., 256, 261 s.
Lindbergh, Charles 211
Littell, Jonathan 188
Lívio, Tito 60, 62
Locke, John 46 ss.
Lonsdale, Michael 313
Lorenz, Peter 318
Lothar, Ernst 114
Low, David 196
Löwith, Karl 218 s.
Lowry, Frank J. 237
Lubitz, Andreas 406 s.
Lucas (evangelista) 65, 69, 132, 199

Lucheni, Luigi 392
Ludendorff, Erich 217
Luhmann, Niklas 208
Luís II (rei da Baviera) 111, 115
Lukács, Georg 210

MacArthur, Douglas 239 s.
MacCormack, Patricia 30
MacSwiney, Terence 292
Magnus, Friedrich Martin 206
Magritte, René 332
Maier-Leibnitz, Heinz 246
Mainländer, Philipp 205 s., 208 s., 211, 357
Malinowski, Bronisław 38
Mallach, Hans Joachim 324
Man Ray 117 s., 343 s., 346
Manet, Édouard 341
Mangold, Erni 418 s.
Mann, Erika 132
Mann, Klaus 132
Mann, Thomas 26
Mannheim, Karl 210
Manson, Marilyn 164
Markusen, Eric 256
Marozsán, Erika 365
Marquard, Odo 208
Marsh, James 334
Martelaere, Patricia de 351, 353 s., 358, 366, 453
Martet, Jean 184
Martin, Karlheinz 180
Marx, Karl 409 ss.
Masaryk, Tomáš Garrigue 8, 169, 171, 181, 196 s.
Masereel, Frans 341
Masson, André 343
Mateus (evangelista) 44, 69, 199
Maximovski, Konstantin 305
McBurney, Charles 336

McCaughey, Seán 292
McConaughey, Matthew 398
McHale, Evelyn 339, 341
McKinley, William 336
McQueen, Steve 292, 295 s., 301
Mehring, Franz 411
Meinhof, Ulrike 312, 317, 319, 324, 357
Meins, Holger 291, 318
Meïr, Golda 313
Menasse, Eva 114
Menninger, Karl 9, 11, 26, 197, 426
Menninger-Lerchenthal, Erich 193
Merrick, Jeffrey 100
Meyer zu Küingdorf, Arno 155
Michalzik, Peter 113
Michelet, Jules 127
Milberg, Axel 392
Millais, John Everett 121
Millán-Astray, José 186
Miller, James 228 s., 231 s.
Miller, Lee 193
Minois, Georges 62, 74, 76, 110
Mishima, Yukio 254
Mohnhaupt, Brigitte 320
Molière 100
Molinier, Pierre 350
Möller, Irmgard 320
Monk, Ray 133
Monnier, Antoine 160
Monroe, Marilyn 240
Montaigne, Michel de 33, 58, 80 s., 90, 96 s.
Montesquieu, Charles-Louis de Secondat 57
Monteverdi, Claudio 370
Moore, Michael 164
Mora, Terézia 359
Morrison, Jim 161
Morselli, Enrico 184 s., 380

More, Thomas 58, 76 ss., 80, 83
Moyer, Stephen 446
Mrozek, Bodo 238
Müller-Lauchert, Ludwig 183
Münkler, Herfried 327
Münsterberg, Hugo 179
Murgia, Michela 434
Murnau, Friedrich Wilhelm 445, 449
Muschg, Adolf 355 s.
Muschler, Reinhold Conrad 117
Musil, Robert 144
Mussolini, Benito 195, 200, 309

Napoleão Bonaparte 122
Napolitano, Giorgio 432 s.
Narcejac, Thomas 373
Natorp, Paul 137
Niethammer, Dietrich 438
Nietzsche, Friedrich 13, 52 ss., 73, 128, 156, 205, 228, 267, 306, 309, 338
Nitschke, Philip 430
Nitta, Michiko 416
Nortier, Nadine 368 s.
Nothomb, Amélie 302
Novalis (Friedrich von Hardenberg) 208
Nyman, Michael 120

Ohnesorg, Benno 319
Okamoto, Kozo 312
Olson, Jenni 383 s.
Oppenheim, David Ernst 151
Oppenheimer, Robert J. 234 s., 254
Ortega y Gasset, José 127
Osiander, Friedrich Benjamin 46, 101 s., 268
Ovídio 61 s.

Pacini, Filippo 89
Pacino, Al 444
Pagels, Elaine 72
Palach, Jan 277 s.
Palahniuk, Chuck 118
Pankhurst, Emmeline 285 ss.
Paoli, Guillaume 413
Pape, Robert Anthony 310, 325, 327 s.
Paquin, Anna 446
Partridge, Earle E. 251
Pasolini, Carlo Alberto 309
Pasolini, Pier Paolo 309, 434
Pathé, Charles 175
Pattinson, Robert 446
Pauli, Wolfgang 246
Pauling, Linus 242
Paulo de Tarso 65, 68
Pavese, Cesare 11, 57, 198, 225 s.
Peale, Vincent 241
Percy, Walker 13, 436
Perpétua (mártir) 69 s.
Petit, Philippe 334
Petrarca, Francesco 381
Pfemfert, Franz 148 s.
Pfitzenmaier, Anna 317
Pflitsch, Andreas 319
Phillips, David P. 159
Picasso, Pablo 124 s.
Pick, Lupu 180
Piketty, Thomas 49
Pinel, Philippe 8, 102
Pinguet, Maurice 233, 257
Pinochet, Augusto 281
Pinsent, David 133
Pissarro, Camille 341
Pitt, Brad 445
Platão 59, 63, 97
Plath, Sylvia 11, 339, 350, 358, 361
Plutarco 62, 104
Poe, Edgar Allan 355

Pollock, Jackson 295
Popitz, Heinrich 53
Prabhakaran, Velupillai 326
Prack, Rudolf 114
Premadasa, Ranasinghe 326
Priesch, Hannes 346
Prinzhorn, Hans 209, 211
Proudhon, Pierre-Joseph 42
Público Siro 58
Puccini, Giacomo 121 s., 124
Pynchon, Thomas 334

Quang Duc, Thich 273 ss.

Raddatz, Fritz J. 449
Ragozinnikova, Evstolia 305
Rainer, Arnulf 260
Ramsden, Edmund 29
Rank, Otto 131, 179
Raphael, Max 40
Raspe, Jan-Carl 319, 324
Ratzel, Ludwig 243
Réard, Louis 237
Reeves, Keanu 444
Reich, Wilhelm 378
Reid, Frances 430
Reinhardt, Claudia 349 s.
Reinhardt, Max 144
Reiter, Udo 449
Reitler, Rudolf 151 s.
Rembrandt van Rijn 61
Riccio, Mario 432
Rice, Anne 445
Richter, Gerhard 323 s.
Rickels, Laurence A. 445
Rigaut, Jacques 344
Rilke, Rainer Maria 55, 115, 145
Rimbaud, Arthur 129, 131, 296
Ringel, Erwin 9 ss.
Ritter, Joachim 381

Riva, Emmanuelle 423, 425
Rizzo, Anthony 241
Rodin, Auguste 140
Röhm, Ernst 188
Rolland, Romain 140, 172, 400
Romanov, Sergei Alexandrovich 308
Rosenkranz, Karl 52
Rossellini, Roberto 200 ss.
Roth, Tim 390
Rotman, Brian 199
Rousseau, Jean-Baptiste 100
Rousseau, Jean-Jacques 57, 395
Roussel, Raymond 230
Rubanovich, Ilya 410
Rudolf (príncipe herdeiro austro--húngaro) 111 s., 114 s.
Rudomine, Albert 119
Rush, Geoffrey 314
Rushkoff, Douglas 249
Russell, Bertrand 242
Ryan, Leo 259
Rye, Stellan 179
Ryssakov, Nikolai Ivanovitch 305

Sachs, Gunter 414 s.
Sadger, Isidor 151 s.
Safai, Peter J. 118 s.
Sailer, Johann Michael 101
Sakamoto, Sumiko 416 s.
Samore, Sam 347 s.
Sampedro, Ramón 431 s.
Sanders-Brahms, Helma 113
Sands, Bobby 291 ss., 295, 298
Saramago, José 427 s.
Sarrazin, Thilo 45
Sarthou-Lajus, Nathalie 43
Sartre, Jean-Paul 219 ss., 227 s., 250
Savinkov, Boris 305 s., 308
Savoy, Teresa Ann 114
Schaaf, Johannes 317

Scheler, Max 212
Scheller, Günther 153 s.
Schiavo, Terri 433
Schiller, Friedrich 102, 401
Schleyer, Hanns Martin 319, 322, 324
Schlinzig, Marie Isabel 98
Schlöndorff, Volker 317 s.
Schlosser, Eric 252
Schmidt, Florian 387
Schmidt, Helmut 322
Schmidtke, Armin 159
Schmitt, Carl 7, 167 s.
Schmitz, Sybille 117
Schmutte, Hedwig 113
Schneider, Michel 355
Schnitzler, Arthur 361
Schnöink, Birte 113
Schopenhauer, Arthur 96, 206 s.
Schor, Ives 209
Schrep, Bruno 320
Schroeter, Werner 231, 354
Schübel, Rolf 365
Schulz, Gerhard 113
Schulz, Walter 214
Schumpeter, Joseph A. 128
Schur, Max 9
Schwarzenegger, Arnold 31, 331
Scott, Ridley 31
Sedláček, Tomáš 447
Segantini, Giovanni 399 s., 402
Seichō, Matsumoto 398
Seidel, Alfred 209 ss., 214, 357
Semper, Ene-Liis 347
Sêneca, Lúcio Aneu 8, 36 s., 75, 95, 97, 341
Seress, Rezső 364
Servaes, Franz 399
Sexton, Anne 350, 361 s.

Shakespeare, William 19, 102, 163, 165, 448
Sharif, Omar 114
Shatan, Chaim F. 172
Shimada, Masahiko 296, 300 s.
Shirer, William L. 191
Shneidman, Edwin S. 11
Siegert, Gustav 135 s., 141
Silva, Daniel 313
Simmel, Ernst 175 s., 178, 180
Simmel, Georg 381
Simon, Annette 321
Singer, Udo 259
Sinha, Shumona 205
Siwiec, Ryszard 277
Skinner, Benjamin 50
Slater, Christian 445
Slemon, Roy 252
Sloterdijk, Peter 96, 106, 254 s., 414
Smits, Jimmy 391
Snow, John 89
Snyder, Terri L. 265
Sócrates 59, 95 s., 341
Sohn-Rethel, Alfred 210
Sontag, Susan 367
Sourisseau, Laurent 337 s.
Spaemann, Robert 212, 436 s.
Speer, Albert 191
Speijer, Nico 422
Speijer, Renée 423
Spengler, Oswald 67
Spiegelman, Art 334 ss.
Spielberg, Steven 313 s.
Spivak, Gayatri Chakravorty 270
Spranger, Eduard 140
Springmann, Veronika 349
Stack, Steven 345, 360, 364, 366
Steel, Eric 383 s.
Steiger, Rod 313
Steiner, George 379, 388

Steinhoff, Patricia 312
Stekel, Wilhelm 151 s.
Stern, William 247
Stewart, James 373
Stewart, Kristen 446
Stirner, Max 50, 52, 55
Stockhausen, Karlheinz 336
Stoker, Bram 444
Stone, Oliver 163
Strack, Günter 157
Strauss, Emil 145, 147 s.
Strauss, Franz Josef 242 s.
Striegnitz, Torsten 113
Stromberg, Hunt 238
Stromberger, Robert 157
Struck, Karin 281
Stuck, Franz von 142
Stumpf, Dietrich 281 s.
Surdez, Georges 24
Susman, Margarete 210
Swinton, Tilda 447
Syberberg, Hans-Jürgen 111
Szifron, Damián 406 s.
Szittya, Emil 456

Takeda, Arata 327
Talbot, William Henry Fox 346
Tarantino, Quentin 314
Tarde, Gabriel 105 ss.
Tarkovski, Andrei 16, 282 s., 367
Tatafiore, Roberta 18, 83, 433 s., 455
Taubes, Jacob 250
Thalberg, Irving 238
Thatcher, Margaret 291
Theweleit, Klaus 61, 194, 321
Thiel, Peter 384
Thorez, Maurice 160
Tibbets, Paul W. 235
Ticiano 61
Tinguely, Jean 31 s.

Tito (imperador de Roma) 68
Tolmein, Oliver 320
Tolstói, Liev 145, 353
Topf, Till 157
Topor, Roland 453
Torberg, Friedrich 155 s.
Toulouse-Lautrec, Henri 341
Trintignant, Jean-Louis 423, 425
Trojanow, Ilija 378
Trotta, Margarethe von 317
Truffaut, François 367
Truman, Harry S. 239 s., 251
Trump, Donald 384
Tugendhat, Ernst 219
Turguêniev, Ivan 52
Turrini, Peter 361

Ullmann, Liv 275 s.
Unamuno, Miguel de 186 s.

Vaillant, Édouard 410
Valentino, Rodolfo 23
Valéry, Paul 95, 97, 342
Vallee, Brian 29
Van Sant, Gus 164 s., 398
Veiel, Andres 322
Ventura, Lino 313
Verdi, Giuseppe 121
Vespasiano (imperador de Roma) 68
Vetsera, Mary 111 ss., 120
Veyne, Paul 231
Vick, Graham 420
Visconti, Luchino 111
Vogel, Henriette 112 s., 120, 321 s.
Voltaire (François-Marie Arouet) 57

Waak, Anne 23
Wackernagel, Christof 317

Wagner, Richard 111, 121, 123 s., 130, 185, 191 s., 260, 301, 420
Wagner-Jauregg, Julius 175
Waldman, Amy 334
Wali, Najem 307, 327 s.
Wan, Donna J. 380 ss.
Warhol, Andy 295, 339
Watanabe, Ken 398
Watson, Peter 457
Watts, Naomi 398
Weaver, Sigourney 31
Weber, Alfred 210
Weber, Max 210, 413
Wedekind, Frank 142 ss.
Wegener, Paul 179
Weininger, Otto 130 ss.
Weir, Peter 161
Weisman, Alan 255 s.
Weizsäcker, Carl Friedrich von 246
Welby, Piergiorgio 432
Wenders, Wim 390 s.
Wessel, Ulrich 318
Wessely, Paula 114
West, Rebecca 195
Westergaard, Kurt 337
Wiazemsky, Anne 367 s.
Wicki, Bernhard 194
Wiene, Robert 180
Wilde, Oscar 131, 343
Wilder, Thornton 384 s.
Wiles, Robert C. 339 s.
Williams, Robin 31, 161
Wilson, Duncan 29
Winslow, Forbes 104 s.
Wisbar, Frank 117
Witt, Claus Peter 157
Wittgenstein, Ludwig 35, 132 s., 216, 220, 453
Wroblewsky, Vincent von 34
Wulf, Meo 418 s.

Yankovsky, Oleg 282
Yersin, Alexandre 88
York, Michael 313
Young, Robert 430
Young, Terence 114
Yourcenar, Marguerite 414
Yulin, Harris 390

Zajíc, Jan 278
Zamboni, Anteo 309
Zilsel, Edgar 129 s.
Zimmermann, Friedrich 322
Zischler, Hanns 313
Zlonitzky, Eva 157
Zola, Émile 174
Zorn, Fritz 18, 355 ss.
Zürn, Unica 350